中国人口普查
CHINA POPULATION CENSUS

2020

青海省人口普查年鉴

（下册）

QINGHAI POPULATION CENSUS YEARBOOK 2020

（BOOK 3）

青　海　省　统　计　局
青海省第七次全国人口普查领导小组办公室　编

Compiled by
Qinghai Provincial Bureau of Statistics
Office of the Leading Group of Qinghai Province for the Seventh National Population Census

中国统计出版社
China Statistics Press

图书在版编目（CIP）数据

青海省人口普查年鉴. 2020. 下册 / 青海省统计局,
青海省第七次全国人口普查领导小组办公室编. -- 北京 :
中国统计出版社, 2022.8
ISBN 978-7-5037-9870-2

Ⅰ. ①青… Ⅱ. ①青… ②青… Ⅲ. ①人口普查－统计资料－青海－2020－年鉴 Ⅳ. ①C924.254.4-54

中国版本图书馆 CIP 数据核字(2022)第 130305 号

青海省人口普查年鉴-2020（下册）
Qinghai Population Census Yearbook 2020 (Book 3)

作　　者/青海省统计局　青海省第七次全国人口普查领导小组办公室
责任编辑/熊丹书
封面设计/李雪燕
出版发行/中国统计出版社有限公司
通信地址/北京市丰台区西三环南路甲 6 号　邮政编码/100073
发行电话/邮购（010）63376909　书店（010）68783171
网　　址/http://www.zgtjcbs.com/
印　　刷/河北鑫兆源印刷有限公司
经　　销/新华书店
开　　本/880mm×1230mm　1/16
字　　数/1296 千字
印　　张/41
版　　别/2022 年 8 月第 1 版
版　　次/2022 年 8 月第 1 次印刷
定　　价/990.00 元（全三册附光盘）

目　录

下　册

第二部分　长表数据资料（续）

第五卷　婚姻

第六卷　生育

第七卷　迁移和户口登记地

第八卷 老年人口

第九卷 住房

第三部分　附　录

第二部分 长表数据资料

第五卷 婚姻

5-1 各地区分性别、婚姻状况的15岁及以上人口

单位：人

地 区	15岁及以上人口			未 婚		
	合计	男	女	小计	男	女
全省	**453713**	**230889**	**222824**	**96917**	**56196**	**40721**
西宁市	**198562**	**99900**	**98662**	**36817**	**21179**	**15638**
城东区	37425	18677	18748	6807	3783	3024
城中区	26595	13460	13135	5073	2914	2159
城西区	26748	13086	13662	4405	2403	2002
城北区	34610	17246	17364	7801	4161	3640
湟中区	31328	16295	15033	5706	3638	2068
大通回族土族自治县	32469	16376	16093	5391	3295	2096
湟源县	9387	4760	4627	1634	985	649
海东市	**99182**	**50127**	**49055**	**16684**	**10211**	**6473**
乐都区	19127	9665	9462	2923	1744	1179
平安区	8735	4368	4367	1326	783	543
民和回族土族自治县	23909	12013	11896	4298	2580	1718
互助土族自治县	26071	13447	12624	4084	2679	1405
化隆回族自治县	11882	5933	5949	2106	1276	830
循化撒拉族自治县	9458	4701	4757	1947	1149	798
海北藏族自治州	**21827**	**11167**	**10660**	**4206**	**2377**	**1829**
门源回族自治县	11358	5839	5519	2042	1194	848
祁连县	3611	1838	1773	582	328	254
海晏县	3552	1800	1752	798	430	368
刚察县	3306	1690	1616	784	425	359
黄南藏族自治州	**21177**	**10669**	**10508**	**5791**	**3214**	**2577**
同仁县	8136	4128	4008	2362	1326	1036
尖扎县	4419	2219	2200	981	560	421
泽库县	5414	2729	2685	1634	872	762
河南蒙古族自治县	3208	1593	1615	814	456	358
海南藏族自治州	**34404**	**17265**	**17139**	**8159**	**4594**	**3565**
共和县	10542	5336	5206	2690	1477	1213
同德县	4652	2376	2276	1194	707	487
贵德县	8624	4269	4355	1743	1013	730
兴海县	5066	2527	2539	1335	730	605
贵南县	5520	2757	2763	1197	667	530
果洛藏族自治州	**13496**	**7020**	**6476**	**5706**	**3311**	**2395**
玛沁县	2808	1516	1292	919	564	355
班玛县	2136	1126	1010	803	471	332
甘德县	3056	1572	1484	1865	1044	821
达日县	2282	1200	1082	915	560	355
久治县	2081	1033	1048	878	488	390
玛多县	1133	573	560	326	184	142
玉树藏族自治州	**27930**	**14174**	**13756**	**12544**	**6804**	**5740**
玉树市	9740	4990	4750	4782	2608	2174
杂多县	3682	1880	1802	1417	778	639
称多县	4101	2063	2038	1601	893	708
治多县	2037	1027	1010	648	357	291
囊谦县	5981	2986	2995	3302	1717	1585
曲麻莱县	2389	1228	1161	794	451	343
海西蒙古族藏族自治州	**37135**	**20567**	**16568**	**7010**	**4506**	**2504**
格尔木市	16605	9030	7575	2949	1897	1052
德令哈市	6872	3608	3264	1439	847	592
茫崖市	2040	1443	597	352	267	85
乌兰县	2827	1550	1277	553	381	172
都兰县	5387	2782	2605	932	568	364
天峻县	1693	911	782	477	301	176
大柴旦行政委员会	1711	1243	468	308	245	63

5-1　续表　　　　　　　　　　　　　　　　　　　　　　　　　　　单位：人

地　区	有配偶			离　婚			丧　偶		
	小计	男	女	小计	男	女	小计	男	女
全省	**315318**	**159746**	**155572**	**16288**	**8258**	**8030**	**25190**	**6689**	**18501**
西宁市	**142955**	**72111**	**70844**	**7429**	**3803**	**3626**	**11361**	**2807**	**8554**
城东区	26907	13663	13244	1728	774	954	1983	457	1526
城中区	18850	9644	9206	1181	571	610	1491	331	1160
城西区	20193	10058	10135	974	404	570	1176	221	955
城北区	23721	12090	11631	1407	629	778	1681	366	1315
湟中区	22567	11408	11159	814	614	200	2241	635	1606
大通回族土族自治县	23975	11887	12088	990	590	400	2113	604	1509
湟源县	6742	3361	3381	335	221	114	676	193	483
海东市	**73017**	**36215**	**36802**	**2849**	**1754**	**1095**	**6632**	**1947**	**4685**
乐都区	14230	7115	7115	622	423	199	1352	383	969
平安区	6609	3286	3323	271	147	124	529	152	377
民和回族土族自治县	17390	8554	8836	623	388	235	1598	491	1107
互助土族自治县	19383	9660	9723	678	494	184	1926	614	1312
化隆回族自治县	8694	4278	4416	389	199	190	693	180	513
循化撒拉族自治县	6711	3322	3389	266	103	163	534	127	407
海北藏族自治州	**15349**	**7876**	**7473**	**1073**	**561**	**512**	**1199**	**353**	**846**
门源回族自治县	8206	4160	4046	458	276	182	652	209	443
祁连县	2604	1352	1252	224	108	116	201	50	151
海晏县	2412	1237	1175	186	95	91	156	38	118
刚察县	2127	1127	1000	205	82	123	190	56	134
黄南藏族自治州	**13825**	**7035**	**6790**	**570**	**184**	**386**	**991**	**236**	**755**
同仁县	5191	2652	2539	185	51	134	398	99	299
尖扎县	3012	1537	1475	169	68	101	257	54	203
泽库县	3490	1778	1712	101	29	72	189	50	139
河南蒙古族自治县	2132	1068	1064	115	36	79	147	33	114
海南藏族自治州	**22723**	**11439**	**11284**	**1675**	**764**	**911**	**1847**	**468**	**1379**
共和县	6801	3449	3352	568	278	290	483	132	351
同德县	3101	1572	1529	140	43	97	217	54	163
贵德县	5778	2858	2920	463	246	217	640	152	488
兴海县	3237	1635	1602	257	99	158	237	63	174
贵南县	3806	1925	1881	247	98	149	270	67	203
果洛藏族自治州	**6580**	**3363**	**3217**	**611**	**181**	**430**	**599**	**165**	**434**
玛沁县	1635	868	767	153	54	99	101	30	71
班玛县	1141	591	550	72	27	45	120	37	83
甘德县	946	462	484	148	44	104	97	22	75
达日县	1152	582	570	79	17	62	136	41	95
久治县	1030	511	519	86	15	71	87	19	68
玛多县	676	349	327	73	24	49	58	16	42
玉树藏族自治州	**13607**	**6814**	**6793**	**691**	**211**	**480**	**1088**	**345**	**743**
玉树市	4353	2188	2165	225	70	155	380	124	256
杂多县	2093	1048	1045	54	16	38	118	38	80
称多县	2143	1066	1077	155	43	112	202	61	141
治多县	1254	633	621	75	16	59	60	21	39
囊谦县	2374	1174	1200	92	34	58	213	61	152
曲麻莱县	1390	705	685	90	32	58	115	40	75
海西蒙古族藏族自治州	**27262**	**14893**	**12369**	**1390**	**800**	**590**	**1473**	**368**	**1105**
格尔木市	12535	6677	5858	593	343	250	528	113	415
德令哈市	4840	2525	2315	260	147	113	333	89	244
茫崖市	1597	1127	470	80	45	35	11	4	7
乌兰县	1966	1048	918	118	76	42	190	45	145
都兰县	3937	2012	1925	197	111	86	321	91	230
天峻县	1072	561	511	86	36	50	58	13	45
大柴旦行政委员会	1315	943	372	56	42	14	32	13	19

5－1a 各地区分性别、婚姻状况的15岁及以上人口(城市)

单位：人

地 区	15岁及以上人口			未 婚		
	合计	男	女	小计	男	女
全省	**168120**	**84633**	**83487**	**33484**	**18698**	**14786**
西宁市	**130020**	**64764**	**65256**	**25095**	**13880**	**11215**
城东区	37425	18677	18748	6807	3783	3024
城中区	26345	13265	13080	5021	2875	2146
城西区	26717	13067	13650	4400	2401	1999
城北区	33719	16761	16958	7667	4076	3591
湟中区	4558	2325	2233	988	615	373
大通回族土族自治县	1256	669	587	212	130	82
湟源县						
海东市	**14793**	**7266**	**7527**	**2401**	**1299**	**1102**
乐都区	8865	4374	4491	1500	799	701
平安区	5928	2892	3036	901	500	401
民和回族土族自治县						
互助土族自治县						
化隆回族自治县						
循化撒拉族自治县						
海北藏族自治州						
门源回族自治县						
祁连县						
海晏县						
刚察县						
黄南藏族自治州						
同仁县						
尖扎县						
泽库县						
河南蒙古族自治县						
海南藏族自治州						
共和县						
同德县						
贵德县						
兴海县						
贵南县						
果洛藏族自治州						
玛沁县						
班玛县						
甘德县						
达日县						
久治县						
玛多县						
玉树藏族自治州	**5467**	**2827**	**2640**	**2614**	**1421**	**1193**
玉树市	5290	2746	2544	2566	1401	1165
杂多县						
称多县						
治多县						
囊谦县						
曲麻莱县	177	81	96	48	20	28
海西蒙古族藏族自治州	**17840**	**9776**	**8064**	**3374**	**2098**	**1276**
格尔木市	11267	6025	5242	2008	1275	733
德令哈市	4866	2538	2328	1075	606	469
茫崖市	1707	1213	494	291	217	74
乌兰县						
都兰县						
天峻县						
大柴旦行政委员会						

5-1a　续表　　单位：人

地　区	有配偶			离　婚			丧　偶		
	小计	男	女	小计	男	女	小计	男	女
全省	**119862**	**61047**	**58815**	**6686**	**3069**	**3617**	**8088**	**1819**	**6269**
西宁市	**92901**	**47004**	**45897**	**5442**	**2451**	**2991**	**6582**	**1429**	**5153**
城东区	26907	13663	13244	1728	774	954	1983	457	1526
城中区	18660	9492	9168	1178	568	610	1486	330	1156
城西区	20169	10042	10127	973	403	570	1175	221	954
城北区	23036	11725	11311	1386	612	774	1630	348	1282
湟中区	3168	1578	1590	149	76	73	253	56	197
大通回族土族自治县	961	504	457	28	18	10	55	17	38
湟源县									
海东市	**11160**	**5534**	**5626**	**450**	**220**	**230**	**782**	**213**	**569**
乐都区	6617	3300	3317	268	140	128	480	135	345
平安区	4543	2234	2309	182	80	102	302	78	224
民和回族土族自治县									
互助土族自治县									
化隆回族自治县									
循化撒拉族自治县									
海北藏族自治州									
门源回族自治县									
祁连县									
海晏县									
刚察县									
黄南藏族自治州									
同仁县									
尖扎县									
泽库县									
河南蒙古族自治县									
海南藏族自治州									
共和县									
同德县									
贵德县									
兴海县									
贵南县									
果洛藏族自治州									
玛沁县									
班玛县									
甘德县									
达日县									
久治县									
玛多县									
玉树藏族自治州	**2547**	**1304**	**1243**	**115**	**36**	**79**	**191**	**66**	**125**
玉树市	2436	1248	1188	109	33	76	179	64	115
杂多县									
称多县									
治多县									
囊谦县									
曲麻莱县	111	56	55	6	3	3	12	2	10
海西蒙古族藏族自治州	**13254**	**7205**	**6049**	**679**	**362**	**317**	**533**	**111**	**422**
格尔木市	8497	4450	4047	442	239	203	320	61	259
德令哈市	3406	1793	1613	181	93	88	204	46	158
茫崖市	1351	962	389	56	30	26	9	4	5
乌兰县									
都兰县									
天峻县									
大柴旦行政委员会									

5-1b 各地区分性别、婚姻状况的15岁及以上人口(镇)

单位：人

地区	15岁及以上人口			未婚		
	合计	男	女	小计	男	女
全省	**109340**	**55245**	**54095**	**25355**	**14191**	**11164**
西宁市	**26433**	**13236**	**13197**	**4892**	**2855**	**2037**
城东区						
城中区	181	163	18	31	30	1
城西区	31	19	12	5	2	3
城北区						
湟中区	5694	2980	2714	1089	696	393
大通回族土族自治县	15677	7743	7934	2867	1651	1216
湟源县	4850	2331	2519	900	476	424
海东市	**26851**	**13264**	**13587**	**5217**	**2941**	**2276**
乐都区	971	505	466	117	82	35
平安区	178	118	60	46	38	8
民和回族土族自治县	9761	4779	4982	1865	1030	835
互助土族自治县	9565	4769	4796	1869	1077	792
化隆回族自治县	2700	1268	1432	534	271	263
循化撒拉族自治县	3676	1825	1851	786	443	343
海北藏族自治州	**10044**	**4975**	**5069**	**2024**	**1072**	**952**
门源回族自治县	4155	2032	2123	842	461	381
祁连县	2025	972	1053	332	162	170
海晏县	2521	1238	1283	603	296	307
刚察县	1343	733	610	247	153	94
黄南藏族自治州	**8917**	**4540**	**4377**	**2495**	**1340**	**1155**
同仁县	4134	2144	1990	1214	674	540
尖扎县	1833	920	913	422	222	200
泽库县	1740	886	854	544	284	260
河南蒙古族自治县	1210	590	620	315	160	155
海南藏族自治州	**14243**	**7035**	**7208**	**3439**	**1774**	**1665**
共和县	5482	2721	2761	1458	725	733
同德县	1199	603	596	270	149	121
贵德县	4046	1969	2077	901	470	431
兴海县	1946	971	975	447	254	193
贵南县	1570	771	799	363	176	187
果洛藏族自治州	**4493**	**2411**	**2082**	**1643**	**973**	**670**
玛沁县	1533	865	668	548	337	211
班玛县	671	361	310	216	126	90
甘德县	540	273	267	345	189	156
达日县	787	405	382	259	157	102
久治县	302	163	139	97	57	40
玛多县	660	344	316	178	107	71
玉树藏族自治州	**8407**	**4292**	**4115**	**3689**	**2013**	**1676**
玉树市	508	262	246	272	154	118
杂多县	1876	966	910	704	387	317
称多县	1554	780	774	641	358	283
治多县	1269	634	635	411	221	190
囊谦县	2150	1092	1058	1273	668	605
曲麻莱县	1050	558	492	388	225	163
海西蒙古族藏族自治州	**9952**	**5492**	**4460**	**1956**	**1223**	**733**
格尔木市	3194	1783	1411	556	351	205
德令哈市	173	97	76	25	16	9
茫崖市	333	230	103	61	50	11
乌兰县	1796	991	805	357	241	116
都兰县	2568	1288	1280	476	265	211
天峻县	884	460	424	289	157	132
大柴旦行政委员会	1004	643	361	192	143	49

5-1b　续表　　　　　　　　　　　　　　　　　　　　　　　　　　　　单位：人

地　区	有配偶			离　婚			丧　偶		
	小计	男	女	小计	男	女	小计	男	女
全省	**74505**	**37780**	**36725**	**3982**	**1879**	**2103**	**5498**	**1395**	**4103**
西宁市	**19058**	**9505**	**9553**	**888**	**491**	**397**	**1595**	**385**	**1210**
城东区									
城中区	147	130	17	3	3				
城西区	24	16	8	1	1		1		1
城北区									
湟中区	4118	2102	2016	138	98	40	349	84	265
大通回族土族自治县	11330	5573	5757	557	290	267	923	229	694
湟源县	3439	1684	1755	189	99	90	322	72	250
海东市	**19314**	**9516**	**9798**	**809**	**411**	**398**	**1511**	**396**	**1115**
乐都区	710	359	351	51	36	15	93	28	65
平安区	112	70	42	5	5		15	5	10
民和回族土族自治县	7055	3446	3609	296	145	151	545	158	387
互助土族自治县	6863	3389	3474	275	158	117	558	145	413
化隆回族自治县	1934	934	1000	90	36	54	142	27	115
循化撒拉族自治县	2640	1318	1322	92	31	61	158	33	125
海北藏族自治州	**6969**	**3513**	**3456**	**556**	**258**	**298**	**495**	**132**	**363**
门源回族自治县	2879	1406	1473	217	99	118	217	66	151
祁连县	1451	724	727	132	61	71	110	25	85
海晏县	1689	852	837	124	65	59	105	25	80
刚察县	950	531	419	83	33	50	63	16	47
黄南藏族自治州	**5811**	**3028**	**2783**	**266**	**86**	**180**	**345**	**86**	**259**
同仁县	2661	1399	1262	111	33	78	148	38	110
尖扎县	1252	653	599	71	24	47	88	21	67
泽库县	1099	571	528	41	15	26	56	16	40
河南蒙古族自治县	799	405	394	43	14	29	53	11	42
海南藏族自治州	**9413**	**4773**	**4640**	**709**	**325**	**384**	**682**	**163**	**519**
共和县	3533	1803	1730	284	139	145	207	54	153
同德县	831	431	400	47	13	34	51	10	41
贵德县	2700	1343	1357	193	100	93	252	56	196
兴海县	1280	647	633	119	44	75	100	26	74
贵南县	1069	549	520	66	29	37	72	17	55
果洛藏族自治州	**2466**	**1330**	**1136**	**191**	**59**	**132**	**193**	**49**	**144**
玛沁县	862	483	379	79	35	44	44	10	34
班玛县	406	222	184	24	8	16	25	5	20
甘德县	154	75	79	10		10	31	9	22
达日县	458	234	224	26	3	23	44	11	33
久治县	192	103	89	7	2	5	6	1	5
玛多县	394	213	181	45	11	34	43	13	30
玉树藏族自治州	**4212**	**2132**	**2080**	**226**	**61**	**165**	**280**	**86**	**194**
玉树市	183	91	92	27	9	18	26	8	18
杂多县	1081	555	526	27	6	21	64	18	46
称多县	789	394	395	55	10	45	69	18	51
治多县	764	389	375	46	9	37	48	15	33
囊谦县	818	403	415	34	14	20	25	7	18
曲麻莱县	577	300	277	37	13	24	48	20	28
海西蒙古族藏族自治州	**7262**	**3983**	**3279**	**337**	**188**	**149**	**397**	**98**	**299**
格尔木市	2445	1345	1100	82	56	26	111	31	80
德令哈市	128	74	54	8	5	3	12	2	10
茫崖市	246	165	81	24	15	9	2		2
乌兰县	1275	693	582	69	41	28	95	16	79
都兰县	1883	957	926	83	34	49	126	32	94
天峻县	536	284	252	38	14	24	21	5	16
大柴旦行政委员会	749	465	284	33	23	10	30	12	18

5-1c 各地区分性别、婚姻状况的15岁及以上人口(乡村)

单位：人

地区	15岁及以上人口			未婚		
	合计	男	女	小计	男	女
全省	**176253**	**91011**	**85242**	**38078**	**23307**	**14771**
西宁市	**42109**	**21900**	**20209**	**6830**	**4444**	**2386**
城东区						
城中区	69	32	37	21	9	12
城西区						
城北区	891	485	406	134	85	49
湟中区	21076	10990	10086	3629	2327	1302
大通回族土族自治县	15536	7964	7572	2312	1514	798
湟源县	4537	2429	2108	734	509	225
海东市	**57538**	**29597**	**27941**	**9066**	**5971**	**3095**
乐都区	9291	4786	4505	1306	863	443
平安区	2629	1358	1271	379	245	134
民和回族土族自治县	14148	7234	6914	2433	1550	883
互助土族自治县	16506	8678	7828	2215	1602	613
化隆回族自治县	9182	4665	4517	1572	1005	567
循化撒拉族自治县	5782	2876	2906	1161	706	455
海北藏族自治州	**11783**	**6192**	**5591**	**2182**	**1305**	**877**
门源回族自治县	7203	3807	3396	1200	733	467
祁连县	1586	866	720	250	166	84
海晏县	1031	562	469	195	134	61
刚察县	1963	957	1006	537	272	265
黄南藏族自治州	**12260**	**6129**	**6131**	**3296**	**1874**	**1422**
同仁县	4002	1984	2018	1148	652	496
尖扎县	2586	1299	1287	559	338	221
泽库县	3674	1843	1831	1090	588	502
河南蒙古族自治县	1998	1003	995	499	296	203
海南藏族自治州	**20161**	**10230**	**9931**	**4720**	**2820**	**1900**
共和县	5060	2615	2445	1232	752	480
同德县	3453	1773	1680	924	558	366
贵德县	4578	2300	2278	842	543	299
兴海县	3120	1556	1564	888	476	412
贵南县	3950	1986	1964	834	491	343
果洛藏族自治州	**9003**	**4609**	**4394**	**4063**	**2338**	**1725**
玛沁县	1275	651	624	371	227	144
班玛县	1465	765	700	587	345	242
甘德县	2516	1299	1217	1520	855	665
达日县	1495	795	700	656	403	253
久治县	1779	870	909	781	431	350
玛多县	473	229	244	148	77	71
玉树藏族自治州	**14056**	**7055**	**7001**	**6241**	**3370**	**2871**
玉树市	3942	1982	1960	1944	1053	891
杂多县	1806	914	892	713	391	322
称多县	2547	1283	1264	960	535	425
治多县	768	393	375	237	136	101
囊谦县	3831	1894	1937	2029	1049	980
曲麻莱县	1162	589	573	358	206	152
海西蒙古族藏族自治州	**9343**	**5299**	**4044**	**1680**	**1185**	**495**
格尔木市	2144	1222	922	385	271	114
德令哈市	1833	973	860	339	225	114
茫崖市						
乌兰县	1031	559	472	196	140	56
都兰县	2819	1494	1325	456	303	153
天峻县	809	451	358	188	144	44
大柴旦行政委员会	707	600	107	116	102	14

5-1c　续表　　　　单位：人

地　区	有配偶			离　婚			丧　偶		
	小计	男	女	小计	男	女	小计	男	女
全省	**120951**	**60919**	**60032**	**5620**	**3310**	**2310**	**11604**	**3475**	**8129**
西宁市	**30996**	**15602**	**15394**	**1099**	**861**	**238**	**3184**	**993**	**2191**
城东区									
城中区	43	22	21				5	1	4
城西区									
城北区	685	365	320	21	17	4	51	18	33
湟中区	15281	7728	7553	527	440	87	1639	495	1144
大通回族土族自治县	11684	5810	5874	405	282	123	1135	358	777
湟源县	3303	1677	1626	146	122	24	354	121	233
海东市	**42543**	**21165**	**21378**	**1590**	**1123**	**467**	**4339**	**1338**	**3001**
乐都区	6903	3456	3447	303	247	56	779	220	559
平安区	1954	982	972	84	62	22	212	69	143
民和回族土族自治县	10335	5108	5227	327	243	84	1053	333	720
互助土族自治县	12520	6271	6249	403	336	67	1368	469	899
化隆回族自治县	6760	3344	3416	299	163	136	551	153	398
循化撒拉族自治县	4071	2004	2067	174	72	102	376	94	282
海北藏族自治州	**8380**	**4363**	**4017**	**517**	**303**	**214**	**704**	**221**	**483**
门源回族自治县	5327	2754	2573	241	177	64	435	143	292
祁连县	1153	628	525	92	47	45	91	25	66
海晏县	723	385	338	62	30	32	51	13	38
刚察县	1177	596	581	122	49	73	127	40	87
黄南藏族自治州	**8014**	**4007**	**4007**	**304**	**98**	**206**	**646**	**150**	**496**
同仁县	2530	1253	1277	74	18	56	250	61	189
尖扎县	1760	884	876	98	44	54	169	33	136
泽库县	2391	1207	1184	60	14	46	133	34	99
河南蒙古族自治县	1333	663	670	72	22	50	94	22	72
海南藏族自治州	**13310**	**6666**	**6644**	**966**	**439**	**527**	**1165**	**305**	**860**
共和县	3268	1646	1622	284	139	145	276	78	198
同德县	2270	1141	1129	93	30	63	166	44	122
贵德县	3078	1515	1563	270	146	124	388	96	292
兴海县	1957	988	969	138	55	83	137	37	100
贵南县	2737	1376	1361	181	69	112	198	50	148
果洛藏族自治州	**4114**	**2033**	**2081**	**420**	**122**	**298**	**406**	**116**	**290**
玛沁县	773	385	388	74	19	55	57	20	37
班玛县	735	369	366	48	19	29	95	32	63
甘德县	792	387	405	138	44	94	66	13	53
达日县	694	348	346	53	14	39	92	30	62
久治县	838	408	430	79	13	66	81	18	63
玛多县	282	136	146	28	13	15	15	3	12
玉树藏族自治州	**6848**	**3378**	**3470**	**350**	**114**	**236**	**617**	**193**	**424**
玉树市	1734	849	885	89	28	61	175	52	123
杂多县	1012	493	519	27	10	17	54	20	34
称多县	1354	672	682	100	33	67	133	43	90
治多县	490	244	246	29	7	22	12	6	6
囊谦县	1556	771	785	58	20	38	188	54	134
曲麻莱县	702	349	353	47	16	31	55	18	37
海西蒙古族藏族自治州	**6746**	**3705**	**3041**	**374**	**250**	**124**	**543**	**159**	**384**
格尔木市	1593	882	711	69	48	21	97	21	76
德令哈市	1306	658	648	71	49	22	117	41	76
茫崖市									
乌兰县	691	355	336	49	35	14	95	29	66
都兰县	2054	1055	999	114	77	37	195	59	136
天峻县	536	277	259	48	22	26	37	8	29
大柴旦行政委员会	566	478	88	23	19	4	2	1	1

5-2 全省分性别、职业、婚姻状况的人口

单位：人

职业大类	15岁及以上人口			未婚		
	合计	男	女	小计	男	女
总 计	**226530**	**135849**	**90681**	**37905**	**24606**	**13299**
党的机关、国家机关、群众团体和社会组织、企事业单位负责人	5185	4035	1150	388	286	102
专业技术人员	30798	14241	16557	8285	3898	4387
办事人员和有关人员	18838	11632	7206	3687	2141	1546
社会生产服务和生活服务人员	79667	46024	33643	11640	8032	3608
农、林、牧、渔业生产及辅助人员	52932	28988	23944	7965	5064	2901
生产制造及有关人员	38441	30506	7935	5525	4926	599
不便分类的其他从业人员	669	423	246	415	259	156

5-2 续表

单位：人

职业大类	有配偶			离婚			丧偶		
	小计	男	女	小计	男	女	小计	男	女
总 计	**175739**	**104624**	**71115**	**9744**	**5465**	**4279**	**3142**	**1154**	**1988**
党的机关、国家机关、群众团体和社会组织、企事业单位负责人	4556	3611	945	205	120	85	36	18	18
专业技术人员	21424	9967	11457	945	335	610	144	41	103
办事人员和有关人员	14252	9029	5223	762	391	371	137	71	66
社会生产服务和生活服务人员	62971	35677	27294	4049	2046	2003	1007	269	738
农、林、牧、渔业生产及辅助人员	41478	22282	19196	2009	1100	909	1480	542	938
生产制造及有关人员	30818	23901	6917	1764	1468	296	334	211	123
不便分类的其他从业人员	240	157	83	10	5	5	4	2	2

5–2a　全省分性别、职业、婚姻状况的人口(城市)

单位：人

职业大类	15岁及以上人口			未　婚		
	合计	男	女	小计	男	女
总　计	**89051**	**52749**	**36302**	**14818**	**9075**	**5743**
党的机关、国家机关、群众团体和社会组织、企事业单位负责人	3278	2482	796	260	195	65
专业技术人员	17134	7387	9747	3771	1515	2256
办事人员和有关人员	11488	6904	4584	1927	1093	834
社会生产服务和生活服务人员	39914	22970	16944	6119	4057	2062
农、林、牧、渔业生产及辅助人员	1911	1170	741	300	187	113
生产制造及有关人员	14897	11558	3339	2199	1874	325
不便分类的其他从业人员	429	278	151	242	154	88

5–2a　续表

单位：人

职业大类	有配偶			离　婚			丧　偶		
	小计	男	女	小计	男	女	小计	男	女
总　计	**69664**	**41468**	**28196**	**3929**	**2013**	**1916**	**640**	**193**	**447**
党的机关、国家机关、群众团体和社会组织、企事业单位负责人	2863	2199	664	143	82	61	12	6	6
专业技术人员	12757	5673	7084	539	183	356	67	16	51
办事人员和有关人员	9041	5558	3483	460	231	229	60	22	38
社会生产服务和生活服务人员	31299	17801	13498	2121	1028	1093	375	84	291
农、林、牧、渔业生产及辅助人员	1528	945	583	55	32	23	28	6	22
生产制造及有关人员	11998	9173	2825	603	453	150	97	58	39
不便分类的其他从业人员	178	119	59	8	4	4	1	1	

5-2b 全省分性别、职业、婚姻状况的人口(镇)

单位：人

职业大类	15岁及以上人口			未婚		
	合计	男	女	小计	男	女
总计	**53685**	**32158**	**21527**	**8297**	**5296**	**3001**
党的机关、国家机关、群众团体和社会组织、企事业单位负责人	1180	962	218	60	40	20
专业技术人员	8678	3868	4810	1933	857	1076
办事人员和有关人员	5550	3495	2055	1199	699	500
社会生产服务和生活服务人员	21313	11951	9362	2655	1851	804
农、林、牧、渔业生产及辅助人员	7194	4129	3065	1164	700	464
生产制造及有关人员	9678	7696	1982	1243	1119	124
不便分类的其他从业人员	92	57	35	43	30	13

5-2b 续表

单位：人

职业大类	有配偶			离婚			丧偶		
	小计	男	女	小计	男	女	小计	男	女
总计	**42295**	**25382**	**16913**	**2429**	**1258**	**1171**	**664**	**222**	**442**
党的机关、国家机关、群众团体和社会组织、企事业单位负责人	1061	892	169	44	25	19	15	5	10
专业技术人员	6372	2898	3474	315	99	216	58	14	44
办事人员和有关人员	4063	2651	1412	240	118	122	48	27	21
社会生产服务和生活服务人员	17289	9547	7742	1073	482	591	296	71	225
农、林、牧、渔业生产及辅助人员	5558	3208	2350	307	165	142	165	56	109
生产制造及有关人员	7906	6159	1747	449	369	80	80	49	31
不便分类的其他从业人员	46	27	19	1		1	2		2

5−2c　全省分性别、职业、婚姻状况的人口(乡村)

单位：人

职业大类	15岁及以上人口			未　婚		
	合计	男	女	小计	男	女
总　计	**83794**	**50942**	**32852**	**14790**	**10235**	**4555**
党的机关、国家机关、群众团体和社会组织、企事业单位负责人	727	591	136	68	51	17
专业技术人员	4986	2986	2000	2581	1526	1055
办事人员和有关人员	1800	1233	567	561	349	212
社会生产服务和生活服务人员	18440	11103	7337	2866	2124	742
农、林、牧、渔业生产及辅助人员	43827	23689	20138	6501	4177	2324
生产制造及有关人员	13866	11252	2614	2083	1933	150
不便分类的其他从业人员	148	88	60	130	75	55

5−2c　续表

单位：人

职业大类	有配偶			离　婚			丧　偶		
	小计	男	女	小计	男	女	小计	男	女
总　计	**63780**	**37774**	**26006**	**3386**	**2194**	**1192**	**1838**	**739**	**1099**
党的机关、国家机关、群众团体和社会组织、企事业单位负责人	632	520	112	18	13	5	9	7	2
专业技术人员	2295	1396	899	91	53	38	19	11	8
办事人员和有关人员	1148	820	328	62	42	20	29	22	7
社会生产服务和生活服务人员	14383	8329	6054	855	536	319	336	114	222
农、林、牧、渔业生产及辅助人员	34392	18129	16263	1647	903	744	1287	480	807
生产制造及有关人员	10914	8569	2345	712	646	66	157	104	53
不便分类的其他从业人员	16	11	5	1	1		1	1	

5-3 全省分年龄、性别、受教育

受教育程度 年龄	15岁及以上人口			未婚		
	合计	男	女	小计	男	女
总计	**453713**	**230889**	**222824**	**96917**	**56196**	**40721**
15-19岁	**35643**	**18189**	**17454**	**34752**	**18071**	**16681**
15	7134	3637	3497	7114	3633	3481
16	7741	3950	3791	7697	3944	3753
17	7603	3887	3716	7478	3872	3606
18	6866	3495	3371	6585	3466	3119
19	6299	3220	3079	5878	3156	2722
20-24岁	**34208**	**17434**	**16774**	**26381**	**14871**	**11510**
20	6725	3465	3260	5999	3316	2683
21	6309	3219	3090	5285	2961	2324
22	6823	3461	3362	5330	3015	2315
23	6914	3579	3335	4998	2895	2103
24	7437	3710	3727	4769	2684	2085
25-29岁	**42603**	**21679**	**20924**	**16414**	**10149**	**6265**
25	8131	4074	4057	4494	2604	1890
26	8080	4083	3997	3771	2278	1493
27	8447	4287	4160	3136	1992	1144
28	8984	4634	4350	2807	1798	1009
29	8961	4601	4360	2206	1477	729
30-34岁	**47485**	**24395**	**23090**	**6800**	**4553**	**2247**
30	10469	5375	5094	2048	1370	678
31	9966	5163	4803	1543	1041	502
32	8950	4530	4420	1224	813	411
33	9645	4972	4673	1143	764	379
34	8455	4355	4100	842	565	277
35-39岁	**39752**	**20308**	**19444**	**3194**	**2099**	**1095**
35	7520	3806	3714	681	446	235
36	7495	3811	3684	670	428	242
37	7378	3767	3611	618	394	224
38	9052	4631	4421	679	454	225
39	8307	4293	4014	546	377	169
40-44岁	**44751**	**23305**	**21446**	**2722**	**1963**	**759**
40	8589	4466	4123	593	432	161
41	8899	4630	4269	544	410	134
42	8889	4686	4203	569	410	159
43	8700	4482	4218	487	335	152
44	9674	5041	4633	529	376	153
45-49岁	**51788**	**27022**	**24766**	**2396**	**1750**	**646**
45	9627	4918	4709	527	394	133
46	10341	5406	4935	508	372	136
47	10791	5667	5124	506	372	134
48	10532	5601	4931	466	338	128
49	10497	5430	5067	389	274	115
50-54岁	**50850**	**26290**	**24560**	**1883**	**1344**	**539**
50	11015	5623	5392	479	329	150
51	10492	5435	5057	385	274	111
52	10736	5606	5130	372	268	104
53	9095	4710	4385	330	253	77
54	9512	4916	4596	317	220	97
55-59岁	**37021**	**18895**	**18126**	**900**	**600**	**300**
55	9127	4698	4429	253	178	75
56	8986	4583	4403	226	143	83
57	9000	4567	4433	204	133	71
58	6948	3553	3395	150	97	53
59	2960	1494	1466	67	49	18
60-64岁	**20245**	**10307**	**9938**	**379**	**242**	**137**
60	3530	1840	1690	76	42	34
61	3436	1730	1706	54	35	19
62	4317	2226	2091	93	66	27
63	4591	2320	2271	73	51	22
64	4371	2191	2180	83	48	35
65岁及以上	**49367**	**23065**	**26302**	**1096**	**554**	**542**

程度、婚姻状况的人口

单位：人

有配偶			离婚			丧偶		
小计	男	女	小计	男	女	小计	男	女
315318	**159746**	**155572**	**16288**	**8258**	**8030**	**25190**	**6689**	**18501**
853	**115**	**738**	**35**	**2**	**33**	**3**	**1**	**2**
19	3	16				1	1	
42	6	36	2		2			
119	15	104	6		6			
269	27	242	11	2	9	1		1
404	64	340	16		16	1		1
7485	**2465**	**5020**	**333**	**93**	**240**	**9**	**5**	**4**
701	146	555	24	2	22	1	1	
984	246	738	40	12	28			
1434	431	1003	59	15	44			
1824	658	1166	90	26	64	2		2
2542	984	1558	120	38	82	6	4	2
24988	**10980**	**14008**	**1154**	**534**	**620**	**47**	**16**	**31**
3480	1412	2068	149	56	93	8	2	6
4139	1736	2403	162	65	97	8	4	4
5090	2193	2897	210	99	111	11	3	8
5861	2681	3180	305	152	153	11	3	8
6418	2958	3460	328	162	166	9	4	5
38408	**18593**	**19815**	**2161**	**1208**	**953**	**116**	**41**	**75**
8002	3780	4222	402	218	184	17	7	10
7969	3882	4087	429	236	193	25	4	21
7302	3486	3816	402	220	182	22	11	11
8005	3932	4073	469	266	203	28	10	18
7130	3513	3617	459	268	191	24	9	15
34232	**17014**	**17218**	**2103**	**1139**	**964**	**223**	**56**	**167**
6428	3148	3280	379	203	176	32	9	23
6350	3137	3213	436	237	199	39	9	30
6350	3164	3186	372	200	172	38	9	29
7848	3914	3934	473	246	227	52	17	35
7256	3651	3605	443	253	190	62	12	50
39010	**19857**	**19153**	**2562**	**1364**	**1198**	**457**	**121**	**336**
7443	3765	3678	494	258	236	59	11	48
7775	3930	3845	503	267	236	77	23	54
7721	3967	3754	511	285	226	88	24	64
7629	3875	3754	471	241	230	113	31	82
8442	4320	4122	583	313	270	120	32	88
45701	**23623**	**22078**	**2762**	**1423**	**1339**	**929**	**226**	**703**
8506	4253	4253	463	238	225	131	33	98
9086	4700	4386	584	295	289	163	39	124
9511	4939	4572	572	309	263	202	47	155
9293	4919	4374	580	293	287	193	51	142
9305	4812	4493	563	288	275	240	56	184
44711	**23238**	**21473**	**2445**	**1250**	**1195**	**1811**	**458**	**1353**
9653	4931	4722	580	289	291	303	74	229
9234	4819	4415	554	266	288	319	76	243
9474	4964	4510	502	264	238	388	110	278
7992	4170	3822	399	206	193	374	81	293
8358	4354	4004	410	225	185	427	117	310
32342	**17098**	**15244**	**1419**	**657**	**762**	**2360**	**540**	**1820**
8000	4213	3787	396	194	202	478	113	365
7866	4137	3729	381	180	201	513	123	390
7871	4138	3733	315	152	163	610	144	466
6051	3252	2799	229	92	137	518	112	406
2554	1358	1196	98	39	59	241	48	193
16860	**9213**	**7647**	**581**	**253**	**328**	**2425**	**599**	**1826**
3013	1662	1351	127	59	68	314	77	237
2905	1566	1339	120	51	69	357	78	279
3564	1964	1600	129	48	81	531	148	383
3836	2093	1743	107	47	60	575	129	446
3542	1928	1614	98	48	50	648	167	481
30728	**17550**	**13178**	**733**	**335**	**398**	**16810**	**4626**	**12184**

5-3 续表 1

受教育程度 年　龄	15岁及以上人口			未　婚		
	合计	男	女	小计	男	女
未上过学	**47609**	**14774**	**32835**	**4038**	**2160**	**1878**
15-19岁	**337**	**158**	**179**	**308**	**150**	**158**
15	48	28	20	47	27	20
16	53	26	27	51	25	26
17	61	27	34	57	26	31
18	70	33	37	65	33	32
19	105	44	61	88	39	49
20-24岁	**753**	**328**	**425**	**494**	**270**	**224**
20	140	66	74	114	60	54
21	147	71	76	109	61	48
22	135	68	67	91	57	34
23	146	62	84	91	51	40
24	185	61	124	89	41	48
25-29岁	**1362**	**550**	**812**	**472**	**256**	**216**
25	240	87	153	106	52	54
26	240	92	148	93	50	43
27	257	103	154	91	52	39
28	311	147	164	100	63	37
29	314	121	193	82	39	43
30-34岁	**2265**	**807**	**1458**	**419**	**239**	**180**
30	395	135	260	83	48	35
31	446	159	287	95	58	37
32	430	143	287	81	42	39
33	523	202	321	90	44	46
34	471	168	303	70	47	23
35-39岁	**2904**	**999**	**1905**	**341**	**170**	**171**
35	527	185	342	68	32	36
36	542	186	356	67	28	39
37	545	190	355	81	45	36
38	652	229	423	68	33	35
39	638	209	429	57	32	25
40-44岁	**3876**	**1357**	**2519**	**379**	**217**	**162**
40	719	239	480	82	45	37
41	711	261	450	78	43	35
42	755	256	499	80	45	35
43	838	319	519	81	50	31
44	853	282	571	58	34	24
45-49岁	**5193**	**1720**	**3473**	**391**	**230**	**161**
45	941	326	615	78	48	30
46	987	327	660	78	46	32
47	1055	356	699	81	49	32
48	1071	339	732	79	47	32
49	1139	372	767	75	40	35
50-54岁	**5847**	**1784**	**4063**	**391**	**231**	**160**
50	1231	373	858	109	65	44
51	1207	377	830	81	43	38
52	1205	384	821	72	44	28
53	1076	346	730	62	48	14
54	1128	304	824	67	31	36
55-59岁	**5186**	**1306**	**3880**	**231**	**113**	**118**
55	1101	296	805	64	38	26
56	1182	307	875	65	28	37
57	1308	323	985	53	25	28
58	1070	249	821	36	15	21
59	525	131	394	13	7	6
60-64岁	**4371**	**1192**	**3179**	**118**	**69**	**49**
60	600	160	440	19	8	11
61	653	185	468	22	15	7
62	933	246	687	27	18	9
63	1067	287	780	26	17	9
64	1118	314	804	24	11	13
65岁及以上	**15515**	**4573**	**10942**	**494**	**215**	**279**

单位：人

有配偶			离婚			丧偶		
小计	男	女	小计	男	女	小计	男	女
33320	**10715**	**22605**	**1430**	**425**	**1005**	**8821**	**1474**	**7347**
27	**8**	**19**	**2**		**2**			
1	1							
2	1	1						
4	1	3						
5		5						
15	5	10	2		2			
246	**56**	**190**	**12**	**1**	**11**	**1**	**1**	
24	6	18	2		2			
35	10	25	3		3			
42	10	32	2	1	1			
53	11	42	2		2			
92	19	73	3		3	1	1	
840	**281**	**559**	**45**	**11**	**34**	**5**	**2**	**3**
128	34	94	6	1	5			
143	41	102	4	1	3			
156	47	109	8	4	4	2		2
197	80	117	14	4	10			
216	79	137	13	1	12	3	2	1
1734	**534**	**1200**	**102**	**31**	**71**	**10**	**3**	**7**
298	84	214	14	3	11			
334	94	240	15	7	8	2		2
324	95	229	23	4	19	2	2	
398	147	251	31	10	21	4	1	3
380	114	266	19	7	12	2		2
2420	**797**	**1623**	**116**	**26**	**90**	**27**	**6**	**21**
439	148	291	19	5	14	1		1
450	148	302	18	9	9	7	1	6
431	141	290	28	4	24	5		5
550	187	363	27	5	22	7	4	3
550	173	377	24	3	21	7	1	6
3211	**1058**	**2153**	**201**	**67**	**134**	**85**	**15**	**70**
585	183	402	41	10	31	11	1	10
601	209	392	25	7	18	7	2	5
627	197	430	37	13	24	11	1	10
672	244	428	58	21	37	27	4	23
726	225	501	40	16	24	29	7	22
4376	**1385**	**2991**	**251**	**82**	**169**	**175**	**23**	**152**
798	263	535	44	10	34	21	5	16
829	254	575	55	24	31	25	3	22
875	281	594	51	22	29	48	4	44
909	278	631	45	8	37	38	6	32
965	309	656	56	18	38	43	5	38
4858	**1428**	**3430**	**250**	**67**	**183**	**348**	**58**	**290**
1008	289	719	60	13	47	54	6	48
999	302	697	64	19	45	63	13	50
1018	308	710	47	15	32	68	17	51
895	277	618	38	10	28	81	11	70
938	252	686	41	10	31	82	11	71
4179	**1083**	**3096**	**158**	**47**	**111**	**618**	**63**	**555**
880	233	647	41	10	31	116	15	101
955	253	702	32	10	22	130	16	114
1051	264	787	41	13	28	163	21	142
864	215	649	28	11	17	142	8	134
429	118	311	16	3	13	67	3	64
3308	**974**	**2334**	**94**	**30**	**64**	**851**	**119**	**732**
475	134	341	12	4	8	94	14	80
502	152	350	13	3	10	116	15	101
695	193	502	28	4	24	183	31	152
827	242	585	18	10	8	196	18	178
809	253	556	23	9	14	262	41	221
8121	**3111**	**5010**	**199**	**63**	**136**	**6701**	**1184**	**5517**

5-3 续表 2

受教育程度 年　　龄	15岁及以上人口			未　　婚		
	合计	男	女	小计	男	女
学前教育	**612**	**246**	**366**	**128**	**72**	**56**
15-19岁	**41**	**22**	**19**	**41**	**22**	**19**
15	18	11	7	18	11	7
16	11	5	6	11	5	6
17	5	2	3	5	2	3
18	3	1	2	3	1	2
19	4	3	1	4	3	1
20-24岁	**34**	**14**	**20**	**26**	**14**	**12**
20	6	3	3	5	3	2
21	10	3	7	9	3	6
22	7	2	5	4	2	2
23	6	4	2	5	4	1
24	5	2	3	3	2	1
25-29岁	**28**	**16**	**12**	**13**	**10**	**3**
25	4	2	2	1	1	
26	6	5	1	4	4	
27	7	4	3	3	3	
28	7	3	4	4	1	3
29	4	2	2	1	1	
30-34岁	**39**	**18**	**21**	**11**	**6**	**5**
30	9	2	7	3		3
31	5	3	2	4	3	1
32	5	2	3	1	1	
33	11	8	3	3	2	1
34	9	3	6			
35-39岁	**45**	**20**	**25**	**15**	**9**	**6**
35	6	5	1	4	3	1
36	6	3	3	2	1	1
37	12	8	4	4	3	1
38	13	3	10	2	1	1
39	8	1	7	3	1	2
40-44岁	**47**	**22**	**25**	**6**	**4**	**2**
40	7	3	4	3	2	1
41	9	4	5			
42	8	4	4	1	1	
43	12	6	6			
44	11	5	6	2	1	1
45-49岁	**66**	**26**	**40**	**5**	**2**	**3**
45	12	7	5	3	1	2
46	9	2	7			
47	11	4	7			
48	24	9	15	2	1	1
49	10	4	6			
50-54岁	**65**	**20**	**45**	**4**	**2**	**2**
50	13	5	8	1	1	
51	12	4	8	2		2
52	12	2	10	1	1	
53	12	4	8			
54	16	5	11			
55-59岁	**61**	**21**	**40**	**4**	**1**	**3**
55	15	5	10	2	1	1
56	13	4	9	2		2
57	13	3	10			
58	16	7	9			
59	4	2	2			
60-64岁	**44**	**18**	**26**	**1**	**1**	
60	5		5			
61	7	4	3			
62	12	5	7			
63	9	3	6			
64	11	6	5	1	1	
65岁及以上	**142**	**49**	**93**	**2**	**1**	**1**

单位：人

有配偶			离婚			丧偶		
小计	男	女	小计	男	女	小计	男	女
378	**150**	**228**	**12**	**5**	**7**	**94**	**19**	**75**
7		**7**	**1**		**1**			
1		1						
1		1						
2		2	1		1			
1		1						
2		2						
15	**6**	**9**						
3	1	2						
2	1	1						
4	1	3						
3	2	1						
3	1	2						
27	**11**	**16**	**1**	**1**				
6	2	4						
1		1						
4	1	3						
7	5	2	1	1				
9	3	6						
29	**11**	**18**				**1**		**1**
2	2							
4	2	2						
8	5	3						
10	2	8				1		1
5		5						
39	**16**	**23**	**2**	**2**				
4	1	3						
8	3	5	1	1				
7	3	4						
11	5	6	1	1				
9	4	5						
57	**23**	**34**	**4**	**1**	**3**			
9	6	3						
9	2	7						
10	4	6	1		1			
19	7	12	3	1	2			
10	4	6						
54	**16**	**38**	**3**		**3**	**4**	**2**	**2**
11	4	7				1		1
9	4	5	1		1			
10	1	9	1		1			
11	4	7	1		1			
13	3	10				3	2	1
49	**19**	**30**	**1**	**1**		**7**		**7**
13	4	9						
10	4	6				1		1
11	3	8				2		2
11	6	5	1	1		4		4
4	2	2						
32	**15**	**17**				**11**	**2**	**9**
2		2				3		3
6	4	2				1		1
8	4	4				4	1	3
8	3	5				1		1
8	4	4				2	1	1
69	**33**	**36**				**71**	**15**	**56**

5-3 续表 3

受教育程度 年龄	15岁及以上人口			未婚		
	合计	男	女	小计	男	女
小学	**131642**	**63805**	**67837**	**14117**	**9229**	**4888**
15-19岁	**2097**	**1063**	**1034**	**1805**	**1035**	**770**
15	278	144	134	268	144	124
16	320	164	156	300	161	139
17	389	203	186	350	201	149
18	505	252	253	418	245	173
19	605	300	305	469	284	185
20-24岁	**4738**	**2229**	**2509**	**2559**	**1640**	**919**
20	758	371	387	518	340	178
21	834	386	448	515	320	195
22	999	471	528	534	352	182
23	1043	497	546	534	344	190
24	1104	504	600	458	284	174
25-29岁	**7796**	**3555**	**4241**	**2258**	**1438**	**820**
25	1322	576	746	492	294	198
26	1493	692	801	500	324	176
27	1523	682	841	433	277	156
28	1605	734	871	397	237	160
29	1853	871	982	436	306	130
30-34岁	**11384**	**5306**	**6078**	**1617**	**1090**	**527**
30	2209	1015	1194	387	268	119
31	2313	1059	1254	338	227	111
32	2176	1006	1170	303	213	90
33	2482	1184	1298	336	228	108
34	2204	1042	1162	253	154	99
35-39岁	**11832**	**5612**	**6220**	**1239**	**795**	**444**
35	2076	941	1135	230	147	83
36	2163	1021	1142	250	156	94
37	2205	1050	1155	238	147	91
38	2782	1345	1437	281	180	101
39	2606	1255	1351	240	165	75
40-44岁	**14739**	**7258**	**7481**	**1293**	**932**	**361**
40	2828	1390	1438	254	189	65
41	2782	1385	1397	241	178	63
42	2963	1501	1462	262	193	69
43	2884	1391	1493	256	177	79
44	3282	1591	1691	280	195	85
45-49岁	**17576**	**8654**	**8922**	**1151**	**835**	**316**
45	3275	1537	1738	238	167	71
46	3510	1756	1754	254	190	64
47	3673	1834	1839	247	180	67
48	3571	1782	1789	230	162	68
49	3547	1745	1802	182	136	46
50-54岁	**18749**	**9190**	**9559**	**1006**	**728**	**278**
50	3933	1866	2067	247	171	76
51	3741	1869	1872	191	142	49
52	3963	1995	1968	203	150	53
53	3535	1717	1818	185	136	49
54	3577	1743	1834	180	129	51
55-59岁	**12869**	**6106**	**6763**	**469**	**327**	**142**
55	3324	1666	1658	131	93	38
56	3089	1446	1643	106	77	29
57	2974	1354	1620	119	81	38
58	2450	1158	1292	73	48	25
59	1032	482	550	40	28	12
60-64岁	**7609**	**3776**	**3833**	**200**	**131**	**69**
60	1209	586	623	44	25	19
61	1165	537	628	22	14	8
62	1594	808	786	56	40	16
63	1817	931	886	34	23	11
64	1824	914	910	44	29	15
65岁及以上	**22253**	**11056**	**11197**	**520**	**278**	**242**

单位：人

有配偶			离婚			丧偶		
小计	男	女	小计	男	女	小计	男	女
101950	**49003**	**52947**	**4467**	**2262**	**2205**	**11108**	**3311**	**7797**
276	**28**	**248**	**16**		**16**			
10		10						
19	3	16	1		1			
35	2	33	4		4			
82	7	75	5		5			
130	16	114	6		6			
2045	**554**	**1491**	**129**	**33**	**96**	**5**	**2**	**3**
230	30	200	9		9	1	1	
302	62	240	17	4	13			
444	112	332	21	7	14			
471	144	327	36	9	27	2		2
598	206	392	46	13	33	2	1	1
5205	**1974**	**3231**	**317**	**138**	**179**	**16**	**5**	**11**
788	269	519	38	12	26	4	1	3
935	347	588	56	20	36	2	1	1
1023	376	647	63	28	35	4	1	3
1125	459	666	79	37	42	4	1	3
1334	523	811	81	41	40	2	1	1
9177	**3938**	**5239**	**547**	**264**	**283**	**43**	**14**	**29**
1714	692	1022	102	53	49	6	2	4
1856	787	1069	109	44	65	10	1	9
1772	748	1024	94	42	52	7	3	4
2025	895	1130	112	58	54	9	3	6
1810	816	994	130	67	63	11	5	6
9882	**4485**	**5397**	**601**	**304**	**297**	**110**	**28**	**82**
1735	743	992	94	47	47	17	4	13
1772	799	973	118	60	58	23	6	17
1833	838	995	114	58	56	20	7	13
2342	1097	1245	139	61	78	20	7	13
2200	1008	1192	136	78	58	30	4	26
12562	**5882**	**6680**	**692**	**387**	**305**	**192**	**57**	**135**
2415	1124	1291	137	72	65	22	5	17
2365	1120	1245	138	74	64	38	13	25
2524	1214	1310	140	86	54	37	8	29
2466	1143	1323	116	56	60	46	15	31
2792	1281	1511	161	99	62	49	16	33
15274	**7297**	**7977**	**745**	**411**	**334**	**406**	**111**	**295**
2845	1284	1561	139	74	65	53	12	41
3020	1465	1555	158	81	77	78	20	58
3186	1538	1648	152	90	62	88	26	62
3109	1519	1590	148	76	72	84	25	59
3114	1491	1623	148	90	58	103	28	75
16254	**7898**	**8356**	**654**	**372**	**282**	**835**	**192**	**643**
3397	1584	1813	146	79	67	143	32	111
3269	1616	1653	141	77	64	140	34	106
3433	1713	1720	139	84	55	188	48	140
3073	1489	1584	109	62	47	168	30	138
3082	1496	1586	119	70	49	196	48	148
11074	**5379**	**5695**	**329**	**161**	**168**	**997**	**239**	**758**
2875	1461	1414	101	53	48	217	59	158
2684	1276	1408	99	44	55	200	49	151
2539	1184	1355	59	34	25	257	55	202
2100	1032	1068	58	27	31	219	51	168
876	426	450	12	3	9	104	25	79
6255	**3296**	**2959**	**153**	**71**	**82**	**1001**	**278**	**723**
1009	512	497	30	12	18	126	37	89
973	476	497	30	13	17	140	34	106
1287	690	597	34	16	18	217	62	155
1497	820	677	30	15	15	256	73	183
1489	798	691	29	15	14	262	72	190
13946	**8272**	**5674**	**284**	**121**	**163**	**7503**	**2385**	**5118**

5-3 续表 4

受教育程度 年龄	15岁及以上人口			未婚		
	合计	男	女	小计	男	女
初 中	**120702**	**71070**	**49632**	**22077**	**15012**	**7065**
15-19岁	**11286**	**6189**	**5097**	**10786**	**6122**	**4664**
15	4393	2333	2060	4385	2331	2054
16	2478	1348	1130	2460	1347	1113
17	1576	864	712	1501	855	646
18	1438	812	626	1273	792	481
19	1401	832	569	1167	797	370
20-24岁	**8263**	**4849**	**3414**	**4744**	**3551**	**1193**
20	1424	865	559	1065	770	295
21	1498	865	633	987	723	264
22	1656	970	686	967	742	225
23	1766	1039	727	908	692	216
24	1919	1110	809	817	624	193
25-29岁	**11422**	**6488**	**4934**	**2950**	**2340**	**610**
25	2119	1232	887	789	604	185
26	2074	1167	907	626	497	129
27	2287	1291	996	577	465	112
28	2458	1389	1069	521	422	99
29	2484	1409	1075	437	352	85
30-34岁	**13520**	**7594**	**5926**	**1411**	**1143**	**268**
30	2951	1665	1286	418	337	81
31	2708	1528	1180	307	252	55
32	2516	1395	1121	248	205	43
33	2813	1558	1255	250	199	51
34	2532	1448	1084	188	150	38
35-39岁	**12554**	**7146**	**5408**	**673**	**559**	**114**
35	2333	1311	1022	142	113	29
36	2324	1308	1016	143	120	23
37	2295	1308	987	124	97	27
38	2906	1615	1291	143	127	16
39	2696	1604	1092	121	102	19
40-44岁	**13720**	**8003**	**5717**	**539**	**470**	**69**
40	2654	1555	1099	143	125	18
41	2845	1619	1226	118	105	13
42	2664	1564	1100	102	87	15
43	2627	1546	1081	70	66	4
44	2930	1719	1211	106	87	19
45-49岁	**14997**	**8908**	**6089**	**490**	**429**	**61**
45	2846	1677	1169	118	111	7
46	3006	1779	1227	97	82	15
47	3204	1887	1317	112	95	17
48	2977	1831	1146	91	83	8
49	2964	1734	1230	72	58	14
50-54岁	**13563**	**8268**	**5295**	**274**	**228**	**46**
50	2985	1784	1201	72	57	15
51	2746	1624	1122	65	55	10
52	2832	1741	1091	53	43	10
53	2368	1489	879	40	35	5
54	2632	1630	1002	44	38	6
55-59岁	**9998**	**6351**	**3647**	**127**	**111**	**16**
55	2576	1563	1013	31	27	4
56	2588	1610	978	35	28	7
57	2409	1558	851	22	20	2
58	1741	1154	587	29	26	3
59	684	466	218	10	10	
60-64岁	**4244**	**2815**	**1429**	**34**	**24**	**10**
60	881	596	285	9	7	2
61	794	503	291	5	2	3
62	893	614	279	6	4	2
63	891	574	317	5	5	
64	785	528	257	9	6	3
65岁及以上	**7135**	**4459**	**2676**	**49**	**35**	**14**

单位：人

有配偶			离婚			丧偶		
小计	男	女	小计	男	女	小计	男	女
90104	**51563**	**38541**	**5198**	**3204**	**1994**	**3323**	**1291**	**2032**
482	**65**	**417**	**17**	**2**	**15**	**1**		**1**
8	2	6						
17	1	16	1		1			
73	9	64	2		2			
158	18	140	6	2	4	1		1
226	35	191	8		8			
3373	**1249**	**2124**	**144**	**48**	**96**	**2**	**1**	**1**
348	93	255	11	2	9			
495	136	359	16	6	10			
662	222	440	27	6	21			
817	333	484	41	14	27			
1051	465	586	49	20	29	2	1	1
7963	**3885**	**4078**	**490**	**255**	**235**	**19**	**8**	**11**
1261	596	665	66	31	35	3	1	2
1374	638	736	69	29	40	5	3	2
1624	785	839	83	39	44	3	2	1
1809	895	914	122	70	52	6	2	4
1895	971	924	150	86	64	2		2
11268	**5870**	**5398**	**807**	**565**	**242**	**34**	**16**	**18**
2376	1228	1148	149	96	53	8	4	4
2231	1158	1073	164	118	46	6		6
2105	1075	1030	154	109	45	9	6	3
2380	1234	1146	176	122	54	7	3	4
2176	1175	1001	164	120	44	4	3	1
11112	**6087**	**5025**	**710**	**481**	**229**	**59**	**19**	**40**
2051	1112	939	131	82	49	9	4	5
2020	1079	941	155	108	47	6	1	5
2045	1126	919	118	83	35	8	2	6
2598	1383	1215	149	100	49	16	5	11
2398	1387	1011	157	108	49	20	7	13
12240	**6956**	**5284**	**826**	**537**	**289**	**115**	**40**	**75**
2336	1319	1017	163	107	56	12	4	8
2542	1406	1136	162	100	62	23	8	15
2367	1352	1015	166	113	53	29	12	17
2384	1372	1012	148	100	48	25	8	17
2611	1507	1104	187	117	70	26	8	18
13477	**7914**	**5563**	**817**	**496**	**321**	**213**	**69**	**144**
2557	1465	1092	134	89	45	37	12	25
2704	1580	1124	174	109	65	31	8	23
2870	1677	1193	178	100	78	44	15	29
2686	1628	1058	160	105	55	40	15	25
2660	1564	1096	171	93	78	61	19	42
12219	**7493**	**4726**	**682**	**402**	**280**	**388**	**145**	**243**
2711	1622	1089	142	84	58	60	21	39
2449	1461	988	157	86	71	75	22	53
2554	1581	973	145	82	63	80	35	45
2135	1351	784	124	80	44	69	23	46
2370	1478	892	114	70	44	104	44	60
9013	**5830**	**3183**	**401**	**238**	**163**	**457**	**172**	**285**
2341	1439	902	118	73	45	86	24	62
2311	1463	848	115	68	47	127	51	76
2187	1438	749	84	54	30	116	46	70
1568	1065	503	53	25	28	91	38	53
606	425	181	31	18	13	37	13	24
3719	**2577**	**1142**	**156**	**85**	**71**	**335**	**129**	**206**
780	546	234	37	23	14	55	20	35
703	469	234	31	16	15	55	16	39
784	559	225	35	19	16	68	32	36
785	537	248	29	11	18	72	21	51
667	466	201	24	16	8	85	40	45
5238	**3637**	**1601**	**148**	**95**	**53**	**1700**	**692**	**1008**

5−3 续表 5

受教育程度 年　　龄	15岁及以上人口			未　　婚		
	合计	男	女	小计	男	女
高　中	**61661**	**33276**	**28385**	**24416**	**13297**	**11119**
15−19岁	**17662**	**8748**	**8914**	**17606**	**8734**	**8872**
15	2331	1080	1251	2331	1080	1251
16	4700	2303	2397	4696	2302	2394
17	5212	2613	2599	5207	2610	2597
18	3621	1806	1815	3601	1804	1797
19	1798	946	852	1771	938	833
20−24岁	**4409**	**2517**	**1892**	**3583**	**2213**	**1370**
20	1194	633	561	1124	621	503
21	855	468	387	770	452	318
22	763	436	327	611	394	217
23	805	484	321	588	396	192
24	792	496	296	490	350	140
25−29岁	**4620**	**2680**	**1940**	**1663**	**1197**	**466**
25	869	512	357	444	316	128
26	830	497	333	355	255	100
27	924	552	372	335	251	84
28	1002	560	442	284	199	85
29	995	559	436	245	176	69
30−34岁	**4658**	**2634**	**2024**	**704**	**506**	**198**
30	1070	614	456	216	161	55
31	1007	575	432	159	116	43
32	866	497	369	131	88	43
33	910	506	404	115	79	36
34	805	442	363	83	62	21
35−39岁	**3279**	**1820**	**1459**	**272**	**200**	**72**
35	591	333	258	50	37	13
36	621	343	278	55	44	11
37	569	300	269	52	33	19
38	744	429	315	56	45	11
39	754	415	339	59	41	18
40−44岁	**4600**	**2514**	**2086**	**202**	**146**	**56**
40	825	443	382	42	29	13
41	898	507	391	44	35	9
42	940	512	428	49	39	10
43	877	457	420	36	21	15
44	1060	595	465	31	22	9
45−49岁	**6405**	**3434**	**2971**	**192**	**148**	**44**
45	1087	571	516	43	34	9
46	1278	694	584	39	31	8
47	1286	720	566	36	27	9
48	1383	730	653	38	29	9
49	1371	719	652	36	27	9
50−54岁	**6292**	**3306**	**2986**	**124**	**104**	**20**
50	1447	790	657	32	28	4
51	1402	739	663	28	24	4
52	1390	697	693	21	17	4
53	1013	513	500	24	18	6
54	1040	567	473	19	17	2
55−59岁	**4678**	**2455**	**2223**	**37**	**26**	**11**
55	1020	525	495	16	11	5
56	1021	521	500	10	6	4
57	1183	616	567	4	4	
58	1007	542	465	5	3	2
59	447	251	196	2	2	
60−64岁	**2515**	**1527**	**988**	**16**	**10**	**6**
60	526	305	221	2		2
61	530	317	213	3	2	1
62	577	342	235	3	3	
63	510	317	193	6	5	1
64	372	246	126	2		2
65岁及以上	**2543**	**1641**	**902**	**17**	**13**	**4**

单位：人

有配偶			离婚			丧偶		
小计	男	女	小计	男	女	小计	男	女
33641	**18408**	**15233**	**2467**	**1217**	**1250**	**1137**	**354**	**783**
56	**14**	**42**						
4	1	3						
5	3	2						
20	2	18						
27	8	19						
794	**295**	**499**	**32**	**9**	**23**			
68	12	56	2		2			
84	16	68	1		1			
145	41	104	7	1	6			
208	85	123	9	3	6			
289	141	148	13	5	8			
2837	**1415**	**1422**	**118**	**68**	**50**	**2**		**2**
412	189	223	13	7	6			
461	232	229	14	10	4			
562	284	278	25	17	8	2		2
678	341	337	40	20	20			
724	369	355	26	14	12			
3723	**1997**	**1726**	**219**	**128**	**91**	**12**	**3**	**9**
814	430	384	37	22	15	3	1	2
803	435	368	44	24	20	1		1
690	386	304	44	23	21	1		1
748	396	352	44	30	14	3	1	2
668	350	318	50	29	21	4	1	3
2771	**1491**	**1280**	**227**	**129**	**98**	**9**		**9**
494	269	225	45	27	18	2		2
517	276	241	48	23	25	1		1
481	249	232	33	18	15	3		3
644	359	285	42	25	17	2		2
635	338	297	59	36	23	1		1
4007	**2186**	**1821**	**368**	**179**	**189**	**23**	**3**	**20**
714	378	336	65	36	29	4		4
783	435	348	68	37	31	3		3
815	444	371	72	29	43	4		4
764	397	367	71	37	34	6	2	4
931	532	399	92	40	52	6	1	5
5592	**3002**	**2590**	**542**	**269**	**273**	**79**	**15**	**64**
950	491	459	83	44	39	11	2	9
1113	609	504	106	47	59	20	7	13
1132	629	503	110	64	46	8		8
1186	632	554	140	66	74	19	3	16
1211	641	570	103	48	55	21	3	18
5550	**2926**	**2624**	**473**	**240**	**233**	**145**	**36**	**109**
1254	682	572	130	70	60	31	10	21
1244	659	585	109	52	57	21	4	17
1238	623	615	100	51	49	31	6	25
887	456	431	68	30	38	34	9	25
927	506	421	66	37	29	28	7	21
4157	**2270**	**1887**	**312**	**119**	**193**	**172**	**40**	**132**
894	471	423	75	35	40	35	8	27
907	477	430	75	34	41	29	4	25
1052	570	482	77	28	49	50	14	36
902	518	384	59	13	46	41	8	33
402	234	168	26	9	17	17	6	11
2218	**1423**	**795**	**118**	**44**	**74**	**163**	**50**	**113**
466	286	180	30	13	17	28	6	22
465	296	169	32	13	19	30	6	24
507	315	192	23	6	17	44	18	26
448	294	154	21	7	14	35	11	24
332	232	100	12	5	7	26	9	17
1936	**1389**	**547**	**58**	**32**	**26**	**532**	**207**	**325**

5－3 续表 6

受教育程度 年　　龄	15岁及以上人口			未　　婚		
	合计	男	女	小计	男	女
大学专科	**46764**	**25246**	**21518**	**15946**	**8807**	**7139**
15－19岁	**2485**	**1276**	**1209**	**2473**	**1276**	**1197**
15	60	38	22	60	38	22
16	166	99	67	166	99	67
17	278	143	135	276	143	133
18	699	366	333	696	366	330
19	1282	630	652	1275	630	645
20－24岁	**8538**	**4194**	**4344**	**7749**	**3958**	**3791**
20	1773	895	878	1747	891	856
21	1577	786	791	1518	766	752
22	1775	870	905	1657	833	824
23	1642	814	828	1421	745	676
24	1771	829	942	1406	723	683
25－29岁	**8058**	**4185**	**3873**	**3897**	**2366**	**1531**
25	1715	845	870	1160	652	508
26	1587	807	780	892	518	374
27	1557	836	721	723	468	255
28	1669	894	775	653	416	237
29	1530	803	727	469	312	157
30－34岁	**6892**	**3747**	**3145**	**1179**	**787**	**392**
30	1733	951	782	408	279	129
31	1559	858	701	287	184	103
32	1289	675	614	204	136	68
33	1266	694	572	162	105	57
34	1045	569	476	118	83	35
35－39岁	**3813**	**2048**	**1765**	**295**	**188**	**107**
35	844	461	383	82	54	28
36	725	400	325	60	34	26
37	695	375	320	51	35	16
38	820	433	387	67	44	23
39	729	379	350	35	21	14
40－44岁	**3719**	**2006**	**1713**	**165**	**113**	**52**
40	690	366	324	32	20	12
41	775	417	358	39	33	6
42	715	396	319	41	26	15
43	737	389	348	25	14	11
44	802	438	364	28	20	8
45－49岁	**4181**	**2292**	**1889**	**99**	**61**	**38**
45	763	409	354	26	20	6
46	834	444	390	25	14	11
47	875	460	415	20	14	6
48	824	475	349	15	8	7
49	885	504	381	13	5	8
50－54岁	**3808**	**2149**	**1659**	**51**	**33**	**18**
50	824	456	368	10	5	5
51	845	494	351	11	6	5
52	799	447	352	14	8	6
53	662	375	287	10	9	1
54	678	377	301	6	5	1
55－59岁	**2829**	**1669**	**1160**	**22**	**13**	**9**
55	702	379	323	4	4	
56	702	425	277	6	2	4
57	757	459	298	4	1	3
58	483	304	179	6	4	2
59	185	102	83	2	2	
60－64岁	**1115**	**739**	**376**	**5**	**3**	**2**
60	220	144	76	1	1	
61	231	146	85			
62	240	158	82			
63	227	156	71	2	1	1
64	197	135	62	2	1	1
65岁及以上	**1326**	**941**	**385**	**11**	**9**	**2**

单位：人

有配偶			离婚			丧偶		
小计	男	女	小计	男	女	小计	男	女
28681	**15578**	**13103**	**1627**	**691**	**936**	**510**	**170**	**340**
11		**11**				**1**		**1**
2		2						
3		3						
6		6				1		1
778	**233**	**545**	**10**	**2**	**8**	**1**	**1**	
26	4	22						
57	18	39	2	2				
117	37	80	1		1			
219	69	150	2		2			
359	105	254	5		5	1	1	
4027	**1775**	**2252**	**130**	**44**	**86**	**4**		**4**
532	189	343	22	4	18	1		1
679	284	395	15	5	10	1		1
810	359	451	24	9	15			
981	464	517	34	14	20	1		1
1025	479	546	35	12	23	1		1
5446	**2841**	**2605**	**256**	**116**	**140**	**11**	**3**	**8**
1260	645	615	65	27	38			
1214	649	565	55	24	31	3	1	2
1043	522	521	39	17	22	3		3
1051	564	487	50	23	27	3	2	1
878	461	417	47	25	22	2		2
3294	**1759**	**1535**	**217**	**100**	**117**	**7**	**1**	**6**
710	384	326	51	23	28	1		1
629	350	279	35	15	20	1	1	
602	321	281	40	19	21	2		2
696	361	335	56	28	28	1		1
657	343	314	35	15	20	2		2
3254	**1763**	**1491**	**279**	**127**	**152**	**21**	**3**	**18**
593	320	273	60	25	35	5	1	4
669	353	316	62	31	31	5		5
621	344	277	49	24	25	4	2	2
665	357	308	44	18	26	3		3
706	389	317	64	29	35	4		4
3794	**2122**	**1672**	**248**	**103**	**145**	**40**	**6**	**34**
698	374	324	33	13	20	6	2	4
747	407	340	56	22	34	6	1	5
787	421	366	58	24	34	10	1	9
749	443	306	50	23	27	10	1	9
813	477	336	51	21	30	8	1	7
3435	**1990**	**1445**	**262**	**109**	**153**	**60**	**17**	**43**
735	419	316	70	30	40	9	2	7
764	463	301	57	23	34	13	2	11
724	419	305	49	18	31	12	2	10
591	342	249	45	17	28	16	7	9
621	347	274	41	21	20	10	4	6
2573	**1575**	**998**	**153**	**62**	**91**	**81**	**19**	**62**
639	355	284	43	15	28	16	5	11
638	406	232	40	15	25	18	2	16
696	435	261	40	17	23	17	6	11
439	285	154	21	9	12	17	6	11
161	94	67	9	6	3	13		13
1015	**702**	**313**	**41**	**15**	**26**	**54**	**19**	**35**
203	138	65	12	5	7	4		4
207	134	73	10	5	5	14	7	7
219	151	68	8	3	5	13	4	9
208	151	57	4		4	13	4	9
178	128	50	7	2	5	10	4	6
1054	**818**	**236**	**31**	**13**	**18**	**230**	**101**	**129**

5-3 续表 7

受教育程度 年　　龄	15岁及以上人口			未　　婚		
	合计	男	女	小计	男	女
大学本科	**42294**	**21282**	**21012**	**15370**	**7287**	**8083**
15-19岁	**1734**	**732**	**1002**	**1732**	**731**	**1001**
15	6	3	3	5	2	3
16	13	5	8	13	5	8
17	81	34	47	81	34	47
18	530	225	305	529	225	304
19	1104	465	639	1104	465	639
20-24岁	**7199**	**3199**	**4000**	**6956**	**3123**	**3833**
20	1427	631	796	1423	630	793
21	1382	638	744	1371	634	737
22	1442	628	814	1421	619	802
23	1423	648	775	1369	633	736
24	1525	654	871	1372	607	765
25-29岁	**8792**	**4017**	**4775**	**4767**	**2390**	**2377**
25	1745	787	958	1388	653	735
26	1735	777	958	1198	587	611
27	1793	785	1008	904	450	454
28	1837	874	963	785	433	352
29	1682	794	888	492	267	225
30-34岁	**8155**	**4045**	**4110**	**1347**	**731**	**616**
30	1972	942	1030	492	259	233
31	1804	922	882	328	189	139
32	1557	773	784	238	123	115
33	1530	765	765	171	97	74
34	1292	643	649	118	63	55
35-39岁	**4950**	**2474**	**2476**	**338**	**173**	**165**
35	1082	539	543	100	59	41
36	1025	507	518	88	44	44
37	987	503	484	65	33	32
38	1041	527	514	56	24	32
39	815	398	417	29	13	16
40-44岁	**3814**	**2004**	**1810**	**126**	**72**	**54**
40	815	438	377	32	19	13
41	829	407	422	21	14	7
42	791	425	366	33	18	15
43	689	350	339	19	7	12
44	690	384	306	21	14	7
45-49岁	**3205**	**1876**	**1329**	**63**	**41**	**22**
45	663	369	294	20	12	8
46	691	388	303	13	8	5
47	657	384	273	10	7	3
48	646	407	239	10	7	3
49	548	328	220	10	7	3
50-54岁	**2373**	**1465**	**908**	**27**	**13**	**14**
50	544	325	219	8	2	6
51	504	307	197	4	2	2
52	502	314	188	5	2	3
53	410	250	160	9	7	2
54	413	269	144	1		1
55-59岁	**1320**	**919**	**401**	**8**	**7**	**1**
55	369	246	123	4	3	1
56	368	252	116	1	1	
57	328	230	98	2	2	
58	175	134	41	1	1	
59	80	57	23			
60-64岁	**320**	**222**	**98**	**3**	**3**	
60	82	45	37			
61	53	37	16	2	2	
62	60	45	15	1	1	
63	67	50	17			
64	58	45	13			
65岁及以上	**432**	**329**	**103**	**3**	**3**	

单位：人

有配偶			离婚			丧偶		
小计	男	女	小计	男	女	小计	男	女
25689	**13488**	**12201**	**1048**	**440**	**608**	**187**	**67**	**120**
1		**1**				**1**	**1**	
						1	1	
1		1						
238	**76**	**162**	**5**		**5**			
4	1	3						
10	4	6	1		1			
21	9	12						
54	15	39						
149	47	102	4		4			
3970	**1608**	**2362**	**54**	**18**	**36**	**1**	**1**	
353	133	220	4	1	3			
533	190	343	4		4			
882	333	549	7	2	5			
1036	434	602	16	7	9			
1166	518	648	23	8	15	1	1	
6580	**3210**	**3370**	**222**	**102**	**120**	**6**	**2**	**4**
1446	666	780	34	17	17			
1433	713	720	40	18	22	3	2	1
1271	625	646	48	25	23			
1304	646	658	53	22	31	2		2
1126	560	566	47	20	27	1		1
4382	**2206**	**2176**	**220**	**93**	**127**	**10**	**2**	**8**
941	460	481	39	19	20	2	1	1
880	443	437	56	20	36	1		1
884	453	431	38	17	21			
922	477	445	58	25	33	5	1	4
755	373	382	29	12	17	2		2
3482	**1867**	**1615**	**186**	**62**	**124**	**20**	**3**	**17**
750	411	339	28	8	20	5		5
760	376	384	47	17	30	1		1
711	388	323	44	18	26	3	1	2
633	333	300	31	8	23	6	2	4
628	359	269	36	11	25	5		5
2976	**1773**	**1203**	**150**	**60**	**90**	**16**	**2**	**14**
611	349	262	29	8	21	3		3
642	368	274	33	12	21	3		3
623	368	255	20	8	12	4	1	3
600	385	215	34	14	20	2	1	1
500	303	197	34	18	16	4		4
2200	**1385**	**815**	**117**	**59**	**58**	**29**	**8**	**21**
502	308	194	29	12	17	5	3	2
469	295	174	24	9	15	7	1	6
468	296	172	21	14	7	8	2	6
381	235	146	14	7	7	6	1	5
380	251	129	29	17	12	3	1	2
1226	**880**	**346**	**62**	**27**	**35**	**24**	**5**	**19**
340	234	106	18	8	10	7	1	6
344	244	100	17	7	10	6		6
308	220	88	14	6	8	4	2	2
161	126	35	9	6	3	4	1	3
73	56	17	4		4	3	1	2
290	**209**	**81**	**19**	**8**	**11**	**8**	**2**	**6**
73	43	30	6	2	4	3		3
47	34	13	4	1	3			
56	44	12	1		1	2		2
60	44	16	5	4	1	2	2	
54	44	10	3	1	2	1		1
344	**274**	**70**	**13**	**11**	**2**	**72**	**41**	**31**

5-3 续表 8

受教育程度 年 龄	15岁及以上人口			未 婚		
	合计	男	女	小计	男	女
硕士研究生	**2227**	**1075**	**1152**	**777**	**313**	**464**
15-19岁	**1**	**1**		**1**	**1**	
15						
16						
17	1	1		1	1	
18						
19						
20-24岁	**264**	**102**	**162**	**261**	**100**	**161**
20	3	1	2	3	1	2
21	6	2	4	6	2	4
22	44	15	29	43	15	28
23	81	31	50	80	30	50
24	130	53	77	129	52	77
25-29岁	**499**	**178**	**321**	**375**	**145**	**230**
25	113	33	80	111	32	79
26	108	44	64	96	41	55
27	95	32	63	67	25	42
28	87	29	58	58	24	34
29	96	40	56	43	23	20
30-34岁	**526**	**214**	**312**	**99**	**45**	**54**
30	120	46	74	38	17	21
31	114	52	62	23	11	12
32	101	32	69	14	3	11
33	99	46	53	14	8	6
34	92	38	54	10	6	4
35-39岁	**324**	**161**	**163**	**16**	**3**	**13**
35	53	28	25	3		3
36	81	38	43	5	1	4
37	63	29	34	3	1	2
38	75	41	34	4		4
39	52	25	27	1	1	
40-44岁	**209**	**128**	**81**	**11**	**8**	**3**
40	43	27	16	5	3	2
41	46	28	18	2	1	1
42	45	25	20	1	1	
43	34	23	11			
44	41	25	16	3	3	
45-49岁	**148**	**100**	**48**	**5**	**4**	**1**
45	36	19	17	1	1	
46	25	16	9	2	1	1
47	27	20	7			
48	32	25	7	1	1	
49	28	20	8	1	1	
50-54岁	**137**	**96**	**41**	**5**	**4**	**1**
50	33	20	13			
51	30	18	12	2	1	1
52	30	24	6	3	3	
53	18	15	3			
54	26	19	7			
55-59岁	**73**	**62**	**11**	**2**	**2**	
55	19	17	2	1	1	
56	19	15	4	1	1	
57	26	22	4			
58	6	5	1			
59	3	3				
60-64岁	**25**	**16**	**9**	**2**	**1**	**1**
60	6	3	3	1	1	
61	3	1	2			
62	7	7				
63	3	2	1			
64	6	3	3	1		1
65岁及以上	**21**	**17**	**4**			

单位：人

有配偶			离婚			丧偶		
小计	男	女	小计	男	女	小计	男	女
1405	**748**	**657**	**36**	**12**	**24**	**9**	**2**	**7**
3	**2**	**1**						
1		1						
1	1							
1	1							
124	**33**	**91**						
2	1	1						
12	3	9						
28	7	21						
29	5	24						
53	17	36						
420	**168**	**252**	**7**	**1**	**6**			
81	29	52	1		1			
89	40	49	2	1	1			
87	29	58						
83	38	45	2		2			
80	32	48	2		2			
297	**153**	**144**	**11**	**5**	**6**			
50	28	22						
70	35	35	6	2	4			
59	27	32	1	1				
69	39	30	2	2				
49	24	25	2		2			
189	**117**	**72**	**8**	**3**	**5**	**1**		**1**
38	24	14						
44	27	17						
41	22	19	3	2	1			
32	23	9	2		2			
34	21	13	3	1	2	1		1
139	**96**	**43**	**4**		**4**			
34	18	16	1		1			
21	15	6	2		2			
26	20	6	1		1			
31	24	7						
27	19	8						
126	**91**	**35**	**4**	**1**	**3**	**2**		**2**
30	19	11	3	1	2			
27	17	10	1		1			
26	21	5				1		1
18	15	3						
25	19	6				1		1
66	**57**	**9**	**2**	**2**		**3**	**1**	**2**
17	15	2				1	1	
15	12	3	2	2		1		1
25	22	3				1		1
6	5	1						
3	3							
21	**15**	**6**				**2**		**2**
4	2	2				1		1
2	1	1				1		1
7	7							
3	2	1						
5	3	2						
20	**16**	**4**				**1**	**1**	

5-3 续表 9

受教育程度 年龄	15岁及以上人口			未婚		
	合计	男	女	小计	男	女
博士研究生	**202**	**115**	**87**	**48**	**19**	**29**
15-19岁						
15						
16						
17						
18						
19						
20-24岁	**10**	**2**	**8**	**9**	**2**	**7**
20						
21						
22	2	1	1	2	1	1
23	2		2	2		2
24	6	1	5	5	1	4
25-29岁	**26**	**10**	**16**	**19**	**7**	**12**
25	4		4	3		3
26	7	2	5	7	2	5
27	4	2	2	3	1	2
28	8	4	4	5	3	2
29	3	2	1	1	1	
30-34岁	**46**	**30**	**16**	**13**	**6**	**7**
30	10	5	5	3	1	2
31	10	7	3	2	1	1
32	10	7	3	4	2	2
33	11	9	2	2	2	
34	5	2	3	2		2
35-39岁	**51**	**28**	**23**	**5**	**2**	**3**
35	8	3	5	2	1	1
36	8	5	3			
37	7	4	3			
38	19	9	10	2		2
39	9	7	2	1	1	
40-44岁	**27**	**13**	**14**	**1**	**1**	
40	8	5	3			
41	4	2	2	1	1	
42	8	3	5			
43	2	1	1			
44	5	2	3			
45-49岁	**17**	**12**	**5**			
45	4	3	1			
46	1		1			
47	3	2	1			
48	4	3	1			
49	5	4	1			
50-54岁	**16**	**12**	**4**	**1**	**1**	
50	5	4	1			
51	5	3	2	1	1	
52	3	2	1			
53	1	1				
54	2	2				
55-59岁	**7**	**6**	**1**			
55	1	1				
56	4	3	1			
57	2	2				
58						
59						
60-64岁	**2**	**2**				
60	1	1				
61						
62	1	1				
63						
64						
65岁及以上						

单位：人

有配偶			离婚			丧偶		
小计	男	女	小计	男	女	小计	男	女
150	**93**	**57**	**3**	**2**	**1**	**1**	**1**	
1		**1**						
1		1						
7	**3**	**4**						
1		1						
1	1							
3	1	2						
2	1	1						
33	**24**	**9**						
7	4	3						
8	6	2						
6	5	1						
9	7	2						
3	2	1						
45	**25**	**20**	**1**	**1**				
6	2	4						
8	5	3						
7	4	3						
17	9	8						
7	5	2	1	1				
26	**12**	**14**						
8	5	3						
3	1	2						
8	3	5						
2	1	1						
5	2	3						
16	**11**	**5**	**1**	**1**				
4	3	1						
1		1						
2	1	1	1	1				
4	3	1						
5	4	1						
15	**11**	**4**						
5	4	1						
4	2	2						
3	2	1						
1	1							
2	2							
5	**5**		**1**		**1**	**1**	**1**	
1	1							
2	2		1		1	1	1	
2	2							
2	**2**							
1	1							
1	1							

5-3a 全省分年龄、性别、受教育

受教育程度 年龄	15岁及以上人口			未婚		
	合计	男	女	小计	男	女
总 计	**168120**	**84633**	**83487**	**33484**	**18698**	**14786**
15-19岁	**10268**	**5310**	**4958**	**10116**	**5292**	**4824**
15	1862	970	892	1861	970	891
16	2126	1098	1028	2118	1097	1021
17	2241	1193	1048	2219	1192	1027
18	2006	1065	941	1960	1061	899
19	2033	984	1049	1958	972	986
20-24岁	**12558**	**6275**	**6283**	**10805**	**5687**	**5118**
20	2513	1207	1306	2380	1188	1192
21	2421	1220	1201	2235	1175	1060
22	2521	1274	1247	2236	1185	1051
23	2416	1237	1179	1960	1070	890
24	2687	1337	1350	1994	1069	925
25-29岁	**16509**	**8241**	**8268**	**7055**	**4091**	**2964**
25	2979	1468	1511	1910	1029	881
26	2993	1482	1511	1618	923	695
27	3320	1654	1666	1365	798	567
28	3646	1828	1818	1244	748	496
29	3571	1809	1762	918	593	325
30-34岁	**19258**	**9824**	**9434**	**2811**	**1790**	**1021**
30	4329	2206	2123	920	582	338
31	4036	2095	1941	632	399	233
32	3619	1812	1807	494	309	185
33	3851	1938	1913	436	275	161
34	3423	1773	1650	329	225	104
35-39岁	**14273**	**7260**	**7013**	**922**	**584**	**338**
35	2854	1467	1387	239	160	79
36	2718	1353	1365	200	118	82
37	2665	1349	1316	175	104	71
38	3208	1628	1580	173	111	62
39	2828	1463	1365	135	91	44
40-44岁	**15456**	**7850**	**7606**	**610**	**432**	**178**
40	2893	1477	1416	137	91	46
41	3061	1502	1559	125	99	26
42	3129	1615	1514	149	109	40
43	2992	1499	1493	93	57	36
44	3381	1757	1624	106	76	30
45-49岁	**18867**	**9822**	**9045**	**507**	**358**	**149**
45	3292	1669	1623	116	83	33
46	3696	1918	1778	106	75	31
47	3918	2059	1859	94	70	24
48	4029	2161	1868	103	74	29
49	3932	2015	1917	88	56	32
50-54岁	**19463**	**9862**	**9601**	**345**	**258**	**87**
50	4160	2119	2041	93	70	23
51	4045	2067	1978	78	55	23
52	4123	2049	2074	60	45	15
53	3476	1752	1724	55	43	12
54	3659	1875	1784	59	45	14
55-59岁	**14745**	**7501**	**7244**	**138**	**104**	**34**
55	3598	1793	1805	46	33	13
56	3660	1888	1772	30	20	10
57	3676	1907	1769	32	25	7
58	2654	1328	1326	23	19	4
59	1157	585	572	7	7	
60-64岁	**8189**	**4149**	**4040**	**47**	**27**	**20**
60	1490	762	728	8	5	3
61	1521	750	771	12	6	6
62	1769	933	836	8	6	2
63	1792	894	898	8	7	1
64	1617	810	807	11	3	8
65岁及以上	**18534**	**8539**	**9995**	**128**	**75**	**53**

程度、婚姻状况的人口(城市)

单位：人

有配偶			离婚			丧偶		
小计	男	女	小计	男	女	小计	男	女
119862	**61047**	**58815**	**6686**	**3069**	**3617**	**8088**	**1819**	**6269**
151	**18**	**133**	**1**		**1**			
1		1						
8	1	7						
22	1	21						
46	4	42						
74	12	62	1		1			
1715	**576**	**1139**	**38**	**12**	**26**			
131	19	112	2		2			
185	44	141	1	1				
280	89	191	5		5			
448	165	283	8	2	6			
671	259	412	22	9	13			
9199	**4030**	**5169**	**252**	**119**	**133**	**3**	**1**	**2**
1041	428	613	27	11	16	1		1
1343	545	798	32	14	18			
1902	832	1070	52	24	28	1		1
2334	1043	1291	68	37	31			
2579	1182	1397	73	33	40	1	1	
15772	**7701**	**8071**	**652**	**324**	**328**	**23**	**9**	**14**
3299	1567	1732	106	55	51	4	2	2
3277	1637	1640	126	58	68	1	1	
3008	1444	1564	112	58	54	5	1	4
3256	1588	1668	153	72	81	6	3	3
2932	1465	1467	155	81	74	7	2	5
12553	**6314**	**6239**	**752**	**358**	**394**	**46**	**4**	**42**
2462	1237	1225	146	69	77	7	1	6
2357	1165	1192	151	68	83	10	2	8
2355	1182	1173	124	62	62	11	1	10
2852	1435	1417	175	82	93	8		8
2527	1295	1232	156	77	79	10		10
13778	**6963**	**6815**	**972**	**439**	**533**	**96**	**16**	**80**
2559	1296	1263	185	90	95	12		12
2731	1319	1412	183	80	103	22	4	18
2774	1413	1361	185	87	98	21	6	15
2711	1363	1348	172	76	96	16	3	13
3003	1572	1431	247	106	141	25	3	22
16942	**8887**	**8055**	**1192**	**532**	**660**	**226**	**45**	**181**
2964	1495	1469	180	79	101	32	12	20
3314	1730	1584	240	106	134	36	7	29
3531	1874	1657	251	109	142	42	6	36
3608	1951	1657	270	127	143	48	9	39
3525	1837	1688	251	111	140	68	11	57
17310	**8878**	**8432**	**1287**	**613**	**674**	**521**	**113**	**408**
3679	1880	1799	296	147	149	92	22	70
3609	1880	1729	279	117	162	79	15	64
3679	1856	1823	269	121	148	115	27	88
3079	1579	1500	223	105	118	119	25	94
3264	1683	1581	220	123	97	116	24	92
13098	**6910**	**6188**	**844**	**368**	**476**	**665**	**119**	**546**
3194	1632	1562	226	103	123	132	25	107
3243	1734	1509	227	107	120	160	27	133
3290	1769	1521	193	83	110	161	30	131
2346	1227	1119	136	52	84	149	30	119
1025	548	477	62	23	39	63	7	56
7068	**3830**	**3238**	**359**	**147**	**212**	**715**	**145**	**570**
1295	703	592	86	41	45	101	13	88
1314	697	617	70	25	45	125	22	103
1526	855	671	78	30	48	157	42	115
1553	830	723	70	26	44	161	31	130
1380	745	635	55	25	30	171	37	134
12276	**6940**	**5336**	**337**	**157**	**180**	**5793**	**1367**	**4426**

5-3a 续表 1

受教育程度 年　　龄	15岁及以上人口			未　　婚		
	合计	男	女	小计	男	女
未上过学	**6229**	**1509**	**4720**	**345**	**212**	**133**
15-19岁	**23**	**13**	**10**	**22**	**13**	**9**
15	4	4		4	4	
16	4	3	1	4	3	1
17	4	1	3	4	1	3
18	5	2	3	4	2	2
19	6	3	3	6	3	3
20-24岁	**38**	**17**	**21**	**29**	**15**	**14**
20	6	2	4	5	2	3
21	10	5	5	10	5	5
22	4	3	1	4	3	1
23	7	3	4	3	2	1
24	11	4	7	7	3	4
25-29岁	**88**	**34**	**54**	**35**	**18**	**17**
25	17	6	11	6	1	5
26	16	7	9	7	5	2
27	13	5	8	6	4	2
28	23	10	13	9	4	5
29	19	6	13	7	4	3
30-34岁	**154**	**70**	**84**	**42**	**31**	**11**
30	26	14	12	7	7	
31	32	15	17	9	7	2
32	30	12	18	5	4	1
33	33	13	20	12	5	7
34	33	16	17	9	8	1
35-39岁	**209**	**66**	**143**	**36**	**19**	**17**
35	40	13	27	7	3	4
36	35	11	24	8	3	5
37	38	10	28	13	6	7
38	46	14	32	3	3	
39	50	18	32	5	4	1
40-44岁	**333**	**113**	**220**	**39**	**25**	**14**
40	58	14	44	10	4	6
41	61	26	35	9	8	1
42	58	23	35	10	7	3
43	82	28	54	3	2	1
44	74	22	52	7	4	3
45-49岁	**541**	**169**	**372**	**39**	**25**	**14**
45	88	29	59	9	5	4
46	94	31	63	7	4	3
47	102	29	73	4	3	1
48	133	40	93	9	6	3
49	124	40	84	10	7	3
50-54岁	**659**	**171**	**488**	**31**	**23**	**8**
50	150	44	106	11	6	5
51	121	33	88	3	3	
52	126	35	91	7	7	
53	129	35	94	6	6	
54	133	24	109	4	1	3
55-59岁	**634**	**121**	**513**	**15**	**9**	**6**
55	135	27	108	4	3	1
56	138	34	104	5	2	3
57	152	30	122	6	4	2
58	146	21	125			
59	63	9	54			
60-64岁	**693**	**139**	**554**	**9**	**7**	**2**
60	78	12	66	2	1	1
61	108	17	91	3	2	1
62	155	36	119	2	2	
63	165	33	132	2	2	
64	187	41	146			
65岁及以上	**2857**	**596**	**2261**	**48**	**27**	**21**

单位：人

有配偶			离婚			丧偶		
小计	男	女	小计	男	女	小计	男	女
4214	**1106**	**3108**	**155**	**46**	**109**	**1515**	**145**	**1370**
1		**1**						
1		1						
9	**2**	**7**						
1		1						
4	1	3						
4	1	3						
52	**16**	**36**	**1**		**1**			
11	5	6						
9	2	7						
7	1	6						
14	6	8						
11	2	9	1		1			
107	**35**	**72**	**3**	**2**	**1**	**2**	**2**	
19	7	12						
23	8	15						
24	7	17				1	1	
19	6	13	1	1		1	1	
22	7	15	2	1	1			
160	**45**	**115**	**9**	**2**	**7**	**4**		**4**
31	10	21	2		2			
22	6	16	2	2		3		3
23	4	19	1		1	1		1
40	11	29	3		3			
44	14	30	1		1			
270	**84**	**186**	**18**	**4**	**14**	**6**		**6**
46	10	36	1		1	1		1
50	17	33	2	1	1			
45	15	30	3	1	2			
71	26	45	6		6	2		2
58	16	42	6	2	4	3		3
461	**134**	**327**	**23**	**7**	**16**	**18**	**3**	**15**
72	22	50	3		3	4	2	2
77	23	54	8	4	4	2		2
91	25	66	4	1	3	3		3
117	34	83	4		4	3		3
104	30	74	4	2	2	6	1	5
560	**135**	**425**	**37**	**10**	**27**	**31**	**3**	**28**
131	36	95	5	1	4	3	1	2
104	28	76	11	1	10	3	1	2
107	25	82	5	2	3	7	1	6
105	25	80	10	4	6	8		8
113	21	92	6	2	4	10		10
542	**100**	**442**	**16**	**9**	**7**	**61**	**3**	**58**
116	20	96	4	3	1	11	1	10
119	29	90	2	2		12	1	11
130	23	107	6	2	4	10	1	9
124	19	105	3	2	1	19		19
53	9	44	1		1	9		9
551	**119**	**432**	**16**	**3**	**13**	**117**	**10**	**107**
55	10	45	1		1	20	1	19
83	13	70				22	2	20
126	30	96	7		7	20	4	16
137	29	108	4	2	2	22		22
150	37	113	4	1	3	33	3	30
1501	**436**	**1065**	**32**	**9**	**23**	**1276**	**124**	**1152**

5－3a 续表 2

受教育程度 年 龄	15岁及以上人口			未 婚		
	合计	男	女	小计	男	女
学前教育	**101**	**31**	**70**	**14**	**9**	**5**
15－19岁	**5**	**3**	**2**	**5**	**3**	**2**
15	3	1	2	3	1	2
16	1	1		1	1	
17						
18						
19	1	1		1	1	
20－24岁	**3**	**1**	**2**	**2**	**1**	**1**
20	1		1	1		1
21						
22	1		1			
23	1	1		1	1	
24						
25－29岁	**1**	**1**				
25						
26						
27						
28	1	1				
29						
30－34岁	**5**	**1**	**4**	**1**		**1**
30	3	1	2	1		1
31						
32	1		1			
33	1		1			
34						
35－39岁	**4**	**3**	**1**	**3**	**3**	
35	1	1		1	1	
36	1	1		1	1	
37	1	1		1	1	
38	1		1			
39						
40－44岁	**7**	**3**	**4**	**1**	**1**	
40	1	1		1	1	
41	2	1	1			
42	1		1			
43	3	1	2			
44						
45－49岁	**10**	**4**	**6**	**1**	**1**	
45						
46	1		1			
47	1	1				
48	6	3	3	1	1	
49	2		2			
50－54岁	**4**	**1**	**3**	**1**		**1**
50						
51	1		1	1		1
52	1		1			
53	2	1	1			
54						
55－59岁	**9**	**1**	**8**			
55	2		2			
56	2		2			
57	2		2			
58	3	1	2			
59						
60－64岁	**9**	**4**	**5**			
60	1		1			
61						
62	2		2			
63	2	1	1			
64	4	3	1			
65岁及以上	**44**	**9**	**35**			

单位：人

有配偶			离婚			丧偶		
小计	男	女	小计	男	女	小计	男	女
52	**15**	**37**	**3**	**2**	**1**	**32**	**5**	**27**
1		**1**						
1		1						
1	**1**							
1	1							
4	**1**	**3**						
2	1	1						
1		1						
1		1						
1		**1**						
1		1						
5	**1**	**4**	**1**	**1**				
1		1	1	1				
1		1						
3	1	2						
8	**3**	**5**	**1**		**1**			
1		1						
1	1							
4	2	2	1		1			
2		2						
3	**1**	**2**						
1		1						
2	1	1						
5		**5**	**1**	**1**		**3**		**3**
2		2						
2		2						
1		1				1		1
			1	1		2		2
6	**3**	**3**				**3**	**1**	**2**
						1		1
1		1				1		1
2	1	1						
3	2	1				1	1	
18	**5**	**13**				**26**	**4**	**22**

5-3a 续表 3

受教育程度 年龄	15岁及以上人口			未婚		
	合计	男	女	小计	男	女
小学	**24087**	**10670**	**13417**	**1368**	**945**	**423**
15-19岁	**150**	**75**	**75**	**120**	**73**	**47**
15	10	4	6	9	4	5
16	22	12	10	19	12	7
17	29	20	9	26	20	6
18	38	18	20	31	16	15
19	51	21	30	35	21	14
20-24岁	**414**	**189**	**225**	**207**	**139**	**68**
20	55	23	32	30	22	8
21	75	33	42	47	29	18
22	96	51	45	48	38	10
23	88	38	50	43	26	17
24	100	44	56	39	24	15
25-29岁	**877**	**425**	**452**	**250**	**173**	**77**
25	117	52	65	51	31	20
26	152	75	77	43	33	10
27	173	85	88	53	36	17
28	204	101	103	53	36	17
29	231	112	119	50	37	13
30-34岁	**1573**	**776**	**797**	**221**	**167**	**54**
30	280	140	140	49	39	10
31	312	137	175	42	28	14
32	315	154	161	35	31	4
33	360	178	182	51	40	11
34	306	167	139	44	29	15
35-39岁	**1498**	**687**	**811**	**131**	**83**	**48**
35	268	127	141	26	18	8
36	281	123	158	28	17	11
37	266	115	151	26	15	11
38	342	157	185	32	20	12
39	341	165	176	19	13	6
40-44岁	**2024**	**935**	**1089**	**132**	**96**	**36**
40	386	177	209	25	17	8
41	360	156	204	26	18	8
42	424	192	232	32	23	9
43	404	183	221	28	20	8
44	450	227	223	21	18	3
45-49岁	**2832**	**1338**	**1494**	**98**	**70**	**28**
45	477	224	253	21	15	6
46	563	273	290	25	20	5
47	568	286	282	15	10	5
48	623	295	328	23	15	8
49	601	260	341	14	10	4
50-54岁	**3449**	**1551**	**1898**	**103**	**79**	**24**
50	692	293	399	22	18	4
51	735	336	399	20	14	6
52	699	312	387	17	14	3
53	656	286	370	14	9	5
54	667	324	343	30	24	6
55-59岁	**2328**	**986**	**1342**	**39**	**27**	**12**
55	609	276	333	12	5	7
56	562	237	325	8	7	1
57	535	225	310	10	8	2
58	449	183	266	6	4	2
59	173	65	108	3	3	
60-64岁	**1736**	**726**	**1010**	**13**	**7**	**6**
60	245	103	142	1	1	
61	275	113	162	1		1
62	352	158	194	3	2	1
63	427	185	242	2	2	
64	437	167	270	6	2	4
65岁及以上	**7206**	**2982**	**4224**	**54**	**31**	**23**

单位：人

有配偶			离婚			丧偶		
小计	男	女	小计	男	女	小计	男	女
18770	**8682**	**10088**	**764**	**347**	**417**	**3185**	**696**	**2489**
29	**2**	**27**	**1**		**1**			
1		1						
3		3						
3		3						
7	2	5						
15		15	1		1			
199	**48**	**151**	**8**	**2**	**6**			
25	1	24						
28	4	24						
48	13	35						
44	12	32	1		1			
54	18	36	7	2	5			
596	**237**	**359**	**31**	**15**	**16**			
64	20	44	2	1	1			
105	40	65	4	2	2			
113	45	68	7	4	3			
144	61	83	7	4	3			
170	71	99	11	4	7			
1290	**584**	**706**	**59**	**24**	**35**	**3**	**1**	**2**
219	95	124	11	6	5	1		1
257	103	154	13	6	7			
271	121	150	8	2	6	1		1
294	134	160	14	3	11	1	1	
249	131	118	13	7	6			
1274	**563**	**711**	**79**	**40**	**39**	**14**	**1**	**13**
226	102	124	15	7	8	1		1
232	94	138	18	11	7	3	1	2
222	92	130	14	8	6	4		4
298	134	164	12	3	9			
296	141	155	20	11	9	6		6
1777	**786**	**991**	**93**	**48**	**45**	**22**	**5**	**17**
334	147	187	25	13	12	2		2
321	131	190	10	6	4	3	1	2
373	159	214	12	8	4	7	2	5
354	156	198	19	6	13	3	1	2
395	193	202	27	15	12	7	1	6
2581	**1212**	**1369**	**109**	**45**	**64**	**44**	**11**	**33**
435	199	236	18	8	10	3	2	1
507	243	264	23	7	16	8	3	5
525	267	258	23	8	15	5	1	4
564	265	299	24	13	11	12	2	10
550	238	312	21	9	12	16	3	13
3054	**1379**	**1675**	**138**	**73**	**65**	**154**	**20**	**134**
619	261	358	27	12	15	24	2	22
654	303	351	34	16	18	27	3	24
619	275	344	28	16	12	35	7	28
581	261	320	25	11	14	36	5	31
581	279	302	24	18	6	32	3	29
2043	**899**	**1144**	**80**	**35**	**45**	**166**	**25**	**141**
537	251	286	25	12	13	35	8	27
489	215	274	20	9	11	45	6	39
467	205	262	15	6	9	43	6	37
395	167	228	15	8	7	33	4	29
155	61	94	5		5	10	1	9
1471	**656**	**815**	**53**	**23**	**30**	**199**	**40**	**159**
214	92	122	11	7	4	19	3	16
236	103	133	5		5	33	10	23
296	141	155	11	5	6	42	10	32
361	166	195	14	6	8	50	11	39
364	154	210	12	5	7	55	6	49
4456	**2316**	**2140**	**113**	**42**	**71**	**2583**	**593**	**1990**

5-3a 续表 4

受教育程度 年 龄	15岁及以上人口 合计	男	女	未 婚 小计	男	女
初 中	**45744**	**24939**	**20805**	**5099**	**3504**	**1595**
15-19岁	**2191**	**1261**	**930**	**2087**	**1250**	**837**
15	902	507	395	902	507	395
16	422	235	187	418	234	184
17	305	180	125	287	179	108
18	282	166	116	250	165	85
19	280	173	107	230	165	65
20-24岁	**1806**	**1066**	**740**	**1099**	**802**	**297**
20	290	163	127	218	149	69
21	317	185	132	211	153	58
22	363	224	139	240	184	56
23	403	232	171	217	155	62
24	433	262	171	213	161	52
25-29岁	**3086**	**1655**	**1431**	**819**	**594**	**225**
25	532	301	231	212	146	66
26	491	250	241	163	114	49
27	629	339	290	161	122	39
28	718	370	348	151	110	41
29	716	395	321	132	102	30
30-34岁	**4340**	**2299**	**2041**	**448**	**347**	**101**
30	920	494	426	144	106	38
31	821	436	385	81	67	14
32	761	408	353	82	66	16
33	944	486	458	79	58	21
34	894	475	419	62	50	12
35-39岁	**4236**	**2250**	**1986**	**171**	**132**	**39**
35	825	451	374	45	35	10
36	747	374	373	31	22	9
37	779	420	359	31	23	8
38	1010	518	492	29	24	5
39	875	487	388	35	28	7
40-44岁	**5084**	**2662**	**2422**	**158**	**125**	**33**
40	919	499	420	41	32	9
41	1018	496	522	30	27	3
42	1026	536	490	37	30	7
43	1008	542	466	18	16	2
44	1113	589	524	32	20	12
45-49岁	**6036**	**3276**	**2760**	**154**	**121**	**33**
45	1026	541	485	35	31	4
46	1150	626	524	30	23	7
47	1327	715	612	34	25	9
48	1279	728	551	29	26	3
49	1254	666	588	26	16	10
50-54岁	**6327**	**3430**	**2897**	**93**	**76**	**17**
50	1344	743	601	33	27	6
51	1244	677	567	28	22	6
52	1329	708	621	12	10	2
53	1136	633	503	11	10	1
54	1274	669	605	9	7	2
55-59岁	**4913**	**2715**	**2198**	**45**	**42**	**3**
55	1234	658	576	11	11	
56	1306	709	597	8	7	1
57	1214	693	521	10	9	1
58	812	455	357	12	11	1
59	347	200	147	4	4	
60-64岁	**2668**	**1512**	**1156**	**12**	**6**	**6**
60	503	291	212	2	1	1
61	497	268	229	5	2	3
62	571	337	234	2	1	1
63	596	322	274	1	1	
64	501	294	207	2	1	1
65岁及以上	**5057**	**2813**	**2244**	**13**	**9**	**4**

单位：人

有配偶			离婚			丧偶		
小计	男	女	小计	男	女	小计	男	女
36496	**19740**	**16756**	**2162**	**1117**	**1045**	**1987**	**578**	**1409**
104	**11**	**93**						
4	1	3						
18	1	17						
32	1	31						
50	8	42						
690	**256**	**434**	**17**	**8**	**9**			
70	14	56	2		2			
105	31	74	1	1				
121	40	81	2		2			
182	76	106	4	1	3			
212	95	117	8	6	2			
2184	**1020**	**1164**	**83**	**41**	**42**			
311	152	159	9	3	6			
316	134	182	12	2	10			
451	208	243	17	9	8			
544	247	297	23	13	10			
562	279	283	22	14	8			
3697	**1835**	**1862**	**191**	**114**	**77**	**4**	**3**	**1**
748	372	376	27	15	12	1	1	
706	350	356	34	19	15			
644	320	324	35	22	13			
816	401	415	48	26	22	1	1	
783	392	391	47	32	15	2	1	1
3824	**2001**	**1823**	**228**	**116**	**112**	**13**	**1**	**12**
734	394	340	44	22	22	2		2
677	331	346	38	21	17	1		1
712	383	329	32	13	19	4	1	3
922	466	456	55	28	27	4		4
779	427	352	59	32	27	2		2
4582	**2372**	**2210**	**307**	**157**	**150**	**37**	**8**	**29**
811	430	381	61	37	24	6		6
923	446	477	54	20	34	11	3	8
921	472	449	61	32	29	7	2	5
930	495	435	53	30	23	7	1	6
997	529	468	78	38	40	6	2	4
5432	**2966**	**2466**	**371**	**171**	**200**	**79**	**18**	**61**
924	479	445	52	25	27	15	6	9
1042	564	478	71	38	33	7	1	6
1194	655	539	84	32	52	15	3	12
1155	656	499	79	42	37	16	4	12
1117	612	505	85	34	51	26	4	22
5607	**3066**	**2541**	**446**	**232**	**214**	**181**	**56**	**125**
1192	660	532	88	48	40	31	8	23
1097	604	493	90	43	47	29	8	21
1179	639	540	100	45	55	38	14	24
1003	565	438	83	47	36	39	11	28
1136	598	538	85	49	36	44	15	29
4363	**2475**	**1888**	**280**	**148**	**132**	**225**	**50**	**175**
1098	599	499	81	42	39	44	6	38
1149	638	511	87	49	38	62	15	47
1095	642	453	55	31	24	54	11	43
717	413	304	36	16	20	47	15	32
304	183	121	21	10	11	18	3	15
2309	**1389**	**920**	**127**	**63**	**64**	**220**	**54**	**166**
437	267	170	31	17	14	33	6	27
438	255	183	22	8	14	32	3	29
492	305	187	30	17	13	47	14	33
518	303	215	25	9	16	52	9	43
424	259	165	19	12	7	56	22	34
3704	**2349**	**1355**	**112**	**67**	**45**	**1228**	**388**	**840**

5-3a 续表 5

受教育程度 年　　龄	15岁及以上人口			未　　婚		
	合计	男	女	小计	男	女
高　中	**32940**	**17184**	**15756**	**8684**	**5018**	**3666**
15-19岁	**5732**	**2975**	**2757**	**5717**	**2970**	**2747**
15	914	437	477	914	437	477
16	1602	807	795	1601	807	794
17	1735	906	829	1735	906	829
18	1052	582	470	1046	581	465
19	429	243	186	421	239	182
20-24岁	**1599**	**968**	**631**	**1253**	**838**	**415**
20	322	179	143	297	176	121
21	298	172	126	271	169	102
22	301	181	120	239	162	77
23	339	213	126	246	177	69
24	339	223	116	200	154	46
25-29岁	**2302**	**1305**	**997**	**834**	**587**	**247**
25	403	230	173	216	149	67
26	397	234	163	177	125	52
27	462	273	189	160	114	46
28	522	282	240	149	103	46
29	518	286	232	132	96	36
30-34岁	**2598**	**1391**	**1207**	**390**	**270**	**120**
30	554	316	238	114	83	31
31	543	292	251	88	66	22
32	483	250	233	71	43	28
33	536	280	256	66	40	26
34	482	253	229	51	38	13
35-39岁	**2038**	**1081**	**957**	**161**	**112**	**49**
35	350	175	175	31	22	9
36	371	199	172	33	25	8
37	362	184	178	30	16	14
38	465	262	203	25	21	4
39	490	261	229	42	28	14
40-44岁	**2778**	**1403**	**1375**	**117**	**85**	**32**
40	492	250	242	22	17	5
41	522	271	251	29	23	6
42	584	295	289	29	23	6
43	516	243	273	20	10	10
44	664	344	320	17	12	5
45-49岁	**4194**	**2123**	**2071**	**116**	**83**	**33**
45	725	356	369	25	17	8
46	830	425	405	20	15	5
47	820	434	386	24	18	6
48	922	461	461	24	17	7
49	897	447	450	23	16	7
50-54岁	**4380**	**2119**	**2261**	**63**	**52**	**11**
50	988	494	494	15	14	1
51	962	474	488	13	10	3
52	978	457	521	11	8	3
53	724	328	396	13	10	3
54	728	366	362	11	10	1
55-59岁	**3527**	**1691**	**1836**	**20**	**14**	**6**
55	764	364	400	12	8	4
56	779	375	404	4	2	2
57	885	418	467	2	2	
58	742	352	390	2	2	
59	357	182	175			
60-64岁	**1872**	**997**	**875**	**6**	**3**	**3**
60	404	205	199	1		1
61	409	213	196	2	1	1
62	432	229	203			
63	360	194	166	2	2	
64	267	156	111	1		1
65岁及以上	**1920**	**1131**	**789**	**7**	**4**	**3**

单位：人

有配偶			离　婚			丧　偶		
小计	男	女	小计	男	女	小计	男	女
21679	**11150**	**10529**	**1737**	**791**	**946**	**840**	**225**	**615**
15	**5**	**10**						
1		1						
6	1	5						
8	4	4						
334	**128**	**206**	**12**	**2**	**10**			
25	3	22						
27	3	24						
59	19	40	3		3			
90	35	55	3	1	2			
133	68	65	6	1	5			
1408	**686**	**722**	**59**	**32**	**27**	**1**		**1**
179	78	101	8	3	5			
211	102	109	9	7	2			
287	151	136	14	8	6	1		1
352	168	184	21	11	10			
379	187	192	7	3	4			
2102	**1063**	**1039**	**100**	**56**	**44**	**6**	**2**	**4**
422	221	201	16	11	5	2	1	1
435	216	219	20	10	10			
395	200	195	17	7	10			
448	224	224	21	16	5	1		1
402	202	200	26	12	14	3	1	2
1735	**897**	**838**	**136**	**72**	**64**	**6**		**6**
287	137	150	30	16	14	2		2
310	160	150	27	14	13	1		1
310	157	153	21	11	10	1		1
411	226	185	28	15	13	1		1
417	217	200	30	16	14	1		1
2418	**1219**	**1199**	**234**	**99**	**135**	**9**		**9**
430	212	218	39	21	18	1		1
448	227	221	42	21	21	3		3
502	254	248	50	18	32	3		3
452	214	238	42	19	23	2		2
586	312	274	61	20	41			
3638	**1842**	**1796**	**396**	**191**	**205**	**44**	**7**	**37**
638	309	329	59	30	29	3		3
721	372	349	78	35	43	11	3	8
711	373	338	78	43	35	7		7
785	396	389	102	46	56	11	2	9
783	392	391	79	37	42	12	2	10
3857	**1871**	**1986**	**368**	**178**	**190**	**92**	**18**	**74**
851	419	432	97	53	44	25	8	17
853	424	429	85	38	47	11	2	9
869	410	459	81	37	44	17	2	15
638	291	347	53	23	30	20	4	16
646	327	319	52	27	25	19	2	17
3099	**1553**	**1546**	**278**	**100**	**178**	**130**	**24**	**106**
660	323	337	67	28	39	25	5	20
689	342	347	65	28	37	21	3	18
777	384	393	69	24	45	37	8	29
652	332	320	54	12	42	34	6	28
321	172	149	23	8	15	13	2	11
1639	**931**	**708**	**107**	**38**	**69**	**120**	**25**	**95**
357	191	166	26	11	15	20	3	17
350	197	153	32	13	19	25	2	23
376	212	164	21	5	16	35	12	23
317	182	135	18	5	13	23	5	18
239	149	90	10	4	6	17	3	14
1434	**955**	**479**	**47**	**23**	**24**	**432**	**149**	**283**

5-3a 续表 6

受教育程度 年龄	15岁及以上人口			未婚		
	合计	男	女	小计	男	女
大学专科	**28096**	**14843**	**13253**	**7559**	**4190**	**3369**
15-19岁	**1087**	**550**	**537**	**1085**	**550**	**535**
15	26	16	10	26	16	10
16	70	39	31	70	39	31
17	121	69	52	120	69	51
18	324	172	152	324	172	152
19	546	254	292	545	254	291
20-24岁	**3772**	**1847**	**1925**	**3433**	**1753**	**1680**
20	832	396	436	823	395	428
21	707	350	357	689	347	342
22	751	382	369	710	370	340
23	693	348	345	596	319	277
24	789	371	418	615	322	293
25-29岁	**4221**	**2207**	**2014**	**1960**	**1204**	**756**
25	801	401	400	529	301	228
26	801	421	380	441	268	173
27	803	424	379	365	233	132
28	914	493	421	338	213	125
29	902	468	434	287	189	98
30-34岁	**4343**	**2280**	**2063**	**714**	**459**	**255**
30	1065	570	495	243	164	79
31	961	529	432	172	105	67
32	833	416	417	128	80	48
33	783	400	383	97	59	38
34	701	365	336	74	51	23
35-39岁	**2537**	**1303**	**1234**	**179**	**116**	**63**
35	547	288	259	53	36	17
36	476	256	220	35	20	15
37	467	232	235	34	24	10
38	557	284	273	41	27	14
39	490	243	247	16	9	7
40-44岁	**2516**	**1287**	**1229**	**85**	**55**	**30**
40	469	222	247	16	7	9
41	517	264	253	18	15	3
42	462	257	205	22	14	8
43	499	249	250	12	5	7
44	569	295	274	17	14	3
45-49岁	**2817**	**1494**	**1323**	**55**	**30**	**25**
45	487	248	239	9	5	4
46	556	286	270	15	8	7
47	596	303	293	13	10	3
48	559	313	246	11	5	6
49	619	344	275	7	2	5
50-54岁	**2703**	**1427**	**1276**	**32**	**17**	**15**
50	559	295	264	7	3	4
51	561	307	254	9	4	5
52	575	291	284	6	2	4
53	497	271	226	6	5	1
54	511	263	248	4	3	1
55-59岁	**2154**	**1185**	**969**	**9**	**3**	**6**
55	533	261	272	2	2	
56	538	309	229	3		3
57	586	333	253	2		2
58	352	204	148	2	1	1
59	145	78	67			
60-64岁	**894**	**557**	**337**	**3**	**1**	**2**
60	176	108	68	1	1	
61	185	109	76			
62	191	121	70			
63	179	113	66	1		1
64	163	106	57	1		1
65岁及以上	**1052**	**706**	**346**	**4**	**2**	**2**

单位：人

有配偶			离婚			丧偶		
小计	男	女	小计	男	女	小计	男	女
19042	**10086**	**8956**	**1111**	**449**	**662**	**384**	**118**	**266**
2		**2**						
1		1						
1		1						
339	**94**	**245**						
9	1	8						
18	3	15						
41	12	29						
97	29	68						
174	49	125						
2213	**985**	**1228**	**47**	**18**	**29**	**1**		**1**
265	97	168	6	3	3	1		1
354	150	204	6	3	3			
429	189	240	9	2	7			
565	275	290	11	5	6			
600	274	326	15	5	10			
3475	**1760**	**1715**	**149**	**60**	**89**	**5**	**1**	**4**
791	393	398	31	13	18			
753	409	344	35	14	21	1	1	
684	330	354	18	6	12	3		3
655	330	325	31	11	20			
592	298	294	34	16	18	1		1
2212	**1123**	**1089**	**143**	**63**	**80**	**3**	**1**	**2**
461	238	223	32	14	18	1		1
421	228	193	19	7	12	1	1	
401	192	209	31	16	15	1		1
477	239	238	39	18	21			
452	226	226	22	8	14			
2220	**1144**	**1076**	**199**	**86**	**113**	**12**	**2**	**10**
411	200	211	41	15	26	1		1
452	229	223	43	20	23	4		4
404	226	178	33	15	18	3	2	1
455	230	225	31	14	17	1		1
498	259	239	51	22	29	3		3
2553	**1389**	**1164**	**178**	**71**	**107**	**31**	**4**	**27**
450	233	217	22	8	14	6	2	4
496	262	234	40	16	24	5		5
528	274	254	46	18	28	9	1	8
509	293	216	34	15	19	5		5
570	327	243	36	14	22	6	1	5
2430	**1322**	**1108**	**200**	**76**	**124**	**41**	**12**	**29**
492	268	224	54	23	31	6	1	5
508	289	219	38	13	25	6	1	5
519	274	245	40	13	27	10	2	8
440	247	193	39	14	25	12	5	7
471	244	227	29	13	16	7	3	4
1956	**1118**	**838**	**132**	**53**	**79**	**57**	**11**	**46**
488	244	244	33	12	21	10	3	7
485	295	190	37	13	24	13	1	12
536	315	221	35	15	20	13	3	10
321	191	130	19	8	11	10	4	6
126	73	53	8	5	3	11		11
807	**531**	**276**	**38**	**12**	**26**	**46**	**13**	**33**
160	103	57	11	4	7	4		4
165	101	64	8	3	5	12	5	7
173	116	57	8	3	5	10	2	8
162	109	53	4		4	12	4	8
147	102	45	7	2	5	8	2	6
835	**620**	**215**	**25**	**10**	**15**	**188**	**74**	**114**

5-3a　续表 7

受教育程度 年　龄	15岁及以上人口			未　婚		
	合计	男	女	小计	男	女
大学本科	**28825**	**14443**	**14382**	**9711**	**4545**	**5166**
15-19岁	**1080**	**433**	**647**	**1080**	**433**	**647**
15	3	1	2	3	1	2
16	5	1	4	5	1	4
17	47	17	30	47	17	30
18	305	125	180	305	125	180
19	720	289	431	720	289	431
20-24岁	**4695**	**2097**	**2598**	**4554**	**2051**	**2503**
20	1005	443	562	1004	443	561
21	1009	473	536	1002	470	532
22	971	423	548	961	418	543
23	813	375	438	783	364	419
24	897	383	514	804	356	448
25-29岁	**5477**	**2451**	**3026**	**2809**	**1385**	**1424**
25	1008	449	559	798	373	425
26	1038	458	580	699	344	355
27	1150	497	653	555	265	290
28	1176	540	636	485	257	228
29	1105	507	598	272	146	126
30-34岁	**5760**	**2806**	**2954**	**901**	**475**	**426**
30	1376	630	746	328	168	160
31	1260	636	624	217	116	101
32	1102	540	562	161	82	79
33	1102	538	564	118	66	52
34	920	462	458	77	43	34
35-39岁	**3424**	**1710**	**1714**	**225**	**116**	**109**
35	771	385	386	72	44	28
36	731	356	375	60	30	30
37	687	356	331	38	18	20
38	705	350	355	38	16	22
39	530	263	267	17	8	9
40-44岁	**2508**	**1330**	**1178**	**71**	**41**	**30**
40	521	286	235	19	12	7
41	537	264	273	11	7	4
42	530	289	241	18	11	7
43	449	234	215	12	4	8
44	471	257	214	11	7	4
45-49岁	**2287**	**1318**	**969**	**40**	**25**	**15**
45	455	252	203	17	10	7
46	478	263	215	7	4	3
47	478	273	205	4	4	
48	473	295	178	5	3	2
49	403	235	168	7	4	3
50-54岁	**1816**	**1075**	**741**	**19**	**8**	**11**
50	393	230	163	5	2	3
51	394	225	169	4	2	2
52	389	225	164	4	1	3
53	318	186	132	5	3	2
54	322	209	113	1		1
55-59岁	**1109**	**741**	**368**	**8**	**7**	**1**
55	304	191	113	4	3	1
56	315	209	106	1	1	
57	276	185	91	2	2	
58	145	108	37	1	1	
59	69	48	21			
60-64岁	**290**	**196**	**94**	**2**	**2**	
60	76	39	37			
61	44	29	15	1	1	
62	58	44	14	1	1	
63	60	44	16			
64	52	40	12			
65岁及以上	**379**	**286**	**93**	**2**	**2**	

单位：人

有配偶			离婚			丧偶		
小计	男	女	小计	男	女	小计	男	女
18256	**9542**	**8714**	**722**	**307**	**415**	**136**	**49**	**87**
140	**46**	**94**	**1**		**1**			
1		1						
7	3	4						
10	5	5						
30	11	19						
92	27	65	1		1			
2636	**1052**	**1584**	**31**	**13**	**18**	**1**	**1**	
208	75	133	2	1	1			
338	114	224	1		1			
590	231	359	5	1	4			
685	279	406	6	4	2			
815	353	462	17	7	10	1	1	
4710	**2263**	**2447**	**146**	**68**	**78**	**3**		**3**
1027	452	575	21	10	11			
1020	511	509	23	9	14			
907	437	470	34	21	13			
945	457	488	37	15	22	2		2
811	406	405	31	13	18	1		1
3046	**1532**	**1514**	**147**	**61**	**86**	**6**	**1**	**5**
675	330	345	23	10	13	1	1	
628	314	314	42	12	30	1		1
625	325	300	24	13	11			
628	318	310	36	16	20	3		3
490	245	245	22	10	12	1		1
2315	**1247**	**1068**	**113**	**41**	**72**	**9**	**1**	**8**
483	270	213	18	4	14	1		1
494	246	248	31	11	20	1		1
487	267	220	24	11	13	1		1
417	222	195	19	7	12	1	1	
434	242	192	21	8	13	5		5
2128	**1245**	**883**	**109**	**46**	**63**	**10**	**2**	**8**
412	234	178	25	8	17	1		1
450	253	197	18	6	12	3		3
457	262	195	14	6	8	3	1	2
441	280	161	26	11	15	1	1	
368	216	152	26	15	11	2		2
1683	**1020**	**663**	**94**	**43**	**51**	**20**	**4**	**16**
363	217	146	22	9	13	3	2	1
367	217	150	20	6	14	3		3
363	215	148	15	8	7	7	1	6
296	177	119	13	6	7	4		4
294	194	100	24	14	10	3	1	2
1026	**709**	**317**	**55**	**21**	**34**	**20**	**4**	**16**
278	181	97	16	6	10	6	1	5
295	203	92	14	5	9	5		5
258	177	81	13	5	8	3	1	2
132	101	31	8	5	3	4	1	3
63	47	16	4		4	2	1	1
262	**184**	**78**	**18**	**8**	**10**	**8**	**2**	**6**
67	37	30	6	2	4	3		3
40	27	13	3	1	2			
54	43	11	1		1	2		2
53	38	15	5	4	1	2	2	
48	39	9	3	1	2	1		1
310	**244**	**66**	**8**	**6**	**2**	**59**	**34**	**25**

5-3a　续表 8

受教育程度 年　　龄	15岁及以上人口			未　　婚		
	合计	男	女	小计	男	女
硕士研究生	**1922**	**913**	**1009**	**670**	**260**	**410**
15-19岁						
15						
16						
17						
18						
19						
20-24岁	**226**	**89**	**137**	**224**	**87**	**137**
20	2	1	1	2	1	1
21	5	2	3	5	2	3
22	34	10	24	34	10	24
23	71	27	44	70	26	44
24	114	49	65	113	48	65
25-29岁	**436**	**153**	**283**	**334**	**123**	**211**
25	100	29	71	98	28	70
26	93	35	58	83	32	51
27	86	29	57	62	23	39
28	80	27	53	54	22	32
29	77	33	44	37	18	19
30-34岁	**443**	**174**	**269**	**83**	**36**	**47**
30	96	36	60	32	14	18
31	97	43	54	21	9	12
32	85	26	59	9	2	7
33	82	35	47	11	5	6
34	83	34	49	10	6	4
35-39岁	**284**	**139**	**145**	**12**	**2**	**10**
35	46	25	21	2		2
36	69	29	40	4		4
37	60	29	31	2	1	1
38	64	35	29	3		3
39	45	21	24	1	1	
40-44岁	**180**	**105**	**75**	**6**	**3**	**3**
40	40	24	16	3	1	2
41	40	22	18	1		1
42	36	20	16	1	1	
43	29	18	11			
44	35	21	14	1	1	
45-49岁	**134**	**89**	**45**	**4**	**3**	**1**
45	30	16	14			
46	23	14	9	2	1	1
47	24	17	7			
48	30	23	7	1	1	
49	27	19	8	1	1	
50-54岁	**111**	**77**	**34**	**3**	**3**	
50	29	16	13			
51	23	13	10			
52	24	19	5	3	3	
53	13	11	2			
54	22	18	4			
55-59岁	**64**	**55**	**9**	**2**	**2**	
55	16	15	1	1	1	
56	16	12	4	1	1	
57	24	21	3			
58	5	4	1			
59	3	3				
60-64岁	**25**	**16**	**9**	**2**	**1**	**1**
60	6	3	3	1	1	
61	3	1	2			
62	7	7				
63	3	2	1			
64	6	3	3	1		1
65岁及以上	**19**	**16**	**3**			

单位：人

有配偶			离婚			丧偶		
小计	男	女	小计	男	女	小计	男	女
1214	**642**	**572**	**30**	**9**	**21**	**8**	**2**	**6**
2	**2**							
1	1							
1	1							
102	**30**	**72**						
2	1	1						
10	3	7						
24	6	18						
26	5	21						
40	15	25						
356	**138**	**218**	**4**		**4**			
64	22	42						
75	34	41	1		1			
76	24	52						
70	30	40	1		1			
71	28	43	2		2			
262	**133**	**129**	**10**	**4**	**6**			
44	25	19						
60	28	32	5	1	4			
57	27	30	1	1				
59	33	26	2	2				
42	20	22	2		2			
166	**99**	**67**	**7**	**3**	**4**	**1**		**1**
37	23	14						
39	22	17						
33	17	16	2	2				
27	18	9	2		2			
30	19	11	3	1	2	1		1
126	**86**	**40**	**4**		**4**			
29	16	13	1		1			
19	13	6	2		2			
23	17	6	1		1			
29	22	7						
26	18	8						
102	**73**	**29**	**4**	**1**	**3**	**2**		**2**
26	15	11	3	1	2			
22	13	9	1		1			
20	16	4				1		1
13	11	2						
21	18	3				1		1
59	**51**	**8**	**1**	**1**		**2**	**1**	**1**
14	13	1				1	1	
13	10	3	1	1		1		1
24	21	3						
5	4	1						
3	3							
21	**15**	**6**				**2**		**2**
4	2	2				1		1
2	1	1				1		1
7	7							
3	2	1						
5	3	2						
18	**15**	**3**				**1**	**1**	

5-3a 续表 9

受教育程度 年　　龄	15岁及以上人口			未　　婚		
	合计	男	女	小计	男	女
博士研究生	**176**	**101**	**75**	**34**	**15**	**19**
15-19岁						
15						
16						
17						
18						
19						
20-24岁	**5**	**1**	**4**	**4**	**1**	**3**
20						
21						
22						
23	1		1	1		1
24	4	1	3	3	1	2
25-29岁	**21**	**10**	**11**	**14**	**7**	**7**
25	1		1			
26	5	2	3	5	2	3
27	4	2	2	3	1	2
28	8	4	4	5	3	2
29	3	2	1	1	1	
30-34岁	**42**	**27**	**15**	**11**	**5**	**6**
30	9	5	4	2	1	1
31	10	7	3	2	1	1
32	9	6	3	3	1	2
33	10	8	2	2	2	
34	4	1	3	2		2
35-39岁	**43**	**21**	**22**	**4**	**1**	**3**
35	6	2	4	2	1	1
36	7	4	3			
37	5	2	3			
38	18	8	10	2		2
39	7	5	2			
40-44岁	**26**	**12**	**14**	**1**	**1**	
40	7	4	3			
41	4	2	2	1	1	
42	8	3	5			
43	2	1	1			
44	5	2	3			
45-49岁	**16**	**11**	**5**			
45	4	3	1			
46	1		1			
47	2	1	1			
48	4	3	1			
49	5	4	1			
50-54岁	**14**	**11**	**3**			
50	5	4	1			
51	4	2	2			
52	2	2				
53	1	1				
54	2	2				
55-59岁	**7**	**6**	**1**			
55	1	1				
56	4	3	1			
57	2	2				
58						
59						
60-64岁	**2**	**2**				
60	1	1				
61						
62	1	1				
63						
64						
65岁及以上						

单位：人

有配偶			离婚			丧偶		
小计	男	女	小计	男	女	小计	男	女
139	**84**	**55**	**2**	**1**	**1**	**1**	**1**	
1		**1**						
1		1						
7	**3**	**4**						
1		1						
1	1							
3	1	2						
2	1	1						
31	**22**	**9**						
7	4	3						
8	6	2						
6	5	1						
8	6	2						
2	1	1						
39	**20**	**19**						
4	1	3						
7	4	3						
5	2	3						
16	8	8						
7	5	2						
25	**11**	**14**						
7	4	3						
3	1	2						
8	3	5						
2	1	1						
5	2	3						
15	**10**	**5**	**1**	**1**				
4	3	1						
1		1						
1		1	1	1				
4	3	1						
5	4	1						
14	**11**	**3**						
5	4	1						
4	2	2						
2	2							
1	1							
2	2							
5	**5**		**1**		**1**	**1**	**1**	
1	1							
2	2		1		1	1	1	
2	2							
2	**2**							
1	1							
1	1							

5-3b 全省分年龄、性别、受教育

受教育程度 年 龄	15岁及以上人口			未 婚		
	合计	男	女	小计	男	女
总 计	**109340**	**55245**	**54095**	**25355**	**14191**	**11164**
15-19岁	**11350**	**5612**	**5738**	**11154**	**5586**	**5568**
15	2084	1018	1066	2081	1017	1064
16	2590	1295	1295	2583	1294	1289
17	2744	1342	1402	2725	1340	1385
18	2229	1067	1162	2166	1063	1103
19	1703	890	813	1599	872	727
20-24岁	**7904**	**3977**	**3927**	**5973**	**3366**	**2607**
20	1454	742	712	1274	699	575
21	1366	702	664	1104	634	470
22	1556	782	774	1214	684	530
23	1703	891	812	1227	714	513
24	1825	860	965	1154	635	519
25-29岁	**10319**	**5184**	**5135**	**3924**	**2417**	**1507**
25	2016	997	1019	1114	653	461
26	2014	987	1027	912	540	372
27	2057	1022	1035	746	475	271
28	2134	1089	1045	638	406	232
29	2098	1089	1009	514	343	171
30-34岁	**11821**	**5942**	**5879**	**1501**	**989**	**512**
30	2563	1298	1265	453	304	149
31	2498	1248	1250	361	248	113
32	2254	1105	1149	266	160	106
33	2380	1228	1152	243	162	81
34	2126	1063	1063	178	115	63
35-39岁	**10146**	**5056**	**5090**	**718**	**456**	**262**
35	1955	966	989	164	101	63
36	1923	957	966	161	98	63
37	1910	953	957	128	83	45
38	2223	1116	1107	159	106	53
39	2135	1064	1071	106	68	38
40-44岁	**11637**	**6091**	**5546**	**632**	**440**	**192**
40	2242	1166	1076	131	90	41
41	2381	1239	1142	118	86	32
42	2313	1218	1095	133	90	43
43	2258	1181	1077	121	88	33
44	2443	1287	1156	129	86	43
45-49岁	**12546**	**6474**	**6072**	**496**	**341**	**155**
45	2415	1194	1221	109	79	30
46	2558	1336	1222	96	68	28
47	2550	1334	1216	106	72	34
48	2508	1302	1206	104	72	32
49	2515	1308	1207	81	50	31
50-54岁	**11377**	**6010**	**5367**	**392**	**269**	**123**
50	2636	1353	1283	91	55	36
51	2391	1293	1098	79	56	23
52	2348	1282	1066	78	53	25
53	1957	1032	925	74	56	18
54	2045	1050	995	70	49	21
55-59岁	**7853**	**3981**	**3872**	**202**	**119**	**83**
55	1949	1022	927	52	32	20
56	1887	961	926	56	31	25
57	1850	914	936	52	30	22
58	1534	786	748	30	18	12
59	633	298	335	12	8	4
60-64岁	**4172**	**2116**	**2056**	**87**	**62**	**25**
60	728	395	333	18	12	6
61	742	374	368	13	11	2
62	885	441	444	18	12	6
63	899	459	440	15	11	4
64	918	447	471	23	16	7
65岁及以上	**10215**	**4802**	**5413**	**276**	**146**	**130**

程度、婚姻状况的人口(镇)

单位：人

有配偶			离婚			丧偶		
小计	男	女	小计	男	女	小计	男	女
74505	**37780**	**36725**	**3982**	**1879**	**2103**	**5498**	**1395**	**4103**
190	**26**	**164**	**6**		**6**			
3	1	2						
7	1	6						
18	2	16	1		1			
61	4	57	2		2			
101	18	83	3		3			
1855	**594**	**1261**	**75**	**16**	**59**	**1**	**1**	
174	42	132	6	1	5			
252	66	186	10	2	8			
329	97	232	13	1	12			
457	173	284	19	4	15			
643	216	427	27	8	19	1	1	
6098	**2647**	**3451**	**279**	**115**	**164**	**18**	**5**	**13**
865	332	533	35	12	23	2		2
1060	434	626	40	12	28	2	1	1
1272	530	742	37	16	21	2	1	1
1414	649	765	74	33	41	8	1	7
1487	702	785	93	42	51	4	2	2
9704	**4642**	**5062**	**580**	**298**	**282**	**36**	**13**	**23**
1996	937	1059	109	54	55	5	3	2
2017	939	1078	109	59	50	11	2	9
1866	893	973	118	51	67	4	1	3
2014	1002	1012	114	60	54	9	4	5
1811	871	940	130	74	56	7	3	4
8823	**4307**	**4516**	**558**	**283**	**275**	**47**	**10**	**37**
1679	807	872	106	58	48	6		6
1641	798	843	114	58	56	7	3	4
1675	819	856	100	50	50	7	1	6
1928	945	983	128	62	66	8	3	5
1900	938	962	110	55	55	19	3	16
10140	**5271**	**4869**	**724**	**346**	**378**	**141**	**34**	**107**
1970	1017	953	119	54	65	22	5	17
2070	1057	1013	167	88	79	26	8	18
2013	1059	954	140	65	75	27	4	23
1971	1030	941	138	58	80	28	5	23
2116	1108	1008	160	81	79	38	12	26
11117	**5759**	**5358**	**703**	**322**	**381**	**230**	**52**	**178**
2163	1068	1095	116	44	72	27	3	24
2261	1191	1070	155	65	90	46	12	34
2259	1178	1081	136	72	64	49	12	37
2199	1139	1060	159	80	79	46	11	35
2235	1183	1052	137	61	76	62	14	48
9995	**5382**	**4613**	**535**	**255**	**280**	**455**	**104**	**351**
2340	1230	1110	126	50	76	79	18	61
2083	1147	936	145	66	79	84	24	60
2068	1149	919	99	59	40	103	21	82
1717	927	790	78	36	42	88	13	75
1787	929	858	87	44	43	101	28	73
6807	**3614**	**3193**	**264**	**124**	**140**	**580**	**124**	**456**
1700	918	782	73	38	35	124	34	90
1633	868	765	76	35	41	122	27	95
1601	827	774	50	27	23	147	30	117
1328	725	603	46	18	28	130	25	105
545	276	269	19	6	13	57	8	49
3433	**1892**	**1541**	**100**	**42**	**58**	**552**	**120**	**432**
624	361	263	21	7	14	65	15	50
629	338	291	20	10	10	80	15	65
722	393	329	26	9	17	119	27	92
737	418	319	11	4	7	136	26	110
721	382	339	22	12	10	152	37	115
6343	**3646**	**2697**	**158**	**78**	**80**	**3438**	**932**	**2506**

5-3b 续表 1

受教育程度 年 龄	15岁及以上人口			未 婚		
	合计	男	女	小计	男	女
未上过学	**11549**	**3694**	**7855**	**980**	**525**	**455**
15-19岁	**99**	**49**	**50**	**92**	**46**	**46**
15	18	8	10	17	7	10
16	20	10	10	20	10	10
17	16	8	8	15	8	7
18	13	7	6	12	7	5
19	32	16	16	28	14	14
20-24岁	**174**	**88**	**86**	**123**	**74**	**49**
20	35	19	16	29	17	12
21	32	18	14	25	16	9
22	34	17	17	25	14	11
23	34	19	15	23	16	7
24	39	15	24	21	11	10
25-29岁	**340**	**146**	**194**	**126**	**71**	**55**
25	60	28	32	30	18	12
26	61	26	35	25	13	12
27	60	25	35	23	14	9
28	80	36	44	27	17	10
29	79	31	48	21	9	12
30-34岁	**572**	**198**	**374**	**95**	**56**	**39**
30	111	31	80	19	11	8
31	109	43	66	27	19	8
32	109	35	74	20	10	10
33	122	45	77	17	7	10
34	121	44	77	12	9	3
35-39岁	**740**	**256**	**484**	**90**	**39**	**51**
35	150	52	98	25	11	14
36	124	43	81	18	6	12
37	160	56	104	15	8	7
38	151	55	96	22	10	12
39	155	50	105	10	4	6
40-44岁	**954**	**355**	**599**	**92**	**50**	**42**
40	171	64	107	19	10	9
41	180	75	105	17	8	9
42	178	51	127	17	7	10
43	213	93	120	24	16	8
44	212	72	140	15	9	6
45-49岁	**1294**	**457**	**837**	**85**	**43**	**42**
45	210	73	137	13	5	8
46	245	87	158	18	11	7
47	261	93	168	13	7	6
48	278	91	187	22	13	9
49	300	113	187	19	7	12
50-54岁	**1460**	**465**	**995**	**88**	**48**	**40**
50	300	95	205	20	13	7
51	288	109	179	20	9	11
52	301	108	193	14	7	7
53	277	84	193	15	11	4
54	294	69	225	19	8	11
55-59岁	**1275**	**313**	**962**	**59**	**28**	**31**
55	272	82	190	13	8	5
56	262	62	200	15	6	9
57	295	61	234	19	9	10
58	293	68	225	9	4	5
59	153	40	113	3	1	2
60-64岁	**1077**	**304**	**773**	**22**	**17**	**5**
60	153	46	107	5	4	1
61	178	55	123	4	4	
62	227	59	168	4	2	2
63	252	69	183	4	3	1
64	267	75	192	5	4	1
65岁及以上	**3564**	**1063**	**2501**	**108**	**53**	**55**

单位：人

有配偶			离　婚			丧　偶		
小计	男	女	小计	男	女	小计	男	女
8087	**2754**	**5333**	**412**	**95**	**317**	**2070**	**320**	**1750**
7	**3**	**4**						
1	1							
1		1						
1		1						
4	2	2						
49	**13**	**36**	**1**		**1**	**1**	**1**	
5	2	3	1		1			
7	2	5						
9	3	6						
11	3	8						
17	3	14				1	1	
198	**72**	**126**	**14**	**2**	**12**	**2**	**1**	**1**
29	10	19	1		1			
34	12	22	2	1	1			
35	10	25	2	1	1			
50	19	31	3		3			
50	21	29	6		6	2	1	1
446	**137**	**309**	**29**	**5**	**24**	**2**		**2**
88	20	68	4		4			
77	22	55	4	2	2	1		1
81	25	56	8		8			
96	35	61	9	3	6			
104	35	69	4		4	1		1
609	**208**	**401**	**34**	**5**	**29**	**7**	**4**	**3**
115	38	77	9	3	6	1		1
101	35	66	4	1	3	1	1	
135	48	87	9		9	1		1
119	42	77	8	1	7	2	2	
139	45	94	4		4	2	1	1
775	**280**	**495**	**62**	**20**	**42**	**25**	**5**	**20**
135	52	83	13	2	11	4		4
151	64	87	8	2	6	4	1	3
149	42	107	8	2	6	4		4
167	68	99	19	9	10	3		3
173	54	119	14	5	9	10	4	6
1098	**394**	**704**	**66**	**13**	**53**	**45**	**7**	**38**
183	66	117	12	1	11	2	1	1
207	73	134	9	2	7	11	1	10
222	80	142	14	4	10	12	2	10
236	75	161	10	1	9	10	2	8
250	100	150	21	5	16	10	1	9
1202	**386**	**816**	**76**	**14**	**62**	**94**	**17**	**77**
246	79	167	18	1	17	16	2	14
231	87	144	20	6	14	17	7	10
253	90	163	12	4	8	22	7	15
229	72	157	12	1	11	21		21
243	58	185	14	2	12	18	1	17
991	**259**	**732**	**53**	**14**	**39**	**172**	**12**	**160**
212	64	148	13	3	10	34	7	27
203	53	150	10	2	8	34	1	33
218	46	172	10	3	7	48	3	45
236	59	177	12	5	7	36		36
122	37	85	8	1	7	20	1	19
804	**254**	**550**	**28**	**6**	**22**	**223**	**27**	**196**
128	41	87	3		3	17	1	16
138	48	90	6	1	5	30	2	28
165	46	119	9	3	6	49	8	41
188	59	129	2	1	1	58	6	52
185	60	125	8	1	7	69	10	59
1908	**748**	**1160**	**49**	**16**	**33**	**1499**	**246**	**1253**

5-3b 续表 2

受教育程度 年龄	15岁及以上人口			未婚		
	合计	男	女	小计	男	女
学前教育	**179**	**75**	**104**	**65**	**35**	**30**
15-19岁	**18**	**8**	**10**	**18**	**8**	**10**
15	5	4	1	5	4	1
16	6	2	4	6	2	4
17	3	1	2	3	1	2
18	2		2	2		2
19	2	1	1	2	1	1
20-24岁	**16**	**7**	**9**	**13**	**7**	**6**
20						
21	6	2	4	5	2	3
22	2	1	1	2	1	1
23	5	3	2	4	3	1
24	3	1	2	2	1	1
25-29岁	**13**	**8**	**5**	**9**	**7**	**2**
25	2	1	1	1	1	
26	5	4	1	4	4	
27	1	1		1	1	
28	2		2	2		2
29	3	2	1	1	1	
30-34岁	**12**	**6**	**6**	**8**	**4**	**4**
30	2		2	2		2
31	3	2	1	3	2	1
32	2	1	1	1	1	
33	3	2	1	2	1	1
34	2	1	1			
35-39岁	**14**	**8**	**6**	**7**	**3**	**4**
35	2	1	1	1		1
36						
37	6	5	1	3	2	1
38	2	1	1	1		1
39	4	1	3	2	1	1
40-44岁	**13**	**6**	**7**	**4**	**3**	**1**
40	3	2	1	1	1	
41	3	1	2			
42	1	1		1	1	
43	3	1	2			
44	3	1	2	2	1	1
45-49岁	**20**	**5**	**15**	**2**	**1**	**1**
45	4	3	1	1	1	
46	4	1	3			
47	2		2			
48	6		6	1		1
49	4	1	3			
50-54岁	**15**	**6**	**9**	**1**		**1**
50	2	1	1			
51	5	2	3	1		1
52	2		2			
53	4	2	2			
54	2	1	1			
55-59岁	**11**	**4**	**7**	**2**	**1**	**1**
55	4	1	3	2	1	1
56	1		1			
57	1	1				
58	4	2	2			
59	1		1			
60-64岁	**14**	**4**	**10**	**1**	**1**	
60						
61	4	1	3			
62	5	2	3			
63	1		1			
64	4	1	3	1	1	
65岁及以上	**33**	**13**	**20**			

单位：人

有配偶			离婚			丧偶		
小计	男	女	小计	男	女	小计	男	女
90	**36**	**54**	**2**		**2**	**22**	**4**	**18**
3		**3**						
1		1						
1		1						
1		1						
4	**1**	**3**						
1		1						
1		1						
2	1	1						
4	**2**	**2**						
1		1						
1	1							
2	1	1						
7	**5**	**2**						
1	1							
3	3							
1	1							
2		2						
9	**3**	**6**						
2	1	1						
3	1	2						
3	1	2						
1		1						
17	**4**	**13**	**1**		**1**			
3	2	1						
4	1	3						
2		2						
4		4	1		1			
4	1	3						
13	**6**	**7**	**1**		**1**			
2	1	1						
3	2	1	1		1			
2		2						
4	2	2						
2	1	1						
7	**3**	**4**				**2**		**2**
2		2						
1		1						
1	1							
2	2					2		2
1		1						
8	**2**	**6**				**5**	**1**	**4**
3	1	2				1		1
3	1	2				2	1	1
						1		1
2		2				1		1
18	**10**	**8**				**15**	**3**	**12**

5-3b 续表 3

受教育程度 年龄	15岁及以上人口			未婚		
	合计	男	女	小计	男	女
小学	**30338**	**14209**	**16129**	**3051**	**1919**	**1132**
15-19岁	**472**	**224**	**248**	**402**	**217**	**185**
15	74	34	40	73	34	39
16	65	37	28	61	36	25
17	83	38	45	79	38	41
18	108	45	63	86	44	42
19	142	70	72	103	65	38
20-24岁	**1018**	**478**	**540**	**547**	**352**	**195**
20	177	88	89	116	75	41
21	172	78	94	93	57	36
22	200	96	104	110	73	37
23	228	105	123	124	78	46
24	241	111	130	104	69	35
25-29岁	**1710**	**769**	**941**	**478**	**294**	**184**
25	286	123	163	112	69	43
26	316	133	183	83	51	32
27	362	164	198	106	70	36
28	342	151	191	83	39	44
29	404	198	206	94	65	29
30-34岁	**2819**	**1226**	**1593**	**344**	**225**	**119**
30	522	227	295	82	55	27
31	577	241	336	74	54	20
32	543	230	313	70	39	31
33	599	277	322	66	45	21
34	578	251	327	52	32	20
35-39岁	**2902**	**1286**	**1616**	**255**	**156**	**99**
35	548	240	308	58	34	24
36	535	223	312	54	29	25
37	539	246	293	46	29	17
38	638	286	352	63	41	22
39	642	291	351	34	23	11
40-44岁	**3641**	**1772**	**1869**	**286**	**199**	**87**
40	717	346	371	55	37	18
41	693	334	359	42	31	11
42	736	383	353	58	38	20
43	694	329	365	63	49	14
44	801	380	421	68	44	24
45-49岁	**4021**	**1900**	**2121**	**244**	**169**	**75**
45	789	340	449	58	39	19
46	786	382	404	42	34	8
47	792	379	413	57	40	17
48	823	393	430	49	33	16
49	831	406	425	38	23	15
50-54岁	**4180**	**2017**	**2163**	**205**	**143**	**62**
50	932	417	515	47	27	20
51	822	411	411	42	32	10
52	870	439	431	42	30	12
53	770	385	385	39	28	11
54	786	365	421	35	26	9
55-59岁	**2950**	**1325**	**1625**	**99**	**61**	**38**
55	744	359	385	30	17	13
56	723	329	394	23	14	9
57	707	297	410	25	15	10
58	532	232	300	13	9	4
59	244	108	136	8	6	2
60-64岁	**1780**	**813**	**967**	**53**	**35**	**18**
60	300	134	166	13	8	5
61	317	140	177	8	6	2
62	367	164	203	13	9	4
63	398	198	200	6	4	2
64	398	177	221	13	8	5
65岁及以上	**4845**	**2399**	**2446**	**138**	**68**	**70**

单位：人

有配偶			离　婚			丧　偶		
小计	男	女	小计	男	女	小计	男	女
23723	**11104**	**12619**	**1127**	**490**	**637**	**2437**	**696**	**1741**
68	**7**	**61**	**2**		**2**			
1		1						
4	1	3						
4		4						
21	1	20	1		1			
38	5	33	1		1			
445	**120**	**325**	**26**	**6**	**20**			
60	13	47	1		1			
75	20	55	4	1	3			
85	22	63	5	1	4			
97	26	71	7	1	6			
128	39	89	9	3	6			
1157	**442**	**715**	**70**	**31**	**39**	**5**	**2**	**3**
166	53	113	7	1	6	1		1
217	76	141	15	5	10	1	1	
247	90	157	9	4	5			
240	102	138	17	10	7	2		2
287	121	166	22	11	11	1	1	
2321	**937**	**1384**	**140**	**60**	**80**	**14**	**4**	**10**
414	158	256	25	13	12	1	1	
477	180	297	22	7	15	4		4
443	180	263	29	11	18	1		1
503	218	285	27	13	14	3	1	2
484	201	283	37	16	21	5	2	3
2473	**1062**	**1411**	**155**	**64**	**91**	**19**	**4**	**15**
462	195	267	25	11	14	3		3
451	183	268	25	9	16	5	2	3
460	201	259	30	15	15	3	1	2
532	232	300	41	13	28	2		2
568	251	317	34	16	18	6	1	5
3109	**1466**	**1643**	**200**	**95**	**105**	**46**	**12**	**34**
625	294	331	31	13	18	6	2	4
590	276	314	50	25	25	11	2	9
624	320	304	43	23	20	11	2	9
592	267	325	33	13	20	6		6
678	309	369	43	21	22	12	6	6
3495	**1625**	**1870**	**190**	**81**	**109**	**92**	**25**	**67**
685	288	397	39	12	27	7	1	6
688	330	358	39	15	24	17	3	14
678	315	363	36	17	19	21	7	14
711	336	375	44	19	25	19	5	14
733	356	377	32	18	14	28	9	19
3611	**1760**	**1851**	**159**	**73**	**86**	**205**	**41**	**164**
817	373	444	27	9	18	41	8	33
714	354	360	38	16	22	28	9	19
742	383	359	37	18	19	49	8	41
664	339	325	26	14	12	41	4	37
674	311	363	31	16	15	46	12	34
2532	**1181**	**1351**	**76**	**29**	**47**	**243**	**54**	**189**
640	320	320	17	5	12	57	17	40
622	292	330	30	12	18	48	11	37
609	264	345	13	7	6	60	11	49
449	206	243	14	5	9	56	12	44
212	99	113	2		2	22	3	19
1445	**702**	**743**	**43**	**19**	**24**	**239**	**57**	**182**
243	115	128	10	1	9	34	10	24
269	124	145	9	6	3	31	4	27
291	142	149	11	4	7	52	9	43
324	176	148	6	2	4	62	16	46
318	145	173	7	6	1	60	18	42
3067	**1802**	**1265**	**66**	**32**	**34**	**1574**	**497**	**1077**

5－3b 续表 4

受教育程度 年　　龄	15岁及以上人口			未　婚		
	合计	男	女	小计	男	女
初　中	**27864**	**16133**	**11731**	**4949**	**3293**	**1656**
15－19岁	**2679**	**1455**	**1224**	**2582**	**1441**	**1141**
15	1088	560	528	1087	560	527
16	570	327	243	567	327	240
17	374	201	173	362	199	163
18	320	172	148	289	169	120
19	327	195	132	277	186	91
20－24岁	**1868**	**1047**	**821**	**1016**	**764**	**252**
20	283	163	120	204	144	60
21	339	194	145	223	166	57
22	378	210	168	217	166	51
23	433	258	175	215	166	49
24	435	222	213	157	122	35
25－29岁	**2652**	**1435**	**1217**	**629**	**493**	**136**
25	511	292	219	186	148	38
26	515	276	239	135	107	28
27	522	275	247	126	93	33
28	561	305	256	108	89	19
29	543	287	256	74	56	18
30－34岁	**3379**	**1799**	**1580**	**270**	**215**	**55**
30	713	393	320	75	67	8
31	700	368	332	70	52	18
32	642	323	319	38	29	9
33	702	369	333	54	41	13
34	622	346	276	33	26	7
35－39岁	**3347**	**1843**	**1504**	**157**	**133**	**24**
35	614	328	286	33	27	6
36	660	369	291	41	35	6
37	632	347	285	29	24	5
38	733	392	341	29	26	3
39	708	407	301	25	21	4
40－44岁	**3532**	**2037**	**1495**	**112**	**96**	**16**
40	677	375	302	23	20	3
41	749	417	332	26	22	4
42	680	399	281	22	20	2
43	668	399	269	13	11	2
44	758	447	311	28	23	5
45－49岁	**3585**	**2068**	**1517**	**86**	**73**	**13**
45	717	394	323	13	12	1
46	747	437	310	19	14	5
47	753	433	320	22	18	4
48	679	404	275	20	17	3
49	689	400	289	12	12	
50－54岁	**2934**	**1807**	**1127**	**53**	**44**	**9**
50	687	404	283	13	9	4
51	630	379	251	6	6	
52	599	374	225	12	9	3
53	488	303	185	10	9	1
54	530	347	183	12	11	1
55－59岁	**2101**	**1333**	**768**	**21**	**15**	**6**
55	551	333	218	3	3	
56	538	335	203	9	5	4
57	468	300	168	5	4	1
58	404	276	128	4	3	1
59	140	89	51			
60－64岁	**720**	**543**	**177**	**5**	**5**	
60	157	119	38			
61	132	90	42			
62	150	121	29			
63	134	102	32	3	3	
64	147	111	36	2	2	
65岁及以上	**1067**	**766**	**301**	**18**	**14**	**4**

单位：人

有配偶			离婚			丧偶		
小计	男	女	小计	男	女	小计	男	女
21077	**11877**	**9200**	**1228**	**721**	**507**	**610**	**242**	**368**
93	**14**	**79**	**4**		**4**			
1		1						
3		3						
11	2	9	1		1			
30	3	27	1		1			
48	9	39	2		2			
823	**277**	**546**	**29**	**6**	**23**			
76	18	58	3	1	2			
113	28	85	3		3			
154	44	110	7		7			
210	90	120	8	2	6			
270	97	173	8	3	5			
1902	**891**	**1011**	**113**	**49**	**64**	**8**	**2**	**6**
306	135	171	18	9	9	1		1
368	166	202	12	3	9			
378	176	202	16	5	11	2	1	1
418	200	218	30	15	15	5	1	4
432	214	218	37	17	20			
2903	**1455**	**1448**	**195**	**124**	**71**	**11**	**5**	**6**
600	306	294	35	18	17	3	2	1
591	290	301	38	26	12	1		1
562	271	291	39	22	17	3	1	2
607	301	306	38	26	12	3	1	2
543	287	256	45	32	13	1	1	
2992	**1582**	**1410**	**184**	**126**	**58**	**14**	**2**	**12**
545	277	268	34	24	10	2		2
574	305	269	44	29	15	1		1
568	298	270	34	25	9	1		1
666	340	326	36	25	11	2	1	1
639	362	277	36	23	13	8	1	7
3158	**1803**	**1355**	**223**	**127**	**96**	**39**	**11**	**28**
618	335	283	34	18	16	2	2	
657	355	302	56	35	21	10	5	5
609	357	252	40	21	19	9	1	8
602	363	239	44	23	21	9	2	7
672	393	279	49	30	19	9	1	8
3228	**1855**	**1373**	**220**	**127**	**93**	**51**	**13**	**38**
661	364	297	31	17	14	12	1	11
667	393	274	53	27	26	8	3	5
673	384	289	45	28	17	13	3	10
609	353	256	46	32	14	4	2	2
618	361	257	45	23	22	14	4	10
2646	**1654**	**992**	**135**	**79**	**56**	**100**	**30**	**70**
627	371	256	35	20	15	12	4	8
556	345	211	44	22	22	24	6	18
545	345	200	23	18	5	19	2	17
444	277	167	20	12	8	14	5	9
474	316	158	13	7	6	31	13	18
1896	**1225**	**671**	**81**	**53**	**28**	**103**	**40**	**63**
505	304	201	26	20	6	17	6	11
479	304	175	22	13	9	28	13	15
423	276	147	15	11	4	25	9	16
364	257	107	13	6	7	23	10	13
125	84	41	5	3	2	10	2	8
643	**506**	**137**	**18**	**12**	**6**	**54**	**20**	**34**
143	112	31	4	4		10	3	7
114	81	33	3	2	1	15	7	8
137	114	23	5	2	3	8	5	3
123	98	25	1		1	7	1	6
126	101	25	5	4	1	14	4	10
793	**615**	**178**	**26**	**18**	**8**	**230**	**119**	**111**

5-3b 续表 5

受教育程度 年龄	15岁及以上人口			未婚		
	合计	男	女	小计	男	女
高 中	**17306**	**9334**	**7972**	**9009**	**4622**	**4387**
15-19岁	**7222**	**3437**	**3785**	**7206**	**3435**	**3771**
15	879	397	482	879	397	482
16	1888	893	995	1888	893	995
17	2182	1056	1126	2181	1056	1125
18	1509	706	803	1503	706	797
19	764	385	379	755	383	372
20-24岁	**1264**	**691**	**573**	**1051**	**612**	**439**
20	397	198	199	377	191	186
21	254	137	117	226	132	94
22	203	116	87	170	108	62
23	214	121	93	153	94	59
24	196	119	77	125	87	38
25-29岁	**1191**	**697**	**494**	**389**	**301**	**88**
25	218	129	89	111	83	28
26	214	134	80	84	67	17
27	233	134	99	73	61	12
28	256	142	114	59	43	16
29	270	158	112	62	47	15
30-34岁	**1244**	**741**	**503**	**174**	**132**	**42**
30	283	158	125	54	43	11
31	280	169	111	44	29	15
32	240	149	91	30	22	8
33	225	139	86	23	19	4
34	216	126	90	23	19	4
35-39岁	**763**	**419**	**344**	**55**	**42**	**13**
35	143	88	55	8	8	
36	151	80	71	12	9	3
37	132	65	67	12	9	3
38	172	97	75	12	9	3
39	165	89	76	11	7	4
40-44岁	**1281**	**742**	**539**	**50**	**34**	**16**
40	221	125	96	14	8	6
41	267	160	107	9	7	2
42	262	149	113	13	11	2
43	259	144	115	9	5	4
44	272	164	108	5	3	2
45-49岁	**1560**	**852**	**708**	**35**	**28**	**7**
45	271	151	120	12	11	1
46	328	179	149	7	5	2
47	323	189	134	6	4	2
48	320	169	151	5	4	1
49	318	164	154	5	4	1
50-54岁	**1265**	**721**	**544**	**25**	**21**	**4**
50	326	202	124	5	4	1
51	294	159	135	7	7	
52	267	143	124	5	4	1
53	180	103	77	6	4	2
54	198	114	84	2	2	
55-59岁	**732**	**437**	**295**	**12**	**8**	**4**
55	173	99	74	3	2	1
56	163	92	71	6	4	2
57	180	106	74	1	1	
58	166	106	60	2	1	1
59	50	34	16			
60-64岁	**353**	**264**	**89**	**4**	**2**	**2**
60	71	57	14			
61	65	51	14	1	1	
62	90	61	29	1	1	
63	63	44	19	1		1
64	64	51	13	1		1
65岁及以上	**431**	**333**	**98**	**8**	**7**	**1**

单位：人

有配偶			离婚			丧偶		
小计	男	女	小计	男	女	小计	男	女
7575	**4368**	**3207**	**524**	**274**	**250**	**198**	**70**	**128**
16	**2**	**14**						
1		1						
6		6						
9	2	7						
203	**76**	**127**	**10**	**3**	**7**			
19	7	12	1		1			
27	5	22	1		1			
33	8	25						
57	26	31	4	1	3			
67	30	37	4	2	2			
769	**376**	**393**	**33**	**20**	**13**			
104	44	60	3	2	1			
128	65	63	2	2				
154	68	86	6	5	1			
186	95	91	11	4	7			
197	104	93	11	7	4			
994	**568**	**426**	**73**	**41**	**32**	**3**		**3**
218	111	107	10	4	6	1		1
221	131	90	14	9	5	1		1
193	118	75	17	9	8			
187	113	74	14	7	7	1		1
175	95	80	18	12	6			
646	**345**	**301**	**61**	**32**	**29**	**1**		**1**
124	73	51	11	7	4			
125	67	58	14	4	10			
111	52	59	8	4	4	1		1
151	81	70	9	7	2			
135	72	63	19	10	9			
1122	**652**	**470**	**98**	**53**	**45**	**11**	**3**	**8**
191	109	82	14	8	6	2		2
238	142	96	20	11	9			
232	131	101	17	7	10			
227	126	101	20	11	9	3	2	1
234	144	90	27	16	11	6	1	5
1377	**760**	**617**	**121**	**59**	**62**	**27**	**5**	**22**
235	130	105	20	10	10	4		4
287	160	127	25	10	15	9	4	5
292	169	123	24	16	8	1		1
273	147	126	35	17	18	7	1	6
290	154	136	17	6	11	6		6
1124	**647**	**477**	**84**	**44**	**40**	**32**	**9**	**23**
291	185	106	25	11	14	5	2	3
260	140	120	21	11	10	6	1	5
240	128	112	12	8	4	10	3	7
153	92	61	13	5	8	8	2	6
180	102	78	13	9	4	3	1	2
659	**406**	**253**	**29**	**14**	**15**	**32**	**9**	**23**
155	90	65	6	5	1	9	2	7
142	83	59	8	4	4	7	1	6
164	99	65	7	3	4	8	3	5
153	103	50	5	1	4	6	1	5
45	31	14	3	1	2	2	2	
317	**249**	**68**	**8**	**3**	**5**	**24**	**10**	**14**
64	55	9	3	1	2	4	1	3
62	49	13				2	1	1
83	58	25	1		1	5	2	3
53	40	13	2	1	1	7	3	4
55	47	8	2	1	1	6	3	3
348	**287**	**61**	**7**	**5**	**2**	**68**	**34**	**34**

5-3b 续表 6

受教育程度 年　　龄	15岁及以上人口			未　　婚		
	合计	男	女	小计	男	女
大学专科	**11969**	**6712**	**5257**	**4024**	**2242**	**1782**
15-19岁	**576**	**309**	**267**	**571**	**309**	**262**
15	19	14	5	19	14	5
16	40	25	15	40	25	15
17	68	32	36	67	32	35
18	161	85	76	159	85	74
19	288	153	135	286	153	133
20-24岁	**2252**	**1110**	**1142**	**1988**	**1025**	**963**
20	392	201	191	379	199	180
21	405	204	201	378	193	185
22	487	240	247	447	224	223
23	451	234	217	386	209	177
24	517	231	286	398	200	198
25-29岁	**2138**	**1100**	**1038**	**1022**	**619**	**403**
25	483	226	257	313	172	141
26	413	197	216	233	133	100
27	433	242	191	200	127	73
28	433	230	203	167	111	56
29	376	205	171	109	76	33
30-34岁	**1771**	**977**	**794**	**260**	**168**	**92**
30	446	243	203	94	60	34
31	383	202	181	61	41	20
32	328	181	147	45	30	15
33	357	207	150	36	23	13
34	257	144	113	24	14	10
35-39岁	**1015**	**574**	**441**	**75**	**45**	**30**
35	229	129	100	18	10	8
36	193	106	87	16	10	6
37	173	107	66	8	4	4
38	219	122	97	19	13	6
39	201	110	91	14	8	6
40-44岁	**1022**	**583**	**439**	**54**	**40**	**14**
40	187	117	70	11	9	2
41	218	122	96	16	13	3
42	222	117	105	14	10	4
43	199	112	87	8	5	3
44	196	115	81	5	3	2
45-49岁	**1205**	**682**	**523**	**27**	**15**	**12**
45	234	133	101	11	10	1
46	246	136	110	6	2	4
47	245	132	113	3		3
48	237	140	97	2	1	1
49	243	141	102	5	2	3
50-54岁	**980**	**622**	**358**	**12**	**9**	**3**
50	242	143	99	3	2	1
51	248	157	91	1	1	
52	198	133	65	4	2	2
53	147	93	54	2	2	
54	145	96	49	2	2	
55-59岁	**585**	**404**	**181**	**9**	**6**	**3**
55	143	97	46	1	1	
56	149	102	47	3	2	1
57	150	108	42	2	1	1
58	106	76	30	2	1	1
59	37	21	16	1	1	
60-64岁	**200**	**163**	**37**	**2**	**2**	
60	41	33	8			
61	38	30	8			
62	44	33	11			
63	45	40	5	1	1	
64	32	27	5	1	1	
65岁及以上	**225**	**188**	**37**	**4**	**4**	

单位：人

有配偶			离婚			丧偶		
小计	男	女	小计	男	女	小计	男	女
7436	**4240**	**3196**	**394**	**182**	**212**	**115**	**48**	**67**
5		**5**						
1		1						
2		2						
2		2						
258	**84**	**174**	**6**	**1**	**5**			
13	2	11						
26	10	16	1	1				
39	16	23	1		1			
65	25	40						
115	31	84	4		4			
1079	**472**	**607**	**34**	**9**	**25**	**3**		**3**
164	54	110	6		6			
173	63	110	6	1	5	1		1
229	114	115	4	1	3			
259	118	141	6	1	5	1		1
254	123	131	12	6	6	1		1
1432	**770**	**662**	**76**	**37**	**39**	**3**	**2**	**1**
327	171	156	25	12	13			
307	155	152	14	6	8	1		1
269	145	124	14	6	8			
308	177	131	11	5	6	2	2	
221	122	99	12	8	4			
881	**502**	**379**	**55**	**27**	**28**	**4**		**4**
197	112	85	14	7	7			
165	90	75	12	6	6			
158	101	57	6	2	4	1		1
186	101	85	13	8	5	1		1
175	98	77	10	4	6	2		2
885	**506**	**379**	**74**	**36**	**38**	**9**	**1**	**8**
154	97	57	18	10	8	4	1	3
183	99	84	18	10	8	1		1
192	99	93	15	8	7	1		1
179	106	73	10	1	9	2		2
177	105	72	13	7	6	1		1
1103	**635**	**468**	**66**	**30**	**36**	**9**	**2**	**7**
213	119	94	10	4	6			
225	128	97	14	5	9	1	1	
229	126	103	12	6	6	1		1
215	130	85	15	8	7	5	1	4
221	132	89	15	7	8	2		2
894	**580**	**314**	**57**	**29**	**28**	**17**	**4**	**13**
222	134	88	14	6	8	3	1	2
223	147	76	17	8	9	7	1	6
183	126	57	9	5	4	2		2
137	87	50	6	3	3	2	1	1
129	86	43	11	7	4	3	1	2
535	**382**	**153**	**18**	**8**	**10**	**23**	**8**	**15**
127	91	36	9	3	6	6	2	4
139	97	42	3	2	1	4	1	3
140	102	38	4	2	2	4	3	1
96	73	23	1		1	7	2	5
33	19	14	1	1		2		2
189	**154**	**35**	**2**	**2**		**7**	**5**	**2**
40	32	8	1	1				
36	28	8	1	1		1	1	
41	31	10				3	2	1
43	39	4				1		1
29	24	5				2	2	
175	**155**	**20**	**6**	**3**	**3**	**40**	**26**	**14**

5-3b 续表 7

受教育程度 年龄	15岁及以上人口			未婚		
	合计	男	女	小计	男	女
大学本科	**9875**	**4947**	**4928**	**3199**	**1517**	**1682**
15-19岁	**283**	**129**	**154**	**282**	**129**	**153**
15	1	1		1	1	
16	1	1		1	1	
17	17	5	12	17	5	12
18	116	52	64	115	52	63
19	148	70	78	148	70	78
20-24岁	**1284**	**544**	**740**	**1208**	**520**	**688**
20	170	73	97	169	73	96
21	157	69	88	153	68	85
22	245	98	147	237	94	143
23	332	147	185	316	144	172
24	380	157	223	333	141	192
25-29岁	**2228**	**1012**	**1216**	**1241**	**617**	**624**
25	448	196	252	353	160	193
26	478	211	267	337	159	178
27	440	179	261	215	108	107
28	453	223	230	188	105	83
29	409	203	206	148	85	63
30-34岁	**1954**	**964**	**990**	**337**	**183**	**154**
30	466	239	227	123	67	56
31	433	217	216	80	49	31
32	377	182	195	57	28	29
33	358	180	178	43	24	19
34	320	146	174	34	15	19
35-39岁	**1325**	**645**	**680**	**76**	**37**	**39**
35	261	124	137	21	11	10
36	248	126	122	19	8	11
37	264	126	138	14	7	7
38	296	156	140	12	7	5
39	256	113	143	10	4	6
40-44岁	**1170**	**578**	**592**	**32**	**16**	**16**
40	264	135	129	7	4	3
41	265	124	141	7	4	3
42	226	114	112	8	3	5
43	218	99	119	4	2	2
44	197	106	91	6	3	3
45-49岁	**848**	**499**	**349**	**17**	**12**	**5**
45	186	98	88	1	1	
46	200	112	88	4	2	2
47	170	104	66	5	3	2
48	163	103	60	5	4	1
49	129	82	47	2	2	
50-54岁	**516**	**353**	**163**	**6**	**3**	**3**
50	143	87	56	3		3
51	97	71	26			
52	104	80	24	1	1	
53	86	58	28	2	2	
54	86	57	29			
55-59岁	**191**	**159**	**32**			
55	59	49	10			
56	49	39	10			
57	47	40	7			
58	28	25	3			
59	8	6	2			
60-64岁	**28**	**25**	**3**			
60	6	6				
61	8	7	1			
62	2	1	1			
63	6	6				
64	6	5	1			
65岁及以上	**48**	**39**	**9**			

单位：人

有配偶			离　婚			丧　偶		
小计	男	女	小计	男	女	小计	男	女
6340	**3300**	**3040**	**291**	**115**	**176**	**45**	**15**	**30**
1		**1**						
1		1						
73	**24**	**49**	**3**		**3**			
1		1						
3	1	2	1		1			
8	4	4						
16	3	13						
45	16	29	2		2			
972	**391**	**581**	**15**	**4**	**11**			
95	36	59						
138	52	86	3		3			
225	71	154						
258	115	143	7	3	4			
256	117	139	5	1	4			
1549	**749**	**800**	**65**	**30**	**35**	**3**	**2**	**1**
333	165	168	10	7	3			
334	158	176	16	8	8	3	2	1
309	151	158	11	3	8			
301	150	151	14	6	8			
272	125	147	14	6	8			
1179	**580**	**599**	**68**	**28**	**40**	**2**		**2**
227	107	120	13	6	7			
215	110	105	14	8	6			
237	115	122	13	4	9			
262	141	121	21	8	13	1		1
238	107	131	7	2	5	1		1
1061	**545**	**516**	**66**	**15**	**51**	**11**	**2**	**9**
244	128	116	9	3	6	4		4
243	115	128	15	5	10			
200	106	94	16	4	12	2	1	1
197	95	102	12	1	11	5	1	4
177	101	76	14	2	12			
786	**475**	**311**	**39**	**12**	**27**	**6**		**6**
179	97	82	4		4	2		2
181	104	77	15	6	9			
159	100	59	5	1	4	1		1
149	96	53	8	3	5	1		1
118	78	40	7	2	5	2		2
480	**331**	**149**	**23**	**16**	**7**	**7**	**3**	**4**
131	83	48	7	3	4	2	1	1
91	68	23	4	3	1	2		2
96	72	24	6	6		1	1	
81	54	27	1	1		2	1	1
81	54	27	5	3	2			
180	**152**	**28**	**7**	**6**	**1**	**4**	**1**	**3**
56	47	9	2	2		1		1
45	37	8	3	2	1	1		1
45	38	7	1	1		1	1	
27	24	3	1	1				
7	6	1				1		1
27	**25**	**2**	**1**		**1**			
6	6							
7	7		1		1			
2	1	1						
6	6							
6	5	1						
32	**28**	**4**	**4**	**4**		**12**	**7**	**5**

5-3b 续表 8

受教育程度 年　龄	15岁及以上人口			未　婚		
	合计	男	女	小计	男	女
硕士研究生	**246**	**133**	**113**	**74**	**38**	**36**
15-19岁	**1**	**1**		**1**	**1**	
15						
16						
17	1	1		1	1	
18						
19						
20-24岁	**26**	**12**	**14**	**25**	**12**	**13**
20						
21	1		1	1		1
22	7	4	3	6	4	2
23	6	4	2	6	4	2
24	12	4	8	12	4	8
25-29岁	**45**	**17**	**28**	**28**	**15**	**13**
25	8	2	6	8	2	6
26	10	6	4	9	6	3
27	6	2	4	2	1	1
28	7	2	5	4	2	2
29	14	5	9	5	4	1
30-34岁	**68**	**29**	**39**	**13**	**6**	**7**
30	20	7	13	4	1	3
31	13	6	7	2	2	
32	13	4	9	5	1	4
33	13	8	5	2	2	
34	9	4	5			
35-39岁	**35**	**21**	**14**	**3**	**1**	**2**
35	6	3	3			
36	11	9	2	1	1	
37	3		3	1		1
38	11	6	5	1		1
39	4	3	1			
40-44岁	**23**	**17**	**6**	**2**	**2**	
40	1	1		1	1	
41	6	6		1	1	
42	8	4	4			
43	4	4				
44	4	2	2			
45-49岁	**12**	**10**	**2**			
45	4	2	2			
46	2	2				
47	3	3				
48	2	2				
49	1	1				
50-54岁	**26**	**19**	**7**	**2**	**1**	**1**
50	4	4				
51	7	5	2	2	1	1
52	6	5	1			
53	5	4	1			
54	4	1	3			
55-59岁	**8**	**6**	**2**			
55	3	2	1			
56	2	2				
57	2	1	1			
58	1	1				
59						
60-64岁						
60						
61						
62						
63						
64						
65岁及以上	**2**	**1**	**1**			

单位：人

有配偶			离婚			丧偶		
小计	男	女	小计	男	女	小计	男	女
167	**93**	**74**	**4**	**2**	**2**	**1**		**1**
1		**1**						
1		1						
17	**2**	**15**						
1		1						
4	1	3						
3		3						
9	1	8						
53	**22**	**31**	**2**	**1**	**1**			
16	6	10						
10	3	7	1	1				
8	3	5						
10	6	4	1		1			
9	4	5						
31	**19**	**12**	**1**	**1**				
6	3	3						
9	7	2	1	1				
2		2						
10	6	4						
4	3	1						
20	**15**	**5**	**1**		**1**			
5	5							
7	4	3	1		1			
4	4							
4	2	2						
12	**10**	**2**						
4	2	2						
2	2							
3	3							
2	2							
1	1							
24	**18**	**6**						
4	4							
5	4	1						
6	5	1						
5	4	1						
4	1	3						
7	**6**	**1**				**1**		**1**
3	2	1						
2	2							
1	1					1		1
1	1							
2	**1**	**1**						

5-3b 续表 9

受教育程度 年　　龄	15岁及以上人口			未　婚		
	合计	男	女	小计	男	女
博士研究生	**14**	**8**	**6**	**4**		**4**
15-19岁						
15						
16						
17						
18						
19						
20-24岁	**2**		**2**	**2**		**2**
20						
21						
22						
23						
24	2		2	2		2
25-29岁	**2**		**2**	**2**		**2**
25						
26	2		2	2		2
27						
28						
29						
30-34岁	**2**	**2**				
30						
31						
32						
33	1	1				
34	1	1				
35-39岁	**5**	**4**	**1**			
35	2	1	1			
36	1	1				
37	1	1				
38	1	1				
39						
40-44岁	**1**	**1**				
40	1	1				
41						
42						
43						
44						
45-49岁	**1**	**1**				
45						
46						
47	1	1				
48						
49						
50-54岁	**1**		**1**			
50						
51						
52	1		1			
53						
54						
55-59岁						
55						
56						
57						
58						
59						
60-64岁						
60						
61						
62						
63						
64						
65岁及以上						

单位：人

有配偶			离　婚			丧　偶		
小计	男	女	小计	男	女	小计	男	女
10	**8**	**2**						
2	**2**							
1	1							
1	1							
5	**4**	**1**						
2	1	1						
1	1							
1	1							
1	1							
1	**1**							
1	1							
1	**1**							
1	1							
1		**1**						
1		1						

5-3c 全省分年龄、性别、受教育

受教育程度 年　龄	15岁及以上人口			未　婚		
	合计	男	女	小计	男	女
总　计	**176253**	**91011**	**85242**	**38078**	**23307**	**14771**
15-19岁	**14025**	**7267**	**6758**	**13482**	**7193**	**6289**
15	3188	1649	1539	3172	1646	1526
16	3025	1557	1468	2996	1553	1443
17	2618	1352	1266	2534	1340	1194
18	2631	1363	1268	2459	1342	1117
19	2563	1346	1217	2321	1312	1009
20-24岁	**13746**	**7182**	**6564**	**9603**	**5818**	**3785**
20	2758	1516	1242	2345	1429	916
21	2522	1297	1225	1946	1152	794
22	2746	1405	1341	1880	1146	734
23	2795	1451	1344	1811	1111	700
24	2925	1513	1412	1621	980	641
25-29岁	**15775**	**8254**	**7521**	**5435**	**3641**	**1794**
25	3136	1609	1527	1470	922	548
26	3073	1614	1459	1241	815	426
27	3070	1611	1459	1025	719	306
28	3204	1717	1487	925	644	281
29	3292	1703	1589	774	541	233
30-34岁	**16406**	**8629**	**7777**	**2488**	**1774**	**714**
30	3577	1871	1706	675	484	191
31	3432	1820	1612	550	394	156
32	3077	1613	1464	464	344	120
33	3414	1806	1608	464	327	137
34	2906	1519	1387	335	225	110
35-39岁	**15333**	**7992**	**7341**	**1554**	**1059**	**495**
35	2711	1373	1338	278	185	93
36	2854	1501	1353	309	212	97
37	2803	1465	1338	315	207	108
38	3621	1887	1734	347	237	110
39	3344	1766	1578	305	218	87
40-44岁	**17658**	**9364**	**8294**	**1480**	**1091**	**389**
40	3454	1823	1631	325	251	74
41	3457	1889	1568	301	225	76
42	3447	1853	1594	287	211	76
43	3450	1802	1648	273	190	83
44	3850	1997	1853	294	214	80
45-49岁	**20375**	**10726**	**9649**	**1393**	**1051**	**342**
45	3920	2055	1865	302	232	70
46	4087	2152	1935	306	229	77
47	4323	2274	2049	306	230	76
48	3995	2138	1857	259	192	67
49	4050	2107	1943	220	168	52
50-54岁	**20010**	**10418**	**9592**	**1146**	**817**	**329**
50	4219	2151	2068	295	204	91
51	4056	2075	1981	228	163	65
52	4265	2275	1990	234	170	64
53	3662	1926	1736	201	154	47
54	3808	1991	1817	188	126	62
55-59岁	**14423**	**7413**	**7010**	**560**	**377**	**183**
55	3580	1883	1697	155	113	42
56	3439	1734	1705	140	92	48
57	3474	1746	1728	120	78	42
58	2760	1439	1321	97	60	37
59	1170	611	559	48	34	14
60-64岁	**7884**	**4042**	**3842**	**245**	**153**	**92**
60	1312	683	629	50	25	25
61	1173	606	567	29	18	11
62	1663	852	811	67	48	19
63	1900	967	933	50	33	17
64	1836	934	902	49	29	20
65岁及以上	**20618**	**9724**	**10894**	**692**	**333**	**359**

程度、婚姻状况的人口(乡村)

单位：人

有配偶			离婚			丧偶		
小计	男	女	小计	男	女	小计	男	女
120951	**60919**	**60032**	**5620**	**3310**	**2310**	**11604**	**3475**	**8129**
512	**71**	**441**	**28**	**2**	**26**	**3**	**1**	**2**
15	2	13				1	1	
27	4	23	2		2			
79	12	67	5		5			
162	19	143	9	2	7	1		1
229	34	195	12		12	1		1
3915	**1295**	**2620**	**220**	**65**	**155**	**8**	**4**	**4**
396	85	311	16	1	15	1	1	
547	136	411	29	9	20			
825	245	580	41	14	27			
919	320	599	63	20	43	2		2
1228	509	719	71	21	50	5	3	2
9691	**4303**	**5388**	**623**	**300**	**323**	**26**	**10**	**16**
1574	652	922	87	33	54	5	2	3
1736	757	979	90	39	51	6	3	3
1916	831	1085	121	59	62	8	2	6
2113	989	1124	163	82	81	3	2	1
2352	1074	1278	162	87	75	4	1	3
12932	**6250**	**6682**	**929**	**586**	**343**	**57**	**19**	**38**
2707	1276	1431	187	109	78	8	2	6
2675	1306	1369	194	119	75	13	1	12
2428	1149	1279	172	111	61	13	9	4
2735	1342	1393	202	134	68	13	3	10
2387	1177	1210	174	113	61	10	4	6
12856	**6393**	**6463**	**793**	**498**	**295**	**130**	**42**	**88**
2287	1104	1183	127	76	51	19	8	11
2352	1174	1178	171	111	60	22	4	18
2320	1163	1157	148	88	60	20	7	13
3068	1534	1534	170	102	68	36	14	22
2829	1418	1411	177	121	56	33	9	24
15092	**7623**	**7469**	**866**	**579**	**287**	**220**	**71**	**149**
2914	1452	1462	190	114	76	25	6	19
2974	1554	1420	153	99	54	29	11	18
2934	1495	1439	186	133	53	40	14	26
2947	1482	1465	161	107	54	69	23	46
3323	1640	1683	176	126	50	57	17	40
17642	**8977**	**8665**	**867**	**569**	**298**	**473**	**129**	**344**
3379	1690	1689	167	115	52	72	18	54
3511	1779	1732	189	124	65	81	20	61
3721	1887	1834	185	128	57	111	29	82
3486	1829	1657	151	86	65	99	31	68
3545	1792	1753	175	116	59	110	31	79
17406	**8978**	**8428**	**623**	**382**	**241**	**835**	**241**	**594**
3634	1821	1813	158	92	66	132	34	98
3542	1792	1750	130	83	47	156	37	119
3727	1959	1768	134	84	50	170	62	108
3196	1664	1532	98	65	33	167	43	124
3307	1742	1565	103	58	45	210	65	145
12437	**6574**	**5863**	**311**	**165**	**146**	**1115**	**297**	**818**
3106	1663	1443	97	53	44	222	54	168
2990	1535	1455	78	38	40	231	69	162
2980	1542	1438	72	42	30	302	84	218
2377	1300	1077	47	22	25	239	57	182
984	534	450	17	10	7	121	33	88
6359	**3491**	**2868**	**122**	**64**	**58**	**1158**	**334**	**824**
1094	598	496	20	11	9	148	49	99
962	531	431	30	16	14	152	41	111
1316	716	600	25	9	16	255	79	176
1546	845	701	26	17	9	278	72	206
1441	801	640	21	11	10	325	93	232
12109	**6964**	**5145**	**238**	**100**	**138**	**7579**	**2327**	**5252**

5-3c 续表 1

受教育程度 年　　龄	15岁及以上人口 合计	男	女	未婚 小计	男	女
未上过学	**29831**	**9571**	**20260**	**2713**	**1423**	**1290**
15-19岁	**215**	**96**	**119**	**194**	**91**	**103**
15	26	16	10	26	16	10
16	29	13	16	27	12	15
17	41	18	23	38	17	21
18	52	24	28	49	24	25
19	67	25	42	54	22	32
20-24岁	**541**	**223**	**318**	**342**	**181**	**161**
20	99	45	54	80	41	39
21	105	48	57	74	40	34
22	97	48	49	62	40	22
23	105	40	65	65	33	32
24	135	42	93	61	27	34
25-29岁	**934**	**370**	**564**	**311**	**167**	**144**
25	163	53	110	70	33	37
26	163	59	104	61	32	29
27	184	73	111	62	34	28
28	208	101	107	64	42	22
29	216	84	132	54	26	28
30-34岁	**1539**	**539**	**1000**	**282**	**152**	**130**
30	258	90	168	57	30	27
31	305	101	204	59	32	27
32	291	96	195	56	28	28
33	368	144	224	61	32	29
34	317	108	209	49	30	19
35-39岁	**1955**	**677**	**1278**	**215**	**112**	**103**
35	337	120	217	36	18	18
36	383	132	251	41	19	22
37	347	124	223	53	31	22
38	455	160	295	43	20	23
39	433	141	292	42	24	18
40-44岁	**2589**	**889**	**1700**	**248**	**142**	**106**
40	490	161	329	53	31	22
41	470	160	310	52	27	25
42	519	182	337	53	31	22
43	543	198	345	54	32	22
44	567	188	379	36	21	15
45-49岁	**3358**	**1094**	**2264**	**267**	**162**	**105**
45	643	224	419	56	38	18
46	648	209	439	53	31	22
47	692	234	458	64	39	25
48	660	208	452	48	28	20
49	715	219	496	46	26	20
50-54岁	**3728**	**1148**	**2580**	**272**	**160**	**112**
50	781	234	547	78	46	32
51	798	235	563	58	31	27
52	778	241	537	51	30	21
53	670	227	443	41	31	10
54	701	211	490	44	22	22
55-59岁	**3277**	**872**	**2405**	**157**	**76**	**81**
55	694	187	507	47	27	20
56	782	211	571	45	20	25
57	861	232	629	28	12	16
58	631	160	471	27	11	16
59	309	82	227	10	6	4
60-64岁	**2601**	**749**	**1852**	**87**	**45**	**42**
60	369	102	267	12	3	9
61	367	113	254	15	9	6
62	551	151	400	21	14	7
63	650	185	465	20	12	8
64	664	198	466	19	7	12
65岁及以上	**9094**	**2914**	**6180**	**338**	**135**	**203**

单位：人

有配偶			离婚			丧偶		
小计	男	女	小计	男	女	小计	男	女
21019	**6855**	**14164**	**863**	**284**	**579**	**5236**	**1009**	**4227**
19	**5**	**14**	**2**		**2**			
2	1	1						
3	1	2						
3		3						
11	3	8	2		2			
188	**41**	**147**	**11**	**1**	**10**			
18	4	14	1		1			
28	8	20	3		3			
33	7	26	2	1	1			
38	7	31	2		2			
71	15	56	3		3			
590	**193**	**397**	**30**	**9**	**21**	**3**	**1**	**2**
88	19	69	5	1	4			
100	27	73	2		2			
114	36	78	6	3	3	2		2
133	55	78	11	4	7			
155	56	99	6	1	5	1	1	
1181	**362**	**819**	**70**	**24**	**46**	**6**	**1**	**5**
191	57	134	10	3	7			
234	64	170	11	5	6	1		1
219	63	156	15	4	11	1	1	
283	106	177	21	6	15	3		3
254	72	182	13	6	7	1		1
1651	**544**	**1107**	**73**	**19**	**54**	**16**	**2**	**14**
293	100	193	8	2	6			
327	107	220	12	6	6	3		3
273	89	184	18	4	14	3		3
391	134	257	16	4	12	5	2	3
367	114	253	19	3	16	5		5
2166	**694**	**1472**	**121**	**43**	**78**	**54**	**10**	**44**
404	121	283	27	8	19	6	1	5
400	128	272	15	4	11	3	1	2
433	140	293	26	10	16	7	1	6
434	150	284	33	12	21	22	4	18
495	155	340	20	9	11	16	3	13
2817	**857**	**1960**	**162**	**62**	**100**	**112**	**13**	**99**
543	175	368	29	9	20	15	2	13
545	158	387	38	18	20	12	2	10
562	176	386	33	17	16	33	2	31
556	169	387	31	7	24	25	4	21
611	179	432	31	11	20	27	3	24
3096	**907**	**2189**	**137**	**43**	**94**	**223**	**38**	**185**
631	174	457	37	11	26	35	3	32
664	187	477	33	12	21	43	5	38
658	193	465	30	9	21	39	9	30
561	180	381	16	5	11	52	11	41
582	173	409	21	6	15	54	10	44
2646	**724**	**1922**	**89**	**24**	**65**	**385**	**48**	**337**
552	149	403	24	4	20	71	7	64
633	171	462	20	6	14	84	14	70
703	195	508	25	8	17	105	17	88
504	137	367	13	4	9	87	8	79
254	72	182	7	2	5	38	2	36
1953	**601**	**1352**	**50**	**21**	**29**	**511**	**82**	**429**
292	83	209	8	4	4	57	12	45
281	91	190	7	2	5	64	11	53
404	117	287	12	1	11	114	19	95
502	154	348	12	7	5	116	12	104
474	156	318	11	7	4	160	28	132
4712	**1927**	**2785**	**118**	**38**	**80**	**3926**	**814**	**3112**

5-3c 续表 2

受教育程度 年　　龄	15岁及以上人口			未　　婚		
	合计	男	女	小计	男	女
学前教育	**332**	**140**	**192**	**49**	**28**	**21**
15-19岁	**18**	**11**	**7**	**18**	**11**	**7**
15	10	6	4	10	6	4
16	4	2	2	4	2	2
17	2	1	1	2	1	1
18	1	1		1	1	
19	1	1		1	1	
20-24岁	**15**	**6**	**9**	**11**	**6**	**5**
20	5	3	2	4	3	1
21	4	1	3	4	1	3
22	4	1	3	2	1	1
23						
24	2	1	1	1	1	
25-29岁	**14**	**7**	**7**	**4**	**3**	**1**
25	2	1	1			
26	1	1				
27	6	3	3	2	2	
28	4	2	2	2	1	1
29	1		1			
30-34岁	**22**	**11**	**11**	**2**	**2**	
30	4	1	3			
31	2	1	1	1	1	
32	2	1	1			
33	7	6	1	1	1	
34	7	2	5			
35-39岁	**27**	**9**	**18**	**5**	**3**	**2**
35	3	3		2	2	
36	5	2	3	1		1
37	5	2	3			
38	10	2	8	1	1	
39	4		4	1		1
40-44岁	**27**	**13**	**14**	**1**		**1**
40	3		3	1		1
41	4	2	2			
42	6	3	3			
43	6	4	2			
44	8	4	4			
45-49岁	**36**	**17**	**19**	**2**		**2**
45	8	4	4	2		2
46	4	1	3			
47	8	3	5			
48	12	6	6			
49	4	3	1			
50-54岁	**46**	**13**	**33**	**2**	**2**	
50	11	4	7	1	1	
51	6	2	4			
52	9	2	7	1	1	
53	6	1	5			
54	14	4	10			
55-59岁	**41**	**16**	**25**	**2**		**2**
55	9	4	5			
56	10	4	6	2		2
57	10	2	8			
58	9	4	5			
59	3	2	1			
60-64岁	**21**	**10**	**11**			
60	4		4			
61	3	3				
62	5	3	2			
63	6	2	4			
64	3	2	1			
65岁及以上	**65**	**27**	**38**	**2**	**1**	**1**

单位：人

有配偶			离 婚			丧 偶		
小计	男	女	小计	男	女	小计	男	女
236	**99**	**137**	**7**	**3**	**4**	**40**	**10**	**30**
3		**3**	**1**		**1**			
1		1						
1		1	1		1			
1		1						
10	**4**	**6**						
2	1	1						
1	1							
4	1	3						
2	1	1						
1		1						
19	**8**	**11**	**1**	**1**				
4	1	3						
1		1						
2	1	1						
5	4	1	1	1				
7	2	5						
21	**6**	**15**				**1**		**1**
1	1							
4	2	2						
5	2	3						
8	1	7				1		1
3		3						
25	**12**	**13**	**1**	**1**				
2		2						
4	2	2						
6	3	3						
5	3	2	1	1				
8	4	4						
32	**16**	**16**	**2**	**1**	**1**			
6	4	2						
4	1	3						
7	3	4	1		1			
11	5	6	1	1				
4	3	1						
38	**9**	**29**	**2**		**2**	**4**	**2**	**2**
9	3	6				1		1
6	2	4						
7	1	6	1		1			
5	1	4	1		1			
11	2	9				3	2	1
37	**16**	**21**				**2**		**2**
9	4	5						
7	4	3				1		1
9	2	7				1		1
9	4	5						
3	2	1						
18	**10**	**8**				**3**		**3**
2		2				2		2
3	3							
4	3	1				1		1
6	2	4						
3	2	1						
33	**18**	**15**				**30**	**8**	**22**

5-3c 续表 3

受教育程度 年 龄	15岁及以上人口			未 婚		
	合计	男	女	小计	男	女
小 学	**77217**	**38926**	**38291**	**9698**	**6365**	**3333**
15-19岁	**1475**	**764**	**711**	**1283**	**745**	**538**
15	194	106	88	186	106	80
16	233	115	118	220	113	107
17	277	145	132	245	143	102
18	359	189	170	301	185	116
19	412	209	203	331	198	133
20-24岁	**3306**	**1562**	**1744**	**1805**	**1149**	**656**
20	526	260	266	372	243	129
21	587	275	312	375	234	141
22	703	324	379	376	241	135
23	727	354	373	367	240	127
24	763	349	414	315	191	124
25-29岁	**5209**	**2361**	**2848**	**1530**	**971**	**559**
25	919	401	518	329	194	135
26	1025	484	541	374	240	134
27	988	433	555	274	171	103
28	1059	482	577	261	162	99
29	1218	561	657	292	204	88
30-34岁	**6992**	**3304**	**3688**	**1052**	**698**	**354**
30	1407	648	759	256	174	82
31	1424	681	743	222	145	77
32	1318	622	696	198	143	55
33	1523	729	794	219	143	76
34	1320	624	696	157	93	64
35-39岁	**7432**	**3639**	**3793**	**853**	**556**	**297**
35	1260	574	686	146	95	51
36	1347	675	672	168	110	58
37	1400	689	711	166	103	63
38	1802	902	900	186	119	67
39	1623	799	824	187	129	58
40-44岁	**9074**	**4551**	**4523**	**875**	**637**	**238**
40	1725	867	858	174	135	39
41	1729	895	834	173	129	44
42	1803	926	877	172	132	40
43	1786	879	907	165	108	57
44	2031	984	1047	191	133	58
45-49岁	**10723**	**5416**	**5307**	**809**	**596**	**213**
45	2009	973	1036	159	113	46
46	2161	1101	1060	187	136	51
47	2313	1169	1144	175	130	45
48	2125	1094	1031	158	114	44
49	2115	1079	1036	130	103	27
50-54岁	**11120**	**5622**	**5498**	**698**	**506**	**192**
50	2309	1156	1153	178	126	52
51	2184	1122	1062	129	96	33
52	2394	1244	1150	144	106	38
53	2109	1046	1063	132	99	33
54	2124	1054	1070	115	79	36
55-59岁	**7591**	**3795**	**3796**	**331**	**239**	**92**
55	1971	1031	940	89	71	18
56	1804	880	924	75	56	19
57	1732	832	900	84	58	26
58	1469	743	726	54	35	19
59	615	309	306	29	19	10
60-64岁	**4093**	**2237**	**1856**	**134**	**89**	**45**
60	664	349	315	30	16	14
61	573	284	289	13	8	5
62	875	486	389	40	29	11
63	992	548	444	26	17	9
64	989	570	419	25	19	6
65岁及以上	**10202**	**5675**	**4527**	**328**	**179**	**149**

单位：人

有配偶			离婚			丧偶		
小计	男	女	小计	男	女	小计	男	女
59457	**29217**	**30240**	**2576**	**1425**	**1151**	**5486**	**1919**	**3567**
179	**19**	**160**	**13**		**13**			
8		8						
12	2	10	1		1			
28	2	26	4		4			
54	4	50	4		4			
77	11	66	4		4			
1401	**386**	**1015**	**95**	**25**	**70**	**5**	**2**	**3**
145	16	129	8		8	1	1	
199	38	161	13	3	10			
311	77	234	16	6	10			
330	106	224	28	8	20	2		2
416	149	267	30	8	22	2	1	1
3452	**1295**	**2157**	**216**	**92**	**124**	**11**	**3**	**8**
558	196	362	29	10	19	3	1	2
613	231	382	37	13	24	1		1
663	241	422	47	20	27	4	1	3
741	296	445	55	23	32	2	1	1
877	331	546	48	26	22	1		1
5566	**2417**	**3149**	**348**	**180**	**168**	**26**	**9**	**17**
1081	439	642	66	34	32	4	1	3
1122	504	618	74	31	43	6	1	5
1058	447	611	57	29	28	5	3	2
1228	543	685	71	42	29	5	1	4
1077	484	593	80	44	36	6	3	3
6135	**2860**	**3275**	**367**	**200**	**167**	**77**	**23**	**54**
1047	446	601	54	29	25	13	4	9
1089	522	567	75	40	35	15	3	12
1151	545	606	70	35	35	13	6	7
1512	731	781	86	45	41	18	7	11
1336	616	720	82	51	31	18	3	15
7676	**3630**	**4046**	**399**	**244**	**155**	**124**	**40**	**84**
1456	683	773	81	46	35	14	3	11
1454	713	741	78	43	35	24	10	14
1527	735	792	85	55	30	19	4	15
1520	720	800	64	37	27	37	14	23
1719	779	940	91	63	28	30	9	21
9198	**4460**	**4738**	**446**	**285**	**161**	**270**	**75**	**195**
1725	797	928	82	54	28	43	9	34
1825	892	933	96	59	37	53	14	39
1983	956	1027	93	65	28	62	18	44
1834	918	916	80	44	36	53	18	35
1831	897	934	95	63	32	59	16	43
9589	**4759**	**4830**	**357**	**226**	**131**	**476**	**131**	**345**
1961	950	1011	92	58	34	78	22	56
1901	959	942	69	45	24	85	22	63
2072	1055	1017	74	50	24	104	33	71
1828	889	939	58	37	21	91	21	70
1827	906	921	64	36	28	118	33	85
6499	**3299**	**3200**	**173**	**97**	**76**	**588**	**160**	**428**
1698	890	808	59	36	23	125	34	91
1573	769	804	49	23	26	107	32	75
1463	715	748	31	21	10	154	38	116
1256	659	597	29	14	15	130	35	95
509	266	243	5	3	2	72	21	51
3339	**1938**	**1401**	**57**	**29**	**28**	**563**	**181**	**382**
552	305	247	9	4	5	73	24	49
468	249	219	16	7	9	76	20	56
700	407	293	12	7	5	123	43	80
812	478	334	10	7	3	144	46	98
807	499	308	10	4	6	147	48	99
6423	**4154**	**2269**	**105**	**47**	**58**	**3346**	**1295**	**2051**

5-3c 续表 4

受教育程度 年 龄	15岁及以上人口			未 婚		
	合计	男	女	小计	男	女
初 中	**47094**	**29998**	**17096**	**12029**	**8215**	**3814**
15-19岁	**6416**	**3473**	**2943**	**6117**	**3431**	**2686**
15	2403	1266	1137	2396	1264	1132
16	1486	786	700	1475	786	689
17	897	483	414	852	477	375
18	836	474	362	734	458	276
19	794	464	330	660	446	214
20-24岁	**4589**	**2736**	**1853**	**2629**	**1985**	**644**
20	851	539	312	643	477	166
21	842	486	356	553	404	149
22	915	536	379	510	392	118
23	930	549	381	476	371	105
24	1051	626	425	447	341	106
25-29岁	**5684**	**3398**	**2286**	**1502**	**1253**	**249**
25	1076	639	437	391	310	81
26	1068	641	427	328	276	52
27	1136	677	459	290	250	40
28	1179	714	465	262	223	39
29	1225	727	498	231	194	37
30-34岁	**5801**	**3496**	**2305**	**693**	**581**	**112**
30	1318	778	540	199	164	35
31	1187	724	463	156	133	23
32	1113	664	449	128	110	18
33	1167	703	464	117	100	17
34	1016	627	389	93	74	19
35-39岁	**4971**	**3053**	**1918**	**345**	**294**	**51**
35	894	532	362	64	51	13
36	917	565	352	71	63	8
37	884	541	343	64	50	14
38	1163	705	458	85	77	8
39	1113	710	403	61	53	8
40-44岁	**5104**	**3304**	**1800**	**269**	**249**	**20**
40	1058	681	377	79	73	6
41	1078	706	372	62	56	6
42	958	629	329	43	37	6
43	951	605	346	39	39	
44	1059	683	376	46	44	2
45-49岁	**5376**	**3564**	**1812**	**250**	**235**	**15**
45	1103	742	361	70	68	2
46	1109	716	393	48	45	3
47	1124	739	385	56	52	4
48	1019	699	320	42	40	2
49	1021	668	353	34	30	4
50-54岁	**4302**	**3031**	**1271**	**128**	**108**	**20**
50	954	637	317	26	21	5
51	872	568	304	31	27	4
52	904	659	245	29	24	5
53	744	553	191	19	16	3
54	828	614	214	23	20	3
55-59岁	**2984**	**2303**	**681**	**61**	**54**	**7**
55	791	572	219	17	13	4
56	744	566	178	18	16	2
57	727	565	162	7	7	
58	525	423	102	13	12	1
59	197	177	20	6	6	
60-64岁	**856**	**760**	**96**	**17**	**13**	**4**
60	221	186	35	7	6	1
61	165	145	20			
62	172	156	16	4	3	1
63	161	150	11	1	1	
64	137	123	14	5	3	2
65岁及以上	**1011**	**880**	**131**	**18**	**12**	**6**

单位：人

有配偶			离婚			丧偶		
小计	男	女	小计	男	女	小计	男	女
32531	**19946**	**12585**	**1808**	**1366**	**442**	**726**	**471**	**255**
285	**40**	**245**	**13**	**2**	**11**	**1**		**1**
7	2	5						
10		10	1		1			
44	6	38	1		1			
96	14	82	5	2	3	1		1
128	18	110	6		6			
1860	**716**	**1144**	**98**	**34**	**64**	**2**	**1**	**1**
202	61	141	6	1	5			
277	77	200	12	5	7			
387	138	249	18	6	12			
425	167	258	29	11	18			
569	273	296	33	11	22	2	1	1
3877	**1974**	**1903**	**294**	**165**	**129**	**11**	**6**	**5**
644	309	335	39	19	20	2	1	1
690	338	352	45	24	21	5	3	2
795	401	394	50	25	25	1	1	
847	448	399	69	42	27	1	1	
901	478	423	91	55	36	2		2
4668	**2580**	**2088**	**421**	**327**	**94**	**19**	**8**	**11**
1028	550	478	87	63	24	4	1	3
934	518	416	92	73	19	5		5
899	484	415	80	65	15	6	5	1
957	532	425	90	70	20	3	1	2
850	496	354	72	56	16	1	1	
4296	**2504**	**1792**	**298**	**239**	**59**	**32**	**16**	**16**
772	441	331	53	36	17	5	4	1
769	443	326	73	58	15	4	1	3
765	445	320	52	45	7	3	1	2
1010	577	433	58	47	11	10	4	6
980	598	382	62	53	9	10	6	4
4500	**2781**	**1719**	**296**	**253**	**43**	**39**	**21**	**18**
907	554	353	68	52	16	4	2	2
962	605	357	52	45	7	2		2
837	523	314	65	60	5	13	9	4
852	514	338	51	47	4	9	5	4
942	585	357	60	49	11	11	5	6
4817	**3093**	**1724**	**226**	**198**	**28**	**83**	**38**	**45**
972	622	350	51	47	4	10	5	5
995	623	372	50	44	6	16	4	12
1003	638	365	49	40	9	16	9	7
922	619	303	35	31	4	20	9	11
925	591	334	41	36	5	21	11	10
3966	**2773**	**1193**	**101**	**91**	**10**	**107**	**59**	**48**
892	591	301	19	16	3	17	9	8
796	512	284	23	21	2	22	8	14
830	597	233	22	19	3	23	19	4
688	509	179	21	21		16	7	9
760	564	196	16	14	2	29	16	13
2754	**2130**	**624**	**40**	**37**	**3**	**129**	**82**	**47**
738	536	202	11	11		25	12	13
683	521	162	6	6		37	23	14
669	520	149	14	12	2	37	26	11
487	395	92	4	3	1	21	13	8
177	158	19	5	5		9	8	1
767	**682**	**85**	**11**	**10**	**1**	**61**	**55**	**6**
200	167	33	2	2		12	11	1
151	133	18	6	6		8	6	2
155	140	15				13	13	
144	136	8	3	2	1	13	11	2
117	106	11				15	14	1
741	**673**	**68**	**10**	**10**		**242**	**185**	**57**

5-3c 续表 5

受教育程度 年　　龄	15岁及以上人口			未　　婚		
	合计	男	女	小计	男	女
高　中	**11415**	**6758**	**4657**	**6723**	**3657**	**3066**
15-19岁	**4708**	**2336**	**2372**	**4683**	**2329**	**2354**
15	538	246	292	538	246	292
16	1210	603	607	1207	602	605
17	1295	651	644	1291	648	643
18	1060	518	542	1052	517	535
19	605	318	287	595	316	279
20-24岁	**1546**	**858**	**688**	**1279**	**763**	**516**
20	475	256	219	450	254	196
21	303	159	144	273	151	122
22	259	139	120	202	124	78
23	252	150	102	189	125	64
24	257	154	103	165	109	56
25-29岁	**1127**	**678**	**449**	**440**	**309**	**131**
25	248	153	95	117	84	33
26	219	129	90	94	63	31
27	229	145	84	102	76	26
28	224	136	88	76	53	23
29	207	115	92	51	33	18
30-34岁	**816**	**502**	**314**	**140**	**104**	**36**
30	233	140	93	48	35	13
31	184	114	70	27	21	6
32	143	98	45	30	23	7
33	149	87	62	26	20	6
34	107	63	44	9	5	4
35-39岁	**478**	**320**	**158**	**56**	**46**	**10**
35	98	70	28	11	7	4
36	99	64	35	10	10	
37	75	51	24	10	8	2
38	107	70	37	19	15	4
39	99	65	34	6	6	
40-44岁	**541**	**369**	**172**	**35**	**27**	**8**
40	112	68	44	6	4	2
41	109	76	33	6	5	1
42	94	68	26	7	5	2
43	102	70	32	7	6	1
44	124	87	37	9	7	2
45-49岁	**651**	**459**	**192**	**41**	**37**	**4**
45	91	64	27	6	6	
46	120	90	30	12	11	1
47	143	97	46	6	5	1
48	141	100	41	9	8	1
49	156	108	48	8	7	1
50-54岁	**647**	**466**	**181**	**36**	**31**	**5**
50	133	94	39	12	10	2
51	146	106	40	8	7	1
52	145	97	48	5	5	
53	109	82	27	5	4	1
54	114	87	27	6	5	1
55-59岁	**419**	**327**	**92**	**5**	**4**	**1**
55	83	62	21	1	1	
56	79	54	25			
57	118	92	26	1	1	
58	99	84	15	1		1
59	40	35	5	2	2	
60-64岁	**290**	**266**	**24**	**6**	**5**	**1**
60	51	43	8	1		1
61	56	53	3			
62	55	52	3	2	2	
63	87	79	8	3	3	
64	41	39	2			
65岁及以上	**192**	**177**	**15**	**2**	**2**	

单位：人

有配偶			离婚			丧偶		
小计	男	女	小计	男	女	小计	男	女
4387	**2890**	**1497**	**206**	**152**	**54**	**99**	**59**	**40**
25	**7**	**18**						
3	1	2						
4	3	1						
8	1	7						
10	2	8						
257	**91**	**166**	**10**	**4**	**6**			
24	2	22	1		1			
30	8	22						
53	14	39	4	1	3			
61	24	37	2	1	1			
89	43	46	3	2	1			
660	**353**	**307**	**26**	**16**	**10**	**1**		**1**
129	67	62	2	2				
122	65	57	3	1	2			
121	65	56	5	4	1	1		1
140	78	62	8	5	3			
148	78	70	8	4	4			
627	**366**	**261**	**46**	**31**	**15**	**3**	**1**	**2**
174	98	76	11	7	4			
147	88	59	10	5	5			
102	68	34	10	7	3	1		1
113	59	54	9	7	2	1	1	
91	53	38	6	5	1	1		1
390	**249**	**141**	**30**	**25**	**5**	**2**		**2**
83	59	24	4	4				
82	49	33	7	5	2			
60	40	20	4	3	1	1		1
82	52	30	5	3	2	1		1
83	49	34	10	10				
467	**315**	**152**	**36**	**27**	**9**	**3**		**3**
93	57	36	12	7	5	1		1
97	66	31	6	5	1			
81	59	22	5	4	1	1		1
85	57	28	9	7	2	1		1
111	76	35	4	4				
577	**400**	**177**	**25**	**19**	**6**	**8**	**3**	**5**
77	52	25	4	4		4	2	2
105	77	28	3	2	1			
129	87	42	8	5	3			
128	89	39	3	3		1		1
138	95	43	7	5	2	3	1	2
569	**408**	**161**	**21**	**18**	**3**	**21**	**9**	**12**
112	78	34	8	6	2	1		1
131	95	36	3	3		4	1	3
129	85	44	7	6	1	4	1	3
96	73	23	2	2		6	3	3
101	77	24	1	1		6	4	2
399	**311**	**88**	**5**	**5**		**10**	**7**	**3**
79	58	21	2	2		1	1	
76	52	24	2	2		1		1
111	87	24	1	1		5	3	2
97	83	14				1	1	
36	31	5				2	2	
262	**243**	**19**	**3**	**3**		**19**	**15**	**4**
45	40	5	1	1		4	2	2
53	50	3				3	3	
48	45	3	1	1		4	4	
78	72	6	1	1		5	3	2
38	36	2				3	3	
154	**147**	**7**	**4**	**4**		**32**	**24**	**8**

5-3c 续表 6

受教育程度 年　　龄	15岁及以上人口			未　　婚		
	合计	男	女	小计	男	女
大学专科	**6699**	**3691**	**3008**	**4363**	**2375**	**1988**
15-19岁	**822**	**417**	**405**	**817**	**417**	**400**
15	15	8	7	15	8	7
16	56	35	21	56	35	21
17	89	42	47	89	42	47
18	214	109	105	213	109	104
19	448	223	225	444	223	221
20-24岁	**2514**	**1237**	**1277**	**2328**	**1180**	**1148**
20	549	298	251	545	297	248
21	465	232	233	451	226	225
22	537	248	289	500	239	261
23	498	232	266	439	217	222
24	465	227	238	393	201	192
25-29岁	**1699**	**878**	**821**	**915**	**543**	**372**
25	431	218	213	318	179	139
26	373	189	184	218	117	101
27	321	170	151	158	108	50
28	322	171	151	148	92	56
29	252	130	122	73	47	26
30-34岁	**778**	**490**	**288**	**205**	**160**	**45**
30	222	138	84	71	55	16
31	215	127	88	54	38	16
32	128	78	50	31	26	5
33	126	87	39	29	23	6
34	87	60	27	20	18	2
35-39岁	**261**	**171**	**90**	**41**	**27**	**14**
35	68	44	24	11	8	3
36	56	38	18	9	4	5
37	55	36	19	9	7	2
38	44	27	17	7	4	3
39	38	26	12	5	4	1
40-44岁	**181**	**136**	**45**	**26**	**18**	**8**
40	34	27	7	5	4	1
41	40	31	9	5	5	
42	31	22	9	5	2	3
43	39	28	11	5	4	1
44	37	28	9	6	3	3
45-49岁	**159**	**116**	**43**	**17**	**16**	**1**
45	42	28	14	6	5	1
46	32	22	10	4	4	
47	34	25	9	4	4	
48	28	22	6	2	2	
49	23	19	4	1	1	
50-54岁	**125**	**100**	**25**	**7**	**7**	
50	23	18	5			
51	36	30	6	1	1	
52	26	23	3	4	4	
53	18	11	7	2	2	
54	22	18	4			
55-59岁	**90**	**80**	**10**	**4**	**4**	
55	26	21	5	1	1	
56	15	14	1			
57	21	18	3			
58	25	24	1	2	2	
59	3	3		1	1	
60-64岁	**21**	**19**	**2**			
60	3	3				
61	8	7	1			
62	5	4	1			
63	3	3				
64	2	2				
65岁及以上	**49**	**47**	**2**	**3**	**3**	

单位：人

有配偶			离婚			丧偶		
小计	男	女	小计	男	女	小计	男	女
2203	**1252**	**951**	**122**	**60**	**62**	**11**	**4**	**7**
4		**4**				**1**		**1**
1		1						
3		3				1		1
181	**55**	**126**	**4**	**1**	**3**	**1**	**1**	
4	1	3						
13	5	8	1	1				
37	9	28						
57	15	42	2		2			
70	25	45	1		1	1	1	
735	**318**	**417**	**49**	**17**	**32**			
103	38	65	10	1	9			
152	71	81	3	1	2			
152	56	96	11	6	5			
157	71	86	17	8	9			
171	82	89	8	1	7			
539	**311**	**228**	**31**	**19**	**12**	**3**		**3**
142	81	61	9	2	7			
154	85	69	6	4	2	1		1
90	47	43	7	5	2			
88	57	31	8	7	1	1		1
65	41	24	1	1		1		1
201	**134**	**67**	**19**	**10**	**9**			
52	34	18	5	2	3			
43	32	11	4	2	2			
43	28	15	3	1	2			
33	21	12	4	2	2			
30	19	11	3	3				
149	**113**	**36**	**6**	**5**	**1**			
28	23	5	1		1			
34	25	9	1	1				
25	19	6	1	1				
31	21	10	3	3				
31	25	6						
138	**98**	**40**	**4**	**2**	**2**			
35	22	13	1	1				
26	17	9	2	1	1			
30	21	9						
25	20	5	1		1			
22	18	4						
111	**88**	**23**	**5**	**4**	**1**	**2**	**1**	**1**
21	17	4	2	1	1			
33	27	6	2	2				
22	19	3						
14	8	6				2	1	1
21	17	4	1	1				
82	**75**	**7**	**3**	**1**	**2**	**1**		**1**
24	20	4	1		1			
14	14					1		1
20	18	2	1		1			
22	21	1	1	1				
2	2							
19	**17**	**2**	**1**	**1**		**1**	**1**	
3	3							
6	5	1	1	1		1	1	
5	4	1						
3	3							
2	2							
44	**43**	**1**				**2**	**1**	**1**

5-3c 续表 7

受教育程度 年 龄	15岁及以上人口			未 婚		
	合计	男	女	小计	男	女
大学本科	**3594**	**1892**	**1702**	**2460**	**1225**	**1235**
15-19岁	**371**	**170**	**201**	**370**	**169**	**201**
15	2	1	1	1		1
16	7	3	4	7	3	4
17	17	12	5	17	12	5
18	109	48	61	109	48	61
19	236	106	130	236	106	130
20-24岁	**1220**	**558**	**662**	**1194**	**552**	**642**
20	252	115	137	250	114	136
21	216	96	120	216	96	120
22	226	107	119	223	107	116
23	278	126	152	270	125	145
24	248	114	134	235	110	125
25-29岁	**1087**	**554**	**533**	**717**	**388**	**329**
25	289	142	147	237	120	117
26	219	108	111	162	84	78
27	203	109	94	134	77	57
28	208	111	97	112	71	41
29	168	84	84	72	36	36
30-34岁	**441**	**275**	**166**	**109**	**73**	**36**
30	130	73	57	41	24	17
31	111	69	42	31	24	7
32	78	51	27	20	13	7
33	70	47	23	10	7	3
34	52	35	17	7	5	2
35-39岁	**201**	**119**	**82**	**37**	**20**	**17**
35	50	30	20	7	4	3
36	46	25	21	9	6	3
37	36	21	15	13	8	5
38	40	21	19	6	1	5
39	29	22	7	2	1	1
40-44岁	**136**	**96**	**40**	**23**	**15**	**8**
40	30	17	13	6	3	3
41	27	19	8	3	3	
42	35	22	13	7	4	3
43	22	17	5	3	1	2
44	22	21	1	4	4	
45-49岁	**70**	**59**	**11**	**6**	**4**	**2**
45	22	19	3	2	1	1
46	13	13		2	2	
47	9	7	2	1		1
48	10	9	1			
49	16	11	5	1	1	
50-54岁	**41**	**37**	**4**	**2**	**2**	
50	8	8				
51	13	11	2			
52	9	9				
53	6	6		2	2	
54	5	3	2			
55-59岁	**20**	**19**	**1**			
55	6	6				
56	4	4				
57	5	5				
58	2	1	1			
59	3	3				
60-64岁	**2**	**1**	**1**	**1**	**1**	
60						
61	1	1		1	1	
62						
63	1		1			
64						
65岁及以上	**5**	**4**	**1**	**1**	**1**	

单位：人

有配偶			离婚			丧偶		
小计	男	女	小计	男	女	小计	男	女
1093	**646**	**447**	**35**	**18**	**17**	**6**	**3**	**3**
						1	**1**	
						1	1	
25	**6**	**19**	**1**		**1**			
2	1	1						
3		3						
8	1	7						
12	4	8	1		1			
362	**165**	**197**	**8**	**1**	**7**			
50	22	28	2		2			
57	24	33						
67	31	36	2	1	1			
93	40	53	3		3			
95	48	47	1		1			
321	**198**	**123**	**11**	**4**	**7**			
86	49	37	3		3			
79	44	35	1	1				
55	37	18	3	1	2			
58	39	19	2	1	1			
43	29	14	2	1	1			
157	**94**	**63**	**5**	**4**	**1**	**2**	**1**	**1**
39	23	16	3	3		1		1
37	19	18						
22	13	9	1		1			
32	18	14	1	1		1	1	
27	21	6						
106	**75**	**31**	**7**	**6**	**1**			
23	13	10	1	1				
23	15	8	1	1				
24	15	9	4	3	1			
19	16	3						
17	16	1	1	1				
62	**53**	**9**	**2**	**2**				
20	18	2						
11	11							
7	6	1	1	1				
10	9	1						
14	9	5	1	1				
37	**34**	**3**				**2**	**1**	**1**
8	8							
11	10	1				2	1	1
9	9							
4	4							
5	3	2						
20	**19**	**1**						
6	6							
4	4							
5	5							
2	1	1						
3	3							
1		**1**						
1		1						
2	**2**		**1**	**1**		**1**		**1**

5－3c 续表 8

受教育程度 年龄	15岁及以上人口			未婚		
	合计	男	女	小计	男	女
硕士研究生	**59**	**29**	**30**	**33**	**15**	**18**
15－19岁						
15						
16						
17						
18						
19						
20－24岁	**12**	**1**	**11**	**12**	**1**	**11**
20	1		1	1		1
21						
22	3	1	2	3	1	2
23	4		4	4		4
24	4		4	4		4
25－29岁	**18**	**8**	**10**	**13**	**7**	**6**
25	5	2	3	5	2	3
26	5	3	2	4	3	1
27	3	1	2	3	1	2
28						
29	5	2	3	1	1	
30－34岁	**15**	**11**	**4**	**3**	**3**	
30	4	3	1	2	2	
31	4	3	1			
32	3	2	1			
33	4	3	1	1	1	
34						
35－39岁	**5**	**1**	**4**	**1**		**1**
35	1		1	1		1
36	1		1			
37						
38						
39	3	1	2			
40－44岁	**6**	**6**		**3**	**3**	
40	2	2		1	1	
41						
42	1	1				
43	1	1				
44	2	2		2	2	
45－49岁	**2**	**1**	**1**	**1**	**1**	
45	2	1	1	1	1	
46						
47						
48						
49						
50－54岁						
50						
51						
52						
53						
54						
55－59岁	**1**	**1**				
55						
56	1	1				
57						
58						
59						
60－64岁						
60						
61						
62						
63						
64						
65岁及以上						

单位：人

有配偶			离婚			丧偶		
小计	男	女	小计	男	女	小计	男	女
24	**13**	**11**	**2**	**1**	**1**			
5	**1**	**4**						
1		1						
4	1	3						
11	**8**	**3**	**1**		**1**			
1	1		1		1			
4	3	1						
3	2	1						
3	2	1						
4	**1**	**3**						
1		1						
3	1	2						
3	**3**							
1	1							
1	1							
1	1							
1		**1**						
1		1						
			1	**1**				
			1	1				

5-3c 续表 9

受教育程度 年龄	15岁及以上人口			未婚		
	合计	男	女	小计	男	女
博士研究生	**12**	**6**	**6**	**10**	**4**	**6**
15-19岁						
15						
16						
17						
18						
19						
20-24岁	**3**	**1**	**2**	**3**	**1**	**2**
20						
21						
22	2	1	1	2	1	1
23	1		1	1		1
24						
25-29岁	**3**		**3**	**3**		**3**
25	3		3	3		3
26						
27						
28						
29						
30-34岁	**2**	**1**	**1**	**2**	**1**	**1**
30	1		1	1		1
31						
32	1	1		1	1	
33						
34						
35-39岁	**3**	**3**		**1**	**1**	
35						
36						
37	1	1				
38						
39	2	2		1	1	
40-44岁						
40						
41						
42						
43						
44						
45-49岁						
45						
46						
47						
48						
49						
50-54岁	**1**	**1**		**1**	**1**	
50						
51	1	1		1	1	
52						
53						
54						
55-59岁						
55						
56						
57						
58						
59						
60-64岁						
60						
61						
62						
63						
64						
65岁及以上						

单位：人

有配偶			离婚			丧偶		
小计	男	女	小计	男	女	小计	男	女
1	**1**		**1**	**1**				
1	**1**		**1**	**1**				
1	1							
			1	1				

5-4 全省分初婚年龄、性别、初婚年份的人口

单位：人

初婚年龄	初婚年份								
	合计			1980年			1981年		
	合计	男	女	小计	男	女	小计	男	女
总　计	**303381**	**152075**	**151306**	**5295**	**2502**	**2793**	**3539**	**1671**	**1868**
15岁以下	**1729**	**319**	**1410**	**90**	**13**	**77**	**39**	**7**	**32**
15-19岁	**61805**	**18691**	**43114**	**1979**	**568**	**1411**	**1420**	**413**	**1007**
15	4215	931	3284	196	43	153	102	20	82
16	7099	1607	5492	367	67	300	165	35	130
17	11519	2985	8534	607	163	444	338	86	252
18	16467	4816	11651	447	132	315	452	133	319
19	22505	8352	14153	362	163	199	363	139	224
20-24岁	**136794**	**69921**	**66873**	**2282**	**1307**	**975**	**1412**	**772**	**640**
20	26807	11667	15140	408	198	210	237	106	131
21	27405	13229	14176	468	247	221	259	123	136
22	29072	15369	13703	489	286	203	296	167	129
23	27678	15063	12615	479	289	190	349	214	135
24	25832	14593	11239	438	287	151	271	162	109
25-29岁	**73469**	**44411**	**29058**	**744**	**487**	**257**	**574**	**415**	**159**
25	22314	12873	9441	258	158	100	234	164	70
26	18209	10898	7311	204	149	55	148	107	41
27	14190	8763	5427	117	69	48	87	67	20
28	10748	6669	4079	103	68	35	65	46	19
29	8008	5208	2800	62	43	19	40	31	9
30-34岁	**18482**	**12015**	**6467**	**135**	**86**	**49**	**69**	**49**	**20**
30	5921	3870	2051	47	35	12	23	19	4
31	4258	2775	1483	33	22	11	20	15	5
32	3401	2195	1206	18	4	14	10	6	4
33	2743	1799	944	22	17	5	9	5	4
34	2159	1376	783	15	8	7	7	4	3
35-39岁	**6119**	**3831**	**2288**	**46**	**29**	**17**	**19**	**12**	**7**
35	1747	1129	618	15	7	8	4	3	1
36	1367	846	521	11	6	5	5	2	3
37	1178	719	459	4	3	1	3	2	1
38	987	613	374	8	6	2	1		1
39	840	524	316	8	7	1	6	5	1
40-44岁	**2710**	**1607**	**1103**	**12**	**9**	**3**	**4**	**3**	**1**
40	706	423	283	3	3		1		1
41	634	384	250	2	1	1			
42	559	305	254	3	3		2	2	
43	434	272	162	3	2	1			
44	377	223	154	1		1	1	1	
45-49岁	**1250**	**715**	**535**	**6**	**2**	**4**	**2**		**2**
45	367	229	138	3	1	2	1		1
46	272	155	117				1		1
47	220	128	92						
48	215	108	107	1		1			
49	176	95	81	2	1	1			
50岁及以上	**1023**	**565**	**458**	**1**	**1**				
平均初婚年龄	**23.91**	**24.91**	**22.91**	**21.62**	**22.97**	**20.41**	**21.65**	**23.01**	**20.43**

5-4　续表 1

单位：人

初婚年龄	初婚年份								
	1982年			1983年			1984年		
	小计	男	女	小计	男	女	小计	男	女
总　计	**4715**	**2254**	**2461**	**4776**	**2296**	**2480**	**5440**	**2610**	**2830**
15岁以下	**37**	**6**	**31**	**39**	**7**	**32**	**50**	**9**	**41**
15–19岁	**1864**	**575**	**1289**	**1755**	**560**	**1195**	**1862**	**575**	**1287**
15	124	29	95	111	30	81	111	25	86
16	223	44	179	162	31	131	166	53	113
17	325	74	251	303	96	207	331	84	247
18	532	161	371	487	132	355	528	143	385
19	660	267	393	692	271	421	726	270	456
20–24岁	**1921**	**1047**	**874**	**2117**	**1112**	**1005**	**2688**	**1427**	**1261**
20	482	251	231	798	346	452	817	358	459
21	293	145	148	389	203	186	779	417	362
22	388	199	189	327	195	132	517	291	226
23	390	224	166	322	190	132	276	170	106
24	368	228	140	281	178	103	299	191	108
25–29岁	**692**	**496**	**196**	**707**	**517**	**190**	**687**	**488**	**199**
25	260	195	65	249	171	78	232	157	75
26	172	125	47	187	141	46	206	151	55
27	123	86	37	108	81	27	123	88	35
28	75	52	23	93	73	20	75	53	22
29	62	38	24	70	51	19	51	39	12
30–34岁	**130**	**81**	**49**	**115**	**77**	**38**	**107**	**82**	**25**
30	47	31	16	36	25	11	39	32	7
31	30	18	12	35	23	12	28	19	9
32	25	14	11	24	13	11	12	9	3
33	16	12	4	12	9	3	17	12	5
34	12	6	6	8	7	1	11	10	1
35–39岁	**47**	**31**	**16**	**27**	**21**	**6**	**34**	**20**	**14**
35	15	12	3	7	6	1	13	8	5
36	12	10	2	7	4	3	7	6	1
37	8	4	4	6	5	1	6	3	3
38	5	2	3	3	3		4	1	3
39	7	3	4	4	3	1	4	2	2
40–44岁	**13**	**9**	**4**	**10**		**10**	**7**	**7**	
40	5	4	1	1		1			
41	5	4	1	3		3	2	2	
42				4		4	1	1	
43	2	1	1	1		1	3	3	
44	1		1	1		1	1	1	
45–49岁	**10**	**9**	**1**	**6**	**2**	**4**	**3**	**1**	**2**
45	1	1		2	2				
46	3	3					2	1	1
47	2	1	1	2		2	1		1
48	2	2		1		1			
49	2	2		1		1			
50岁及以上	**1**		**1**				**2**	**1**	**1**
平均初婚年龄	**21.86**	**23.11**	**20.72**	**21.69**	**22.81**	**20.66**	**21.58**	**22.65**	**20.60**

5-4 续表 2

单位：人

初婚年龄	初婚年份								
	1985年			1986年			1987年		
	小计	男	女	小计	男	女	小计	男	女
总　计	**7241**	**3509**	**3732**	**7162**	**3455**	**3707**	**7210**	**3533**	**3677**
15岁以下	**50**	**10**	**40**	**52**	**13**	**39**	**38**	**8**	**30**
15-19岁	**2204**	**669**	**1535**	**2018**	**614**	**1404**	**1928**	**607**	**1321**
15	133	31	102	115	22	93	107	19	88
16	276	71	205	200	45	155	187	45	142
17	382	100	282	378	104	274	350	84	266
18	574	179	395	524	169	355	552	183	369
19	839	288	551	801	274	527	732	276	456
20-24岁	**3955**	**2108**	**1847**	**4196**	**2230**	**1966**	**4236**	**2257**	**1979**
20	1072	486	586	949	422	527	899	412	487
21	1014	525	489	950	475	475	904	472	432
22	1001	558	443	1046	593	453	937	516	421
23	564	334	230	834	482	352	845	471	374
24	304	205	99	417	258	159	651	386	265
25-29岁	**789**	**566**	**223**	**646**	**443**	**203**	**742**	**487**	**255**
25	239	167	72	191	114	77	314	192	122
26	200	140	60	168	117	51	158	108	50
27	160	111	49	125	89	36	110	77	33
28	113	89	24	98	70	28	79	60	19
29	77	59	18	64	53	11	81	50	31
30-34岁	**154**	**98**	**56**	**164**	**110**	**54**	**176**	**123**	**53**
30	57	41	16	57	37	20	58	43	15
31	30	20	10	41	30	11	47	31	16
32	26	19	7	33	23	10	31	21	10
33	21	8	13	18	11	7	18	12	6
34	20	10	10	15	9	6	22	16	6
35-39岁	**53**	**37**	**16**	**58**	**33**	**25**	**53**	**33**	**20**
35	21	13	8	17	10	7	17	12	5
36	14	11	3	14	6	8	16	11	5
37	10	8	2	13	7	6	7	1	6
38	6	4	2	5	3	2	9	7	2
39	2	1	1	9	7	2	4	2	2
40-44岁	**21**	**14**	**7**	**15**	**6**	**9**	**24**	**14**	**10**
40	3	2	1	3	1	2	7	5	2
41	5	3	2	2		2	5	1	4
42	7	4	3	5	3	2	4	3	1
43	3	3		3	1	2			
44	3	2	1	2	1	1	8	5	3
45-49岁	**12**	**6**	**6**	**10**	**6**	**4**	**8**	**2**	**6**
45	4	2	2	5	3	2	1		1
46	1		1	2	1	1	3	1	2
47	2	1	1	3	2	1	1		1
48	3	2	1				2		2
49	2	1	1				1	1	
50岁及以上	**3**	**1**	**2**	**3**		**3**	**5**	**2**	**3**
平均初婚年龄	**21.78**	**22.75**	**20.87**	**21.92**	**22.77**	**21.13**	**22.15**	**22.95**	**21.38**

5-4　续表 3　　　　单位：人

初婚年龄	初婚年份								
	1988年			1989年			1990年		
	小计	男	女	小计	男	女	小计	男	女
总　计	**8220**	**4036**	**4184**	**8097**	**4022**	**4075**	**10006**	**4985**	**5021**
15岁以下	**53**	**15**	**38**	**36**	**10**	**26**	**79**	**12**	**67**
15–19岁	**2078**	**640**	**1438**	**1932**	**605**	**1327**	**2494**	**845**	**1649**
15	112	27	85	137	38	99	164	40	124
16	193	39	154	198	58	140	276	83	193
17	332	84	248	341	94	247	438	142	296
18	555	155	400	474	144	330	628	217	411
19	886	335	551	782	271	511	988	363	625
20–24岁	**4805**	**2512**	**2293**	**4624**	**2422**	**2202**	**5608**	**2932**	**2676**
20	1007	446	561	954	419	535	1183	523	660
21	1006	484	522	1045	521	524	1353	673	680
22	1018	534	484	970	528	442	1174	623	551
23	954	543	411	889	499	390	1001	581	420
24	820	505	315	766	455	311	897	532	365
25–29岁	**1034**	**707**	**327**	**1241**	**803**	**438**	**1509**	**980**	**529**
25	560	372	188	570	363	207	605	369	236
26	222	155	67	382	248	134	435	295	140
27	105	73	32	157	103	54	284	190	94
28	90	64	26	68	41	27	134	89	45
29	57	43	14	64	48	16	51	37	14
30–34岁	**152**	**102**	**50**	**177**	**129**	**48**	**187**	**133**	**54**
30	50	31	19	44	32	12	47	37	10
31	31	19	12	40	28	12	27	18	9
32	27	17	10	38	27	11	49	32	17
33	18	16	2	28	23	5	35	30	5
34	26	19	7	27	19	8	29	16	13
35–39岁	**71**	**42**	**29**	**48**	**32**	**16**	**71**	**50**	**21**
35	23	19	4	15	9	6	15	10	5
36	17	6	11	10	8	2	20	14	6
37	13	7	6	11	6	5	13	9	4
38	9	6	3	8	6	2	17	12	5
39	9	4	5	4	3	1	6	5	1
40–44岁	**12**	**8**	**4**	**26**	**12**	**14**	**32**	**16**	**16**
40	3	2	1	8	4	4	9	4	5
41	4	4		4	3	1	5	4	1
42	1		1	6	1	5	9	6	3
43	2	2		5	2	3	5	2	3
44	2		2	3	2	1	4		4
45–49岁	**12**	**7**	**5**	**11**	**7**	**4**	**17**	**10**	**7**
45	6	3	3	4	3	1	5	2	3
46	1		1	1	1		4	3	1
47	3	2	1	4	2	2	4	3	1
48	1	1		1	1		2	1	1
49	1	1		1		1	2	1	1
50岁及以上	**3**	**3**		**2**	**2**		**9**	**7**	**2**
平均初婚年龄	**22.22**	**23.08**	**21.39**	**22.40**	**23.21**	**21.60**	**22.32**	**23.14**	**21.51**

5-4 续表 4

单位：人

初婚年龄	初婚年份								
	1991年			1992年			1993年		
	小计	男	女	小计	男	女	小计	男	女
总　计	**6861**	**3424**	**3437**	**8081**	**4056**	**4025**	**8277**	**4164**	**4113**
15岁以下	**34**	**5**	**29**	**47**	**11**	**36**	**54**	**14**	**40**
15-19岁	**1585**	**515**	**1070**	**1815**	**603**	**1212**	**1739**	**560**	**1179**
15	100	18	82	111	22	89	99	24	75
16	176	44	132	222	67	155	166	45	121
17	282	84	198	292	84	208	293	69	224
18	437	145	292	473	154	319	457	142	315
19	590	224	366	717	276	441	724	280	444
20-24岁	**3871**	**2006**	**1865**	**4497**	**2310**	**2187**	**4505**	**2283**	**2222**
20	823	352	471	901	415	486	880	395	485
21	802	394	408	888	429	459	893	418	475
22	858	485	373	955	496	459	1018	510	508
23	776	417	359	936	507	429	912	505	407
24	612	358	254	817	463	354	802	455	347
25-29岁	**1197**	**784**	**413**	**1475**	**975**	**500**	**1671**	**1109**	**562**
25	480	292	188	561	353	208	625	373	252
26	304	214	90	373	255	118	444	307	137
27	208	144	64	233	156	77	284	208	76
28	137	92	45	175	117	58	184	129	55
29	68	42	26	133	94	39	134	92	42
30-34岁	**100**	**63**	**37**	**138**	**99**	**39**	**198**	**134**	**64**
30	21	16	5	50	37	13	97	66	31
31	27	17	10	33	22	11	37	22	15
32	15	9	6	20	15	5	27	20	7
33	22	11	11	23	16	7	21	16	5
34	15	10	5	12	9	3	16	10	6
35-39岁	**52**	**37**	**15**	**63**	**35**	**28**	**54**	**35**	**19**
35	11	9	2	14	8	6	17	12	5
36	15	11	4	15	10	5	14	7	7
37	14	9	5	13	7	6	8	7	1
38	4	2	2	10	4	6	10	7	3
39	8	6	2	11	6	5	5	2	3
40-44岁	**8**	**4**	**4**	**30**	**16**	**14**	**30**	**21**	**9**
40	2	2		8	4	4	6	5	1
41	2	1	1	9	4	5	10	5	5
42				7	5	2	5	3	2
43	3	1	2	4	2	2	5	4	1
44	1		1	2	1	1	4	4	
45-49岁	**7**	**5**	**2**	**11**	**5**	**6**	**15**	**5**	**10**
45				1	1		2	1	1
46	1		1	3	2	1	2	1	1
47	3	2	1	1		1	2	1	1
48	2	2		4	2	2	7	1	6
49	1	1		2		2	2	1	1
50岁及以上	**7**	**5**	**2**	**5**	**2**	**3**	**11**	**3**	**8**
平均初婚年龄	**22.48**	**23.29**	**21.66**	**22.67**	**23.44**	**21.90**	**22.89**	**23.71**	**22.05**

5-4　续表 5

单位：人

初婚年龄	初婚年份								
	1994年			1995年			1996年		
	小计	男	女	小计	男	女	小计	男	女
总　计	**8640**	**4332**	**4308**	**9155**	**4639**	**4516**	**8657**	**4346**	**4311**
15岁以下	**38**	**9**	**29**	**39**	**4**	**35**	**40**	**11**	**29**
15-19岁	**1689**	**534**	**1155**	**1760**	**570**	**1190**	**1494**	**494**	**1000**
15	115	32	83	117	32	85	94	29	65
16	177	45	132	205	56	149	167	37	130
17	299	90	209	284	93	191	266	78	188
18	417	126	291	434	119	315	386	127	259
19	681	241	440	720	270	450	581	223	358
20-24岁	**4662**	**2368**	**2294**	**4735**	**2431**	**2304**	**4309**	**2101**	**2208**
20	922	418	504	821	358	463	719	283	436
21	949	431	518	952	448	504	829	379	450
22	940	485	455	1019	551	468	955	496	459
23	962	529	433	1006	530	476	966	501	465
24	889	505	384	937	544	393	840	442	398
25-29岁	**1859**	**1176**	**683**	**2140**	**1336**	**804**	**2224**	**1378**	**846**
25	742	450	292	715	416	299	767	445	322
26	456	295	161	581	353	228	621	395	226
27	304	200	104	420	287	133	412	252	160
28	202	128	74	245	155	90	247	174	73
29	155	103	52	179	125	54	177	112	65
30-34岁	**251**	**158**	**93**	**324**	**207**	**117**	**407**	**263**	**144**
30	104	73	31	112	71	41	136	88	48
31	86	53	33	89	55	34	108	67	41
32	32	17	15	62	46	16	73	53	20
33	14	10	4	42	26	16	59	31	28
34	15	5	10	19	9	10	31	24	7
35-39岁	**59**	**39**	**20**	**69**	**46**	**23**	**75**	**42**	**33**
35	10	3	7	15	11	4	21	15	6
36	14	9	5	6	6		15	11	4
37	13	10	3	18	10	8	13	6	7
38	12	8	4	15	7	8	11	6	5
39	10	9	1	15	12	3	15	4	11
40-44岁	**32**	**22**	**10**	**48**	**28**	**20**	**50**	**29**	**21**
40	7	6	1	14	8	6	13	11	2
41	5	2	3	13	7	6	12	8	4
42	5	3	2	10	6	4	6	2	4
43	7	5	2	7	5	2	11	4	7
44	8	6	2	4	2	2	8	4	4
45-49岁	**26**	**13**	**13**	**20**	**8**	**12**	**30**	**12**	**18**
45	6	2	4	8	6	2	7	2	5
46	6	3	3	3	1	2	7	3	4
47	7	5	2	3		3	4	2	2
48	6	2	4	2		2	5	4	1
49	1	1		4	1	3	7	1	6
50岁及以上	**24**	**13**	**11**	**20**	**9**	**11**	**28**	**16**	**12**
平均初婚年龄	**23.14**	**23.92**	**22.35**	**23.36**	**24.14**	**22.57**	**23.74**	**24.51**	**22.97**

5−4 续表 6

单位：人

初婚年龄	初婚年份								
	1997年			1998年			1999年		
	小计	男	女	小计	男	女	小计	男	女
总　计	**8539**	**4285**	**4254**	**9663**	**4873**	**4790**	**8401**	**4223**	**4178**
15岁以下	**43**	**7**	**36**	**60**	**15**	**45**	**59**	**14**	**45**
15−19岁	**1466**	**463**	**1003**	**1742**	**561**	**1181**	**1563**	**479**	**1084**
15	83	28	55	115	25	90	92	22	70
16	152	38	114	200	55	145	182	47	135
17	272	72	200	313	96	217	288	85	203
18	397	114	283	452	135	317	424	116	308
19	562	211	351	662	250	412	577	209	368
20−24岁	**4185**	**2061**	**2124**	**4409**	**2166**	**2243**	**3813**	**1887**	**1926**
20	779	303	476	704	297	407	686	288	398
21	782	358	424	886	411	475	751	355	396
22	913	451	462	990	487	503	787	407	380
23	902	495	407	921	487	434	820	407	413
24	809	454	355	908	484	424	769	430	339
25−29岁	**2285**	**1399**	**886**	**2666**	**1624**	**1042**	**2267**	**1389**	**878**
25	683	404	279	799	467	332	696	403	293
26	588	347	241	718	436	282	527	310	217
27	443	273	170	477	310	167	452	292	160
28	356	232	124	401	247	154	343	216	127
29	215	143	72	271	164	107	249	168	81
30−34岁	**408**	**264**	**144**	**603**	**393**	**210**	**499**	**336**	**163**
30	118	73	45	211	138	73	180	126	54
31	114	70	44	146	91	55	117	83	34
32	72	45	27	92	61	31	67	40	27
33	56	45	11	88	60	28	73	45	28
34	48	31	17	66	43	23	62	42	20
35−39岁	**64**	**41**	**23**	**94**	**61**	**33**	**109**	**70**	**39**
35	22	16	6	41	26	15	55	35	20
36	12	7	5	20	12	8	22	16	6
37	6	1	5	12	8	4	19	13	6
38	12	8	4	11	8	3	5	2	3
39	12	9	3	10	7	3	8	4	4
40−44岁	**49**	**29**	**20**	**46**	**26**	**20**	**41**	**24**	**17**
40	14	8	6	10	5	5	7	3	4
41	9	6	3	10	4	6	10	5	5
42	11	6	5	12	8	4	8	6	2
43	10	6	4	8	4	4	6	5	1
44	5	3	2	6	5	1	10	5	5
45−49岁	**23**	**13**	**10**	**22**	**14**	**8**	**16**	**8**	**8**
45	8	6	2	9	7	2	5	3	2
46	4	3	1	1	1		1		1
47	6	3	3	3	1	2	6	3	3
48	4		4	6	2	4	2	1	1
49	1	1		3	3		2	1	1
50岁及以上	**16**	**8**	**8**	**21**	**13**	**8**	**34**	**16**	**18**
平均初婚年龄	**23.75**	**24.62**	**22.88**	**23.90**	**24.79**	**22.99**	**23.90**	**24.84**	**22.95**

5-4　续表 7

单位：人

初婚年龄	初婚年份								
	2000年			2001年			2002年		
	小计	男	女	小计	男	女	小计	男	女
总　计	**10771**	**5475**	**5296**	**6569**	**3318**	**3251**	**7655**	**3874**	**3781**
15岁以下	**109**	**26**	**83**	**48**	**13**	**35**	**65**	**12**	**53**
15-19岁	**2226**	**700**	**1526**	**1267**	**393**	**874**	**1559**	**493**	**1066**
15	187	49	138	101	23	78	143	41	102
16	250	66	184	153	43	110	194	44	150
17	434	127	307	223	58	165	249	56	193
18	565	166	399	316	82	234	401	128	273
19	790	292	498	474	187	287	572	224	348
20-24岁	**4782**	**2448**	**2334**	**2909**	**1453**	**1456**	**3381**	**1682**	**1699**
20	939	400	539	546	227	319	725	308	417
21	957	443	514	556	263	293	649	318	331
22	986	513	473	643	320	323	689	337	352
23	987	554	433	577	322	255	698	345	353
24	913	538	375	587	321	266	620	374	246
25-29岁	**2812**	**1760**	**1052**	**1765**	**1086**	**679**	**2004**	**1254**	**750**
25	785	461	324	515	301	214	538	315	223
26	686	398	288	425	244	181	488	295	193
27	589	398	191	355	236	119	415	265	150
28	441	296	145	284	179	105	312	208	104
29	311	207	104	186	126	60	251	171	80
30-34岁	**606**	**406**	**200**	**435**	**291**	**144**	**484**	**332**	**152**
30	219	147	72	149	99	50	165	115	50
31	151	112	39	94	60	34	108	74	34
32	117	70	47	104	73	31	90	58	32
33	70	47	23	57	38	19	61	42	19
34	49	30	19	31	21	10	60	43	17
35-39岁	**139**	**81**	**58**	**111**	**64**	**47**	**103**	**70**	**33**
35	46	34	12	29	16	13	29	20	9
36	39	17	22	18	9	9	27	18	9
37	21	12	9	29	19	10	22	15	7
38	24	14	10	23	13	10	16	10	6
39	9	4	5	12	7	5	9	7	2
40-44岁	**41**	**24**	**17**	**13**	**9**	**4**	**18**	**11**	**7**
40	7	3	4	3	2	1	5	3	2
41	12	7	5	4	2	2	9	5	4
42	8	5	3	3	3		2	2	
43	7	4	3				1		1
44	7	5	2	3	2	1	1	1	
45-49岁	**18**	**9**	**9**	**9**	**3**	**6**	**18**	**12**	**6**
45	5	4	1	1		1	3	2	1
46	4	2	2	1		1	6	3	3
47	2	2		3	2	1	4	2	2
48	2		2	2		2	4	4	
49	5	1	4	2	1	1	1	1	
50岁及以上	**38**	**21**	**17**	**12**	**6**	**6**	**23**	**8**	**15**
平均初婚年龄	**23.63**	**24.62**	**22.61**	**23.84**	**24.81**	**22.85**	**23.71**	**24.78**	**22.63**

5−4 续表 8

单位：人

初婚年龄	初婚年份								
	2003年			2004年			2005年		
	小计	男	女	小计	男	女	小计	男	女
总　计	**7180**	**3639**	**3541**	**6950**	**3560**	**3390**	**7525**	**3884**	**3641**
15岁以下	**55**	**13**	**42**	**56**	**7**	**49**	**54**	**11**	**43**
15−19岁	**1373**	**398**	**975**	**1366**	**385**	**981**	**1571**	**434**	**1137**
15	128	32	96	117	32	85	146	33	113
16	199	49	150	183	41	142	211	50	161
17	260	69	191	297	65	232	321	73	248
18	328	85	243	348	96	252	428	117	311
19	458	163	295	421	151	270	465	161	304
20−24岁	**3083**	**1558**	**1525**	**2893**	**1504**	**1389**	**3036**	**1615**	**1421**
20	597	261	336	509	225	284	579	274	305
21	649	283	366	514	240	274	587	276	311
22	633	342	291	671	342	329	614	341	273
23	619	334	285	604	335	269	684	383	301
24	585	338	247	595	362	233	572	341	231
25−29岁	**1904**	**1166**	**738**	**1841**	**1135**	**706**	**1902**	**1186**	**716**
25	534	293	241	558	319	239	578	352	226
26	455	269	186	439	260	179	419	255	164
27	365	243	122	342	228	114	393	251	142
28	305	192	113	279	182	97	274	167	107
29	245	169	76	223	146	77	238	161	77
30−34岁	**563**	**376**	**187**	**556**	**380**	**176**	**677**	**462**	**215**
30	171	114	57	190	128	62	218	152	66
31	138	91	47	133	90	43	149	97	52
32	114	76	38	91	59	32	122	86	36
33	92	63	29	81	59	22	102	68	34
34	48	32	16	61	44	17	86	59	27
35−39岁	**121**	**77**	**44**	**163**	**102**	**61**	**184**	**124**	**60**
35	29	19	10	53	34	19	59	39	20
36	38	23	15	37	24	13	57	40	17
37	21	16	5	32	22	10	25	15	10
38	20	11	9	28	14	14	23	15	8
39	13	8	5	13	8	5	20	15	5
40−44岁	**38**	**26**	**12**	**32**	**19**	**13**	**44**	**22**	**22**
40	16	11	5	12	8	4	14	9	5
41	7	4	3	11	8	3	15	9	6
42	7	5	2	5	1	4	8	1	7
43	5	3	2	3	1	2	2	1	1
44	3	3		1	1		5	2	3
45−49岁	**15**	**9**	**6**	**20**	**12**	**8**	**18**	**10**	**8**
45	7	4	3				9	3	6
46	3	3		5	3	2	4	3	1
47	1		1	4	3	1	1	1	
48	3	2	1	6	3	3	3	2	1
49	1		1	5	3	2	1	1	
50岁及以上	**28**	**16**	**12**	**23**	**16**	**7**	**39**	**20**	**19**
平均初婚年龄	**24.05**	**25.18**	**22.89**	**24.15**	**25.34**	**22.89**	**24.19**	**25.38**	**22.93**

5-4 续表 9

单位：人

初婚年龄	初婚年份								
	2006年			2007年			2008年		
	小计	男	女	小计	男	女	小计	男	女
总　计	**7100**	**3646**	**3454**	**7104**	**3673**	**3431**	**8155**	**4158**	**3997**
15岁以下	**36**	**6**	**30**	**26**	**2**	**24**	**30**	**1**	**29**
15-19岁	**1496**	**428**	**1068**	**1420**	**406**	**1014**	**1619**	**472**	**1147**
15	97	22	75	85	17	68	89	13	76
16	182	30	152	137	26	111	154	39	115
17	284	71	213	328	76	252	303	62	241
18	419	113	306	359	102	257	498	137	361
19	514	192	322	511	185	326	575	221	354
20-24岁	**2737**	**1435**	**1302**	**2742**	**1441**	**1301**	**3186**	**1610**	**1576**
20	527	230	297	606	267	339	703	299	404
21	507	240	267	555	297	258	695	336	359
22	534	285	249	538	291	247	644	347	297
23	556	322	234	486	267	219	609	319	290
24	613	358	255	557	319	238	535	309	226
25-29岁	**1922**	**1167**	**755**	**1954**	**1175**	**779**	**2118**	**1282**	**836**
25	519	306	213	555	329	226	531	309	222
26	430	246	184	475	271	204	529	306	223
27	404	245	159	379	231	148	436	254	182
28	306	187	119	305	180	125	345	220	125
29	263	183	80	240	164	76	277	193	84
30-34岁	**650**	**439**	**211**	**634**	**426**	**208**	**748**	**496**	**252**
30	199	125	74	176	110	66	235	160	75
31	156	104	52	119	89	30	151	105	46
32	111	80	31	132	93	39	148	105	43
33	105	74	31	110	72	38	135	70	65
34	79	56	23	97	62	35	79	56	23
35-39岁	**170**	**120**	**50**	**235**	**164**	**71**	**279**	**190**	**89**
35	58	40	18	82	64	18	80	52	28
36	39	28	11	61	43	18	67	49	18
37	31	22	9	40	27	13	57	38	19
38	23	17	6	24	14	10	38	28	10
39	19	13	6	28	16	12	37	23	14
40-44岁	**52**	**31**	**21**	**58**	**38**	**20**	**104**	**65**	**39**
40	13	7	6	14	10	4	34	23	11
41	16	10	6	15	11	4	25	12	13
42	9	4	5	16	9	7	15	9	6
43	6	4	2	6	4	2	15	10	5
44	8	6	2	7	4	3	15	11	4
45-49岁	**12**	**6**	**6**	**13**	**7**	**6**	**38**	**18**	**20**
45	2		2	4	3	1	14	7	7
46	3	3		4	2	2	11	5	6
47	3		3	3	2	1	6	3	3
48	3	3		2		2	5	2	3
49	1		1				2	1	1
50岁及以上	**25**	**14**	**11**	**22**	**14**	**8**	**33**	**24**	**9**
平均初婚年龄	**24.35**	**25.57**	**23.07**	**24.49**	**25.68**	**23.23**	**24.65**	**25.89**	**23.35**

5-4 续表 10

单位：人

初婚年龄	初婚年份								
	2009年			2010年			2011年		
	小计	男	女	小计	男	女	小计	男	女
总　计	**7676**	**3934**	**3742**	**8704**	**4436**	**4268**	**7084**	**3616**	**3468**
15岁以下	**45**	**6**	**39**	**41**	**3**	**38**	**31**	**6**	**25**
15–19岁	**1426**	**422**	**1004**	**1611**	**497**	**1114**	**1148**	**345**	**803**
15	79	18	61	133	21	112	92	15	77
16	159	21	138	202	47	155	122	21	101
17	237	54	183	286	75	211	218	60	158
18	380	110	270	433	136	297	318	91	227
19	571	219	352	557	218	339	398	158	240
20–24岁	**2972**	**1505**	**1467**	**3558**	**1853**	**1705**	**2930**	**1507**	**1423**
20	603	266	337	763	330	433	505	210	295
21	601	289	312	736	363	373	575	268	307
22	659	357	302	729	399	330	619	332	287
23	583	313	270	700	399	301	615	350	265
24	526	280	246	630	362	268	616	347	269
25–29岁	**2068**	**1218**	**850**	**2119**	**1207**	**912**	**1885**	**1061**	**824**
25	498	272	226	558	303	255	527	270	257
26	455	271	184	434	256	178	455	249	206
27	502	300	202	456	252	204	322	179	143
28	331	199	132	394	223	171	312	199	113
29	282	176	106	277	173	104	269	164	105
30–34岁	**700**	**464**	**236**	**809**	**524**	**285**	**642**	**429**	**213**
30	201	138	63	249	156	93	171	110	61
31	172	124	48	190	137	53	150	112	38
32	110	71	39	161	98	63	116	78	38
33	114	69	45	111	75	36	111	74	37
34	103	62	41	98	58	40	94	55	39
35–39岁	**290**	**202**	**88**	**323**	**212**	**111**	**267**	**166**	**101**
35	82	60	22	87	62	25	77	45	32
36	54	37	17	66	38	28	46	25	21
37	71	49	22	59	36	23	56	37	19
38	49	30	19	60	45	15	39	23	16
39	34	26	8	51	31	20	49	36	13
40–44岁	**114**	**80**	**34**	**153**	**92**	**61**	**102**	**61**	**41**
40	29	21	8	50	27	23	33	20	13
41	24	19	5	45	28	17	20	11	9
42	23	13	10	24	13	11	19	9	10
43	24	15	9	18	15	3	19	13	6
44	14	12	2	16	9	7	11	8	3
45–49岁	**32**	**23**	**9**	**46**	**26**	**20**	**51**	**29**	**22**
45	12	9	3	12	6	6	12	8	4
46	8	4	4	11	6	5	11	4	7
47	6	5	1	8	7	1	12	7	5
48	3	3		8	3	5	7	4	3
49	3	2	1	7	4	3	9	6	3
50岁及以上	**29**	**14**	**15**	**44**	**22**	**22**	**28**	**12**	**16**
平均初婚年龄	**24.86**	**26.09**	**23.57**	**24.82**	**25.88**	**23.72**	**25.05**	**26.05**	**24.00**

5-4 续表 11

单位：人

初婚年龄	初婚年份								
	2012年			2013年			2014年		
	小计	男	女	小计	男	女	小计	男	女
总　计	**8111**	**4128**	**3983**	**8057**	**4102**	**3955**	**7748**	**3947**	**3801**
15岁以下	**23**	**1**	**22**	**34**	**4**	**30**	**21**	**1**	**20**
15–19岁	**1218**	**360**	**858**	**1187**	**341**	**846**	**1015**	**284**	**731**
15	92	18	74	73	6	67	70	8	62
16	153	31	122	155	27	128	119	17	102
17	212	54	158	231	54	177	174	45	129
18	325	97	228	315	95	220	280	78	202
19	436	160	276	413	159	254	372	136	236
20–24岁	**3269**	**1664**	**1605**	**3168**	**1600**	**1568**	**2996**	**1501**	**1495**
20	530	220	310	483	229	254	466	188	278
21	604	305	299	575	263	312	506	241	265
22	785	415	370	642	328	314	593	310	283
23	654	358	296	734	370	364	678	356	322
24	696	366	330	734	410	324	753	406	347
25–29岁	**2277**	**1258**	**1019**	**2352**	**1344**	**1008**	**2482**	**1379**	**1103**
25	707	371	336	699	389	310	743	379	364
26	511	275	236	627	354	273	606	329	277
27	418	231	187	423	236	187	506	292	214
28	361	209	152	338	199	139	378	220	158
29	280	172	108	265	166	99	249	159	90
30–34岁	**751**	**501**	**250**	**777**	**492**	**285**	**678**	**426**	**252**
30	206	137	69	222	139	83	184	124	60
31	174	118	56	168	105	63	140	81	59
32	162	99	63	163	99	64	152	95	57
33	118	85	33	125	86	39	107	67	40
34	91	62	29	99	63	36	95	59	36
35–39岁	**292**	**179**	**113**	**296**	**175**	**121**	**304**	**205**	**99**
35	68	46	22	79	49	30	90	62	28
36	57	36	21	72	39	33	68	43	25
37	64	37	27	50	33	17	50	30	20
38	59	36	23	47	27	20	51	40	11
39	44	24	20	48	27	21	45	30	15
40–44岁	**183**	**103**	**80**	**155**	**88**	**67**	**156**	**94**	**62**
40	51	29	22	51	32	19	24	14	10
41	39	23	16	27	13	14	33	22	11
42	39	16	23	32	16	16	44	26	18
43	35	27	8	23	13	10	37	22	15
44	19	8	11	22	14	8	18	10	8
45–49岁	**65**	**42**	**23**	**51**	**38**	**13**	**62**	**37**	**25**
45	18	14	4	13	7	6	24	12	12
46	11	7	4	10	9	1	11	6	5
47	14	9	5	9	8	1	14	11	3
48	16	8	8	10	8	2	7	3	4
49	6	4	2	9	6	3	6	5	1
50岁及以上	**33**	**20**	**13**	**37**	**20**	**17**	**34**	**20**	**14**
平均初婚年龄	**25.34**	**26.33**	**24.31**	**25.36**	**26.34**	**24.34**	**25.60**	**26.62**	**24.55**

5-4 续表 12

单位：人

初婚年龄	初婚年份								
	2015年			2016年			2017年		
	小计	男	女	小计	男	女	小计	男	女
总　计	**7990**	**4010**	**3980**	**7032**	**3533**	**3499**	**6820**	**3417**	**3403**
15岁以下	**21**		**21**	**20**		**20**	**12**	**2**	**10**
15-19岁	**1002**	**258**	**744**	**731**	**170**	**561**	**700**	**152**	**548**
15	63	8	55	54	4	50	46	5	41
16	135	17	118	93	12	81	64	5	59
17	197	40	157	126	24	102	143	20	123
18	270	72	198	222	48	174	203	46	157
19	337	121	216	236	82	154	244	76	168
20-24岁	**2827**	**1355**	**1472**	**2339**	**1092**	**1247**	**2135**	**1013**	**1122**
20	434	180	254	343	138	205	279	102	177
21	471	223	248	379	164	215	350	172	178
22	547	266	281	494	253	241	438	215	223
23	617	297	320	535	258	277	495	249	246
24	758	389	369	588	279	309	573	275	298
25-29岁	**2783**	**1570**	**1213**	**2701**	**1518**	**1183**	**2672**	**1483**	**1189**
25	786	411	375	720	363	357	624	331	293
26	681	388	293	736	413	323	620	330	290
27	546	292	254	541	313	228	614	348	266
28	452	272	180	399	226	173	479	275	204
29	318	207	111	305	203	102	335	199	136
30-34岁	**739**	**455**	**284**	**705**	**436**	**269**	**712**	**425**	**287**
30	204	128	76	241	150	91	243	139	104
31	162	92	70	134	76	58	166	103	63
32	130	80	50	121	81	40	128	76	52
33	132	79	53	106	66	40	99	60	39
34	111	76	35	103	63	40	76	47	29
35-39岁	**327**	**201**	**126**	**266**	**156**	**110**	**292**	**158**	**134**
35	88	51	37	64	43	21	93	44	49
36	66	40	26	55	34	21	54	32	22
37	63	37	26	58	36	22	60	31	29
38	52	31	21	51	25	26	42	25	17
39	58	42	16	38	18	20	43	26	17
40-44岁	**172**	**104**	**68**	**154**	**88**	**66**	**152**	**96**	**56**
40	44	28	16	33	19	14	35	23	12
41	48	34	14	32	19	13	36	23	13
42	34	17	17	41	20	21	29	16	13
43	27	16	11	24	14	10	29	19	10
44	19	9	10	24	16	8	23	15	8
45-49岁	**71**	**41**	**30**	**70**	**43**	**27**	**85**	**51**	**34**
45	25	15	10	24	21	3	23	17	6
46	22	13	9	16	8	8	20	14	6
47	9	4	5	8	5	3	12	7	5
48	6	4	2	13	6	7	12	5	7
49	9	5	4	9	3	6	18	8	10
50岁及以上	**48**	**26**	**22**	**46**	**30**	**16**	**60**	**37**	**23**
平均初婚年龄	**25.94**	**26.98**	**24.89**	**26.25**	**27.28**	**25.22**	**26.62**	**27.61**	**25.62**

5-4　续表 13　　　　单位：人

初婚年龄	初婚年份								
	2018年			2019年			2020年		
	小计	男	女	小计	男	女	小计	男	女
总　计	**7085**	**3487**	**3598**	**5894**	**2936**	**2958**	**4196**	**2087**	**2109**
15岁以下	**14**	**1**	**13**	**8**	**1**	**7**	**3**	**3**	
15–19岁	**702**	**142**	**560**	**534**	**115**	**419**	**247**	**46**	**201**
15	46	6	40	26	3	23	10	1	9
16	83	7	76	62	3	59	29	6	23
17	125	21	104	109	10	99	48	9	39
18	214	44	170	141	35	106	74	12	62
19	234	64	170	196	64	132	86	18	68
20–24岁	**2250**	**1033**	**1217**	**1698**	**803**	**895**	**1073**	**510**	**563**
20	287	102	185	212	87	125	130	48	82
21	334	152	182	270	122	148	143	63	80
22	471	235	236	332	174	158	213	109	104
23	523	256	267	406	191	215	214	110	104
24	635	288	347	478	229	249	373	180	193
25–29岁	**2767**	**1519**	**1248**	**2325**	**1238**	**1087**	**1667**	**846**	**821**
25	667	347	320	523	256	267	369	171	198
26	693	353	340	544	281	263	407	207	200
27	596	344	252	475	273	202	381	196	185
28	491	287	204	419	223	196	260	131	129
29	320	188	132	364	205	159	250	141	109
30–34岁	**712**	**420**	**292**	**763**	**463**	**300**	**647**	**385**	**262**
30	253	154	99	246	143	103	245	151	94
31	167	99	68	174	104	70	143	79	64
32	114	66	48	137	91	46	125	70	55
33	96	62	34	124	77	47	75	51	24
34	82	39	43	82	48	34	59	34	25
35–39岁	**316**	**181**	**135**	**265**	**143**	**122**	**210**	**115**	**95**
35	79	46	33	62	36	26	45	23	22
36	87	51	36	46	19	27	47	28	19
37	57	30	27	59	29	30	43	22	21
38	47	28	19	63	39	24	43	26	17
39	46	26	20	35	20	15	32	16	16
40–44岁	**160**	**96**	**64**	**151**	**82**	**69**	**148**	**81**	**67**
40	39	18	21	40	26	14	35	13	22
41	36	27	9	34	12	22	29	21	8
42	29	20	9	29	16	13	37	22	15
43	22	16	6	27	15	12	16	8	8
44	34	15	19	21	13	8	31	17	14
45–49岁	**107**	**64**	**43**	**89**	**55**	**34**	**93**	**45**	**48**
45	30	18	12	26	18	8	25	16	9
46	22	14	8	23	12	11	20	10	10
47	20	9	11	10	7	3	14	6	8
48	18	12	6	16	9	7	18	6	12
49	17	11	6	14	9	5	16	7	9
50岁及以上	**57**	**31**	**26**	**61**	**36**	**25**	**108**	**56**	**52**
平均初婚年龄	**26.66**	**27.68**	**25.67**	**27.18**	**28.11**	**26.26**	**28.43**	**29.10**	**27.76**

5－4a　全省分初婚年龄、性别、初婚年份的人口(城市)

单位：人

初婚年龄	初婚年份								
	合　　计			1980年			1981年		
	合计	男	女	小计	男	女	小计	男	女
总　计	**115663**	**58053**	**57610**	**1876**	**891**	**985**	**1403**	**669**	**734**
15岁以下	**220**	**40**	**180**	**13**	**2**	**11**	**8**	**1**	**7**
15－19岁	**12220**	**3515**	**8705**	**396**	**102**	**294**	**309**	**79**	**230**
15	614	147	467	35	5	30	16	1	15
16	1171	265	906	74	14	60	36	9	27
17	1986	507	1479	121	33	88	65	17	48
18	3293	912	2381	82	17	65	104	18	86
19	5156	1684	3472	84	33	51	88	34	54
20－24岁	**51763**	**23904**	**27859**	**1035**	**502**	**533**	**723**	**332**	**391**
20	7080	2575	4505	131	43	88	66	18	48
21	8884	3740	5144	179	77	102	118	39	79
22	11238	5315	5923	242	120	122	162	71	91
23	12162	5893	6269	251	127	124	216	118	98
24	12399	6381	6018	232	135	97	161	86	75
25－29岁	**38305**	**22073**	**16232**	**371**	**234**	**137**	**327**	**233**	**94**
25	11375	6076	5299	138	76	62	143	96	47
26	9723	5511	4212	111	79	32	93	64	29
27	7526	4422	3104	53	33	20	48	37	11
28	5626	3444	2182	44	31	13	24	21	3
29	4055	2620	1435	25	15	10	19	15	4
30－34岁	**8728**	**5710**	**3018**	**42**	**35**	**7**	**30**	**21**	**9**
30	2868	1903	965	19	17	2	7	6	1
31	2017	1308	709	9	8	1	12	9	3
32	1575	1015	560	2		2	4	1	3
33	1265	849	416	7	6	1	3	2	1
34	1003	635	368	5	4	1	4	3	1
35－39岁	**2570**	**1646**	**924**	**12**	**10**	**2**	**3**	**1**	**2**
35	759	489	270	2	1	1	1		1
36	592	379	213	4	3	1			
37	504	313	191	2	2				
38	403	264	139	2	2				
39	312	201	111	2	2		2	1	1
40－44岁	**1095**	**698**	**397**	**5**	**4**	**1**	**3**	**2**	**1**
40	283	180	103				1		1
41	249	164	85	1		1			
42	238	138	100	2	2		2	2	
43	183	122	61	2	2				
44	142	94	48						
45－49岁	**456**	**283**	**173**	**1**	**1**				
45	156	108	48						
46	95	66	29						
47	73	40	33						
48	70	34	36						
49	62	35	27	1	1				
50岁及以上	**306**	**184**	**122**	**1**	**1**				
平均初婚年龄	**25.06**	**25.96**	**24.16**	**22.80**	**24.04**	**21.67**	**22.92**	**24.14**	**21.81**

5-4a　续表 1

单位：人

初婚年龄	初婚年份								
	1982年			1983年			1984年		
	小计	男	女	小计	男	女	小计	男	女
总　计	**1904**	**921**	**983**	**1749**	**830**	**919**	**1971**	**958**	**1013**
15岁以下	**2**		**2**	**7**	**2**	**5**	**9**		**9**
15-19岁	**434**	**142**	**292**	**411**	**130**	**281**	**442**	**137**	**305**
15	27	5	22	17	5	12	15	3	12
16	49	9	40	23	3	20	35	13	22
17	61	16	45	68	24	44	68	23	45
18	117	41	76	111	35	76	128	37	91
19	180	71	109	192	63	129	196	61	135
20-24岁	**999**	**454**	**545**	**884**	**387**	**497**	**1081**	**510**	**571**
20	155	61	94	255	76	179	239	94	145
21	137	50	87	147	68	79	295	131	164
22	213	87	126	140	58	82	223	103	120
23	244	122	122	176	90	86	154	84	70
24	250	134	116	166	95	71	170	98	72
25-29岁	**397**	**273**	**124**	**385**	**268**	**117**	**388**	**272**	**116**
25	153	107	46	142	87	55	142	91	51
26	105	71	34	108	80	28	121	90	31
27	74	50	24	54	40	14	60	42	18
28	36	26	10	42	32	10	37	27	10
29	29	19	10	39	29	10	28	22	6
30-34岁	**53**	**38**	**15**	**44**	**30**	**14**	**37**	**28**	**9**
30	27	20	7	17	9	8	10	8	2
31	10	8	2	13	9	4	10	7	3
32	10	6	4	8	7	1	6	5	1
33	3	3		4	3	1	8	5	3
34	3	1	2	2	2		3	3	
35-39岁	**12**	**7**	**5**	**12**	**11**	**1**	**12**	**9**	**3**
35	3	2	1	3	3		5	5	
36	2	2		3	2	1	1	1	
37	5	3	2	3	3		2	2	
38	1		1	1	1		3		3
39	1		1	2	2		1	1	
40-44岁	**1**	**1**		**4**		**4**	**1**	**1**	
40	1	1							
41				2		2			
42				2		2			
43							1	1	
44									
45-49岁	**6**	**6**		**2**	**2**				
45	1	1		2	2				
46	1	1							
47	1	1							
48	2	2							
49	1	1							
50岁及以上							**1**	**1**	
平均初婚年龄	**23.01**	**24.04**	**22.04**	**22.80**	**23.95**	**21.76**	**22.55**	**23.56**	**21.59**

5-4a 续表 2 单位：人

初婚年龄	初婚年份								
	1985年			1986年			1987年		
	小计	男	女	小计	男	女	小计	男	女
总　计	**2618**	**1258**	**1360**	**2754**	**1307**	**1447**	**2904**	**1411**	**1493**
15岁以下	**7**		**7**	**4**	**2**	**2**	**5**	**2**	**3**
15-19岁	**488**	**137**	**351**	**492**	**140**	**352**	**424**	**117**	**307**
15	19	5	14	25	6	19	17	2	15
16	55	16	39	59	17	42	24	8	16
17	70	19	51	78	21	57	67	14	53
18	129	33	96	123	43	80	123	29	94
19	215	64	151	207	53	154	193	64	129
20-24岁	**1613**	**767**	**846**	**1781**	**845**	**936**	**1930**	**931**	**999**
20	295	108	187	285	101	184	285	117	168
21	388	173	215	353	149	204	317	135	182
22	478	227	251	475	244	231	441	204	237
23	293	156	137	444	224	220	483	250	233
24	159	103	56	224	127	97	404	225	179
25-29岁	**430**	**295**	**135**	**389**	**258**	**131**	**452**	**295**	**157**
25	143	95	48	114	64	50	197	112	85
26	124	84	40	114	74	40	98	68	30
27	86	56	30	76	55	21	69	51	18
28	48	38	10	59	42	17	46	32	14
29	29	22	7	26	23	3	42	32	10
30-34岁	**59**	**42**	**17**	**63**	**45**	**18**	**68**	**49**	**19**
30	24	19	5	30	20	10	33	26	7
31	10	9	1	15	13	2	21	13	8
32	12	7	5	9	7	2	7	5	2
33	8	3	5	3	3		3	2	1
34	5	4	1	6	2	4	4	3	1
35-39岁	**14**	**10**	**4**	**16**	**11**	**5**	**15**	**13**	**2**
35	7	4	3	6	3	3	6	5	1
36	2	2		2	1	1	5	4	1
37	3	3		5	4	1	1	1	
38	1		1	1	1		3	3	
39	1	1		2	2				
40-44岁	**6**	**6**		**4**	**3**	**1**	**3**	**2**	**1**
40				2	1	1	2	1	1
41	1	1							
42	1	1							
43	3	3		1	1				
44	1	1		1	1		1	1	
45-49岁	**1**	**1**		**4**	**3**	**1**	**5**	**2**	**3**
45	1	1		1		1	1		1
46				1	1		2	1	1
47				2	2				
48							1		1
49							1	1	
50岁及以上				**1**		**1**	**2**		**2**
平均初婚年龄	**22.63**	**23.60**	**21.74**	**22.72**	**23.58**	**21.95**	**23.06**	**23.82**	**22.35**

5–4a　续表 3　　　　单位：人

初婚年龄	初婚年份								
	1988年			1989年			1990年		
	小计	男	女	小计	男	女	小计	男	女
总　计	**3242**	**1593**	**1649**	**3231**	**1610**	**1621**	**3620**	**1802**	**1818**
15岁以下	**3**		**3**	**8**	**4**	**4**	**10**	**1**	**9**
15–19岁	**473**	**146**	**327**	**420**	**140**	**280**	**503**	**176**	**327**
15	21	4	17	16	8	8	19	7	12
16	39	10	29	36	12	24	48	16	32
17	65	18	47	71	24	47	78	24	54
18	120	35	85	104	31	73	129	52	77
19	228	79	149	193	65	128	229	77	152
20–24岁	**2104**	**1008**	**1096**	**1988**	**941**	**1047**	**2195**	**1034**	**1161**
20	294	113	181	289	114	175	353	129	224
21	368	143	225	377	161	216	469	203	266
22	433	198	235	466	221	245	463	218	245
23	523	261	262	437	224	213	478	245	233
24	486	293	193	419	221	198	432	239	193
25–29岁	**587**	**388**	**199**	**707**	**445**	**262**	**783**	**497**	**286**
25	331	206	125	337	204	133	308	180	128
26	122	84	38	209	133	76	239	157	82
27	58	42	16	86	57	29	144	96	48
28	54	38	16	39	25	14	65	44	21
29	22	18	4	36	26	10	27	20	7
30–34岁	**54**	**34**	**20**	**84**	**63**	**21**	**87**	**65**	**22**
30	18	8	10	23	18	5	21	17	4
31	14	9	5	20	13	7	16	12	4
32	10	7	3	15	10	5	24	16	8
33	5	5		12	10	2	19	17	2
34	7	5	2	14	12	2	7	3	4
35–39岁	**14**	**12**	**2**	**16**	**10**	**6**	**27**	**19**	**8**
35	5	4	1	4	2	2	8	6	2
36	4	3	1	3	3		6	4	2
37	4	4		6	3	3	4	3	1
38	1	1		2	1	1	7	4	3
39				1	1		2	2	
40–44岁	**5**	**3**	**2**	**5**	**4**	**1**	**9**	**6**	**3**
40	2	1	1	2	1	1			
41	1	1		1	1		4	3	1
42				1	1		4	3	1
43	1	1		1	1		1		1
44	1		1						
45–49岁	**2**	**2**		**2**	**2**		**3**	**2**	**1**
45	1	1		1	1				
46				1	1		2	1	1
47	1	1							
48							1	1	
49									
50岁及以上				**1**	**1**		**3**	**2**	**1**
平均初婚年龄	**23.04**	**23.78**	**22.31**	**23.29**	**23.96**	**22.62**	**23.28**	**24.01**	**22.55**

5-4a 续表 4

单位：人

初婚年龄	1991年			1992年			1993年		
	小计	男	女	小计	男	女	小计	男	女
总　计	**2714**	**1348**	**1366**	**3051**	**1545**	**1506**	**3099**	**1565**	**1534**
15岁以下	**6**		**6**	**9**	**2**	**7**	**13**	**2**	**11**
15-19岁	**365**	**109**	**256**	**350**	**121**	**229**	**357**	**128**	**229**
15	22	3	19	9	4	5	18	7	11
16	24	3	21	35	13	22	19	8	11
17	65	18	47	38	15	23	53	14	39
18	117	42	75	97	31	66	97	30	67
19	137	43	94	171	58	113	170	69	101
20-24岁	**1600**	**764**	**836**	**1796**	**838**	**958**	**1739**	**799**	**940**
20	212	81	131	247	91	156	243	95	148
21	290	131	159	302	142	160	285	117	168
22	388	196	192	373	179	194	395	182	213
23	391	180	211	450	211	239	398	190	208
24	319	176	143	424	215	209	418	215	203
25-29岁	**669**	**424**	**245**	**794**	**519**	**275**	**857**	**550**	**307**
25	269	158	111	308	180	128	321	168	153
26	176	122	54	207	143	64	228	155	73
27	116	76	40	136	87	49	145	108	37
28	75	50	25	83	62	21	92	68	24
29	33	18	15	60	47	13	71	51	20
30-34岁	**41**	**26**	**15**	**57**	**39**	**18**	**93**	**63**	**30**
30	9	7	2	19	12	7	44	29	15
31	12	5	7	13	8	5	17	10	7
32	8	5	3	10	8	2	11	7	4
33	7	4	3	7	5	2	11	10	1
34	5	5		8	6	2	10	7	3
35-39岁	**24**	**19**	**5**	**29**	**17**	**12**	**21**	**15**	**6**
35	7	5	2	5	4	1	9	6	3
36	5	5		7	5	2	4	2	2
37	6	4	2	2	1	1	4	4	
38	3	2	1	7	3	4	3	2	1
39	3	3		8	4	4	1	1	
40-44岁	**2**		**2**	**12**	**8**	**4**	**10**	**5**	**5**
40				1		1	2	1	1
41				5	3	2	4	2	2
42				3	3		2	1	1
43	2		2	2	1	1	2	1	1
44				1	1				
45-49岁	**3**	**2**	**1**	**2**		**2**	**7**	**2**	**5**
45							1		1
46	1		1	1		1	1	1	
47									
48	2	2		1		1	3		3
49							2	1	1
50岁及以上	**4**	**4**		**2**	**1**	**1**	**2**	**1**	**1**
平均初婚年龄	**23.43**	**24.19**	**22.67**	**23.72**	**24.37**	**23.07**	**23.85**	**24.55**	**23.13**

5-4a　续表 5

单位：人

初婚年龄	初婚年份								
	1994年			1995年			1996年		
	小计	男	女	小计	男	女	小计	男	女
总　计	**3170**	**1581**	**1589**	**3111**	**1557**	**1554**	**3274**	**1638**	**1636**
15岁以下	**4**	**1**	**3**	**3**		**3**	**7**	**2**	**5**
15-19岁	**320**	**104**	**216**	**280**	**84**	**196**	**255**	**76**	**179**
15	22	6	16	17	5	12	7	3	4
16	28	9	19	28	11	17	27	6	21
17	47	13	34	42	14	28	45	12	33
18	73	25	48	63	12	51	59	19	40
19	150	51	99	130	42	88	117	36	81
20-24岁	**1771**	**813**	**958**	**1642**	**769**	**873**	**1608**	**706**	**902**
20	239	89	150	198	72	126	186	59	127
21	325	133	192	293	115	178	264	110	154
22	368	175	193	358	191	167	362	162	200
23	408	192	216	402	188	214	382	171	211
24	431	224	207	391	203	188	414	204	210
25-29岁	**931**	**566**	**365**	**1014**	**593**	**421**	**1156**	**695**	**461**
25	366	206	160	347	179	168	391	221	170
26	235	139	96	281	162	119	330	197	133
27	157	104	53	192	129	63	225	133	92
28	108	70	38	113	71	42	117	84	33
29	65	47	18	81	52	29	93	60	33
30-34岁	**109**	**74**	**35**	**133**	**84**	**49**	**173**	**116**	**57**
30	53	40	13	41	28	13	58	36	22
31	33	20	13	44	26	18	38	24	14
32	9	5	4	29	22	7	35	29	6
33	8	7	1	14	7	7	23	11	12
34	6	2	4	5	1	4	19	16	3
35-39岁	**15**	**10**	**5**	**18**	**14**	**4**	**30**	**19**	**11**
35	2	1	1	2	2		7	5	2
36	6	4	2	1	1		9	7	2
37	3	2	1	6	5	1	7	4	3
38	4	3	1	4	2	2	2	2	
39				5	4	1	5	1	4
40-44岁	**8**	**7**	**1**	**14**	**9**	**5**	**19**	**11**	**8**
40	4	4		5	3	2	3	3	
41				4	2	2	5	3	2
42	2	1	1	1	1		3	1	2
43				4	3	1	5	2	3
44	2	2					3	2	1
45-49岁	**6**	**4**	**2**	**2**	**2**		**14**	**7**	**7**
45	1		1	2	2		4	1	3
46	1	1					2	2	
47	3	2	1				2	1	1
48	1	1					4	3	1
49							2		2
50岁及以上	**6**	**2**	**4**	**5**	**2**	**3**	**12**	**6**	**6**
平均初婚年龄	**23.99**	**24.68**	**23.31**	**24.32**	**24.98**	**23.65**	**24.82**	**25.56**	**24.08**

5-4a 续表 6

单位：人

初婚年龄	初婚年份								
	1997年			1998年			1999年		
	小计	男	女	小计	男	女	小计	男	女
总　计	**3093**	**1570**	**1523**	**3356**	**1684**	**1672**	**3029**	**1532**	**1497**
15岁以下	**4**	**1**	**3**	**4**	**2**	**2**	**4**		**4**
15-19岁	**258**	**67**	**191**	**257**	**72**	**185**	**279**	**85**	**194**
15	15	7	8	11	2	9	12	3	9
16	14	2	12	24	8	16	21	4	17
17	41	8	33	37	5	32	41	12	29
18	72	14	58	74	24	50	85	21	64
19	116	36	80	111	33	78	120	45	75
20-24岁	**1441**	**670**	**771**	**1483**	**645**	**838**	**1334**	**593**	**741**
20	175	54	121	166	53	113	162	49	113
21	224	88	136	241	101	140	241	93	148
22	312	139	173	332	153	179	293	139	154
23	359	196	163	351	155	196	316	145	171
24	371	193	178	393	183	210	322	167	155
25-29岁	**1166**	**681**	**485**	**1299**	**764**	**535**	**1121**	**661**	**460**
25	322	179	143	374	212	162	305	162	143
26	316	177	139	357	201	156	279	154	125
27	216	122	94	234	143	91	230	150	80
28	195	127	68	207	130	77	176	107	69
29	117	76	41	127	78	49	131	88	43
30-34岁	**167**	**112**	**55**	**245**	**157**	**88**	**207**	**140**	**67**
30	50	35	15	78	54	24	72	50	22
31	48	32	16	61	36	25	48	35	13
32	29	15	14	39	25	14	34	21	13
33	22	18	4	36	24	12	30	19	11
34	18	12	6	31	18	13	23	15	8
35-39岁	**21**	**17**	**4**	**35**	**26**	**9**	**50**	**34**	**16**
35	6	5	1	12	8	4	25	17	8
36	7	5	2	7	5	2	9	6	3
37	1	1		8	7	1	11	7	4
38	4	3	1	5	4	1	2	1	1
39	3	3		3	2	1	3	3	
40-44岁	**18**	**12**	**6**	**15**	**9**	**6**	**19**	**11**	**8**
40	8	5	3	4	2	2	5	2	3
41	1	1		6	3	3	2	1	1
42	3	3		4	4		4	3	1
43	5	3	2	1		1	3	2	1
44	1		1				5	3	2
45-49岁	**9**	**6**	**3**	**11**	**4**	**7**	**6**	**4**	**2**
45	4	3	1	3	2	1	2	2	
46	1	1							
47	3	2	1	2		2	4	2	2
48	1		1	6	2	4			
49									
50岁及以上	**9**	**4**	**5**	**7**	**5**	**2**	**9**	**4**	**5**
平均初婚年龄	**24.91**	**25.72**	**24.08**	**25.16**	**25.93**	**24.40**	**25.08**	**25.96**	**24.19**

5-4a　续表 7　　　　　　　　　　　　　　　　　　　　　　　　　　单位：人

初婚年龄	初婚年份								
	2000年			2001年			2002年		
	小计	男	女	小计	男	女	小计	男	女
总　计	**3734**	**1868**	**1866**	**2424**	**1238**	**1186**	**2608**	**1308**	**1300**
15岁以下	**13**	**3**	**10**	**10**	**3**	**7**	**3**	**1**	**2**
15-19岁	**432**	**123**	**309**	**209**	**58**	**151**	**269**	**73**	**196**
15	33	9	24	20	8	12	17	3	14
16	43	14	29	19	3	16	25	9	16
17	69	10	59	29	7	22	38	10	28
18	111	33	78	63	15	48	69	19	50
19	176	57	119	78	25	53	120	32	88
20-24岁	**1594**	**702**	**892**	**1064**	**488**	**576**	**1097**	**480**	**617**
20	216	73	143	144	54	90	182	62	120
21	282	116	166	167	72	95	158	69	89
22	331	136	195	243	104	139	218	86	132
23	385	187	198	244	122	122	297	125	172
24	380	190	190	266	136	130	242	138	104
25-29岁	**1354**	**820**	**534**	**887**	**523**	**364**	**946**	**564**	**382**
25	344	187	157	239	123	116	241	130	111
26	337	186	151	226	124	102	224	124	100
27	287	187	100	178	115	63	200	122	78
28	230	156	74	151	97	54	162	105	57
29	156	104	52	93	64	29	119	83	36
30-34岁	**254**	**171**	**83**	**203**	**134**	**69**	**226**	**146**	**80**
30	103	64	39	79	52	27	74	54	20
31	58	46	12	52	33	19	51	31	20
32	46	28	18	42	29	13	43	21	22
33	27	18	9	21	14	7	31	23	8
34	20	15	5	9	6	3	27	17	10
35-39岁	**44**	**25**	**19**	**43**	**26**	**17**	**49**	**36**	**13**
35	14	12	2	10	4	6	17	12	5
36	14	7	7	6	3	3	11	6	5
37	7	2	5	13	9	4	11	10	1
38	6	3	3	10	7	3	8	6	2
39	3	1	2	4	3	1	2	2	
40-44岁	**20**	**10**	**10**	**6**	**5**	**1**	**5**	**3**	**2**
40	2	1	1	1	1		2	1	1
41	7	3	4	2	1	1	1	1	
42	6	3	3	1	1		1	1	
43	2	1	1				1		1
44	3	2	1	2	2				
45-49岁	**10**	**7**	**3**	**1**		**1**	**7**	**3**	**4**
45	3	2	1						
46	3	2	1	1		1	3	1	2
47	2	2					2		2
48	1		1				2	2	
49	1	1							
50岁及以上	**13**	**7**	**6**	**1**	**1**		**6**	**2**	**4**
平均初婚年龄	**24.85**	**25.81**	**23.89**	**25.01**	**25.86**	**24.12**	**25.12**	**26.09**	**24.15**

5-4a 续表 8

单位：人

初婚年龄	初婚年份								
	2003年			2004年			2005年		
	小计	男	女	小计	男	女	小计	男	女
总　计	**2515**	**1248**	**1267**	**2520**	**1292**	**1228**	**2636**	**1359**	**1277**
15岁以下	**4**	**2**	**2**	**8**		**8**	**7**	**1**	**6**
15-19岁	**236**	**53**	**183**	**265**	**70**	**195**	**316**	**74**	**242**
15	14	5	9	13	9	4	13	2	11
16	32	8	24	31	8	23	38	1	37
17	35	6	29	49	9	40	68	18	50
18	62	9	53	74	19	55	99	26	73
19	93	25	68	98	25	73	98	27	71
20-24岁	**999**	**445**	**554**	**945**	**436**	**509**	**974**	**468**	**506**
20	150	51	99	114	36	78	143	63	80
21	177	75	102	160	66	94	156	63	93
22	221	111	110	215	96	119	204	106	98
23	196	79	117	214	113	101	248	119	129
24	255	129	126	242	125	117	223	117	106
25-29岁	**909**	**507**	**402**	**927**	**530**	**397**	**919**	**532**	**387**
25	237	116	121	268	137	131	276	149	127
26	217	109	108	214	105	109	197	112	85
27	190	120	70	184	117	67	198	112	86
28	148	82	66	154	97	57	129	77	52
29	117	80	37	107	74	33	119	82	37
30-34岁	**292**	**193**	**99**	**270**	**185**	**85**	**315**	**217**	**98**
30	86	58	28	98	72	26	93	67	26
31	73	47	26	54	33	21	64	40	24
32	61	41	20	45	30	15	60	43	17
33	46	31	15	44	31	13	58	38	20
34	26	16	10	29	19	10	40	29	11
35-39岁	**48**	**29**	**19**	**69**	**42**	**27**	**77**	**51**	**26**
35	11	6	5	23	14	9	23	17	6
36	15	7	8	22	14	8	24	17	7
37	10	8	2	9	4	5	14	5	9
38	7	5	2	9	6	3	10	7	3
39	5	3	2	6	4	2	6	5	1
40-44岁	**13**	**11**	**2**	**18**	**14**	**4**	**17**	**8**	**9**
40	4	3	1	9	7	2	4	2	2
41	2	2		5	5		9	6	3
42	4	4		1		1	3		3
43	1		1	2	1	1			
44	2	2		1	1		1		1
45-49岁	**7**	**4**	**3**	**8**	**6**	**2**	**6**	**5**	**1**
45	4	2	2				4	3	1
46	1	1		3	3		1	1	
47				1		1			
48	1	1		1	1				
49	1		1	3	2	1	1	1	
50岁及以上	**7**	**4**	**3**	**10**	**9**	**1**	**5**	**3**	**2**
平均初婚年龄	**25.49**	**26.54**	**24.47**	**25.57**	**26.72**	**24.37**	**25.46**	**26.57**	**24.28**

5-4a　续表 9　　　　　　　　　　　　　　　　　　　　　　　　　　　　　　　　单位：人

初婚年龄	初婚年份								
	2006年			2007年			2008年		
	小计	男	女	小计	男	女	小计	男	女
总　计	**2603**	**1334**	**1269**	**2678**	**1406**	**1272**	**2917**	**1499**	**1418**
15岁以下	**4**	**2**	**2**	**2**		**2**	**6**		**6**
15–19岁	**308**	**77**	**231**	**270**	**68**	**202**	**315**	**77**	**238**
15	11	3	8	8	2	6	11	2	9
16	33	3	30	23	4	19	21	4	17
17	50	11	39	47	13	34	50	6	44
18	88	19	69	69	19	50	97	31	66
19	126	41	85	123	30	93	136	34	102
20–24岁	**900**	**425**	**475**	**949**	**450**	**499**	**1070**	**495**	**575**
20	115	43	72	158	59	99	165	66	99
21	151	68	83	162	78	84	229	92	137
22	176	80	96	190	103	87	232	117	115
23	204	105	99	190	81	109	232	114	118
24	254	129	125	249	129	120	212	106	106
25–29岁	**947**	**525**	**422**	**948**	**545**	**403**	**1001**	**575**	**426**
25	229	115	114	268	151	117	239	132	107
26	220	114	106	223	122	101	265	139	126
27	193	105	88	188	106	82	221	126	95
28	163	92	71	152	86	66	150	91	59
29	142	99	43	117	80	37	126	87	39
30–34岁	**321**	**224**	**97**	**337**	**225**	**112**	**345**	**228**	**117**
30	91	57	34	92	54	38	111	79	32
31	77	53	24	63	46	17	75	50	25
32	62	47	15	64	46	18	54	38	16
33	55	40	15	60	39	21	66	37	29
34	36	27	9	58	40	18	39	24	15
35–39岁	**83**	**59**	**24**	**117**	**80**	**37**	**115**	**79**	**36**
35	35	24	11	44	34	10	38	24	14
36	18	13	5	28	18	10	28	22	6
37	12	9	3	20	13	7	20	14	6
38	10	7	3	9	7	2	15	12	3
39	8	6	2	16	8	8	14	7	7
40–44岁	**23**	**14**	**9**	**35**	**24**	**11**	**43**	**30**	**13**
40	4	1	3	5	5		17	14	3
41	9	7	2	11	8	3	5	2	3
42	5	2	3	10	4	6	5	2	3
43	2	1	1	4	4		7	5	2
44	3	3		5	3	2	9	7	2
45–49岁	**8**	**3**	**5**	**8**	**6**	**2**	**14**	**9**	**5**
45	2		2	3	3		6	5	1
46	2	2		1	1		3	2	1
47	3		3	3	2	1	1	1	
48	1	1		1		1	3	1	2
49							1		1
50岁及以上	**9**	**5**	**4**	**12**	**8**	**4**	**8**	**6**	**2**
平均初婚年龄	**25.84**	**26.98**	**24.65**	**26.12**	**27.20**	**24.92**	**25.87**	**27.05**	**24.63**

5-4a　续表 10　　　　单位：人

初婚年龄	初婚年份								
	2009年			2010年			2011年		
	小计	男	女	小计	男	女	小计	男	女
总　计	**2896**	**1479**	**1417**	**3154**	**1626**	**1528**	**2761**	**1404**	**1357**
15岁以下	**9**	**2**	**7**	**2**		**2**	**3**		**3**
15-19岁	**275**	**83**	**192**	**318**	**94**	**224**	**213**	**67**	**146**
15	9	3	6	16	3	13	12	3	9
16	24	4	20	30	2	28	14	2	12
17	44	10	34	51	10	41	40	14	26
18	66	17	49	92	23	69	59	14	45
19	132	49	83	129	56	73	88	34	54
20-24岁	**1070**	**482**	**588**	**1232**	**612**	**620**	**1042**	**482**	**560**
20	160	61	99	201	77	124	123	46	77
21	182	72	110	220	97	123	184	73	111
22	248	122	126	252	130	122	209	98	111
23	241	113	128	277	159	118	251	127	124
24	239	114	125	282	149	133	275	138	137
25-29岁	**1021**	**566**	**455**	**1027**	**534**	**493**	**1007**	**527**	**480**
25	241	123	118	276	134	142	260	122	138
26	234	137	97	206	116	90	247	125	122
27	259	144	115	218	103	115	176	87	89
28	162	87	75	197	105	92	177	109	68
29	125	75	50	130	76	54	147	84	63
30-34岁	**313**	**204**	**109**	**370**	**244**	**126**	**312**	**203**	**109**
30	97	63	34	114	74	40	84	60	24
31	79	60	19	85	60	25	75	54	21
32	52	30	22	69	42	27	58	36	22
33	41	26	15	59	41	18	48	30	18
34	44	25	19	43	27	16	47	23	24
35-39岁	**136**	**92**	**44**	**126**	**90**	**36**	**119**	**79**	**40**
35	40	27	13	32	26	6	35	24	11
36	27	18	9	33	19	14	26	13	13
37	36	26	10	21	14	7	24	16	8
38	20	10	10	21	18	3	12	9	3
39	13	11	2	19	13	6	22	17	5
40-44岁	**50**	**34**	**16**	**58**	**38**	**20**	**47**	**34**	**13**
40	11	8	3	28	17	11	17	11	6
41	12	9	3	10	7	3	7	5	2
42	12	6	6	8	6	2	10	6	4
43	10	7	3	6	4	2	9	8	1
44	5	4	1	6	4	2	4	4	
45-49岁	**13**	**11**	**2**	**15**	**10**	**5**	**12**	**9**	**3**
45	7	6	1	5	3	2	5	4	1
46	2	2		5	3	2	1	1	
47	1	1		2	2		1		1
48	1	1		1		1	1	1	
49	2	1	1	2	2		4	3	1
50岁及以上	**9**	**5**	**4**	**6**	**4**	**2**	**6**	**3**	**3**
平均初婚年龄	**26.08**	**27.13**	**24.98**	**25.91**	**26.89**	**24.87**	**26.25**	**27.20**	**25.28**

5-4a　续表 11

单位：人

初婚年龄	初婚年份								
	2012年			2013年			2014年		
	小计	男	女	小计	男	女	小计	男	女
总　计	**3379**	**1741**	**1638**	**3278**	**1669**	**1609**	**3280**	**1670**	**1610**
15岁以下	**2**		**2**	**2**		**2**	**3**	**1**	**2**
15—19岁	**228**	**63**	**165**	**200**	**51**	**149**	**192**	**48**	**144**
15	13	1	12	11	1	10	16	1	15
16	15	3	12	23	2	21	25	2	23
17	33	8	25	23	6	17	31	8	23
18	57	16	41	54	9	45	48	11	37
19	110	35	75	89	33	56	72	26	46
20—24岁	**1215**	**573**	**642**	**1189**	**549**	**640**	**1140**	**537**	**603**
20	137	50	87	125	60	65	109	37	72
21	187	87	100	171	68	103	153	66	87
22	284	137	147	225	112	113	217	118	99
23	274	135	139	321	134	187	286	137	149
24	333	164	169	347	175	172	375	179	196
25—29岁	**1289**	**678**	**611**	**1275**	**685**	**590**	**1391**	**732**	**659**
25	365	170	195	383	198	185	410	192	218
26	325	173	152	359	179	180	371	195	176
27	247	131	116	238	125	113	296	156	140
28	207	117	90	161	101	60	196	115	81
29	145	87	58	134	82	52	118	74	44
30—34岁	**393**	**268**	**125**	**372**	**240**	**132**	**337**	**207**	**130**
30	107	79	28	108	69	39	95	60	35
31	94	64	30	74	52	22	71	42	29
32	82	46	36	81	49	32	76	49	27
33	62	48	14	54	36	18	50	29	21
34	48	31	17	55	34	21	45	27	18
35—39岁	**148**	**94**	**54**	**146**	**85**	**61**	**117**	**81**	**36**
35	38	27	11	37	22	15	39	27	12
36	25	21	4	42	22	20	24	16	8
37	34	19	15	25	17	8	21	12	9
38	32	19	13	23	13	10	16	15	1
39	19	8	11	19	11	8	17	11	6
40—44岁	**75**	**44**	**31**	**67**	**42**	**25**	**65**	**42**	**23**
40	18	10	8	22	13	9	10	6	4
41	20	12	8	9	6	3	12	9	3
42	16	7	9	20	13	7	21	14	7
43	12	11	1	11	6	5	15	9	6
44	9	4	5	5	4	1	7	4	3
45—49岁	**24**	**16**	**8**	**19**	**13**	**6**	**22**	**13**	**9**
45	6	6		6	3	3	9	6	3
46	1	1		3	3		4	1	3
47	8	5	3	1	1		4	3	1
48	8	3	5	5	3	2	2	1	1
49	1	1		4	3	1	3	2	1
50岁及以上	**5**	**5**		**8**	**4**	**4**	**13**	**9**	**4**
平均初婚年龄	**26.53**	**27.41**	**25.60**	**26.52**	**27.32**	**25.69**	**26.51**	**27.34**	**25.65**

5-4a 续表 12

单位：人

初婚年龄	初婚年份								
	2015年			2016年			2017年		
	小计	男	女	小计	男	女	小计	男	女
总　计	**3350**	**1701**	**1649**	**3183**	**1599**	**1584**	**2932**	**1494**	**1438**
15岁以下	**3**		**3**	**6**		**6**	**2**		**2**
15-19岁	**146**	**41**	**105**	**134**	**32**	**102**	**114**	**22**	**92**
15	6		6	10		10	7		7
16	20		20	12	1	11	14	2	12
17	21	5	16	17	3	14	26	3	23
18	36	11	25	38	10	28	21	6	15
19	63	25	38	57	18	39	46	11	35
20-24岁	**1048**	**453**	**595**	**863**	**369**	**494**	**771**	**347**	**424**
20	89	27	62	75	26	49	66	25	41
21	132	57	75	107	43	64	92	36	56
22	205	88	117	171	75	96	142	72	70
23	257	110	147	225	105	120	198	96	102
24	365	171	194	285	120	165	273	118	155
25-29岁	**1530**	**827**	**703**	**1567**	**826**	**741**	**1454**	**773**	**681**
25	415	206	209	380	168	212	347	166	181
26	365	204	161	426	222	204	332	158	174
27	317	151	166	334	191	143	315	173	142
28	262	152	110	236	123	113	278	169	109
29	171	114	57	191	122	69	182	107	75
30-34岁	**367**	**225**	**142**	**394**	**248**	**146**	**331**	**203**	**128**
30	99	60	39	141	86	55	130	77	53
31	85	47	38	73	39	34	78	50	28
32	62	37	25	67	44	23	59	35	24
33	69	44	25	56	43	13	39	27	12
34	52	37	15	57	36	21	25	14	11
35-39岁	**141**	**85**	**56**	**105**	**58**	**47**	**136**	**70**	**66**
35	41	24	17	26	12	14	45	18	27
36	28	17	11	21	16	5	28	18	10
37	26	14	12	21	10	11	27	10	17
38	21	13	8	23	13	10	23	13	10
39	25	17	8	14	7	7	13	11	2
40-44岁	**73**	**45**	**28**	**74**	**42**	**32**	**68**	**46**	**22**
40	16	12	4	14	8	6	14	9	5
41	19	14	5	15	8	7	19	13	6
42	17	7	10	21	9	12	12	7	5
43	9	6	3	16	9	7	15	11	4
44	12	6	6	8	8		8	6	2
45-49岁	**28**	**18**	**10**	**28**	**16**	**12**	**27**	**14**	**13**
45	11	7	4	9	8	1	10	7	3
46	10	7	3	7	5	2	6	4	2
47	3	1	2	4	2	2	2	1	1
48				3		3	2		2
49	4	3	1	5	1	4	7	2	5
50岁及以上	**14**	**7**	**7**	**12**	**8**	**4**	**29**	**19**	**10**
平均初婚年龄	**27.05**	**27.83**	**26.25**	**27.21**	**27.98**	**26.44**	**27.53**	**28.26**	**26.77**

5-4a　续表 13　　　　单位：人

初婚年龄	初婚年份								
	2018年			2019年			2020年		
	小计	男	女	小计	男	女	小计	男	女
总　计	**3071**	**1550**	**1521**	**2678**	**1342**	**1336**	**1897**	**956**	**941**
15岁以下				**1**	**1**				
15-19岁	**128**	**27**	**101**	**94**	**17**	**77**	**45**	**5**	**40**
15	9	1	8	5		5			
16	16	2	14	11		11	4		4
17	17	2	15	19	3	16	8	1	7
18	44	9	35	23	5	18	16	2	14
19	42	13	29	36	9	27	17	2	15
20-24岁	**792**	**342**	**450**	**645**	**275**	**370**	**417**	**186**	**231**
20	55	20	35	46	13	33	32	9	23
21	85	35	50	81	33	48	35	15	20
22	141	66	75	121	54	67	76	37	39
23	208	93	115	159	61	98	99	49	50
24	303	128	175	238	114	124	175	76	99
25-29岁	**1504**	**785**	**719**	**1274**	**662**	**612**	**905**	**446**	**459**
25	339	163	176	283	130	153	184	81	103
26	369	176	193	296	153	143	217	104	113
27	348	191	157	264	142	122	216	107	109
28	263	155	108	240	127	113	148	76	72
29	185	100	85	191	110	81	140	78	62
30-34岁	**374**	**229**	**145**	**414**	**243**	**171**	**342**	**212**	**130**
30	133	82	51	141	81	60	139	96	43
31	99	59	40	94	50	44	79	46	33
32	55	37	18	66	48	18	60	31	29
33	42	29	13	70	39	31	34	22	12
34	45	22	23	43	25	18	30	17	13
35-39岁	**135**	**76**	**59**	**134**	**73**	**61**	**86**	**52**	**34**
35	33	19	14	31	18	13	22	10	12
36	35	20	15	25	11	14	25	16	9
37	26	15	11	31	14	17	13	9	4
38	22	12	10	32	21	11	18	13	5
39	19	10	9	15	9	6	8	4	4
40-44岁	**70**	**47**	**23**	**64**	**39**	**25**	**41**	**22**	**19**
40	13	8	5	20	15	5	10	3	7
41	17	15	2	11	4	7	10	6	4
42	12	7	5	10	6	4	9	7	2
43	13	10	3	13	7	6	1	1	
44	15	7	8	10	7	3	11	5	6
45-49岁	**44**	**30**	**14**	**30**	**17**	**13**	**39**	**21**	**18**
45	13	8	5	14	10	4	14	9	5
46	12	9	3	5	2	3	7	5	2
47	6	4	2	4	2	2	7	2	5
48	5	4	1	4	2	2	6	2	4
49	8	5	3	3	1	2	5	3	2
50岁及以上	**24**	**14**	**10**	**22**	**15**	**7**	**22**	**12**	**10**
平均初婚年龄	**27.65**	**28.48**	**26.81**	**27.99**	**28.75**	**27.22**	**28.48**	**29.12**	**27.82**

5-4b 全省分初婚年龄、性别、初婚年份的人口(镇)

单位：人

初婚年龄	初婚年份								
	合计			1980年			1981年		
	合计	男	女	小计	男	女	小计	男	女
总计	**72734**	**36299**	**36435**	**1110**	**520**	**590**	**737**	**345**	**392**
15岁以下	**530**	**107**	**423**	**23**	**3**	**20**	**13**	**4**	**9**
15-19岁	**15164**	**4559**	**10605**	**485**	**151**	**334**	**338**	**97**	**241**
15	1057	242	815	47	12	35	23	2	21
16	1748	412	1336	85	20	65	47	8	39
17	2926	766	2160	152	43	109	83	23	60
18	4002	1156	2846	122	43	79	103	30	73
19	5431	1983	3448	79	33	46	82	34	48
20-24岁	**33134**	**16984**	**16150**	**407**	**243**	**164**	**264**	**156**	**108**
20	6625	2860	3765	81	43	38	63	31	32
21	6754	3212	3542	101	53	48	44	19	25
22	6984	3701	3283	72	44	28	62	43	19
23	6552	3638	2914	87	57	30	48	29	19
24	6219	3573	2646	66	46	20	47	34	13
25-29岁	**16936**	**10319**	**6617**	**142**	**92**	**50**	**103**	**76**	**27**
25	5175	3030	2145	47	29	18	37	28	9
26	4130	2496	1634	30	23	7	26	20	6
27	3245	2036	1209	29	15	14	15	11	4
28	2504	1545	959	21	13	8	20	14	6
29	1882	1212	670	15	12	3	5	3	2
30-34岁	**4304**	**2750**	**1554**	**32**	**19**	**13**	**14**	**9**	**5**
30	1383	866	517	9	7	2	5	3	2
31	976	640	336	7	3	4	3	2	1
32	788	505	283	5	2	3	3	2	1
33	651	414	237	6	5	1	3	2	1
34	506	325	181	5	2	3			
35-39岁	**1470**	**905**	**565**	**16**	**8**	**8**	**4**	**3**	**1**
35	449	288	161	7	3	4	1	1	
36	310	178	132	4	2	2	1		1
37	283	181	102	1		1	2	2	
38	220	138	82	3	2	1			
39	208	120	88	1	1				
40-44岁	**622**	**357**	**265**	**3**	**3**				
40	165	101	64	2	2				
41	157	93	64						
42	115	67	48	1	1				
43	105	55	50						
44	80	41	39						
45-49岁	**300**	**166**	**134**	**2**	**1**	**1**	**1**		**1**
45	84	47	37	2	1	1			
46	70	36	34				1		1
47	52	31	21						
48	55	28	27						
49	39	24	15						
50岁及以上	**274**	**152**	**122**						
平均初婚年龄	**23.81**	**24.81**	**22.82**	**21.32**	**22.66**	**20.14**	**21.13**	**22.58**	**19.85**

5-4b　续表 1

单位：人

初婚年龄	初婚年份								
	1982年			1983年			1984年		
	小计	男	女	小计	男	女	小计	男	女
总　计	**955**	**459**	**496**	**1006**	**475**	**531**	**1131**	**531**	**600**
15岁以下	**10**	**3**	**7**	**12**	**2**	**10**	**14**	**2**	**12**
15—19岁	**433**	**132**	**301**	**417**	**138**	**279**	**389**	**120**	**269**
15	28	6	22	24	4	20	26	9	17
16	39	6	33	50	12	38	31	12	19
17	75	22	53	79	25	54	64	16	48
18	122	29	93	108	35	73	124	32	92
19	169	69	100	156	62	94	144	51	93
20—24岁	**352**	**209**	**143**	**430**	**234**	**196**	**574**	**308**	**266**
20	121	63	58	171	73	98	183	75	108
21	61	35	26	83	42	41	170	95	75
22	58	36	22	67	44	23	113	61	52
23	62	38	24	63	42	21	54	37	17
24	50	37	13	46	33	13	54	40	14
25—29岁	**111**	**83**	**28**	**118**	**86**	**32**	**111**	**70**	**41**
25	38	27	11	36	24	12	38	24	14
26	23	21	2	29	21	8	36	22	14
27	18	13	5	20	13	7	20	13	7
28	18	12	6	22	18	4	12	7	5
29	14	10	4	11	10	1	5	4	1
30—34岁	**29**	**16**	**13**	**19**	**12**	**7**	**23**	**19**	**4**
30	10	5	5	3	3		10	10	
31	11	6	5	6	2	4	4	2	2
32	4	2	2	3		3	3	2	1
33	4	3	1	4	4		3	3	
34				3	3		3	2	1
35—39岁	**14**	**11**	**3**	**6**	**3**	**3**	**14**	**7**	**7**
35	4	3	1	3	2	1	6	2	4
36	4	4		1		1	3	2	1
37	1	1					2	1	1
38	2	1	1				1	1	
39	3	2	1	2	1	1	2	1	1
40—44岁	**5**	**4**	**1**	**4**		**4**	**4**	**4**	
40	4	3	1						
41	1	1		1		1	2	2	
42				2		2			
43				1		1	2	2	
44									
45—49岁	**1**	**1**					**2**	**1**	**1**
45									
46							1	1	
47							1		1
48									
49	1	1							
50岁及以上									
平均初婚年龄	**21.52**	**22.92**	**20.22**	**21.25**	**22.32**	**20.30**	**21.52**	**22.57**	**20.60**

5-4b 续表 2

单位：人

初婚年龄	初婚年份								
	1985年			1986年			1987年		
	小计	男	女	小计	男	女	小计	男	女
总　计	**1578**	**782**	**796**	**1590**	**780**	**810**	**1432**	**722**	**710**
15岁以下	**13**	**3**	**10**	**25**	**8**	**17**	**12**	**1**	**11**
15-19岁	**525**	**178**	**347**	**506**	**161**	**345**	**422**	**148**	**274**
15	38	7	31	33	8	25	17	4	13
16	64	17	47	48	11	37	51	15	36
17	93	30	63	108	34	74	83	23	60
18	139	48	91	125	38	87	115	43	72
19	191	76	115	192	70	122	156	63	93
20-24岁	**851**	**466**	**385**	**892**	**494**	**398**	**804**	**453**	**351**
20	251	120	131	247	117	130	185	85	100
21	223	117	106	207	107	100	200	110	90
22	211	126	85	213	132	81	168	102	66
23	110	65	45	142	86	56	148	86	62
24	56	38	18	83	52	31	103	70	33
25-29岁	**137**	**105**	**32**	**115**	**87**	**28**	**129**	**84**	**45**
25	35	28	7	34	20	14	51	35	16
26	32	23	9	32	29	3	39	24	15
27	27	21	6	22	18	4	16	11	5
28	28	22	6	15	11	4	8	8	
29	15	11	4	12	9	3	15	6	9
30-34岁	**35**	**20**	**15**	**29**	**19**	**10**	**36**	**24**	**12**
30	13	8	5	11	6	5	9	7	2
31	8	4	4	7	4	3	7	3	4
32	2	2		4	4		5	4	1
33	6	2	4	3	1	2	5	3	2
34	6	4	2	4	4		10	7	3
35-39岁	**9**	**6**	**3**	**13**	**8**	**5**	**19**	**8**	**11**
35	5	3	2	5	4	1	4	1	3
36				3	1	2	8	5	3
37	2	2		2	1	1	3		3
38	2	1	1	1	1		3	2	1
39				2	1	1	1		1
40-44岁	**5**	**3**	**2**	**6**	**2**	**4**	**7**	**4**	**3**
40	1		1				2	2	
41	2	1	1	2		2	2	1	1
42	1	1		2	2		2	1	1
43				1		1			
44	1	1		1		1	1		1
45-49岁	**2**	**1**	**1**	**3**	**1**	**2**	**2**		**2**
45				1	1				
46	1		1	1		1	1		1
47				1		1	1		1
48	1	1							
49									
50岁及以上	**1**		**1**	**1**		**1**	**1**		**1**
平均初婚年龄	**21.49**	**22.35**	**20.65**	**21.51**	**22.34**	**20.72**	**22.01**	**22.67**	**21.34**

5-4b　续表 3　　　　　　　　　　　　　　　　　　　　　　　　　　单位：人

初婚年龄	初婚年份								
	1988年			1989年			1990年		
	小计	男	女	小计	男	女	小计	男	女
总　计	**1720**	**844**	**876**	**1741**	**850**	**891**	**2266**	**1134**	**1132**
15岁以下	**20**	**7**	**13**	**11**	**2**	**9**	**27**	**8**	**19**
15-19岁	**500**	**163**	**337**	**468**	**136**	**332**	**619**	**215**	**404**
15	33	5	28	35	9	26	45	11	34
16	41	11	30	47	10	37	77	21	56
17	81	19	62	90	26	64	98	38	60
18	143	41	102	120	35	85	141	44	97
19	202	87	115	176	56	120	258	101	157
20-24岁	**963**	**508**	**455**	**977**	**529**	**448**	**1259**	**687**	**572**
20	222	109	113	227	102	125	270	130	140
21	212	102	110	217	119	98	325	169	156
22	212	100	112	192	104	88	262	149	113
23	173	109	64	177	96	81	216	133	83
24	144	88	56	164	108	56	186	106	80
25-29岁	**182**	**130**	**52**	**225**	**143**	**82**	**283**	**173**	**110**
25	102	73	29	108	70	38	117	63	54
26	31	21	10	72	49	23	74	53	21
27	15	11	4	25	13	12	54	31	23
28	18	14	4	12	6	6	27	15	12
29	16	11	5	8	5	3	11	11	
30-34岁	**33**	**24**	**9**	**40**	**29**	**11**	**48**	**34**	**14**
30	8	7	1	7	5	2	16	11	5
31	6	4	2	10	8	2	3	2	1
32	7	5	2	12	8	4	11	9	2
33	4	2	2	6	4	2	8	7	1
34	8	6	2	5	4	1	10	5	5
35-39岁	**16**	**8**	**8**	**7**	**6**	**1**	**13**	**8**	**5**
35	4	3	1	1	1		2	1	1
36	6	2	4	2	1	1	3	2	1
37	1		1	1	1		4	2	2
38	3	3		2	2		4	3	1
39	2		2	1	1				
40-44岁	**2**	**2**		**9**	**2**	**7**	**8**	**4**	**4**
40				2	1	1	1	1	
41	1	1		1	1				
42				3		3	3	2	1
43	1	1		2		2	3	1	2
44				1		1	1		1
45-49岁	**3**	**1**	**2**	**4**	**3**	**1**	**6**	**3**	**3**
45	2		2	1	1		3	1	2
46									
47				2	1	1	2	1	1
48	1	1		1	1				
49							1	1	
50岁及以上	**1**	**1**					**3**	**2**	**1**
平均初婚年龄	**21.90**	**22.78**	**21.06**	**22.15**	**23.01**	**21.32**	**22.10**	**22.82**	**21.38**

5-4b　续表 4　　　　单位：人

初婚年龄	初婚年份								
	1991年			1992年			1993年		
	小计	男	女	小计	男	女	小计	男	女
总　计	**1525**	**775**	**750**	**1825**	**925**	**900**	**1789**	**897**	**892**
15岁以下	**8**	**3**	**5**	**17**	**4**	**13**	**12**	**2**	**10**
15-19岁	**346**	**108**	**238**	**419**	**145**	**274**	**377**	**114**	**263**
15	26	4	22	29	4	25	25	3	22
16	40	9	31	49	13	36	46	12	34
17	59	21	38	79	23	56	60	16	44
18	90	25	65	108	35	73	91	30	61
19	131	49	82	154	70	84	155	53	102
20-24岁	**883**	**472**	**411**	**1023**	**531**	**492**	**1028**	**523**	**505**
20	215	101	114	220	104	116	191	85	106
21	195	97	98	214	94	120	224	98	126
22	177	111	66	215	109	106	254	128	126
23	160	85	75	207	127	80	197	120	77
24	136	78	58	167	97	70	162	92	70
25-29岁	**243**	**167**	**76**	**311**	**207**	**104**	**312**	**225**	**87**
25	99	66	33	114	77	37	123	87	36
26	60	41	19	80	58	22	74	52	22
27	47	35	12	40	28	12	57	45	12
28	26	19	7	45	25	20	33	23	10
29	11	6	5	32	19	13	25	18	7
30-34岁	**26**	**12**	**14**	**33**	**24**	**9**	**34**	**18**	**16**
30	4	2	2	10	9	1	13	7	6
31	8	6	2	6	4	2	10	5	5
32	2	1	1	6	4	2	5	4	1
33	8	2	6	8	5	3	4	1	3
34	4	1	3	3	2	1	2	1	1
35-39岁	**10**	**7**	**3**	**11**	**6**	**5**	**13**	**5**	**8**
35	2	2		3	1	2	6	4	2
36	1	1		2	1	1	3		3
37	5	3	2	5	3	2	1	1	
38				1	1		2		2
39	2	1	1				1		1
40-44岁	**4**	**3**	**1**	**7**	**5**	**2**	**7**	**7**	
40	2	2		3	2	1	2	2	
41	1	1		1	1		2	2	
42				1	1				
43				1	1		1	1	
44	1		1	1		1	2	2	
45-49岁	**2**	**2**		**4**	**3**	**1**	**2**	**1**	**1**
45							1	1	
46				2	2				
47	1	1		1		1			
48				1	1		1		1
49	1	1							
50岁及以上	**3**	**1**	**2**				**4**	**2**	**2**
平均初婚年龄	**22.43**	**23.17**	**21.66**	**22.51**	**23.34**	**21.65**	**22.69**	**23.58**	**21.80**

5-4b　续表 5

单位：人

初婚年龄	初婚年份								
	1994年			1995年			1996年		
	小计	男	女	小计	男	女	小计	男	女
总　计	**1973**	**1003**	**970**	**2250**	**1140**	**1110**	**2107**	**1055**	**1052**
15岁以下	**9**	**3**	**6**	**15**	**1**	**14**	**14**	**3**	**11**
15-19岁	**430**	**135**	**295**	**456**	**154**	**302**	**358**	**109**	**249**
15	30	11	19	25	4	21	26	8	18
16	44	13	31	51	15	36	34	6	28
17	75	21	54	83	24	59	69	22	47
18	100	30	70	109	30	79	90	31	59
19	181	60	121	188	81	107	139	42	97
20-24岁	**1064**	**559**	**505**	**1186**	**611**	**575**	**1082**	**533**	**549**
20	213	100	113	205	91	114	198	74	124
21	195	90	105	213	99	114	202	94	108
22	213	104	109	269	140	129	215	117	98
23	227	140	87	244	128	116	249	134	115
24	216	125	91	255	153	102	218	114	104
25-29岁	**384**	**254**	**130**	**491**	**310**	**181**	**508**	**321**	**187**
25	181	122	59	172	98	74	177	105	72
26	80	56	24	128	83	45	151	99	52
27	54	38	16	102	66	36	85	54	31
28	34	17	17	55	37	18	57	39	18
29	35	21	14	34	26	8	38	24	14
30-34岁	**49**	**31**	**18**	**64**	**43**	**21**	**100**	**58**	**42**
30	23	16	7	23	15	8	34	21	13
31	13	10	3	15	9	6	28	16	12
32	8	3	5	11	8	3	17	11	6
33	2		2	13	10	3	17	7	10
34	3	2	1	2	1	1	4	3	1
35-39岁	**17**	**13**	**4**	**18**	**10**	**8**	**22**	**17**	**5**
35	5	2	3	5	1	4	8	7	1
36	3	2	1	2	2		3	3	
37	5	5		3	2	1	3	2	1
38	1	1		4	1	3	4	3	1
39	3	3		4	4		4	2	2
40-44岁	**5**	**2**	**3**	**12**	**7**	**5**	**10**	**8**	**2**
40				3	2	1	2	2	
41	3	2	1	3	2	1	2	2	
42				4	2	2	1	1	
43	1		1	1	1		2	1	1
44	1		1	1		1	3	2	1
45-49岁	**8**	**3**	**5**	**5**	**2**	**3**	**8**	**2**	**6**
45	2		2	1	1				
46	4	2	2	1	1		3		3
47	1	1		1		1	1	1	
48	1		1	1		1			
49				1		1	4	1	3
50岁及以上	**7**	**3**	**4**	**3**	**2**	**1**	**5**	**4**	**1**
平均初婚年龄	**22.97**	**23.70**	**22.22**	**23.17**	**23.99**	**22.34**	**23.65**	**24.51**	**22.78**

5—4b 续表 6

单位：人

初婚年龄	初婚年份								
	1997年			1998年			1999年		
	小计	男	女	小计	男	女	小计	男	女
总　计	**2031**	**1011**	**1020**	**2433**	**1220**	**1213**	**2216**	**1077**	**1139**
15岁以下	**12**	**2**	**10**	**26**	**2**	**24**	**23**	**7**	**16**
15—19岁	**370**	**122**	**248**	**440**	**140**	**300**	**425**	**117**	**308**
15	22	9	13	29	6	23	26	7	19
16	39	7	32	44	13	31	46	10	36
17	71	19	52	79	27	52	79	22	57
18	93	26	67	108	26	82	127	34	93
19	145	61	84	180	68	112	147	44	103
20—24岁	**1019**	**491**	**528**	**1155**	**567**	**588**	**1013**	**498**	**515**
20	175	71	104	183	76	107	180	76	104
21	191	82	109	248	113	135	197	87	110
22	228	103	125	248	131	117	202	121	81
23	224	120	104	233	122	111	217	99	118
24	201	115	86	243	125	118	217	115	102
25—29岁	**503**	**315**	**188**	**626**	**390**	**236**	**588**	**352**	**236**
25	157	97	60	191	116	75	210	118	92
26	124	72	52	181	115	66	127	76	51
27	104	69	35	104	67	37	114	72	42
28	76	48	28	90	55	35	75	45	30
29	42	29	13	60	37	23	62	41	21
30—34岁	**87**	**58**	**29**	**137**	**89**	**48**	**117**	**79**	**38**
30	24	13	11	51	34	17	46	32	14
31	24	16	8	33	21	12	26	18	8
32	13	11	2	20	12	8	13	8	5
33	13	12	1	23	15	8	16	10	6
34	13	6	7	10	7	3	16	11	5
35—39岁	**20**	**13**	**7**	**21**	**15**	**6**	**27**	**13**	**14**
35	6	4	2	11	7	4	18	9	9
36	2	2		5	4	1	2	2	
37	2		2	1		1	2	1	1
38	6	4	2	2	2		2	1	1
39	4	3	1	2	2		3		3
40—44岁	**12**	**5**	**7**	**13**	**7**	**6**	**10**	**5**	**5**
40	4	1	3	2		2	1		1
41	3	2	1	2	1	1	2	1	1
42	3	1	2	6	3	3	2	1	1
43	2	1	1	1	1		2	2	
44				2	2		3	1	2
45—49岁	**5**	**3**	**2**	**3**	**3**		**2**		**2**
45	1	1		2	2		1		1
46	1	1							
47	1	1							
48	2		2						
49				1	1		1		1
50岁及以上	**3**	**2**	**1**	**12**	**7**	**5**	**11**	**6**	**5**
平均初婚年龄	**23.60**	**24.50**	**22.70**	**23.75**	**24.72**	**22.77**	**23.73**	**24.63**	**22.87**

5-4b　续表 7

单位：人

初婚年龄	初婚年份								
	2000年			2001年			2002年		
	小计	男	女	小计	男	女	小计	男	女
总　计	**2921**	**1475**	**1446**	**1703**	**851**	**852**	**2041**	**1022**	**1019**
15岁以下	**30**	**9**	**21**	**15**	**5**	**10**	**21**	**4**	**17**
15–19岁	**600**	**183**	**417**	**333**	**98**	**235**	**416**	**131**	**285**
15	45	12	33	26	6	20	33	9	24
16	73	20	53	46	16	30	50	8	42
17	121	35	86	63	16	47	73	12	61
18	146	40	106	79	19	60	108	39	69
19	215	76	139	119	41	78	152	63	89
20–24岁	**1373**	**716**	**657**	**774**	**399**	**375**	**929**	**450**	**479**
20	263	111	152	150	61	89	186	74	112
21	293	128	165	156	66	90	171	83	88
22	291	159	132	165	91	74	190	88	102
23	278	161	117	160	101	59	191	99	92
24	248	157	91	143	80	63	191	106	85
25–29岁	**714**	**435**	**279**	**448**	**262**	**186**	**532**	**335**	**197**
25	213	116	97	129	77	52	149	90	59
26	178	104	74	115	60	55	132	83	49
27	147	101	46	86	52	34	109	63	46
28	102	69	33	71	40	31	70	51	19
29	74	45	29	47	33	14	72	48	24
30–34岁	**142**	**94**	**48**	**105**	**70**	**35**	**103**	**75**	**28**
30	53	38	15	31	18	13	32	20	12
31	38	28	10	17	12	5	26	21	5
32	22	11	11	30	20	10	22	18	4
33	17	12	5	17	12	5	12	7	5
34	12	5	7	10	8	2	11	9	2
35–39岁	**39**	**25**	**14**	**22**	**14**	**8**	**20**	**16**	**4**
35	12	10	2	12	10	2	5	4	1
36	11	3	8	3		3	7	6	1
37	4	4		3	2	1	5	3	2
38	9	7	2	2	1	1	2	2	
39	3	1	2	2	1	1	1	1	
40–44岁	**10**	**6**	**4**	**1**		**1**	**6**	**4**	**2**
40	3	1	2				2	1	1
41	2	1	1				2	1	1
42	1	1					1	1	
43	1	1							
44	3	2	1	1		1	1	1	
45–49岁	**5**	**2**	**3**	**4**	**2**	**2**	**3**	**2**	**1**
45	2	2					2	1	1
46	1		1						
47				1	1				
48				2		2	1	1	
49	2		2	1	1				
50岁及以上	**8**	**5**	**3**	**1**	**1**		**11**	**5**	**6**
平均初婚年龄	**23.43**	**24.39**	**22.46**	**23.62**	**24.58**	**22.67**	**23.61**	**24.74**	**22.46**

5-4b 续表 8

单位：人

初婚年龄	初婚年份								
	2003年			2004年			2005年		
	小计	男	女	小计	男	女	小计	男	女
总　计	**1946**	**980**	**966**	**1835**	**939**	**896**	**1937**	**982**	**955**
15岁以下	**16**	**4**	**12**	**17**	**3**	**14**	**13**	**2**	**11**
15-19岁	**390**	**116**	**274**	**351**	**95**	**256**	**422**	**111**	**311**
15	37	15	22	26	9	17	36	9	27
16	50	13	37	44	9	35	68	22	46
17	73	17	56	78	18	60	79	12	67
18	93	31	62	97	20	77	118	34	84
19	137	40	97	106	39	67	121	34	87
20-24岁	**860**	**437**	**423**	**841**	**439**	**402**	**787**	**408**	**379**
20	174	82	92	152	61	91	149	63	86
21	181	68	113	139	60	79	164	75	89
22	158	83	75	188	88	100	146	74	72
23	182	104	78	173	103	70	169	96	73
24	165	100	65	189	127	62	159	100	59
25-29岁	**505**	**307**	**198**	**420**	**262**	**158**	**480**	**307**	**173**
25	149	74	75	127	69	58	150	98	52
26	127	82	45	105	71	34	97	60	37
27	92	60	32	76	54	22	96	63	33
28	76	50	26	55	36	19	77	49	28
29	61	41	20	57	32	25	60	37	23
30-34岁	**115**	**80**	**35**	**154**	**102**	**52**	**160**	**108**	**52**
30	34	20	14	57	33	24	58	37	21
31	28	22	6	38	26	12	35	23	12
32	25	16	9	24	15	9	22	17	5
33	24	19	5	20	18	2	22	14	8
34	4	3	1	15	10	5	23	17	6
35-39岁	**33**	**20**	**13**	**39**	**30**	**9**	**47**	**31**	**16**
35	6	3	3	8	7	1	17	12	5
36	13	10	3	9	6	3	16	11	5
37	4	3	1	9	8	1	2	2	
38	8	3	5	9	6	3	8	5	3
39	2	1	1	4	3	1	4	1	3
40-44岁	**11**	**6**	**5**	**3**	**2**	**1**	**7**	**4**	**3**
40	5	3	2	1	1		1	1	
41	3	1	2	2	1	1	3	1	2
42	1	1					1	1	
43	2	1	1				1	1	
44							1		1
45-49岁	**6**	**4**	**2**	**6**	**3**	**3**	**5**	**4**	**1**
45	2	2					1		1
46	1	1		1		1	1	1	
47	1		1	2	2		1	1	
48	2	1	1	2		2	2	2	
49				1	1				
50岁及以上	**10**	**6**	**4**	**4**	**3**	**1**	**16**	**7**	**9**
平均初婚年龄	**23.85**	**24.94**	**22.76**	**23.95**	**25.22**	**22.62**	**24.11**	**25.38**	**22.79**

5-4b　续表 9

单位：人

初婚年龄	初婚年份								
	2006年			2007年			2008年		
	小计	男	女	小计	男	女	小计	男	女
总　计	**1786**	**911**	**875**	**1730**	**875**	**855**	**2234**	**1112**	**1122**
15岁以下	**10**	**1**	**9**	**7**		**7**	**6**		**6**
15-19岁	**369**	**108**	**261**	**338**	**89**	**249**	**434**	**120**	**314**
15	21	5	16	23	3	20	27	6	21
16	42	9	33	27	6	21	36	10	26
17	79	18	61	87	16	71	85	17	68
18	103	30	73	85	23	62	139	34	105
19	124	46	78	116	41	75	147	53	94
20-24岁	**705**	**357**	**348**	**681**	**359**	**322**	**907**	**435**	**472**
20	150	63	87	142	60	82	194	73	121
21	133	58	75	158	81	77	188	88	100
22	132	72	60	140	70	70	188	95	93
23	136	76	60	107	63	44	177	84	93
24	154	88	66	134	85	49	160	95	65
25-29岁	**490**	**311**	**179**	**499**	**288**	**211**	**588**	**357**	**231**
25	133	82	51	116	66	50	154	87	67
26	111	68	43	130	71	59	138	84	54
27	113	76	37	106	62	44	115	67	48
28	77	53	24	79	44	35	102	63	39
29	56	32	24	68	45	23	79	56	23
30-34岁	**156**	**99**	**57**	**141**	**98**	**43**	**190**	**128**	**62**
30	54	34	20	49	35	14	62	42	20
31	37	26	11	30	21	9	35	25	10
32	23	17	6	26	15	11	44	32	12
33	21	11	10	17	14	3	31	16	15
34	21	11	10	19	13	6	18	13	5
35-39岁	**37**	**24**	**13**	**55**	**35**	**20**	**68**	**46**	**22**
35	12	10	2	19	12	7	19	12	7
36	9	4	5	12	11	1	14	12	2
37	6	3	3	11	6	5	23	15	8
38	6	5	1	6	2	4	7	4	3
39	4	2	2	7	4	3	5	3	2
40-44岁	**15**	**8**	**7**	**7**	**5**	**2**	**19**	**14**	**5**
40	2	2		3	2	1	7	5	2
41	4	1	3	2	1	1	5	4	1
42	4	2	2	2	2		1	1	
43	3	2	1				5	3	2
44	2	1	1				1	1	
45-49岁	**1**	**1**		**1**		**1**	**10**	**3**	**7**
45							2		2
46	1	1		1		1	6	2	4
47									
48							1		1
49							1	1	
50岁及以上	**3**	**2**	**1**	**1**	**1**		**12**	**9**	**3**
平均初婚年龄	**24.20**	**25.33**	**23.02**	**24.29**	**25.47**	**23.07**	**24.53**	**25.86**	**23.21**

5-4b 续表 10

单位：人

初婚年龄	初婚年份								
	2009年			2010年			2011年		
	小计	男	女	小计	男	女	小计	男	女
总　计	**1905**	**985**	**920**	**2289**	**1159**	**1130**	**1832**	**943**	**889**
15岁以下	**13**	**2**	**11**	**17**	**1**	**16**	**9**	**2**	**7**
15-19岁	**339**	**103**	**236**	**385**	**118**	**267**	**301**	**91**	**210**
15	22	5	17	38	5	33	23	4	19
16	40	5	35	46	16	30	34	5	29
17	55	16	39	72	18	54	58	13	45
18	89	29	60	94	31	63	86	24	62
19	133	48	85	135	48	87	100	45	55
20-24岁	**763**	**386**	**377**	**997**	**511**	**486**	**783**	**399**	**384**
20	157	57	100	204	85	119	128	48	80
21	166	84	82	204	103	101	150	75	75
22	154	87	67	216	110	106	165	86	79
23	157	88	69	208	112	96	169	90	79
24	129	70	59	165	101	64	171	100	71
25-29岁	**503**	**303**	**200**	**538**	**320**	**218**	**489**	**295**	**194**
25	122	63	59	144	84	60	155	84	71
26	100	59	41	107	61	46	120	68	52
27	114	78	36	110	62	48	89	55	34
28	81	50	31	102	59	43	66	44	22
29	86	53	33	75	54	21	59	44	15
30-34岁	**189**	**125**	**64**	**207**	**121**	**86**	**144**	**99**	**45**
30	56	40	16	67	35	32	36	18	18
31	45	29	16	48	32	16	30	24	6
32	30	21	9	44	29	15	27	20	7
33	27	15	12	29	16	13	30	20	10
34	31	20	11	19	9	10	21	17	4
35-39岁	**62**	**41**	**21**	**80**	**55**	**25**	**71**	**39**	**32**
35	18	14	4	23	16	7	26	13	13
36	7	5	2	15	9	6	8	3	5
37	14	9	5	15	10	5	16	12	4
38	13	8	5	13	10	3	7	3	4
39	10	5	5	14	10	4	14	8	6
40-44岁	**21**	**16**	**5**	**40**	**18**	**22**	**20**	**10**	**10**
40	7	5	2	8	1	7	5	3	2
41	4	4		19	8	11	8	4	4
42	6	5	1	6	2	4	3	1	2
43	4	2	2	4	4		4	2	2
44				3	3				
45-49岁	**5**	**4**	**1**	**10**	**6**	**4**	**10**	**7**	**3**
45	1	1		1		1	4	3	1
46	3	2	1	3	2	1	1	1	
47				2	1	1	3	3	
48				3	2	1	1		1
49	1	1		1	1		1		1
50岁及以上	**10**	**5**	**5**	**15**	**9**	**6**	**5**	**1**	**4**
平均初婚年龄	**24.79**	**25.99**	**23.52**	**24.78**	**25.78**	**23.75**	**24.76**	**25.75**	**23.71**

5-4b　续表 11

单位：人

初婚年龄	初婚年份								
	2012年			2013年			2014年		
	小计	男	女	小计	男	女	小计	男	女
总　计	**1964**	**959**	**1005**	**2019**	**1017**	**1002**	**1836**	**917**	**919**
15岁以下	**7**	**1**	**6**	**8**	**1**	**7**	**7**		**7**
15–19岁	**297**	**80**	**217**	**284**	**67**	**217**	**239**	**59**	**180**
15	21	6	15	16	2	14	16	2	14
16	35	7	28	39	5	34	30	6	24
17	56	10	46	60	10	50	48	13	35
18	86	22	64	78	20	58	60	14	46
19	99	35	64	91	30	61	85	24	61
20–24岁	**881**	**438**	**443**	**824**	**413**	**411**	**740**	**350**	**390**
20	127	47	80	115	48	67	122	49	73
21	170	84	86	147	60	87	128	60	68
22	223	119	104	183	94	89	149	70	79
23	186	98	88	180	92	88	150	75	75
24	175	90	85	199	119	80	191	96	95
25–29岁	**513**	**286**	**227**	**591**	**343**	**248**	**547**	**323**	**224**
25	180	98	82	167	88	79	179	106	73
26	92	44	48	150	91	59	120	62	58
27	100	59	41	114	66	48	99	63	36
28	76	47	29	94	55	39	83	49	34
29	65	38	27	66	43	23	66	43	23
30–34岁	**144**	**87**	**57**	**188**	**114**	**74**	**162**	**103**	**59**
30	43	24	19	56	33	23	43	30	13
31	30	20	10	39	24	15	31	15	16
32	29	15	14	42	25	17	35	23	12
33	26	16	10	30	19	11	23	17	6
34	16	12	4	21	13	8	30	18	12
35–39岁	**56**	**32**	**24**	**62**	**45**	**17**	**88**	**55**	**33**
35	10	5	5	21	16	5	24	17	7
36	14	6	8	12	8	4	24	12	12
37	14	10	4	10	6	4	15	11	4
38	10	7	3	5	5		14	9	5
39	8	4	4	14	10	4	11	6	5
40–44岁	**43**	**21**	**22**	**37**	**17**	**20**	**37**	**20**	**17**
40	15	7	8	12	8	4	6	4	2
41	7	5	2	7	2	5	9	5	4
42	10	3	7	5	1	4	6	3	3
43	6	4	2	7	3	4	12	6	6
44	5	2	3	6	3	3	4	2	2
45–49岁	**16**	**10**	**6**	**10**	**8**	**2**	**11**	**5**	**6**
45	5	3	2	2	1	1	6	1	5
46	4	3	1	1	1		2	2	
47	3	2	1	3	3		2	1	1
48	1		1	2	2				
49	3	2	1	2	1	1	1	1	
50岁及以上	**7**	**4**	**3**	**15**	**9**	**6**	**5**	**2**	**3**
平均初婚年龄	**24.91**	**25.80**	**24.06**	**25.33**	**26.46**	**24.17**	**25.53**	**26.56**	**24.49**

5-4b 续表 12

单位：人

初婚年龄	初婚年份								
	2015年			2016年			2017年		
	小计	男	女	小计	男	女	小计	男	女
总 计	**1918**	**938**	**980**	**1598**	**804**	**794**	**1702**	**839**	**863**
15岁以下	**6**		**6**	**5**		**5**	**3**		**3**
15-19岁	**249**	**57**	**192**	**182**	**45**	**137**	**189**	**44**	**145**
15	17	2	15	14	4	10	17	3	14
16	38	7	31	23	4	19	16	1	15
17	48	12	36	34	5	29	40	8	32
18	63	14	49	52	12	40	54	14	40
19	83	22	61	59	20	39	62	18	44
20-24岁	**699**	**319**	**380**	**568**	**267**	**301**	**558**	**254**	**304**
20	114	43	71	83	30	53	66	25	41
21	124	50	74	98	47	51	84	38	46
22	129	64	65	124	63	61	126	57	69
23	154	73	81	131	64	67	132	64	68
24	178	89	89	132	63	69	150	70	80
25-29岁	**641**	**361**	**280**	**572**	**325**	**247**	**636**	**359**	**277**
25	174	89	85	166	88	78	126	71	55
26	163	89	74	156	85	71	158	92	66
27	118	71	47	107	59	48	158	88	70
28	109	66	43	93	57	36	109	56	53
29	77	46	31	50	36	14	85	52	33
30-34岁	**175**	**109**	**66**	**140**	**87**	**53**	**187**	**111**	**76**
30	48	31	17	48	29	19	55	33	22
31	40	25	15	26	19	7	49	32	17
32	34	21	13	18	12	6	30	18	12
33	29	17	12	22	11	11	30	14	16
34	24	15	9	26	16	10	23	14	9
35-39岁	**78**	**45**	**33**	**65**	**41**	**24**	**63**	**36**	**27**
35	19	11	8	17	14	3	24	15	9
36	14	9	5	11	4	7	10	6	4
37	19	9	10	16	12	4	11	9	2
38	11	5	6	9	3	6	5	1	4
39	15	11	4	12	8	4	13	5	8
40-44岁	**39**	**28**	**11**	**38**	**22**	**16**	**31**	**17**	**14**
40	9	7	2	10	6	4	8	6	2
41	14	11	3	8	5	3	5	2	3
42	6	5	1	9	6	3	5	3	2
43	8	3	5	5	3	2	7	2	5
44	2	2		6	2	4	6	4	2
45-49岁	**20**	**11**	**9**	**19**	**11**	**8**	**21**	**10**	**11**
45	7	4	3	6	4	2	4	2	2
46	6	3	3	4	1	3	3	2	1
47	2		2	2	1	1	5	3	2
48	3	2	1	6	4	2	6	2	4
49	2	2		1	1		3	1	2
50岁及以上	**11**	**8**	**3**	**9**	**6**	**3**	**14**	**8**	**6**
平均初婚年龄	**25.83**	**27.12**	**24.59**	**26.03**	**27.10**	**24.95**	**26.41**	**27.31**	**25.54**

5-4b　续表 13　　　　　　　　　　　　　　　　　　　　　　　　单位：人

初婚年龄	初婚年份								
	2018年			2019年			2020年		
	小计	男	女	小计	男	女	小计	男	女
总　计	**1684**	**833**	**851**	**1401**	**698**	**703**	**1038**	**515**	**523**
15岁以下	**1**	**1**		**2**		**2**	**1**	**1**	
15-19岁	**156**	**29**	**127**	**114**	**23**	**91**	**53**	**9**	**44**
15	7	2	5	4		4	1		1
16	17	1	16	14		14	7	1	6
17	24	2	22	23	2	21	10	2	8
18	49	12	37	33	8	25	12	1	11
19	59	12	47	40	13	27	23	5	18
20-24岁	**543**	**249**	**294**	**404**	**186**	**218**	**291**	**140**	**151**
20	62	19	43	42	16	26	44	19	25
21	77	32	45	59	30	29	42	20	22
22	130	60	70	83	42	41	53	24	29
23	119	61	58	104	50	54	51	31	20
24	155	77	78	116	48	68	101	46	55
25-29岁	**657**	**370**	**287**	**551**	**293**	**258**	**400**	**207**	**193**
25	160	88	72	129	65	64	86	40	46
26	172	90	82	125	57	68	105	57	48
27	126	73	53	106	70	36	96	50	46
28	129	74	55	104	56	48	57	29	28
29	70	45	25	87	45	42	56	31	25
30-34岁	**171**	**99**	**72**	**196**	**120**	**76**	**150**	**84**	**66**
30	66	42	24	56	29	27	50	24	26
31	32	18	14	49	33	16	38	20	18
32	33	15	18	44	26	18	30	17	13
33	19	12	7	25	19	6	24	17	7
34	21	12	9	22	13	9	8	6	2
35-39岁	**83**	**41**	**42**	**63**	**35**	**28**	**49**	**24**	**25**
35	24	12	12	17	9	8	10	5	5
36	19	8	11	11	4	7	13	5	8
37	19	8	11	13	8	5	8	4	4
38	11	8	3	12	8	4	10	7	3
39	10	5	5	10	6	4	8	3	5
40-44岁	**37**	**26**	**11**	**33**	**16**	**17**	**34**	**20**	**14**
40	12	8	4	10	6	4	8	4	4
41	9	8	1	8	2	6	5	5	
42	5	5		5	4	1	7	4	3
43	3	1	2	5	2	3	7	3	4
44	8	4	4	5	2	3	7	4	3
45-49岁	**24**	**12**	**12**	**23**	**17**	**6**	**25**	**13**	**12**
45	8	4	4	5	5		9	5	4
46	3	1	2	7	4	3	5	2	3
47	6	3	3	3	2	1	3	2	1
48	4	2	2	5	4	1	5	2	3
49	3	2	1	3	2	1	3	2	1
50岁及以上	**12**	**6**	**6**	**15**	**8**	**7**	**35**	**17**	**18**
平均初婚年龄	**26.72**	**27.62**	**25.84**	**27.34**	**28.32**	**26.38**	**28.47**	**29.03**	**27.91**

5－4c 全省分初婚年龄、性别、初婚年份的人口(乡村)

单位：人

初婚年龄	初婚年份								
	合　计			1980年			1981年		
	合计	男	女	小计	男	女	小计	男	女
总　计	**114984**	**57723**	**57261**	**2309**	**1091**	**1218**	**1399**	**657**	**742**
15岁以下	**979**	**172**	**807**	**54**	**8**	**46**	**18**	**2**	**16**
15－19岁	**34421**	**10617**	**23804**	**1098**	**315**	**783**	**773**	**237**	**536**
15	2544	542	2002	114	26	88	63	17	46
16	4180	930	3250	208	33	175	82	18	64
17	6607	1712	4895	334	87	247	190	46	144
18	9172	2748	6424	243	72	171	245	85	160
19	11918	4685	7233	199	97	102	193	71	122
20－24岁	**51897**	**29033**	**22864**	**840**	**562**	**278**	**425**	**284**	**141**
20	13102	6232	6870	196	112	84	108	57	51
21	11767	6277	5490	188	117	71	97	65	32
22	10850	6353	4497	175	122	53	72	53	19
23	8964	5532	3432	141	105	36	85	67	18
24	7214	4639	2575	140	106	34	63	42	21
25－29岁	**18228**	**12019**	**6209**	**231**	**161**	**70**	**144**	**106**	**38**
25	5764	3767	1997	73	53	20	54	40	14
26	4356	2891	1465	63	47	16	29	23	6
27	3419	2305	1114	35	21	14	24	19	5
28	2618	1680	938	38	24	14	21	11	10
29	2071	1376	695	22	16	6	16	13	3
30－34岁	**5450**	**3555**	**1895**	**61**	**32**	**29**	**25**	**19**	**6**
30	1670	1101	569	19	11	8	11	10	1
31	1265	827	438	17	11	6	5	4	1
32	1038	675	363	11	2	9	3	3	
33	827	536	291	9	6	3	3	1	2
34	650	416	234	5	2	3	3	1	2
35－39岁	**2079**	**1280**	**799**	**18**	**11**	**7**	**12**	**8**	**4**
35	539	352	187	6	3	3	2	2	
36	465	289	176	3	1	2	4	2	2
37	391	225	166	1	1		1		1
38	364	211	153	3	2	1	1		1
39	320	203	117	5	4	1	4	4	
40－44岁	**993**	**552**	**441**	**4**	**2**	**2**	**1**	**1**	
40	258	142	116	1	1				
41	228	127	101	1	1				
42	206	100	106						
43	146	95	51	1		1			
44	155	88	67	1		1	1	1	
45－49岁	**494**	**266**	**228**	**3**		**3**	**1**		**1**
45	127	74	53	1		1	1		1
46	107	53	54						
47	95	57	38						
48	90	46	44	1		1			
49	75	36	39	1		1			
50岁及以上	**443**	**229**	**214**						
平均初婚年龄	**22.82**	**23.92**	**21.71**	**20.81**	**22.25**	**19.52**	**20.64**	**22.08**	**19.36**

5-4c　续表 1　　　　　　　　　　　　　　　　　　　　　　　　　单位：人

初婚年龄	初婚年份								
	1982年			1983年			1984年		
	小计	男	女	小计	男	女	小计	男	女
总　计	**1856**	**874**	**982**	**2021**	**991**	**1030**	**2338**	**1121**	**1217**
15岁以下	**25**	**3**	**22**	**20**	**3**	**17**	**27**	**7**	**20**
15-19岁	**997**	**301**	**696**	**927**	**292**	**635**	**1031**	**318**	**713**
15	69	18	51	70	21	49	70	13	57
16	135	29	106	89	16	73	100	28	72
17	189	36	153	156	47	109	199	45	154
18	293	91	202	268	62	206	276	74	202
19	311	127	184	344	146	198	386	158	228
20-24岁	**570**	**384**	**186**	**803**	**491**	**312**	**1033**	**609**	**424**
20	206	127	79	372	197	175	395	189	206
21	95	60	35	159	93	66	314	191	123
22	117	76	41	120	93	27	181	127	54
23	84	64	20	83	58	25	68	49	19
24	68	57	11	69	50	19	75	53	22
25-29岁	**184**	**140**	**44**	**204**	**163**	**41**	**188**	**146**	**42**
25	69	61	8	71	60	11	52	42	10
26	44	33	11	50	40	10	49	39	10
27	31	23	8	34	28	6	43	33	10
28	21	14	7	29	23	6	26	19	7
29	19	9	10	20	12	8	18	13	5
30-34岁	**48**	**27**	**21**	**52**	**35**	**17**	**47**	**35**	**12**
30	10	6	4	16	13	3	19	14	5
31	9	4	5	16	12	4	14	10	4
32	11	6	5	13	6	7	3	2	1
33	9	6	3	4	2	2	6	4	2
34	9	5	4	3	2	1	5	5	
35-39岁	**21**	**13**	**8**	**9**	**7**	**2**	**8**	**4**	**4**
35	8	7	1	1	1		2	1	1
36	6	4	2	3	2	1	3	3	
37	2		2	3	2	1	2		2
38	2	1	1	2	2				
39	3	1	2				1		1
40-44岁	**7**	**4**	**3**	**2**		**2**	**2**	**2**	
40				1		1			
41	4	3	1						
42							1	1	
43	2	1	1						
44	1		1	1		1	1	1	
45-49岁	**3**	**2**	**1**	**4**		**4**	**1**		**1**
45									
46	2	2					1		1
47	1		1	2		2			
48				1		1			
49				1		1			
50岁及以上	**1**		**1**				**1**		**1**
平均初婚年龄	**20.86**	**22.23**	**19.65**	**20.96**	**22.10**	**19.86**	**20.80**	**21.91**	**19.77**

5-4c 续表 2

单位：人

初婚年龄	初婚年份								
	1985年			1986年			1987年		
	小计	男	女	小计	男	女	小计	男	女
总　计	**3045**	**1469**	**1576**	**2818**	**1368**	**1450**	**2874**	**1400**	**1474**
15岁以下	**30**	**7**	**23**	**23**	**3**	**20**	**21**	**5**	**16**
15-19岁	**1191**	**354**	**837**	**1020**	**313**	**707**	**1082**	**342**	**740**
15	76	19	57	57	8	49	73	13	60
16	157	38	119	93	17	76	112	22	90
17	219	51	168	192	49	143	200	47	153
18	306	98	208	276	88	188	314	111	203
19	433	148	285	402	151	251	383	149	234
20-24岁	**1491**	**875**	**616**	**1523**	**891**	**632**	**1502**	**873**	**629**
20	526	258	268	417	204	213	429	210	219
21	403	235	168	390	219	171	387	227	160
22	312	205	107	358	217	141	328	210	118
23	161	113	48	248	172	76	214	135	79
24	89	64	25	110	79	31	144	91	53
25-29岁	**222**	**166**	**56**	**142**	**98**	**44**	**161**	**108**	**53**
25	61	44	17	43	30	13	66	45	21
26	44	33	11	22	14	8	21	16	5
27	47	34	13	27	16	11	25	15	10
28	37	29	8	24	17	7	25	20	5
29	33	26	7	26	21	5	24	12	12
30-34岁	**60**	**36**	**24**	**72**	**46**	**26**	**72**	**50**	**22**
30	20	14	6	16	11	5	16	10	6
31	12	7	5	19	13	6	19	15	4
32	12	10	2	20	12	8	19	12	7
33	7	3	4	12	7	5	10	7	3
34	9	2	7	5	3	2	8	6	2
35-39岁	**30**	**21**	**9**	**29**	**14**	**15**	**19**	**12**	**7**
35	9	6	3	6	3	3	7	6	1
36	12	9	3	9	4	5	3	2	1
37	5	3	2	6	2	4	3		3
38	3	3		3	1	2	3	2	1
39	1		1	5	4	1	3	2	1
40-44岁	**10**	**5**	**5**	**5**	**1**	**4**	**14**	**8**	**6**
40	2	2		1		1	3	2	1
41	2	1	1				3		3
42	5	2	3	3	1	2	2	2	
43				1		1			
44	1		1				6	4	2
45-49岁	**9**	**4**	**5**	**3**	**2**	**1**	**1**		**1**
45	3	1	2	3	2	1			
46									
47	2	1	1						
48	2	1	1				1		1
49	2	1	1						
50岁及以上	**2**	**1**	**1**	**1**		**1**	**2**	**2**	
平均初婚年龄	**21.19**	**22.24**	**20.23**	**21.37**	**22.25**	**20.53**	**21.30**	**22.23**	**20.41**

5-4c　续表 3　　　　　　　　　　　　　　　　　　　　　　　　　　单位：人

初婚年龄	初婚年份								
	1988年			1989年			1990年		
	小计	男	女	小计	男	女	小计	男	女
总　计	**3258**	**1599**	**1659**	**3125**	**1562**	**1563**	**4120**	**2049**	**2071**
15岁以下	**30**	**8**	**22**	**17**	**4**	**13**	**42**	**3**	**39**
15-19岁	**1105**	**331**	**774**	**1044**	**329**	**715**	**1372**	**454**	**918**
15	58	18	40	86	21	65	100	22	78
16	113	18	95	115	36	79	151	46	105
17	186	47	139	180	44	136	262	80	182
18	292	79	213	250	78	172	358	121	237
19	456	169	287	413	150	263	501	185	316
20-24岁	**1738**	**996**	**742**	**1659**	**952**	**707**	**2154**	**1211**	**943**
20	491	224	267	438	203	235	560	264	296
21	426	239	187	451	241	210	559	301	258
22	373	236	137	312	203	109	449	256	193
23	258	173	85	275	179	96	307	203	104
24	190	124	66	183	126	57	279	187	92
25-29岁	**265**	**189**	**76**	**309**	**215**	**94**	**443**	**310**	**133**
25	127	93	34	125	89	36	180	126	54
26	69	50	19	101	66	35	122	85	37
27	32	20	12	46	33	13	86	63	23
28	18	12	6	17	10	7	42	30	12
29	19	14	5	20	17	3	13	6	7
30-34岁	**65**	**44**	**21**	**53**	**37**	**16**	**52**	**34**	**18**
30	24	16	8	14	9	5	10	9	1
31	11	6	5	10	7	3	8	4	4
32	10	5	5	11	9	2	14	7	7
33	9	9		10	9	1	8	6	2
34	11	8	3	8	3	5	12	8	4
35-39岁	**41**	**22**	**19**	**25**	**16**	**9**	**31**	**23**	**8**
35	14	12	2	10	6	4	5	3	2
36	7	1	6	5	4	1	11	8	3
37	8	3	5	4	2	2	5	4	1
38	5	2	3	4	3	1	6	5	1
39	7	4	3	2	1	1	4	3	1
40-44岁	**5**	**3**	**2**	**12**	**6**	**6**	**15**	**6**	**9**
40	1	1		4	2	2	8	3	5
41	2	2		2	1	1	1	1	
42	1		1	2		2	2	1	1
43				2	1	1	1	1	
44	1		1	2	2		3		3
45-49岁	**7**	**4**	**3**	**5**	**2**	**3**	**8**	**5**	**3**
45	3	2	1	2	1	1	2	1	1
46	1		1				2	2	
47	2	1	1	2	1	1	2	2	
48							1		1
49	1	1		1		1	1		1
50岁及以上	**2**	**2**		**1**	**1**		**3**	**3**	
平均初婚年龄	**21.58**	**22.54**	**20.65**	**21.62**	**22.54**	**20.70**	**21.61**	**22.55**	**20.67**

5-4c 续表 4

单位：人

初婚年龄	初婚年份								
	1991年			1992年			1993年		
	小计	男	女	小计	男	女	小计	男	女
总　计	**2622**	**1301**	**1321**	**3205**	**1586**	**1619**	**3389**	**1702**	**1687**
15岁以下	**20**	**2**	**18**	**21**	**5**	**16**	**29**	**10**	**19**
15–19岁	**874**	**298**	**576**	**1046**	**337**	**709**	**1005**	**318**	**687**
15	52	11	41	73	14	59	56	14	42
16	112	32	80	138	41	97	101	25	76
17	158	45	113	175	46	129	180	39	141
18	230	78	152	268	88	180	269	82	187
19	322	132	190	392	148	244	399	158	241
20–24岁	**1388**	**770**	**618**	**1678**	**941**	**737**	**1738**	**961**	**777**
20	396	170	226	434	220	214	446	215	231
21	317	166	151	372	193	179	384	203	181
22	293	178	115	367	208	159	369	200	169
23	225	152	73	279	169	110	317	195	122
24	157	104	53	226	151	75	222	148	74
25–29岁	**285**	**193**	**92**	**370**	**249**	**121**	**502**	**334**	**168**
25	112	68	44	139	96	43	181	118	63
26	68	51	17	86	54	32	142	100	42
27	45	33	12	57	41	16	82	55	27
28	36	23	13	47	30	17	59	38	21
29	24	18	6	41	28	13	38	23	15
30–34岁	**33**	**25**	**8**	**48**	**36**	**12**	**71**	**53**	**18**
30	8	7	1	21	16	5	40	30	10
31	7	6	1	14	10	4	10	7	3
32	5	3	2	4	3	1	11	9	2
33	7	5	2	8	6	2	6	5	1
34	6	4	2	1	1		4	2	2
35–39岁	**18**	**11**	**7**	**23**	**12**	**11**	**20**	**15**	**5**
35	2	2		6	3	3	2	2	
36	9	5	4	6	4	2	7	5	2
37	3	2	1	6	3	3	3	2	1
38	1		1	2		2	5	5	
39	3	2	1	3	2	1	3	1	2
40–44岁	**2**	**1**	**1**	**11**	**3**	**8**	**13**	**9**	**4**
40				4	2	2	2	2	
41	1		1	3		3	4	1	3
42				3	1	2	3	2	1
43	1	1		1		1	2	2	
44							2	2	
45–49岁	**2**	**1**	**1**	**5**	**2**	**3**	**6**	**2**	**4**
45				1	1				
46							1		1
47	2	1	1				2	1	1
48				2	1	1	3	1	2
49				2		2			
50岁及以上				**3**	**1**	**2**	**5**		**5**
平均初婚年龄	**21.52**	**22.44**	**20.62**	**21.77**	**22.59**	**20.96**	**22.11**	**23.01**	**21.21**

5-4c　续表 5　　　　单位：人

初婚年龄	初婚年份								
	1994年			1995年			1996年		
	小计	男	女	小计	男	女	小计	男	女
总　计	**3497**	**1748**	**1749**	**3794**	**1942**	**1852**	**3276**	**1653**	**1623**
15岁以下	**25**	**5**	**20**	**21**	**3**	**18**	**19**	**6**	**13**
15−19岁	**939**	**295**	**644**	**1024**	**332**	**692**	**881**	**309**	**572**
15	63	15	48	75	23	52	61	18	43
16	105	23	82	126	30	96	106	25	81
17	177	56	121	159	55	104	152	44	108
18	244	71	173	262	77	185	237	77	160
19	350	130	220	402	147	255	325	145	180
20−24岁	**1827**	**996**	**831**	**1907**	**1051**	**856**	**1619**	**862**	**757**
20	470	229	241	418	195	223	335	150	185
21	429	208	221	446	234	212	363	175	188
22	359	206	153	392	220	172	378	217	161
23	327	197	130	360	214	146	335	196	139
24	242	156	86	291	188	103	208	124	84
25−29岁	**544**	**356**	**188**	**635**	**433**	**202**	**560**	**362**	**198**
25	195	122	73	196	139	57	199	119	80
26	141	100	41	172	108	64	140	99	41
27	93	58	35	126	92	34	102	65	37
28	60	41	19	77	47	30	73	51	22
29	55	35	20	64	47	17	46	28	18
30−34岁	**93**	**53**	**40**	**127**	**80**	**47**	**134**	**89**	**45**
30	28	17	11	48	28	20	44	31	13
31	40	23	17	30	20	10	42	27	15
32	15	9	6	22	16	6	21	13	8
33	4	3	1	15	9	6	19	13	6
34	6	1	5	12	7	5	8	5	3
35−39岁	**27**	**16**	**11**	**33**	**22**	**11**	**23**	**6**	**17**
35	3		3	8	8		6	3	3
36	5	3	2	3	3		3	1	2
37	5	3	2	9	3	6	3		3
38	7	4	3	7	4	3	5	1	4
39	7	6	1	6	4	2	6	1	5
40−44岁	**19**	**13**	**6**	**22**	**12**	**10**	**21**	**10**	**11**
40	3	2	1	6	3	3	8	6	2
41	2		2	6	3	3	5	3	2
42	3	2	1	5	3	2	2		2
43	6	5	1	2	1	1	4	1	3
44	5	4	1	3	2	1	2		2
45−49岁	**12**	**6**	**6**	**13**	**4**	**9**	**8**	**3**	**5**
45	3	2	1	5	3	2	3	1	2
46	1		1	2		2	2	1	1
47	3	2	1	2		2	1		1
48	4	1	3	1		1	1	1	
49	1	1		3	1	2	1		1
50岁及以上	**11**	**8**	**3**	**12**	**5**	**7**	**11**	**6**	**5**
平均初婚年龄	**22.46**	**23.37**	**21.55**	**22.69**	**23.55**	**21.79**	**22.72**	**23.46**	**21.97**

5-4c　续表 6　　　　单位：人

初婚年龄	初婚年份								
	1997年			1998年			1999年		
	小计	男	女	小计	男	女	小计	男	女
总　计	**3415**	**1704**	**1711**	**3874**	**1969**	**1905**	**3156**	**1614**	**1542**
15岁以下	**27**	**4**	**23**	**30**	**11**	**19**	**32**	**7**	**25**
15-19岁	**838**	**274**	**564**	**1045**	**349**	**696**	**859**	**277**	**582**
15	46	12	34	75	17	58	54	12	42
16	99	29	70	132	34	98	115	33	82
17	160	45	115	197	64	133	168	51	117
18	232	74	158	270	85	185	212	61	151
19	301	114	187	371	149	222	310	120	190
20-24岁	**1725**	**900**	**825**	**1771**	**954**	**817**	**1466**	**796**	**670**
20	429	178	251	355	168	187	344	163	181
21	367	188	179	397	197	200	313	175	138
22	373	209	164	410	203	207	292	147	145
23	319	179	140	337	210	127	287	163	124
24	237	146	91	272	176	96	230	148	82
25-29岁	**616**	**403**	**213**	**741**	**470**	**271**	**558**	**376**	**182**
25	204	128	76	234	139	95	181	123	58
26	148	98	50	180	120	60	121	80	41
27	123	82	41	139	100	39	108	70	38
28	85	57	28	104	62	42	92	64	28
29	56	38	18	84	49	35	56	39	17
30-34岁	**154**	**94**	**60**	**221**	**147**	**74**	**175**	**117**	**58**
30	44	25	19	82	50	32	62	44	18
31	42	22	20	52	34	18	43	30	13
32	30	19	11	33	24	9	20	11	9
33	21	15	6	29	21	8	27	16	11
34	17	13	4	25	18	7	23	16	7
35-39岁	**23**	**11**	**12**	**38**	**20**	**18**	**32**	**23**	**9**
35	10	7	3	18	11	7	12	9	3
36	3		3	8	3	5	11	8	3
37	3		3	3	1	2	6	5	1
38	2	1	1	4	2	2	1		1
39	5	3	2	5	3	2	2	1	1
40-44岁	**19**	**12**	**7**	**18**	**10**	**8**	**12**	**8**	**4**
40	2	2		4	3	1	1	1	
41	5	3	2	2		2	6	3	3
42	5	2	3	2	1	1	2	2	
43	3	2	1	6	3	3	1	1	
44	4	3	1	4	3	1	2	1	1
45-49岁	**9**	**4**	**5**	**8**	**7**	**1**	**8**	**4**	**4**
45	3	2	1	4	3	1	2	1	1
46	2	1	1	1	1		1		1
47	2		2	1	1		2	1	1
48	1		1				2	1	1
49	1	1		2	2		1	1	
50岁及以上	**4**	**2**	**2**	**2**	**1**	**1**	**14**	**6**	**8**
平均初婚年龄	**22.80**	**23.69**	**21.91**	**22.90**	**23.87**	**21.90**	**22.88**	**23.92**	**21.79**

5-4c　续表 7　　　　单位：人

初婚年龄	初婚年份								
	2000年			2001年			2002年		
	小计	男	女	小计	男	女	小计	男	女
总　计	**4116**	**2132**	**1984**	**2442**	**1229**	**1213**	**3006**	**1544**	**1462**
15岁以下	**66**	**14**	**52**	**23**	**5**	**18**	**41**	**7**	**34**
15–19岁	**1194**	**394**	**800**	**725**	**237**	**488**	**874**	**289**	**585**
15	109	28	81	55	9	46	93	29	64
16	134	32	102	88	24	64	119	27	92
17	244	82	162	131	35	96	138	34	104
18	308	93	215	174	48	126	224	70	154
19	399	159	240	277	121	156	300	129	171
20–24岁	**1815**	**1030**	**785**	**1071**	**566**	**505**	**1355**	**752**	**603**
20	460	216	244	252	112	140	357	172	185
21	382	199	183	233	125	108	320	166	154
22	364	218	146	235	125	110	281	163	118
23	324	206	118	173	99	74	210	121	89
24	285	191	94	178	105	73	187	130	57
25–29岁	**744**	**505**	**239**	**430**	**301**	**129**	**526**	**355**	**171**
25	228	158	70	147	101	46	148	95	53
26	171	108	63	84	60	24	132	88	44
27	155	110	45	91	69	22	106	80	26
28	109	71	38	62	42	20	80	52	28
29	81	58	23	46	29	17	60	40	20
30–34岁	**210**	**141**	**69**	**127**	**87**	**40**	**155**	**111**	**44**
30	63	45	18	39	29	10	59	41	18
31	55	38	17	25	15	10	31	22	9
32	49	31	18	32	24	8	25	19	6
33	26	17	9	19	12	7	18	12	6
34	17	10	7	12	7	5	22	17	5
35–39岁	**56**	**31**	**25**	**46**	**24**	**22**	**34**	**18**	**16**
35	20	12	8	7	2	5	7	4	3
36	14	7	7	9	6	3	9	6	3
37	10	6	4	13	8	5	6	2	4
38	9	4	5	11	5	6	6	2	4
39	3	2	1	6	3	3	6	4	2
40–44岁	**11**	**8**	**3**	**6**	**4**	**2**	**7**	**4**	**3**
40	2	1	1	2	1	1	1	1	
41	3	3		2	1	1	6	3	3
42	1	1		2	2				
43	4	2	2						
44	1	1							
45–49岁	**3**		**3**	**4**	**1**	**3**	**8**	**7**	**1**
45				1		1	1	1	
46							3	2	1
47				2	1	1	2	2	
48	1		1				1	1	
49	2		2	1		1	1	1	
50岁及以上	**17**	**9**	**8**	**10**	**4**	**6**	**6**	**1**	**5**
平均初婚年龄	**22.67**	**23.74**	**21.52**	**22.83**	**23.90**	**21.75**	**22.56**	**23.68**	**21.38**

5-4c 续表 8 单位：人

初婚年龄	初婚年份								
	2003年			2004年			2005年		
	小计	男	女	小计	男	女	小计	男	女
总　计	**2719**	**1411**	**1308**	**2595**	**1329**	**1266**	**2952**	**1543**	**1409**
15岁以下	**35**	**7**	**28**	**31**	**4**	**27**	**34**	**8**	**26**
15-19岁	**747**	**229**	**518**	**750**	**220**	**530**	**833**	**249**	**584**
15	77	12	65	78	14	64	97	22	75
16	117	28	89	108	24	84	105	27	78
17	152	46	106	170	38	132	174	43	131
18	173	45	128	177	57	120	211	57	154
19	228	98	130	217	87	130	246	100	146
20-24岁	**1224**	**676**	**548**	**1107**	**629**	**478**	**1275**	**739**	**536**
20	273	128	145	243	128	115	287	148	139
21	291	140	151	215	114	101	267	138	129
22	254	148	106	268	158	110	264	161	103
23	241	151	90	217	119	98	267	168	99
24	165	109	56	164	110	54	190	124	66
25-29岁	**490**	**352**	**138**	**494**	**343**	**151**	**503**	**347**	**156**
25	148	103	45	163	113	50	152	105	47
26	111	78	33	120	84	36	125	83	42
27	83	63	20	82	57	25	99	76	23
28	81	60	21	70	49	21	68	41	27
29	67	48	19	59	40	19	59	42	17
30-34岁	**156**	**103**	**53**	**132**	**93**	**39**	**202**	**137**	**65**
30	51	36	15	35	23	12	67	48	19
31	37	22	15	41	31	10	50	34	16
32	28	19	9	22	14	8	40	26	14
33	22	13	9	17	10	7	22	16	6
34	18	13	5	17	15	2	23	13	10
35-39岁	**40**	**28**	**12**	**55**	**30**	**25**	**60**	**42**	**18**
35	12	10	2	22	13	9	19	10	9
36	10	6	4	6	4	2	17	12	5
37	7	5	2	14	10	4	9	8	1
38	5	3	2	10	2	8	5	3	2
39	6	4	2	3	1	2	10	9	1
40-44岁	**14**	**9**	**5**	**11**	**3**	**8**	**20**	**10**	**10**
40	7	5	2	2		2	9	6	3
41	2	1	1	4	2	2	3	2	1
42	2		2	4	1	3	4		4
43	2	2		1		1	1		1
44	1	1					3	2	1
45-49岁	**2**	**1**	**1**	**6**	**3**	**3**	**7**	**1**	**6**
45	1		1				4		4
46	1	1		1		1	2	1	1
47				1	1				
48				3	2	1	1		1
49				1		1			
50岁及以上	**11**	**6**	**5**	**9**	**4**	**5**	**18**	**10**	**8**
平均初婚年龄	**22.86**	**24.15**	**21.47**	**22.90**	**24.08**	**21.66**	**23.12**	**24.32**	**21.80**

5-4c 续表 9

单位：人

初婚年龄	初婚年份								
	2006年			2007年			2008年		
	小计	男	女	小计	男	女	小计	男	女
总　计	**2711**	**1401**	**1310**	**2696**	**1392**	**1304**	**3004**	**1547**	**1457**
15岁以下	**22**	**3**	**19**	**17**	**2**	**15**	**18**	**1**	**17**
15-19岁	**819**	**243**	**576**	**812**	**249**	**563**	**870**	**275**	**595**
15	65	14	51	54	12	42	51	5	46
16	107	18	89	87	16	71	97	25	72
17	155	42	113	194	47	147	168	39	129
18	228	64	164	205	60	145	262	72	190
19	264	105	159	272	114	158	292	134	158
20-24岁	**1132**	**653**	**479**	**1112**	**632**	**480**	**1209**	**680**	**529**
20	262	124	138	306	148	158	344	160	184
21	223	114	109	235	138	97	278	156	122
22	226	133	93	208	118	90	224	135	89
23	216	141	75	189	123	66	200	121	79
24	205	141	64	174	105	69	163	108	55
25-29岁	**485**	**331**	**154**	**507**	**342**	**165**	**529**	**350**	**179**
25	157	109	48	171	112	59	138	90	48
26	99	64	35	122	78	44	126	83	43
27	98	64	34	85	63	22	100	61	39
28	66	42	24	74	50	24	93	66	27
29	65	52	13	55	39	16	72	50	22
30-34岁	**173**	**116**	**57**	**156**	**103**	**53**	**213**	**140**	**73**
30	54	34	20	35	21	14	62	39	23
31	42	25	17	26	22	4	41	30	11
32	26	16	10	42	32	10	50	35	15
33	29	23	6	33	19	14	38	17	21
34	22	18	4	20	9	11	22	19	3
35-39岁	**50**	**37**	**13**	**63**	**49**	**14**	**96**	**65**	**31**
35	11	6	5	19	18	1	23	16	7
36	12	11	1	21	14	7	25	15	10
37	13	10	3	9	8	1	14	9	5
38	7	5	2	9	5	4	16	12	4
39	7	5	2	5	4	1	18	13	5
40-44岁	**14**	**9**	**5**	**16**	**9**	**7**	**42**	**21**	**21**
40	7	4	3	6	3	3	10	4	6
41	3	2	1	2	2		15	6	9
42				4	3	1	9	6	3
43	1	1		2		2	3	2	1
44	3	2	1	2	1	1	5	3	2
45-49岁	**3**	**2**	**1**	**4**	**1**	**3**	**14**	**6**	**8**
45				1		1	6	2	4
46				2	1	1	2	1	1
47							5	2	3
48	2	2		1		1	1	1	
49	1		1						
50岁及以上	**13**	**7**	**6**	**9**	**5**	**4**	**13**	**9**	**4**
平均初婚年龄	**23.03**	**24.40**	**21.55**	**23.01**	**24.27**	**21.68**	**23.55**	**24.80**	**22.23**

5−4c 续表 10　　　　　　　　　　　　　　　　　　　　　　　　　　　　单位：人

初婚年龄	初婚年份								
	2009年			2010年			2011年		
	小计	男	女	小计	男	女	小计	男	女
总　计	**2875**	**1470**	**1405**	**3261**	**1651**	**1610**	**2491**	**1269**	**1222**
15岁以下	**23**	**2**	**21**	**22**	**2**	**20**	**19**	**4**	**15**
15−19岁	**812**	**236**	**576**	**908**	**285**	**623**	**634**	**187**	**447**
15	48	10	38	79	13	66	57	8	49
16	95	12	83	126	29	97	74	14	60
17	138	28	110	163	47	116	120	33	87
18	225	64	161	247	82	165	173	53	120
19	306	122	184	293	114	179	210	79	131
20−24岁	**1139**	**637**	**502**	**1329**	**730**	**599**	**1105**	**626**	**479**
20	286	148	138	358	168	190	254	116	138
21	253	133	120	312	163	149	241	120	121
22	257	148	109	261	159	102	245	148	97
23	185	112	73	215	128	87	195	133	62
24	158	96	62	183	112	71	170	109	61
25−29岁	**544**	**349**	**195**	**554**	**353**	**201**	**389**	**239**	**150**
25	135	86	49	138	85	53	112	64	48
26	121	75	46	121	79	42	88	56	32
27	129	78	51	128	87	41	57	37	20
28	88	62	26	95	59	36	69	46	23
29	71	48	23	72	43	29	63	36	27
30−34岁	**198**	**135**	**63**	**232**	**159**	**73**	**186**	**127**	**59**
30	48	35	13	68	47	21	51	32	19
31	48	35	13	57	45	12	45	34	11
32	28	20	8	48	27	21	31	22	9
33	46	28	18	23	18	5	33	24	9
34	28	17	11	36	22	14	26	15	11
35−39岁	**92**	**69**	**23**	**117**	**67**	**50**	**77**	**48**	**29**
35	24	19	5	32	20	12	16	8	8
36	20	14	6	18	10	8	12	9	3
37	21	14	7	23	12	11	16	9	7
38	16	12	4	26	17	9	20	11	9
39	11	10	1	18	8	10	13	11	2
40−44岁	**43**	**30**	**13**	**55**	**36**	**19**	**35**	**17**	**18**
40	11	8	3	14	9	5	11	6	5
41	8	6	2	16	13	3	5	2	3
42	5	2	3	10	5	5	6	2	4
43	10	6	4	8	7	1	6	3	3
44	9	8	1	7	2	5	7	4	3
45−49岁	**14**	**8**	**6**	**21**	**10**	**11**	**29**	**13**	**16**
45	4	2	2	6	3	3	3	1	2
46	3		3	3	1	2	9	2	7
47	5	4	1	4	4		8	4	4
48	2	2		4	1	3	5	3	2
49				4	1	3	4	3	1
50岁及以上	**10**	**4**	**6**	**23**	**9**	**14**	**17**	**8**	**9**
平均初婚年龄	**23.68**	**25.11**	**22.17**	**23.78**	**24.94**	**22.60**	**23.92**	**25.01**	**22.78**

5-4c　续表 11　　　　　　　　　　　　单位：人

初婚年龄	初婚年份								
	2012年			2013年			2014年		
	小计	男	女	小计	男	女	小计	男	女
总　计	**2768**	**1428**	**1340**	**2760**	**1416**	**1344**	**2632**	**1360**	**1272**
15岁以下	**14**		**14**	**24**	**3**	**21**	**11**		**11**
15—19岁	**693**	**217**	**476**	**703**	**223**	**480**	**584**	**177**	**407**
15	58	11	47	46	3	43	38	5	33
16	103	21	82	93	20	73	64	9	55
17	123	36	87	148	38	110	95	24	71
18	182	59	123	183	66	117	172	53	119
19	227	90	137	233	96	137	215	86	129
20—24岁	**1173**	**653**	**520**	**1155**	**638**	**517**	**1116**	**614**	**502**
20	266	123	143	243	121	122	235	102	133
21	247	134	113	257	135	122	225	115	110
22	278	159	119	234	122	112	227	122	105
23	194	125	69	233	144	89	242	144	98
24	188	112	76	188	116	72	187	131	56
25—29岁	**475**	**294**	**181**	**486**	**316**	**170**	**544**	**324**	**220**
25	162	103	59	149	103	46	154	81	73
26	94	58	36	118	84	34	115	72	43
27	71	41	30	71	45	26	111	73	38
28	78	45	33	83	43	40	99	56	43
29	70	47	23	65	41	24	65	42	23
30—34岁	**214**	**146**	**68**	**217**	**138**	**79**	**179**	**116**	**63**
30	56	34	22	58	37	21	46	34	12
31	50	34	16	55	29	26	38	24	14
32	51	38	13	40	25	15	41	23	18
33	30	21	9	41	31	10	34	21	13
34	27	19	8	23	16	7	20	14	6
35—39岁	**88**	**53**	**35**	**88**	**45**	**43**	**99**	**69**	**30**
35	20	14	6	21	11	10	27	18	9
36	18	9	9	18	9	9	20	15	5
37	16	8	8	15	10	5	14	7	7
38	17	10	7	19	9	10	21	16	5
39	17	12	5	15	6	9	17	13	4
40—44岁	**65**	**38**	**27**	**51**	**29**	**22**	**54**	**32**	**22**
40	18	12	6	17	11	6	8	4	4
41	12	6	6	11	5	6	12	8	4
42	13	6	7	7	2	5	17	9	8
43	17	12	5	5	4	1	10	7	3
44	5	2	3	11	7	4	7	4	3
45—49岁	**25**	**16**	**9**	**22**	**17**	**5**	**29**	**19**	**10**
45	7	5	2	5	3	2	9	5	4
46	6	3	3	6	5	1	5	3	2
47	3	2	1	5	4	1	8	7	1
48	7	5	2	3	3		5	2	3
49	2	1	1	3	2	1	2	2	
50岁及以上	**21**	**11**	**10**	**14**	**7**	**7**	**16**	**9**	**7**
平均初婚年龄	**24.18**	**25.36**	**22.93**	**24.01**	**25.11**	**22.85**	**24.53**	**25.76**	**23.20**

5-4c 续表 12

单位：人

初婚年龄	初婚年份								
	2015年			2016年			2017年		
	小计	男	女	小计	男	女	小计	男	女
总　计	**2722**	**1371**	**1351**	**2251**	**1130**	**1121**	**2186**	**1084**	**1102**
15岁以下	**12**		**12**	**9**		**9**	**7**	**2**	**5**
15-19岁	**607**	**160**	**447**	**415**	**93**	**322**	**397**	**86**	**311**
15	40	6	34	30		30	22	2	20
16	77	10	67	58	7	51	34	2	32
17	128	23	105	75	16	59	77	9	68
18	171	47	124	132	26	106	128	26	102
19	191	74	117	120	44	76	136	47	89
20-24岁	**1080**	**583**	**497**	**908**	**456**	**452**	**806**	**412**	**394**
20	231	110	121	185	82	103	147	52	95
21	215	116	99	174	74	100	174	98	76
22	213	114	99	199	115	84	170	86	84
23	206	114	92	179	89	90	165	89	76
24	215	129	86	171	96	75	150	87	63
25-29岁	**612**	**382**	**230**	**562**	**367**	**195**	**582**	**351**	**231**
25	197	116	81	174	107	67	151	94	57
26	153	95	58	154	106	48	130	80	50
27	111	70	41	100	63	37	141	87	54
28	81	54	27	70	46	24	92	50	42
29	70	47	23	64	45	19	68	40	28
30-34岁	**197**	**121**	**76**	**171**	**101**	**70**	**194**	**111**	**83**
30	57	37	20	52	35	17	58	29	29
31	37	20	17	35	18	17	39	21	18
32	34	22	12	36	25	11	39	23	16
33	34	18	16	28	12	16	30	19	11
34	35	24	11	20	11	9	28	19	9
35-39岁	**108**	**71**	**37**	**96**	**57**	**39**	**93**	**52**	**41**
35	28	16	12	21	17	4	24	11	13
36	24	14	10	23	14	9	16	8	8
37	18	14	4	21	14	7	22	12	10
38	20	13	7	19	9	10	14	11	3
39	18	14	4	12	3	9	17	10	7
40-44岁	**60**	**31**	**29**	**42**	**24**	**18**	**53**	**33**	**20**
40	19	9	10	9	5	4	13	8	5
41	15	9	6	9	6	3	12	8	4
42	11	5	6	11	5	6	12	6	6
43	10	7	3	3	2	1	7	6	1
44	5	1	4	10	6	4	9	5	4
45-49岁	**23**	**12**	**11**	**23**	**16**	**7**	**37**	**27**	**10**
45	7	4	3	9	9		9	8	1
46	6	3	3	5	2	3	11	8	3
47	4	3	1	2	2		5	3	2
48	3	2	1	4	2	2	4	3	1
49	3		3	3	1	2	8	5	3
50岁及以上	**23**	**11**	**12**	**25**	**16**	**9**	**17**	**10**	**7**
平均初婚年龄	**24.65**	**25.84**	**23.43**	**25.05**	**26.42**	**23.67**	**25.55**	**26.94**	**24.19**

5-4c　续表 13

单位：人

初婚年龄	初婚年份								
	2018年			2019年			2020年		
	小计	男	女	小计	男	女	小计	男	女
总　计	**2330**	**1104**	**1226**	**1815**	**896**	**919**	**1261**	**616**	**645**
15岁以下	**13**		**13**	**5**		**5**	**2**	**2**	
15-19岁	**418**	**86**	**332**	**326**	**75**	**251**	**149**	**32**	**117**
15	30	3	27	17	3	14	9	1	8
16	50	4	46	37	3	34	18	5	13
17	84	17	67	67	5	62	30	6	24
18	121	23	98	85	22	63	46	9	37
19	133	39	94	120	42	78	46	11	35
20-24岁	**915**	**442**	**473**	**649**	**342**	**307**	**365**	**184**	**181**
20	170	63	107	124	58	66	54	20	34
21	172	85	87	130	59	71	66	28	38
22	200	109	91	128	78	50	84	48	36
23	196	102	94	143	80	63	64	30	34
24	177	83	94	124	67	57	97	58	39
25-29岁	**606**	**364**	**242**	**500**	**283**	**217**	**362**	**193**	**169**
25	168	96	72	111	61	50	99	50	49
26	152	87	65	123	71	52	85	46	39
27	122	80	42	105	61	44	69	39	30
28	99	58	41	75	40	35	55	26	29
29	65	43	22	86	50	36	54	32	22
30-34岁	**167**	**92**	**75**	**153**	**100**	**53**	**155**	**89**	**66**
30	54	30	24	49	33	16	56	31	25
31	36	22	14	31	21	10	26	13	13
32	26	14	12	27	17	10	35	22	13
33	35	21	14	29	19	10	17	12	5
34	16	5	11	17	10	7	21	11	10
35-39岁	**98**	**64**	**34**	**68**	**35**	**33**	**75**	**39**	**36**
35	22	15	7	14	9	5	13	8	5
36	33	23	10	10	4	6	9	7	2
37	12	7	5	15	7	8	22	9	13
38	14	8	6	19	10	9	15	6	9
39	17	11	6	10	5	5	16	9	7
40-44岁	**53**	**23**	**30**	**54**	**27**	**27**	**73**	**39**	**34**
40	14	2	12	10	5	5	17	6	11
41	10	4	6	15	6	9	14	10	4
42	12	8	4	14	6	8	21	11	10
43	6	5	1	9	6	3	8	4	4
44	11	4	7	6	4	2	13	8	5
45-49岁	**39**	**22**	**17**	**36**	**21**	**15**	**29**	**11**	**18**
45	9	6	3	7	3	4	2	2	
46	7	4	3	11	6	5	8	3	5
47	8	2	6	3	3		4	2	2
48	9	6	3	7	3	4	7	2	5
49	6	4	2	8	6	2	8	2	6
50岁及以上	**21**	**11**	**10**	**24**	**13**	**11**	**51**	**27**	**24**
平均初婚年龄	**25.30**	**26.60**	**24.13**	**25.87**	**27.00**	**24.78**	**28.32**	**29.12**	**27.55**

5−5　全省分年龄、性别、初婚年龄的人口

单位：人

年　龄	初婚年龄					
	合　计			15岁以下		
	合计	男	女	小计	男	女
总　计	**356796**	**174693**	**182103**	**2482**	**426**	**2056**
20岁以下	**891**	**118**	**773**	**86**	**8**	**78**
20−24岁	**7827**	**2563**	**5264**	**157**	**13**	**144**
20	726	149	577	19	2	17
21	1024	258	766	26		26
22	1493	446	1047	43	5	38
23	1916	684	1232	25	4	21
24	2668	1026	1642	44	2	42
25−29岁	**26189**	**11530**	**14659**	**209**	**32**	**177**
25	3637	1470	2167	48	5	43
26	4309	1805	2504	37	6	31
27	5311	2295	3016	31	3	28
28	6177	2836	3341	44	9	35
29	6755	3124	3631	49	9	40
30−34岁	**40685**	**19842**	**20843**	**337**	**73**	**264**
30	8421	4005	4416	62	15	47
31	8423	4122	4301	70	14	56
32	7726	3717	4009	58	11	47
33	8502	4208	4294	73	16	57
34	7613	3790	3823	74	17	57
35−39岁	**36558**	**18209**	**18349**	**216**	**50**	**166**
35	6839	3360	3479	64	18	46
36	6825	3383	3442	40	7	33
37	6760	3373	3387	37	8	29
38	8373	4177	4196	37	9	28
39	7761	3916	3845	38	8	30
40−44岁	**42029**	**21342**	**20687**	**263**	**55**	**208**
40	7996	4034	3962	43	8	35
41	8355	4220	4135	51	13	38
42	8320	4276	4044	59	14	45
43	8213	4147	4066	47	10	37
44	9145	4665	4480	63	10	53
45−49岁	**49392**	**25272**	**24120**	**219**	**52**	**167**
45	9100	4524	4576	48	12	36
46	9833	5034	4799	49	12	37
47	10285	5295	4990	53	9	44
48	10066	5263	4803	33	9	24
49	10108	5156	4952	36	10	26
50−54岁	**48967**	**24946**	**24021**	**249**	**40**	**209**
50	10536	5294	5242	53	7	46
51	10107	5161	4946	47	9	38
52	10364	5338	5026	48	8	40
53	8765	4457	4308	48	7	41
54	9195	4696	4499	53	9	44
55−59岁	**36121**	**18295**	**17826**	**171**	**25**	**146**
55	8874	4520	4354	43	8	35
56	8760	4440	4320	39	8	31
57	8796	4434	4362	37	2	35
58	6798	3456	3342	35	3	32
59	2893	1445	1448	17	4	13
60−64岁	**19866**	**10065**	**9801**	**135**	**22**	**113**
60	3454	1798	1656	22	4	18
61	3382	1695	1687	16	2	14
62	4224	2160	2064	25	1	24
63	4518	2269	2249	40	4	36
64	4288	2143	2145	32	11	21
65岁及以上	**48271**	**22511**	**25760**	**440**	**56**	**384**

5-5 续表 1

单位：人

年 龄	初婚年龄								
	15岁			16岁			17岁		
	小计	男	女	小计	男	女	小计	男	女
总 计	**6544**	**1256**	**5288**	**10983**	**2263**	**8720**	**16945**	**4195**	**12750**
20岁以下	**151**	**18**	**133**	**215**	**19**	**196**	**229**	**32**	**197**
20-24岁	**380**	**47**	**333**	**608**	**88**	**520**	**820**	**166**	**654**
20	60	4	56	77	9	68	148	19	129
21	65	8	57	121	13	108	112	20	92
22	84	8	76	123	18	105	179	38	141
23	83	15	68	137	23	114	183	41	142
24	88	12	76	150	25	125	198	48	150
25-29岁	**484**	**91**	**393**	**777**	**156**	**621**	**1239**	**304**	**935**
25	112	19	93	143	29	114	232	58	174
26	112	20	92	162	33	129	218	56	162
27	91	18	73	175	30	145	267	73	194
28	74	15	59	166	37	129	252	58	194
29	95	19	76	131	27	104	270	59	211
30-34岁	**643**	**166**	**477**	**966**	**214**	**752**	**1502**	**355**	**1147**
30	121	29	92	177	29	148	311	68	243
31	134	36	98	206	49	157	303	74	229
32	110	26	84	185	39	146	293	70	223
33	156	41	115	197	47	150	328	69	259
34	122	34	88	201	50	151	267	74	193
35-39岁	**555**	**145**	**410**	**939**	**243**	**696**	**1487**	**408**	**1079**
35	140	33	107	169	47	122	244	53	191
36	138	36	102	198	53	145	245	62	183
37	101	18	83	205	51	154	319	90	229
38	96	30	66	198	53	145	388	113	275
39	80	28	52	169	39	130	291	90	201
40-44岁	**549**	**132**	**417**	**906**	**244**	**662**	**1403**	**399**	**1004**
40	108	29	79	171	46	125	275	71	204
41	122	32	90	184	47	137	294	88	206
42	109	27	82	184	47	137	250	78	172
43	99	26	73	159	44	115	300	96	204
44	111	18	93	208	60	148	284	66	218
45-49岁	**618**	**144**	**474**	**1042**	**283**	**759**	**1684**	**494**	**1190**
45	126	27	99	206	62	144	298	85	213
46	160	45	115	223	53	170	277	84	193
47	135	34	101	236	66	170	404	125	279
48	100	21	79	185	49	136	360	110	250
49	97	17	80	192	53	139	345	90	255
50-54岁	**592**	**138**	**454**	**1006**	**237**	**769**	**1747**	**462**	**1285**
50	131	28	103	197	36	161	343	87	256
51	126	27	99	255	66	189	356	90	266
52	106	27	79	216	62	154	380	104	276
53	115	29	86	158	42	116	321	74	247
54	114	27	87	180	31	149	347	107	240
55-59岁	**618**	**113**	**505**	**1089**	**200**	**889**	**1734**	**440**	**1294**
55	140	31	109	193	39	154	307	90	217
56	164	39	125	252	55	197	320	66	254
57	158	21	137	326	51	275	490	120	370
58	114	17	97	241	43	198	448	124	324
59	42	5	37	77	12	65	169	40	129
60-64岁	**429**	**52**	**377**	**752**	**118**	**634**	**1121**	**221**	**900**
60	63	2	61	96	14	82	140	22	118
61	69	5	64	108	21	87	173	30	143
62	71	11	60	162	22	140	236	55	181
63	102	12	90	202	34	168	291	60	231
64	124	22	102	184	27	157	281	54	227
65岁及以上	**1525**	**210**	**1315**	**2683**	**461**	**2222**	**3979**	**914**	**3065**

5-5 续表 2

单位：人

年 龄	初婚年龄								
	18岁			19岁			20岁		
	小计	男	女	小计	男	女	小计	男	女
总 计	**22905**	**6754**	**16151**	**29843**	**11352**	**18491**	**33519**	**14888**	**18631**
20岁以下	**160**	**34**	**126**	**50**	**7**	**43**			
20-24岁	**1133**	**269**	**864**	**1148**	**370**	**778**	**1130**	**422**	**708**
20	188	36	152	162	55	107	72	24	48
21	209	44	165	209	57	152	202	83	119
22	215	47	168	244	70	174	263	97	166
23	253	66	187	232	79	153	278	102	176
24	268	76	192	301	109	192	315	116	199
25-29岁	**1717**	**517**	**1200**	**2075**	**771**	**1304**	**2356**	**1013**	**1343**
25	299	92	207	353	126	227	399	172	227
26	329	95	234	381	141	240	443	175	268
27	309	89	220	439	170	269	474	210	264
28	400	122	278	428	156	272	526	238	288
29	380	119	261	474	178	296	514	218	296
30-34岁	**2074**	**569**	**1505**	**2696**	**1020**	**1676**	**3223**	**1392**	**1831**
30	478	130	348	580	237	343	687	285	402
31	413	113	300	595	229	366	652	294	358
32	386	96	290	492	185	307	681	291	390
33	434	131	303	548	199	349	641	282	359
34	363	99	264	481	170	311	562	240	322
35-39岁	**2020**	**565**	**1455**	**2540**	**954**	**1586**	**2907**	**1275**	**1632**
35	339	89	250	421	154	267	548	251	297
36	379	112	267	464	156	308	524	241	283
37	329	103	226	475	179	296	527	238	289
38	495	136	359	535	206	329	705	286	419
39	478	125	353	645	259	386	603	259	344
40-44岁	**2077**	**618**	**1459**	**3134**	**1182**	**1952**	**3766**	**1558**	**2208**
40	429	125	304	679	245	434	790	315	475
41	417	137	280	623	224	399	792	357	435
42	394	112	282	635	246	389	707	306	401
43	395	120	275	522	196	326	754	295	459
44	442	124	318	675	271	404	723	285	438
45-49岁	**2430**	**800**	**1630**	**3530**	**1302**	**2228**	**4318**	**1913**	**2405**
45	445	149	296	691	240	451	760	312	448
46	450	137	313	697	248	449	911	406	505
47	465	157	308	723	281	442	897	405	492
48	546	189	357	652	259	393	854	401	453
49	524	168	356	767	274	493	896	389	507
50-54岁	**2702**	**826**	**1876**	**4158**	**1507**	**2651**	**4906**	**2180**	**2726**
50	546	147	399	936	337	599	1025	445	580
51	503	161	342	822	305	517	1039	434	605
52	565	193	372	801	302	499	1033	474	559
53	531	155	376	731	254	477	911	423	488
54	557	170	387	868	309	559	898	404	494
55-59岁	**2262**	**645**	**1617**	**2997**	**1156**	**1841**	**3690**	**1666**	**2024**
55	502	136	366	724	252	472	1007	451	556
56	495	135	360	715	272	443	959	437	522
57	504	158	346	713	284	429	830	345	485
58	525	149	376	562	228	334	653	320	333
59	236	67	169	283	120	163	241	113	128
60-64岁	**1474**	**406**	**1068**	**1816**	**725**	**1091**	**1892**	**898**	**994**
60	231	70	161	324	144	180	350	169	181
61	238	55	183	266	102	164	373	177	196
62	277	70	207	377	128	249	396	185	211
63	364	113	251	373	153	220	393	183	210
64	364	98	266	476	198	278	380	184	196
65岁及以上	**4856**	**1505**	**3351**	**5699**	**2358**	**3341**	**5331**	**2571**	**2760**

5-5　续表 3　　　　单位：人

年　龄	初婚年龄								
	21岁			22岁			23岁		
	小计	男	女	小计	男	女	小计	男	女
总　计	**32475**	**15897**	**16578**	**33246**	**17704**	**15542**	**30770**	**16889**	**13881**
20岁以下									
20–24岁	**960**	**445**	**515**	**832**	**426**	**406**	**475**	**229**	**246**
20									
21	80	33	47						
22	223	100	123	119	63	56			
23	310	146	164	296	152	144	119	56	63
24	347	166	181	417	211	206	356	173	183
25–29岁	**2437**	**1139**	**1298**	**2667**	**1345**	**1322**	**2740**	**1358**	**1382**
25	378	165	213	469	224	245	492	234	258
26	417	200	217	467	238	229	494	251	243
27	508	233	275	506	251	255	520	246	274
28	554	259	295	600	315	285	605	313	292
29	580	282	298	625	317	308	629	314	315
30–34岁	**3196**	**1559**	**1637**	**3466**	**1862**	**1604**	**3346**	**1809**	**1537**
30	587	279	308	728	382	346	731	368	363
31	694	335	359	708	377	331	701	381	320
32	626	311	315	654	357	297	573	313	260
33	687	327	360	738	406	332	704	396	308
34	602	307	295	638	340	298	637	351	286
35–39岁	**2841**	**1337**	**1504**	**2934**	**1565**	**1369**	**2919**	**1616**	**1303**
35	522	273	249	549	293	256	602	308	294
36	559	255	304	526	282	244	518	304	214
37	508	234	274	585	316	269	499	279	220
38	638	289	349	673	367	306	678	383	295
39	614	286	328	601	307	294	622	342	280
40–44岁	**3898**	**1823**	**2075**	**4030**	**2056**	**1974**	**3625**	**1949**	**1676**
40	600	289	311	686	349	337	584	328	256
41	776	356	420	695	353	342	686	334	352
42	870	416	454	830	411	419	624	333	291
43	826	371	455	858	448	410	798	463	335
44	826	391	435	961	495	466	933	491	442
45–49岁	**4450**	**2067**	**2383**	**4767**	**2461**	**2306**	**4698**	**2482**	**2216**
45	787	354	433	892	425	467	899	459	440
46	905	422	483	914	471	443	900	480	420
47	967	446	521	1062	566	496	933	488	445
48	933	440	493	953	514	439	1006	522	484
49	858	405	453	946	485	461	960	533	427
50–54岁	**5113**	**2524**	**2589**	**4996**	**2659**	**2337**	**4543**	**2511**	**2032**
50	856	422	434	986	487	499	956	527	429
51	1064	526	538	911	504	407	893	499	394
52	1267	621	646	1060	567	493	874	456	418
53	946	466	480	1014	543	471	862	491	371
54	980	489	491	1025	558	467	958	538	420
55–59岁	**3640**	**1890**	**1750**	**4069**	**2253**	**1816**	**3662**	**2110**	**1552**
55	924	484	440	993	530	463	975	558	417
56	977	482	495	981	549	432	841	478	363
57	894	481	413	1044	577	467	858	486	372
58	601	326	275	752	424	328	717	419	298
59	244	117	127	299	173	126	271	169	102
60–64岁	**1846**	**948**	**898**	**1920**	**1062**	**858**	**1871**	**1122**	**749**
60	274	133	141	364	203	161	325	191	134
61	366	182	184	314	172	142	344	199	145
62	450	240	210	412	234	178	376	232	144
63	426	213	213	470	268	202	448	271	177
64	330	180	150	360	185	175	378	229	149
65岁及以上	**4094**	**2165**	**1929**	**3565**	**2015**	**1550**	**2891**	**1703**	**1188**

5-5 续表 4

单位：人

年龄	初婚年龄								
	24岁			25岁			26岁		
	小计	男	女	小计	男	女	小计	男	女
总　计	**28204**	**16078**	**12126**	**24054**	**14060**	**9994**	**19338**	**11666**	**7672**
20岁以下									
20-24岁	**184**	**88**	**96**						
20									
21									
22									
23									
24	184	88	96						
25-29岁	**2893**	**1396**	**1497**	**2638**	**1323**	**1315**	**2050**	**1062**	**988**
25	487	244	243	225	102	123			
26	548	250	298	462	227	235	239	113	126
27	599	274	325	613	307	306	541	278	263
28	598	272	326	669	360	309	616	325	291
29	661	356	305	669	327	342	654	346	308
30-34岁	**3554**	**1935**	**1619**	**3575**	**1881**	**1694**	**3197**	**1772**	**1425**
30	796	415	381	788	421	367	719	386	333
31	741	410	331	762	398	364	697	392	305
32	683	362	321	675	360	315	591	326	265
33	698	385	313	710	375	335	658	361	297
34	636	363	273	640	327	313	532	307	225
35-39岁	**2789**	**1585**	**1204**	**2630**	**1501**	**1129**	**2359**	**1349**	**1010**
35	533	285	248	525	291	234	492	260	232
36	543	301	242	511	282	229	442	259	183
37	520	305	215	499	277	222	434	259	175
38	604	338	266	584	343	241	524	302	222
39	589	356	233	511	308	203	467	269	198
40-44岁	**3159**	**1859**	**1300**	**2728**	**1577**	**1151**	**2230**	**1314**	**916**
40	580	352	228	540	320	220	449	264	185
41	598	354	244	575	328	247	425	257	168
42	592	357	235	545	322	223	417	238	179
43	595	328	267	520	288	232	452	270	182
44	794	468	326	548	319	229	487	285	202
45-49岁	**4265**	**2345**	**1920**	**3620**	**2120**	**1500**	**2908**	**1718**	**1190**
45	817	445	372	668	394	274	435	262	173
46	879	502	377	752	434	318	593	339	254
47	820	444	376	783	462	321	604	364	240
48	865	470	395	686	402	284	634	382	252
49	884	484	400	731	428	303	642	371	271
50-54岁	**4047**	**2333**	**1714**	**3249**	**1951**	**1298**	**2563**	**1650**	**913**
50	915	525	390	787	464	323	628	393	235
51	816	469	347	682	401	281	581	367	214
52	875	500	375	692	416	276	509	320	189
53	613	349	264	577	352	225	425	276	149
54	828	490	338	511	318	193	420	294	126
55-59岁	**3147**	**1907**	**1240**	**2329**	**1464**	**865**	**1556**	**1057**	**499**
55	842	495	347	571	347	224	310	221	89
56	794	482	312	576	349	227	399	266	133
57	707	430	277	593	402	191	428	281	147
58	542	333	209	410	265	145	274	194	80
59	262	167	95	179	101	78	145	95	50
60-64岁	**1605**	**1010**	**595**	**1193**	**828**	**365**	**942**	**685**	**257**
60	328	218	110	235	155	80	167	116	51
61	256	165	91	206	142	64	164	113	51
62	351	207	144	260	183	77	236	179	57
63	306	193	113	257	179	78	200	148	52
64	364	227	137	235	169	66	175	129	46
65岁及以上	**2561**	**1620**	**941**	**2092**	**1415**	**677**	**1533**	**1059**	**474**

5–5　续表 5　　　　单位：人

年　龄	初婚年龄								
	27岁			28岁			29岁		
	小计	男	女	小计	男	女	小计	男	女
总　计	**15016**	**9291**	**5725**	**11273**	**7024**	**4249**	**8426**	**5479**	**2947**
20岁以下									
20–24岁									
20									
21									
22									
23									
24									
25–29岁	**1216**	**669**	**547**	**539**	**274**	**265**	**152**	**80**	**72**
25									
26									
27	238	113	125						
28	473	268	205	172	89	83			
29	505	288	217	367	185	182	152	80	72
30–34岁	**2718**	**1546**	**1172**	**2249**	**1309**	**940**	**1636**	**992**	**644**
30	660	385	275	489	285	204	355	201	154
31	565	325	240	475	269	206	334	208	126
32	521	286	235	411	228	183	305	166	139
33	531	306	225	444	276	168	333	213	120
34	441	244	197	430	251	179	309	204	105
35–39岁	**2147**	**1209**	**938**	**1707**	**1008**	**699**	**1350**	**845**	**505**
35	427	233	194	316	191	125	269	178	91
36	365	202	163	355	204	151	263	162	101
37	381	207	174	320	191	129	268	172	96
38	516	311	205	385	224	161	288	173	115
39	458	256	202	331	198	133	262	160	102
40–44岁	**1884**	**1192**	**692**	**1543**	**952**	**591**	**1313**	**887**	**426**
40	372	229	143	353	229	124	293	179	114
41	408	247	161	307	170	137	268	186	82
42	396	252	144	289	184	105	263	180	83
43	340	216	124	309	191	118	220	152	68
44	368	248	120	285	178	107	269	190	79
45–49岁	**2267**	**1495**	**772**	**1664**	**1072**	**592**	**1190**	**793**	**397**
45	385	251	134	267	167	100	226	145	81
46	383	248	135	319	213	106	234	162	72
47	512	349	163	304	196	108	248	170	78
48	509	335	174	388	253	135	223	146	77
49	478	312	166	386	243	143	259	170	89
50–54岁	**1917**	**1249**	**668**	**1489**	**969**	**520**	**1139**	**747**	**392**
50	464	289	175	386	238	148	277	189	88
51	406	237	169	378	253	125	247	151	96
52	436	310	126	273	185	88	258	167	91
53	311	204	107	239	160	79	177	118	59
54	300	209	91	213	133	80	180	122	58
55–59岁	**1038**	**703**	**335**	**746**	**498**	**248**	**572**	**390**	**182**
55	251	166	85	187	125	62	159	110	49
56	206	141	65	184	125	59	144	96	48
57	305	210	95	151	101	50	136	91	45
58	197	133	64	149	104	45	97	70	27
59	79	53	26	75	43	32	36	23	13
60–64岁	**640**	**453**	**187**	**450**	**332**	**118**	**344**	**249**	**95**
60	117	83	34	80	53	27	83	58	25
61	124	80	44	86	66	20	45	36	9
62	150	107	43	90	67	23	80	56	24
63	135	95	40	107	81	26	64	46	18
64	114	88	26	87	65	22	72	53	19
65岁及以上	**1189**	**775**	**414**	**886**	**610**	**276**	**730**	**496**	**234**

5－5 续表 6

单位：人

年龄	初婚年龄								
	30岁			31岁			32岁		
	小计	男	女	小计	男	女	小计	男	女
总　计	**6231**	**4061**	**2170**	**4455**	**2915**	**1540**	**3559**	**2296**	**1263**
20岁以下									
20－24岁									
20									
21									
22									
23									
24									
25－29岁									
25									
26									
27									
28									
29									
30－34岁	**1166**	**702**	**464**	**599**	**348**	**251**	**337**	**204**	**133**
30	152	90	62						
31	272	160	112	101	58	43			
32	251	157	94	159	91	68	72	42	30
33	236	142	94	184	106	78	150	95	55
34	255	153	102	155	93	62	115	67	48
35－39岁	**993**	**637**	**356**	**773**	**471**	**302**	**686**	**426**	**260**
35	192	112	80	141	88	53	133	79	54
36	200	142	58	158	85	73	123	79	44
37	193	114	79	135	85	50	122	80	42
38	224	149	75	171	98	73	146	86	60
39	184	120	64	168	115	53	162	102	60
40－44岁	**1041**	**674**	**367**	**810**	**585**	**225**	**691**	**441**	**250**
40	232	142	90	158	110	48	149	94	55
41	211	140	71	177	132	45	141	88	53
42	240	167	73	164	124	40	141	84	57
43	175	116	59	165	108	57	119	75	44
44	183	109	74	146	111	35	141	100	41
45－49岁	**921**	**623**	**298**	**675**	**453**	**222**	**581**	**404**	**177**
45	215	148	67	130	90	40	146	102	44
46	210	147	63	154	102	52	122	89	33
47	167	109	58	134	84	50	113	84	29
48	171	117	54	137	90	47	99	62	37
49	158	102	56	120	87	33	101	67	34
50－54岁	**858**	**577**	**281**	**620**	**412**	**208**	**484**	**312**	**172**
50	192	133	59	98	62	36	103	67	36
51	205	142	63	130	94	36	95	66	29
52	188	121	67	138	101	37	127	77	50
53	153	100	53	130	80	50	68	47	21
54	120	81	39	124	75	49	91	55	36
55－59岁	**428**	**289**	**139**	**376**	**235**	**141**	**282**	**190**	**92**
55	122	72	50	108	69	39	77	53	24
56	120	82	38	109	70	39	73	47	26
57	98	69	29	78	45	33	66	49	17
58	68	49	19	54	34	20	45	27	18
59	20	17	3	27	17	10	21	14	7
60－64岁	**249**	**175**	**74**	**172**	**113**	**59**	**155**	**106**	**49**
60	43	31	12	34	23	11	23	17	6
61	41	31	10	27	16	11	19	13	6
62	47	34	13	38	29	9	34	21	13
63	57	35	22	35	21	14	49	34	15
64	61	44	17	38	24	14	30	21	9
65岁及以上	**575**	**384**	**191**	**430**	**298**	**132**	**343**	**213**	**130**

5-5　续表 7　　单位：人

年　龄	初婚年龄								
	33岁			34岁			35岁		
	小计	男	女	小计	男	女	小计	男	女
总　计	**2858**	**1872**	**986**	**2255**	**1432**	**823**	**1822**	**1176**	**646**
20岁以下									
20-24岁									
20									
21									
22									
23									
24									
25-29岁									
25									
26									
27									
28									
29									
30-34岁	**164**	**109**	**55**	**41**	**25**	**16**			
30									
31									
32									
33	52	35	17						
34	112	74	38	41	25	16			
35-39岁	**542**	**331**	**211**	**434**	**254**	**180**	**321**	**176**	**145**
35	102	64	38	81	45	36	30	15	15
36	104	65	39	87	44	43	54	31	23
37	89	53	36	63	40	23	76	41	35
38	139	88	51	102	62	40	96	48	48
39	108	61	47	101	63	38	65	41	24
40-44岁	**582**	**392**	**190**	**493**	**313**	**180**	**401**	**256**	**145**
40	114	80	34	97	63	34	71	42	29
41	126	86	40	110	71	39	98	64	34
42	116	77	39	91	64	27	93	59	34
43	103	70	33	87	45	42	57	40	17
44	123	79	44	108	70	38	82	51	31
45-49岁	**536**	**345**	**191**	**436**	**285**	**151**	**395**	**280**	**115**
45	123	68	55	91	52	39	85	56	29
46	118	68	50	82	57	25	87	68	19
47	108	81	27	94	60	34	76	45	31
48	95	65	30	87	60	27	76	61	15
49	92	63	29	82	56	26	71	50	21
50-54岁	**359**	**239**	**120**	**261**	**184**	**77**	**206**	**133**	**73**
50	93	60	33	72	53	19	58	36	22
51	68	49	19	49	32	17	52	36	16
52	62	42	20	57	39	18	35	22	13
53	66	44	22	40	31	9	27	18	9
54	70	44	26	43	29	14	34	21	13
55-59岁	**276**	**182**	**94**	**238**	**154**	**84**	**186**	**126**	**60**
55	85	56	29	66	42	24	45	32	13
56	62	51	11	61	39	22	52	31	21
57	61	36	25	52	33	19	43	32	11
58	50	28	22	40	31	9	29	18	11
59	18	11	7	19	9	10	17	13	4
60-64岁	**122**	**90**	**32**	**86**	**49**	**37**	**72**	**46**	**26**
60	21	16	5	14	4	10	17	12	5
61	19	13	6	18	10	8	13	8	5
62	23	12	11	12	9	3	16	8	8
63	32	26	6	15	11	4	14	9	5
64	27	23	4	27	15	12	12	9	3
65岁及以上	**277**	**184**	**93**	**266**	**168**	**98**	**241**	**159**	**82**

5-5 续表 8

单位：人

年龄	初婚年龄								
	36岁			37岁			38岁		
	小计	男	女	小计	男	女	小计	男	女
总 计	**1431**	**889**	**542**	**1215**	**736**	**479**	**1016**	**624**	**392**
20岁以下									
20-24岁									
20									
21									
22									
23									
24									
25-29岁									
25									
26									
27									
28									
29									
30-34岁									
30									
31									
32									
33									
34									
35-39岁	**215**	**118**	**97**	**147**	**78**	**69**	**89**	**56**	**33**
35									
36	29	19	10						
37	47	20	27	28	13	15			
38	73	42	31	50	25	25	28	16	12
39	66	37	29	69	40	29	61	40	21
40-44岁	**325**	**197**	**128**	**280**	**163**	**117**	**247**	**149**	**98**
40	53	32	21	52	27	25	54	32	22
41	77	47	30	63	36	27	37	21	16
42	60	41	19	64	37	27	42	21	21
43	61	32	29	46	25	21	61	35	26
44	74	45	29	55	38	17	53	40	13
45-49岁	**285**	**185**	**100**	**302**	**191**	**111**	**246**	**158**	**88**
45	48	26	22	53	29	24	44	28	16
46	50	26	24	63	40	23	59	34	25
47	64	45	19	53	33	20	45	26	19
48	55	39	16	73	50	23	51	39	12
49	68	49	19	60	39	21	47	31	16
50-54岁	**214**	**145**	**69**	**162**	**111**	**51**	**153**	**96**	**57**
50	51	34	17	41	29	12	48	32	16
51	43	28	15	38	26	12	29	17	12
52	51	36	15	28	18	10	21	17	4
53	39	25	14	29	20	9	25	15	10
54	30	22	8	26	18	8	30	15	15
55-59岁	**113**	**61**	**52**	**107**	**70**	**37**	**90**	**53**	**37**
55	20	10	10	20	15	5	20	12	8
56	26	11	15	28	20	8	12	9	3
57	33	18	15	25	11	14	21	12	9
58	19	13	6	20	15	5	31	17	14
59	15	9	6	14	9	5	6	3	3
60-64岁	**62**	**42**	**20**	**57**	**33**	**24**	**60**	**37**	**23**
60	10	9	1	6	2	4	9	5	4
61	12	8	4	12	5	7	15	11	4
62	8	6	2	11	6	5	10	6	4
63	16	8	8	18	12	6	9	5	4
64	16	11	5	10	8	2	17	10	7
65岁及以上	**217**	**141**	**76**	**160**	**90**	**70**	**131**	**75**	**56**

5-5　续表 9　　　　单位：人

年　龄	初婚年龄					
	39岁			40岁及以上		
	小计	男	女	小计	男	女
总　计	**863**	**537**	**326**	**5068**	**2933**	**2135**
20岁以下						
20–24岁						
20						
21						
22						
23						
24						
25–29岁						
25						
26						
27						
28						
29						
30–34岁						
30						
31						
32						
33						
34						
35–39岁	**18**	**7**	**11**			
35						
36						
37						
38						
39	18	7	11			
40–44岁	**212**	**128**	**84**	**439**	**247**	**192**
40	40	25	15	24	9	15
41	41	21	20	53	31	22
42	44	26	18	101	53	48
43	37	20	17	108	67	41
44	50	36	14	153	87	66
45–49岁	**250**	**154**	**96**	**1095**	**653**	**442**
45	53	36	17	162	100	62
46	43	25	18	199	122	77
47	48	25	23	237	141	96
48	52	34	18	243	144	99
49	54	34	20	254	146	108
50–54岁	**144**	**98**	**46**	**1090**	**656**	**434**
50	34	27	7	260	140	120
51	36	22	14	236	150	86
52	30	19	11	234	134	100
53	19	13	6	190	121	69
54	25	17	8	170	111	59
55–59岁	**56**	**36**	**20**	**649**	**382**	**267**
55	12	7	5	171	109	62
56	15	10	5	156	90	66
57	10	7	3	135	82	53
58	8	4	4	117	68	49
59	11	8	3	70	33	37
60–64岁	**56**	**30**	**26**	**345**	**213**	**132**
60	10	3	7	68	41	27
61	6	5	1	52	28	24
62	14	10	4	62	42	20
63	15	5	10	80	50	30
64	11	7	4	83	52	31
65岁及以上	**127**	**84**	**43**	**1450**	**782**	**668**

5-5a 全省分年龄、性别、初婚年龄的人口(城市)

单位：人

年龄	初婚年龄					
	合计			15岁以下		
	合计	男	女	小计	男	女
总计	**134636**	**65935**	**68701**	**385**	**61**	**324**
20岁以下	**152**	**18**	**134**	**12**	**1**	**11**
20-24岁	**1753**	**588**	**1165**	**15**	**1**	**14**
20	133	19	114	3	1	2
21	186	45	141	2		2
22	285	89	196	2		2
23	456	167	289	2		2
24	693	268	425	6		6
25-29岁	**9454**	**4150**	**5304**	**31**	**5**	**26**
25	1069	439	630	5		5
26	1375	559	816	10	2	8
27	1955	856	1099			
28	2402	1080	1322	7	3	4
29	2653	1216	1437	9		9
30-34岁	**16447**	**8034**	**8413**	**28**	**7**	**21**
30	3409	1624	1785	6	3	3
31	3404	1696	1708	9	3	6
32	3125	1503	1622	4		4
33	3415	1663	1752	4	1	3
34	3094	1548	1546	5		5
35-39岁	**13351**	**6676**	**6675**	**27**	**8**	**19**
35	2615	1307	1308	11	3	8
36	2518	1235	1283	3		3
37	2490	1245	1245	4	2	2
38	3035	1517	1518	5	2	3
39	2693	1372	1321	4	1	3
40-44岁	**14846**	**7418**	**7428**	**45**	**7**	**38**
40	2756	1386	1370	6	2	4
41	2936	1403	1533	10		10
42	2980	1506	1474	11	2	9
43	2899	1442	1457	10	2	8
44	3275	1681	1594	8	1	7
45-49岁	**18360**	**9464**	**8896**	**25**	**6**	**19**
45	3176	1586	1590	5	1	4
46	3590	1843	1747	5	2	3
47	3824	1989	1835	3	1	2
48	3926	2087	1839	4	1	3
49	3844	1959	1885	8	1	7
50-54岁	**19118**	**9604**	**9514**	**38**	**5**	**33**
50	4067	2049	2018	8	1	7
51	3967	2012	1955	10	2	8
52	4063	2004	2059	4	1	3
53	3421	1709	1712	10		10
54	3600	1830	1770	6	1	5
55-59岁	**14607**	**7397**	**7210**	**22**	**3**	**19**
55	3552	1760	1792	5		5
56	3630	1868	1762	6	1	5
57	3644	1882	1762	3	1	2
58	2631	1309	1322	7		7
59	1150	578	572	1	1	
60-64岁	**8142**	**4122**	**4020**	**22**	**3**	**19**
60	1482	757	725	3		3
61	1509	744	765	1		1
62	1761	927	834	3		3
63	1784	887	897	10		10
64	1606	807	799	5	3	2
65岁及以上	**18406**	**8464**	**9942**	**120**	**15**	**105**

5−5a　续表 1　　　　　　　　　　　　　　　　　　　　　　　　　　　　　单位：人

年　龄	初婚年龄								
	15岁			16岁			17岁		
	小计	男	女	小计	男	女	小计	男	女
总　计	**1177**	**236**	**941**	**2187**	**421**	**1766**	**3517**	**774**	**2743**
20岁以下	**23**	**1**	**22**	**42**	**4**	**38**	**37**	**6**	**31**
20−24岁	**60**	**4**	**56**	**93**	**5**	**88**	**114**	**23**	**91**
20	12		12	12	1	11	21		21
21	8		8	13		13	22	4	18
22	17	1	16	24	1	23	21	5	16
23	8	2	6	19	1	18	24	5	19
24	15	1	14	25	2	23	26	9	17
25−29岁	**57**	**14**	**43**	**107**	**17**	**90**	**212**	**48**	**164**
25	15	4	11	17	5	12	30	5	25
26	11	3	8	17	1	16	35	10	25
27	10	2	8	25	2	23	50	14	36
28	10	2	8	24	6	18	44	12	32
29	11	3	8	24	3	21	53	7	46
30−34岁	**75**	**26**	**49**	**163**	**28**	**135**	**246**	**56**	**190**
30	9	2	7	34	3	31	47	12	35
31	19	9	10	34	3	31	45	10	35
32	11	5	6	33	5	28	54	14	40
33	17	4	13	32	8	24	71	15	56
34	19	6	13	30	9	21	29	5	24
35−39岁	**81**	**26**	**55**	**121**	**33**	**88**	**218**	**45**	**173**
35	26	9	17	23	6	17	38	7	31
36	22	4	18	28	10	18	35	11	24
37	9	2	7	26	5	21	47	6	41
38	14	4	10	23	7	16	69	16	53
39	10	7	3	21	5	16	29	5	24
40−44岁	**84**	**25**	**59**	**137**	**44**	**93**	**218**	**54**	**164**
40	15	5	10	25	5	20	39	6	33
41	19	4	15	22	8	14	51	11	40
42	16	6	10	34	12	22	41	16	25
43	14	5	9	17	6	11	41	8	33
44	20	5	15	39	13	26	46	13	33
45−49岁	**93**	**24**	**69**	**163**	**47**	**116**	**310**	**99**	**211**
45	17	3	14	20	6	14	48	18	30
46	18	9	9	37	10	27	48	14	34
47	23	6	17	40	11	29	79	22	57
48	15	3	12	37	10	27	68	23	45
49	20	3	17	29	10	19	67	22	45
50−54岁	**97**	**22**	**75**	**220**	**60**	**160**	**355**	**103**	**252**
50	26	6	20	46	16	30	67	15	52
51	17	4	13	64	20	44	76	19	57
52	10	2	8	44	14	30	76	22	54
53	24	9	15	22	3	19	55	13	42
54	20	1	19	44	7	37	81	34	47
55−59岁	**110**	**22**	**88**	**198**	**43**	**155**	**344**	**82**	**262**
55	22	3	19	34	9	25	59	17	42
56	32	10	22	55	14	41	68	15	53
57	30	2	28	51	8	43	85	21	64
58	20	4	16	38	9	29	96	23	73
59	6	3	3	20	3	17	36	6	30
60−64岁	**71**	**13**	**58**	**125**	**22**	**103**	**225**	**41**	**184**
60	7	1	6	9		9	24	8	16
61	9	2	7	21	4	17	33	6	27
62	15	2	13	28	7	21	40	10	30
63	18	2	16	38	7	31	59	4	55
64	22	6	16	29	4	25	69	13	56
65岁及以上	**426**	**59**	**367**	**818**	**118**	**700**	**1238**	**217**	**1021**

5-5a 续表 2

单位：人

年　龄	初婚年龄								
	18岁			19岁			20岁		
	小计	男	女	小计	男	女	小计	男	女
总　计	**5234**	**1361**	**3873**	**7409**	**2460**	**4949**	**9243**	**3395**	**5848**
20岁以下	**28**	**5**	**23**	**10**	**1**	**9**			
20-24岁	**176**	**42**	**134**	**227**	**69**	**158**	**244**	**78**	**166**
20	36	6	30	31	8	23	18	3	15
21	30	8	22	39	10	29	52	15	37
22	30	9	21	46	12	34	43	16	27
23	36	5	31	49	16	33	60	22	38
24	44	14	30	62	23	39	71	22	49
25-29岁	**316**	**78**	**238**	**450**	**159**	**291**	**570**	**217**	**353**
25	57	13	44	63	21	42	86	33	53
26	51	10	41	79	30	49	96	28	68
27	54	16	38	99	34	65	121	51	70
28	89	21	68	103	35	68	133	57	76
29	65	18	47	106	39	67	134	48	86
30-34岁	**428**	**117**	**311**	**635**	**204**	**431**	**804**	**308**	**496**
30	98	31	67	146	66	80	176	68	108
31	71	15	56	128	35	93	176	69	107
32	78	21	57	119	25	94	154	61	93
33	94	26	68	140	44	96	157	63	94
34	87	24	63	102	34	68	141	47	94
35-39岁	**384**	**96**	**288**	**519**	**145**	**374**	**707**	**257**	**450**
35	68	10	58	104	24	80	138	63	75
36	74	16	58	100	26	74	112	39	73
37	54	16	38	96	26	70	134	50	84
38	110	30	80	101	29	72	171	48	123
39	78	24	54	118	40	78	152	57	95
40-44岁	**353**	**91**	**262**	**627**	**201**	**426**	**889**	**290**	**599**
40	87	22	65	154	56	98	195	76	119
41	71	18	53	118	33	85	185	54	131
42	64	13	51	117	38	79	169	51	118
43	56	16	40	111	38	73	177	59	118
44	75	22	53	127	36	91	163	50	113
45-49岁	**521**	**183**	**338**	**791**	**277**	**514**	**1148**	**424**	**724**
45	87	27	60	130	46	84	190	58	132
46	88	27	61	160	52	108	246	95	151
47	111	42	69	164	67	97	234	92	142
48	129	49	80	166	60	106	245	98	147
49	106	38	68	171	52	119	233	81	152
50-54岁	**615**	**173**	**442**	**1059**	**337**	**722**	**1453**	**557**	**896**
50	119	32	87	225	77	148	273	100	173
51	122	33	89	209	69	140	320	119	201
52	119	37	82	213	71	142	304	119	185
53	127	35	92	187	56	131	287	121	166
54	128	36	92	225	64	161	269	98	171
55-59岁	**491**	**130**	**361**	**791**	**269**	**522**	**1101**	**390**	**711**
55	123	36	87	192	62	130	280	98	182
56	108	41	67	209	63	146	286	113	173
57	113	25	88	190	73	117	256	81	175
58	105	21	84	136	49	87	216	76	140
59	42	7	35	64	22	42	63	22	41
60-64岁	**328**	**68**	**260**	**451**	**148**	**303**	**552**	**199**	**353**
60	52	9	43	90	35	55	109	37	72
61	52	8	44	63	22	41	134	46	88
62	64	11	53	91	24	67	114	48	66
63	77	23	54	92	32	60	101	33	68
64	83	17	66	115	35	80	94	35	59
65岁及以上	**1594**	**378**	**1216**	**1849**	**650**	**1199**	**1775**	**675**	**1100**

5-5a　续表 3

单位：人

年　龄	初婚年龄								
	21岁			22岁			23岁		
	小计	男	女	小计	男	女	小计	男	女
总　计	**10869**	**4607**	**6262**	**13067**	**6199**	**6868**	**13721**	**6756**	**6965**
20岁以下									
20-24岁	**252**	**109**	**143**	**278**	**132**	**146**	**204**	**84**	**120**
20									
21	20	8	12						
22	60	26	34	42	19	23			
23	91	36	55	112	54	58	55	26	29
24	81	39	42	124	59	65	149	58	91
25-29岁	**713**	**297**	**416**	**940**	**454**	**486**	**1120**	**519**	**601**
25	106	39	67	152	68	84	192	86	106
26	117	48	69	152	72	80	191	86	105
27	138	62	76	185	81	104	219	103	116
28	182	69	113	215	109	106	262	120	142
29	170	79	91	236	124	112	256	124	132
30-34岁	**988**	**410**	**578**	**1228**	**603**	**625**	**1395**	**674**	**721**
30	192	84	108	255	116	139	322	133	189
31	202	86	116	255	124	131	295	144	151
32	192	71	121	228	118	110	226	110	116
33	218	93	125	261	130	131	288	153	135
34	184	76	108	229	115	114	264	134	130
35-39岁	**804**	**350**	**454**	**999**	**490**	**509**	**1085**	**532**	**553**
35	163	83	80	203	105	98	233	112	121
36	149	58	91	170	82	88	201	102	99
37	154	63	91	201	97	104	192	93	99
38	173	74	99	218	113	105	241	112	129
39	165	72	93	207	93	114	218	113	105
40-44岁	**1138**	**465**	**673**	**1401**	**616**	**785**	**1418**	**658**	**760**
40	165	69	96	227	98	129	196	88	108
41	229	97	132	237	99	138	265	106	159
42	265	105	160	298	117	181	263	121	142
43	243	95	148	305	143	162	310	163	147
44	236	99	137	334	159	175	384	180	204
45-49岁	**1423**	**586**	**837**	**1745**	**825**	**920**	**1865**	**878**	**987**
45	232	90	142	305	131	174	329	141	188
46	289	117	172	328	148	180	368	188	180
47	318	125	193	394	203	191	363	171	192
48	310	130	180	360	186	174	401	183	218
49	274	124	150	358	157	201	404	195	209
50-54岁	**1824**	**777**	**1047**	**2102**	**1007**	**1095**	**2136**	**1031**	**1105**
50	302	139	163	389	187	202	409	193	216
51	369	163	206	378	187	191	413	198	215
52	444	188	256	445	209	236	432	190	242
53	360	151	209	431	201	230	420	217	203
54	349	136	213	459	223	236	462	233	229
55-59岁	**1374**	**602**	**772**	**1873**	**885**	**988**	**1975**	**1016**	**959**
55	343	152	191	467	215	252	513	250	263
56	341	140	201	449	215	234	484	259	225
57	365	169	196	479	239	240	484	252	232
58	223	107	116	346	159	187	356	175	181
59	102	34	68	132	57	75	138	80	58
60-64岁	**742**	**297**	**445**	**945**	**416**	**529**	**1085**	**564**	**521**
60	127	47	80	175	70	105	191	99	92
61	158	56	102	179	79	100	207	105	102
62	174	76	98	198	92	106	233	127	106
63	173	70	103	230	109	121	247	127	120
64	110	48	62	163	66	97	207	106	101
65岁及以上	**1611**	**714**	**897**	**1556**	**771**	**785**	**1438**	**800**	**638**

5-5a 续表 4

单位：人

年 龄	初婚年龄								
	24岁			25岁			26岁		
	小计	男	女	小计	男	女	小计	男	女
总 计	**13641**	**7135**	**6506**	**12282**	**6689**	**5593**	**10290**	**5923**	**4367**
20岁以下									
20-24岁	**90**	**41**	**49**						
20									
21									
22									
23									
24	90	41	49						
25-29岁	**1381**	**612**	**769**	**1386**	**638**	**748**	**1093**	**538**	**555**
25	231	112	119	115	53	62			
26	250	106	144	231	102	129	135	61	74
27	297	128	169	330	153	177	285	142	143
28	292	114	178	366	180	186	322	167	155
29	311	152	159	344	150	194	351	168	183
30-34岁	**1690**	**832**	**858**	**1915**	**924**	**991**	**1858**	**966**	**892**
30	387	177	210	419	203	216	414	200	214
31	367	185	182	418	209	209	387	213	174
32	325	168	157	377	187	190	343	192	151
33	316	154	162	357	159	198	379	181	198
34	295	148	147	344	166	178	335	180	155
35-39岁	**1184**	**593**	**591**	**1237**	**649**	**588**	**1212**	**653**	**559**
35	233	119	114	241	122	119	281	141	140
36	224	105	119	260	130	130	213	120	93
37	228	122	106	224	115	109	220	127	93
38	271	132	139	280	161	119	267	144	123
39	228	115	113	232	121	111	231	121	110
40-44岁	**1326**	**696**	**630**	**1255**	**647**	**608**	**1074**	**569**	**505**
40	225	117	108	243	128	115	215	123	92
41	255	131	124	288	144	144	211	117	94
42	247	143	104	248	134	114	198	94	104
43	252	131	121	231	114	117	226	113	113
44	347	174	173	245	127	118	224	122	102
45-49岁	**1882**	**943**	**939**	**1685**	**931**	**754**	**1475**	**815**	**660**
45	348	176	172	294	162	132	217	122	95
46	351	175	176	346	184	162	293	160	133
47	379	179	200	339	193	146	310	173	137
48	427	223	204	344	188	156	315	186	129
49	377	190	187	362	204	158	340	174	166
50-54岁	**2015**	**1057**	**958**	**1659**	**923**	**736**	**1319**	**816**	**503**
50	430	221	209	378	206	172	339	205	134
51	404	216	188	334	185	149	292	179	113
52	456	219	237	371	197	174	257	142	115
53	322	171	151	297	160	137	214	135	79
54	403	230	173	279	175	104	217	155	62
55-59岁	**1779**	**1009**	**770**	**1338**	**789**	**549**	**876**	**584**	**292**
55	434	228	206	294	165	129	181	124	57
56	457	263	194	332	193	139	230	150	80
57	443	264	179	357	221	136	227	145	82
58	300	165	135	238	148	90	152	107	45
59	145	89	56	117	62	55	86	58	28
60-64岁	**947**	**527**	**420**	**707**	**459**	**248**	**586**	**410**	**176**
60	181	107	74	137	88	49	116	75	41
61	157	92	65	125	79	46	103	68	35
62	225	119	106	154	104	50	140	103	37
63	192	105	87	151	93	58	115	86	29
64	192	104	88	140	95	45	112	78	34
65岁及以上	**1347**	**825**	**522**	**1100**	**729**	**371**	**797**	**572**	**225**

5-5a　续表 5

单位：人

年　龄	初婚年龄								
	27岁			28岁			29岁		
	小计	男	女	小计	男	女	小计	男	女
总　计	**7914**	**4700**	**3214**	**5866**	**3621**	**2245**	**4252**	**2758**	**1494**
20岁以下									
20-24岁									
20									
21									
22									
23									
24									
25-29岁	**676**	**350**	**326**	**313**	**159**	**154**	**89**	**45**	**44**
25									
26									
27	142	68	74						
28	257	134	123	96	51	45			
29	277	148	129	217	108	109	89	45	44
30-34岁	**1559**	**831**	**728**	**1266**	**733**	**533**	**924**	**555**	**369**
30	365	209	156	264	152	112	187	106	81
31	336	187	149	267	162	105	183	111	72
32	302	153	149	244	127	117	178	96	82
33	308	164	144	262	159	103	186	113	73
34	248	118	130	229	133	96	190	129	61
35-39岁	**1149**	**605**	**544**	**891**	**517**	**374**	**670**	**406**	**264**
35	252	137	115	151	97	54	120	79	41
36	206	105	101	188	105	83	138	82	56
37	205	100	105	195	115	80	137	83	54
38	255	137	118	191	107	84	153	90	63
39	231	126	105	166	93	73	122	72	50
40-44岁	**952**	**552**	**400**	**758**	**443**	**315**	**641**	**426**	**215**
40	183	109	74	159	94	65	138	79	59
41	193	102	91	142	71	71	119	84	35
42	199	118	81	153	94	59	135	91	44
43	174	99	75	152	91	61	113	77	36
44	203	124	79	152	93	59	136	95	41
45-49岁	**1113**	**717**	**396**	**866**	**540**	**326**	**576**	**388**	**188**
45	186	124	62	129	71	58	116	79	37
46	183	111	72	164	103	61	104	74	30
47	250	166	84	160	104	56	114	76	38
48	265	170	95	202	131	71	111	75	36
49	229	146	83	211	131	80	131	84	47
50-54岁	**967**	**610**	**357**	**754**	**495**	**259**	**580**	**382**	**198**
50	233	136	97	199	122	77	143	101	42
51	210	112	98	204	136	68	124	77	47
52	220	156	64	136	95	41	137	88	49
53	155	105	50	104	70	34	87	55	32
54	149	101	48	111	72	39	89	61	28
55-59岁	**563**	**375**	**188**	**377**	**263**	**114**	**265**	**187**	**78**
55	145	97	48	95	65	30	71	48	23
56	111	68	43	86	65	21	68	51	17
57	162	111	51	79	56	23	64	46	18
58	101	67	34	77	53	24	43	30	13
59	44	32	12	40	24	16	19	12	7
60-64岁	**357**	**251**	**106**	**241**	**175**	**66**	**163**	**125**	**38**
60	66	49	17	47	31	16	46	31	15
61	85	56	29	52	38	14	21	18	3
62	76	55	21	51	35	16	38	31	7
63	70	47	23	48	37	11	27	21	6
64	60	44	16	43	34	9	31	24	7
65岁及以上	**578**	**409**	**169**	**400**	**296**	**104**	**344**	**244**	**100**

5-5a 续表 6

单位：人

年 龄	初婚年龄								
	30岁			31岁			32岁		
	小计	男	女	小计	男	女	小计	男	女
总 计	**2987**	**1986**	**1001**	**2097**	**1373**	**724**	**1626**	**1053**	**573**
20岁以下									
20-24岁									
20									
21									
22									
23									
24									
25-29岁									
25									
26									
27									
28									
29									
30-34岁	**649**	**405**	**244**	**328**	**188**	**140**	**162**	**103**	**59**
30	88	59	29						
31	155	97	58	57	34	23			
32	137	83	54	86	48	38	34	19	15
33	121	76	45	105	56	49	72	48	24
34	148	90	58	80	50	30	56	36	20
35-39岁	**500**	**324**	**176**	**391**	**242**	**149**	**339**	**214**	**125**
35	98	53	45	70	41	29	58	36	22
36	102	67	35	88	48	40	71	45	26
37	98	62	36	65	39	26	60	39	21
38	116	81	35	79	52	27	74	45	29
39	86	61	25	89	62	27	76	49	27
40-44岁	**501**	**327**	**174**	**392**	**280**	**112**	**321**	**193**	**128**
40	107	73	34	76	54	22	75	43	32
41	102	61	41	83	59	24	67	37	30
42	109	84	25	71	54	17	73	44	29
43	92	56	36	87	56	31	46	25	21
44	91	53	38	75	57	18	60	44	16
45-49岁	**440**	**308**	**132**	**316**	**205**	**111**	**285**	**202**	**83**
45	91	62	29	68	48	20	66	45	21
46	107	80	27	61	37	24	62	46	16
47	84	58	26	53	33	20	58	45	13
48	75	54	21	74	47	27	53	35	18
49	83	54	29	60	40	20	46	31	15
50-54岁	**362**	**243**	**119**	**270**	**181**	**89**	**221**	**134**	**87**
50	90	59	31	51	31	20	57	31	26
51	90	60	30	58	41	17	42	27	15
52	71	48	23	52	41	11	49	29	20
53	61	41	20	51	32	19	31	24	7
54	50	35	15	58	36	22	42	23	19
55-59岁	**185**	**127**	**58**	**153**	**95**	**58**	**117**	**82**	**35**
55	45	26	19	43	27	16	29	19	10
56	53	43	10	46	30	16	32	22	10
57	49	31	18	32	17	15	33	27	6
58	28	20	8	20	12	8	16	9	7
59	10	7	3	12	9	3	7	5	2
60-64岁	**119**	**84**	**35**	**83**	**50**	**33**	**68**	**47**	**21**
60	18	14	4	11	4	7	12	8	4
61	21	15	6	15	9	6	10	7	3
62	18	12	6	22	17	5	14	10	4
63	30	19	11	15	8	7	21	13	8
64	32	24	8	20	12	8	11	9	2
65岁及以上	**231**	**168**	**63**	**164**	**132**	**32**	**113**	**78**	**35**

5-5a 续表 7

单位：人

年 龄	初婚年龄								
	33岁			34岁			35岁		
	小计	男	女	小计	男	女	小计	男	女
总 计	**1307**	**880**	**427**	**1037**	**659**	**378**	**783**	**508**	**275**
20岁以下									
20-24岁									
20									
21									
22									
23									
24									
25-29岁									
25									
26									
27									
28									
29									
30-34岁	**84**	**52**	**32**	**22**	**12**	**10**			
30									
31									
32									
33	27	16	11						
34	57	36	21	22	12	10			
35-39岁	**259**	**169**	**90**	**212**	**125**	**87**	**148**	**72**	**76**
35	46	29	17	44	25	19	14	6	8
36	47	31	16	47	24	23	28	16	12
37	46	34	12	21	13	8	38	18	20
38	66	47	19	50	30	20	41	19	22
39	54	28	26	50	33	17	27	13	14
40-44岁	**269**	**185**	**84**	**246**	**151**	**95**	**187**	**124**	**63**
40	52	36	16	44	27	17	33	19	14
41	60	43	17	58	40	18	42	27	15
42	58	40	18	51	31	20	43	25	18
43	47	30	17	43	20	23	29	20	9
44	52	36	16	50	33	17	40	33	7
45-49岁	**281**	**187**	**94**	**217**	**141**	**76**	**191**	**132**	**59**
45	52	29	23	38	19	19	38	25	13
46	69	43	26	36	23	13	35	26	9
47	56	42	14	55	36	19	39	24	15
48	50	36	14	46	35	11	39	33	6
49	54	37	17	42	28	14	40	24	16
50-54岁	**157**	**102**	**55**	**113**	**77**	**36**	**89**	**59**	**30**
50	47	27	20	31	22	9	27	19	8
51	34	26	8	26	17	9	20	15	5
52	26	18	8	25	15	10	13	6	7
53	26	18	8	14	10	4	15	10	5
54	24	13	11	17	13	4	14	9	5
55-59岁	**112**	**74**	**38**	**103**	**67**	**36**	**65**	**46**	**19**
55	41	29	12	27	19	8	14	9	5
56	21	16	5	24	12	12	24	16	8
57	24	14	10	24	16	8	14	12	2
58	20	10	10	20	16	4	7	5	2
59	6	5	1	8	4	4	6	4	2
60-64岁	**55**	**45**	**10**	**36**	**23**	**13**	**26**	**19**	**7**
60	14	12	2	5	1	4	5	4	1
61	6	4	2	9	5	4	3	2	1
62	6	4	2	8	6	2	8	5	3
63	14	11	3	6	6		4	4	
64	15	14	1	8	5	3	6	4	2
65岁及以上	**90**	**66**	**24**	**88**	**63**	**25**	**77**	**56**	**21**

5－5a 续表 8

单位：人

年龄	初婚年龄								
	36岁			37岁			38岁		
	小计	男	女	小计	男	女	小计	男	女
总　计	**616**	**399**	**217**	**514**	**320**	**194**	**411**	**269**	**142**
20岁以下									
20－24岁									
20									
21									
22									
23									
24									
25－29岁									
25									
26									
27									
28									
29									
30－34岁									
30									
31									
32									
33									
34									
35－39岁	**105**	**60**	**45**	**68**	**37**	**31**	**40**	**28**	**12**
35									
36	12	9	3						
37	28	13	15	8	5	3			
38	31	17	14	24	11	13	12	9	3
39	34	21	13	36	21	15	28	19	9
40－44岁	**140**	**90**	**50**	**117**	**62**	**55**	**110**	**68**	**42**
40	24	17	7	21	10	11	27	17	10
41	29	17	12	25	11	14	19	10	9
42	19	16	3	25	11	14	20	10	10
43	32	15	17	17	10	7	25	15	10
44	36	25	11	29	20	9	19	16	3
45－49岁	**141**	**92**	**49**	**133**	**87**	**46**	**104**	**70**	**34**
45	30	19	11	27	13	14	23	14	9
46	20	11	9	29	20	9	30	16	14
47	37	22	15	22	14	8	17	13	4
48	22	18	4	33	25	8	16	13	3
49	32	22	10	22	15	7	18	14	4
50－54岁	**96**	**60**	**36**	**68**	**40**	**28**	**62**	**42**	**20**
50	22	13	9	16	10	6	18	10	8
51	18	13	5	19	13	6	11	8	3
52	28	19	9	14	7	7	11	9	2
53	17	9	8	10	4	6	11	7	4
54	11	6	5	9	6	3	11	8	3
55－59岁	**45**	**27**	**18**	**53**	**37**	**16**	**33**	**22**	**11**
55	8	4	4	12	11	1	5	3	2
56	9	6	3	12	10	2	6	6	
57	14	7	7	9	1	8	7	5	2
58	7	5	2	10	7	3	12	6	6
59	7	5	2	10	8	2	3	2	1
60－64岁	**25**	**18**	**7**	**21**	**16**	**5**	**19**	**14**	**5**
60	5	5		2	2		4	3	1
61	5	3	2	5	2	3	5	4	1
62	4	3	1	6	5	1	2	2	
63	5	3	2	4	3	1	1	1	
64	6	4	2	4	4		7	4	3
65岁及以上	**64**	**52**	**12**	**54**	**41**	**13**	**43**	**25**	**18**

5-5a　续表 9　　　　　　　　　　　　　　　　　　　　单位：人

年　龄	初婚年龄					
	39岁			40岁及以上		
	小计	男	女	小计	男	女
总　计	**321**	**207**	**114**	**1883**	**1185**	**698**
20岁以下						
20-24岁						
20						
21						
22						
23						
24						
25-29岁						
25						
26						
27						
28						
29						
30-34岁						
30						
31						
32						
33						
34						
35-39岁	**1**		**1**			
35						
36						
37						
38						
39	1		1			
40-44岁	**82**	**52**	**30**	**165**	**102**	**63**
40	18	11	7	7	2	5
41	15	6	9	21	13	8
42	18	14	4	35	22	13
43	11	7	4	38	28	10
44	20	14	6	64	37	27
45-49岁	**103**	**63**	**40**	**468**	**294**	**174**
45	20	13	7	70	44	26
46	20	12	8	93	60	33
47	18	8	10	104	63	41
48	25	16	9	94	59	35
49	20	14	6	107	68	39
50-54岁	**61**	**40**	**21**	**426**	**271**	**155**
50	11	8	3	111	62	49
51	17	11	6	86	62	24
52	13	6	7	93	56	37
53	12	9	3	71	43	28
54	8	6	2	65	48	17
55-59岁	**19**	**13**	**6**	**245**	**158**	**87**
55	5	3	2	65	41	24
56	5	3	2	76	43	33
57	3	3		47	35	12
58	1		1	36	26	10
59	5	4	1	21	13	8
60-64岁	**18**	**12**	**6**	**125**	**76**	**49**
60	4	3	1	22	14	8
61	1	1		29	13	16
62	4	3	1	25	16	9
63	5	2	3	31	21	10
64	4	3	1	18	12	6
65岁及以上	**37**	**27**	**10**	**454**	**284**	**170**

5-5b 全省分年龄、性别、初婚年龄的人口(镇)

单位：人

年龄	初婚年龄					
	合计			15岁以下		
	合计	男	女	小计	男	女
总计	**83985**	**41054**	**42931**	**749**	**139**	**610**
20岁以下	**196**	**26**	**170**	**22**	**2**	**20**
20-24岁	**1931**	**611**	**1320**	**48**	**4**	**44**
20	180	43	137	6	1	5
21	262	68	194	10		10
22	342	98	244	11	3	8
23	476	177	299	6		6
24	671	225	446	15		15
25-29岁	**6395**	**2767**	**3628**	**53**	**7**	**46**
25	902	344	558	13	3	10
26	1102	447	655	7		7
27	1311	547	764	8	1	7
28	1496	683	813	10		10
29	1584	746	838	15	3	12
30-34岁	**10320**	**4953**	**5367**	**119**	**31**	**88**
30	2110	994	1116	18	7	11
31	2137	1000	1137	25	6	19
32	1988	945	1043	22	5	17
33	2137	1066	1071	25	6	19
34	1948	948	1000	29	7	22
35-39岁	**9428**	**4600**	**4828**	**63**	**10**	**53**
35	1791	865	926	14	3	11
36	1762	859	903	16	1	15
37	1782	870	912	12	2	10
38	2064	1010	1054	10	2	8
39	2029	996	1033	11	2	9
40-44岁	**11005**	**5651**	**5354**	**83**	**20**	**63**
40	2111	1076	1035	14	3	11
41	2263	1153	1110	13	4	9
42	2180	1128	1052	17	5	12
43	2137	1093	1044	22	6	16
44	2314	1201	1113	17	2	15
45-49岁	**12050**	**6133**	**5917**	**79**	**21**	**58**
45	2306	1115	1191	17	7	10
46	2462	1268	1194	17	3	14
47	2444	1262	1182	18	3	15
48	2404	1230	1174	11	2	9
49	2434	1258	1176	16	6	10
50-54岁	**10985**	**5741**	**5244**	**67**	**14**	**53**
50	2545	1298	1247	12	2	10
51	2312	1237	1075	12	5	7
52	2270	1229	1041	14	3	11
53	1883	976	907	15	2	13
54	1975	1001	974	14	2	12
55-59岁	**7651**	**3862**	**3789**	**46**	**9**	**37**
55	1897	990	907	12	2	10
56	1831	930	901	9	3	6
57	1798	884	914	11		11
58	1504	768	736	10	3	7
59	621	290	331	4	1	3
60-64岁	**4085**	**2054**	**2031**	**40**	**7**	**33**
60	710	383	327	5	1	4
61	729	363	366	13	2	11
62	867	429	438	6		6
63	884	448	436	8	1	7
64	895	431	464	8	3	5
65岁及以上	**9939**	**4656**	**5283**	**129**	**14**	**115**

5-5b 续表 1

单位：人

年 龄	初婚年龄								
	15岁			16岁			17岁		
	小计	男	女	小计	男	女	小计	男	女
总 计	**1575**	**313**	**1262**	**2742**	**584**	**2158**	**4243**	**1066**	**3177**
20岁以下	**35**	**8**	**27**	**47**	**3**	**44**	**49**	**5**	**44**
20-24岁	**91**	**16**	**75**	**156**	**25**	**131**	**213**	**45**	**168**
20	15	1	14	18	2	16	34	6	28
21	15	2	13	31	5	26	32	6	26
22	20	4	16	33	6	27	39	8	31
23	18	4	14	40	9	31	54	14	40
24	23	5	18	34	3	31	54	11	43
25-29岁	**129**	**23**	**106**	**184**	**41**	**143**	**308**	**71**	**237**
25	32	4	28	35	7	28	56	8	48
26	33	4	29	41	10	31	66	13	53
27	24	9	15	40	9	31	69	21	48
28	19	2	17	43	10	33	62	12	50
29	21	4	17	25	5	20	55	17	38
30-34岁	**161**	**48**	**113**	**247**	**62**	**185**	**412**	**82**	**330**
30	34	9	25	38	10	28	84	11	73
31	31	8	23	62	19	43	93	20	73
32	29	11	18	54	11	43	76	17	59
33	41	13	28	45	12	33	88	13	75
34	26	7	19	48	10	38	71	21	50
35-39岁	**142**	**39**	**103**	**252**	**66**	**186**	**410**	**105**	**305**
35	36	9	27	51	16	35	72	13	59
36	33	9	24	64	20	44	65	13	52
37	27	7	20	54	11	43	89	24	65
38	27	7	20	44	12	32	107	30	77
39	19	7	12	39	7	32	77	25	52
40-44岁	**138**	**29**	**109**	**221**	**59**	**162**	**361**	**107**	**254**
40	30	6	24	38	8	30	71	23	48
41	30	10	20	48	12	36	73	21	52
42	26	5	21	39	13	26	78	22	56
43	24	4	20	43	9	34	73	22	51
44	28	4	24	53	17	36	66	19	47
45-49岁	**158**	**35**	**123**	**258**	**66**	**192**	**407**	**130**	**277**
45	39	9	30	46	11	35	75	21	54
46	39	11	28	64	16	48	70	21	49
47	34	6	28	59	11	48	75	31	44
48	25	4	21	37	12	25	98	35	63
49	21	5	16	52	16	36	89	22	67
50-54岁	**144**	**30**	**114**	**232**	**61**	**171**	**418**	**121**	**297**
50	39	9	30	41	7	34	82	20	62
51	35	10	25	58	18	40	87	27	60
52	22	3	19	51	14	37	97	31	66
53	25	7	18	42	13	29	76	19	57
54	23	1	22	40	9	31	76	24	52
55-59岁	**139**	**26**	**113**	**279**	**49**	**230**	**435**	**119**	**316**
55	37	10	27	42	5	37	75	26	49
56	34	8	26	63	17	46	75	16	59
57	35	3	32	80	10	70	129	36	93
58	23	5	18	70	13	57	110	28	82
59	10		10	24	4	20	46	13	33
60-64岁	**94**	**9**	**85**	**217**	**33**	**184**	**284**	**58**	**226**
60	11		11	29	7	22	36	3	33
61	19		19	35	4	31	56	12	44
62	14	2	12	47	7	40	62	17	45
63	24	3	21	59	9	50	64	16	48
64	26	4	22	47	6	41	66	10	56
65岁及以上	**344**	**50**	**294**	**649**	**119**	**530**	**946**	**223**	**723**

5−5b 续表 2　　单位：人

年　龄	初婚年龄								
	18岁			19岁			20岁		
	小计	男	女	小计	男	女	小计	男	女
总　计	**5460**	**1616**	**3844**	**6992**	**2640**	**4352**	**8034**	**3574**	**4460**
20岁以下	**33**	**6**	**27**	**10**	**2**	**8**			
20−24岁	**268**	**66**	**202**	**284**	**76**	**208**	**272**	**101**	**171**
20	43	10	33	39	12	27	25	11	14
21	50	13	37	51	10	41	45	18	27
22	55	10	45	59	17	42	54	19	35
23	63	18	45	61	19	42	66	23	43
24	57	15	42	74	18	56	82	30	52
25−29岁	**418**	**116**	**302**	**495**	**174**	**321**	**581**	**230**	**351**
25	62	14	48	83	27	56	96	40	56
26	97	24	73	82	19	63	116	37	79
27	78	20	58	103	47	56	106	45	61
28	92	30	62	109	36	73	138	61	77
29	89	28	61	118	45	73	125	47	78
30−34岁	**548**	**147**	**401**	**648**	**227**	**421**	**848**	**333**	**515**
30	121	33	88	128	48	80	178	67	111
31	111	29	82	146	55	91	180	68	112
32	97	25	72	122	41	81	175	68	107
33	111	37	74	120	44	76	169	64	105
34	108	23	85	132	39	93	146	66	80
35−39岁	**545**	**152**	**393**	**674**	**244**	**430**	**811**	**337**	**474**
35	94	27	67	98	35	63	150	60	90
36	94	35	59	141	45	96	145	62	83
37	91	28	63	142	56	86	161	72	89
38	125	31	94	119	41	78	192	78	114
39	141	31	110	174	67	107	163	65	98
40−44岁	**505**	**145**	**360**	**812**	**296**	**516**	**973**	**406**	**567**
40	111	36	75	181	58	123	210	78	132
41	90	27	63	166	57	109	219	105	114
42	95	26	69	167	64	103	186	81	105
43	95	27	68	125	44	81	169	69	100
44	114	29	85	173	73	100	189	73	116
45−49岁	**537**	**177**	**360**	**830**	**307**	**523**	**1033**	**462**	**571**
45	95	37	58	188	68	120	207	87	120
46	92	29	63	169	55	114	196	89	107
47	102	30	72	153	59	94	217	96	121
48	119	36	83	140	61	79	208	96	112
49	129	45	84	180	64	116	205	94	111
50−54岁	**637**	**195**	**442**	**953**	**371**	**582**	**1132**	**531**	**601**
50	136	28	108	242	89	153	257	124	133
51	111	41	70	181	72	109	232	103	129
52	129	49	80	168	65	103	234	118	116
53	124	36	88	167	68	99	206	92	114
54	137	41	96	195	77	118	203	94	109
55−59岁	**535**	**159**	**376**	**685**	**267**	**418**	**866**	**397**	**469**
55	111	36	75	170	64	106	254	125	129
56	116	25	91	141	50	91	226	99	127
57	118	36	82	170	66	104	165	71	94
58	121	41	80	148	63	85	161	80	81
59	69	21	48	56	24	32	60	22	38
60−64岁	**382**	**108**	**274**	**420**	**168**	**252**	**433**	**221**	**212**
60	62	20	42	80	33	47	81	46	35
61	63	14	49	59	19	40	93	51	42
62	70	16	54	86	36	50	84	33	51
63	96	31	65	95	40	55	77	43	34
64	91	27	64	100	40	60	98	48	50
65岁及以上	**1052**	**345**	**707**	**1181**	**508**	**673**	**1085**	**556**	**529**

5−5b　续表 3　　　　单位：人

年　龄	初婚年龄								
	21岁			22岁			23岁		
	小计	男	女	小计	男	女	小计	男	女
总　计	**7689**	**3774**	**3915**	**7748**	**4172**	**3576**	**7083**	**3966**	**3117**
20岁以下									
20−24岁	**222**	**98**	**124**	**211**	**99**	**112**	**113**	**60**	**53**
20									
21	28	14	14						
22	45	20	25	26	11	15			
23	70	36	34	75	40	35	23	14	9
24	79	28	51	110	48	62	90	46	44
25−29岁	**646**	**295**	**351**	**695**	**337**	**358**	**656**	**323**	**333**
25	97	47	50	132	56	76	122	55	67
26	115	58	57	129	70	59	121	67	54
27	138	50	88	124	58	66	127	58	69
28	132	62	70	138	73	65	151	78	73
29	164	78	86	172	80	92	135	65	70
30−34岁	**871**	**432**	**439**	**966**	**507**	**459**	**922**	**482**	**440**
30	165	75	90	202	116	86	188	101	87
31	182	96	86	206	103	103	187	89	98
32	169	89	80	188	95	93	178	95	83
33	189	86	103	194	105	89	191	108	83
34	166	86	80	176	88	88	178	89	89
35−39岁	**770**	**331**	**439**	**754**	**378**	**376**	**755**	**422**	**333**
35	138	63	75	143	73	70	173	87	86
36	156	69	87	137	73	64	123	70	53
37	146	68	78	138	71	67	121	66	55
38	167	64	103	180	87	93	168	99	69
39	163	67	96	156	74	82	170	100	70
40−44岁	**1087**	**483**	**604**	**1082**	**586**	**496**	**1009**	**571**	**438**
40	159	75	84	176	89	87	177	107	70
41	245	105	140	184	104	80	194	92	102
42	256	115	141	228	118	110	153	100	53
43	215	90	125	255	142	113	224	132	92
44	212	98	114	239	133	106	261	140	121
45−49岁	**1027**	**465**	**562**	**1168**	**598**	**570**	**1165**	**617**	**548**
45	192	85	107	213	98	115	226	109	117
46	200	98	102	214	116	98	230	121	109
47	211	95	116	262	133	129	225	117	108
48	214	99	115	237	122	115	256	129	127
49	210	88	122	242	129	113	228	141	87
50−54岁	**1158**	**595**	**563**	**1053**	**566**	**487**	**981**	**574**	**407**
50	223	107	116	211	99	112	226	139	87
51	244	123	121	208	122	86	199	129	70
52	287	156	131	229	133	96	178	98	80
53	188	94	94	213	115	98	176	99	77
54	216	115	101	192	97	95	202	109	93
55−59岁	**798**	**422**	**376**	**828**	**484**	**344**	**667**	**408**	**259**
55	197	101	96	200	111	89	187	117	70
56	229	122	107	189	118	71	144	88	56
57	184	100	84	227	123	104	130	74	56
58	135	72	63	158	98	60	150	92	58
59	53	27	26	54	34	20	56	37	19
60−64岁	**351**	**190**	**161**	**352**	**222**	**130**	**310**	**200**	**110**
60	52	28	24	69	45	24	51	30	21
61	65	33	32	56	37	19	70	48	22
62	105	55	50	69	40	29	55	34	21
63	72	41	31	81	57	24	63	42	21
64	57	33	24	77	43	34	71	46	25
65岁及以上	**759**	**463**	**296**	**639**	**395**	**244**	**505**	**309**	**196**

5－5b 续表 4

单位：人

年 龄	初婚年龄								
	24岁			25岁			26岁		
	小计	男	女	小计	男	女	小计	男	女
总 计	**6635**	**3846**	**2789**	**5496**	**3250**	**2246**	**4342**	**2633**	**1709**
20岁以下									
20－24岁	**53**	**21**	**32**						
20									
21									
22									
23									
24	53	21	32						
25－29岁	**697**	**340**	**357**	**598**	**310**	**288**	**504**	**262**	**242**
25	120	58	62	54	25	29			
26	132	62	70	109	56	53	54	27	27
27	147	62	85	150	76	74	140	66	74
28	146	70	76	149	84	65	155	78	77
29	152	88	64	136	69	67	155	91	64
30－34岁	**924**	**501**	**423**	**872**	**478**	**394**	**696**	**384**	**312**
30	198	89	109	189	103	86	162	92	70
31	195	114	81	164	93	71	159	84	75
32	181	90	91	167	94	73	124	59	65
33	193	114	79	182	101	81	153	94	59
34	157	94	63	170	87	83	98	55	43
35－39岁	**732**	**439**	**293**	**671**	**384**	**287**	**590**	**339**	**251**
35	138	79	59	153	87	66	120	65	55
36	144	79	65	114	68	46	113	62	51
37	149	92	57	148	79	69	105	65	40
38	138	85	53	136	74	62	130	75	55
39	163	104	59	120	76	44	122	72	50
40－44岁	**896**	**542**	**354**	**704**	**406**	**298**	**569**	**355**	**214**
40	178	119	59	142	85	57	111	68	43
41	180	108	72	137	79	58	112	68	44
42	176	102	74	144	80	64	99	65	34
43	160	84	76	151	82	69	111	73	38
44	202	129	73	130	80	50	136	81	55
45－49岁	**1144**	**625**	**519**	**931**	**542**	**389**	**728**	**436**	**292**
45	222	118	104	179	98	81	115	66	49
46	259	144	115	213	116	97	160	95	65
47	194	108	86	215	131	84	156	92	64
48	218	117	101	146	92	54	161	96	65
49	251	138	113	178	105	73	136	87	49
50－54岁	**896**	**522**	**374**	**718**	**461**	**257**	**538**	**356**	**182**
50	222	136	86	187	110	77	143	87	56
51	192	106	86	168	106	62	134	87	47
52	169	107	62	143	100	43	105	73	32
53	123	68	55	108	74	34	73	49	24
54	190	105	85	112	71	41	83	60	23
55－59岁	**590**	**375**	**215**	**435**	**278**	**157**	**287**	**196**	**91**
55	169	103	66	111	66	45	62	47	15
56	148	95	53	117	68	49	64	41	23
57	128	80	48	99	75	24	85	62	23
58	97	69	28	82	57	25	42	28	14
59	48	28	20	26	12	14	34	18	16
60－64岁	**260**	**189**	**71**	**182**	**129**	**53**	**151**	**116**	**35**
60	54	43	11	37	28	9	27	24	3
61	41	27	14	31	23	8	33	25	8
62	60	42	18	43	28	15	37	28	9
63	41	33	8	36	24	12	36	23	13
64	64	44	20	35	26	9	18	16	2
65岁及以上	**443**	**292**	**151**	**385**	**262**	**123**	**279**	**189**	**90**

5-5b　续表 5　　　　单位：人

年　龄	初婚年龄								
	27岁			28岁			29岁		
	小计	男	女	小计	男	女	小计	男	女
总　计	**3393**	**2123**	**1270**	**2608**	**1611**	**997**	**1969**	**1262**	**707**
20岁以下									
20-24岁									
20									
21									
22									
23									
24									
25-29岁	**281**	**163**	**118**	**121**	**60**	**61**	**29**	**15**	**14**
25									
26									
27	57	25	32						
28	112	67	45	40	20	20			
29	112	71	41	81	40	41	29	15	14
30-34岁	**610**	**364**	**246**	**539**	**316**	**223**	**373**	**226**	**147**
30	154	90	64	131	82	49	90	49	41
31	121	68	53	113	54	59	74	49	25
32	110	64	46	98	61	37	73	39	34
33	113	68	45	97	56	41	70	47	23
34	112	74	38	100	63	37	66	42	24
35-39岁	**520**	**308**	**212**	**419**	**248**	**171**	**337**	**221**	**116**
35	99	56	43	89	48	41	66	43	23
36	98	57	41	84	55	29	69	42	27
37	92	49	43	60	37	23	58	40	18
38	121	83	38	97	56	41	69	44	25
39	110	63	47	89	52	37	75	52	23
40-44岁	**487**	**321**	**166**	**398**	**251**	**147**	**346**	**227**	**119**
40	106	62	44	86	57	29	78	52	26
41	116	73	43	96	56	40	84	56	28
42	103	72	31	69	41	28	67	46	21
43	81	52	29	87	60	27	46	27	19
44	81	62	19	60	37	23	71	46	25
45-49岁	**565**	**353**	**212**	**384**	**247**	**137**	**308**	**199**	**109**
45	104	57	47	64	43	21	52	26	26
46	99	59	40	72	52	20	61	43	18
47	126	86	40	75	47	28	77	52	25
48	126	82	44	93	61	32	56	36	20
49	110	69	41	80	44	36	62	42	20
50-54岁	**417**	**284**	**133**	**326**	**209**	**117**	**247**	**159**	**88**
50	106	71	35	86	56	30	64	38	26
51	85	53	32	86	54	32	54	37	17
52	100	69	31	60	39	21	52	31	21
53	66	41	25	59	42	17	46	30	16
54	60	50	10	35	18	17	31	23	8
55-59岁	**191**	**123**	**68**	**150**	**92**	**58**	**121**	**79**	**42**
55	38	23	15	29	19	10	35	24	11
56	47	37	10	48	28	20	31	19	12
57	57	36	21	31	20	11	30	19	11
58	37	19	18	27	18	9	17	10	7
59	12	8	4	15	7	8	8	7	1
60-64岁	**105**	**77**	**28**	**84**	**64**	**20**	**66**	**42**	**24**
60	18	13	5	17	12	5	13	10	3
61	19	15	4	12	11	1	8	6	2
62	28	21	7	13	11	2	17	9	8
63	20	14	6	25	20	5	12	7	5
64	20	14	6	17	10	7	16	10	6
65岁及以上	**217**	**130**	**87**	**187**	**124**	**63**	**142**	**94**	**48**

5－5b　续表 6

单位：人

年　龄	初婚年龄								
	30岁			31岁			32岁		
	小计	男	女	小计	男	女	小计	男	女
总　计	**1442**	**904**	**538**	**1021**	**668**	**353**	**822**	**525**	**297**
20岁以下									
20－24岁									
20									
21									
22									
23									
24									
25－29岁									
25									
26									
27									
28									
29									
30－34岁	**263**	**150**	**113**	**154**	**91**	**63**	**98**	**55**	**43**
30	30	12	18						
31	61	30	31	27	15	12			
32	65	45	20	42	25	17	18	11	7
33	50	31	19	43	27	16	47	27	20
34	57	32	25	42	24	18	33	17	16
35－39岁	**224**	**134**	**90**	**168**	**105**	**63**	**162**	**96**	**66**
35	44	28	16	32	26	6	34	19	15
36	45	31	14	35	22	13	17	10	7
37	47	26	21	33	19	14	29	19	10
38	46	30	16	35	19	16	34	20	14
39	42	19	23	33	19	14	48	28	20
40－44岁	**278**	**180**	**98**	**190**	**133**	**57**	**163**	**109**	**54**
40	62	32	30	36	28	8	25	16	9
41	59	40	19	40	26	14	30	21	9
42	65	43	22	42	32	10	36	20	16
43	45	35	10	36	22	14	36	27	9
44	47	30	17	36	25	11	36	25	11
45－49岁	**223**	**134**	**89**	**163**	**118**	**45**	**129**	**88**	**41**
45	55	35	20	31	24	7	33	23	10
46	64	39	25	43	30	13	29	19	10
47	38	22	16	37	23	14	19	17	2
48	39	24	15	24	17	7	21	13	8
49	27	14	13	28	24	4	27	16	11
50－54岁	**205**	**138**	**67**	**140**	**95**	**45**	**108**	**71**	**37**
50	49	33	16	23	17	6	24	20	4
51	52	37	15	30	22	8	22	15	7
52	46	29	17	33	23	10	31	17	14
53	35	26	9	29	17	12	10	7	3
54	23	13	10	25	16	9	21	12	9
55－59岁	**86**	**57**	**29**	**78**	**50**	**28**	**58**	**38**	**20**
55	35	21	14	25	16	9	14	10	4
56	21	14	7	23	16	7	17	12	5
57	12	7	5	8	5	3	16	11	5
58	14	11	3	17	11	6	7	4	3
59	4	4		5	2	3	4	1	3
60－64岁	**51**	**35**	**16**	**34**	**24**	**10**	**40**	**29**	**11**
60	15	9	6	9	7	2	6	6	
61	8	6	2	5	3	2	4	2	2
62	9	8	1	9	7	2	9	7	2
63	7	4	3	5	4	1	12	8	4
64	12	8	4	6	3	3	9	6	3
65岁及以上	**112**	**76**	**36**	**94**	**52**	**42**	**64**	**39**	**25**

5-5b　续表 7　　　　单位：人

年　龄	初婚年龄								
	33岁			34岁			35岁		
	小计	男	女	小计	男	女	小计	男	女
总　计	**676**	**429**	**247**	**528**	**337**	**191**	**466**	**298**	**168**
20岁以下									
20-24岁									
20									
21									
22									
23									
24									
25-29岁									
25									
26									
27									
28									
29									
30-34岁	**43**	**31**	**12**	**6**	**6**				
30									
31									
32									
33	16	13	3						
34	27	18	9	6	6				
35-39岁	**125**	**73**	**52**	**109**	**63**	**46**	**87**	**51**	**36**
35	22	15	7	17	9	8	8	4	4
36	24	13	11	23	13	10	13	7	6
37	22	9	13	22	13	9	20	10	10
38	33	21	12	26	18	8	26	14	12
39	24	15	9	21	10	11	20	16	4
40-44岁	**140**	**86**	**54**	**114**	**75**	**39**	**99**	**62**	**37**
40	24	17	7	28	20	8	17	10	7
41	28	16	12	27	13	14	26	17	9
42	26	15	11	16	14	2	19	16	3
43	31	21	10	19	14	5	15	9	6
44	31	17	14	24	14	10	22	10	12
45-49岁	**110**	**69**	**41**	**106**	**69**	**37**	**92**	**65**	**27**
45	29	16	13	23	15	8	22	14	8
46	20	12	8	24	16	8	22	20	2
47	22	15	7	16	12	4	17	9	8
48	20	11	9	22	11	11	18	11	7
49	19	15	4	21	15	6	13	11	2
50-54岁	**91**	**65**	**26**	**56**	**40**	**16**	**50**	**36**	**14**
50	25	21	4	18	13	5	16	10	6
51	16	11	5	6	4	2	12	10	2
52	16	11	5	11	8	3	5	4	1
53	14	10	4	9	9		6	3	3
54	20	12	8	12	6	6	11	9	2
55-59岁	**70**	**46**	**24**	**48**	**28**	**20**	**54**	**37**	**17**
55	17	13	4	15	8	7	12	11	1
56	17	13	4	12	10	2	18	9	9
57	16	9	7	12	6	6	9	6	3
58	15	9	6	7	4	3	9	5	4
59	5	2	3	2		2	6	6	
60-64岁	**31**	**17**	**14**	**20**	**10**	**10**	**25**	**13**	**12**
60	4	1	3	2	1	1	6	3	3
61	5	2	3	3	2	1	6	3	3
62	9	4	5	3	3		6	3	3
63	9	7	2	3		3	4	1	3
64	4	3	1	9	4	5	3	3	
65岁及以上	**66**	**42**	**24**	**69**	**46**	**23**	**59**	**34**	**25**

5－5b 续表 8

单位：人

年龄	初婚年龄								
	36岁			37岁			38岁		
	小计	男	女	小计	男	女	小计	男	女
总 计	**331**	**193**	**138**	**290**	**183**	**107**	**221**	**138**	**83**
20岁以下									
20－24岁									
20									
21									
22									
23									
24									
25－29岁									
25									
26									
27									
28									
29									
30－34岁									
30									
31									
32									
33									
34									
35－39岁	**48**	**20**	**28**	**32**	**18**	**14**	**20**	**14**	**6**
35									
36	9	3	6						
37	11	5	6	5	2	3			
38	15	7	8	13	9	4	6	4	2
39	13	5	8	14	7	7	14	10	4
40－44岁	**76**	**41**	**35**	**76**	**47**	**29**	**47**	**24**	**23**
40	12	4	8	16	8	8	11	8	3
41	18	12	6	14	11	3	6	2	4
42	17	7	10	18	11	7	6	1	5
43	14	9	5	15	7	8	11	5	6
44	15	9	6	13	10	3	13	8	5
45－49岁	**56**	**38**	**18**	**79**	**53**	**26**	**46**	**31**	**15**
45	10	3	7	10	8	2	7	5	2
46	13	6	7	18	11	7	9	8	1
47	9	8	1	16	13	3	8	3	5
48	12	9	3	12	7	5	13	10	3
49	12	12		23	14	9	9	5	4
50－54岁	**58**	**40**	**18**	**38**	**27**	**11**	**40**	**24**	**16**
50	12	6	6	14	10	4	13	8	5
51	13	9	4	6	3	3	6	3	3
52	12	8	4	4	2	2	7	5	2
53	13	10	3	9	8	1	7	4	3
54	8	7	1	5	4	1	7	4	3
55－59岁	**22**	**10**	**12**	**15**	**10**	**5**	**24**	**16**	**8**
55	1		1	3	2	1	11	6	5
56	9	1	8	4	2	2			
57	5	3	2	4	4		3	3	
58	2	2		3	2	1	9	6	3
59	5	4	1	1		1	1	1	
60－64岁	**14**	**9**	**5**	**13**	**9**	**4**	**19**	**12**	**7**
60	3	3		1		1	2	1	1
61	3	3		4	2	2	6	5	1
62	1	1		2	1	1	6	4	2
63	4	1	3	6	6		1		1
64	3	1	2				4	2	2
65岁及以上	**57**	**35**	**22**	**37**	**19**	**18**	**25**	**17**	**8**

5–5b　续表 9　　　　单位：人

年　龄	初婚年龄					
	39岁			40岁及以上		
	小计	男	女	小计	男	女
总　计	**209**	**121**	**88**	**1221**	**689**	**532**
20岁以下						
20–24岁						
20						
21						
22						
23						
24						
25–29岁						
25						
26						
27						
28						
29						
30–34岁						
30						
31						
32						
33						
34						
35–39岁	**8**	**3**	**5**			
35						
36						
37						
38						
39	8	3	5			
40–44岁	**53**	**30**	**23**	**98**	**60**	**38**
40	8	5	3	4	2	2
41	9	5	4	19	13	6
42	12	4	8	20	10	10
43	11	6	5	23	15	8
44	13	10	3	32	20	12
45–49岁	**64**	**40**	**24**	**260**	**148**	**112**
45	16	11	5	36	21	15
46	10	7	3	55	32	23
47	13	7	6	50	36	14
48	11	5	6	67	32	35
49	14	10	4	52	27	25
50–54岁	**33**	**18**	**15**	**249**	**138**	**111**
50	12	8	4	62	30	32
51	5	2	3	58	28	30
52	8	5	3	59	28	31
53	2	1	1	42	32	10
54	6	2	4	28	20	8
55–59岁	**11**	**7**	**4**	**133**	**80**	**53**
55	4	2	2	31	22	9
56	3	2	1	26	17	9
57	1	1		33	18	15
58	2	1	1	31	17	14
59	1	1		12	6	6
60–64岁	**17**	**9**	**8**	**90**	**54**	**36**
60	5		5	15	9	6
61	1	1		11	7	4
62	4	3	1	13	9	4
63	4	2	2	20	11	9
64	3	3		31	18	13
65岁及以上	**23**	**14**	**9**	**391**	**209**	**182**

5-5c 全省分年龄、性别、初婚年龄的人口(乡村)

单位：人

年龄	初婚年龄					
	合计			15岁以下		
	合计	男	女	小计	男	女
总计	**138175**	**67704**	**70471**	**1348**	**226**	**1122**
20岁以下	**543**	**74**	**469**	**52**	**5**	**47**
20-24岁	**4143**	**1364**	**2779**	**94**	**8**	**86**
20	413	87	326	10		10
21	576	145	431	14		14
22	866	259	607	30	2	28
23	984	340	644	17	4	13
24	1304	533	771	23	2	21
25-29岁	**10340**	**4613**	**5727**	**125**	**20**	**105**
25	1666	687	979	30	2	28
26	1832	799	1033	20	4	16
27	2045	892	1153	23	2	21
28	2279	1073	1206	27	6	21
29	2518	1162	1356	25	6	19
30-34岁	**13918**	**6855**	**7063**	**190**	**35**	**155**
30	2902	1387	1515	38	5	33
31	2882	1426	1456	36	5	31
32	2613	1269	1344	32	6	26
33	2950	1479	1471	44	9	35
34	2571	1294	1277	40	10	30
35-39岁	**13779**	**6933**	**6846**	**126**	**32**	**94**
35	2433	1188	1245	39	12	27
36	2545	1289	1256	21	6	15
37	2488	1258	1230	21	4	17
38	3274	1650	1624	22	5	17
39	3039	1548	1491	23	5	18
40-44岁	**16178**	**8273**	**7905**	**135**	**28**	**107**
40	3129	1572	1557	23	3	20
41	3156	1664	1492	28	9	19
42	3160	1642	1518	31	7	24
43	3177	1612	1565	15	2	13
44	3556	1783	1773	38	7	31
45-49岁	**18982**	**9675**	**9307**	**115**	**25**	**90**
45	3618	1823	1795	26	4	22
46	3781	1923	1858	27	7	20
47	4017	2044	1973	32	5	27
48	3736	1946	1790	18	6	12
49	3830	1939	1891	12	3	9
50-54岁	**18864**	**9601**	**9263**	**144**	**21**	**123**
50	3924	1947	1977	33	4	29
51	3828	1912	1916	25	2	23
52	4031	2105	1926	30	4	26
53	3461	1772	1689	23	5	18
54	3620	1865	1755	33	6	27
55-59岁	**13863**	**7036**	**6827**	**103**	**13**	**90**
55	3425	1770	1655	26	6	20
56	3299	1642	1657	24	4	20
57	3354	1668	1686	23	1	22
58	2663	1379	1284	18		18
59	1122	577	545	12	2	10
60-64岁	**7639**	**3889**	**3750**	**73**	**12**	**61**
60	1262	658	604	14	3	11
61	1144	588	556	2		2
62	1596	804	792	16	1	15
63	1850	934	916	22	3	19
64	1787	905	882	19	5	14
65岁及以上	**19926**	**9391**	**10535**	**191**	**27**	**164**

5-5c　续表 1　　　　　　　　　　　　　　　　　　　　　　　　　　　　单位：人

年　龄	初婚年龄								
	15岁			16岁			17岁		
	小计	男	女	小计	男	女	小计	男	女
总　计	**3792**	**707**	**3085**	**6054**	**1258**	**4796**	**9185**	**2355**	**6830**
20岁以下	**93**	**9**	**84**	**126**	**12**	**114**	**143**	**21**	**122**
20−24岁	**229**	**27**	**202**	**359**	**58**	**301**	**493**	**98**	**395**
20	33	3	30	47	6	41	93	13	80
21	42	6	36	77	8	69	58	10	48
22	47	3	44	66	11	55	119	25	94
23	57	9	48	78	13	65	105	22	83
24	50	6	44	91	20	71	118	28	90
25−29岁	**298**	**54**	**244**	**486**	**98**	**388**	**719**	**185**	**534**
25	65	11	54	91	17	74	146	45	101
26	68	13	55	104	22	82	117	33	84
27	57	7	50	110	19	91	148	38	110
28	45	11	34	99	21	78	146	34	112
29	63	12	51	82	19	63	162	35	127
30−34岁	**407**	**92**	**315**	**556**	**124**	**432**	**844**	**217**	**627**
30	78	18	60	105	16	89	180	45	135
31	84	19	65	110	27	83	165	44	121
32	70	10	60	98	23	75	163	39	124
33	98	24	74	120	27	93	169	41	128
34	77	21	56	123	31	92	167	48	119
35−39岁	**332**	**80**	**252**	**566**	**144**	**422**	**859**	**258**	**601**
35	78	15	63	95	25	70	134	33	101
36	83	23	60	106	23	83	145	38	107
37	65	9	56	125	35	90	183	60	123
38	55	19	36	131	34	97	212	67	145
39	51	14	37	109	27	82	185	60	125
40−44岁	**327**	**78**	**249**	**548**	**141**	**407**	**824**	**238**	**586**
40	63	18	45	108	33	75	165	42	123
41	73	18	55	114	27	87	170	56	114
42	67	16	51	111	22	89	131	40	91
43	61	17	44	99	29	70	186	66	120
44	63	9	54	116	30	86	172	34	138
45−49岁	**367**	**85**	**282**	**621**	**170**	**451**	**967**	**265**	**702**
45	70	15	55	140	45	95	175	46	129
46	103	25	78	122	27	95	159	49	110
47	78	22	56	137	44	93	250	72	178
48	60	14	46	111	27	84	194	52	142
49	56	9	47	111	27	84	189	46	143
50−54岁	**351**	**86**	**265**	**554**	**116**	**438**	**974**	**238**	**736**
50	66	13	53	110	13	97	194	52	142
51	74	13	61	133	28	105	193	44	149
52	74	22	52	121	34	87	207	51	156
53	66	13	53	94	26	68	190	42	148
54	71	25	46	96	15	81	190	49	141
55−59岁	**369**	**65**	**304**	**612**	**108**	**504**	**955**	**239**	**716**
55	81	18	63	117	25	92	173	47	126
56	98	21	77	134	24	110	177	35	142
57	93	16	77	195	33	162	276	63	213
58	71	8	63	133	21	112	242	73	169
59	26	2	24	33	5	28	87	21	66
60−64岁	**264**	**30**	**234**	**410**	**63**	**347**	**612**	**122**	**490**
60	45	1	44	58	7	51	80	11	69
61	41	3	38	52	13	39	84	12	72
62	42	7	35	87	8	79	134	28	106
63	60	7	53	105	18	87	168	40	128
64	76	12	64	108	17	91	146	31	115
65岁及以上	**755**	**101**	**654**	**1216**	**224**	**992**	**1795**	**474**	**1321**

5−5c 续表 2

单位：人

年 龄	初婚年龄								
	18岁			19岁			20岁		
	小计	男	女	小计	男	女	小计	男	女
总 计	**12211**	**3777**	**8434**	**15442**	**6252**	**9190**	**16242**	**7919**	**8323**
20岁以下	**99**	**23**	**76**	**30**	**4**	**26**			
20−24岁	**689**	**161**	**528**	**637**	**225**	**412**	**614**	**243**	**371**
20	109	20	89	92	35	57	29	10	19
21	129	23	106	119	37	82	105	50	55
22	130	28	102	139	41	98	166	62	104
23	154	43	111	122	44	78	152	57	95
24	167	47	120	165	68	97	162	64	98
25−29岁	**983**	**323**	**660**	**1130**	**438**	**692**	**1205**	**566**	**639**
25	180	65	115	207	78	129	217	99	118
26	181	61	120	220	92	128	231	110	121
27	177	53	124	237	89	148	247	114	133
28	219	71	148	216	85	131	255	120	135
29	226	73	153	250	94	156	255	123	132
30−34岁	**1098**	**305**	**793**	**1413**	**589**	**824**	**1571**	**751**	**820**
30	259	66	193	306	123	183	333	150	183
31	231	69	162	321	139	182	296	157	139
32	211	50	161	251	119	132	352	162	190
33	229	68	161	288	111	177	315	155	160
34	168	52	116	247	97	150	275	127	148
35−39岁	**1091**	**317**	**774**	**1347**	**565**	**782**	**1389**	**681**	**708**
35	177	52	125	219	95	124	260	128	132
36	211	61	150	223	85	138	267	140	127
37	184	59	125	237	97	140	232	116	116
38	260	75	185	315	136	179	342	160	182
39	259	70	189	353	152	201	288	137	151
40−44岁	**1219**	**382**	**837**	**1695**	**685**	**1010**	**1904**	**862**	**1042**
40	231	67	164	344	131	213	385	161	224
41	256	92	164	339	134	205	388	198	190
42	235	73	162	351	144	207	352	174	178
43	244	77	167	286	114	172	408	167	241
44	253	73	180	375	162	213	371	162	209
45−49岁	**1372**	**440**	**932**	**1909**	**718**	**1191**	**2137**	**1027**	**1110**
45	263	85	178	373	126	247	363	167	196
46	270	81	189	368	141	227	469	222	247
47	252	85	167	406	155	251	446	217	229
48	298	104	194	346	138	208	401	207	194
49	289	85	204	416	158	258	458	214	244
50−54岁	**1450**	**458**	**992**	**2146**	**799**	**1347**	**2321**	**1092**	**1229**
50	291	87	204	469	171	298	495	221	274
51	270	87	183	432	164	268	487	212	275
52	317	107	210	420	166	254	495	237	258
53	280	84	196	377	130	247	418	210	208
54	292	93	199	448	168	280	426	212	214
55−59岁	**1236**	**356**	**880**	**1521**	**620**	**901**	**1723**	**879**	**844**
55	268	64	204	362	126	236	473	228	245
56	271	69	202	365	159	206	447	225	222
57	273	97	176	353	145	208	409	193	216
58	299	87	212	278	116	162	276	164	112
59	125	39	86	163	74	89	118	69	49
60−64岁	**764**	**230**	**534**	**945**	**409**	**536**	**907**	**478**	**429**
60	117	41	76	154	76	78	160	86	74
61	123	33	90	144	61	83	146	80	66
62	143	43	100	200	68	132	198	104	94
63	191	59	132	186	81	105	215	107	108
64	190	54	136	261	123	138	188	101	87
65岁及以上	**2210**	**782**	**1428**	**2669**	**1200**	**1469**	**2471**	**1340**	**1131**

5-5c 续表 3

单位：人

年龄	初婚年龄								
	21岁			22岁			23岁		
	小计	男	女	小计	男	女	小计	男	女
总计	**13917**	**7516**	**6401**	**12431**	**7333**	**5098**	**9966**	**6167**	**3799**
20岁以下									
20-24岁	**486**	**238**	**248**	**343**	**195**	**148**	**158**	**85**	**73**
20									
21	32	11	21						
22	118	54	64	51	33	18			
23	149	74	75	109	58	51	41	16	25
24	187	99	88	183	104	79	117	69	48
25-29岁	**1078**	**547**	**531**	**1032**	**554**	**478**	**964**	**516**	**448**
25	175	79	96	185	100	85	178	93	85
26	185	94	91	186	96	90	182	98	84
27	232	121	111	197	112	85	174	85	89
28	240	128	112	247	133	114	192	115	77
29	246	125	121	217	113	104	238	125	113
30-34岁	**1337**	**717**	**620**	**1272**	**752**	**520**	**1029**	**653**	**376**
30	230	120	110	271	150	121	221	134	87
31	310	153	157	247	150	97	219	148	71
32	265	151	114	238	144	94	169	108	61
33	280	148	132	283	171	112	225	135	90
34	252	145	107	233	137	96	195	128	67
35-39岁	**1267**	**656**	**611**	**1181**	**697**	**484**	**1079**	**662**	**417**
35	221	127	94	203	115	88	196	109	87
36	254	128	126	219	127	92	194	132	62
37	208	103	105	246	148	98	186	120	66
38	298	151	147	275	167	108	269	172	97
39	286	147	139	238	140	98	234	129	105
40-44岁	**1673**	**875**	**798**	**1547**	**854**	**693**	**1198**	**720**	**478**
40	276	145	131	283	162	121	211	133	78
41	302	154	148	274	150	124	227	136	91
42	349	196	153	304	176	128	208	112	96
43	368	186	182	298	163	135	264	168	96
44	378	194	184	388	203	185	288	171	117
45-49岁	**2000**	**1016**	**984**	**1854**	**1038**	**816**	**1668**	**987**	**681**
45	363	179	184	374	196	178	344	209	135
46	416	207	209	372	207	165	302	171	131
47	438	226	212	406	230	176	345	200	145
48	409	211	198	356	206	150	349	210	139
49	374	193	181	346	199	147	328	197	131
50-54岁	**2131**	**1152**	**979**	**1841**	**1086**	**755**	**1426**	**906**	**520**
50	331	176	155	386	201	185	321	195	126
51	451	240	211	325	195	130	281	172	109
52	536	277	259	386	225	161	264	168	96
53	398	221	177	370	227	143	266	175	91
54	415	238	177	374	238	136	294	196	98
55-59岁	**1468**	**866**	**602**	**1368**	**884**	**484**	**1020**	**686**	**334**
55	384	231	153	326	204	122	275	191	84
56	407	220	187	343	216	127	213	131	82
57	345	212	133	338	215	123	244	160	84
58	243	147	96	248	167	81	211	152	59
59	89	56	33	113	82	31	77	52	25
60-64岁	**753**	**461**	**292**	**623**	**424**	**199**	**476**	**358**	**118**
60	95	58	37	120	88	32	83	62	21
61	143	93	50	79	56	23	67	46	21
62	171	109	62	145	102	43	88	71	17
63	181	102	79	159	102	57	138	102	36
64	163	99	64	120	76	44	100	77	23
65岁及以上	**1724**	**988**	**736**	**1370**	**849**	**521**	**948**	**594**	**354**

5－5c　续表 4　　　　单位：人

年　龄	初婚年龄								
	24岁			25岁			26岁		
	小计	男	女	小计	男	女	小计	男	女
总　计	**7928**	**5097**	**2831**	**6276**	**4121**	**2155**	**4706**	**3110**	**1596**
20岁以下									
20－24岁	**41**	**26**	**15**						
20									
21									
22									
23									
24	41	26	15						
25－29岁	**815**	**444**	**371**	**654**	**375**	**279**	**453**	**262**	**191**
25	136	74	62	56	24	32			
26	166	82	84	122	69	53	50	25	25
27	155	84	71	133	78	55	116	70	46
28	160	88	72	154	96	58	139	80	59
29	198	116	82	189	108	81	148	87	61
30－34岁	**940**	**602**	**338**	**788**	**479**	**309**	**643**	**422**	**221**
30	211	149	62	180	115	65	143	94	49
31	179	111	68	180	96	84	151	95	56
32	177	104	73	131	79	52	124	75	49
33	189	117	72	171	115	56	126	86	40
34	184	121	63	126	74	52	99	72	27
35－39岁	**873**	**553**	**320**	**722**	**468**	**254**	**557**	**357**	**200**
35	162	87	75	131	82	49	91	54	37
36	175	117	58	137	84	53	116	77	39
37	143	91	52	127	83	44	109	67	42
38	195	121	74	168	108	60	127	83	44
39	198	137	61	159	111	48	114	76	38
40－44岁	**937**	**621**	**316**	**769**	**524**	**245**	**587**	**390**	**197**
40	177	116	61	155	107	48	123	73	50
41	163	115	48	150	105	45	102	72	30
42	169	112	57	153	108	45	120	79	41
43	183	113	70	138	92	46	115	84	31
44	245	165	80	173	112	61	127	82	45
45－49岁	**1239**	**777**	**462**	**1004**	**647**	**357**	**705**	**467**	**238**
45	247	151	96	195	134	61	103	74	29
46	269	183	86	193	134	59	140	84	56
47	247	157	90	229	138	91	138	99	39
48	220	130	90	196	122	74	158	100	58
49	256	156	100	191	119	72	166	110	56
50－54岁	**1136**	**754**	**382**	**872**	**567**	**305**	**706**	**478**	**228**
50	263	168	95	222	148	74	146	101	45
51	220	147	73	180	110	70	155	101	54
52	250	174	76	178	119	59	147	105	42
53	168	110	58	172	118	54	138	92	46
54	235	155	80	120	72	48	120	79	41
55－59岁	**778**	**523**	**255**	**556**	**397**	**159**	**393**	**277**	**116**
55	239	164	75	166	116	50	67	50	17
56	189	124	65	127	88	39	105	75	30
57	136	86	50	137	106	31	116	74	42
58	145	99	46	90	60	30	80	59	21
59	69	50	19	36	27	9	25	19	6
60－64岁	**398**	**294**	**104**	**304**	**240**	**64**	**205**	**159**	**46**
60	93	68	25	61	39	22	24	17	7
61	58	46	12	50	40	10	28	20	8
62	66	46	20	63	51	12	59	48	11
63	73	55	18	70	62	8	49	39	10
64	108	79	29	60	48	12	45	35	10
65岁及以上	**771**	**503**	**268**	**607**	**424**	**183**	**457**	**298**	**159**

5-5c　续表 5　　　　单位：人

年　龄	初婚年龄								
	27岁			28岁			29岁		
	小计	男	女	小计	男	女	小计	男	女
总　计	**3709**	**2468**	**1241**	**2799**	**1792**	**1007**	**2205**	**1459**	**746**
20岁以下									
20-24岁									
20									
21									
22									
23									
24									
25-29岁	**259**	**156**	**103**	**105**	**55**	**50**	**34**	**20**	**14**
25									
26									
27	39	20	19						
28	104	67	37	36	18	18			
29	116	69	47	69	37	32	34	20	14
30-34岁	**549**	**351**	**198**	**444**	**260**	**184**	**339**	**211**	**128**
30	141	86	55	94	51	43	78	46	32
31	108	70	38	95	53	42	77	48	29
32	109	69	40	69	40	29	54	31	23
33	110	74	36	85	61	24	77	53	24
34	81	52	29	101	55	46	53	33	20
35-39岁	**478**	**296**	**182**	**397**	**243**	**154**	**343**	**218**	**125**
35	76	40	36	76	46	30	83	56	27
36	61	40	21	83	44	39	56	38	18
37	84	58	26	65	39	26	73	49	24
38	140	91	49	97	61	36	66	39	27
39	117	67	50	76	53	23	65	36	29
40-44岁	**445**	**319**	**126**	**387**	**258**	**129**	**326**	**234**	**92**
40	83	58	25	108	78	30	77	48	29
41	99	72	27	69	43	26	65	46	19
42	94	62	32	67	49	18	61	43	18
43	85	65	20	70	40	30	61	48	13
44	84	62	22	73	48	25	62	49	13
45-49岁	**589**	**425**	**164**	**414**	**285**	**129**	**306**	**206**	**100**
45	95	70	25	74	53	21	58	40	18
46	101	78	23	83	58	25	69	45	24
47	136	97	39	69	45	24	57	42	15
48	118	83	35	93	61	32	56	35	21
49	139	97	42	95	68	27	66	44	22
50-54岁	**533**	**355**	**178**	**409**	**265**	**144**	**312**	**206**	**106**
50	125	82	43	101	60	41	70	50	20
51	111	72	39	88	63	25	69	37	32
52	116	85	31	77	51	26	69	48	21
53	90	58	32	76	48	28	44	33	11
54	91	58	33	67	43	24	60	38	22
55-59岁	**284**	**205**	**79**	**219**	**143**	**76**	**186**	**124**	**62**
55	68	46	22	63	41	22	53	38	15
56	48	36	12	50	32	18	45	26	19
57	86	63	23	41	25	16	42	26	16
58	59	47	12	45	33	12	37	30	7
59	23	13	10	20	12	8	9	4	5
60-64岁	**178**	**125**	**53**	**125**	**93**	**32**	**115**	**82**	**33**
60	33	21	12	16	10	6	24	17	7
61	20	9	11	22	17	5	16	12	4
62	46	31	15	26	21	5	25	16	9
63	45	34	11	34	24	10	25	18	7
64	34	30	4	27	21	6	25	19	6
65岁及以上	**394**	**236**	**158**	**299**	**190**	**109**	**244**	**158**	**86**

5－5c　续表 6　　　　单位：人

年　龄	初婚年龄								
	30岁			31岁			32岁		
	小计	男	女	小计	男	女	小计	男	女
总　计	**1802**	**1171**	**631**	**1337**	**874**	**463**	**1111**	**718**	**393**
20岁以下									
20－24岁									
20									
21									
22									
23									
24									
25－29岁									
25									
26									
27									
28									
29									
30－34岁	**254**	**147**	**107**	**117**	**69**	**48**	**77**	**46**	**31**
30	34	19	15						
31	56	33	23	17	9	8			
32	49	29	20	31	18	13	20	12	8
33	65	35	30	36	23	13	31	20	11
34	50	31	19	33	19	14	26	14	12
35－39岁	**269**	**179**	**90**	**214**	**124**	**90**	**185**	**116**	**69**
35	50	31	19	39	21	18	41	24	17
36	53	44	9	35	15	20	35	24	11
37	48	26	22	37	27	10	33	22	11
38	62	38	24	57	27	30	38	21	17
39	56	40	16	46	34	12	38	25	13
40－44岁	**262**	**167**	**95**	**228**	**172**	**56**	**207**	**139**	**68**
40	63	37	26	46	28	18	49	35	14
41	50	39	11	54	47	7	44	30	14
42	66	40	26	51	38	13	32	20	12
43	38	25	13	42	30	12	37	23	14
44	45	26	19	35	29	6	45	31	14
45－49岁	**258**	**181**	**77**	**196**	**130**	**66**	**167**	**114**	**53**
45	69	51	18	31	18	13	47	34	13
46	39	28	11	50	35	15	31	24	7
47	45	29	16	44	28	16	36	22	14
48	57	39	18	39	26	13	25	14	11
49	48	34	14	32	23	9	28	20	8
50－54岁	**291**	**196**	**95**	**210**	**136**	**74**	**155**	**107**	**48**
50	53	41	12	24	14	10	22	16	6
51	63	45	18	42	31	11	31	24	7
52	71	44	27	53	37	16	47	31	16
53	57	33	24	50	31	19	27	16	11
54	47	33	14	41	23	18	28	20	8
55－59岁	**157**	**105**	**52**	**145**	**90**	**55**	**107**	**70**	**37**
55	42	25	17	40	26	14	34	24	10
56	46	25	21	40	24	16	24	13	11
57	37	31	6	38	23	15	17	11	6
58	26	18	8	17	11	6	22	14	8
59	6	6		10	6	4	10	8	2
60－64岁	**79**	**56**	**23**	**55**	**39**	**16**	**47**	**30**	**17**
60	10	8	2	14	12	2	5	3	2
61	12	10	2	7	4	3	5	4	1
62	20	14	6	7	5	2	11	4	7
63	20	12	8	15	9	6	16	13	3
64	17	12	5	12	9	3	10	6	4
65岁及以上	**232**	**140**	**92**	**172**	**114**	**58**	**166**	**96**	**70**

5-5c 续表 7

单位：人

年 龄	初婚年龄								
	33岁			34岁			35岁		
	小计	男	女	小计	男	女	小计	男	女
总 计	**875**	**563**	**312**	**690**	**436**	**254**	**573**	**370**	**203**
20岁以下									
20-24岁									
20									
21									
22									
23									
24									
25-29岁									
25									
26									
27									
28									
29									
30-34岁	**37**	**26**	**11**	**13**	**7**	**6**			
30									
31									
32									
33	9	6	3						
34	28	20	8	13	7	6			
35-39岁	**158**	**89**	**69**	**113**	**66**	**47**	**86**	**53**	**33**
35	34	20	14	20	11	9	8	5	3
36	33	21	12	17	7	10	13	8	5
37	21	10	11	20	14	6	18	13	5
38	40	20	20	26	14	12	29	15	14
39	30	18	12	30	20	10	18	12	6
40-44岁	**173**	**121**	**52**	**133**	**87**	**46**	**115**	**70**	**45**
40	38	27	11	25	16	9	21	13	8
41	38	27	11	25	18	7	30	20	10
42	32	22	10	24	19	5	31	18	13
43	25	19	6	25	11	14	13	11	2
44	40	26	14	34	23	11	20	8	12
45-49岁	**145**	**89**	**56**	**113**	**75**	**38**	**112**	**83**	**29**
45	42	23	19	30	18	12	25	17	8
46	29	13	16	22	18	4	30	22	8
47	30	24	6	23	12	11	20	12	8
48	25	18	7	19	14	5	19	17	2
49	19	11	8	19	13	6	18	15	3
50-54岁	**111**	**72**	**39**	**92**	**67**	**25**	**67**	**38**	**29**
50	21	12	9	23	18	5	15	7	8
51	18	12	6	17	11	6	20	11	9
52	20	13	7	21	16	5	17	12	5
53	26	16	10	17	12	5	6	5	1
54	26	19	7	14	10	4	9	3	6
55-59岁	**94**	**62**	**32**	**87**	**59**	**28**	**67**	**43**	**24**
55	27	14	13	24	15	9	19	12	7
56	24	22	2	25	17	8	10	6	4
57	21	13	8	16	11	5	20	14	6
58	15	9	6	13	11	2	13	8	5
59	7	4	3	9	5	4	5	3	2
60-64岁	**36**	**28**	**8**	**30**	**16**	**14**	**21**	**14**	**7**
60	3	3		7	2	5	6	5	1
61	8	7	1	6	3	3	4	3	1
62	8	4	4	1		1	2		2
63	9	8	1	6	5	1	6	4	2
64	8	6	2	10	6	4	3	2	1
65岁及以上	**121**	**76**	**45**	**109**	**59**	**50**	**105**	**69**	**36**

5-5c 续表 8

单位：人

年　龄	初婚年龄								
	36岁			37岁			38岁		
	小计	男	女	小计	男	女	小计	男	女
总　计	**484**	**297**	**187**	**411**	**233**	**178**	**384**	**217**	**167**
20岁以下									
20-24岁									
20									
21									
22									
23									
24									
25-29岁									
25									
26									
27									
28									
29									
30-34岁									
30									
31									
32									
33									
34									
35-39岁	**62**	**38**	**24**	**47**	**23**	**24**	**29**	**14**	**15**
35									
36	8	7	1						
37	8	2	6	15	6	9			
38	27	18	9	13	5	8	10	3	7
39	19	11	8	19	12	7	19	11	8
40-44岁	**109**	**66**	**43**	**87**	**54**	**33**	**90**	**57**	**33**
40	17	11	6	15	9	6	16	7	9
41	30	18	12	24	14	10	12	9	3
42	24	18	6	21	15	6	16	10	6
43	15	8	7	14	8	6	25	15	10
44	23	11	12	13	8	5	21	16	5
45-49岁	**88**	**55**	**33**	**90**	**51**	**39**	**96**	**57**	**39**
45	8	4	4	16	8	8	14	9	5
46	17	9	8	16	9	7	20	10	10
47	18	15	3	15	6	9	20	10	10
48	21	12	9	28	18	10	22	16	6
49	24	15	9	15	10	5	20	12	8
50-54岁	**60**	**45**	**15**	**56**	**44**	**12**	**51**	**30**	**21**
50	17	15	2	11	9	2	17	14	3
51	12	6	6	13	10	3	12	6	6
52	11	9	2	10	9	1	3	3	
53	9	6	3	10	8	2	7	4	3
54	11	9	2	12	8	4	12	3	9
55-59岁	**46**	**24**	**22**	**39**	**23**	**16**	**33**	**15**	**18**
55	11	6	5	5	2	3	4	3	1
56	8	4	4	12	8	4	6	3	3
57	14	8	6	12	6	6	11	4	7
58	10	6	4	7	6	1	10	5	5
59	3		3	3	1	2	2		2
60-64岁	**23**	**15**	**8**	**23**	**8**	**15**	**22**	**11**	**11**
60	2	1	1	3		3	3	1	2
61	4	2	2	3	1	2	4	2	2
62	3	2	1	3		3	2		2
63	7	4	3	8	3	5	7	4	3
64	7	6	1	6	4	2	6	4	2
65岁及以上	**96**	**54**	**42**	**69**	**30**	**39**	**63**	**33**	**30**

5-5c　续表 9

单位：人

年　龄	初婚年龄					
	39岁			40岁及以上		
	小计	男	女	小计	男	女
总　计	**333**	**209**	**124**	**1964**	**1059**	**905**
20岁以下						
20-24岁						
20						
21						
22						
23						
24						
25-29岁						
25						
26						
27						
28						
29						
30-34岁						
30						
31						
32						
33						
34						
35-39岁	**9**	**4**	**5**			
35						
36						
37						
38						
39	9	4	5			
40-44岁	**77**	**46**	**31**	**176**	**85**	**91**
40	14	9	5	13	5	8
41	17	10	7	13	5	8
42	14	8	6	46	21	25
43	15	7	8	47	24	23
44	17	12	5	57	30	27
45-49岁	**83**	**51**	**32**	**367**	**211**	**156**
45	17	12	5	56	35	21
46	13	6	7	51	30	21
47	17	10	7	83	42	41
48	16	13	3	82	53	29
49	20	10	10	95	51	44
50-54岁	**50**	**40**	**10**	**415**	**247**	**168**
50	11	11		87	48	39
51	14	9	5	92	60	32
52	9	8	1	82	50	32
53	5	3	2	77	46	31
54	11	9	2	77	43	34
55-59岁	**26**	**16**	**10**	**271**	**144**	**127**
55	3	2	1	75	46	29
56	7	5	2	54	30	24
57	6	3	3	55	29	26
58	5	3	2	50	25	25
59	5	3	2	37	14	23
60-64岁	**21**	**9**	**12**	**130**	**83**	**47**
60	1		1	31	18	13
61	4	3	1	12	8	4
62	6	4	2	24	17	7
63	6	1	5	29	18	11
64	4	1	3	34	22	12
65岁及以上	**67**	**43**	**24**	**605**	**289**	**316**

5-6 全省分性别、受教育程度、初婚年龄的人口

单位：人

受教育程度	初婚年龄					
	合计			15岁以下		
	合计	男	女	小计	男	女
总计	**356796**	**174693**	**182103**	**2482**	**426**	**2056**
未上过学	43571	12614	30957	756	83	673
学前教育	484	174	310	9	1	8
小学	117525	54576	62949	1283	231	1052
初中	98625	56058	42567	321	79	242
高中	37245	19979	17266	68	22	46
大学专科	30818	16439	14379	31	9	22
大学本科	26924	13995	12929	14	1	13
硕士研究生	1450	762	688			
博士研究生	154	96	58			

5-6 续表 1

单位：人

受教育程度	初婚年龄								
	15岁			16岁			17岁		
	小计	男	女	小计	男	女	小计	男	女
总计	**6544**	**1256**	**5288**	**10983**	**2263**	**8720**	**16945**	**4195**	**12750**
未上过学	1903	199	1704	2921	360	2561	4123	587	3536
学前教育	17	4	13	28	5	23	45	7	38
小学	3322	641	2681	5513	1136	4377	8510	2185	6325
初中	979	270	709	1994	533	1461	3437	1065	2372
高中	197	75	122	319	130	189	510	202	308
大学专科	87	44	43	149	73	76	238	106	132
大学本科	37	22	15	57	24	33	74	38	36
硕士研究生	1	1		1	1		6	5	1
博士研究生	1		1	1	1		2		2

5-6 续表 2

单位：人

受教育程度	初婚年龄								
	18岁			19岁			20岁		
	小计	男	女	小计	男	女	小计	男	女
总 计	**22905**	**6754**	**16151**	**29843**	**11352**	**18491**	**33519**	**14888**	**18631**
未上过学	4762	805	3957	5285	1296	3989	4870	1455	3415
学前教育	41	14	27	64	15	49	55	17	38
小 学	11079	3279	7800	13496	5227	8269	13925	6478	7447
初 中	5623	2090	3533	8461	3719	4742	10664	5323	5341
高 中	922	354	568	1633	708	925	2530	1052	1478
大学专科	346	144	202	710	301	409	1119	425	694
大学本科	129	67	62	191	84	107	348	135	213
硕士研究生	2		2	3	2	1	7	2	5
博士研究生	1	1					1	1	

5-6 续表 3

单位：人

受教育程度	初婚年龄								
	21岁			22岁			23岁		
	小计	男	女	小计	男	女	小计	男	女
总 计	**32475**	**15897**	**16578**	**33246**	**17704**	**15542**	**30770**	**16889**	**13881**
未上过学	3410	1167	2243	2852	1112	1740	2206	888	1318
学前教育	38	16	22	33	11	22	25	15	10
小 学	11971	5998	5973	9996	5535	4461	7966	4670	3296
初 中	11279	6222	5057	11898	7121	4777	10244	6471	3773
高 中	3256	1496	1760	4262	2130	2132	4504	2249	2255
大学专科	1802	728	1074	2733	1198	1535	3519	1612	1907
大学本科	699	262	437	1420	569	851	2206	925	1281
硕士研究生	20	8	12	46	26	20	95	56	39
博士研究生				6	2	4	5	3	2

5-6 续表 4

单位：人

受教育程度	初婚年龄								
	24岁			25岁			26岁		
	小计	男	女	小计	男	女	小计	男	女
总　计	**28204**	**16078**	**12126**	**24054**	**14060**	**9994**	**19338**	**11666**	**7672**
未上过学	1744	745	999	1416	615	801	1137	518	619
学前教育	22	12	10	15	8	7	15	11	4
小　学	6355	3926	2429	4708	3017	1691	3616	2354	1262
初　中	8332	5473	2859	6400	4364	2036	4543	3196	1347
高　中	4324	2414	1910	3603	2041	1562	2763	1641	1122
大学专科	3949	1961	1988	3770	2035	1735	3250	1868	1382
大学本科	3368	1503	1865	3958	1892	2066	3778	1969	1809
硕士研究生	103	41	62	166	77	89	217	98	119
博士研究生	7	3	4	18	11	7	19	11	8

5-6 续表 5

单位：人

受教育程度	初婚年龄								
	27岁			28岁			29岁		
	小计	男	女	小计	男	女	小计	男	女
总　计	**15016**	**9291**	**5725**	**11273**	**7024**	**4249**	**8426**	**5479**	**2947**
未上过学	916	406	510	743	302	441	692	333	359
学前教育	10	8	2	11	6	5	13	4	9
小　学	2898	1834	1064	2294	1471	823	1846	1191	655
初　中	3300	2308	992	2345	1652	693	1773	1282	491
高　中	2017	1305	712	1498	959	539	1115	730	385
大学专科	2433	1518	915	1822	1144	678	1271	854	417
大学本科	3194	1780	1414	2357	1381	976	1577	1006	571
硕士研究生	220	111	109	185	99	86	125	72	53
博士研究生	28	21	7	18	10	8	14	7	7

5-6　续表 6

单位：人

受教育程度	初婚年龄								
	30岁			31岁			32岁		
	小计	男	女	小计	男	女	小计	男	女
总　计	**6231**	**4061**	**2170**	**4455**	**2915**	**1540**	**3559**	**2296**	**1263**
未上过学	558	247	311	429	202	227	363	182	181
学前教育	4	2	2	6	4	2	4	3	1
小　学	1462	945	517	1100	729	371	959	598	361
初　中	1364	960	404	1039	718	321	845	597	248
高　中	811	559	252	546	371	175	440	298	142
大学专科	893	609	284	602	402	200	448	296	152
大学本科	1036	680	356	687	457	230	464	297	167
硕士研究生	85	45	40	41	27	14	34	23	11
博士研究生	18	14	4	5	5		2	2	

5-6　续表 7

单位：人

受教育程度	初婚年龄								
	33岁			34岁			35岁		
	小计	男	女	小计	男	女	小计	男	女
总　计	**2858**	**1872**	**986**	**2255**	**1432**	**823**	**1822**	**1176**	**646**
未上过学	305	141	164	255	121	134	240	116	124
学前教育	3	2	1	2		2	4	1	3
小　学	767	487	280	630	400	230	526	353	173
初　中	708	512	196	576	399	177	401	269	132
高　中	353	227	126	311	200	111	246	160	86
大学专科	379	255	124	241	159	82	213	157	56
大学本科	321	232	89	219	141	78	173	109	64
硕士研究生	20	14	6	19	11	8	16	11	5
博士研究生	2	2		2	1	1	3		3

5-6 续表 8

单位：人

受教育程度	初婚年龄								
	36岁			37岁			38岁		
	小计	男	女	小计	男	女	小计	男	女
总　计	**1431**	**889**	**542**	**1215**	**736**	**479**	**1016**	**624**	**392**
未上过学	192	90	102	168	71	97	161	67	94
学前教育	2	1	1	1		1	2	1	1
小　学	448	279	169	374	222	152	356	210	146
初　中	327	225	102	303	205	98	206	142	64
高　中	162	99	63	142	95	47	112	73	39
大学专科	159	98	61	121	79	42	98	68	30
大学本科	133	90	43	102	61	41	74	58	16
硕士研究生	8	7	1	4	3	1	7	5	2
博士研究生									

5-6 续表 9

单位：人

受教育程度	初婚年龄					
	39岁			40岁及以上		
	小计	男	女	小计	男	女
总　计	**863**	**537**	**326**	**5068**	**2933**	**2135**
未上过学	128	64	64	1036	442	594
学前教育	2	1	1	13	5	8
小　学	291	161	130	1834	1019	815
初　中	200	146	54	1063	717	346
高　中	94	66	28	507	323	184
大学专科	71	46	25	364	250	114
大学本科	73	49	24	235	163	72
硕士研究生	4	4		15	13	2
博士研究生				1	1	

5–6a　全省分性别、受教育程度、初婚年龄的人口(城市)

单位：人

受教育程度	初婚年龄					
	合　计			15岁以下		
	合计	男	女	小计	男	女
总　计	**134636**	**65935**	**68701**	**385**	**61**	**324**
未上过学	5884	1297	4587	90	9	81
学前教育	87	22	65	3	1	2
小　学	22719	9725	12994	160	23	137
初　中	40645	21435	19210	90	22	68
高　中	24256	12166	12090	22	2	20
大学专科	20537	10653	9884	14	4	10
大学本科	19114	9898	9216	6		6
硕士研究生	1252	653	599			
博士研究生	142	86	56			

5–6a　续表 1

单位：人

受教育程度	初婚年龄								
	15岁			16岁			17岁		
	小计	男	女	小计	男	女	小计	男	女
总　计	**1177**	**236**	**941**	**2187**	**421**	**1766**	**3517**	**774**	**2743**
未上过学	265	19	246	398	26	372	625	55	570
学前教育	4		4	5		5	5		5
小　学	499	76	423	962	151	811	1461	304	1157
初　中	253	67	186	566	144	422	1026	268	758
高　中	86	31	55	145	53	92	257	94	163
大学专科	45	28	17	75	35	40	101	33	68
大学本科	23	14	9	34	10	24	38	19	19
硕士研究生	1	1		1	1		2	1	1
博士研究生	1		1	1	1		2		2

5−6a 续表 2

单位：人

受教育程度	初婚年龄								
	18岁			19岁			20岁		
	小计	男	女	小计	男	女	小计	男	女
总　计	**5234**	**1361**	**3873**	**7409**	**2460**	**4949**	**9243**	**3395**	**5848**
未上过学	698	79	619	756	125	631	630	125	505
学前教育	5	1	4	11	2	9	8	2	6
小　学	2047	464	1583	2406	754	1652	2636	983	1653
初　中	1787	567	1220	2898	1099	1799	3754	1562	2192
高　中	465	153	312	860	307	553	1401	461	940
大学专科	158	61	97	368	127	241	596	179	417
大学本科	73	36	37	108	45	63	212	80	132
硕士研究生	1		1	2	1	1	5	2	3
博士研究生							1	1	

5−6a 续表 3

单位：人

受教育程度	初婚年龄								
	21岁			22岁			23岁		
	小计	男	女	小计	男	女	小计	男	女
总　计	**10869**	**4607**	**6262**	**13067**	**6199**	**6868**	**13721**	**6756**	**6965**
未上过学	448	119	329	369	119	250	301	89	212
学前教育	10	2	8	9	3	6	6	3	3
小　学	2418	1047	1371	2146	1093	1053	1788	992	796
初　中	4512	2117	2395	5103	2654	2449	4641	2643	1998
高　中	1990	791	1199	2692	1204	1488	3060	1349	1711
大学专科	1034	374	660	1760	734	1026	2335	1006	1329
大学本科	445	153	292	950	374	576	1509	624	885
硕士研究生	12	4	8	34	17	17	77	48	29
博士研究生				4	1	3	4	2	2

5-6a　续表 4　　单位：人

受教育程度	初婚年龄								
	24岁			25岁			26岁		
	小计	男	女	小计	男	女	小计	男	女
总　计	**13641**	**7135**	**6506**	**12282**	**6689**	**5593**	**10290**	**5923**	**4367**
未上过学	239	86	153	197	68	129	153	69	84
学前教育	6	2	4	2		2	2	1	1
小　学	1426	840	586	1018	619	399	773	500	273
初　中	3849	2322	1527	3025	1918	1107	2160	1422	738
高　中	2958	1523	1435	2431	1308	1123	1910	1103	807
大学专科	2689	1262	1427	2609	1363	1246	2301	1293	1008
大学本科	2379	1060	1319	2847	1336	1511	2775	1437	1338
硕士研究生	89	38	51	137	67	70	197	87	110
博士研究生	6	2	4	16	10	6	19	11	8

5-6a　续表 5　　单位：人

受教育程度	初婚年龄								
	27岁			28岁			29岁		
	小计	男	女	小计	男	女	小计	男	女
总　计	**7914**	**4700**	**3214**	**5866**	**3621**	**2245**	**4252**	**2758**	**1494**
未上过学	113	37	76	75	23	52	94	48	46
学前教育	1	1					4	2	2
小　学	602	366	236	454	307	147	373	236	137
初　中	1579	1015	564	1111	741	370	817	564	253
高　中	1394	863	531	1059	656	403	806	514	292
大学专科	1677	1035	642	1270	786	484	895	603	292
大学本科	2324	1267	1057	1715	1012	703	1139	721	418
硕士研究生	196	95	101	164	86	78	110	63	47
博士研究生	28	21	7	18	10	8	14	7	7

5－6a 续表 6

单位：人

受教育程度	初婚年龄								
	30岁			31岁			32岁		
	小计	男	女	小计	男	女	小计	男	女
总　计	**2987**	**1986**	**1001**	**2097**	**1373**	**724**	**1626**	**1053**	**573**
未上过学	54	20	34	50	26	24	35	20	15
学前教育	2		2				2	1	1
小　学	272	174	98	209	148	61	189	111	78
初　中	663	453	210	483	313	170	396	259	137
高　中	537	371	166	387	249	138	325	213	112
大学专科	614	409	205	443	288	155	325	214	111
大学本科	757	509	248	489	327	162	319	211	108
硕士研究生	72	38	34	33	19	14	33	22	11
博士研究生	16	12	4	3	3		2	2	

5－6a 续表 7

单位：人

受教育程度	初婚年龄								
	33岁			34岁			35岁		
	小计	男	女	小计	男	女	小计	男	女
总　计	**1307**	**880**	**427**	**1037**	**659**	**378**	**783**	**508**	**275**
未上过学	31	15	16	29	18	11	30	13	17
学前教育				1		1			
小　学	137	90	47	115	72	43	78	57	21
初　中	325	221	104	293	189	104	190	121	69
高　中	265	165	100	247	157	90	196	124	72
大学专科	287	195	92	176	112	64	156	112	44
大学本科	241	178	63	156	100	56	115	71	44
硕士研究生	19	14	5	19	11	8	15	10	5
博士研究生	2	2		1		1	3		3

5–6a　续表 8　　单位：人

受教育程度	初婚年龄								
	36岁			37岁			38岁		
	小计	男	女	小计	男	女	小计	男	女
总　计	**616**	**399**	**217**	**514**	**320**	**194**	**411**	**269**	**142**
未上过学	26	13	13	16	6	10	22	9	13
学前教育									
小　学	75	47	28	70	43	27	58	32	26
初　中	174	120	54	155	99	56	110	75	35
高　中	125	76	49	107	70	37	88	56	32
大学专科	117	71	46	91	59	32	72	51	21
大学本科	92	66	26	71	40	31	55	42	13
硕士研究生	7	6	1	4	3	1	6	4	2
博士研究生									

5–6a　续表 9　　单位：人

受教育程度	初婚年龄					
	39岁			40岁及以上		
	小计	男	女	小计	男	女
总　计	**321**	**207**	**114**	**1883**	**1185**	**698**
未上过学	14	6	8	126	55	71
学前教育				1	1	
小　学	44	25	19	303	171	132
初　中	91	62	29	594	398	196
高　中	69	47	22	374	226	148
大学专科	48	29	19	281	190	91
大学本科	52	35	17	190	131	59
硕士研究生	3	3		13	12	1
博士研究生				1	1	

5-6b 全省分性别、受教育程度、初婚年龄的人口(镇)

单位：人

受教育程度	初婚年龄					
	合　　计			15岁以下		
	合计	男	女	小计	男	女
总　计	**83985**	**41054**	**42931**	**749**	**139**	**610**
未上过学	10569	3169	7400	236	32	204
学前教育	114	40	74	3		3
小　学	27287	12290	14997	369	71	298
初　中	22915	12840	10075	92	20	72
高　中	8297	4712	3585	28	10	18
大学专科	7945	4470	3475	14	5	9
大学本科	6676	3430	3246	7	1	6
硕士研究生	172	95	77			
博士研究生	10	8	2			

5-6b 续表 1

单位：人

受教育程度	初婚年龄								
	15岁			16岁			17岁		
	小计	男	女	小计	男	女	小计	男	女
总　计	**1575**	**313**	**1262**	**2742**	**584**	**2158**	**4243**	**1066**	**3177**
未上过学	436	45	391	737	86	651	991	139	852
学前教育	3	2	1	5		5	11	3	8
小　学	774	153	621	1311	274	1037	2074	522	1552
初　中	262	74	188	512	142	370	882	271	611
高　中	65	25	40	101	41	60	142	58	84
大学专科	26	10	16	56	30	26	106	52	54
大学本科	9	4	5	20	11	9	33	17	16
硕士研究生							4	4	
博士研究生									

5-6b　续表 2

单位：人

受教育程度	初婚年龄								
	18岁			19岁			20岁		
	小计	男	女	小计	男	女	小计	男	女
总　计	**5460**	**1616**	**3844**	**6992**	**2640**	**4352**	**8034**	**3574**	**4460**
未上过学	1132	179	953	1196	295	901	1106	346	760
学前教育	12	4	8	11	2	9	16	4	12
小　学	2539	743	1796	3001	1149	1852	3185	1437	1748
初　中	1355	502	853	2037	834	1203	2575	1245	1330
高　中	247	105	142	462	223	239	663	325	338
大学专科	131	58	73	219	108	111	372	174	198
大学本科	42	24	18	65	28	37	115	43	72
硕士研究生	1		1	1	1		2		2
博士研究生	1	1							

5-6b　续表 3

单位：人

受教育程度	初婚年龄								
	21岁			22岁			23岁		
	小计	男	女	小计	男	女	小计	男	女
总　计	**7689**	**3774**	**3915**	**7748**	**4172**	**3576**	**7083**	**3966**	**3117**
未上过学	771	296	475	639	249	390	535	240	295
学前教育	10	4	6	5	1	4	5	3	2
小　学	2694	1289	1405	2232	1197	1035	1816	1012	804
初　中	2655	1461	1194	2708	1655	1053	2286	1471	815
高　中	756	375	381	999	543	456	921	525	396
大学专科	575	256	319	748	352	396	916	459	457
大学本科	220	89	131	403	165	238	586	248	338
硕士研究生	8	4	4	12	9	3	18	8	10
博士研究生				2	1	1			

5-6b 续表 4

单位：人

受教育程度	初婚年龄								
	24岁			25岁			26岁		
	小计	男	女	小计	男	女	小计	男	女
总　计	**6635**	**3846**	**2789**	**5496**	**3250**	**2246**	**4342**	**2633**	**1709**
未上过学	433	193	240	368	168	200	282	133	149
学前教育	3	3		4	1	3	4	3	1
小　学	1539	910	629	1092	677	415	802	511	291
初　中	1918	1255	663	1396	960	436	1044	723	321
高　中	913	568	345	750	443	307	585	344	241
大学专科	984	549	435	907	528	379	740	457	283
大学本科	834	364	470	952	465	487	869	453	416
硕士研究生	10	3	7	25	7	18	16	9	7
博士研究生	1	1		2	1	1			

5-6b 续表 5

单位：人

受教育程度	初婚年龄								
	27岁			28岁			29岁		
	小计	男	女	小计	男	女	小计	男	女
总　计	**3393**	**2123**	**1270**	**2608**	**1611**	**997**	**1969**	**1262**	**707**
未上过学	233	110	123	199	81	118	194	95	99
学前教育	2	2		5	3	2	4		4
小　学	687	428	259	544	334	210	436	270	166
初　中	705	493	212	524	364	160	412	294	118
高　中	441	293	148	306	206	100	212	141	71
大学专科	581	364	217	443	291	152	318	214	104
大学本科	722	418	304	568	321	247	382	241	141
硕士研究生	22	15	7	19	11	8	11	7	4
博士研究生									

5-6b　续表 6

单位：人

受教育程度	初婚年龄								
	30岁			31岁			32岁		
	小计	男	女	小计	男	女	小计	男	女
总　计	**1442**	**904**	**538**	**1021**	**668**	**353**	**822**	**525**	**297**
未上过学	159	64	95	118	50	68	92	47	45
学前教育				3	2	1			
小　学	331	211	120	261	163	98	241	148	93
初　中	292	196	96	233	166	67	178	131	47
高　中	194	123	71	103	82	21	78	58	20
大学专科	211	154	57	127	90	37	102	65	37
大学本科	245	150	95	167	106	61	130	75	55
硕士研究生	9	5	4	7	7		1	1	
博士研究生	1	1		2	2				

5-6b　续表 7

单位：人

受教育程度	初婚年龄								
	33岁			34岁			35岁		
	小计	男	女	小计	男	女	小计	男	女
总　计	**676**	**429**	**247**	**528**	**337**	**191**	**466**	**298**	**168**
未上过学	81	41	40	70	24	46	88	40	48
学前教育							1	1	
小　学	207	121	86	163	104	59	135	89	46
初　中	183	132	51	138	99	39	97	66	31
高　中	57	37	20	44	32	12	43	29	14
大学专科	80	51	29	56	40	16	50	39	11
大学本科	67	47	20	56	37	19	51	33	18
硕士研究生	1		1				1	1	
博士研究生				1	1				

5－6b　续表 8

单位：人

受教育程度	初婚年龄								
	36岁			37岁			38岁		
	小计	男	女	小计	男	女	小计	男	女
总　计	**331**	**193**	**138**	**290**	**183**	**107**	**221**	**138**	**83**
未上过学	50	26	24	40	15	25	39	19	20
学前教育							1		1
小　学	114	69	45	105	68	37	78	43	35
初　中	64	39	25	65	44	21	46	36	10
高　中	29	15	14	23	15	8	19	12	7
大学专科	39	24	15	29	20	9	21	14	7
大学本科	34	19	15	28	21	7	16	13	3
硕士研究生	1	1					1	1	
博士研究生									

5－6b　续表 9

单位：人

受教育程度	初婚年龄					
	39岁			40岁及以上		
	小计	男	女	小计	男	女
总　计	**209**	**121**	**88**	**1221**	**689**	**532**
未上过学	34	16	18	310	140	170
学前教育	2	1	1	4	1	3
小　学	72	35	37	485	262	223
初　中	42	28	14	214	139	75
高　中	21	15	6	95	69	26
大学专科	20	14	6	74	52	22
大学本科	18	12	6	37	25	12
硕士研究生				2	1	1
博士研究生						

5−6c　全省分性别、受教育程度、初婚年龄的人口(乡村)

单位：人

受教育程度	初婚年龄					
	合　计			15岁以下		
	合计	男	女	小计	男	女
总　计	**138175**	**67704**	**70471**	**1348**	**226**	**1122**
未上过学	27118	8148	18970	430	42	388
学前教育	283	112	171	3		3
小　学	67519	32561	34958	754	137	617
初　中	35065	21783	13282	139	37	102
高　中	4692	3101	1591	18	10	8
大学专科	2336	1316	1020	3		3
大学本科	1134	667	467	1		1
硕士研究生	26	14	12			
博士研究生	2	2				

5−6c　续表 1

单位：人

受教育程度	初婚年龄								
	15岁			16岁			17岁		
	小计	男	女	小计	男	女	小计	男	女
总　计	**3792**	**707**	**3085**	**6054**	**1258**	**4796**	**9185**	**2355**	**6830**
未上过学	1202	135	1067	1786	248	1538	2507	393	2114
学前教育	10	2	8	18	5	13	29	4	25
小　学	2049	412	1637	3240	711	2529	4975	1359	3616
初　中	464	129	335	916	247	669	1529	526	1003
高　中	46	19	27	73	36	37	111	50	61
大学专科	16	6	10	18	8	10	31	21	10
大学本科	5	4	1	3	3		3	2	1
硕士研究生									
博士研究生									

5-6c 续表 2

单位：人

受教育程度	初婚年龄								
	18岁			19岁			20岁		
	小计	男	女	小计	男	女	小计	男	女
总　计	**12211**	**3777**	**8434**	**15442**	**6252**	**9190**	**16242**	**7919**	**8323**
未上过学	2932	547	2385	3333	876	2457	3134	984	2150
学前教育	24	9	15	42	11	31	31	11	20
小　学	6493	2072	4421	8089	3324	4765	8104	4058	4046
初　中	2481	1021	1460	3526	1786	1740	4335	2516	1819
高　中	210	96	114	311	178	133	466	266	200
大学专科	57	25	32	123	66	57	151	72	79
大学本科	14	7	7	18	11	7	21	12	9
硕士研究生									
博士研究生									

5-6c 续表 3

单位：人

受教育程度	初婚年龄								
	21岁			22岁			23岁		
	小计	男	女	小计	男	女	小计	男	女
总　计	**13917**	**7516**	**6401**	**12431**	**7333**	**5098**	**9966**	**6167**	**3799**
未上过学	2191	752	1439	1844	744	1100	1370	559	811
学前教育	18	10	8	19	7	12	14	9	5
小　学	6859	3662	3197	5618	3245	2373	4362	2666	1696
初　中	4112	2644	1468	4087	2812	1275	3317	2357	960
高　中	510	330	180	571	383	188	523	375	148
大学专科	193	98	95	225	112	113	268	147	121
大学本科	34	20	14	67	30	37	111	53	58
硕士研究生									
博士研究生							1	1	

5-6c　续表 4

单位：人

受教育程度	初婚年龄								
	24岁			25岁			26岁		
	小计	男	女	小计	男	女	小计	男	女
总　计	**7928**	**5097**	**2831**	**6276**	**4121**	**2155**	**4706**	**3110**	**1596**
未上过学	1072	466	606	851	379	472	702	316	386
学前教育	13	7	6	9	7	2	9	7	2
小　学	3390	2176	1214	2598	1721	877	2041	1343	698
初　中	2565	1896	669	1979	1486	493	1339	1051	288
高　中	453	323	130	422	290	132	268	194	74
大学专科	276	150	126	254	144	110	209	118	91
大学本科	155	79	76	159	91	68	134	79	55
硕士研究生	4		4	4	3	1	4	2	2
博士研究生									

5-6c　续表 5

单位：人

受教育程度	初婚年龄								
	27岁			28岁			29岁		
	小计	男	女	小计	男	女	小计	男	女
总　计	**3709**	**2468**	**1241**	**2799**	**1792**	**1007**	**2205**	**1459**	**746**
未上过学	570	259	311	469	198	271	404	190	214
学前教育	7	5	2	6	3	3	5	2	3
小　学	1609	1040	569	1296	830	466	1037	685	352
初　中	1016	800	216	710	547	163	544	424	120
高　中	182	149	33	133	97	36	97	75	22
大学专科	175	119	56	109	67	42	58	37	21
大学本科	148	95	53	74	48	26	56	44	12
硕士研究生	2	1	1	2	2		4	2	2
博士研究生									

5-6c 续表 6

单位：人

受教育程度	初婚年龄								
	30岁			31岁			32岁		
	小计	男	女	小计	男	女	小计	男	女
总　计	**1802**	**1171**	**631**	**1337**	**874**	**463**	**1111**	**718**	**393**
未上过学	345	163	182	261	126	135	236	115	121
学前教育	2	2		3	2	1	2	2	
小　学	859	560	299	630	418	212	529	339	190
初　中	409	311	98	323	239	84	271	207	64
高　中	80	65	15	56	40	16	37	27	10
大学专科	68	46	22	32	24	8	21	17	4
大学本科	34	21	13	31	24	7	15	11	4
硕士研究生	4	2	2	1	1				
博士研究生	1	1							

5-6c 续表 7

单位：人

受教育程度	初婚年龄								
	33岁			34岁			35岁		
	小计	男	女	小计	男	女	小计	男	女
总　计	**875**	**563**	**312**	**690**	**436**	**254**	**573**	**370**	**203**
未上过学	193	85	108	156	79	77	122	63	59
学前教育	3	2	1	1		1	3		3
小　学	423	276	147	352	224	128	313	207	106
初　中	200	159	41	145	111	34	114	82	32
高　中	31	25	6	20	11	9	7	7	
大学专科	12	9	3	9	7	2	7	6	1
大学本科	13	7	6	7	4	3	7	5	2
硕士研究生									
博士研究生									

5-6c　续表 8

单位：人

受教育程度	初婚年龄								
	36岁			37岁			38岁		
	小计	男	女	小计	男	女	小计	男	女
总　计	**484**	**297**	**187**	**411**	**233**	**178**	**384**	**217**	**167**
未上过学	116	51	65	112	50	62	100	39	61
学前教育	2	1	1	1		1	1	1	
小　学	259	163	96	199	111	88	220	135	85
初　中	89	66	23	83	62	21	50	31	19
高　中	8	8		12	10	2	5	5	
大学专科	3	3		1		1	5	3	2
大学本科	7	5	2	3		3	3	3	
硕士研究生									
博士研究生									

5-6c　续表 9

单位：人

受教育程度	初婚年龄					
	39岁			40岁及以上		
	小计	男	女	小计	男	女
总　计	**333**	**209**	**124**	**1964**	**1059**	**905**
未上过学	80	42	38	600	247	353
学前教育				8	3	5
小　学	175	101	74	1046	586	460
初　中	67	56	11	255	180	75
高　中	4	4		38	28	10
大学专科	3	3		9	8	1
大学本科	3	2	1	8	7	1
硕士研究生	1	1				
博士研究生						

第二部分 长表数据资料

第六卷 生育

6-1 各地区分性别、孩次的出生人口
(2019.11.1-2020.10.31)

单位：人

地区	出生人数				第一孩			
	合计	男	女	性别比(女=100)	小计	男	女	性别比(女=100)
全省	**6422**	**3373**	**3049**	**110.63**	**2961**	**1593**	**1368**	**116.45**
西宁市	**2416**	**1279**	**1137**	**112.49**	**1290**	**680**	**610**	**111.48**
城东区	549	302	247	122.27	296	164	132	124.24
城中区	277	139	138	100.72	151	72	79	91.14
城西区	336	175	161	108.70	200	107	93	115.05
城北区	398	203	195	104.10	235	116	119	97.48
湟中区	340	185	155	119.35	160	92	68	135.29
大通回族土族自治县	412	221	191	115.71	192	101	91	110.99
湟源县	104	54	50	108.00	56	28	28	100.00
海东市	**1276**	**694**	**582**	**119.24**	**536**	**306**	**230**	**133.04**
乐都区	171	96	75	128.00	87	49	38	128.95
平安区	93	49	44	111.36	47	25	22	113.64
民和回族土族自治县	311	172	139	123.74	123	69	54	127.78
互助土族自治县	295	148	147	100.68	131	69	62	111.29
化隆回族自治县	211	119	92	129.35	85	51	34	150.00
循化撒拉族自治县	195	110	85	129.41	63	43	20	215.00
海北藏族自治州	**318**	**167**	**151**	**110.60**	**150**	**74**	**76**	**97.37**
门源回族自治县	154	80	74	108.11	71	31	40	77.50
祁连县	72	39	33	118.18	32	19	13	146.15
海晏县	46	23	23	100.00	27	12	15	80.00
刚察县	46	25	21	119.05	20	12	8	150.00
黄南藏族自治州	**427**	**197**	**230**	**85.65**	**168**	**90**	**78**	**115.38**
同仁县	158	81	77	105.19	64	39	25	156.00
尖扎县	89	42	47	89.36	37	19	18	105.56
泽库县	118	47	71	66.20	46	22	24	91.67
河南蒙古族自治县	62	27	35	77.14	21	10	11	90.91
海南藏族自治州	**608**	**314**	**294**	**106.80**	**258**	**135**	**123**	**109.76**
共和县	173	80	93	86.02	67	33	34	97.06
同德县	95	55	40	137.50	38	23	15	153.33
贵德县	144	77	67	114.93	66	28	38	73.68
兴海县	89	48	41	117.07	40	28	12	233.33
贵南县	107	54	53	101.89	47	23	24	95.83
果洛藏族自治州	**314**	**153**	**161**	**95.03**	**102**	**49**	**53**	**92.45**
玛沁县	53	22	31	70.97	22	10	12	83.33
班玛县	51	26	25	104.00	10	7	3	233.33
甘德县	47	24	23	104.35	17	6	11	54.55
达日县	91	46	45	102.22	25	14	11	127.27
久治县	49	25	24	104.17	18	9	9	100.00
玛多县	23	10	13	76.92	10	3	7	42.86
玉树藏族自治州	**541**	**285**	**256**	**111.33**	**203**	**114**	**89**	**128.09**
玉树市	162	79	83	95.18	57	36	21	171.43
杂多县	121	79	42	188.10	43	27	16	168.75
称多县	73	29	44	65.91	27	11	16	68.75
治多县	30	18	12	150.00	11	5	6	83.33
囊谦县	108	55	53	103.77	50	28	22	127.27
曲麻莱县	47	25	22	113.64	15	7	8	87.50
海西蒙古族藏族自治州	**522**	**284**	**238**	**119.33**	**254**	**145**	**109**	**133.03**
格尔木市	252	132	120	110.00	122	66	56	117.86
德令哈市	119	69	50	138.00	66	40	26	153.85
茫崖市	11	4	7	57.14	7	4	3	133.33
乌兰县	32	22	10	220.00	12	9	3	300.00
都兰县	71	36	35	102.86	32	19	13	146.15
天峻县	27	15	12	125.00	11	5	6	83.33
大柴旦行政委员会	10	6	4	150.00	4	2	2	100.00

6-1 续表 1

单位：人

地区	第二孩				第三孩			
	小计	男	女	性别比(女=100)	小计	男	女	性别比(女=100)
全省	**2388**	**1230**	**1158**	**106.22**	**688**	**350**	**338**	**103.55**
西宁市	**963**	**510**	**453**	**112.58**	**129**	**72**	**57**	**126.32**
城东区	207	111	96	115.63	40	22	18	122.22
城中区	113	58	55	105.45	11	7	4	175.00
城西区	121	62	59	105.08	13	5	8	62.50
城北区	150	83	67	123.88	8	3	5	60.00
湟中区	137	68	69	98.55	34	19	15	126.67
大通回族土族自治县	189	103	86	119.77	22	15	7	214.29
湟源县	46	25	21	119.05	1	1		
海东市	**528**	**280**	**248**	**112.90**	**152**	**77**	**75**	**102.67**
乐都区	77	43	34	126.47	7	4	3	133.33
平安区	46	24	22	109.09				
民和回族土族自治县	126	67	59	113.56	46	27	19	142.11
互助土族自治县	149	72	77	93.51	14	6	8	75.00
化隆回族自治县	74	42	32	131.25	35	15	20	75.00
循化撒拉族自治县	56	32	24	133.33	50	25	25	100.00
海北藏族自治州	**131**	**69**	**62**	**111.29**	**31**	**19**	**12**	**158.33**
门源回族自治县	65	36	29	124.14	14	9	5	180.00
祁连县	28	14	14	100.00	11	6	5	120.00
海晏县	19	11	8	137.50				
刚察县	19	8	11	72.73	6	4	2	200.00
黄南藏族自治州	**142**	**58**	**84**	**69.05**	**84**	**36**	**48**	**75.00**
同仁县	62	26	36	72.22	22	10	12	83.33
尖扎县	29	13	16	81.25	16	8	8	100.00
泽库县	27	9	18	50.00	31	11	20	55.00
河南蒙古族自治县	24	10	14	71.43	15	7	8	87.50
海南藏族自治州	**227**	**113**	**114**	**99.12**	**98**	**51**	**47**	**108.51**
共和县	77	36	41	87.80	24	9	15	60.00
同德县	33	19	14	135.71	18	9	9	100.00
贵德县	60	36	24	150.00	15	11	4	275.00
兴海县	23	6	17	35.29	19	10	9	111.11
贵南县	34	16	18	88.89	22	12	10	120.00
果洛藏族自治州	**72**	**31**	**41**	**75.61**	**61**	**33**	**28**	**117.86**
玛沁县	17	7	10	70.00	9	2	7	28.57
班玛县	12	5	7	71.43	13	5	8	62.50
甘德县	11	7	4	175.00	9	6	3	200.00
达日县	20	8	12	66.67	19	13	6	216.67
久治县	9	3	6	50.00	10	6	4	150.00
玛多县	3	1	2	50.00	1	1		
玉树藏族自治州	**118**	**59**	**59**	**100.00**	**88**	**42**	**46**	**91.30**
玉树市	37	13	24	54.17	32	12	20	60.00
杂多县	23	14	9	155.56	14	9	5	180.00
称多县	19	8	11	72.73	12	8	4	200.00
治多县	10	7	3	233.33	3	2	1	200.00
囊谦县	19	10	9	111.11	17	7	10	70.00
曲麻莱县	10	7	3	233.33	10	4	6	66.67
海西蒙古族藏族自治州	**207**	**110**	**97**	**113.40**	**45**	**20**	**25**	**80.00**
格尔木市	100	50	50	100.00	23	11	12	91.67
德令哈市	39	21	18	116.67	9	5	4	125.00
茫崖市	4		4					
乌兰县	18	12	6	200.00	1	1		
都兰县	30	15	15	100.00	9	2	7	28.57
天峻县	11	8	3	266.67	2	1	1	100.00
大柴旦行政委员会	5	4	1	400.00	1		1	

6-1　续表 2　　　　　　　　　　　　　　　　　　　　　　　　　　　单位：人

地　区	第　四　孩				第五孩及以上			
	小计	男	女	性别比(女=100)	小计	男	女	性别比(女=100)
全省	**237**	**125**	**112**	**111.61**	**148**	**75**	**73**	**102.74**
西宁市	**25**	**11**	**14**	**78.57**	**9**	**6**	**3**	**200.00**
城东区	4	3	1	300.00	2	2		
城中区	2	2						
城西区	1		1		1	1		
城北区	5	1	4	25.00				
湟中区	6	4	2	200.00	3	2	1	200.00
大通回族土族自治县	6	1	5	20.00	3	1	2	50.00
湟源县	1		1					
海东市	**47**	**23**	**24**	**95.83**	**13**	**8**	**5**	**160.00**
乐都区								
平安区								
民和回族土族自治县	11	6	5	120.00	5	3	2	150.00
互助土族自治县	1	1						
化隆回族自治县	14	9	5	180.00	3	2	1	200.00
循化撒拉族自治县	21	7	14	50.00	5	3	2	150.00
海北藏族自治州	**4**	**3**	**1**	**300.00**	**2**	**2**		
门源回族自治县	3	3			1	1		
祁连县	1		1					
海晏县								
刚察县					1	1		
黄南藏族自治州	**27**	**9**	**18**	**50.00**	**6**	**4**	**2**	**200.00**
同仁县	8	4	4	100.00	2	2		
尖扎县	6	2	4	50.00	1		1	
泽库县	11	3	8	37.50	3	2	1	200.00
河南蒙古族自治县	2		2					
海南藏族自治州	**22**	**12**	**10**	**120.00**	**3**	**3**		
共和县	5	2	3	66.67				
同德县	5	3	2	150.00	1	1		
贵德县	3	2	1	200.00				
兴海县	6	3	3	100.00	1	1		
贵南县	3	2	1	200.00	1	1		
果洛藏族自治州	**39**	**25**	**14**	**178.57**	**40**	**15**	**25**	**60.00**
玛沁县	4	2	2	100.00	1	1		
班玛县	9	4	5	80.00	7	5	2	250.00
甘德县	6	4	2	200.00	4	1	3	33.33
达日县	9	6	3	200.00	18	5	13	38.46
久治县	7	6	1	600.00	5	1	4	25.00
玛多县	4	3	1	300.00	5	2	3	66.67
玉树藏族自治州	**61**	**36**	**25**	**144.00**	**71**	**34**	**37**	**91.89**
玉树市	19	11	8	137.50	17	7	10	70.00
杂多县	20	13	7	185.71	21	16	5	320.00
称多县	4	2	2	100.00	11		11	
治多县	4	3	1	300.00	2	1	1	100.00
囊谦县	7	3	4	75.00	15	7	8	87.50
曲麻莱县	7	4	3	133.33	5	3	2	150.00
海西蒙古族藏族自治州	**12**	**6**	**6**	**100.00**	**4**	**3**	**1**	**300.00**
格尔木市	4	2	2	100.00	3	3		
德令哈市	4	3	1	300.00	1		1	
茫崖市								
乌兰县	1		1					
都兰县								
天峻县	3	1	2	50.00				
大柴旦行政委员会								

6-1a　各地区分性别、孩次的出生人口
(2019.11.1-2020.10.31)(城市)

单位：人

地　区	出生人数				第　一　孩			
	合计	男	女	性别比(女=100)	小计	男	女	性别比(女=100)
全省	**2141**	**1120**	**1021**	**109.70**	**1175**	**618**	**557**	**110.95**
西宁市	**1630**	**852**	**778**	**109.51**	**909**	**471**	**438**	**107.53**
城东区	549	302	247	122.27	296	164	132	124.24
城中区	277	139	138	100.72	151	72	79	91.14
城西区	335	174	161	108.07	200	107	93	115.05
城北区	392	200	192	104.17	233	116	117	99.15
湟中区	61	34	27	125.93	22	12	10	120.00
大通回族土族自治县	16	3	13	23.08	7		7	
湟源县								
海东市	**169**	**91**	**78**	**116.67**	**90**	**46**	**44**	**104.55**
乐都区	102	55	47	117.02	56	30	26	115.38
平安区	67	36	31	116.13	34	16	18	88.89
民和回族土族自治县								
互助土族自治县								
化隆回族自治县								
循化撒拉族自治县								
海北藏族自治州								
门源回族自治县								
祁连县								
海晏县								
刚察县								
黄南藏族自治州								
同仁县								
尖扎县								
泽库县								
河南蒙古族自治县								
海南藏族自治州								
共和县								
同德县								
贵德县								
兴海县								
贵南县								
果洛藏族自治州								
玛沁县								
班玛县								
甘德县								
达日县								
久治县								
玛多县								
玉树藏族自治州	**68**	**28**	**40**	**70.00**	**33**	**17**	**16**	**106.25**
玉树市	63	26	37	70.27	31	16	15	106.67
杂多县								
称多县								
治多县								
囊谦县								
曲麻莱县	5	2	3	66.67	2	1	1	100.00
海西蒙古族藏族自治州	**274**	**149**	**125**	**119.20**	**143**	**84**	**59**	**142.37**
格尔木市	168	89	79	112.66	83	47	36	130.56
德令哈市	95	56	39	143.59	53	33	20	165.00
茫崖市	11	4	7	57.14	7	4	3	133.33
乌兰县								
都兰县								
天峻县								
大柴旦行政委员会								

6-1a 续表 1

单位：人

地区	第二孩				第三孩			
	小计	男	女	性别比(女=100)	小计	男	女	性别比(女=100)
全省	**822**	**429**	**393**	**109.16**	**115**	**58**	**57**	**101.75**
西宁市	**624**	**328**	**296**	**110.81**	**79**	**42**	**37**	**113.51**
城东区	207	111	96	115.63	40	22	18	122.22
城中区	113	58	55	105.45	11	7	4	175.00
城西区	120	61	59	103.39	13	5	8	62.50
城北区	146	80	66	121.21	8	3	5	60.00
湟中区	29	15	14	107.14	7	5	2	250.00
大通回族土族自治县	9	3	6	50.00				
湟源县								
海东市	**75**	**44**	**31**	**141.94**	**4**	**1**	**3**	**33.33**
乐都区	42	24	18	133.33	4	1	3	33.33
平安区	33	20	13	153.85				
民和回族土族自治县								
互助土族自治县								
化隆回族自治县								
循化撒拉族自治县								
海北藏族自治州								
门源回族自治县								
祁连县								
海晏县								
刚察县								
黄南藏族自治州								
同仁县								
尖扎县								
泽库县								
河南蒙古族自治县								
海南藏族自治州								
共和县								
同德县								
贵德县								
兴海县								
贵南县								
果洛藏族自治州								
玛沁县								
班玛县								
甘德县								
达日县								
久治县								
玛多县								
玉树藏族自治州	**20**	**7**	**13**	**53.85**	**10**	**3**	**7**	**42.86**
玉树市	20	7	13	53.85	8	2	6	33.33
杂多县								
称多县								
治多县								
囊谦县								
曲麻莱县					2	1	1	100.00
海西蒙古族藏族自治州	**103**	**50**	**53**	**94.34**	**22**	**12**	**10**	**120.00**
格尔木市	67	32	35	91.43	15	9	6	150.00
德令哈市	32	18	14	128.57	7	3	4	75.00
茫崖市	4		4					
乌兰县								
都兰县								
天峻县								
大柴旦行政委员会								

6-1a　续表 2　　　　单位：人

地　区	第　四　孩				第五孩及以上			
	小计	男	女	性别比（女=100）	小计	男	女	性别比（女=100）
全省	**24**	**12**	**12**	**100.00**	**5**	**3**	**2**	**150.00**
西宁市	**15**	**8**	**7**	**114.29**	**3**	**3**		
城东区	4	3	1	300.00	2	2		
城中区	2	2						
城西区	1		1		1	1		
城北区	5	1	4	25.00				
湟中区	3	2	1	200.00				
大通回族土族自治县								
湟源县								
海东市								
乐都区								
平安区								
民和回族土族自治县								
互助土族自治县								
化隆回族自治县								
循化撒拉族自治县								
海北藏族自治州								
门源回族自治县								
祁连县								
海晏县								
刚察县								
黄南藏族自治州								
同仁县								
尖扎县								
泽库县								
河南蒙古族自治县								
海南藏族自治州								
共和县								
同德县								
贵德县								
兴海县								
贵南县								
果洛藏族自治州								
玛沁县								
班玛县								
甘德县								
达日县								
久治县								
玛多县								
玉树藏族自治州	**3**	**1**	**2**	**50.00**	**2**		**2**	
玉树市	2	1	1	100.00	2		2	
杂多县								
称多县								
治多县								
囊谦县								
曲麻莱县	1		1					
海西蒙古族藏族自治州	**6**	**3**	**3**	**100.00**				
格尔木市	3	1	2	50.00				
德令哈市	3	2	1	200.00				
茫崖市								
乌兰县								
都兰县								
天峻县								
大柴旦行政委员会								

6-1b　各地区分性别、孩次的出生人口
(2019.11.1-2020.10.31)(镇)

单位：人

地　　区	出生人数				第　一　孩			
	合计	男	女	性别比(女=100)	小计	男	女	性别比(女=100)
全省	**1543**	**800**	**743**	**107.67**	**698**	**366**	**332**	**110.24**
西宁市	**310**	**168**	**142**	**118.31**	**156**	**84**	**72**	**116.67**
城东区								
城中区								
城西区	1	1						
城北区								
湟中区	69	35	34	102.94	36	21	15	140.00
大通回族土族自治县	184	107	77	138.96	85	48	37	129.73
湟源县	56	25	31	80.65	35	15	20	75.00
海东市	**367**	**194**	**173**	**112.14**	**151**	**85**	**66**	**128.79**
乐都区	8	4	4	100.00	3	1	2	50.00
平安区	1	1			1	1		
民和回族土族自治县	128	74	54	137.04	53	32	21	152.38
互助土族自治县	121	58	63	92.06	61	33	28	117.86
化隆回族自治县	35	17	18	94.44	11	6	5	120.00
循化撒拉族自治县	74	40	34	117.65	22	12	10	120.00
海北藏族自治州	**148**	**74**	**74**	**100.00**	**71**	**36**	**35**	**102.86**
门源回族自治县	51	27	24	112.50	24	12	12	100.00
祁连县	42	22	20	110.00	20	12	8	150.00
海晏县	32	16	16	100.00	18	8	10	80.00
刚察县	23	9	14	64.29	9	4	5	80.00
黄南藏族自治州	**161**	**74**	**87**	**85.06**	**72**	**37**	**35**	**105.71**
同仁县	74	37	37	100.00	30	17	13	130.77
尖扎县	32	14	18	77.78	19	9	10	90.00
泽库县	33	13	20	65.00	14	7	7	100.00
河南蒙古族自治县	22	10	12	83.33	9	4	5	80.00
海南藏族自治州	**233**	**115**	**118**	**97.46**	**102**	**48**	**54**	**88.89**
共和县	79	34	45	75.56	35	16	19	84.21
同德县	25	14	11	127.27	8	3	5	60.00
贵德县	68	35	33	106.06	32	13	19	68.42
兴海县	29	16	13	123.08	12	9	3	300.00
贵南县	32	16	16	100.00	15	7	8	87.50
果洛藏族自治州	**78**	**43**	**35**	**122.86**	**29**	**13**	**16**	**81.25**
玛沁县	18	8	10	80.00	10	4	6	66.67
班玛县	13	10	3	333.33	3	2	1	200.00
甘德县	4	1	3	33.33	2		2	
达日县	23	14	9	155.56	5	3	2	150.00
久治县	5	2	3	66.67	2	1	1	100.00
玛多县	15	8	7	114.29	7	3	4	75.00
玉树藏族自治州	**120**	**69**	**51**	**135.29**	**55**	**31**	**24**	**129.17**
玉树市	7	6	1	600.00	4	4		
杂多县	45	32	13	246.15	17	12	5	240.00
称多县	20	6	14	42.86	7	3	4	75.00
治多县	18	12	6	200.00	7	3	4	75.00
囊谦县	20	11	9	122.22	16	9	7	128.57
曲麻莱县	10	2	8	25.00	4		4	
海西蒙古族藏族自治州	**126**	**63**	**63**	**100.00**	**62**	**32**	**30**	**106.67**
格尔木市	51	23	28	82.14	27	12	15	80.00
德令哈市	2		2		2		2	
茫崖市								
乌兰县	20	13	7	185.71	8	6	2	300.00
都兰县	30	14	16	87.50	14	9	5	180.00
天峻县	15	8	7	114.29	8	3	5	60.00
大柴旦行政委员会	8	5	3	166.67	3	2	1	200.00

6-1b　续表 1

单位：人

地　区	第二孩				第三孩			
	小计	男	女	性别比（女=100）	小计	男	女	性别比（女=100）
全省	**612**	**314**	**298**	**105.37**	**157**	**79**	**78**	**101.28**
西宁市	**136**	**74**	**62**	**119.35**	**14**	**9**	**5**	**180.00**
城东区								
城中区								
城西区	1	1						
城北区								
湟中区	27	11	16	68.75	4	2	2	100.00
大通回族土族自治县	87	52	35	148.57	10	7	3	233.33
湟源县	21	10	11	90.91				
海东市	**159**	**78**	**81**	**96.30**	**49**	**28**	**21**	**133.33**
乐都区	4	2	2	100.00	1	1		
平安区								
民和回族土族自治县	58	31	27	114.81	15	10	5	200.00
互助土族自治县	52	22	30	73.33	8	3	5	60.00
化隆回族自治县	18	8	10	80.00	5	2	3	66.67
循化撒拉族自治县	27	15	12	125.00	20	12	8	150.00
海北藏族自治州	**66**	**32**	**34**	**94.12**	**10**	**5**	**5**	**100.00**
门源回族自治县	23	12	11	109.09	3	2	1	200.00
祁连县	17	8	9	88.89	5	2	3	66.67
海晏县	14	8	6	133.33				
刚察县	12	4	8	50.00	2	1	1	100.00
黄南藏族自治州	**57**	**24**	**33**	**72.73**	**26**	**10**	**16**	**62.50**
同仁县	32	14	18	77.78	9	4	5	80.00
尖扎县	9	3	6	50.00	4	2	2	100.00
泽库县	6	2	4	50.00	10	3	7	42.86
河南蒙古族自治县	10	5	5	100.00	3	1	2	50.00
海南藏族自治州	**100**	**50**	**50**	**100.00**	**20**	**11**	**9**	**122.22**
共和县	34	13	21	61.90	7	3	4	75.00
同德县	15	11	4	275.00	1		1	
贵德县	32	20	12	166.67	3	2	1	200.00
兴海县	7		7		6	4	2	200.00
贵南县	12	6	6	100.00	3	2	1	200.00
果洛藏族自治州	**23**	**13**	**10**	**130.00**	**11**	**7**	**4**	**175.00**
玛沁县	6	3	3	100.00	2	1	1	100.00
班玛县	6	5	1	500.00	1	1		
甘德县	1	1						
达日县	7	3	4	75.00	7	5	2	250.00
久治县	1		1		1		1	
玛多县	2	1	1	100.00				
玉树藏族自治州	**24**	**15**	**9**	**166.67**	**14**	**8**	**6**	**133.33**
玉树市	2	1	1	100.00				
杂多县	7	6	1	600.00	8	6	2	300.00
称多县	5	1	4	25.00	2	1	1	100.00
治多县	5	4	1	400.00	2	1	1	100.00
囊谦县	2	1	1	100.00	1		1	
曲麻莱县	3	2	1	200.00	1		1	
海西蒙古族藏族自治州	**47**	**28**	**19**	**147.37**	**13**	**1**	**12**	**8.33**
格尔木市	16	8	8	100.00	6	1	5	20.00
德令哈市								
茫崖市								
乌兰县	12	7	5	140.00				
都兰县	10	5	5	100.00	6		6	
天峻县	5	5						
大柴旦行政委员会	4	3	1	300.00	1		1	

6-1b 续表 2

单位：人

地区	第四孩				第五孩及以上			
	小计	男	女	性别比（女=100）	小计	男	女	性别比（女=100）
全省	**47**	**22**	**25**	**88.00**	**29**	**19**	**10**	**190.00**
西宁市	**2**	**1**	**1**	**100.00**	**2**		**2**	
城东区								
城中区								
城西区								
城北区								
湟中区	1	1			1		1	
大通回族土族自治县	1		1		1		1	
湟源县								
海东市	**7**	**2**	**5**	**40.00**	**1**	**1**		
乐都区								
平安区								
民和回族土族自治县	2	1	1	100.00				
互助土族自治县								
化隆回族自治县	1	1						
循化撒拉族自治县	4		4		1	1		
海北藏族自治州	**1**	**1**						
门源回族自治县	1	1						
祁连县								
海晏县								
刚察县								
黄南藏族自治州	**5**	**2**	**3**	**66.67**	**1**	**1**		
同仁县	3	2	1	200.00				
尖扎县								
泽库县	2		2		1	1		
河南蒙古族自治县								
海南藏族自治州	**10**	**5**	**5**	**100.00**	**1**	**1**		
共和县	3	2	1	200.00				
同德县	1		1					
贵德县	1		1					
兴海县	3	2	1	200.00	1	1		
贵南县	2	1	1	100.00				
果洛藏族自治州	**7**	**4**	**3**	**133.33**	**8**	**6**	**2**	**300.00**
玛沁县								
班玛县					3	2	1	200.00
甘德县	1		1					
达日县	2	1	1	100.00	2	2		
久治县	1	1						
玛多县	3	2	1	200.00	3	2	1	200.00
玉树藏族自治州	**12**	**6**	**6**	**100.00**	**15**	**9**	**6**	**150.00**
玉树市					1	1		
杂多县	5	2	3	66.67	8	6	2	300.00
称多县	2	1	1	100.00	4		4	
治多县	3	3			1	1		
囊谦县					1	1		
曲麻莱县	2		2					
海西蒙古族藏族自治州	**3**	**1**	**2**	**50.00**	**1**	**1**		
格尔木市	1	1			1	1		
德令哈市								
茫崖市								
乌兰县								
都兰县								
天峻县	2		2					
大柴旦行政委员会								

6−1c　各地区分性别、孩次的出生人口
(2019.11.1−2020.10.31)(乡村)

单位：人

地　区	出生人数				第　一　孩			
	合计	男	女	性别比(女=100)	小计	男	女	性别比(女=100)
全省	**2738**	**1453**	**1285**	**113.07**	**1088**	**609**	**479**	**127.14**
西宁市	**476**	**259**	**217**	**119.35**	**225**	**125**	**100**	**125.00**
城东区								
城中区								
城西区								
城北区	6	3	3	100.00	2		2	
湟中区	210	116	94	123.40	102	59	43	137.21
大通回族土族自治县	212	111	101	109.90	100	53	47	112.77
湟源县	48	29	19	152.63	21	13	8	162.50
海东市	**740**	**409**	**331**	**123.56**	**295**	**175**	**120**	**145.83**
乐都区	61	37	24	154.17	28	18	10	180.00
平安区	25	12	13	92.31	12	8	4	200.00
民和回族土族自治县	183	98	85	115.29	70	37	33	112.12
互助土族自治县	174	90	84	107.14	70	36	34	105.88
化隆回族自治县	176	102	74	137.84	74	45	29	155.17
循化撒拉族自治县	121	70	51	137.25	41	31	10	310.00
海北藏族自治州	**170**	**93**	**77**	**120.78**	**79**	**38**	**41**	**92.68**
门源回族自治县	103	53	50	106.00	47	19	28	67.86
祁连县	30	17	13	130.77	12	7	5	140.00
海晏县	14	7	7	100.00	9	4	5	80.00
刚察县	23	16	7	228.57	11	8	3	266.67
黄南藏族自治州	**266**	**123**	**143**	**86.01**	**96**	**53**	**43**	**123.26**
同仁县	84	44	40	110.00	34	22	12	183.33
尖扎县	57	28	29	96.55	18	10	8	125.00
泽库县	85	34	51	66.67	32	15	17	88.24
河南蒙古族自治县	40	17	23	73.91	12	6	6	100.00
海南藏族自治州	**375**	**199**	**176**	**113.07**	**156**	**87**	**69**	**126.09**
共和县	94	46	48	95.83	32	17	15	113.33
同德县	70	41	29	141.38	30	20	10	200.00
贵德县	76	42	34	123.53	34	15	19	78.95
兴海县	60	32	28	114.29	28	19	9	211.11
贵南县	75	38	37	102.70	32	16	16	100.00
果洛藏族自治州	**236**	**110**	**126**	**87.30**	**73**	**36**	**37**	**97.30**
玛沁县	35	14	21	66.67	12	6	6	100.00
班玛县	38	16	22	72.73	7	5	2	250.00
甘德县	43	23	20	115.00	15	6	9	66.67
达日县	68	32	36	88.89	20	11	9	122.22
久治县	44	23	21	109.52	16	8	8	100.00
玛多县	8	2	6	33.33	3		3	
玉树藏族自治州	**353**	**188**	**165**	**113.94**	**115**	**66**	**49**	**134.69**
玉树市	92	47	45	104.44	22	16	6	266.67
杂多县	76	47	29	162.07	26	15	11	136.36
称多县	53	23	30	76.67	20	8	12	66.67
治多县	12	6	6	100.00	4	2	2	100.00
囊谦县	88	44	44	100.00	34	19	15	126.67
曲麻莱县	32	21	11	190.91	9	6	3	200.00
海西蒙古族藏族自治州	**122**	**72**	**50**	**144.00**	**49**	**29**	**20**	**145.00**
格尔木市	33	20	13	153.85	12	7	5	140.00
德令哈市	22	13	9	144.44	11	7	4	175.00
茫崖市								
乌兰县	12	9	3	300.00	4	3	1	300.00
都兰县	41	22	19	115.79	18	10	8	125.00
天峻县	12	7	5	140.00	3	2	1	200.00
大柴旦行政委员会	2	1	1	100.00	1		1	

6-1c 续表 1

单位：人

地区	第二孩				第三孩			
	小计	男	女	性别比(女=100)	小计	男	女	性别比(女=100)
全省	**954**	**487**	**467**	**104.28**	**416**	**213**	**203**	**104.93**
西宁市	**203**	**108**	**95**	**113.68**	**36**	**21**	**15**	**140.00**
城东区								
城中区								
城西区								
城北区	4	3	1	300.00				
湟中区	81	42	39	107.69	23	12	11	109.09
大通回族土族自治县	93	48	45	106.67	12	8	4	200.00
湟源县	25	15	10	150.00	1	1		
海东市	**294**	**158**	**136**	**116.18**	**99**	**48**	**51**	**94.12**
乐都区	31	17	14	121.43	2	2		
平安区	13	4	9	44.44				
民和回族土族自治县	68	36	32	112.50	31	17	14	121.43
互助土族自治县	97	50	47	106.38	6	3	3	100.00
化隆回族自治县	56	34	22	154.55	30	13	17	76.47
循化撒拉族自治县	29	17	12	141.67	30	13	17	76.47
海北藏族自治州	**65**	**37**	**28**	**132.14**	**21**	**14**	**7**	**200.00**
门源回族自治县	42	24	18	133.33	11	7	4	175.00
祁连县	11	6	5	120.00	6	4	2	200.00
海晏县	5	3	2	150.00				
刚察县	7	4	3	133.33	4	3	1	300.00
黄南藏族自治州	**85**	**34**	**51**	**66.67**	**58**	**26**	**32**	**81.25**
同仁县	30	12	18	66.67	13	6	7	85.71
尖扎县	20	10	10	100.00	12	6	6	100.00
泽库县	21	7	14	50.00	21	8	13	61.54
河南蒙古族自治县	14	5	9	55.56	12	6	6	100.00
海南藏族自治州	**127**	**63**	**64**	**98.44**	**78**	**40**	**38**	**105.26**
共和县	43	23	20	115.00	17	6	11	54.55
同德县	18	8	10	80.00	17	9	8	112.50
贵德县	28	16	12	133.33	12	9	3	300.00
兴海县	16	6	10	60.00	13	6	7	85.71
贵南县	22	10	12	83.33	19	10	9	111.11
果洛藏族自治州	**49**	**18**	**31**	**58.06**	**50**	**26**	**24**	**108.33**
玛沁县	11	4	7	57.14	7	1	6	16.67
班玛县	6		6		12	4	8	50.00
甘德县	10	6	4	150.00	9	6	3	200.00
达日县	13	5	8	62.50	12	8	4	200.00
久治县	8	3	5	60.00	9	6	3	200.00
玛多县	1		1		1	1		
玉树藏族自治州	**74**	**37**	**37**	**100.00**	**64**	**31**	**33**	**93.94**
玉树市	15	5	10	50.00	24	10	14	71.43
杂多县	16	8	8	100.00	6	3	3	100.00
称多县	14	7	7	100.00	10	7	3	233.33
治多县	5	3	2	150.00	1	1		
囊谦县	17	9	8	112.50	16	7	9	77.78
曲麻莱县	7	5	2	250.00	7	3	4	75.00
海西蒙古族藏族自治州	**57**	**32**	**25**	**128.00**	**10**	**7**	**3**	**233.33**
格尔木市	17	10	7	142.86	2	1	1	100.00
德令哈市	7	3	4	75.00	2	2		
茫崖市								
乌兰县	6	5	1	500.00	1	1		
都兰县	20	10	10	100.00	3	2	1	200.00
天峻县	6	3	3	100.00	2	1	1	100.00
大柴旦行政委员会	1	1						

6-1c 续表 2

单位：人

地区	第四孩				第五孩及以上			
	小计	男	女	性别比（女=100）	小计	男	女	性别比（女=100）
全省	**166**	**91**	**75**	**121.33**	**114**	**53**	**61**	**86.89**
西宁市	**8**	**2**	**6**	**33.33**	**4**	**3**	**1**	**300.00**
城东区								
城中区								
城西区								
城北区								
湟中区	2	1	1	100.00	2	2		
大通回族土族自治县	5	1	4	25.00	2	1	1	100.00
湟源县	1		1					
海东市	**40**	**21**	**19**	**110.53**	**12**	**7**	**5**	**140.00**
乐都区								
平安区								
民和回族土族自治县	9	5	4	125.00	5	3	2	150.00
互助土族自治县	1	1						
化隆回族自治县	13	8	5	160.00	3	2	1	200.00
循化撒拉族自治县	17	7	10	70.00	4	2	2	100.00
海北藏族自治州	**3**	**2**	**1**	**200.00**	**2**	**2**		
门源回族自治县	2	2			1	1		
祁连县	1		1					
海晏县								
刚察县					1	1		
黄南藏族自治州	**22**	**7**	**15**	**46.67**	**5**	**3**	**2**	**150.00**
同仁县	5	2	3	66.67	2	2		
尖扎县	6	2	4	50.00	1		1	
泽库县	9	3	6	50.00	2	1	1	100.00
河南蒙古族自治县	2		2					
海南藏族自治州	**12**	**7**	**5**	**140.00**	**2**	**2**		
共和县	2		2					
同德县	4	3	1	300.00	1	1		
贵德县	2	2						
兴海县	3	1	2	50.00				
贵南县	1	1			1	1		
果洛藏族自治州	**32**	**21**	**11**	**190.91**	**32**	**9**	**23**	**39.13**
玛沁县	4	2	2	100.00	1	1		
班玛县	9	4	5	80.00	4	3	1	300.00
甘德县	5	4	1	400.00	4	1	3	33.33
达日县	7	5	2	250.00	16	3	13	23.08
久治县	6	5	1	500.00	5	1	4	25.00
玛多县	1	1			2		2	
玉树藏族自治州	**46**	**29**	**17**	**170.59**	**54**	**25**	**29**	**86.21**
玉树市	17	10	7	142.86	14	6	8	75.00
杂多县	15	11	4	275.00	13	10	3	333.33
称多县	2	1	1	100.00	7		7	
治多县	1		1		1		1	
囊谦县	7	3	4	75.00	14	6	8	75.00
曲麻莱县	4	4			5	3	2	150.00
海西蒙古族藏族自治州	**3**	**2**	**1**	**200.00**	**3**	**2**	**1**	**200.00**
格尔木市					2	2		
德令哈市	1	1			1		1	
茫崖市								
乌兰县	1		1					
都兰县								
天峻县	1	1						
大柴旦行政委员会								

6-2 全省按年龄、受教育程度、生育孩次

受教育程度 年龄	合计	生男孩的妇女人数	生女孩的妇女人数	一孩		
				小计	男	女
总计	**6422**	**3373**	**3049**	**2961**	**1593**	**1368**
15-19岁	**277**	**151**	**126**	**229**	**124**	**105**
15	8	5	3	6	3	3
16	12	7	5	10	6	4
17	40	24	16	36	22	14
18	94	49	45	82	43	39
19	123	66	57	95	50	45
20-24岁	**1192**	**637**	**555**	**706**	**397**	**309**
20	168	93	75	122	71	51
21	215	114	101	145	81	64
22	237	134	103	123	71	52
23	266	124	142	146	76	70
24	306	172	134	170	98	72
25-29岁	**2255**	**1229**	**1026**	**1199**	**667**	**532**
25	405	222	183	223	126	97
26	437	242	195	246	136	110
27	497	275	222	267	151	116
28	456	236	220	241	129	112
29	460	254	206	222	125	97
30-34岁	**1725**	**865**	**860**	**607**	**299**	**308**
30	500	248	252	204	95	109
31	362	174	188	152	73	79
32	329	171	158	100	56	44
33	305	154	151	86	43	43
34	229	118	111	65	32	33
35-39岁	**700**	**348**	**352**	**158**	**77**	**81**
35	202	94	108	48	22	26
36	174	92	82	39	18	21
37	126	61	65	28	14	14
38	116	53	63	25	12	13
39	82	48	34	18	11	7
40-44岁	**189**	**102**	**87**	**42**	**19**	**23**
40	55	37	18	11	4	7
41	50	28	22	12	6	6
42	40	14	26	9	3	6
43	28	13	15	5	3	2
44	16	10	6	5	3	2
45-49岁	**84**	**41**	**43**	**20**	**10**	**10**
45	18	11	7	3	3	
46	11	5	6	5	1	4
47	18	10	8	2	2	
48	21	9	12	5	2	3
49	16	6	10	5	2	3

分的育龄妇女人数(2019.11.1−2020.10.31)

单位：人

二孩			三孩及以上		
小计	男	女	小计	男	女
2388	**1230**	**1158**	**1073**	**550**	**523**
44	**24**	**20**	**4**	**3**	**1**
2	2				
2	1	1			
4	2	2			
10	5	5	2	1	1
26	14	12	2	2	
385	**190**	**195**	**101**	**50**	**51**
42	20	22	4	2	2
62	30	32	8	3	5
92	52	40	22	11	11
88	36	52	32	12	20
101	52	49	35	22	13
782	**433**	**349**	**274**	**129**	**145**
139	77	62	43	19	24
142	80	62	49	26	23
175	98	77	55	26	29
154	79	75	61	28	33
172	99	73	66	30	36
784	**380**	**404**	**334**	**186**	**148**
205	99	106	91	54	37
155	70	85	55	31	24
164	77	87	65	38	27
148	72	76	71	39	32
112	62	50	52	24	28
314	**159**	**155**	**228**	**112**	**116**
91	43	48	63	29	34
88	53	35	47	21	26
55	19	36	43	28	15
47	22	25	44	19	25
33	22	11	31	15	16
62	**36**	**26**	**85**	**47**	**38**
17	13	4	27	20	7
17	11	6	21	11	10
13	5	8	18	6	12
12	6	6	11	4	7
3	1	2	8	6	2
17	**8**	**9**	**47**	**23**	**24**
4	2	2	11	6	5
			6	4	2
7	3	4	9	5	4
4	1	3	12	6	6
2	2		9	2	7

6-2 续表 1

受教育程度 年 龄	合 计	生男孩的 妇女人数	生女孩的 妇女人数	一 孩		
				小计	男	女
未上过学	**432**	**217**	**215**	**119**	**58**	**61**
15-19岁	**14**	**6**	**8**	**11**	**4**	**7**
15						
16						
17						
18	4	2	2	2	1	1
19	10	4	6	9	3	6
20-24岁	**46**	**23**	**23**	**19**	**9**	**10**
20	5	2	3	3	2	1
21	12	5	7	5	2	3
22	10	6	4	5	2	3
23	8	2	6	3	1	2
24	11	8	3	3	2	1
25-29岁	**105**	**54**	**51**	**32**	**16**	**16**
25	23	12	11	11	6	5
26	25	15	10	9	3	6
27	16	5	11	2	2	
28	19	9	10	6	4	2
29	22	13	9	4	1	3
30-34岁	**114**	**60**	**54**	**29**	**14**	**15**
30	24	13	11	6	3	3
31	27	17	10	8	5	3
32	20	10	10	3	2	1
33	27	14	13	8	3	5
34	16	6	10	4	1	3
35-39岁	**82**	**40**	**42**	**15**	**8**	**7**
35	20	11	9	3	3	
36	21	11	10	5	3	2
37	18	9	9	2		2
38	8	3	5	3	1	2
39	15	6	9	2	1	1
40-44岁	**42**	**19**	**23**	**8**	**3**	**5**
40	12	8	4	2	1	1
41	11	6	5	2	1	1
42	11	2	9	2		2
43	3	2	1			
44	5	1	4	2	1	1
45-49岁	**29**	**15**	**14**	**5**	**4**	**1**
45	7	2	5	1	1	
46	4	3	1			
47	6	4	2			
48	6	5	1	2	2	
49	6	1	5	2	1	1

单位：人

二孩			三孩及以上		
小计	男	女	小计	男	女
97	**49**	**48**	**216**	**110**	**106**
3	**2**	**1**			
2	1	1			
1	1				
20	**10**	**10**	**7**	**4**	**3**
2		2			
6	3	3	1		1
3	3		2	1	1
4	1	3	1		1
5	3	2	3	3	
33	**19**	**14**	**40**	**19**	**21**
7	3	4	5	3	2
8	6	2	8	6	2
4	1	3	10	2	8
4	2	2	9	3	6
10	7	3	8	5	3
21	**9**	**12**	**64**	**37**	**27**
7	3	4	11	7	4
6	3	3	13	9	4
5	2	3	12	6	6
2		2	17	11	6
1	1		11	4	7
10	**4**	**6**	**57**	**28**	**29**
2	2		15	6	9
2	1	1	14	7	7
6	1	5	10	8	2
			5	2	3
			13	5	8
7	**3**	**4**	**27**	**13**	**14**
2	2		8	5	3
1		1	8	5	3
2	1	1	7	1	6
			3	2	1
2		2	1		1
3	**2**	**1**	**21**	**9**	**12**
			6	1	5
			4	3	1
2	1	1	4	3	1
1	1		3	2	1
			4		4

6-2 续表 2

受教育程度 年龄	合计	生男孩的妇女人数	生女孩的妇女人数	一孩		
				小计	男	女
学前教育	**2**		**2**			
15-19岁						
15						
16						
17						
18						
19						
20-24岁	**1**		**1**			
20						
21	1		1			
22						
23						
24						
25-29岁						
25						
26						
27						
28						
29						
30-34岁						
30						
31						
32						
33						
34						
35-39岁						
35						
36						
37						
38						
39						
40-44岁						
40						
41						
42						
43						
44						
45-49岁	**1**		**1**			
45						
46						
47	1		1			
48						
49						

单位：人

二孩			三孩及以上		
小计	男	女	小计	男	女
2		**2**			
1		**1**			
1		1			
1		**1**			
1		1			

6－2 续表 3

受教育程度 年 龄	合 计	生男孩的妇女人数	生女孩的妇女人数	一 孩		
				小计	男	女
小 学	**1705**	**883**	**822**	**522**	**286**	**236**
15－19岁	**85**	**47**	**38**	**64**	**32**	**32**
15	5	3	2	3	1	2
16	7	4	3	5	3	2
17	12	8	4	10	7	3
18	27	12	15	21	9	12
19	34	20	14	25	12	13
20－24岁	**389**	**207**	**182**	**176**	**102**	**74**
20	66	33	33	42	19	23
21	66	33	33	33	18	15
22	87	55	32	37	27	10
23	88	39	49	36	19	17
24	82	47	35	28	19	9
25－29岁	**487**	**264**	**223**	**144**	**83**	**61**
25	90	50	40	29	18	11
26	100	59	41	32	19	13
27	99	53	46	28	15	13
28	101	50	51	35	17	18
29	97	52	45	20	14	6
30－34岁	**393**	**197**	**196**	**80**	**42**	**38**
30	112	65	47	23	15	8
31	77	34	43	16	7	9
32	69	35	34	15	9	6
33	77	34	43	12	3	9
34	58	29	29	14	8	6
35－39岁	**234**	**110**	**124**	**34**	**14**	**20**
35	61	28	33	12	5	7
36	51	23	28	8	4	4
37	48	22	26	4	1	3
38	47	22	25	6	2	4
39	27	15	12	4	2	2
40－44岁	**75**	**37**	**38**	**14**	**7**	**7**
40	15	10	5	2	1	1
41	22	11	11	6	4	2
42	16	7	9	3	2	1
43	15	4	11	2		2
44	7	5	2	1		1
45－49岁	**42**	**21**	**21**	**10**	**6**	**4**
45	8	6	2	2	2	
46	7	2	5	5	1	4
47	10	5	5	2	2	
48	11	4	7			
49	6	4	2	1	1	

单位：人

二孩			三孩及以上		
小计	男	女	小计	男	女
587	**286**	**301**	**596**	**311**	**285**
18	**12**	**6**	**3**	**3**	
2	2				
2	1	1			
2	1	1			
5	2	3	1	1	
7	6	1	2	2	
151	**72**	**79**	**62**	**33**	**29**
22	13	9	2	1	1
26	12	14	7	3	4
39	21	18	11	7	4
34	14	20	18	6	12
30	12	18	24	16	8
189	**110**	**79**	**154**	**71**	**83**
37	20	17	24	12	12
39	26	13	29	14	15
44	25	19	27	13	14
36	19	17	30	14	16
33	20	13	44	18	26
134	**51**	**83**	**179**	**104**	**75**
34	15	19	55	35	20
33	10	23	28	17	11
27	9	18	27	17	10
22	9	13	43	22	21
18	8	10	26	13	13
72	**33**	**39**	**128**	**63**	**65**
19	8	11	30	15	15
18	10	8	25	9	16
15	4	11	29	17	12
10	5	5	31	15	16
10	6	4	13	7	6
15	**6**	**9**	**46**	**24**	**22**
3	2	1	10	7	3
4	2	2	12	5	7
2		2	11	5	6
6	2	4	7	2	5
			6	5	1
8	**2**	**6**	**24**	**13**	**11**
2		2	4	4	
			2	1	1
3	1	2	5	2	3
2		2	9	4	5
1	1		4	2	2

6-2　续表 4

受教育程度 年　　龄	合　计	生男孩的 妇女人数	生女孩的 妇女人数	一　孩		
				小计	男	女
初　中	**1715**	**919**	**796**	**771**	**436**	**335**
15—19岁	**156**	**83**	**73**	**132**	**73**	**59**
15	3	2	1	3	2	1
16	4	2	2	4	2	2
17	27	15	12	25	14	11
18	54	29	25	50	27	23
19	68	35	33	50	28	22
20—24岁	**486**	**265**	**221**	**293**	**172**	**121**
20	74	45	29	58	39	19
21	100	53	47	80	45	35
22	104	58	46	52	32	20
23	102	47	55	51	25	26
24	106	62	44	52	31	21
25—29岁	**556**	**303**	**253**	**214**	**118**	**96**
25	127	65	62	57	31	26
26	104	52	52	41	18	23
27	139	82	57	55	33	22
28	94	53	41	32	20	12
29	92	51	41	29	16	13
30—34岁	**361**	**177**	**184**	**95**	**53**	**42**
30	101	53	48	28	16	12
31	72	34	38	21	10	11
32	82	44	38	18	12	6
33	57	25	32	15	7	8
34	49	21	28	13	8	5
35—39岁	**123**	**69**	**54**	**31**	**18**	**13**
35	35	21	14	4	3	1
36	40	21	19	11	4	7
37	16	8	8	6	5	1
38	19	11	8	6	4	2
39	13	8	5	4	2	2
40—44岁	**26**	**19**	**7**	**4**	**2**	**2**
40	9	7	2			
41	9	7	2	1		1
42	2	1	1	1		1
43	6	4	2	2	2	
44						
45—49岁	**7**	**3**	**4**	**2**		**2**
45	1	1				
46						
47	1	1				
48	1		1			
49	4	1	3	2		2

单位：人

二孩			三孩及以上		
小计	男	女	小计	男	女
764	**397**	**367**	**180**	**86**	**94**
23	**10**	**13**	**1**		**1**
2	1	1			
3	2	1	1		1
18	7	11			
165	**82**	**83**	**28**	**11**	**17**
14	5	9	2	1	1
20	8	12			
44	24	20	8	2	6
40	16	24	11	6	5
47	29	18	7	2	5
279	**156**	**123**	**63**	**29**	**34**
59	31	28	11	3	8
53	30	23	10	4	6
70	41	29	14	8	6
46	25	21	16	8	8
51	29	22	12	6	6
209	**97**	**112**	**57**	**27**	**30**
59	31	28	14	6	8
41	20	21	10	4	6
47	22	25	17	10	7
35	14	21	7	4	3
27	10	17	9	3	6
67	**36**	**31**	**25**	**15**	**10**
19	12	7	12	6	6
24	13	11	5	4	1
8	1	7	2	2	
10	6	4	3	1	2
6	4	2	3	2	1
17	**13**	**4**	**5**	**4**	**1**
6	4	2	3	3	
7	6	1	1	1	
1	1				
3	2	1	1		1
4	**3**	**1**	**1**		**1**
1	1				
1	1				
1		1			
1	1		1		1

6-2 续表 5

受教育程度 年 龄	合 计	生男孩的妇女人数	生女孩的妇女人数	一 孩		
				小计	男	女
高 中	**527**	**293**	**234**	**265**	**139**	**126**
15-19岁	**15**	**10**	**5**	**15**	**10**	**5**
15						
16	1	1		1	1	
17						
18	6	4	2	6	4	2
19	8	5	3	8	5	3
20-24岁	**107**	**59**	**48**	**79**	**41**	**38**
20	20	11	9	16	9	7
21	20	13	7	14	9	5
22	20	8	12	14	4	10
23	26	12	14	19	8	11
24	21	15	6	16	11	5
25-29岁	**208**	**117**	**91**	**107**	**60**	**47**
25	38	21	17	25	12	13
26	41	19	22	26	14	12
27	45	27	18	22	14	8
28	44	26	18	16	10	6
29	40	24	16	18	10	8
30-34岁	**139**	**73**	**66**	**45**	**21**	**24**
30	44	22	22	18	8	10
31	32	18	14	11	5	6
32	23	11	12	6	3	3
33	21	11	10	6	4	2
34	19	11	8	4	1	3
35-39岁	**45**	**26**	**19**	**14**	**6**	**8**
35	13	8	5	1	1	
36	11	7	4	2		2
37	7	4	3	5	2	3
38	7	1	6	2		2
39	7	6	1	4	3	1
40-44岁	**12**	**8**	**4**	**4**	**1**	**3**
40	6	5	1	1		1
41	1		1	1		1
42	4	2	2	2	1	1
43	1	1				
44						
45-49岁	**1**		**1**	**1**		**1**
45						
46						
47						
48	1		1	1		1
49						

单位：人

二孩			三孩及以上		
小计	男	女	小计	男	女
223	**137**	**86**	**39**	**17**	**22**
26	**18**	**8**	**2**		**2**
4	2	2			
6	4	2			
6	4	2			
5	4	1	2		2
5	4	1			
91	**52**	**39**	**10**	**5**	**5**
11	9	2	2		2
15	5	10			
19	10	9	4	3	1
25	15	10	3	1	2
21	13	8	1	1	
78	**46**	**32**	**16**	**6**	**10**
18	10	8	8	4	4
19	13	6	2		2
13	6	7	4	2	2
14	7	7	1		1
14	10	4	1		1
24	**18**	**6**	**7**	**2**	**5**
9	6	3	3	1	2
7	6	1	2	1	1
2	2				
3	1	2	2		2
3	3				
4	**3**	**1**	**4**	**4**	
1	1		4	4	
2	1	1			
1	1				

6-2 续表 6

受教育程度 年　　龄	合　计	生男孩的 妇女人数	生女孩的 妇女人数	一　孩		
				小计	男	女
大学专科	**904**	**474**	**430**	**544**	**296**	**248**
15-19岁	**7**	**5**	**2**	**7**	**5**	**2**
15						
16						
17	1	1		1	1	
18	3	2	1	3	2	1
19	3	2	1	3	2	1
20-24岁	**128**	**66**	**62**	**108**	**58**	**50**
20	3	2	1	3	2	1
21	15	9	6	12	6	6
22	12	6	6	11	5	6
23	32	19	13	28	18	10
24	66	30	36	54	27	27
25-29岁	**413**	**222**	**191**	**291**	**165**	**126**
25	81	47	34	63	38	25
26	89	52	37	69	40	29
27	79	39	40	55	29	26
28	80	38	42	55	28	27
29	84	46	38	49	30	19
30-34岁	**270**	**134**	**136**	**118**	**58**	**60**
30	93	40	53	49	20	29
31	60	27	33	29	13	16
32	40	22	18	15	8	7
33	43	23	20	15	10	5
34	34	22	12	10	7	3
35-39岁	**73**	**38**	**35**	**14**	**8**	**6**
35	20	7	13	6	3	3
36	28	19	9	5	2	3
37	9	4	5			
38	9	3	6	1	1	
39	7	5	2	2	2	
40-44岁	**10**	**8**	**2**	**4**	**2**	**2**
40	1	1				
41	3	2	1	1		1
42	3	2	1	1		1
43						
44	3	3		2	2	
45-49岁	**3**	**1**	**2**	**2**		**2**
45	1	1				
46						
47						
48	2		2	2		2
49						

单位：人

二孩			三孩及以上		
小计	男	女	小计	男	女
339	**164**	**175**	**21**	**14**	**7**
19	**7**	**12**	**1**	**1**	
3	3				
			1	1	
4	1	3			
12	3	9			
118	**54**	**64**	**4**	**3**	**1**
17	8	9	1	1	
19	11	8	1	1	
24	10	14			
24	9	15	1	1	
34	16	18	1		1
142	**69**	**73**	**10**	**7**	**3**
41	18	23	3	2	1
29	13	16	2	1	1
24	14	10	1		1
27	12	15	1	1	
21	12	9	3	3	
55	**29**	**26**	**4**	**1**	**3**
14	4	10			
23	17	6			
8	3	5	1	1	
6	2	4	2		2
4	3	1	1		1
5	**5**		**1**	**1**	
1	1				
2	2				
2	2				
			1	1	
			1	**1**	
			1	1	

6-2 续表 7

受教育程度 年龄	合计	生男孩的妇女人数	生女孩的妇女人数	一孩		
				小计	男	女
大学本科	**1059**	**549**	**510**	**696**	**356**	**340**
15-19岁						
15						
16						
17						
18						
19						
20-24岁	**35**	**17**	**18**	**31**	**15**	**16**
20						
21	1	1		1	1	
22	4	1	3	4	1	3
23	10	5	5	9	5	4
24	20	10	10	17	8	9
25-29岁	**471**	**260**	**211**	**399**	**218**	**181**
25	46	27	19	38	21	17
26	76	44	32	67	41	26
27	118	68	50	104	57	47
28	110	57	53	90	47	43
29	121	64	57	100	52	48
30-34岁	**404**	**207**	**197**	**214**	**101**	**113**
30	114	50	64	70	28	42
31	85	40	45	60	30	30
32	84	46	38	40	21	19
33	71	43	28	27	16	11
34	50	28	22	17	6	11
35-39岁	**127**	**54**	**73**	**45**	**19**	**26**
35	51	18	33	21	7	14
36	18	8	10	7	4	3
37	25	11	14	10	5	5
38	21	10	11	5	2	3
39	12	7	5	2	1	1
40-44岁	**21**	**10**	**11**	**7**	**3**	**4**
40	12	6	6	6	2	4
41	4	2	2	1	1	
42	3		3			
43	1	1				
44	1	1				
45-49岁	**1**	**1**				
45	1	1				
46						
47						
48						
49						

单位：人

二孩			三孩及以上		
小计	男	女	小计	男	女
342	**181**	**161**	**21**	**12**	**9**
3	**1**	**2**	**1**	**1**	
1		1			
2	1	1	1	1	
69	**40**	**29**	**3**	**2**	**1**
8	6	2			
8	2	6	1	1	
14	11	3			
18	9	9	2	1	1
21	12	9			
182	**101**	**81**	**8**	**5**	**3**
44	22	22			
25	10	15			
40	22	18	4	3	1
42	26	16	2	1	1
31	21	10	2	1	1
75	**32**	**43**	**7**	**3**	**4**
27	10	17	3	1	2
10	4	6	1		1
14	6	8	1		1
15	7	8	1	1	
9	5	4	1	1	
12	**6**	**6**	**2**	**1**	**1**
4	3	1	2	1	1
3	1	2			
3		3			
1	1				
1	1				
1	**1**				
1	1				

6-2 续表 8

受教育程度 年龄	合计	生男孩的妇女人数	生女孩的妇女人数	一孩		
				小计	男	女
硕士研究生	**74**	**37**	**37**	**43**	**22**	**21**
15-19岁						
15						
16						
17						
18						
19						
20-24岁						
20						
21						
22						
23						
24						
25-29岁	**15**	**9**	**6**	**12**	**7**	**5**
25						
26	2	1	1	2	1	1
27	1	1		1	1	
28	8	3	5	7	3	4
29	4	4		2	2	
30-34岁	**43**	**17**	**26**	**25**	**10**	**15**
30	12	5	7	10	5	5
31	8	4	4	6	3	3
32	11	3	8	3	1	2
33	9	4	5	3		3
34	3	1	2	3	1	2
35-39岁	**13**	**10**	**3**	**5**	**4**	**1**
35	2	1	1	1		1
36	4	3	1	1	1	
37	2	2		1	1	
38	4	3	1	2	2	
39	1	1				
40-44岁	**3**	**1**	**2**	**1**	**1**	
40						
41						
42	1		1			
43	2	1	1	1	1	
44						
45-49岁						
45						
46						
47						
48						
49						

单位：人

二孩			三孩及以上		
小计	男	女	小计	男	女
31	**15**	**16**			
3	**2**	**1**			
1		1			
2	2				
18	**7**	**11**			
2		2			
2	1	1			
8	2	6			
6	4	2			
8	**6**	**2**			
1	1				
3	2	1			
1	1				
2	1	1			
1	1				
2		**2**			
1		1			
1		1			

6-2 续表 9

受教育程度 年龄	合计	生男孩的妇女人数	生女孩的妇女人数	一孩		
				小计	男	女
博士研究生	**4**	**1**	**3**	**1**		**1**
15-19岁						
15						
16						
17						
18						
19						
20-24岁						
20						
21						
22						
23						
24						
25-29岁						
25						
26						
27						
28						
29						
30-34岁	**1**		**1**	**1**		**1**
30						
31	1		1	1		1
32						
33						
34						
35-39岁	**3**	**1**	**2**			
35						
36	1		1			
37	1	1				
38	1		1			
39						
40-44岁						
40						
41						
42						
43						
44						
45-49岁						
45						
46						
47						
48						
49						

单位：人

二孩			三孩及以上		
小计	男	女	小计	男	女
3	**1**	**2**			
3	**1**	**2**			
1		1			
1	1				
1		1			

6-2a 全省按年龄、受教育程度、生育孩次

受教育程度 年龄	合计	生男孩的妇女人数	生女孩的妇女人数	一孩		
				小计	男	女
总计	**2141**	**1120**	**1021**	**1175**	**618**	**557**
15-19岁	**54**	**26**	**28**	**44**	**23**	**21**
15						
16	3	3		2	2	
17	10	5	5	9	5	4
18	18	7	11	16	6	10
19	23	11	12	17	10	7
20-24岁	**213**	**117**	**96**	**149**	**83**	**66**
20	24	16	8	21	14	7
21	29	17	12	23	14	9
22	33	17	16	18	7	11
23	46	24	22	33	18	15
24	81	43	38	54	30	24
25-29岁	**809**	**437**	**372**	**556**	**310**	**246**
25	115	61	54	75	40	35
26	136	79	57	100	62	38
27	179	101	78	133	72	61
28	183	86	97	121	61	60
29	196	110	86	127	75	52
30-34岁	**740**	**367**	**373**	**331**	**160**	**171**
30	202	83	119	103	41	62
31	153	81	72	87	46	41
32	151	78	73	60	32	28
33	132	70	62	46	23	23
34	102	55	47	35	18	17
35-39岁	**251**	**133**	**118**	**70**	**33**	**37**
35	79	33	46	23	7	16
36	69	42	27	16	8	8
37	44	26	18	14	9	5
38	32	14	18	9	4	5
39	27	18	9	8	5	3
40-44岁	**62**	**36**	**26**	**20**	**8**	**12**
40	21	12	9	7	2	5
41	15	10	5	4	1	3
42	13	5	8	4	1	3
43	8	4	4	3	2	1
44	5	5		2	2	
45-49岁	**12**	**4**	**8**	**5**	**1**	**4**
45	3	3		1	1	
46	1		1	1		1
47						
48	8	1	7	3		3
49						

分的育龄妇女人数(2019.11.1—2020.10.31)(城市)

单位：人

二孩			三孩及以上		
小计	男	女	小计	男	女
822	**429**	**393**	**144**	**73**	**71**
10	**3**	**7**			
1	1				
1		1			
2	1	1			
6	1	5			
57	**32**	**25**	**7**	**2**	**5**
3	2	1			
6	3	3			
14	10	4	1		1
11	6	5	2		2
23	11	12	4	2	2
216	**111**	**105**	**37**	**16**	**21**
33	18	15	7	3	4
29	13	16	7	4	3
40	26	14	6	3	3
54	24	30	8	1	7
60	30	30	9	5	4
355	**178**	**177**	**54**	**29**	**25**
80	33	47	19	9	10
60	30	30	6	5	1
77	39	38	14	7	7
80	44	36	6	3	3
58	32	26	9	5	4
154	**87**	**67**	**27**	**13**	**14**
45	21	24	11	5	6
47	31	16	6	3	3
28	16	12	2	1	1
18	8	10	5	2	3
16	11	5	3	2	1
27	**17**	**10**	**15**	**11**	**4**
7	5	2	7	5	2
7	5	2	4	4	
8	4	4	1		1
4	2	2	1		1
1	1		2	2	
3	**1**	**2**	**4**	**2**	**2**
1	1		1	1	
2		2	3	1	2

6-2a 续表 1

受教育程度 年龄	合计	生男孩的妇女人数	生女孩的妇女人数	一孩 小计	一孩 男	一孩 女
未上过学	**16**	**11**	**5**	**3**	**1**	**2**
15-19岁	**1**	**1**				
15						
16						
17						
18	1	1				
19						
20-24岁						
20						
21						
22						
23						
24						
25-29岁	**4**	**2**	**2**	**1**		**1**
25	1		1	1		1
26	1	1				
27						
28	1		1			
29	1	1				
30-34岁	**4**	**4**				
30						
31	2	2				
32	1	1				
33						
34	1	1				
35-39岁	**5**	**2**	**3**	**1**		**1**
35	1	1				
36	3	1	2	1		1
37						
38						
39	1		1			
40-44岁	**1**	**1**		**1**	**1**	
40	1	1		1	1	
41						
42						
43						
44						
45-49岁	**1**	**1**				
45						
46						
47						
48	1	1				
49						

单位：人

二孩			三孩及以上		
小计	男	女	小计	男	女
4	**3**	**1**	**9**	**7**	**2**
1	**1**				
1	1				
3	**2**	**1**			
1	1				
1		1			
1	1				
			4	**4**	
			2	2	
			1	1	
			1	1	
			4	**2**	**2**
			1	1	
			2	1	1
			1		1
			1	**1**	
			1	1	

6-2a 续表 2

受教育程度 年龄	合计	生男孩的妇女人数	生女孩的妇女人数	一孩		
				小计	男	女
学前教育						
15-19岁						
15						
16						
17						
18						
19						
20-24岁						
20						
21						
22						
23						
24						
25-29岁						
25						
26						
27						
28						
29						
30-34岁						
30						
31						
32						
33						
34						
35-39岁						
35						
36						
37						
38						
39						
40-44岁						
40						
41						
42						
43						
44						
45-49岁						
45						
46						
47						
48						
49						

单位：人

二孩			三孩及以上		
小计	男	女	小计	男	女

6-2a 续表 3

受教育程度 年龄	合计	生男孩的妇女人数	生女孩的妇女人数	一孩		
				小计	男	女
小学	**189**	**88**	**101**	**58**	**31**	**27**
15-19岁	**8**	**6**	**2**	**5**	**4**	**1**
15						
16	1	1				
17	2	1	1	2	1	1
18	1	1		1	1	
19	4	3	1	2	2	
20-24岁	**29**	**15**	**14**	**11**	**7**	**4**
20	6	4	2	5	3	2
21	4	3	1	1	1	
22	8	5	3	3	2	1
23	4		4	1		1
24	7	3	4	1	1	
25-29岁	**58**	**27**	**31**	**22**	**14**	**8**
25	11	8	3	4	4	
26	9	5	4	3	2	1
27	6	1	5	2	1	1
28	20	7	13	10	5	5
29	12	6	6	3	2	1
30-34岁	**57**	**26**	**31**	**11**	**4**	**7**
30	15	6	9	1		1
31	9	4	5	2		2
32	14	7	7	4	2	2
33	13	5	8	3	1	2
34	6	4	2	1	1	
35-39岁	**18**	**8**	**10**	**5**	**1**	**4**
35	5	1	4	2		2
36	1		1			
37	7	5	2			
38	4	1	3	2		2
39	1	1		1	1	
40-44岁	**12**	**4**	**8**	**2**		**2**
40	2		2			
41	5	3	2	1		1
42	1		1			
43	3		3	1		1
44	1	1				
45-49岁	**7**	**2**	**5**	**2**	**1**	**1**
45	2	2		1	1	
46	1		1	1		1
47						
48	4		4			
49						

单位：人

二孩			三孩及以上		
小计	男	女	小计	男	女
74	**30**	**44**	**57**	**27**	**30**
3	**2**	**1**			
1	1				
2	1	1			
14	**6**	**8**	**4**	**2**	**2**
1	1				
3	2	1			
5	3	2			
1		1	2		2
4		4	2	2	
19	**9**	**10**	**17**	**4**	**13**
4	3	1	3	1	2
3	3		3		3
2		2	2		2
6	2	4	4		4
4	1	3	5	3	2
24	**9**	**15**	**22**	**13**	**9**
4	1	3	10	5	5
5	2	3	2	2	
5	2	3	5	3	2
7	3	4	3	1	2
3	1	2	2	2	
9	**4**	**5**	**4**	**3**	**1**
1		1	2	1	1
1		1			
6	4	2	1	1	
1		1	1	1	
3		**3**	**7**	**4**	**3**
1		1	1		1
1		1	3	3	
			1		1
1		1	1		1
			1	1	
2		**2**	**3**	**1**	**2**
			1	1	
2		2	2		2

6-2a 续表 4

受教育程度 年龄	合计	生男孩的妇女人数	生女孩的妇女人数	一孩		
				小计	男	女
初 中	**430**	**221**	**209**	**197**	**101**	**96**
15-19岁	**36**	**13**	**23**	**30**	**13**	**17**
15						
16	1	1		1	1	
17	8	4	4	7	4	3
18	13	4	9	12	4	8
19	14	4	10	10	4	6
20-24岁	**84**	**43**	**41**	**51**	**25**	**26**
20	13	8	5	11	7	4
21	15	8	7	14	8	6
22	16	8	8	8	3	5
23	17	6	11	9	2	7
24	23	13	10	9	5	4
25-29岁	**149**	**80**	**69**	**71**	**39**	**32**
25	32	14	18	17	8	9
26	21	14	7	13	8	5
27	38	23	15	20	11	9
28	28	15	13	12	7	5
29	30	14	16	9	5	4
30-34岁	**106**	**50**	**56**	**33**	**17**	**16**
30	21	11	10	6	4	2
31	21	11	10	7	3	4
32	23	11	12	7	4	3
33	20	8	12	6	1	5
34	21	9	12	7	5	2
35-39岁	**43**	**24**	**19**	**10**	**6**	**4**
35	13	7	6	2	1	1
36	13	9	4	3	2	1
37	6	2	4	3	2	1
38	5	2	3	1	1	
39	6	4	2	1		1
40-44岁	**12**	**11**	**1**	**2**	**1**	**1**
40	3	3				
41	4	4				
42	2	1	1	1		1
43	3	3		1	1	
44						
45-49岁						
45						
46						
47						
48						
49						

单位：人

二孩			三孩及以上		
小计	男	女	小计	男	女
195	**100**	**95**	**38**	**20**	**18**
6		**6**			
1		1			
1		1			
4		4			
30	**18**	**12**	**3**		**3**
2	1	1			
1		1			
7	5	2	1		1
8	4	4			
12	8	4	2		2
67	**34**	**33**	**11**	**7**	**4**
13	5	8	2	1	1
6	4	2	2	2	
16	10	6	2	2	
14	7	7	2	1	1
18	8	10	3	1	2
60	**28**	**32**	**13**	**5**	**8**
11	5	6	4	2	2
13	8	5	1		1
12	5	7	4	2	2
13	6	7	1	1	
11	4	7	3		3
24	**12**	**12**	**9**	**6**	**3**
7	4	3	4	2	2
8	5	3	2	2	
3		3			
3	1	2	1		1
3	2	1	2	2	
8	**8**		**2**	**2**	
2	2		1	1	
3	3		1	1	
1	1				
2	2				

6－2a 续表 5

受教育程度 年龄	合计	生男孩的妇女人数	生女孩的妇女人数	一孩		
				小计	男	女
高中	**252**	**147**	**105**	**128**	**71**	**57**
15－19岁	**8**	**5**	**3**	**8**	**5**	**3**
15						
16	1	1		1	1	
17						
18	3	1	2	3	1	2
19	4	3	1	4	3	1
20－24岁	**32**	**21**	**11**	**24**	**14**	**10**
20	4	3	1	4	3	1
21	6	3	3	4	2	2
22	6	3	3	4	1	3
23	7	5	2	5	3	2
24	9	7	2	7	5	2
25－29岁	**99**	**57**	**42**	**57**	**34**	**23**
25	17	9	8	11	5	6
26	17	8	9	11	8	3
27	23	13	10	13	8	5
28	20	12	8	9	6	3
29	22	15	7	13	7	6
30－34岁	**73**	**39**	**34**	**26**	**12**	**14**
30	16	6	10	7	3	4
31	18	10	8	8	4	4
32	12	7	5	3	1	2
33	14	8	6	5	3	2
34	13	8	5	3	1	2
35－39岁	**31**	**20**	**11**	**8**	**5**	**3**
35	10	6	4	1	1	
36	8	5	3	1		1
37	4	4		2	2	
38	4	1	3	1		1
39	5	4	1	3	2	1
40－44岁	**8**	**5**	**3**	**4**	**1**	**3**
40	4	3	1	1		1
41	1		1	1		1
42	3	2	1	2	1	1
43						
44						
45－49岁	**1**		**1**	**1**		**1**
45						
46						
47						
48	1		1	1		1
49						

单位：人

二孩			三孩及以上		
小计	男	女	小计	男	女
106	**69**	**37**	**18**	**7**	**11**
8	**7**	**1**			
2	1	1			
2	2				
2	2				
2	2				
37	**21**	**16**	**5**	**2**	**3**
5	4	1	1		1
6		6			
8	4	4	2	1	1
10	6	4	1		1
8	7	1	1	1	
42	**26**	**16**	**5**	**1**	**4**
6	3	3	3		3
10	6	4			
7	5	2	2	1	1
9	5	4			
10	7	3			
18	**14**	**4**	**5**	**1**	**4**
6	4	2	3	1	2
6	5	1	1		1
2	2				
2	1	1	1		1
2	2				
1	**1**		**3**	**3**	
			3	3	
1	1				

6-2a 续表 6

受教育程度 年 龄	合 计	生男孩的妇女人数	生女孩的妇女人数	一 孩		
				小计	男	女
大学专科	**474**	**259**	**215**	**281**	**159**	**122**
15-19岁	**1**	**1**		**1**	**1**	
15						
16						
17						
18						
19	1	1		1	1	
20-24岁	**48**	**28**	**20**	**44**	**28**	**16**
20	1	1		1	1	
21	4	3	1	4	3	1
22	2	1	1	2	1	1
23	14	11	3	14	11	3
24	27	12	15	23	12	11
25-29岁	**196**	**109**	**87**	**144**	**83**	**61**
25	34	18	16	25	13	12
26	44	24	20	34	18	16
27	35	17	18	29	13	16
28	38	19	19	28	16	12
29	45	31	14	28	23	5
30-34岁	**168**	**84**	**84**	**78**	**40**	**38**
30	56	23	33	31	12	19
31	34	18	16	19	10	9
32	30	15	15	13	6	7
33	27	15	12	8	7	1
34	21	13	8	7	5	2
35-39岁	**50**	**30**	**20**	**8**	**5**	**3**
35	15	5	10	2	1	1
36	21	16	5	3	1	2
37	4	2	2			
38	4	2	2	1	1	
39	6	5	1	2	2	
40-44岁	**9**	**7**	**2**	**4**	**2**	**2**
40	1	1				
41	2	1	1	1		1
42	3	2	1	1		1
43						
44	3	3		2	2	
45-49岁	**2**		**2**	**2**		**2**
45						
46						
47						
48	2		2	2		2
49						

单位：人

二孩			三孩及以上		
小计	男	女	小计	男	女
184	**93**	**91**	**9**	**7**	**2**
4		**4**			
4		4			
50	**24**	**26**	**2**	**2**	
8	4	4	1	1	
9	5	4	1	1	
6	4	2			
10	3	7			
17	8	9			
85	**40**	**45**	**5**	**4**	**1**
23	9	14	2	2	
14	7	7	1	1	
16	9	7	1		1
19	8	11			
13	7	6	1	1	
41	**25**	**16**	**1**		**1**
13	4	9			
18	15	3			
4	2	2			
2	1	1	1		1
4	3	1			
4	**4**		**1**	**1**	
1	1				
1	1				
2	2				
			1	1	

6-2a 续表 7

受教育程度 年 龄	合 计	生男孩的妇女人数	生女孩的妇女人数	一 孩		
				小计	男	女
大学本科	**711**	**362**	**349**	**469**	**236**	**233**
15-19岁						
15						
16						
17						
18						
19						
20-24岁	**20**	**10**	**10**	**19**	**9**	**10**
20						
21						
22	1		1	1		1
23	4	2	2	4	2	2
24	15	8	7	14	7	7
25-29岁	**293**	**156**	**137**	**252**	**134**	**118**
25	20	12	8	17	10	7
26	44	27	17	39	26	13
27	76	46	30	68	38	30
28	69	30	39	56	24	32
29	84	41	43	72	36	36
30-34岁	**291**	**149**	**142**	**159**	**79**	**80**
30	84	34	50	50	19	31
31	60	32	28	44	26	18
32	60	34	26	30	18	12
33	50	30	20	21	11	10
34	37	19	18	14	5	9
35-39岁	**89**	**39**	**50**	**33**	**12**	**21**
35	33	12	21	15	4	11
36	18	8	10	7	4	3
37	20	10	10	8	4	4
38	11	6	5	2		2
39	7	3	4	1		1
40-44岁	**17**	**7**	**10**	**6**	**2**	**4**
40	10	4	6	5	1	4
41	3	2	1	1	1	
42	3		3			
43						
44	1	1				
45-49岁	**1**	**1**				
45	1	1				
46						
47						
48						
49						

单位：人

二孩			三孩及以上		
小计	男	女	小计	男	女
229	**121**	**108**	**13**	**5**	**8**
1	**1**				
1	1				
39	**21**	**18**	**2**	**1**	**1**
3	2	1			
4		4	1	1	
8	8				
12	6	6	1		1
12	5	7			
127	**68**	**59**	**5**	**2**	**3**
34	15	19			
16	6	10			
29	16	13	1		1
27	18	9	2	1	1
21	13	8	2	1	1
52	**26**	**26**	**4**	**1**	**3**
17	8	9	1		1
10	4	6	1		1
11	6	5	1		1
8	5	3	1	1	
6	3	3			
9	**4**	**5**	**2**	**1**	**1**
3	2	1	2	1	1
2	1	1			
3		3			
1	1				
1	**1**				
1	1				

6-2a 续表 8

受教育程度 年龄	合计	生男孩的妇女人数	生女孩的妇女人数	一孩		
				小计	男	女
硕士研究生	**65**	**31**	**34**	**38**	**19**	**19**
15-19岁						
15						
16						
17						
18						
19						
20-24岁						
20						
21						
22						
23						
24						
25-29岁	**10**	**6**	**4**	**9**	**6**	**3**
25						
26						
27	1	1		1	1	
28	7	3	4	6	3	3
29	2	2		2	2	
30-34岁	**40**	**15**	**25**	**23**	**8**	**15**
30	10	3	7	8	3	5
31	8	4	4	6	3	3
32	11	3	8	3	1	2
33	8	4	4	3		3
34	3	1	2	3	1	2
35-39岁	**12**	**9**	**3**	**5**	**4**	**1**
35	2	1	1	1		1
36	4	3	1	1	1	
37	2	2		1	1	
38	3	2	1	2	2	
39	1	1				
40-44岁	**3**	**1**	**2**	**1**	**1**	
40						
41						
42	1		1			
43	2	1	1	1	1	
44						
45-49岁						
45						
46						
47						
48						
49						

单位：人

二孩			三孩及以上		
小计	男	女	小计	男	女
27	**12**	**15**			
1		**1**			
1		1			
17	**7**	**10**			
2		2			
2	1	1			
8	2	6			
5	4	1			
7	**5**	**2**			
1	1				
3	2	1			
1	1				
1		1			
1	1				
2		**2**			
1		1			
1		1			

6-2a 续表 9

受教育程度 年龄	合计	生男孩的妇女人数	生女孩的妇女人数	一孩		
				小计	男	女
博士研究生	**4**	**1**	**3**	**1**		**1**
15-19岁						
15						
16						
17						
18						
19						
20-24岁						
20						
21						
22						
23						
24						
25-29岁						
25						
26						
27						
28						
29						
30-34岁	**1**		**1**	**1**		**1**
30						
31	1		1	1		1
32						
33						
34						
35-39岁	**3**	**1**	**2**			
35						
36	1		1			
37	1	1				
38	1		1			
39						
40-44岁						
40						
41						
42						
43						
44						
45-49岁						
45						
46						
47						
48						
49						

单位：人

二孩			三孩及以上		
小计	男	女	小计	男	女
3	**1**	**2**			
3	**1**	**2**			
1		1			
1	1				
1		1			

6-2b 全省按年龄、受教育程度、生育孩次

受教育程度 年龄	合计	生男孩的 妇女人数	生女孩的 妇女人数	一孩		
				小计	男	女
总　计	**1543**	**800**	**743**	**698**	**366**	**332**
15–19岁	**51**	**27**	**24**	**42**	**23**	**19**
15	2	1	1	2	1	1
16	1		1	1		1
17	7	5	2	6	4	2
18	18	11	7	16	10	6
19	23	10	13	17	8	9
20–24岁	**277**	**141**	**136**	**160**	**74**	**86**
20	36	21	15	26	14	12
21	57	31	26	37	21	16
22	48	27	21	24	10	14
23	59	29	30	32	13	19
24	77	33	44	41	16	25
25–29岁	**567**	**314**	**253**	**302**	**169**	**133**
25	103	61	42	59	35	24
26	104	54	50	67	33	34
27	130	73	57	66	40	26
28	119	68	51	62	38	24
29	111	58	53	48	23	25
30–34岁	**407**	**196**	**211**	**131**	**64**	**67**
30	127	63	64	50	26	24
31	82	32	50	28	9	19
32	82	40	42	22	11	11
33	62	31	31	19	12	7
34	54	30	24	12	6	6
35–39岁	**175**	**84**	**91**	**51**	**29**	**22**
35	49	29	20	14	10	4
36	39	18	21	13	7	6
37	33	11	22	10	4	6
38	34	16	18	10	6	4
39	20	10	10	4	2	2
40–44岁	**43**	**26**	**17**	**9**	**6**	**3**
40	17	11	6	3	1	2
41	11	6	5	3	3	
42	3	2	1	2	1	1
43	9	5	4	1	1	
44	3	2	1			
45–49岁	**23**	**12**	**11**	**3**	**1**	**2**
45	4	4				
46	2	1	1			
47	7	5	2	1	1	
48	5	2	3			
49	5		5	2		2

分的育龄妇女人数(2019.11.1–2020.10.31)(镇)

单位：人

二孩			三孩及以上		
小计	男	女	小计	男	女
612	**314**	**298**	**233**	**120**	**113**
8	**3**	**5**	**1**	**1**	
1	1				
2	1	1			
5	1	4	1	1	
95	**57**	**38**	**22**	**10**	**12**
10	7	3			
19	10	9	1		1
18	13	5	6	4	2
21	13	8	6	3	3
27	14	13	9	3	6
213	**118**	**95**	**52**	**27**	**25**
36	24	12	8	2	6
32	19	13	5	2	3
50	26	24	14	7	7
46	22	24	11	8	3
49	27	22	14	8	6
204	**93**	**111**	**72**	**39**	**33**
59	28	31	18	9	9
37	16	21	17	7	10
46	19	27	14	10	4
33	12	21	10	7	3
29	18	11	13	6	7
72	**30**	**42**	**52**	**25**	**27**
20	9	11	15	10	5
16	8	8	10	3	7
13	2	11	10	5	5
17	7	10	7	3	4
6	4	2	10	4	6
16	**11**	**5**	**18**	**9**	**9**
6	5	1	8	5	3
5	2	3	3	1	2
1	1				
4	3	1	4	1	3
			3	2	1
4	**2**	**2**	**16**	**9**	**7**
1	1		3	3	
			2	1	1
1		1	5	4	1
2	1	1	3	1	2
			3		3

6－2b 续表 1

受教育程度 年 龄	合 计	生男孩的妇女人数	生女孩的妇女人数	一 孩		
				小计	男	女
未上过学	**99**	**46**	**53**	**31**	**14**	**17**
15－19岁	**1**		**1**	**1**		**1**
15						
16						
17						
18						
19	1		1	1		1
20－24岁	**6**	**3**	**3**	**1**	**1**	
20						
21	2	1	1	1	1	
22	1	1				
23	1		1			
24	2	1	1			
25－29岁	**23**	**11**	**12**	**9**	**3**	**6**
25	6	2	4	3	1	2
26	4	2	2	3	1	2
27	3		3			
28	3	2	1	2	1	1
29	7	5	2	1		1
30－34岁	**27**	**13**	**14**	**9**	**4**	**5**
30	7	3	4	1	1	
31	3	3				
32	4	2	2	2	1	1
33	5	1	4	4	1	3
34	8	4	4	2	1	1
35－39岁	**21**	**9**	**12**	**8**	**5**	**3**
35	6	4	2	3	3	
36	4	3	1	2	2	
37	5		5	1		1
38	1		1	1		1
39	5	2	3	1		1
40－44岁	**9**	**5**	**4**	**2**	**1**	**1**
40	4	1	3	1		1
41	3	2	1	1	1	
42	1	1				
43	1	1				
44						
45－49岁	**12**	**5**	**7**	**1**		**1**
45						
46	2	1	1			
47	4	2	2			
48	3	2	1			
49	3		3	1		1

单位：人

二孩			三孩及以上		
小计	男	女	小计	男	女
23	**11**	**12**	**45**	**21**	**24**
4	**1**	**3**	**1**	**1**	
1		1			
			1	1	
1		1			
2	1	1			
8	**5**	**3**	**6**	**3**	**3**
3	1	2			
1	1				
1		1	2		2
			1	1	
3	3		3	2	1
4	**2**	**2**	**14**	**7**	**7**
2		2	4	2	2
1	1		2	2	
			2	1	1
			1		1
1	1		5	2	3
3		**3**	**10**	**4**	**6**
			3	1	2
			2	1	1
3		3	1		1
			4	2	2
2	**2**		**5**	**2**	**3**
1	1		2		2
			2	1	1
1	1				
			1	1	
2	**1**	**1**	**9**	**4**	**5**
			2	1	1
1		1	3	2	1
1	1		2	1	1
			2		2

6–2b 续表 2

受教育程度 年龄	合计	生男孩的妇女人数	生女孩的妇女人数	一孩 小计	一孩 男	一孩 女
学前教育	**1**		**1**			
15–19岁						
15						
16						
17						
18						
19						
20–24岁	**1**		**1**			
20						
21	1		1			
22						
23						
24						
25–29岁						
25						
26						
27						
28						
29						
30–34岁						
30						
31						
32						
33						
34						
35–39岁						
35						
36						
37						
38						
39						
40–44岁						
40						
41						
42						
43						
44						
45–49岁						
45						
46						
47						
48						
49						

单位：人

二孩			三孩及以上		
小计	男	女	小计	男	女
1		**1**			
1		**1**			
1		1			

6-2b 续表 3

受教育程度 年龄	合计	生男孩的妇女人数	生女孩的妇女人数	一孩 小计	一孩 男	一孩 女
小学	**349**	**186**	**163**	**100**	**54**	**46**
15-19岁	**18**	**9**	**9**	**14**	**6**	**8**
15	1		1	1		1
16	1		1	1		1
17	2	2		1	1	
18	6	3	3	5	3	2
19	8	4	4	6	2	4
20-24岁	**75**	**37**	**38**	**29**	**11**	**18**
20	11	5	6	5		5
21	13	6	7	5	3	2
22	15	9	6	6	2	4
23	19	11	8	8	4	4
24	17	6	11	5	2	3
25-29岁	**95**	**57**	**38**	**28**	**17**	**11**
25	15	10	5	3	2	1
26	23	15	8	10	6	4
27	20	10	10	8	5	3
28	18	10	8	4	2	2
29	19	12	7	3	2	1
30-34岁	**82**	**41**	**41**	**14**	**10**	**4**
30	20	9	11	3	2	1
31	19	9	10	3	2	1
32	16	11	5	3	3	
33	14	7	7	2	1	1
34	13	5	8	3	2	1
35-39岁	**55**	**27**	**28**	**9**	**6**	**3**
35	15	10	5	3	3	
36	15	6	9	3	2	1
37	10	4	6	1		1
38	10	5	5	2	1	1
39	5	2	3			
40-44岁	**18**	**10**	**8**	**5**	**3**	**2**
40	6	4	2	1		1
41	4	2	2	2	2	
42	2	1	1	2	1	1
43	3	1	2			
44	3	2	1			
45-49岁	**6**	**5**	**1**	**1**	**1**	
45	2	2				
46						
47	3	3		1	1	
48	1		1			
49						

单位：人

二孩			三孩及以上		
小计	男	女	小计	男	女
139	**72**	**67**	**110**	**60**	**50**
3	**2**	**1**	**1**	**1**	
1	1				
1		1			
1	1		1	1	
33	**21**	**12**	**13**	**5**	**8**
6	5	1			
7	3	4	1		1
7	6	1	2	1	1
8	5	3	3	2	1
5	2	3	7	2	5
45	**27**	**18**	**22**	**13**	**9**
9	6	3	3	2	1
10	7	3	3	2	1
7	3	4	5	2	3
11	6	5	3	2	1
8	5	3	8	5	3
39	**13**	**26**	**29**	**18**	**11**
10	3	7	7	4	3
10	4	6	6	3	3
9	4	5	4	4	
4		4	8	6	2
6	2	4	4	1	3
16	**7**	**9**	**30**	**14**	**16**
5	2	3	7	5	2
5	2	3	7	2	5
1		1	8	4	4
3	2	1	5	2	3
2	1	1	3	1	2
3	**2**	**1**	**10**	**5**	**5**
1	1		4	3	1
1		1	1		1
1	1		2		2
			3	2	1
			5	**4**	**1**
			2	2	
			2	2	
			1		1

6-2b 续表 4

受教育程度 年龄	合计	生男孩的妇女人数	生女孩的妇女人数	一孩		
				小计	男	女
初中	**416**	**227**	**189**	**175**	**100**	**75**
15-19岁	**27**	**15**	**12**	**22**	**14**	**8**
15	1	1		1	1	
16						
17	4	2	2	4	2	2
18	9	6	3	8	5	3
19	13	6	7	9	6	3
20-24岁	**112**	**63**	**49**	**66**	**34**	**32**
20	17	12	5	13	10	3
21	26	15	11	21	12	9
22	22	13	9	10	6	4
23	19	10	9	8	2	6
24	28	13	15	14	4	10
25-29岁	**134**	**73**	**61**	**48**	**26**	**22**
25	27	16	11	11	7	4
26	24	9	15	10	2	8
27	41	25	16	15	9	6
28	21	13	8	6	4	2
29	21	10	11	6	4	2
30-34岁	**94**	**46**	**48**	**22**	**15**	**7**
30	31	19	12	7	6	1
31	17	6	11	3	1	2
32	28	11	17	6	4	2
33	9	5	4	4	3	1
34	9	5	4	2	1	1
35-39岁	**37**	**25**	**12**	**15**	**10**	**5**
35	8	7	1	1	1	
36	12	6	6	5	2	3
37	5	4	1	3	3	
38	9	7	2	4	3	1
39	3	1	2	2	1	1
40-44岁	**8**	**4**	**4**	**1**	**1**	
40	3	2	1			
41	2	1	1			
42						
43	3	1	2	1	1	
44						
45-49岁	**4**	**1**	**3**	**1**		**1**
45	1	1				
46						
47						
48	1		1			
49	2		2	1		1

单位：人

二孩			三孩及以上		
小计	男	女	小计	男	女
191	**106**	**85**	**50**	**21**	**29**
5	**1**	**4**			
1	1				
4		4			
41	**27**	**14**	**5**	**2**	**3**
4	2	2			
5	3	2			
10	6	4	2	1	1
9	7	2	2	1	1
13	9	4	1		1
67	**40**	**27**	**19**	**7**	**12**
12	9	3	4		4
12	7	5	2		2
20	12	8	6	4	2
11	7	4	4	2	2
12	5	7	3	1	2
55	**24**	**31**	**17**	**7**	**10**
20	12	8	4	1	3
8	3	5	6	2	4
18	5	13	4	2	2
5	2	3			
4	2	2	3	2	1
16	**11**	**5**	**6**	**4**	**2**
4	3	1	3	3	
6	4	2	1		1
2	1	1			
4	3	1	1	1	
			1		1
5	**2**	**3**	**2**	**1**	**1**
2	1	1	1	1	
2	1	1			
1		1	1		1
2	**1**	**1**	**1**		**1**
1	1				
1		1			
			1		1

6-2b 续表 5

受教育程度 年龄	合计	生男孩的妇女人数	生女孩的妇女人数	一孩 小计	一孩 男	一孩 女
高中	**138**	**66**	**72**	**69**	**33**	**36**
15-19岁	**2**	**1**	**1**	**2**	**1**	**1**
15						
16						
17						
18	1	1		1	1	
19	1		1	1		1
20-24岁	**31**	**15**	**16**	**24**	**11**	**13**
20	6	3	3	6	3	3
21	7	4	3	4	2	2
22	5	3	2	4	2	2
23	10	4	6	7	3	4
24	3	1	2	3	1	2
25-29岁	**58**	**30**	**28**	**27**	**16**	**11**
25	8	4	4	6	3	3
26	8	2	6	6	2	4
27	16	11	5	6	5	1
28	14	7	7	6	4	2
29	12	6	6	3	2	1
30-34岁	**34**	**14**	**20**	**11**	**5**	**6**
30	15	8	7	6	3	3
31	6	2	4	2	1	1
32	6	2	4	2	1	1
33	3		3			
34	4	2	2	1		1
35-39岁	**10**	**3**	**7**	**5**		**5**
35	2	2				
36	1		1	1		1
37	3		3	3		3
38	3		3	1		1
39	1	1				
40-44岁	**3**	**3**				
40	2	2				
41						
42						
43	1	1				
44						
45-49岁						
45						
46						
47						
48						
49						

单位：人

二孩			三孩及以上		
小计	男	女	小计	男	女
57	**27**	**30**	**12**	**6**	**6**
6	**4**	**2**	**1**		**1**
3	2	1			
1	1				
2	1	1	1		1
28	**12**	**16**	**3**	**2**	**1**
1	1		1		1
2		2			
9	5	4	1	1	
7	2	5	1	1	
9	4	5			
17	**6**	**11**	**6**	**3**	**3**
7	3	4	2	2	
2	1	1	2		2
2		2	2	1	1
3		3			
3	2	1			
4	**3**	**1**	**1**		**1**
2	2				
1		1	1		1
1	1				
2	**2**		**1**	**1**	
1	1		1	1	
1	1				

6-2b 续表 6

受教育程度 年 龄	合 计	生男孩的 妇女人数	生女孩的 妇女人数	一 孩		
				小计	男	女
大学专科	**260**	**123**	**137**	**149**	**75**	**74**
15-19岁	**3**	**2**	**1**	**3**	**2**	**1**
15						
16						
17	1	1		1	1	
18	2	1	1	2	1	1
19						
20-24岁	**43**	**18**	**25**	**33**	**13**	**20**
20	2	1	1	2	1	1
21	7	4	3	5	2	3
22	4	1	3	3		3
23	7	2	5	6	2	4
24	23	10	13	17	8	9
25-29岁	**124**	**64**	**60**	**83**	**46**	**37**
25	28	18	10	20	14	6
26	23	13	10	19	11	8
27	19	10	9	11	6	5
28	30	14	16	18	9	9
29	24	9	15	15	6	9
30-34岁	**68**	**31**	**37**	**25**	**12**	**13**
30	25	9	16	14	6	8
31	15	5	10	5	2	3
32	7	5	2			
33	12	7	5	4	3	1
34	9	5	4	2	1	1
35-39岁	**20**	**6**	**14**	**5**	**2**	**3**
35	4	1	3	3	1	2
36	7	3	4	2	1	1
37	5	2	3			
38	3		3			
39	1		1			
40-44岁	**1**	**1**				
40						
41	1	1				
42						
43						
44						
45-49岁	**1**	**1**				
45	1	1				
46						
47						
48						
49						

单位：人

二孩			三孩及以上		
小计	男	女	小计	男	女
102	**42**	**60**	**9**	**6**	**3**
9	**4**	**5**	**1**	**1**	
2	2				
			1	1	
1		1			
6	2	4			
40	**17**	**23**	**1**	**1**	
8	4	4			
4	2	2			
8	4	4			
11	4	7	1	1	
9	3	6			
39	**17**	**22**	**4**	**2**	**2**
10	3	7	1		1
9	3	6	1		1
7	5	2			
7	3	4	1	1	
6	3	3	1	1	
13	**3**	**10**	**2**	**1**	**1**
1		1			
5	2	3			
4	1	3	1	1	
3		3			
			1		1
1	**1**				
1	1				
			1	**1**	
			1	1	

6-2b 续表 7

受教育程度 年龄	合计	生男孩的妇女人数	生女孩的妇女人数	一孩 小计	一孩 男	一孩 女
大学本科	**274**	**148**	**126**	**171**	**88**	**83**
15-19岁						
15						
16						
17						
18						
19						
20-24岁	**9**	**5**	**4**	**7**	**4**	**3**
20						
21	1	1		1	1	
22	1		1	1		1
23	3	2	1	3	2	1
24	4	2	2	2	1	1
25-29岁	**130**	**77**	**53**	**105**	**60**	**45**
25	19	11	8	16	8	8
26	21	12	9	18	10	8
27	31	17	14	26	15	11
28	32	22	10	25	18	7
29	27	15	12	20	9	11
30-34岁	**100**	**50**	**50**	**49**	**17**	**32**
30	28	14	14	18	7	11
31	22	7	15	15	3	12
32	21	9	12	9	2	7
33	18	11	7	5	4	1
34	11	9	2	2	1	1
35-39岁	**31**	**13**	**18**	**9**	**6**	**3**
35	14	5	9	4	2	2
36						
37	5	1	4	2	1	1
38	7	3	4	2	2	
39	5	4	1	1	1	
40-44岁	**4**	**3**	**1**	**1**	**1**	
40	2	2		1	1	
41	1		1			
42						
43	1	1				
44						
45-49岁						
45						
46						
47						
48						
49						

单位：人

二孩			三孩及以上		
小计	男	女	小计	男	女
96	**54**	**42**	**7**	**6**	**1**
1		**1**	**1**	**1**	
1		1	1	1	
24	**16**	**8**	**1**	**1**	
3	3				
3	2	1			
5	2	3			
6	3	3	1	1	
7	6	1			
49	**31**	**18**	**2**	**2**	
10	7	3			
7	4	3			
10	5	5	2	2	
13	7	6			
9	8	1			
19	**5**	**14**	**3**	**2**	**1**
8	2	6	2	1	1
3		3			
5	1	4			
3	2	1	1	1	
3	**2**	**1**			
1	1				
1		1			
1	1				

6-2b 续表 8

受教育程度 年龄	合计	生男孩的妇女人数	生女孩的妇女人数	一孩		
				小计	男	女
硕士研究生	**6**	**4**	**2**	**3**	**2**	**1**
15-19岁						
15						
16						
17						
18						
19						
20-24岁						
20						
21						
22						
23						
24						
25-29岁	**3**	**2**	**1**	**2**	**1**	**1**
25						
26	1	1		1	1	
27						
28	1		1	1		1
29	1	1				
30-34岁	**2**	**1**	**1**	**1**	**1**	
30	1	1		1	1	
31						
32						
33	1		1			
34						
35-39岁	**1**	**1**				
35						
36						
37						
38	1	1				
39						
40-44岁						
40						
41						
42						
43						
44						
45-49岁						
45						
46						
47						
48						
49						

单位：人

二孩			三孩及以上		
小计	男	女	小计	男	女
3	**2**	**1**			
1	**1**				
1	1				
1		**1**			
1		1			
1	**1**				
1	1				

6-2b 续表 9

受教育程度 年龄	合计	生男孩的妇女人数	生女孩的妇女人数	一孩		
				小计	男	女
博士研究生						
15-19岁						
15						
16						
17						
18						
19						
20-24岁						
20						
21						
22						
23						
24						
25-29岁						
25						
26						
27						
28						
29						
30-34岁						
30						
31						
32						
33						
34						
35-39岁						
35						
36						
37						
38						
39						
40-44岁						
40						
41						
42						
43						
44						
45-49岁						
45						
46						
47						
48						
49						

单位：人

二孩			三孩及以上		
小计	男	女	小计	男	女

6-2c 全省按年龄、受教育程度、生育孩次

受教育程度 年龄	合计	生男孩的妇女人数	生女孩的妇女人数	一孩		
				小计	男	女
总计	**2738**	**1453**	**1285**	**1088**	**609**	**479**
15-19岁	**172**	**98**	**74**	**143**	**78**	**65**
15	6	4	2	4	2	2
16	8	4	4	7	4	3
17	23	14	9	21	13	8
18	58	31	27	50	27	23
19	77	45	32	61	32	29
20-24岁	**702**	**379**	**323**	**397**	**240**	**157**
20	108	56	52	75	43	32
21	129	66	63	85	46	39
22	156	90	66	81	54	27
23	161	71	90	81	45	36
24	148	96	52	75	52	23
25-29岁	**879**	**478**	**401**	**341**	**188**	**153**
25	187	100	87	89	51	38
26	197	109	88	79	41	38
27	188	101	87	68	39	29
28	154	82	72	58	30	28
29	153	86	67	47	27	20
30-34岁	**578**	**302**	**276**	**145**	**75**	**70**
30	171	102	69	51	28	23
31	127	61	66	37	18	19
32	96	53	43	18	13	5
33	111	53	58	21	8	13
34	73	33	40	18	8	10
35-39岁	**274**	**131**	**143**	**37**	**15**	**22**
35	74	32	42	11	5	6
36	66	32	34	10	3	7
37	49	24	25	4	1	3
38	50	23	27	6	2	4
39	35	20	15	6	4	2
40-44岁	**84**	**40**	**44**	**13**	**5**	**8**
40	17	14	3	1	1	
41	24	12	12	5	2	3
42	24	7	17	3	1	2
43	11	4	7	1		1
44	8	3	5	3	1	2
45-49岁	**49**	**25**	**24**	**12**	**8**	**4**
45	11	4	7	2	2	
46	8	4	4	4	1	3
47	11	5	6	1	1	
48	8	6	2	2	2	
49	11	6	5	3	2	1

分的育龄妇女人数(2019.11.1—2020.10.31)(乡村)

单位：人

二孩			三孩及以上		
小计	男	女	小计	男	女
954	**487**	**467**	**696**	**357**	**339**
26	**18**	**8**	**3**	**2**	**1**
2	2				
1		1			
2	1	1			
6	3	3	2	1	1
15	12	3	1	1	
233	**101**	**132**	**72**	**38**	**34**
29	11	18	4	2	2
37	17	20	7	3	4
60	29	31	15	7	8
56	17	39	24	9	15
51	27	24	22	17	5
353	**204**	**149**	**185**	**86**	**99**
70	35	35	28	14	14
81	48	33	37	20	17
85	46	39	35	16	19
54	33	21	42	19	23
63	42	21	43	17	26
225	**109**	**116**	**208**	**118**	**90**
66	38	28	54	36	18
58	24	34	32	19	13
41	19	22	37	21	16
35	16	19	55	29	26
25	12	13	30	13	17
88	**42**	**46**	**149**	**74**	**75**
26	13	13	37	14	23
25	14	11	31	15	16
14	1	13	31	22	9
12	7	5	32	14	18
11	7	4	18	9	9
19	**8**	**11**	**52**	**27**	**25**
4	3	1	12	10	2
5	4	1	14	6	8
4		4	17	6	11
4	1	3	6	3	3
2		2	3	2	1
10	**5**	**5**	**27**	**12**	**15**
2		2	7	2	5
			4	3	1
6	3	3	4	1	3
			6	4	2
2	2		6	2	4

6-2c 续表 1

受教育程度 年龄	合计	生男孩的妇女人数	生女孩的妇女人数	一孩		
				小计	男	女
未上过学	**317**	**160**	**157**	**85**	**43**	**42**
15-19岁	**12**	**5**	**7**	**10**	**4**	**6**
15						
16						
17						
18	3	1	2	2	1	1
19	9	4	5	8	3	5
20-24岁	**40**	**20**	**20**	**18**	**8**	**10**
20	5	2	3	3	2	1
21	10	4	6	4	1	3
22	9	5	4	5	2	3
23	7	2	5	3	1	2
24	9	7	2	3	2	1
25-29岁	**78**	**41**	**37**	**22**	**13**	**9**
25	16	10	6	7	5	2
26	20	12	8	6	2	4
27	13	5	8	2	2	
28	15	7	8	4	3	1
29	14	7	7	3	1	2
30-34岁	**83**	**43**	**40**	**20**	**10**	**10**
30	17	10	7	5	2	3
31	22	12	10	8	5	3
32	15	7	8	1	1	
33	22	13	9	4	2	2
34	7	1	6	2		2
35-39岁	**56**	**29**	**27**	**6**	**3**	**3**
35	13	6	7			
36	14	7	7	2	1	1
37	13	9	4	1		1
38	7	3	4	2	1	1
39	9	4	5	1	1	
40-44岁	**32**	**13**	**19**	**5**	**1**	**4**
40	7	6	1			
41	8	4	4	1		1
42	10	1	9	2		2
43	2	1	1			
44	5	1	4	2	1	1
45-49岁	**16**	**9**	**7**	**4**	**4**	
45	7	2	5	1	1	
46	2	2				
47	2	2				
48	2	2		2	2	
49	3	1	2	1	1	

单位：人

二孩			三孩及以上		
小计	男	女	小计	男	女
70	**35**	**35**	**162**	**82**	**80**
2	**1**	**1**			
1		1			
1	1				
16	**9**	**7**	**6**	**3**	**3**
2		2			
5	3	2	1		1
3	3		1		1
3	1	2	1		1
3	2	1	3	3	
22	**12**	**10**	**34**	**16**	**18**
4	2	2	5	3	2
6	4	2	8	6	2
3	1	2	8	2	6
3	2	1	8	2	6
6	3	3	5	3	2
17	**7**	**10**	**46**	**26**	**20**
5	3	2	7	5	2
5	2	3	9	5	4
5	2	3	9	4	5
2		2	16	11	5
			5	1	4
7	**4**	**3**	**43**	**22**	**21**
2	2		11	4	7
2	1	1	10	5	5
3	1	2	9	8	1
			5	2	3
			8	3	5
5	**1**	**4**	**22**	**11**	**11**
1	1		6	5	1
1		1	6	4	2
1		1	7	1	6
			2	1	1
2		2	1		1
1	**1**		**11**	**4**	**7**
			6	1	5
			2	2	
1	1		1	1	
			2		2

6－2c　续表 2

受教育程度 年　龄	合　计	生男孩的妇女人数	生女孩的妇女人数	一　孩		
				小计	男	女
学前教育	**1**		**1**			
15—19岁						
15						
16						
17						
18						
19						
20—24岁						
20						
21						
22						
23						
24						
25—29岁						
25						
26						
27						
28						
29						
30—34岁						
30						
31						
32						
33						
34						
35—39岁						
35						
36						
37						
38						
39						
40—44岁						
40						
41						
42						
43						
44						
45—49岁	**1**		**1**			
45						
46						
47	1		1			
48						
49						

单位：人

二孩			三孩及以上		
小计	男	女	小计	男	女
1			**1**		
1			**1**		
1			1		

6-2c 续表 3

受教育程度 年　　龄	合　计	生男孩的 妇女人数	生女孩的 妇女人数	一　　孩		
				小计	男	女
小　学	**1167**	**609**	**558**	**364**	**201**	**163**
15-19岁	**59**	**32**	**27**	**45**	**22**	**23**
15	4	3	1	2	1	1
16	5	3	2	4	3	1
17	8	5	3	7	5	2
18	20	8	12	15	5	10
19	22	13	9	17	8	9
20-24岁	**285**	**155**	**130**	**136**	**84**	**52**
20	49	24	25	32	16	16
21	49	24	25	27	14	13
22	64	41	23	28	23	5
23	65	28	37	27	15	12
24	58	38	20	22	16	6
25-29岁	**334**	**180**	**154**	**94**	**52**	**42**
25	64	32	32	22	12	10
26	68	39	29	19	11	8
27	73	42	31	18	9	9
28	63	33	30	21	10	11
29	66	34	32	14	10	4
30-34岁	**254**	**130**	**124**	**55**	**28**	**27**
30	77	50	27	19	13	6
31	49	21	28	11	5	6
32	39	17	22	8	4	4
33	50	22	28	7	1	6
34	39	20	19	10	5	5
35-39岁	**161**	**75**	**86**	**20**	**7**	**13**
35	41	17	24	7	2	5
36	35	17	18	5	2	3
37	31	13	18	3	1	2
38	33	16	17	2	1	1
39	21	12	9	3	1	2
40-44岁	**45**	**23**	**22**	**7**	**4**	**3**
40	7	6	1	1	1	
41	13	6	7	3	2	1
42	13	6	7	1	1	
43	9	3	6	1		1
44	3	2	1	1		1
45-49岁	**29**	**14**	**15**	**7**	**4**	**3**
45	4	2	2	1	1	
46	6	2	4	4	1	3
47	7	2	5	1	1	
48	6	4	2			
49	6	4	2	1	1	

单位：人

二孩			三孩及以上		
小计	男	女	小计	男	女
374	**184**	**190**	**429**	**224**	**205**
12	**8**	**4**	**2**	**2**	
2	2				
1		1			
1		1			
4	2	2	1	1	
4	4		1	1	
104	**45**	**59**	**45**	**26**	**19**
15	7	8	2	1	1
16	7	9	6	3	3
27	12	15	9	6	3
25	9	16	13	4	9
21	10	11	15	12	3
125	**74**	**51**	**115**	**54**	**61**
24	11	13	18	9	9
26	16	10	23	12	11
35	22	13	20	11	9
19	11	8	23	12	11
21	14	7	31	10	21
71	**29**	**42**	**128**	**73**	**55**
20	11	9	38	26	12
18	4	14	20	12	8
13	3	10	18	10	8
11	6	5	32	15	17
9	5	4	20	10	10
47	**22**	**25**	**94**	**46**	**48**
13	6	7	21	9	12
12	8	4	18	7	11
8		8	20	12	8
6	3	3	25	12	13
8	5	3	10	6	4
9	**4**	**5**	**29**	**15**	**14**
1	1		5	4	1
2	2		8	2	6
2		2	10	5	5
4	1	3	4	2	2
			2	2	
6	**2**	**4**	**16**	**8**	**8**
2		2	1	1	
			2	1	1
3	1	2	3		3
			6	4	2
1	1		4	2	2

6-2c 续表 4

受教育程度 年龄	合计	生男孩的妇女人数	生女孩的妇女人数	一孩		
				小计	男	女
初　中	**869**	**471**	**398**	**399**	**235**	**164**
15-19岁	**93**	**55**	**38**	**80**	**46**	**34**
15	2	1	1	2	1	1
16	3	1	2	3	1	2
17	15	9	6	14	8	6
18	32	19	13	30	18	12
19	41	25	16	31	18	13
20-24岁	**290**	**159**	**131**	**176**	**113**	**63**
20	44	25	19	34	22	12
21	59	30	29	45	25	20
22	66	37	29	34	23	11
23	66	31	35	34	21	13
24	55	36	19	29	22	7
25-29岁	**273**	**150**	**123**	**95**	**53**	**42**
25	68	35	33	29	16	13
26	59	29	30	18	8	10
27	60	34	26	20	13	7
28	45	25	20	14	9	5
29	41	27	14	14	7	7
30-34岁	**161**	**81**	**80**	**40**	**21**	**19**
30	49	23	26	15	6	9
31	34	17	17	11	6	5
32	31	22	9	5	4	1
33	28	12	16	5	3	2
34	19	7	12	4	2	2
35-39岁	**43**	**20**	**23**	**6**	**2**	**4**
35	14	7	7	1	1	
36	15	6	9	3		3
37	5	2	3			
38	5	2	3	1		1
39	4	3	1	1	1	
40-44岁	**6**	**4**	**2**	**1**		**1**
40	3	2	1			
41	3	2	1	1		1
42						
43						
44						
45-49岁	**3**	**2**	**1**	**1**		**1**
45						
46						
47	1	1				
48						
49	2	1	1	1		1

单位：人

二孩			三孩及以上		
小计	男	女	小计	男	女
378	**191**	**187**	**92**	**45**	**47**
12	**9**	**3**	**1**		**1**
1	1				
1	1		1		1
10	7	3			
94	**37**	**57**	**20**	**9**	**11**
8	2	6	2	1	1
14	5	9			
27	13	14	5	1	4
23	5	18	9	5	4
22	12	10	4	2	2
145	**82**	**63**	**33**	**15**	**18**
34	17	17	5	2	3
35	19	16	6	2	4
34	19	15	6	2	4
21	11	10	10	5	5
21	16	5	6	4	2
94	**45**	**49**	**27**	**15**	**12**
28	14	14	6	3	3
20	9	11	3	2	1
17	12	5	9	6	3
17	6	11	6	3	3
12	4	8	3	1	2
27	**13**	**14**	**10**	**5**	**5**
8	5	3	5	1	4
10	4	6	2	2	
3		3	2	2	
3	2	1	1		1
3	2	1			
4	**3**	**1**	**1**	**1**	
2	1	1	1	1	
2	2				
2	**2**				
1	1				
1	1				

6-2c 续表 5

受教育程度 年龄	合计	生男孩的妇女人数	生女孩的妇女人数	一孩		
				小计	男	女
高中	**137**	**80**	**57**	**68**	**35**	**33**
15-19岁	**5**	**4**	**1**	**5**	**4**	**1**
15						
16						
17						
18	2	2		2	2	
19	3	2	1	3	2	1
20-24岁	**44**	**23**	**21**	**31**	**16**	**15**
20	10	5	5	6	3	3
21	7	6	1	6	5	1
22	9	2	7	6	1	5
23	9	3	6	7	2	5
24	9	7	2	6	5	1
25-29岁	**51**	**30**	**21**	**23**	**10**	**13**
25	13	8	5	8	4	4
26	16	9	7	9	4	5
27	6	3	3	3	1	2
28	10	7	3	1		1
29	6	3	3	2	1	1
30-34岁	**32**	**20**	**12**	**8**	**4**	**4**
30	13	8	5	5	2	3
31	8	6	2	1		1
32	5	2	3	1	1	
33	4	3	1	1	1	
34	2	1	1			
35-39岁	**4**	**3**	**1**	**1**	**1**	
35	1		1			
36	2	2				
37						
38						
39	1	1		1	1	
40-44岁	**1**		**1**			
40						
41						
42	1		1			
43						
44						
45-49岁						
45						
46						
47						
48						
49						

单位：人

二孩			三孩及以上		
小计	男	女	小计	男	女
60	**41**	**19**	**9**	**4**	**5**
12	**7**	**5**	**1**		**1**
4	2	2			
1	1				
3	1	2			
1	1		1		1
3	2	1			
26	**19**	**7**	**2**	**1**	**1**
5	4	1			
7	5	2			
2	1	1	1	1	
8	7	1	1		1
4	2	2			
19	**14**	**5**	**5**	**2**	**3**
5	4	1	3	2	1
7	6	1			
4	1	3			
2	2		1		1
1	1		1		1
2	**1**	**1**	**1**	**1**	
1		1			
1	1		1	1	
1		**1**			
1		1			

6-2c 续表 6

受教育程度 年龄	合计	生男孩的妇女人数	生女孩的妇女人数	一孩		
				小计	男	女
大学专科	**170**	**92**	**78**	**114**	**62**	**52**
15-19岁	**3**	**2**	**1**	**3**	**2**	**1**
15						
16						
17						
18	1	1		1	1	
19	2	1	1	2	1	1
20-24岁	**37**	**20**	**17**	**31**	**17**	**14**
20						
21	4	2	2	3	1	2
22	6	4	2	6	4	2
23	11	6	5	8	5	3
24	16	8	8	14	7	7
25-29岁	**93**	**49**	**44**	**64**	**36**	**28**
25	19	11	8	18	11	7
26	22	15	7	16	11	5
27	25	12	13	15	10	5
28	12	5	7	9	3	6
29	15	6	9	6	1	5
30-34岁	**34**	**19**	**15**	**15**	**6**	**9**
30	12	8	4	4	2	2
31	11	4	7	5	1	4
32	3	2	1	2	2	
33	4	1	3	3		3
34	4	4		1	1	
35-39岁	**3**	**2**	**1**	**1**	**1**	
35	1	1		1	1	
36						
37						
38	2	1	1			
39						
40-44岁						
40						
41						
42						
43						
44						
45-49岁						
45						
46						
47						
48						
49						

单位：人

二孩			三孩及以上		
小计	男	女	小计	男	女
53	**29**	**24**	**3**	**1**	**2**
6	**3**	**3**			
1	1				
3	1	2			
2	1	1			
28	**13**	**15**	**1**		**1**
1		1			
6	4	2			
10	2	8			
3	2	1			
8	5	3	1		1
18	**12**	**6**	**1**	**1**	
8	6	2			
6	3	3			
1		1			
1	1				
2	2		1	1	
1	**1**		**1**		**1**
1	1		1		1

6-2c 续表 7

受教育程度 年龄	合计	生男孩的妇女人数	生女孩的妇女人数	一孩		
				小计	男	女
大学本科	**74**	**39**	**35**	**56**	**32**	**24**
15-19岁						
15						
16						
17						
18						
19						
20-24岁	**6**	**2**	**4**	**5**	**2**	**3**
20						
21						
22	2	1	1	2	1	1
23	3	1	2	2	1	1
24	1		1	1		1
25-29岁	**48**	**27**	**21**	**42**	**24**	**18**
25	7	4	3	5	3	2
26	11	5	6	10	5	5
27	11	5	6	10	4	6
28	9	5	4	9	5	4
29	10	8	2	8	7	1
30-34岁	**13**	**8**	**5**	**6**	**5**	**1**
30	2	2		2	2	
31	3	1	2	1	1	
32	3	3		1	1	
33	3	2	1	1	1	
34	2		2	1		1
35-39岁	**7**	**2**	**5**	**3**	**1**	**2**
35	4	1	3	2	1	1
36						
37						
38	3	1	2	1		1
39						
40-44岁						
40						
41						
42						
43						
44						
45-49岁						
45						
46						
47						
48						
49						

单位：人

二　孩			三孩及以上		
小计	男	女	小计	男	女
17	**6**	**11**	**1**		**1**
1		**1**			
1		1			
6	**3**	**3**			
2	1	1			
1		1			
1	1				
2	1	1			
6	**2**	**4**	**1**		**1**
2		2			
1	1		1		1
2	1	1			
1		1			
4	**1**	**3**			
2		2			
2	1	1			

6-2c 续表 8

受教育程度 年 龄	合 计	生男孩的 妇女人数	生女孩的 妇女人数	一 孩		
				小计	男	女
硕士研究生	**3**	**2**	**1**	**2**	**1**	**1**
15-19岁						
15						
16						
17						
18						
19						
20-24岁						
20						
21						
22						
23						
24						
25-29岁	**2**	**1**	**1**	**1**		**1**
25						
26	1		1	1		1
27						
28						
29	1	1				
30-34岁	**1**	**1**		**1**	**1**	
30	1	1		1	1	
31						
32						
33						
34						
35-39岁						
35						
36						
37						
38						
39						
40-44岁						
40						
41						
42						
43						
44						
45-49岁						
45						
46						
47						
48						
49						

单位：人

二孩			三孩及以上		
小计	男	女	小计	男	女
1		**1**			
1		**1**			
1		1			

6-2c 续表 9

受教育程度 年龄	合计	生男孩的妇女人数	生女孩的妇女人数	一孩		
				小计	男	女
博士研究生						
15–19岁						
15						
16						
17						
18						
19						
20–24岁						
20						
21						
22						
23						
24						
25–29岁						
25						
26						
27						
28						
29						
30–34岁						
30						
31						
32						
33						
34						
35–39岁						
35						
36						
37						
38						
39						
40–44岁						
40						
41						
42						
43						
44						
45–49岁						
45						
46						
47						
48						
49						

单位：人

二孩			三孩及以上		
小计	男	女	小计	男	女

6-3 全省育龄妇女分年龄、孩次的生育状况
(2019.11.1-2020.10.31)

单位：人、‰

年龄	平均育龄妇女人数	出生人数	生育率	第一孩		第二孩		第三孩及以上	
				出生数	生育率	出生数	生育率	出生数	生育率
总计	**144929**	**6424**	**44.33**	**2961**	**20.43**	**2389**	**16.48**	**1074**	**7.41**
15-19岁	**17261**	**360**	**20.86**	**293**	**16.97**	**63**	**3.65**	**4**	**0.23**
15	3683	8	2.17	7	1.90	1	0.27		
16	3679	32	8.70	28	7.61	4	1.09		
17	3635	58	15.96	50	13.76	6	1.65	2	0.55
18	3157	111	35.16	94	29.78	16	5.07	1	0.32
19	3107	151	48.60	114	36.69	36	11.59	1	0.32
20-24岁	**17303**	**1324**	**76.52**	**761**	**43.98**	**439**	**25.37**	**124**	**7.17**
20	3298	188	57.00	133	40.33	45	13.64	10	3.03
21	3256	243	74.63	142	43.61	87	26.72	14	4.30
22	3326	252	75.77	125	37.58	100	30.07	27	8.12
23	3457	273	78.97	163	47.15	76	21.98	34	9.84
24	3966	368	92.79	198	49.92	131	33.03	39	9.83
25-29岁	**21288**	**2285**	**107.34**	**1186**	**55.71**	**809**	**38.00**	**290**	**13.62**
25	4023	419	104.15	229	56.92	142	35.30	48	11.93
26	4030	466	115.63	253	62.78	154	38.21	59	14.64
27	4255	467	109.75	257	60.40	167	39.25	43	10.11
28	4344	441	101.52	225	51.80	155	35.68	61	14.04
29	4636	492	106.13	222	47.89	191	41.20	79	17.04
30-34岁	**22494**	**1567**	**69.66**	**527**	**23.43**	**722**	**32.10**	**318**	**14.14**
30	5133	450	87.67	177	34.48	192	37.41	81	15.78
31	4615	338	73.24	127	27.52	153	33.15	58	12.57
32	4569	325	71.13	95	20.79	161	35.24	69	15.10
33	4355	261	59.93	70	16.07	126	28.93	65	14.93
34	3822	193	50.50	58	15.18	90	23.55	45	11.77
35-39岁	**19608**	**639**	**32.59**	**137**	**6.99**	**282**	**14.38**	**220**	**11.22**
35	3752	209	55.70	47	12.53	97	25.85	65	17.32
36	3527	142	40.26	24	6.80	76	21.55	42	11.91
37	3958	125	31.58	31	7.83	45	11.37	49	12.38
38	4307	97	22.52	20	4.64	46	10.68	31	7.20
39	4064	66	16.24	15	3.69	18	4.43	33	8.12
40-44岁	**21931**	**171**	**7.80**	**39**	**1.78**	**58**	**2.64**	**74**	**3.37**
40	4334	51	11.77	12	2.77	14	3.23	25	5.77
41	4191	46	10.98	9	2.15	22	5.25	15	3.58
42	4234	33	7.79	7	1.65	10	2.36	16	3.78
43	4437	25	5.63	6	1.35	8	1.80	11	2.48
44	4735	16	3.38	5	1.06	4	0.84	7	1.48
45-49岁	**25044**	**78**	**3.11**	**18**	**0.72**	**16**	**0.64**	**44**	**1.76**
45	4722	13	2.75	2	0.42	1	0.21	10	2.12
46	5076	15	2.96	5	0.99	4	0.79	6	1.18
47	5016	18	3.59	3	0.60	6	1.20	9	1.79
48	5046	22	4.36	5	0.99	2	0.40	15	2.97
49	5184	10	1.93	3	0.58	3	0.58	4	0.77

6-3a　全省育龄妇女分年龄、孩次的生育状况
(2019.11.1-2020.10.31)(城市)

单位：人、‰

年　龄	平均育龄妇女人数	出生人数	生育率	第一孩		第二孩		第三孩及以上	
				出生数	生育率	出生数	生育率	出生数	生育率
总　计	**53202**	**2144**	**40.30**	**1176**	**22.10**	**824**	**15.49**	**144**	**2.71**
15-19岁	**5124**	**65**	**12.69**	**54**	**10.54**	**11**	**2.15**		
15	963								
16	1005	8	7.96	6	5.97	2	1.99		
17	1018	9	8.84	9	8.84				
18	942	22	23.35	18	19.11	4	4.25		
19	1196	26	21.74	21	17.56	5	4.18		
20-24岁	**6409**	**256**	**39.94**	**175**	**27.31**	**71**	**11.08**	**10**	**1.56**
20	1280	23	17.97	20	15.63	3	2.34		
21	1244	34	27.33	23	18.49	11	8.84		
22	1164	36	30.93	24	20.62	11	9.45	1	0.86
23	1289	62	48.10	42	32.58	16	12.41	4	3.10
24	1432	101	70.53	66	46.09	30	20.95	5	3.49
25-29岁	**8550**	**855**	**100.00**	**578**	**67.60**	**238**	**27.84**	**39**	**4.56**
25	1505	128	85.05	88	58.47	32	21.26	8	5.32
26	1584	163	102.90	119	75.13	39	24.62	5	3.16
27	1739	179	102.93	124	71.31	47	27.03	8	4.60
28	1788	176	98.43	119	66.55	51	28.52	6	3.36
29	1934	209	108.07	128	66.18	69	35.68	12	6.20
30-34岁	**9104**	**682**	**74.91**	**287**	**31.52**	**342**	**37.57**	**53**	**5.82**
30	2065	187	90.56	94	45.52	74	35.84	19	9.20
31	1884	151	80.15	75	39.81	68	36.09	8	4.25
32	1903	146	76.72	50	26.27	86	45.19	10	5.25
33	1777	109	61.34	37	20.82	63	35.45	9	5.06
34	1475	89	60.34	31	21.02	51	34.58	7	4.75
35-39岁	**7013**	**221**	**31.51**	**62**	**8.84**	**132**	**18.82**	**27**	**3.85**
35	1383	73	52.78	19	13.74	44	31.81	10	7.23
36	1292	55	42.57	10	7.74	41	31.73	4	3.10
37	1449	40	27.61	14	9.66	22	15.18	4	2.76
38	1511	27	17.87	9	5.96	15	9.93	3	1.99
39	1378	26	18.87	10	7.26	10	7.26	6	4.35
40-44岁	**7744**	**52**	**6.71**	**15**	**1.94**	**26**	**3.36**	**11**	**1.42**
40	1503	16	10.65	4	2.66	6	3.99	6	3.99
41	1551	18	11.61	4	2.58	12	7.74	2	1.29
42	1478	7	4.74	2	1.35	5	3.38		
43	1582	5	3.16	2	1.26	1	0.63	2	1.26
44	1630	6	3.68	3	1.84	2	1.23	1	0.61
45-49岁	**9258**	**13**	**1.40**	**5**	**0.54**	**4**	**0.43**	**4**	**0.43**
45	1680	2	1.19	1	0.60			1	0.60
46	1886								
47	1806	3	1.66	2	1.11	1	0.55		
48	1924	5	2.60	1	0.52	1	0.52	3	1.56
49	1962	3	1.53	1	0.51	2	1.02		

6-3b 全省育龄妇女分年龄、孩次的生育状况 (2019.11.1-2020.10.31)(镇)

单位：人、‰

年龄	平均育龄妇女人数	出生人数	生育率	第一孩		第二孩		第三孩及以上	
				出生数	生育率	出生数	生育率	出生数	生育率
总　计	**37544**	**1542**	**41.07**	**697**	**18.56**	**612**	**16.30**	**233**	**6.21**
15-19岁	**5567**	**69**	**12.39**	**55**	**9.88**	**13**	**2.34**	**1**	**0.18**
15	1188	1	0.84	1	0.84				
16	1335	4	3.00	4	3.00				
17	1363	14	10.27	13	9.54	1	0.73		
18	975	20	20.51	15	15.38	4	4.10	1	1.03
19	706	30	42.49	22	31.16	8	11.33		
20-24岁	**4101**	**314**	**76.57**	**182**	**44.38**	**106**	**25.85**	**26**	**6.34**
20	726	46	63.36	33	45.45	12	16.53	1	1.38
21	741	57	76.92	29	39.14	25	33.74	3	4.05
22	779	50	64.18	26	33.38	19	24.39	5	6.42
23	863	69	79.95	39	45.19	21	24.33	9	10.43
24	992	92	92.74	55	55.44	29	29.23	8	8.06
25-29岁	**5258**	**570**	**108.41**	**290**	**55.15**	**225**	**42.79**	**55**	**10.46**
25	1052	101	96.01	58	55.13	36	34.22	7	6.65
26	992	116	116.94	67	67.54	37	37.30	12	12.10
27	1066	124	116.32	64	60.04	50	46.90	10	9.38
28	1024	115	112.30	56	54.69	49	47.85	10	9.77
29	1124	114	101.42	45	40.04	53	47.15	16	14.23
30-34岁	**5728**	**368**	**64.25**	**112**	**19.55**	**182**	**31.77**	**74**	**12.92**
30	1287	104	80.81	38	29.53	48	37.30	18	13.99
31	1188	87	73.23	26	21.89	44	37.04	17	14.31
32	1149	72	62.66	22	19.15	36	31.33	14	12.18
33	1100	57	51.82	15	13.64	34	30.91	8	7.27
34	1004	48	47.81	11	10.96	20	19.92	17	16.93
35-39岁	**5139**	**162**	**31.52**	**46**	**8.95**	**69**	**13.43**	**47**	**9.15**
35	994	50	50.30	18	18.11	21	21.13	11	11.07
36	938	30	31.98	9	9.59	13	13.86	8	8.53
37	1012	44	43.48	13	12.85	18	17.79	13	12.85
38	1100	19	17.27	3	2.73	12	10.91	4	3.64
39	1095	19	17.35	3	2.74	5	4.57	11	10.05
40-44岁	**5676**	**37**	**6.52**	**9**	**1.59**	**13**	**2.29**	**15**	**2.64**
40	1141	13	11.39	4	3.51	5	4.38	4	3.51
41	1095	10	9.13	3	2.74	4	3.65	3	2.74
42	1111	5	4.50	1	0.90	3	2.70	1	0.90
43	1142	7	6.13	1	0.88	1	0.88	5	4.38
44	1187	2	1.68					2	1.68
45-49岁	**6075**	**22**	**3.62**	**3**	**0.49**	**4**	**0.66**	**15**	**2.47**
45	1226	4	3.26			1	0.82	3	2.45
46	1176	5	4.25	1	0.85	1	0.85	3	2.55
47	1272	5	3.93			2	1.57	3	2.36
48	1160	5	4.31	1	0.86			4	3.45
49	1241	3	2.42	1	0.81			2	1.61

6-3c　全省育龄妇女分年龄、孩次的生育状况
(2019.11.1-2020.10.31)(乡村)

单位：人、‰

年　龄	平均育龄妇女人数	出生人数	生育率	第一孩		第二孩		第三孩及以上	
				出生数	生育率	出生数	生育率	出生数	生育率
总　计	**54183**	**2738**	**50.53**	**1088**	**20.08**	**953**	**17.59**	**697**	**12.86**
15-19岁	**6570**	**226**	**34.40**	**184**	**28.01**	**39**	**5.94**	**3**	**0.46**
15	1532	7	4.57	6	3.92	1	0.65		
16	1339	20	14.94	18	13.44	2	1.49		
17	1254	35	27.91	28	22.33	5	3.99	2	1.59
18	1240	69	55.65	61	49.19	8	6.45		
19	1205	95	78.84	71	58.92	23	19.09	1	0.83
20-24岁	**6793**	**754**	**111.00**	**404**	**59.47**	**262**	**38.57**	**88**	**12.95**
20	1292	119	92.11	80	61.92	30	23.22	9	6.97
21	1271	152	119.59	90	70.81	51	40.13	11	8.65
22	1383	166	120.03	75	54.23	70	50.61	21	15.18
23	1305	142	108.81	82	62.84	39	29.89	21	16.09
24	1542	175	113.49	77	49.94	72	46.69	26	16.86
25-29岁	**7480**	**860**	**114.97**	**318**	**42.51**	**346**	**46.26**	**196**	**26.20**
25	1466	190	129.60	83	56.62	74	50.48	33	22.51
26	1454	187	128.61	67	46.08	78	53.65	42	28.89
27	1450	164	113.10	69	47.59	70	48.28	25	17.24
28	1532	150	97.91	50	32.64	55	35.90	45	29.37
29	1578	169	107.10	49	31.05	69	43.73	51	32.32
30-34岁	**7662**	**517**	**67.48**	**128**	**16.71**	**198**	**25.84**	**191**	**24.93**
30	1781	159	89.28	45	25.27	70	39.30	44	24.71
31	1543	100	64.81	26	16.85	41	26.57	33	21.39
32	1517	107	70.53	23	15.16	39	25.71	45	29.66
33	1478	95	64.28	18	12.18	29	19.62	48	32.48
34	1343	56	41.70	16	11.91	19	14.15	21	15.64
35-39岁	**7456**	**256**	**34.33**	**29**	**3.89**	**81**	**10.86**	**146**	**19.58**
35	1375	86	62.55	10	7.27	32	23.27	44	32.00
36	1297	57	43.95	5	3.86	22	16.96	30	23.13
37	1497	41	27.39	4	2.67	5	3.34	32	21.38
38	1696	51	30.07	8	4.72	19	11.20	24	14.15
39	1591	21	13.20	2	1.26	3	1.89	16	10.06
40-44岁	**8511**	**82**	**9.63**	**15**	**1.76**	**19**	**2.23**	**48**	**5.64**
40	1690	22	13.02	4	2.37	3	1.78	15	8.88
41	1545	18	11.65	2	1.29	6	3.88	10	6.47
42	1645	21	12.77	4	2.43	2	1.22	15	9.12
43	1713	13	7.59	3	1.75	6	3.50	4	2.34
44	1918	8	4.17	2	1.04	2	1.04	4	2.09
45-49岁	**9711**	**43**	**4.43**	**10**	**1.03**	**8**	**0.82**	**25**	**2.57**
45	1816	7	3.85	1	0.55			6	3.30
46	2014	10	4.97	4	1.99	3	1.49	3	1.49
47	1938	10	5.16	1	0.52	3	1.55	6	3.10
48	1962	12	6.12	3	1.53	1	0.51	8	4.08
49	1981	4	2.02	1	0.50	1	0.50	2	1.01

6－4 各地区育龄妇女年龄别生育率

单位：‰

地　区	15－19岁	20－24岁	25－29岁	30－34岁	35－39岁	40－44岁	45－49岁	总和生育率
全省	**20.86**	**76.52**	**107.34**	**69.66**	**32.59**	**7.80**	**3.11**	**1589.38**
西宁市	**20.38**	**54.27**	**103.88**	**70.43**	**28.05**	**5.42**	**0.62**	**1415.26**
城东区	35.36	56.51	110.38	79.42	30.70	7.34	2.46	1610.83
城中区	2.75	25.88	93.02	68.08	38.43	10.78	0.68	1198.06
城西区	2.33	20.41	107.17	77.03	41.47	2.99		1256.96
城北区	4.65	25.33	92.02	76.26	27.54	4.35		1150.78
湟中区	32.09	100.22	96.15	60.86	14.55	4.05		1539.53
大通回族土族自治县	30.28	101.40	113.97	55.51	18.23	3.54	0.50	1617.21
湟源县	8.65	82.76	140.19	62.67	18.46	6.20		1594.61
海东市	**25.54**	**99.77**	**118.40**	**63.29**	**25.78**	**6.88**	**1.78**	**1707.19**
乐都区	7.18	46.94	107.14	70.32	23.49	1.20	1.65	1289.67
平安区	21.51	75.95	79.77	62.80	18.47	17.78		1381.38
民和回族土族自治县	22.20	91.02	120.93	54.51	24.13	7.17	3.03	1614.99
互助土族自治县	9.85	98.50	133.49	65.99	19.09	6.02	1.96	1674.45
化隆回族自治县	62.40	136.57	139.38	56.60	34.54	1.65		2155.75
循化撒拉族自治县	34.82	159.20	110.38	73.91	44.68	15.15	2.18	2201.62
海北藏族自治州	**16.90**	**112.73**	**108.84**	**68.00**	**17.14**	**4.34**		**1639.68**
门源回族自治县	14.26	112.90	104.38	74.77	15.52	1.70		1617.65
祁连县	30.30	157.48	151.04	62.18	20.51	14.15		2178.32
海晏县	14.35	81.08	99.38	71.43	38.46			1523.52
刚察县	17.39	98.04	86.29	53.14		6.71		1307.88
黄南藏族自治州	**19.10**	**109.86**	**110.11**	**68.14**	**46.59**	**10.93**	**12.42**	**1885.72**
同仁县	13.02	86.49	119.33	86.54	61.32	6.91	11.88	1927.41
尖扎县	35.71	129.03	131.22	73.68	36.20	19.38	4.08	2146.57
泽库县	19.01	109.24	105.57	52.78	36.79	15.09	18.78	1786.34
河南蒙古族自治县	13.33	144.74	80.51	52.88	40.70		17.86	1750.09
海南藏族自治州	**22.49**	**103.40**	**109.69**	**73.34**	**33.28**	**10.73**	**3.83**	**1783.82**
共和县	11.05	89.89	102.38	82.92	27.40	11.79	1.72	1635.69
同德县	47.90	98.77	102.19	62.26	42.97	21.35	8.89	1921.63
贵德县	20.83	100.00	128.36	100.80	40.92	12.14	4.26	2036.50
兴海县	16.39	112.97	92.95	70.23	21.43	3.70	3.79	1607.34
贵南县	41.28	126.98	125.00	36.14	36.07	3.36	3.47	1861.53
果洛藏族自治州	**18.26**	**89.51**	**101.01**	**90.66**	**82.60**	**24.65**	**19.35**	**2130.25**
玛沁县	39.37	67.67	129.03	58.06	48.78		13.99	1784.51
班玛县	11.11	159.66	95.24	72.73	99.10	17.24		2275.40
甘德县		33.52	69.15	72.29	60.00	23.26	30.53	1443.74
达日县	9.35	151.32	157.89	161.54	144.44	73.17	30.61	3641.61
久治县	30.08	89.55	67.57	112.36	92.59	20.83	11.24	2121.08
玛多县	33.90	15.38	95.24	78.65	90.91		37.74	1759.09
玉树藏族自治州	**14.67**	**61.22**	**109.40**	**73.16**	**58.74**	**18.14**	**19.14**	**1772.35**
玉树市	14.38	39.15	90.74	79.42	50.33	15.49	20.22	1548.61
杂多县	27.40	102.46	156.25	141.36	102.15	21.05	27.32	2889.97
称多县	3.83	95.48	78.43	69.39	48.39	28.99	10.42	1674.59
治多县	25.42	28.30	97.35	32.52	19.61	28.85	38.10	1350.70
囊谦县	7.26	61.11	129.79	49.54	50.36	15.87	15.33	1646.31
曲麻莱县	29.63	54.79	110.34	51.47	101.85		8.33	1782.12
海西蒙古族藏族自治州	**22.29**	**74.93**	**98.29**	**67.86**	**28.31**	**5.89**	**1.88**	**1497.16**
格尔木市	28.20	94.99	85.89	67.89	25.45	6.15	3.06	1558.17
德令哈市	4.33	59.00	128.21	97.77	31.85	5.57	2.72	1647.16
茫崖市	90.91	28.57	42.55	28.30	20.62			1054.77
乌兰县	29.41	68.63	86.21	58.39	42.11	6.71		1457.28
都兰县	29.13	69.52	131.69	60.24	17.78	3.23		1557.88
天峻县		45.45	108.70	60.34	64.10	21.98		1502.88
大柴旦行政委员会		50.00	70.42	30.30	23.81			872.68

6–4a　各地区育龄妇女年龄别生育率(城市)

单位：‰

地　区	15–19岁	20–24岁	25–29岁	30–34岁	35–39岁	40–44岁	45–49岁	总和生育率
全省	**12.69**	**39.94**	**100.00**	**74.91**	**31.51**	**6.71**	**1.40**	**1335.87**
西宁市	**14.14**	**35.34**	**101.71**	**75.85**	**33.61**	**6.21**	**0.85**	**1338.48**
城东区	35.36	56.51	110.38	79.42	30.70	7.34	2.46	1610.83
城中区	2.77	26.04	93.26	68.23	38.46	10.85	0.68	1201.49
城西区	2.33	20.43	106.59	77.03	41.50	2.99		1254.36
城北区	4.71	25.23	92.05	76.75	28.28	4.44		1157.34
湟中区	23.35	84.51	100.50	75.70	17.75	4.59		1531.96
大通回族土族自治县		76.92	160.71	71.43				1545.33
湟源县								
海东市	**7.89**	**56.56**	**100.75**	**71.03**	**20.16**	**9.14**	**2.15**	**1338.36**
乐都区	6.33	43.64	117.21	73.53	24.93		3.55	1345.93
平安区	10.47	77.84	75.76	67.74	14.08	21.81		1338.53
民和回族土族自治县								
互助土族自治县								
化隆回族自治县								
循化撒拉族自治县								
海北藏族自治州								
门源回族自治县								
祁连县								
海晏县								
刚察县								
黄南藏族自治州								
同仁县								
尖扎县								
泽库县								
河南蒙古族自治县								
海南藏族自治州								
共和县								
同德县								
贵德县								
兴海县								
贵南县								
果洛藏族自治州								
玛沁县								
班玛县								
甘德县								
达日县								
久治县								
玛多县								
玉树藏族自治州	**5.57**	**23.41**	**73.17**	**68.97**	**39.37**	**11.95**	**11.72**	**1170.80**
玉树市	2.91	20.83	71.68	67.74	36.59	12.45	12.10	1121.49
杂多县								
称多县								
治多县								
囊谦县								
曲麻莱县	66.67	90.91	125.00	111.11	125.00			2593.43
海西蒙古族藏族自治州	**11.42**	**71.32**	**96.45**	**73.46**	**24.45**	**6.46**	**2.02**	**1427.84**
格尔木市	15.38	84.47	84.03	68.63	24.44	6.69	1.47	1425.57
德令哈市		56.39	137.70	101.75	25.00	7.91	3.94	1663.46
茫崖市	100.00	38.46	50.00	30.93	22.99			1211.89
乌兰县								
都兰县								
天峻县								
大柴旦行政委员会								

6-4b 各地区育龄妇女年龄别生育率(镇)

单位：‰

地 区	15-19岁	20-24岁	25-29岁	30-34岁	35-39岁	40-44岁	45-49岁	总 和 生育率
全省	**12.39**	**76.57**	**108.41**	**64.25**	**31.52**	**6.52**	**3.62**	**1516.38**
西宁市	**13.38**	**89.95**	**111.80**	**55.38**	**16.93**	**1.42**	**0.63**	**1447.51**
城东区								
城中区								
城西区			500.00					2500.00
城北区								
湟中区	29.91	132.95	83.72	64.64	17.62			1644.22
大通回族土族自治县	11.02	81.24	114.29	52.49	17.19	1.18	1.05	1392.29
湟源县	4.24	73.17	129.81	54.79	15.31	3.77		1405.45
海东市	**11.70**	**80.61**	**116.68**	**67.10**	**34.74**	**5.11**	**1.34**	**1586.43**
乐都区		45.45	166.67	71.43				1417.75
平安区		250.00						1250.00
民和回族土族自治县	8.55	68.97	104.17	71.13	41.94	3.96	3.49	1511.01
互助土族自治县	4.16	74.22	121.45	69.55	25.79	6.22		1506.95
化隆回族自治县	26.04	44.44	142.86	35.21	35.21			1418.83
循化撒拉族自治县	23.47	133.33	115.18	74.87	46.88	11.63		2026.80
海北藏族自治州	**5.85**	**105.77**	**112.75**	**72.92**	**16.00**	**1.75**		**1575.20**
门源回族自治县	4.44	84.03	96.15	74.69	10.05			1346.85
祁连县	12.50	134.33	157.02	77.52	17.54	9.01		2039.63
海晏县	5.46	92.11	104.84	57.38	33.33			1465.59
刚察县		140.00	102.27	83.33				1628.03
黄南藏族自治州	**9.06**	**82.91**	**107.51**	**72.61**	**50.85**	**13.33**	**9.71**	**1729.91**
同仁县	10.03	61.35	130.89	101.06	56.07	13.70	9.35	1912.28
尖扎县	17.39	86.96	135.42	52.63	29.70	18.87		1704.83
泽库县		76.92	85.71	75.00	40.40	13.33	15.15	1532.63
河南蒙古族自治县		163.27	59.41	25.32	86.21		17.54	1758.69
海南藏族自治州	**5.88**	**67.13**	**125.81**	**77.12**	**28.29**	**7.88**	**6.40**	**1592.56**
共和县	7.71	46.73	98.98	81.00	26.22	10.27	3.41	1371.59
同德县		47.62	171.05	54.05	42.25	30.30		1726.41
贵德县	4.10	75.34	147.73	106.06	34.68	5.29	8.81	1910.06
兴海县		102.56	118.64	54.55			8.62	1421.87
贵南县	11.63	87.50	138.89	45.45	45.98		12.82	1711.34
果洛藏族自治州	**25.51**	**61.98**	**84.56**	**57.97**	**55.05**	**20.10**	**13.45**	**1593.11**
玛沁县	28.99	60.24	101.27	28.99	11.90			1156.91
班玛县	47.62	147.06	73.17	42.55	62.50			1864.51
甘德县			25.00		40.00	95.24		801.19
达日县		66.67	166.67	115.38	88.24	41.67	27.03	2528.23
久治县	125.00	55.56		43.48	200.00			2120.17
玛多县	35.71	31.25	81.08	89.29	90.91		71.43	1998.34
玉树藏族自治州	**13.11**	**46.71**	**70.62**	**52.06**	**52.51**	**18.91**	**14.89**	**1344.00**
玉树市	66.67	29.41	45.45	64.52	50.00			1280.25
杂多县	24.79	67.23	120.00	105.26	78.65	32.26	20.41	2243.01
称多县		86.96	44.12	58.82	39.60	23.81		1266.56
治多县	27.78	28.99	76.92	14.93	35.09	29.85	61.54	1375.44
囊谦县		25.00	47.62	40.32	45.45	8.77		835.84
曲麻莱县		33.33	68.97	16.95	71.43			953.38
海西蒙古族藏族自治州	**33.43**	**67.53**	**96.07**	**55.24**	**29.18**	**6.02**	**1.72**	**1445.92**
格尔木市	47.30	122.14	100.00	58.14	17.39	7.69	5.71	1791.86
德令哈市					285.71			1428.57
茫崖市								
乌兰县	21.74	48.39	87.50	56.18	47.62	9.62		1355.20
都兰县	32.52	39.22	100.00	60.61	16.81			1245.74
天峻县		26.32	166.67	76.92	25.64	22.73		1591.37
大柴旦行政委员会		54.05	71.43	18.87	41.67			930.09

6–4c 各地区育龄妇女年龄别生育率(乡村)

单位：‰

地 区	15–19岁	20–24岁	25–29岁	30–34岁	35–39岁	40–44岁	45–49岁	总和生育率
全省	**34.40**	**111.00**	**114.97**	**67.48**	**34.33**	**9.63**	**4.43**	**1881.21**
西宁市	**41.69**	**104.28**	**107.36**	**57.64**	**16.71**	**5.95**		**1668.15**
城东区								
城中区								
城西区								
城北区		30.30	90.91	52.63				869.22
湟中区	35.45	94.53	98.63	54.13	12.78	5.12		1503.24
大通回族土族自治县	57.14	123.31	109.27	58.08	20.70	6.34		1874.21
湟源县	18.02	95.24	159.29	74.32	23.26	9.13		1896.30
海东市	**40.63**	**120.42**	**125.31**	**58.54**	**22.19**	**7.15**	**1.88**	**1880.60**
乐都区	8.70	51.81	85.50	65.45	24.14	2.83		1192.18
平安区	46.51	60.61	97.56	50.00	32.61	8.20		1477.42
民和回族土族自治县	35.56	104.09	134.06	40.96	8.00	9.82	2.68	1675.86
互助土族自治县	18.13	116.62	143.15	63.08	14.27	5.90	3.04	1820.92
化隆回族自治县	79.14	160.82	138.24	64.43	34.32	2.29		2396.21
循化撒拉族自治县	42.76	177.22	106.87	73.26	43.17	17.24	3.62	2320.69
海北藏族自治州	**29.95**	**116.96**	**104.51**	**62.62**	**18.29**	**6.87**		**1696.03**
门源回族自治县	22.56	123.81	110.70	74.83	19.84	3.06		1773.98
祁连县	57.69	183.33	140.85	31.25	24.69	19.80		2288.07
海晏县	76.92	57.14	81.08	108.70	55.56			1896.99
刚察县	22.22	77.67	73.39	32.52		11.11		1084.59
黄南藏族自治州	**31.60**	**125.94**	**111.88**	**65.03**	**43.48**	**9.26**	**14.17**	**2006.79**
同仁县	18.52	106.28	109.65	74.56	66.67		14.49	1950.84
尖扎县	61.73	153.85	128.00	94.74	41.67	19.74	5.88	2527.99
泽库县	30.30	125.00	114.41	41.67	35.00	15.79	20.41	1912.87
河南蒙古族自治县	28.57	135.92	96.30	69.77	17.54		18.02	1830.60
海南藏族自治州	**42.49**	**126.36**	**97.56**	**70.57**	**36.68**	**12.88**	**1.91**	**1942.28**
共和县	19.48	129.87	106.30	85.11	28.69	13.82		1916.35
同德县	65.04	116.67	75.76	65.57	43.24	18.60	12.66	1987.72
贵德县	50.00	120.69	106.92	94.97	45.87	17.94		2181.94
兴海县	25.48	118.01	77.32	79.37	35.09	6.41		1708.36
贵南县	60.61	145.35	118.18	32.79	32.11	5.05		1970.42
果洛藏族自治州	**15.50**	**101.85**	**109.62**	**110.15**	**95.65**	**26.67**	**22.67**	**2410.56**
玛沁县	51.72	80.00	157.89	81.40	87.50		29.41	2439.63
班玛县		164.71	109.38	95.24	113.92	23.53		2533.86
甘德县		40.27	81.08	87.59	64.00	9.26	39.60	1609.02
达日县	12.99	186.92	152.94	192.31	178.57	93.33	32.79	4249.22
久治县	24.00	94.83	82.64	136.36	81.63	23.26	15.15	2289.38
玛多县	32.26		115.38	60.61	90.91			1495.79
玉树藏族自治州	**19.34**	**82.64**	**142.51**	**87.12**	**69.41**	**19.89**	**24.73**	**2228.20**
玉树市	23.81	62.50	118.42	98.59	68.06	21.62	34.68	2138.44
杂多县	30.61	136.00	185.48	177.08	123.71	10.31	35.29	3492.47
称多县	6.58	100.00	95.59	75.00	54.42	32.52	16.67	1903.88
治多县	21.74	27.03	125.00	53.57		27.03		1271.82
囊谦县	11.41	79.17	178.40	55.28	53.57	19.90	22.73	2102.26
曲麻莱县	44.12	66.67	139.24	73.53	120.69		18.87	2315.56
海西蒙古族藏族自治州	**25.53**	**92.11**	**105.39**	**67.67**	**37.04**	**4.54**	**1.80**	**1670.30**
格尔木市	37.74	98.77	80.65	78.43	48.39		8.06	1760.15
德令哈市	16.67	74.63	101.27	88.24	29.85			1553.23
茫崖市								
乌兰县	45.45	100.00	83.33	62.50	31.25			1612.69
都兰县	24.10	105.88	162.60	59.83	18.87	6.54		1889.07
天峻县		71.43	60.00	39.22	102.56	21.28		1472.42
大柴旦行政委员会			66.67	76.92				717.95

6−5 各地区按活产子女数分的15−64岁妇女人数

单位：人

地 区	15−64岁妇女人数	活产0个	活产1个	活产2个	活产3个	活产4个	活产5个及以上
全省	**196522**	**51337**	**53983**	**63412**	**19796**	**5322**	**2672**
西宁市	**85880**	**20146**	**31736**	**26899**	**5672**	**1099**	**328**
城东区	16363	4019	6676	4352	1006	226	84
城中区	11273	2819	5346	2685	343	63	17
城西区	11898	2715	6513	2307	294	55	14
城北区	15256	4706	6551	3408	496	77	18
湟中区	12913	2486	2261	6412	1425	254	75
大通回族土族自治县	14187	2633	3264	6051	1797	343	99
湟源县	3990	768	1125	1684	311	81	21
海东市	**42229**	**8136**	**8554**	**16946**	**6346**	**1667**	**580**
乐都区	7893	1458	1955	3505	815	130	30
平安区	3771	668	1100	1503	381	96	23
民和回族土族自治县	10260	2071	1805	3790	1916	506	172
互助土族自治县	10971	1738	2293	5257	1328	270	85
化隆回族自治县	5190	1150	746	1723	1066	350	155
循化撒拉族自治县	4144	1051	655	1168	840	315	115
海北藏族自治州	**9673**	**2168**	**2175**	**3736**	**1240**	**260**	**94**
门源回族自治县	4955	1009	868	2053	796	173	56
祁连县	1612	322	386	626	214	44	20
海晏县	1609	414	541	549	91	11	3
刚察县	1497	423	380	508	139	32	15
黄南藏族自治州	**9505**	**3246**	**1653**	**2889**	**1281**	**319**	**117**
同仁县	3629	1296	669	1131	422	86	25
尖扎县	1944	598	319	620	322	63	22
泽库县	2483	901	376	665	369	114	58
河南蒙古族自治县	1449	451	289	473	168	56	12
海南藏族自治州	**15421**	**4513**	**3132**	**5220**	**1886**	**497**	**173**
共和县	4770	1541	1104	1433	527	127	38
同德县	2073	646	330	658	305	95	39
贵德县	3747	904	794	1572	385	77	15
兴海县	2322	766	423	674	303	111	45
贵南县	2509	656	481	883	366	87	36
果洛藏族自治州	**5940**	**2922**	**806**	**928**	**622**	**339**	**323**
玛沁县	1200	507	233	252	137	45	26
班玛县	906	370	109	157	108	87	75
甘德县	1362	908	100	116	113	72	53
达日县	986	467	130	150	105	51	83
久治县	963	468	118	149	113	61	54
玛多县	523	202	116	104	46	23	32
玉树藏族自治州	**12474**	**6807**	**1252**	**1687**	**1129**	**691**	**908**
玉树市	4275	2454	424	588	371	199	239
杂多县	1668	896	124	157	151	138	202
称多县	1845	869	258	371	174	83	90
治多县	929	356	161	193	107	59	53
囊谦县	2685	1746	149	188	185	155	262
曲麻莱县	1072	486	136	190	141	57	62
海西蒙古族藏族自治州	**15400**	**3399**	**4675**	**5107**	**1620**	**450**	**149**
格尔木市	7128	1448	2274	2283	798	244	81
德令哈市	3043	781	930	990	272	57	13
茫崖市	587	150	271	131	31	4	
乌兰县	1127	229	300	428	118	38	14
都兰县	2361	485	499	931	320	89	37
天峻县	727	222	206	218	64	13	4
大柴旦行政委员会	427	84	195	126	17	5	

6-6　全省按受教育程度、活产子女数分的15-64岁妇女人数

单位：人

受教育程度	15-64岁妇女人数	活产0个	活产1个	活产2个	活产3个	活产4个	活产5个及以上
总　计	**196522**	**51337**	**53983**	**63412**	**19796**	**5322**	**2672**
未上过学	21893	2785	2732	8109	5276	1877	1114
学前教育	273	73	28	102	46	13	11
小　学	56640	7645	8764	25578	10390	2851	1412
初　中	46956	9169	14584	19369	3272	458	104
高　中	27483	12190	10029	4650	518	78	18
大学专科	21133	8755	9161	2984	194	30	9
大学本科	20909	10115	8205	2476	94	15	4
硕士研究生	1148	568	447	127	6		
博士研究生	87	37	33	17			

6-7　全省按职业、活产子女数分的15-64岁妇女人数

单位：人

职业大类	15-64岁妇女人数	活产0个	活产1个	活产2个	活产3个	活产4个	活产5个及以上	妇女平均活产子女数
总　计	**89715**	**19669**	**29895**	**30285**	**7114**	**1775**	**977**	**1.38**
党的机关、国家机关、群众团体和社会组织、企事业单位负责人	1147	181	583	329	44	5	5	1.24
专业技术人员	16525	6006	7526	2792	175	19	7	0.83
办事人员和有关人员	7185	2294	3572	1213	87	16	3	0.88
社会生产服务和生活服务人员	33462	5705	11950	12833	2411	444	119	1.41
农、林、牧、渔业生产及辅助人员	23254	4335	3618	9523	3784	1186	808	1.84
生产制造及有关人员	7900	984	2608	3562	607	105	34	1.54
不便分类的其他从业人员	242	164	38	33	6		1	0.52

6–8 各地区按存活子女数分的15–64岁妇女人数

单位：人

地 区	15–64岁妇女人数	存活0个	存活1个	存活2个	存活3个	存活4个	存活5个及以上
全省	**196522**	**55555**	**53398**	**62191**	**18655**	**4590**	**2133**
西宁市	**85880**	**22043**	**31275**	**26279**	**5234**	**856**	**193**
城东区	16363	4445	6512	4197	948	199	62
城中区	11273	3103	5224	2567	319	49	11
城西区	11898	2937	6400	2228	278	44	11
城北区	15256	5143	6344	3254	442	63	10
湟中区	12913	2662	2348	6369	1304	194	36
大通回族土族自治县	14187	2944	3285	5989	1668	251	50
湟源县	3990	809	1162	1675	275	56	13
海东市	**42229**	**8809**	**8644**	**16882**	**6017**	**1482**	**395**
乐都区	7893	1590	1971	3459	755	102	16
平安区	3771	735	1106	1473	355	87	15
民和回族土族自治县	10260	2190	1821	3797	1850	478	124
互助土族自治县	10971	1904	2343	5291	1200	197	36
化隆回族自治县	5190	1297	752	1697	1021	318	105
循化撒拉族自治县	4144	1093	651	1165	836	300	99
海北藏族自治州	**9673**	**2331**	**2196**	**3710**	**1185**	**197**	**54**
门源回族自治县	4955	1104	886	2059	755	125	26
祁连县	1612	346	392	615	209	38	12
海晏县	1609	441	540	533	86	8	1
刚察县	1497	440	378	503	135	26	15
黄南藏族自治州	**9505**	**3567**	**1582**	**2762**	**1205**	**289**	**100**
同仁县	3629	1414	629	1091	396	76	23
尖扎县	1944	685	305	583	299	54	18
泽库县	2483	979	364	626	351	113	50
河南蒙古族自治县	1449	489	284	462	159	46	9
海南藏族自治州	**15421**	**5108**	**3016**	**4946**	**1803**	**417**	**131**
共和县	4770	1720	1054	1362	500	104	30
同德县	2073	733	311	629	288	84	28
贵德县	3747	997	788	1521	370	61	10
兴海县	2322	929	394	584	286	94	35
贵南县	2509	729	469	850	359	74	28
果洛藏族自治州	**5940**	**3115**	**778**	**881**	**580**	**286**	**300**
玛沁县	1200	551	219	240	133	35	22
班玛县	906	376	110	161	112	76	71
甘德县	1362	1024	85	88	78	45	42
达日县	986	482	130	142	102	47	83
久治县	963	478	118	145	111	60	51
玛多县	523	204	116	105	44	23	31
玉树藏族自治州	**12474**	**6973**	**1231**	**1669**	**1089**	**674**	**838**
玉树市	4275	2495	404	590	367	193	226
杂多县	1668	906	129	153	149	138	193
称多县	1845	909	260	359	162	76	79
治多县	929	362	161	191	106	59	50
囊谦县	2685	1795	143	182	178	150	237
曲麻莱县	1072	506	134	194	127	58	53
海西蒙古族藏族自治州	**15400**	**3609**	**4676**	**5062**	**1542**	**389**	**122**
格尔木市	7128	1510	2283	2274	770	219	72
德令哈市	3043	841	916	977	252	47	10
茫崖市	587	154	269	130	31	3	
乌兰县	1127	259	293	425	110	30	10
都兰县	2361	519	515	924	302	75	26
天峻县	727	239	203	211	59	11	4
大柴旦行政委员会	427	87	197	121	18	4	

6-9　全省按受教育程度、存活子女数分的15-64岁妇女人数

单位：人

受教育程度	15-64岁妇女人数	存活0个	存活1个	存活2个	存活3个	存活4个	存活5个及以上
总　计	**196522**	**55555**	**53398**	**62191**	**18655**	**4590**	**2133**
未上过学	21893	3286	2865	8136	5054	1651	901
学前教育	273	80	34	96	46	8	9
小　学	56640	9091	8899	25260	9779	2473	1138
初　中	46956	10259	14352	18876	3036	367	66
高　中	27483	12663	9794	4477	474	63	12
大学专科	21133	9135	8957	2835	178	21	7
大学本科	20909	10420	8029	2370	83	7	
硕士研究生	1148	584	434	125	5		
博士研究生	87	37	34	16			

6-10　全省按职业、存活子女数分的15-64岁妇女人数

单位：人

职业大类	15-64岁妇女人数	存活0个	存活1个	存活2个	存活3个	存活4个	存活5个及以上	妇女平均存活子女数
总　计	**89715**	**21659**	**29454**	**29612**	**6634**	**1525**	**831**	**1.32**
党的机关、国家机关、群众团体和社会组织、企事业单位负责人	1147	207	574	316	44	4	2	1.19
专业技术人员	16525	6349	7327	2673	156	13	7	0.80
办事人员和有关人员	7185	2419	3502	1172	80	11	1	0.85
社会生产服务和生活服务人员	33462	6509	11760	12493	2233	376	91	1.36
农、林、牧、渔业生产及辅助人员	23254	4842	3670	9442	3564	1031	705	1.76
生产制造及有关人员	7900	1167	2583	3484	552	90	24	1.48
不便分类的其他从业人员	242	166	38	32	5		1	0.50

6－11　各地区15－64岁妇女平均活产子女数和平均存活子女数

单位：人、%

地区	15－64岁妇女人数	活产子女总数			存活子女总数			存活子女数占活产子女数的百分比	妇女平均活产子女数	妇女平均存活子女数
		合计	男	女	合计	男	女			
全省	**196522**	**276794**	**145510**	**131284**	**264256**	**138150**	**126106**	**95.47**	**1.41**	**1.34**
西宁市	**85880**	**108722**	**57162**	**51560**	**103978**	**54348**	**49630**	**95.64**	**1.27**	**1.21**
城东区	16363	19748	10380	9368	18870	9910	8960	95.55	1.21	1.15
城中区	11273	12091	6380	5711	11573	6078	5495	95.72	1.07	1.03
城西区	11898	12303	6397	5906	11925	6189	5736	96.93	1.03	1.00
城北区	15256	15258	8122	7136	14482	7647	6835	94.91	1.00	0.95
湟中区	12913	20781	10969	9812	19961	10451	9510	96.05	1.61	1.55
大通回族土族自治县	14187	22682	11896	10786	21540	11196	10344	94.97	1.60	1.52
湟源县	3990	5859	3018	2841	5627	2877	2750	96.04	1.47	1.41
海东市	**42229**	**71318**	**37715**	**33603**	**68508**	**36054**	**32454**	**96.06**	**1.69**	**1.62**
乐都区	7893	12094	6326	5768	11650	6063	5587	96.33	1.53	1.48
平安区	3771	5754	2983	2771	5540	2861	2679	96.28	1.53	1.47
民和回族土族自治县	10260	18096	9612	8484	17543	9261	8282	96.94	1.76	1.71
互助土族自治县	10971	18329	9775	8554	17502	9279	8223	95.49	1.67	1.60
化隆回族自治县	5190	9636	4993	4643	9046	4678	4368	93.88	1.86	1.74
循化撒拉族自治县	4144	7409	4026	3383	7227	3912	3315	97.54	1.79	1.74
海北藏族自治州	**9673**	**14927**	**7744**	**7183**	**14254**	**7327**	**6927**	**95.49**	**1.54**	**1.47**
门源回族自治县	4955	8360	4340	4020	7908	4062	3846	94.59	1.69	1.60
祁连县	1612	2571	1330	1241	2471	1271	1200	96.11	1.59	1.53
海晏县	1609	1977	1029	948	1904	982	922	96.31	1.23	1.18
刚察县	1497	2019	1045	974	1971	1012	959	97.62	1.35	1.32
黄南藏族自治州	**9505**	**13194**	**6997**	**6197**	**12422**	**6553**	**5869**	**94.15**	**1.39**	**1.31**
同仁县	3629	4678	2470	2208	4429	2330	2099	94.68	1.29	1.22
尖扎县	1944	2899	1528	1371	2680	1413	1267	92.45	1.49	1.38
泽库县	2483	3583	1883	1700	3392	1762	1630	94.67	1.44	1.37
河南蒙古族自治县	1449	2034	1116	918	1921	1048	873	94.44	1.40	1.33
海南藏族自治州	**15421**	**22179**	**11463**	**10716**	**20711**	**10651**	**10060**	**93.38**	**1.44**	**1.34**
共和县	4770	6269	3252	3017	5859	3008	2851	93.46	1.31	1.23
同德县	2073	3158	1650	1508	2925	1517	1408	92.62	1.52	1.41
贵德县	3747	5479	2834	2645	5236	2706	2530	95.56	1.46	1.40
兴海县	2322	3381	1712	1669	2994	1527	1467	88.55	1.46	1.29
贵南县	2509	3892	2015	1877	3697	1893	1804	94.99	1.55	1.47
果洛藏族自治州	**5940**	**7790**	**4036**	**3754**	**7183**	**3685**	**3498**	**92.21**	**1.31**	**1.21**
玛沁县	1200	1480	757	723	1366	683	683	92.30	1.23	1.14
班玛县	906	1533	818	715	1484	790	694	96.80	1.69	1.64
甘德县	1362	1252	644	608	909	463	446	72.60	0.92	0.67
达日县	986	1444	740	704	1400	715	685	96.95	1.46	1.42
久治县	963	1326	690	636	1287	662	625	97.06	1.38	1.34
玛多县	523	755	387	368	737	372	365	97.62	1.44	1.41
玉树藏族自治州	**12474**	**16298**	**8457**	**7841**	**15570**	**8025**	**7545**	**95.53**	**1.31**	**1.25**
玉树市	4275	4985	2563	2422	4836	2476	2360	97.01	1.17	1.13
杂多县	1668	2671	1405	1266	2590	1351	1239	96.97	1.60	1.55
称多县	1845	2377	1262	1115	2222	1170	1052	93.48	1.29	1.20
治多县	929	1394	693	701	1362	678	684	97.70	1.50	1.47
囊谦县	2685	3325	1749	1576	3105	1614	1491	93.38	1.24	1.16
曲麻莱县	1072	1546	785	761	1455	736	719	94.11	1.44	1.36
海西蒙古族藏族自治州	**15400**	**22366**	**11936**	**10430**	**21630**	**11507**	**10123**	**96.71**	**1.45**	**1.40**
格尔木市	7128	10668	5739	4929	10407	5574	4833	97.55	1.50	1.46
德令哈市	3043	4021	2177	1844	3865	2089	1776	96.12	1.32	1.27
茫崖市	587	642	338	304	634	332	302	98.75	1.09	1.08
乌兰县	1127	1739	926	813	1645	881	764	94.59	1.54	1.46
都兰县	2361	3871	2008	1863	3703	1906	1797	95.66	1.64	1.57
天峻县	727	907	452	455	867	436	431	95.59	1.25	1.19
大柴旦行政委员会	427	518	296	222	509	289	220	98.26	1.21	1.19

6-12 全省按年龄分的15-64岁妇女平均活产子女数和平均存活子女数

单位：人、%

年龄	15-64岁妇女人数	活产子女总数			存活子女总数			存活子女数占活产子女数的百分比	妇女平均活产子女数	妇女平均存活子女数
		合计	男	女	合计	男	女			
总　计	**196522**	**276794**	**145510**	**131284**	**264256**	**138150**	**126106**	**95.47**	**1.41**	**1.34**
15-19岁	**17454**	**514**	**267**	**247**	**507**	**263**	**244**	**98.64**	**0.03**	**0.03**
15	3497	13	8	5	12	7	5	92.31		
16	3791	19	11	8	19	11	8	100.00	0.01	0.01
17	3716	58	32	26	58	32	26	100.00	0.02	0.02
18	3371	163	80	83	160	79	81	98.16	0.05	0.05
19	3079	261	136	125	258	134	124	98.85	0.08	0.08
20-24岁	**16774**	**5931**	**3083**	**2848**	**5765**	**2976**	**2789**	**97.20**	**0.35**	**0.34**
20	3260	512	267	245	496	259	237	96.88	0.16	0.15
21	3090	799	422	377	774	403	371	96.87	0.26	0.25
22	3362	1181	642	539	1148	621	527	97.21	0.35	0.34
23	3335	1441	726	715	1402	703	699	97.29	0.43	0.42
24	3727	1998	1026	972	1945	990	955	97.35	0.54	0.52
25-29岁	**20924**	**19222**	**10051**	**9171**	**18522**	**9646**	**8876**	**96.36**	**0.92**	**0.89**
25	4057	2626	1351	1275	2500	1279	1221	95.20	0.65	0.62
26	3997	3168	1672	1496	3049	1604	1445	96.24	0.79	0.76
27	4160	3803	1992	1811	3678	1923	1755	96.71	0.91	0.88
28	4350	4467	2323	2144	4332	2239	2093	96.98	1.03	1.00
29	4360	5158	2713	2445	4963	2601	2362	96.22	1.18	1.14
30-34岁	**23090**	**33791**	**17407**	**16384**	**32471**	**16675**	**15796**	**96.09**	**1.46**	**1.41**
30	5094	6671	3381	3290	6411	3232	3179	96.10	1.31	1.26
31	4803	6696	3470	3226	6412	3315	3097	95.76	1.39	1.33
32	4420	6549	3370	3179	6316	3242	3074	96.44	1.48	1.43
33	4673	7253	3764	3489	6979	3619	3360	96.22	1.55	1.49
34	4100	6622	3422	3200	6353	3267	3086	95.94	1.62	1.55
35-39岁	**19444**	**33168**	**17414**	**15754**	**31881**	**16639**	**15242**	**96.12**	**1.71**	**1.64**
35	3714	6217	3229	2988	6003	3103	2900	96.56	1.67	1.62
36	3684	6160	3286	2874	5906	3124	2782	95.88	1.67	1.60
37	3611	6137	3217	2920	5911	3085	2826	96.32	1.70	1.64
38	4421	7665	3970	3695	7331	3773	3558	95.64	1.73	1.66
39	4014	6989	3712	3277	6730	3554	3176	96.29	1.74	1.68
40-44岁	**21446**	**37039**	**19391**	**17648**	**35437**	**18484**	**16953**	**95.67**	**1.73**	**1.65**
40	4123	7141	3723	3418	6847	3551	3296	95.88	1.73	1.66
41	4269	7338	3800	3538	6996	3603	3393	95.34	1.72	1.64
42	4203	7362	3819	3543	7072	3663	3409	96.06	1.75	1.68
43	4218	7231	3848	3383	6911	3669	3242	95.57	1.71	1.64
44	4633	7967	4201	3766	7611	3998	3613	95.53	1.72	1.64
45-49岁	**24766**	**42701**	**22501**	**20200**	**40875**	**21431**	**19444**	**95.72**	**1.72**	**1.65**
45	4709	8196	4307	3889	7882	4120	3762	96.17	1.74	1.67
46	4935	8459	4405	4054	8099	4192	3907	95.74	1.71	1.64
47	5124	8783	4602	4181	8396	4375	4021	95.59	1.71	1.64
48	4931	8548	4589	3959	8185	4376	3809	95.75	1.73	1.66
49	5067	8715	4598	4117	8313	4368	3945	95.39	1.72	1.64
50-54岁	**24560**	**44515**	**23713**	**20802**	**42276**	**22394**	**19882**	**94.97**	**1.81**	**1.72**
50	5392	9414	5038	4376	8933	4750	4183	94.89	1.75	1.66
51	5057	8985	4779	4206	8595	4560	4035	95.66	1.78	1.70
52	5130	9312	4933	4379	8834	4655	4179	94.87	1.82	1.72
53	4385	8206	4411	3795	7745	4128	3617	94.38	1.87	1.77
54	4596	8598	4552	4046	8169	4301	3868	95.01	1.87	1.78
55-59岁	**18126**	**36752**	**19467**	**17285**	**34806**	**18268**	**16538**	**94.71**	**2.03**	**1.92**
55	4429	8580	4525	4055	8130	4254	3876	94.76	1.94	1.84
56	4403	8743	4607	4136	8288	4330	3958	94.80	1.99	1.88
57	4433	9065	4782	4283	8618	4502	4116	95.07	2.04	1.94
58	3395	7208	3853	3355	6823	3615	3208	94.66	2.12	2.01
59	1466	3156	1700	1456	2947	1567	1380	93.38	2.15	2.01
60-64岁	**9938**	**23161**	**12216**	**10945**	**21716**	**11374**	**10342**	**93.76**	**2.33**	**2.19**
60	1690	3609	1910	1699	3381	1773	1608	93.68	2.14	2.00
61	1706	3722	1955	1767	3493	1828	1665	93.85	2.18	2.05
62	2091	4776	2458	2318	4474	2275	2199	93.68	2.28	2.14
63	2271	5533	2915	2618	5205	2708	2497	94.07	2.44	2.29
64	2180	5521	2978	2543	5163	2790	2373	93.52	2.53	2.37

6-13 全省按受教育程度分的15-64岁妇女平均活产子女数和平均存活子女数

单位：人、%

受教育程度	15-64岁妇女人数	活产子女总数		
		合计	男	女
总 计	**196522**	**276794**	**145510**	**131284**
未上过学	21893	48661	25550	23111
学前教育	273	486	247	239
小 学	56640	110623	58098	52525
初 中	46956	65542	34719	30823
高 中	27483	21292	11189	10103
大学专科	21133	15883	8247	7636
大学本科	20909	13521	7042	6479
硕士研究生	1148	719	386	333
博士研究生	87	67	32	35

6-13 续表

单位：人、%

受教育程度	存活子女总数			存活子女数占活产子女数的百分比	妇女平均活产子女数	妇女平均存活子女数
	合计	男	女			
总 计	**264256**	**138150**	**126106**	**95.47**	**1.41**	**1.34**
未上过学	46016	24030	21986	94.56	2.22	2.10
学前教育	449	226	223	92.39	1.78	1.64
小 学	105172	54875	50297	95.07	1.95	1.86
初 中	63040	33240	29800	96.18	1.40	1.34
高 中	20483	10694	9789	96.20	0.77	0.75
大学专科	15285	7901	7384	96.23	0.75	0.72
大学本科	13046	6780	6266	96.49	0.65	0.62
硕士研究生	699	373	326	97.22	0.63	0.61
博士研究生	66	31	35	98.51	0.77	0.76

第二部分　长表数据资料

第七卷　迁移和户口登记地

7-1　全省按现住地、户口登记地类型分的户口登记地在外乡镇街道人口

单位：人

现住地	合计					省内				
	合计	乡	镇的村委会	镇的居委会	街道	小计	乡	镇的村委会	镇的居委会	街道
全省	**177476**	**53918**	**64496**	**25717**	**33345**	**142869**	**45662**	**46919**	**21950**	**28338**
西宁市	**90665**	**16918**	**31748**	**15211**	**26788**	**69173**	**12374**	**20730**	**12890**	**23179**
城东区	27058	5446	7880	4954	8778	21393	3790	5464	4231	7908
城中区	13953	2277	4594	2373	4709	10375	1459	2814	2048	4054
城西区	13248	1081	3695	2607	5865	9666	624	1942	2150	4950
城北区	21578	3117	8337	3420	6704	14707	1841	4413	2777	5676
湟中区	5166	878	3471	443	374	4332	788	2870	388	286
大通回族土族自治县	6274	1660	3256	1088	270	5486	1493	2788	981	224
湟源县	3388	2459	515	326	88	3214	2379	439	315	81
海东市	**25678**	**12497**	**9583**	**2528**	**1070**	**22976**	**11629**	**8227**	**2301**	**819**
乐都区	7075	3385	2692	735	263	6318	3170	2265	691	192
平安区	4040	1690	1523	522	305	3631	1581	1339	468	243
民和回族土族自治县	5503	2632	2264	523	84	5067	2500	2024	474	69
互助土族自治县	5384	3340	1531	259	254	4722	3035	1283	202	202
化隆回族自治县	2081	842	859	259	121	1814	790	692	249	83
循化撒拉族自治县	1595	608	714	230	43	1424	553	624	217	30
海北藏族自治州	**7262**	**3353**	**2654**	**889**	**366**	**6647**	**3214**	**2344**	**818**	**271**
门源回族自治县	3050	1251	1312	384	103	2827	1201	1206	365	55
祁连县	1345	623	556	115	51	1150	591	438	92	29
海晏县	2139	1216	483	277	163	2006	1175	427	258	146
刚察县	728	263	303	113	49	664	247	273	103	41
黄南藏族自治州	**5424**	**2105**	**1765**	**1260**	**294**	**4796**	**1926**	**1496**	**1153**	**221**
同仁县	2172	859	492	683	138	1894	775	407	622	90
尖扎县	1576	861	415	230	70	1409	819	316	213	61
泽库县	818	127	345	334	12	773	120	336	307	10
河南蒙古族自治县	858	258	513	13	74	720	212	437	11	60
海南藏族自治州	**10070**	**3952**	**4207**	**1443**	**468**	**9209**	**3702**	**3836**	**1302**	**369**
共和县	3631	1353	1411	627	240	3282	1247	1269	560	206
同德县	1073	319	496	184	74	968	293	450	172	53
贵德县	2541	849	1225	381	86	2377	814	1137	355	71
兴海县	1791	1064	587	100	40	1678	1013	565	84	16
贵南县	1034	367	488	151	28	904	335	415	131	23
果洛藏族自治州	**4009**	**2527**	**973**	**376**	**133**	**3340**	**2161**	**783**	**295**	**101**
玛沁县	1371	843	288	181	59	1187	756	238	149	44
班玛县	613	400	130	65	18	519	341	104	57	17
甘德县	403	265	129	8	1	327	207	113	6	1
达日县	911	670	206	29	6	769	600	146	22	1
久治县	339	217	63	54	5	193	130	33	28	2
玛多县	372	132	157	39	44	345	127	149	33	36
玉树藏族自治州	**10150**	**6601**	**1783**	**1462**	**304**	**9431**	**6353**	**1540**	**1320**	**218**
玉树市	3561	2017	790	579	175	3053	1840	619	466	128
杂多县	2872	2363	107	377	25	2797	2333	78	369	17
称多县	526	286	163	31	46	474	275	146	24	29
治多县	1405	1201	146	56	2	1394	1199	138	56	1
囊谦县	787	132	317	307	31	763	125	309	298	31
曲麻莱县	999	602	260	112	25	950	581	250	107	12
海西蒙古族藏族自治州	**24218**	**5965**	**11783**	**2548**	**3922**	**17297**	**4303**	**7963**	**1871**	**3160**
格尔木市	12823	3373	6154	948	2348	8676	2215	3830	678	1953
德令哈市	4383	679	2132	593	979	3592	567	1685	477	863
茫崖市	1256	212	585	339	120	592	95	251	194	52
乌兰县	1203	105	822	192	84	977	78	674	152	73
都兰县	2328	1087	988	135	118	1904	945	778	105	76
天峻县	867	309	378	70	110	756	300	331	68	57
大柴旦行政委员会	1358	200	724	271	163	800	103	414	197	86

7-1 续表 1

单位：人

现住地	省外									
	小计					北京				
	小计	乡	镇的村委会	镇的居委会	街道	小计	乡	镇的村委会	镇的居委会	街道
全省	**34607**	**8256**	**17577**	**3767**	**5007**	**89**	**3**	**6**	**24**	**56**
西宁市	**21492**	**4544**	**11018**	**2321**	**3609**	**68**	**2**	**4**	**18**	**44**
城东区	5665	1656	2416	723	870	11	2		1	8
城中区	3578	818	1780	325	655	22		1	9	12
城西区	3582	457	1753	457	915	22		2	3	17
城北区	6871	1276	3924	643	1028	9		1	3	5
湟中区	834	90	601	55	88	4			2	2
大通回族土族自治县	788	167	468	107	46					
湟源县	174	80	76	11	7					
海东市	**2702**	**868**	**1356**	**227**	**251**	**6**		**1**	**2**	**3**
乐都区	757	215	427	44	71					
平安区	409	109	184	54	62	3			2	1
民和回族土族自治县	436	132	240	49	15	1				1
互助土族自治县	662	305	248	57	52					
化隆回族自治县	267	52	167	10	38	2		1		1
循化撒拉族自治县	171	55	90	13	13					
海北藏族自治州	**615**	**139**	**310**	**71**	**95**	**3**	**1**			**2**
门源回族自治县	223	50	106	19	48	2	1			1
祁连县	195	32	118	23	22					
海晏县	133	41	56	19	17	1				1
刚察县	64	16	30	10	8					
黄南藏族自治州	**628**	**179**	**269**	**107**	**73**					
同仁县	278	84	85	61	48					
尖扎县	167	42	99	17	9					
泽库县	45	7	9	27	2					
河南蒙古族自治县	138	46	76	2	14					
海南藏族自治州	**861**	**250**	**371**	**141**	**99**	**2**			**1**	**1**
共和县	349	106	142	67	34	1			1	
同德县	105	26	46	12	21					
贵德县	164	35	88	26	15	1				1
兴海县	113	51	22	16	24					
贵南县	130	32	73	20	5					
果洛藏族自治州	**669**	**366**	**190**	**81**	**32**					
玛沁县	184	87	50	32	15					
班玛县	94	59	26	8	1					
甘德县	76	58	16	2						
达日县	142	70	60	7	5					
久治县	146	87	30	26	3					
玛多县	27	5	8	6	8					
玉树藏族自治州	**719**	**248**	**243**	**142**	**86**	**3**			**1**	**2**
玉树市	508	177	171	113	47	2			1	1
杂多县	75	30	29	8	8	1				1
称多县	52	11	17	7	17					
治多县	11	2	8		1					
囊谦县	24	7	8	9						
曲麻莱县	49	21	10	5	13					
海西蒙古族藏族自治州	**6921**	**1662**	**3820**	**677**	**762**	**7**		**1**	**2**	**4**
格尔木市	4147	1158	2324	270	395	3				3
德令哈市	791	112	447	116	116	2			1	1
茫崖市	664	117	334	145	68	1			1	
乌兰县	226	27	148	40	11					
都兰县	424	142	210	30	42					
天峻县	111	9	47	2	53	1		1		
大柴旦行政委员会	558	97	310	74	77					

7-1　续表 2

单位：人

现住地	省外									
	天津					河北				
	小计	乡	镇的村委会	镇的居委会	街道	小计	乡	镇的村委会	镇的居委会	街道
全省	**76**	**4**	**20**	**18**	**34**	**1410**	**258**	**803**	**176**	**173**
西宁市	**46**	**1**	**8**	**15**	**22**	**974**	**174**	**578**	**102**	**120**
城东区	13		3	4	6	228	46	110	37	35
城中区	5			2	3	101	13	64	8	16
城西区	16		1	7	8	115	9	78	13	15
城北区	12	1	4	2	5	438	91	262	36	49
湟中区						50	5	36	4	5
大通回族土族自治县						33	5	24	4	
湟源县						9	5	4		
海东市	**15**	**2**	**9**	**1**	**3**	**76**	**21**	**40**	**5**	**10**
乐都区	4	1	1		2	22	6	15		1
平安区	1			1		11	1	5	1	4
民和回族土族自治县	2	1	1			14	2	9	3	
互助土族自治县	2		1		1	24	11	8	1	4
化隆回族自治县	6		6			5	1	3		1
循化撒拉族自治县										
海北藏族自治州	**1**			**1**		**10**		**9**		**1**
门源回族自治县	1			1		1		1		
祁连县						6		6		
海晏县						3		2		1
刚察县										
黄南藏族自治州	**2**				**2**	**6**	**2**	**1**		**3**
同仁县						3	2			1
尖扎县										
泽库县						1		1		
河南蒙古族自治县	2				2	2				2
海南藏族自治州	**2**		**1**		**1**	**19**	**4**	**9**	**3**	**3**
共和县						13	1	7	3	2
同德县	2		1		1	1	1			
贵德县						3	2			1
兴海县						1		1		
贵南县						1		1		
果洛藏族自治州						**15**	**9**	**5**		**1**
玛沁县						2	2			
班玛县						1		1		
甘德县										
达日县						5	2	2		1
久治县						5	3	2		
玛多县						2	2			
玉树藏族自治州						**17**	**5**	**1**	**10**	**1**
玉树市						15	4	1	10	
杂多县										
称多县						1				1
治多县										
囊谦县										
曲麻莱县						1	1			
海西蒙古族藏族自治州	**10**	**1**	**2**	**1**	**6**	**293**	**43**	**160**	**56**	**34**
格尔木市	3			1	2	123	19	82	8	14
德令哈市	1				1	38		24	6	8
茫崖市	6	1	2		3	81	13	26	32	10
乌兰县						4		4		
都兰县						14	7	7		
天峻县										
大柴旦行政委员会						33	4	17	10	2

7-1 续表 3

单位：人

现住地	省外									
	山西					内蒙古				
	小计	乡	镇的村委会	镇的居委会	街道	小计	乡	镇的村委会	镇的居委会	街道
全省	**655**	**158**	**331**	**66**	**100**	**270**	**45**	**112**	**44**	**69**
西宁市	**479**	**113**	**246**	**41**	**79**	**175**	**28**	**69**	**33**	**45**
城东区	114	41	35	16	22	46	10	13	14	9
城中区	60	16	24	8	12	24	3	14	1	6
城西区	57	4	27	7	19	42	4	13	8	17
城北区	196	38	134	6	18	41	7	16	8	10
湟中区	27	8	11	3	5	12	1	9	2	
大通回族土族自治县	15	2	10	1	2	10	3	4		3
湟源县	10	4	5		1					
海东市	**36**	**17**	**14**	**2**	**3**	**21**	**9**	**10**	**1**	**1**
乐都区	9	4	2	1	2	3	1	1		1
平安区	5	2	3							
民和回族土族自治县	3		3			4	3	1		
互助土族自治县	17	9	6	1	1	8	4	3	1	
化隆回族自治县	2	2				5		5		
循化撒拉族自治县						1	1			
海北藏族自治州	**9**	**5**	**3**	**1**		**3**		**1**	**1**	**1**
门源回族自治县	1	1				1		1		
祁连县	2	1	1			1				1
海晏县	2		2			1			1	
刚察县	4	3		1						
黄南藏族自治州	**3**	**1**	**2**			**1**		**1**		
同仁县										
尖扎县	2	1	1							
泽库县										
河南蒙古族自治县	1		1			1		1		
海南藏族自治州	**5**		**5**			**6**		**2**	**4**	
共和县	3		3			2		2		
同德县										
贵德县	1		1			2			2	
兴海县										
贵南县	1		1			2			2	
果洛藏族自治州	**4**	**1**	**1**	**2**		**2**	**2**			
玛沁县	2			2		1	1			
班玛县						1	1			
甘德县	1		1							
达日县										
久治县	1	1								
玛多县										
玉树藏族自治州	**8**	**1**	**4**	**3**		**1**		**1**		
玉树市	5	1	1	3		1		1		
杂多县	3		3							
称多县										
治多县										
囊谦县										
曲麻莱县										
海西蒙古族藏族自治州	**111**	**20**	**56**	**17**	**18**	**61**	**6**	**28**	**5**	**22**
格尔木市	43	10	25	3	5	22	3	10	2	7
德令哈市	27	6	12	6	3	14		5		9
茫崖市	8	2	4	2		2	1	1		
乌兰县	9		5	3	1	7		4	2	1
都兰县	8	2	2	1	3	3		2	1	
天峻县	9		2	1	6					
大柴旦行政委员会	7		6	1		13	2	6		5

7-1 续表 4

单位：人

现住地	省外									
	辽宁					吉林				
	小计	乡	镇的村委会	镇的居委会	街道	小计	乡	镇的村委会	镇的居委会	街道
全省	**282**	**43**	**93**	**44**	**102**	**232**	**42**	**98**	**30**	**62**
西宁市	**193**	**31**	**59**	**26**	**77**	**159**	**19**	**66**	**27**	**47**
城东区	51	6	9	10	26	27	3	8	5	11
城中区	38	6	15	3	14	35	3	16	5	11
城西区	32	4	8	5	15	37	3	19	3	12
城北区	51	11	17	7	16	45	5	17	11	12
湟中区	5		3		2	3		3		
大通回族土族自治县	14	3	7	1	3	9	3	3	2	1
湟源县	2	1			1	3	2		1	
海东市	**8**	**2**	**2**	**1**	**3**	**16**	**10**	**3**		**3**
乐都区	7	2	1	1	3	6	4			2
平安区						3		2		1
民和回族土族自治县										
互助土族自治县						6	6			
化隆回族自治县										
循化撒拉族自治县	1		1			1		1		
海北藏族自治州	**4**		**2**	**1**	**1**	**3**	**1**	**2**		
门源回族自治县	1				1	3	1	2		
祁连县	2		2							
海晏县										
刚察县	1			1						
黄南藏族自治州	**2**	**1**	**1**							
同仁县	2	1	1							
尖扎县										
泽库县										
河南蒙古族自治县										
海南藏族自治州	**2**				**2**	**3**		**2**		**1**
共和县	1				1	2		2		
同德县										
贵德县						1				1
兴海县										
贵南县	1				1					
果洛藏族自治州						**1**				**1**
玛沁县						1				1
班玛县										
甘德县										
达日县										
久治县										
玛多县										
玉树藏族自治州	**2**		**1**		**1**	**1**		**1**		
玉树市	1				1					
杂多县	1		1			1		1		
称多县										
治多县										
囊谦县										
曲麻莱县										
海西蒙古族藏族自治州	**71**	**9**	**28**	**16**	**18**	**49**	**12**	**24**	**3**	**10**
格尔木市	39	9	12	8	10	24	5	11	1	7
德令哈市	12		7	3	2	7	2	4	1	
茫崖市	10		4	2	4	4		3	1	
乌兰县	1				1	1		1		
都兰县	3		2		1	3				3
天峻县						2	2			
大柴旦行政委员会	6		3	3		8	3	5		

7-1 续表 5

单位：人

现住地	省外									
	黑龙江					上海				
	小计	乡	镇的村委会	镇的居委会	街道	小计	乡	镇的村委会	镇的居委会	街道
全省	**297**	**37**	**104**	**58**	**98**	**26**	**1**	**1**	**12**	**12**
西宁市	**183**	**21**	**60**	**33**	**69**	**21**	**1**	**1**	**9**	**10**
城东区	50	3	14	16	17	5	1		1	3
城中区	25	3	4	4	14	3			2	1
城西区	32	3	10	6	13	8			3	5
城北区	61	9	23	7	22	3			2	1
湟中区	8	2	5		1					
大通回族土族自治县	4	1	2		1	1		1		
湟源县	3		2		1	1			1	
海东市	**26**	**5**	**17**		**4**	**1**			**1**	
乐都区	4	1			3					
平安区	4		4							
民和回族土族自治县	4	1	3							
互助土族自治县	14	3	10		1	1			1	
化隆回族自治县										
循化撒拉族自治县										
海北藏族自治州	**9**	**1**	**4**	**3**	**1**					
门源回族自治县	5	1	2	2						
祁连县	2		1		1					
海晏县	1			1						
刚察县	1		1							
黄南藏族自治州	**3**		**2**	**1**						
同仁县	1		1							
尖扎县	2		1	1						
泽库县										
河南蒙古族自治县										
海南藏族自治州	**4**		**1**	**2**	**1**	**1**			**1**	
共和县	3		1	1	1	1			1	
同德县										
贵德县										
兴海县	1			1						
贵南县										
果洛藏族自治州										
玛沁县										
班玛县										
甘德县										
达日县										
久治县										
玛多县										
玉树藏族自治州	**2**			**2**		**1**				**1**
玉树市	2			2						
杂多县						1				1
称多县										
治多县										
囊谦县										
曲麻莱县										
海西蒙古族藏族自治州	**70**	**10**	**20**	**17**	**23**	**2**			**1**	**1**
格尔木市	42	9	10	11	12	1			1	
德令哈市	7		1		6					
茫崖市	7		1	2	4					
乌兰县	6		4	2						
都兰县						1				1
天峻县	2		1		1					
大柴旦行政委员会	6	1	3	2						

7-1 续表 6

单位：人

现住地	省外									
	江苏					浙江				
	小计	乡	镇的村委会	镇的居委会	街道	小计	乡	镇的村委会	镇的居委会	街道
全省	**1298**	**225**	**680**	**180**	**213**	**707**	**119**	**378**	**84**	**126**
西宁市	**873**	**148**	**441**	**118**	**166**	**525**	**76**	**280**	**62**	**107**
城东区	142	20	65	21	36	128	25	66	14	23
城中区	240	68	113	22	37	79	23	30	13	13
城西区	160	16	69	20	55	98	7	48	5	38
城北区	256	37	145	41	33	169	17	102	22	28
湟中区	33	2	21	6	4	27	2	19	2	4
大通回族土族自治县	34	2	23	8	1	20	2	12	6	
湟源县	8	3	5			4		3		1
海东市	**130**	**25**	**81**	**13**	**11**	**63**	**18**	**35**	**3**	**7**
乐都区	24	2	15	3	4	16	5	9		2
平安区	28	9	13	2	4	17	3	8	1	5
民和回族土族自治县	16	2	8	6		10		9	1	
互助土族自治县	27	5	21		1	5	2	2	1	
化隆回族自治县	27	7	18	2		12	7	5		
循化撒拉族自治县	8		6		2	3	1	2		
海北藏族自治州	**14**	**2**	**11**		**1**	**9**		**7**		**2**
门源回族自治县						1		1		
祁连县	8		7		1	2		2		
海晏县	4	2	2			3		1		2
刚察县	2		2			3		3		
黄南藏族自治州	**14**	**3**	**1**	**3**	**7**	**7**	**4**	**2**	**1**	
同仁县	7				7	7	4	2	1	
尖扎县	2			2						
泽库县	4	3		1						
河南蒙古族自治县	1		1							
海南藏族自治州	**35**	**11**	**11**	**9**	**4**	**15**	**4**	**8**	**2**	**1**
共和县	10	4	2	1	3	4	3	1		
同德县	3	1	1	1						
贵德县	4		3	1		9		6	2	1
兴海县	5	1		4		1	1			
贵南县	13	5	5	2	1	1		1		
果洛藏族自治州	**19**	**8**	**9**	**2**		**3**		**2**		**1**
玛沁县	9	8	1			2		1		1
班玛县	4		4							
甘德县										
达日县						1		1		
久治县	2		2							
玛多县	4		2	2						
玉树藏族自治州	**7**	**2**	**3**	**2**		**4**	**2**	**1**	**1**	
玉树市	3		1	2		2		1	1	
杂多县	4	2	2							
称多县										
治多县										
囊谦县										
曲麻莱县						2	2			
海西蒙古族藏族自治州	**206**	**26**	**123**	**33**	**24**	**81**	**15**	**43**	**15**	**8**
格尔木市	141	23	90	13	15	49	11	24	9	5
德令哈市	31	3	16	8	4	14	2	6	3	3
茫崖市	19		10	6	3	6		4	2	
乌兰县	3		1	1	1					
都兰县	4		2	1	1	2		1	1	
天峻县						2		2		
大柴旦行政委员会	8		4	4		8	2	6		

7-1 续表 7

单位：人

现住地	省外									
	安徽					福建				
	小计	乡	镇的村委会	镇的居委会	街道	小计	乡	镇的村委会	镇的居委会	街道
全省	**1436**	**310**	**837**	**129**	**160**	**590**	**95**	**336**	**67**	**92**
西宁市	**1031**	**239**	**588**	**84**	**120**	**474**	**65**	**274**	**52**	**83**
城东区	275	86	122	33	34	46	11	16	6	13
城中区	162	56	82	7	17	31	1	18	6	6
城西区	178	28	107	20	23	84	7	48	7	22
城北区	346	58	227	19	42	287	44	171	32	40
湟中区	38	5	29	2	2	14		12		2
大通回族土族自治县	31	6	20	3	2	5		5		
湟源县	1		1			7	2	4	1	
海东市	**84**	**18**	**55**	**7**	**4**	**49**	**23**	**15**	**7**	**4**
乐都区	32	8	21	1	2	10	2	3	1	4
平安区	20	3	14	2	1	2	1		1	
民和回族土族自治县	13	3	10			2		2		
互助土族自治县	9	3	5	1		34	19	10	5	
化隆回族自治县	5	1	3		1	1	1			
循化撒拉族自治县	5		2	3						
海北藏族自治州	**19**	**6**	**4**	**7**	**2**	**10**	**1**	**7**		**2**
门源回族自治县	4	3		1		7		6		1
祁连县	10	1	3	6		3	1	1		1
海晏县	3	2	1							
刚察县	2				2					
黄南藏族自治州	**14**	**2**	**7**	**4**	**1**	**1**			**1**	
同仁县	6	2	4			1			1	
尖扎县	5		3	1	1					
泽库县	3			3						
河南蒙古族自治县										
海南藏族自治州	**37**	**7**	**24**	**2**	**4**	**2**		**1**		**1**
共和县	13	4	7	1	1	2		1		1
同德县	10	3	7							
贵德县	7		3	1	3					
兴海县										
贵南县	7		7							
果洛藏族自治州	**32**	**12**	**16**	**2**	**2**	**2**			**1**	**1**
玛沁县	11	2	9			1				1
班玛县	2	1	1							
甘德县										
达日县	18	9	6	2	1					
久治县										
玛多县	1				1	1			1	
玉树藏族自治州	**13**	**1**	**9**	**3**		**6**	**2**	**2**	**2**	
玉树市	10	1	6	3		4		2	2	
杂多县						2	2			
称多县	2		2							
治多县										
囊谦县										
曲麻莱县	1		1							
海西蒙古族藏族自治州	**206**	**25**	**134**	**20**	**27**	**46**	**4**	**37**	**4**	**1**
格尔木市	150	24	99	16	11	31	4	22	4	1
德令哈市	25	1	15		9	11		11		
茫崖市	11		10	1						
乌兰县	3		2		1	2		2		
都兰县	7		5		2					
天峻县	2		2			2		2		
大柴旦行政委员会	8		1	3	4					

7-1　续表 8　　　　单位：人

现住地	省外									
	江西					山东				
	小计	乡	镇的村委会	镇的居委会	街道	小计	乡	镇的村委会	镇的居委会	街道
全省	**373**	**77**	**187**	**57**	**52**	**1474**	**219**	**783**	**202**	**270**
西宁市	**286**	**57**	**138**	**44**	**47**	**1063**	**165**	**560**	**123**	**215**
城东区	59	16	23	8	12	180	42	85	25	28
城中区	31	4	24	1	2	135	14	74	14	33
城西区	43	8	20	13	2	213	29	98	24	62
城北区	134	27	67	19	21	458	75	255	42	86
湟中区	8	2	2	1	3	34		23	7	4
大通回族土族自治县	11		2	2	7	41	5	24	10	2
湟源县						2		1	1	
海东市	**27**	**11**	**8**	**6**	**2**	**96**	**9**	**58**	**13**	**16**
乐都区	4	1	2	1		36	4	21	1	10
平安区	3			2	1	17	2	6	3	6
民和回族土族自治县	2		1		1	5		2	3	
互助土族自治县	12	9	3			32	3	23	6	
化隆回族自治县	6	1	2	3		4		4		
循化撒拉族自治县						2		2		
海北藏族自治州	**3**	**1**		**2**		**29**	**3**	**7**	**11**	**8**
门源回族自治县	3	1		2		4		1	2	1
祁连县						8	1	4	1	2
海晏县						15	2	1	8	4
刚察县						2		1		1
黄南藏族自治州	**4**		**4**			**13**	**1**	**6**	**4**	**2**
同仁县	4		4			10	1	5	3	1
尖扎县						1		1		
泽库县						2			1	1
河南蒙古族自治县										
海南藏族自治州	**16**	**4**	**9**	**1**	**2**	**23**	**8**	**9**	**5**	**1**
共和县						14	5	4	5	
同德县	3		1		2					
贵德县	9		8	1		5	1	4		
兴海县	4	4				2	2			
贵南县						2		1		1
果洛藏族自治州	**1**		**1**			**7**	**2**	**2**		**3**
玛沁县						5	2	1		2
班玛县	1		1							
甘德县						1		1		
达日县										
久治县										
玛多县						1				1
玉树藏族自治州	**1**		**1**			**6**	**2**	**1**	**3**	
玉树市						5	1	1	3	
杂多县										
称多县	1		1							
治多县										
囊谦县						1	1			
曲麻莱县										
海西蒙古族藏族自治州	**35**	**4**	**26**	**4**	**1**	**237**	**29**	**140**	**43**	**25**
格尔木市	19	4	11	3	1	132	21	89	12	10
德令哈市	7		7			29	2	17	4	6
茫崖市						22	4	9	5	4
乌兰县	5		5			17		7	10	
都兰县	3		2	1		20	2	5	10	3
天峻县										
大柴旦行政委员会	1		1			17		13	2	2

7-1 续表 9 单位：人

现住地	省外									
	河南					湖北				
	小计	乡	镇的村委会	镇的居委会	街道	小计	乡	镇的村委会	镇的居委会	街道
全省	**5213**	**1414**	**2840**	**438**	**521**	**1724**	**300**	**1027**	**147**	**250**
西宁市	**3294**	**917**	**1785**	**251**	**341**	**1188**	**211**	**701**	**95**	**181**
城东区	805	321	357	56	71	259	71	126	30	32
城中区	523	142	261	32	88	248	53	152	11	32
城西区	435	83	238	55	59	218	21	126	17	54
城北区	1277	293	764	97	123	347	53	209	32	53
湟中区	95	17	75	3		50	2	37	2	9
大通回族土族自治县	128	42	79	7		55	10	42	2	1
湟源县	31	19	11	1		11	1	9	1	
海东市	**310**	**95**	**178**	**24**	**13**	**207**	**42**	**132**	**19**	**14**
乐都区	90	23	61	4	2	46	7	30	2	7
平安区	79	34	32	10	3	26	12	11	2	1
民和回族土族自治县	28	8	16	2	2	35	1	30	3	1
互助土族自治县	65	25	27	8	5	39	15	15	6	3
化隆回族自治县	37	4	32		1	37		35		2
循化撒拉族自治县	11	1	10			24	7	11	6	
海北藏族自治州	**68**	**16**	**41**	**5**	**6**	**40**	**8**	**27**	**2**	**3**
门源回族自治县	27	6	16	4	1	12	5	5	1	1
祁连县	18	4	10	1	3	25	3	20	1	1
海晏县	18	4	12		2	3		2		1
刚察县	5	2	3							
黄南藏族自治州	**55**	**10**	**23**	**10**	**12**	**27**	**3**	**16**	**4**	**4**
同仁县	15	3		1	11	19	2	11	4	2
尖扎县	22	5	14	3		6	1	3		2
泽库县	6			6						
河南蒙古族自治县	12	2	9		1	2		2		
海南藏族自治州	**130**	**35**	**57**	**12**	**26**	**55**	**9**	**32**	**7**	**7**
共和县	52	20	20	3	9	18	1	16		1
同德县	14	1	6	1	6	6			1	5
贵德县	25	10	15			25	8	11	6	
兴海县	18	1	2	4	11	1				1
贵南县	21	3	14	4		5		5		
果洛藏族自治州	**73**	**37**	**18**	**13**	**5**	**12**	**4**	**5**	**3**	
玛沁县	19	9	4	5	1	10	4	4	2	
班玛县	13	8	5							
甘德县	6	4	2			2		1	1	
达日县	17	11	4	2						
久治县	7	3	1	3						
玛多县	11	2	2	3	4					
玉树藏族自治州	**119**	**40**	**46**	**15**	**18**	**9**	**1**	**4**	**2**	**2**
玉树市	70	23	33	6	8	6		4		2
杂多县	9	1	7		1					
称多县	18	3	3	3	9					
治多县										
囊谦县	10	5	2	3		2			2	
曲麻莱县	12	8	1	3		1	1			
海西蒙古族藏族自治州	**1164**	**264**	**692**	**108**	**100**	**186**	**22**	**110**	**15**	**39**
格尔木市	675	178	430	31	36	86	15	48	3	20
德令哈市	136	26	78	21	11	39	5	25	3	6
茫崖市	77	14	27	30	6	12		4	5	3
乌兰县	27	8	6	12	1	6		6		
都兰县	112	26	78	4	4	26		19		7
天峻县	14		9		5	6		4		2
大柴旦行政委员会	123	12	64	10	37	11	2	4	4	1

7-1　续表 10

单位：人

现住地	省外									
	湖南					广东				
	小计	乡	镇的村委会	镇的居委会	街道	小计	乡	镇的村委会	镇的居委会	街道
全省	**799**	**138**	**417**	**110**	**134**	**200**	**20**	**50**	**31**	**99**
西宁市	**488**	**68**	**273**	**63**	**84**	**162**	**14**	**41**	**22**	**85**
城东区	109	11	60	15	23	30	1	6	10	13
城中区	65	18	26	14	7	34	2	9		23
城西区	113	11	66	14	22	55	5	12	5	33
城北区	155	25	87	18	25	31	2	9	6	14
湟中区	38	1	29	2	6	2		1		1
大通回族土族自治县	6	1	4		1	10	4	4	1	1
湟源县	2	1	1							
海东市	**75**	**26**	**36**	**4**	**9**	**7**		**3**	**2**	**2**
乐都区	7	1	4	1	1	2			1	1
平安区	6	4	1	1		1				1
民和回族土族自治县	4	2	2							
互助土族自治县	40	14	18	2	6	3		3		
化隆回族自治县	18	5	11		2	1			1	
循化撒拉族自治县										
海北藏族自治州	**11**	**3**	**8**			**6**	**1**	**1**	**1**	**3**
门源回族自治县						4	1	1		2
祁连县	7		7			1				1
海晏县	2	2				1			1	
刚察县	2	1	1							
黄南藏族自治州	**12**	**4**	**1**	**3**	**4**	**2**			**1**	**1**
同仁县	3	2	1			1			1	
尖扎县	4			1	3	1				1
泽库县	4	2		1	1					
河南蒙古族自治县	1			1						
海南藏族自治州	**34**	**4**	**19**	**6**	**5**	**2**		**1**	**1**	
共和县	14	1	12	1		1		1		
同德县										
贵德县	7	1	2	3	1					
兴海县	8	2		2	4					
贵南县	5		5			1			1	
果洛藏族自治州	**20**	**8**	**6**	**5**	**1**					
玛沁县	6		3	2	1					
班玛县	7	6		1						
甘德县	3		3							
达日县	1	1								
久治县	3	1		2						
玛多县										
玉树藏族自治州	**25**	**5**	**11**	**6**	**3**	**1**				**1**
玉树市	12	2	6	4						
杂多县	3		2	1						
称多县	7	3	2	1	1					
治多县										
囊谦县										
曲麻莱县	3		1		2	1				1
海西蒙古族藏族自治州	**134**	**20**	**63**	**23**	**28**	**20**	**5**	**4**	**4**	**7**
格尔木市	62	13	35	5	9	14	5	2	1	6
德令哈市	24		11	7	6	3			2	1
茫崖市	12	1	3	8						
乌兰县	8	4	4							
都兰县	3		3			2		1	1	
天峻县	22	2	6	1	13					
大柴旦行政委员会	3		1	2		1		1		

7-1 续表 11

单位：人

现住地	省外									
	广西					海南				
	小计	乡	镇的村委会	镇的居委会	街道	小计	乡	镇的村委会	镇的居委会	街道
全省	**85**	**12**	**37**	**11**	**25**	**24**	**1**	**9**	**7**	**7**
西宁市	**71**	**9**	**31**	**8**	**23**	**22**	**1**	**8**	**7**	**6**
城东区	18	2	4	5	7	5		2	2	1
城中区	6	1	3		2	1			1	
城西区	22	3	8	2	9	5		1	2	2
城北区	22	3	13	1	5	11	1	5	2	3
湟中区	2		2							
大通回族土族自治县										
湟源县	1		1							
海东市	**2**	**1**			**1**					
乐都区										
平安区	1				1					
民和回族土族自治县	1	1								
互助土族自治县										
化隆回族自治县										
循化撒拉族自治县										
海北藏族自治州										
门源回族自治县										
祁连县										
海晏县										
刚察县										
黄南藏族自治州										
同仁县										
尖扎县										
泽库县										
河南蒙古族自治县										
海南藏族自治州	**1**		**1**			**1**		**1**		
共和县						1		1		
同德县										
贵德县										
兴海县										
贵南县	1		1							
果洛藏族自治州										
玛沁县										
班玛县										
甘德县										
达日县										
久治县										
玛多县										
玉树藏族自治州						**1**				**1**
玉树市										
杂多县						1				1
称多县										
治多县										
囊谦县										
曲麻莱县										
海西蒙古族藏族自治州	**11**	**2**	**5**	**3**	**1**					
格尔木市	4	1	2	1						
德令哈市	2	1			1					
茫崖市	1			1						
乌兰县	2		2							
都兰县										
天峻县										
大柴旦行政委员会	2		1	1						

7-1　续表 12

单位：人

现住地	省外									
	重庆					四川				
	小计	乡	镇的村委会	镇的居委会	街道	小计	乡	镇的村委会	镇的居委会	街道
全省	**694**	**113**	**331**	**111**	**139**	**3772**	**1003**	**1889**	**422**	**458**
西宁市	**448**	**67**	**204**	**71**	**106**	**2220**	**497**	**1199**	**219**	**305**
城东区	94	16	46	17	15	408	149	162	48	49
城中区	104	19	45	13	27	518	149	273	34	62
城西区	106	6	36	30	34	360	53	176	48	83
城北区	112	17	59	11	25	646	116	375	62	93
湟中区	13	1	8		4	143	11	119	5	8
大通回族土族自治县	17	6	10		1	133	12	89	22	10
湟源县	2	2				12	7	5		
海东市	**49**	**9**	**26**	**7**	**7**	**312**	**111**	**147**	**24**	**30**
乐都区	21	3	15	3		105	35	61	7	2
平安区	9		3	1	5	64	15	30	7	12
民和回族土族自治县	3		1	2		20	1	13	5	1
互助土族自治县	9	6	2	1		59	41	11	3	4
化隆回族自治县	5		3		2	31	5	18		8
循化撒拉族自治县	2		2			33	14	14	2	3
海北藏族自治州	**14**	**3**	**7**		**4**	**56**	**5**	**35**	**6**	**10**
门源回族自治县	7		3		4	30	4	16	2	8
祁连县	5	1	4			13		8	3	2
海晏县						10	1	9		
刚察县	2	2				3		2	1	
黄南藏族自治州	**36**	**4**	**26**	**2**	**4**	**95**	**36**	**27**	**26**	**6**
同仁县	14	4	4	2	4	41	14	7	17	3
尖扎县	22		22			42	18	19	4	1
泽库县						6		1	5	
河南蒙古族自治县						6	4			2
海南藏族自治州	**15**	**3**	**9**	**2**	**1**	**93**	**44**	**27**	**13**	**9**
共和县	2		2			30	10	10	7	3
同德县						17	14	1		2
贵德县	5		5			16	2	9	4	1
兴海县	3	2			1	21	15	3		3
贵南县	5	1	2	2		9	3	4	2	
果洛藏族自治州	**9**	**3**		**6**		**245**	**147**	**62**	**29**	**7**
玛沁县	3			3		56	28	14	11	3
班玛县	2	2				40	29	3	7	1
甘德县						27	22	5		
达日县						50	24	23	2	1
久治县	3			3		68	44	13	9	2
玛多县	1	1				4		4		
玉树藏族自治州	**19**	**7**	**4**	**6**	**2**	**153**	**49**	**48**	**41**	**15**
玉树市	13	4	1	6	2	126	41	38	35	12
杂多县						11	1	4	5	1
称多县	1	1				6	1	3		2
治多县	1	1								
囊谦县						2	1	1		
曲麻莱县	4	1	3			8	5	2	1	
海西蒙古族藏族自治州	**104**	**17**	**55**	**17**	**15**	**598**	**114**	**344**	**64**	**76**
格尔木市	64	15	34	8	7	397	85	238	28	46
德令哈市	9		3	4	2	58	6	32	16	4
茫崖市	12		7	4	1	52	10	27	9	6
乌兰县	4		4			27	4	18	5	
都兰县	7	2	1	1	3	9	1	4		4
天峻县	1				1	10	3	3		4
大柴旦行政委员会	7		6		1	45	5	22	6	12

7-1 续表 13

单位：人

现住地	省外									
	贵州					云南				
	小计	乡	镇的村委会	镇的居委会	街道	小计	乡	镇的村委会	镇的居委会	街道
全省	**167**	**35**	**86**	**18**	**28**	**258**	**57**	**149**	**19**	**33**
西宁市	**111**	**13**	**70**	**11**	**17**	**121**	**22**	**74**	**8**	**17**
城东区	34		32	2		32	7	17	3	5
城中区	8	4	3		1	19	2	16		1
城西区	22	2	8	4	8	9	2	3	2	2
城北区	27	6	12	5	4	36	8	20	2	6
湟中区	10		7		3	20	2	14	1	3
大通回族土族自治县	9	1	7		1	3	1	2		
湟源县	1		1			2		2		
海东市	**18**	**10**	**3**	**3**	**2**	**20**	**9**	**9**		**2**
乐都区	3	1	2			4	2	2		
平安区	2		1	1		2	2			
民和回族土族自治县	2	1		1						
互助土族自治县	10	8		1	1	8	4	4		
化隆回族自治县	1				1	5		3		2
循化撒拉族自治县						1	1			
海北藏族自治州	**2**		**2**			**5**	**1**	**3**		**1**
门源回族自治县	1		1			1				1
祁连县	1		1			4	1	3		
海晏县										
刚察县										
黄南藏族自治州	**4**	**2**		**2**		**11**	**1**	**6**	**4**	
同仁县	3	1		2		6	1	2	3	
尖扎县	1	1				1			1	
泽库县						2		2		
河南蒙古族自治县						2		2		
海南藏族自治州	**5**			**1**	**4**	**8**		**5**	**3**	
共和县	5			1	4	1		1		
同德县						3		3		
贵德县										
兴海县						4		1	3	
贵南县										
果洛藏族自治州	**2**	**1**	**1**			**1**	**1**			
玛沁县										
班玛县										
甘德县										
达日县	1		1			1	1			
久治县	1	1								
玛多县										
玉树藏族自治州						**7**	**2**	**1**		**4**
玉树市						7	2	1		4
杂多县										
称多县										
治多县										
囊谦县										
曲麻莱县										
海西蒙古族藏族自治州	**25**	**9**	**10**	**1**	**5**	**85**	**21**	**51**	**4**	**9**
格尔木市	17	6	8		3	20	5	9	2	4
德令哈市						8	1	6		1
茫崖市	3			1	2	2		2		
乌兰县						10		10		
都兰县	2		2			1		1		
天峻县						3				3
大柴旦行政委员会	3	3				41	15	23	2	1

7-1　续表 14

单位：人

现住地	省外									
	西藏					陕西				
	小计	乡	镇的村委会	镇的居委会	街道	小计	乡	镇的村委会	镇的居委会	街道
全省	**369**	**152**	**123**	**32**	**62**	**2484**	**416**	**1287**	**282**	**499**
西宁市	**68**	**22**	**22**	**9**	**15**	**1760**	**269**	**888**	**206**	**397**
城东区	8	2	1	1	4	393	81	166	63	83
城中区	11	2	3		6	245	38	107	38	62
城西区	4	1		1	2	428	50	195	43	140
城北区	8	2	4		2	589	82	347	51	109
湟中区	9	4	4		1	56	4	44	5	3
大通回族土族自治县	12	3	4	5		46	14	27	5	
湟源县	16	8	6	2		3		2	1	
海东市	**47**	**22**	**19**	**4**	**2**	**172**	**49**	**85**	**13**	**25**
乐都区	10	6	3		1	37	3	22	1	11
平安区	3		1	2		40	11	16	6	7
民和回族土族自治县	14	5	7	2		10	2	5	2	1
互助土族自治县	18	11	6		1	74	33	32	4	5
化隆回族自治县	1		1			9		8		1
循化撒拉族自治县	1		1			2		2		
海北藏族自治州	**5**	**3**	**1**	**1**		**32**	**3**	**18**	**5**	**6**
门源回族自治县	3	2	1			16	1	9	3	3
祁连县						12	2	7	1	2
海晏县						2		1	1	
刚察县	2	1		1		2		1		1
黄南藏族自治州	**4**	**1**	**2**	**1**		**47**	**6**	**32**	**7**	**2**
同仁县	4	1	2	1		14	2	4	7	1
尖扎县						30	4	25		1
泽库县										
河南蒙古族自治县						3		3		
海南藏族自治州	**13**	**1**	**7**	**1**	**4**	**39**	**6**	**20**	**12**	**1**
共和县	5		4		1	13	4	5	4	
同德县	2				2	11		6	5	
贵德县	4	1	2		1	10	2	5	3	
兴海县						5		4		1
贵南县	2		1	1						
果洛藏族自治州	**1**	**1**				**17**	**12**	**1**	**3**	**1**
玛沁县	1	1				3	1		2	
班玛县										
甘德县						13	11	1	1	
达日县										
久治县						1				1
玛多县										
玉树藏族自治州	**164**	**88**	**53**	**13**	**10**	**22**	**7**	**5**	**7**	**3**
玉树市	143	74	49	12	8	13	3	1	7	2
杂多县	14	12	2			5	4	1		
称多县						3		3		
治多县										
囊谦县	3		2	1						
曲麻莱县	4	2			2	1				1
海西蒙古族藏族自治州	**67**	**14**	**19**	**3**	**31**	**395**	**64**	**238**	**29**	**64**
格尔木市	60	12	15	3	30	227	40	145	12	30
德令哈市	4	1	3			30	2	21	2	5
茫崖市						49	5	31	4	9
乌兰县						16		12	3	1
都兰县	2		1		1	19	5	5	3	6
天峻县						10		1		9
大柴旦行政委员会	1	1				44	12	23	5	4

7-1 续表 15

单位：人

现住地	省外									
	甘肃					宁夏				
	小计	乡	镇的村委会	镇的居委会	街道	小计	乡	镇的村委会	镇的居委会	街道
全省	**9091**	**2847**	**4358**	**868**	**1018**	**268**	**53**	**130**	**40**	**45**
西宁市	**4649**	**1231**	**2217**	**513**	**688**	**187**	**33**	**92**	**25**	**37**
城东区	1957	646	807	242	262	79	20	39	10	10
城中区	764	173	393	70	128	18	4	8	2	4
城西区	612	89	314	81	128	34	2	16	4	12
城北区	1022	239	547	87	149	49	6	25	7	11
湟中区	127	21	83	8	15	3		3		
大通回族土族自治县	126	38	60	24	4	3	1	1	1	
湟源县	41	25	13	1	2	1			1	
海东市	**793**	**312**	**356**	**60**	**65**	**11**	**3**	**5**	**1**	**2**
乐都区	237	86	130	14	7	5	1	3	1	
平安区	58	9	34	7	8	1				1
民和回族土族自治县	236	98	112	18	8					
互助土族自治县	141	71	36	15	19	4	2	2		
化隆回族自治县	46	18	9	4	15	1				1
循化撒拉族自治县	75	30	35	2	8					
海北藏族自治州	**229**	**73**	**101**	**20**	**35**	**14**	**1**	**7**	**3**	**3**
门源回族自治县	78	21	36		21	3	1	2		
祁连县	65	17	31	10	7					
海晏县	61	28	20	7	6	3		3		
刚察县	25	7	14	3	1	8		2	3	3
黄南藏族自治州	**262**	**98**	**108**	**31**	**25**					
同仁县	116	44	36	18	18					
尖扎县	24	12	10	2						
泽库县	17	2	5	10						
河南蒙古族自治县	105	40	57	1	7					
海南藏族自治州	**278**	**101**	**107**	**50**	**20**	**13**	**8**	**2**	**3**	
共和县	126	45	38	36	7	12	8	2	2	
同德县	33	6	20	4	3					
贵德县	29	8	14	2	5	1			1	
兴海县	38	23	10	2	3					
贵南县	52	19	25	6	2					
果洛藏族自治州	**202**	**117**	**61**	**15**	**9**					
玛沁县	52	29	13	5	5					
班玛县	23	12	11							
甘德县	22	20	2							
达日县	48	22	23	1	2					
久治县	55	34	12	9						
玛多县	2				2					
玉树藏族自治州	**127**	**34**	**46**	**25**	**22**					
玉树市	68	21	24	16	7					
杂多县	19	8	6	2	3					
称多县	13	3	3	3	4					
治多县	10	1	8		1					
囊谦县	6		3	3						
曲麻莱县	11	1	2	1	7					
海西蒙古族藏族自治州	**2551**	**881**	**1362**	**154**	**154**	**43**	**8**	**24**	**8**	**3**
格尔木市	1648	623	854	76	95	14	3	5	4	2
德令哈市	248	54	140	28	26	1		1		
茫崖市	255	63	158	24	10	5	2		3	
乌兰县	66	10	50	2	4	1	1			
都兰县	151	95	48	5	3	20	2	17	1	
天峻县	24	2	14		8	1				1
大柴旦行政委员会	159	34	98	19	8	1		1		

7-1　续表 16　　　　　　　　　　　　　　　　　　　　　　　　单位：人

现住地	省外				
	新疆				
	小计	乡	镇的村委会	镇的居委会	街道
全省	**244**	**59**	**75**	**40**	**70**
西宁市	**153**	**30**	**41**	**26**	**56**
城东区	59	17	22	8	12
城中区	23	1	2	5	15
城西区	22	7	6	5	4
城北区	33	3	7	5	18
湟中区	3		2		1
大通回族土族自治县	12	2	2	3	5
湟源县	1				1
海东市	**25**	**9**	**9**	**4**	**3**
乐都区	13	6	3	1	3
平安区	3	1		2	
民和回族土族自治县	7	1	5	1	
互助土族自治县	1	1			
化隆回族自治县					
循化撒拉族自治县	1		1		
海北藏族自治州	**7**	**1**	**2**	**1**	**3**
门源回族自治县	7	1	2	1	3
祁连县					
海晏县					
刚察县					
黄南藏族自治州	**3**		**1**	**2**	
同仁县	1		1		
尖扎县	2			2	
泽库县					
河南蒙古族自治县					
海南藏族自治州	**2**	**1**	**1**		
共和县					
同德县					
贵德县					
兴海县	1		1		
贵南县	1	1			
果洛藏族自治州	**1**	**1**			
玛沁县					
班玛县					
甘德县	1	1			
达日县					
久治县					
玛多县					
玉树藏族自治州					
玉树市					
杂多县					
称多县					
治多县					
囊谦县					
曲麻莱县					
海西蒙古族藏族自治州	**53**	**17**	**21**	**7**	**8**
格尔木市	37	15	14	4	4
德令哈市	4		2	1	1
茫崖市	7	1	1	2	3
乌兰县	1		1		
都兰县	2		2		
天峻县					
大柴旦行政委员会	2	1	1		

7-1a　全省按现住地、户口登记地类型分的户口登记地在外乡镇街道人口(城市)

单位：人

现住地	合计					省内				
	合计	乡	镇的村委会	镇的居委会	街道	小计	乡	镇的村委会	镇的居委会	街道
全省	**104439**	**21575**	**36119**	**16891**	**29854**	**79021**	**16019**	**23217**	**14062**	**25723**
西宁市	**77277**	**12193**	**25461**	**13496**	**26127**	**57609**	**8013**	**15601**	**11340**	**22655**
城东区	27058	5446	7880	4954	8778	21393	3790	5464	4231	7908
城中区	13772	2266	4434	2367	4705	10339	1454	2786	2046	4053
城西区	13227	1081	3674	2607	5865	9660	624	1936	2150	4950
城北区	21406	3022	8261	3420	6703	14664	1823	4389	2777	5675
湟中区	1610	315	1074	147	74	1501	307	992	135	67
大通回族土族自治县	204	63	138	1	2	52	15	34	1	2
湟源县										
海东市	**10192**	**4730**	**3816**	**1179**	**467**	**9254**	**4459**	**3347**	**1087**	**361**
乐都区	6432	3152	2383	677	220	5862	2981	2081	638	162
平安区	3760	1578	1433	502	247	3392	1478	1266	449	199
民和回族土族自治县										
互助土族自治县										
化隆回族自治县										
循化撒拉族自治县										
海北藏族自治州										
门源回族自治县										
祁连县										
海晏县										
刚察县										
黄南藏族自治州										
同仁县										
尖扎县										
泽库县										
河南蒙古族自治县										
海南藏族自治州										
共和县										
同德县										
贵德县										
兴海县										
贵南县										
果洛藏族自治州										
玛沁县										
班玛县										
甘德县										
达日县										
久治县										
玛多县										
玉树藏族自治州	**3619**	**2231**	**673**	**549**	**166**	**3137**	**2051**	**526**	**438**	**122**
玉树市	3355	1968	672	549	166	2888	1803	525	438	122
杂多县										
称多县										
治多县										
囊谦县										
曲麻莱县	264	263	1			249	248	1		
海西蒙古族藏族自治州	**13351**	**2421**	**6169**	**1667**	**3094**	**9021**	**1496**	**3743**	**1197**	**2585**
格尔木市	8753	1776	4131	797	2049	5676	1045	2352	564	1715
德令哈市	3541	446	1578	581	936	2864	360	1208	473	823
茫崖市	1057	199	460	289	109	481	91	183	160	47
乌兰县										
都兰县										
天峻县										
大柴旦行政委员会										

7-1a 续表 1

单位：人

现住地	省外									
	小计					北京				
	小计	乡	镇的村委会	镇的居委会	街道	小计	乡	镇的村委会	镇的居委会	街道
全省	**25418**	**5556**	**12902**	**2829**	**4131**	**74**	**2**	**4**	**20**	**48**
西宁市	**19668**	**4180**	**9860**	**2156**	**3472**	**65**	**2**	**4**	**16**	**43**
城东区	5665	1656	2416	723	870	11	2		1	8
城中区	3433	812	1648	321	652	22		1	9	12
城西区	3567	457	1738	457	915	22		2	3	17
城北区	6742	1199	3872	643	1028	9		1	3	5
湟中区	109	8	82	12	7	1				1
大通回族土族自治县	152	48	104							
湟源县										
海东市	**938**	**271**	**469**	**92**	**106**	**3**			**2**	**1**
乐都区	570	171	302	39	58					
平安区	368	100	167	53	48	3			2	1
民和回族土族自治县										
互助土族自治县										
化隆回族自治县										
循化撒拉族自治县										
海北藏族自治州										
门源回族自治县										
祁连县										
海晏县										
刚察县										
黄南藏族自治州										
同仁县										
尖扎县										
泽库县										
河南蒙古族自治县										
海南藏族自治州										
共和县										
同德县										
贵德县										
兴海县										
贵南县										
果洛藏族自治州										
玛沁县										
班玛县										
甘德县										
达日县										
久治县										
玛多县										
玉树藏族自治州	**482**	**180**	**147**	**111**	**44**	**2**			**1**	**1**
玉树市	467	165	147	111	44	2			1	1
杂多县										
称多县										
治多县										
囊谦县										
曲麻莱县	15	15								
海西蒙古族藏族自治州	**4330**	**925**	**2426**	**470**	**509**	**4**			**1**	**3**
格尔木市	3077	731	1779	233	334	2				2
德令哈市	677	86	370	108	113	2			1	1
茫崖市	576	108	277	129	62					
乌兰县										
都兰县										
天峻县										
大柴旦行政委员会										

7—1a 续表 2

单位：人

现住地	省外									
	天津					河北				
	小计	乡	镇的村委会	镇的居委会	街道	小计	乡	镇的村委会	镇的居委会	街道
全省	**59**	**2**	**10**	**17**	**30**	**1136**	**198**	**639**	**150**	**149**
西宁市	**46**	**1**	**8**	**15**	**22**	**882**	**164**	**508**	**94**	**116**
城东区	13		3	4	6	228	46	110	37	35
城中区	5			2	3	93	13	56	8	16
城西区	16		1	7	8	103	9	66	13	15
城北区	12	1	4	2	5	438	91	262	36	49
湟中区						5		4		1
大通回族土族自治县						15	5	10		
湟源县										
海东市	**3**			**1**	**2**	**20**	**1**	**14**	**1**	**4**
乐都区	2				2	11	1	10		
平安区	1			1		9		4	1	4
民和回族土族自治县										
互助土族自治县										
化隆回族自治县										
循化撒拉族自治县										
海北藏族自治州										
门源回族自治县										
祁连县										
海晏县										
刚察县										
黄南藏族自治州										
同仁县										
尖扎县										
泽库县										
河南蒙古族自治县										
海南藏族自治州										
共和县										
同德县										
贵德县										
兴海县										
贵南县										
果洛藏族自治州										
玛沁县										
班玛县										
甘德县										
达日县										
久治县										
玛多县										
玉树藏族自治州						**15**	**5**		**10**	
玉树市						14	4		10	
杂多县										
称多县										
治多县										
囊谦县										
曲麻莱县						1	1			
海西蒙古族藏族自治州	**10**	**1**	**2**	**1**	**6**	**219**	**28**	**117**	**45**	**29**
格尔木市	3			1	2	100	15	67	7	11
德令哈市	1				1	38		24	6	8
茫崖市	6	1	2		3	81	13	26	32	10
乌兰县										
都兰县										
天峻县										
大柴旦行政委员会										

7-1a　续表 3

单位：人

现住地	省外									
	山西					内蒙古				
	小计	乡	镇的村委会	镇的居委会	街道	小计	乡	镇的村委会	镇的居委会	街道
全省	**511**	**119**	**259**	**52**	**81**	**199**	**30**	**77**	**33**	**59**
西宁市	**429**	**98**	**220**	**40**	**71**	**160**	**25**	**60**	**33**	**42**
城东区	114	41	35	16	22	46	10	13	14	9
城中区	57	16	21	8	12	20	3	10	1	6
城西区	57	4	27	7	19	42	4	13	8	17
城北区	195	37	134	6	18	41	7	16	8	10
湟中区	5		2	3		11	1	8	2	
大通回族土族自治县	1		1							
湟源县										
海东市	**11**	**5**	**3**	**1**	**2**	**2**	**1**			**1**
乐都区	6	3		1	2	2	1			1
平安区	5	2	3							
民和回族土族自治县										
互助土族自治县										
化隆回族自治县										
循化撒拉族自治县										
海北藏族自治州										
门源回族自治县										
祁连县										
海晏县										
刚察县										
黄南藏族自治州										
同仁县										
尖扎县										
泽库县										
河南蒙古族自治县										
海南藏族自治州										
共和县										
同德县										
贵德县										
兴海县										
贵南县										
果洛藏族自治州										
玛沁县										
班玛县										
甘德县										
达日县										
久治县										
玛多县										
玉树藏族自治州	**5**	**1**	**1**	**3**		**1**		**1**		
玉树市	5	1	1	3		1		1		
杂多县										
称多县										
治多县										
囊谦县										
曲麻莱县										
海西蒙古族藏族自治州	**66**	**15**	**35**	**8**	**8**	**36**	**4**	**16**		**16**
格尔木市	39	7	24	3	5	20	3	10		7
德令哈市	21	6	8	4	3	14		5		9
茫崖市	6	2	3	1		2	1	1		
乌兰县										
都兰县										
天峻县										
大柴旦行政委员会										

7—1a 续表 4

单位：人

现住地	省外									
	辽宁					吉林				
	小计	乡	镇的村委会	镇的居委会	街道	小计	乡	镇的村委会	镇的居委会	街道
全省	**238**	**38**	**74**	**39**	**87**	**181**	**21**	**79**	**27**	**54**
西宁市	**175**	**27**	**52**	**25**	**71**	**146**	**14**	**62**	**24**	**46**
城东区	51	6	9	10	26	27	3	8	5	11
城中区	36	6	13	3	14	35	3	16	5	11
城西区	32	4	8	5	15	37	3	19	3	12
城北区	51	11	17	7	16	45	5	17	11	12
湟中区										
大通回族土族自治县	5		5			2		2		
湟源县										
海东市	**7**	**2**	**1**	**1**	**3**	**9**	**4**	**2**		**3**
乐都区	7	2	1	1	3	6	4			2
平安区						3		2		1
民和回族土族自治县										
互助土族自治县										
化隆回族自治县										
循化撒拉族自治县										
海北藏族自治州										
门源回族自治县										
祁连县										
海晏县										
刚察县										
黄南藏族自治州										
同仁县										
尖扎县										
泽库县										
河南蒙古族自治县										
海南藏族自治州										
共和县										
同德县										
贵德县										
兴海县										
贵南县										
果洛藏族自治州										
玛沁县										
班玛县										
甘德县										
达日县										
久治县										
玛多县										
玉树藏族自治州	**1**				**1**					
玉树市	1				1					
杂多县										
称多县										
治多县										
囊谦县										
曲麻莱县										
海西蒙古族藏族自治州	**55**	**9**	**21**	**13**	**12**	**26**	**3**	**15**	**3**	**5**
格尔木市	37	9	12	8	8	16	1	9	1	5
德令哈市	11		6	3	2	7	2	4	1	
茫崖市	7		3	2	2	3		2	1	
乌兰县										
都兰县										
天峻县										
大柴旦行政委员会										

7-1a　续表 5　　　　单位：人

现住地	省外									
	黑龙江					上海				
	小计	乡	镇的村委会	镇的居委会	街道	小计	乡	镇的村委会	镇的居委会	街道
全省	**222**	**28**	**63**	**43**	**88**	**21**	**1**	**1**	**9**	**10**
西宁市	**167**	**18**	**50**	**33**	**66**	**20**	**1**	**1**	**8**	**10**
城东区	50	3	14	16	17	5	1		1	3
城中区	25	3	4	4	14	3			2	1
城西区	32	3	10	6	13	8			3	5
城北区	60	9	22	7	22	3			2	1
湟中区										
大通回族土族自治县						1		1		
湟源县										
海东市	**8**	**1**	**4**		**3**					
乐都区	4	1			3					
平安区	4		4							
民和回族土族自治县										
互助土族自治县										
化隆回族自治县										
循化撒拉族自治县										
海北藏族自治州										
门源回族自治县										
祁连县										
海晏县										
刚察县										
黄南藏族自治州										
同仁县										
尖扎县										
泽库县										
河南蒙古族自治县										
海南藏族自治州										
共和县										
同德县										
贵德县										
兴海县										
贵南县										
果洛藏族自治州										
玛沁县										
班玛县										
甘德县										
达日县										
久治县										
玛多县										
玉树藏族自治州	**2**			**2**						
玉树市	2			2						
杂多县										
称多县										
治多县										
囊谦县										
曲麻莱县										
海西蒙古族藏族自治州	**45**	**9**	**9**	**8**	**19**	**1**			**1**	
格尔木市	32	9	7	7	9	1			1	
德令哈市	7		1		6					
茫崖市	6		1	1	4					
乌兰县										
都兰县										
天峻县										
大柴旦行政委员会										

7－1a 续表 6

单位：人

现住地	省外									
	江苏					浙江				
	小计	乡	镇的村委会	镇的居委会	街道	小计	乡	镇的村委会	镇的居委会	街道
全省	**1018**	**176**	**517**	**137**	**188**	**565**	**91**	**292**	**70**	**112**
西宁市	**799**	**141**	**392**	**105**	**161**	**474**	**70**	**247**	**54**	**103**
城东区	142	20	65	21	36	128	25	66	14	23
城中区	236	68	109	22	37	79	23	30	13	13
城西区	160	16	69	20	55	98	7	48	5	38
城北区	253	37	142	41	33	163	15	98	22	28
湟中区	7		6	1		4		3		1
大通回族土族自治县	1		1			2		2		
湟源县										
海东市	**44**	**11**	**22**	**3**	**8**	**28**	**8**	**16**	**1**	**3**
乐都区	17	2	10	1	4	15	5	8		2
平安区	27	9	12	2	4	13	3	8	1	1
民和回族土族自治县										
互助土族自治县										
化隆回族自治县										
循化撒拉族自治县										
海北藏族自治州										
门源回族自治县										
祁连县										
海晏县										
刚察县										
黄南藏族自治州										
同仁县										
尖扎县										
泽库县										
河南蒙古族自治县										
海南藏族自治州										
共和县										
同德县										
贵德县										
兴海县										
贵南县										
果洛藏族自治州										
玛沁县										
班玛县										
甘德县										
达日县										
久治县										
玛多县										
玉树藏族自治州	**3**		**1**	**2**		**4**	**2**	**1**	**1**	
玉树市	3		1	2		2		1	1	
杂多县										
称多县										
治多县										
囊谦县										
曲麻莱县						2	2			
海西蒙古族藏族自治州	**172**	**24**	**102**	**27**	**19**	**59**	**11**	**28**	**14**	**6**
格尔木市	126	21	80	13	12	42	9	21	9	3
德令哈市	28	3	13	8	4	14	2	6	3	3
茫崖市	18		9	6	3	3		1	2	
乌兰县										
都兰县										
天峻县										
大柴旦行政委员会										

7-1a 续表 7

单位：人

现住地	省外									
	安徽					福建				
	小计	乡	镇的村委会	镇的居委会	街道	小计	乡	镇的村委会	镇的居委会	街道
全省	**1205**	**269**	**699**	**100**	**137**	**504**	**70**	**291**	**59**	**84**
西宁市	**975**	**233**	**547**	**79**	**116**	**448**	**63**	**253**	**51**	**81**
城东区	275	86	122	33	34	46	11	16	6	13
城中区	162	56	82	7	17	31	1	18	6	6
城西区	178	28	107	20	23	84	7	48	7	22
城北区	345	58	226	19	42	287	44	171	32	40
湟中区	6	1	5							
大通回族土族自治县	9	4	5							
湟源县										
海东市	**44**	**11**	**28**	**3**	**2**	**10**	**3**	**3**	**2**	**2**
乐都区	26	8	15	1	2	8	2	3	1	2
平安区	18	3	13	2		2	1		1	
民和回族土族自治县										
互助土族自治县										
化隆回族自治县										
循化撒拉族自治县										
海北藏族自治州										
门源回族自治县										
祁连县										
海晏县										
刚察县										
黄南藏族自治州										
同仁县										
尖扎县										
泽库县										
河南蒙古族自治县										
海南藏族自治州										
共和县										
同德县										
贵德县										
兴海县										
贵南县										
果洛藏族自治州										
玛沁县										
班玛县										
甘德县										
达日县										
久治县										
玛多县										
玉树藏族自治州	**10**	**1**	**6**	**3**		**4**		**2**	**2**	
玉树市	10	1	6	3		4		2	2	
杂多县										
称多县										
治多县										
囊谦县										
曲麻莱县										
海西蒙古族藏族自治州	**176**	**24**	**118**	**15**	**19**	**42**	**4**	**33**	**4**	**1**
格尔木市	142	23	95	14	10	31	4	22	4	1
德令哈市	25	1	15		9	11		11		
茫崖市	9		8	1						
乌兰县										
都兰县										
天峻县										
大柴旦行政委员会										

7-1a 续表 8

单位：人

现住地	省外									
	江西					山东				
	小计	乡	镇的村委会	镇的居委会	街道	小计	乡	镇的村委会	镇的居委会	街道
全省	**301**	**60**	**153**	**48**	**40**	**1181**	**192**	**624**	**127**	**238**
西宁市	**269**	**55**	**134**	**42**	**38**	**983**	**161**	**506**	**106**	**210**
城东区	59	16	23	8	12	180	42	85	25	28
城中区	31	4	24	1	2	132	14	71	14	33
城西区	43	8	20	13	2	213	29	98	24	62
城北区	134	27	67	19	21	444	75	241	42	86
湟中区	2			1	1	3		1	1	1
大通回族土族自治县						11	1	10		
湟源县										
海东市	**6**	**1**	**1**	**3**	**1**	**36**	**4**	**18**	**3**	**11**
乐都区	3	1	1	1		20	2	12		6
平安区	3			2	1	16	2	6	3	5
民和回族土族自治县										
互助土族自治县										
化隆回族自治县										
循化撒拉族自治县										
海北藏族自治州										
门源回族自治县										
祁连县										
海晏县										
刚察县										
黄南藏族自治州										
同仁县										
尖扎县										
泽库县										
河南蒙古族自治县										
海南藏族自治州										
共和县										
同德县										
贵德县										
兴海县										
贵南县										
果洛藏族自治州										
玛沁县										
班玛县										
甘德县										
达日县										
久治县										
玛多县										
玉树藏族自治州						**5**	**1**	**1**	**3**	
玉树市						5	1	1	3	
杂多县										
称多县										
治多县										
囊谦县										
曲麻莱县										
海西蒙古族藏族自治州	**26**	**4**	**18**	**3**	**1**	**157**	**26**	**99**	**15**	**17**
格尔木市	19	4	11	3	1	112	20	79	6	7
德令哈市	7		7			25	2	13	4	6
茫崖市						20	4	7	5	4
乌兰县										
都兰县										
天峻县										
大柴旦行政委员会										

7-1a　续表 9

单位：人

现住地	省外									
	河南					湖北				
	小计	乡	镇的村委会	镇的居委会	街道	小计	乡	镇的村委会	镇的居委会	街道
全省	**4025**	**1098**	**2197**	**335**	**395**	**1269**	**232**	**727**	**103**	**207**
西宁市	**3031**	**826**	**1624**	**240**	**341**	**1092**	**201**	**630**	**90**	**171**
城东区	805	321	357	56	71	259	71	126	30	32
城中区	501	142	239	32	88	244	53	148	11	32
城西区	435	83	238	55	59	218	21	126	17	54
城北区	1236	262	754	97	123	344	50	209	32	53
湟中区	16		16			6		6		
大通回族土族自治县	38	18	20			21	6	15		
湟源县										
海东市	**134**	**47**	**73**	**13**	**1**	**62**	**15**	**35**	**4**	**8**
乐都区	61	14	43	4		41	7	25	2	7
平安区	73	33	30	9	1	21	8	10	2	1
民和回族土族自治县										
互助土族自治县										
化隆回族自治县										
循化撒拉族自治县										
海北藏族自治州										
门源回族自治县										
祁连县										
海晏县										
刚察县										
黄南藏族自治州										
同仁县										
尖扎县										
泽库县										
河南蒙古族自治县										
海南藏族自治州										
共和县										
同德县										
贵德县										
兴海县										
贵南县										
果洛藏族自治州										
玛沁县										
班玛县										
甘德县										
达日县										
久治县										
玛多县										
玉树藏族自治州	**73**	**29**	**31**	**5**	**8**	**6**		**4**		**2**
玉树市	65	21	31	5	8	6		4		2
杂多县										
称多县										
治多县										
囊谦县										
曲麻莱县	8	8								
海西蒙古族藏族自治州	**787**	**196**	**469**	**77**	**45**	**109**	**16**	**58**	**9**	**26**
格尔木市	587	159	370	29	29	79	13	43	3	20
德令哈市	134	26	77	20	11	22	3	13	3	3
茫崖市	66	11	22	28	5	8		2	3	3
乌兰县										
都兰县										
天峻县										
大柴旦行政委员会										

7－1a 续表 10

单位：人

现住地	省外									
	湖南					广东				
	小计	乡	镇的村委会	镇的居委会	街道	小计	乡	镇的村委会	镇的居委会	街道
全省	**554**	**86**	**293**	**84**	**91**	**170**	**15**	**41**	**25**	**89**
西宁市	**446**	**65**	**241**	**63**	**77**	**153**	**10**	**39**	**21**	**83**
城东区	109	11	60	15	23	30	1	6	10	13
城中区	64	18	25	14	7	34	2	9		23
城西区	113	11	66	14	22	55	5	12	5	33
城北区	155	25	87	18	25	31	2	9	6	14
湟中区	5		3	2		1		1		
大通回族土族自治县						2		2		
湟源县										
海东市	**9**	**5**	**1**	**2**	**1**	**2**			**1**	**1**
乐都区	4	1	1	1	1	2			1	1
平安区	5	4		1						
民和回族土族自治县										
互助土族自治县										
化隆回族自治县										
循化撒拉族自治县										
海北藏族自治州										
门源回族自治县										
祁连县										
海晏县										
刚察县										
黄南藏族自治州										
同仁县										
尖扎县										
泽库县										
河南蒙古族自治县										
海南藏族自治州										
共和县										
同德县										
贵德县										
兴海县										
贵南县										
果洛藏族自治州										
玛沁县										
班玛县										
甘德县										
达日县										
久治县										
玛多县										
玉树藏族自治州	**11**	**2**	**6**	**3**						
玉树市	11	2	6	3						
杂多县										
称多县										
治多县										
囊谦县										
曲麻莱县										
海西蒙古族藏族自治州	**88**	**14**	**45**	**16**	**13**	**15**	**5**	**2**	**3**	**5**
格尔木市	54	13	31	3	7	12	5	2	1	4
德令哈市	23		11	6	6	3			2	1
茫崖市	11	1	3	7						
乌兰县										
都兰县										
天峻县										
大柴旦行政委员会										

7-1a　续表 11

单位：人

现住地	省外									
	广西					海南				
	小计	乡	镇的村委会	镇的居委会	街道	小计	乡	镇的村委会	镇的居委会	街道
全省	**76**	**11**	**30**	**10**	**25**	**22**	**1**	**8**	**7**	**6**
西宁市	**68**	**9**	**28**	**8**	**23**	**22**	**1**	**8**	**7**	**6**
城东区	18	2	4	5	7	5		2	2	1
城中区	6	1	3		2	1			1	
城西区	22	3	8	2	9	5		1	2	2
城北区	22	3	13	1	5	11	1	5	2	3
湟中区										
大通回族土族自治县										
湟源县										
海东市	**1**				**1**					
乐都区										
平安区	1				1					
民和回族土族自治县										
互助土族自治县										
化隆回族自治县										
循化撒拉族自治县										
海北藏族自治州										
门源回族自治县										
祁连县										
海晏县										
刚察县										
黄南藏族自治州										
同仁县										
尖扎县										
泽库县										
河南蒙古族自治县										
海南藏族自治州										
共和县										
同德县										
贵德县										
兴海县										
贵南县										
果洛藏族自治州										
玛沁县										
班玛县										
甘德县										
达日县										
久治县										
玛多县										
玉树藏族自治州										
玉树市										
杂多县										
称多县										
治多县										
囊谦县										
曲麻莱县										
海西蒙古族藏族自治州	**7**	**2**	**2**	**2**	**1**					
格尔木市	4	1	2	1						
德令哈市	2	1			1					
茫崖市	1			1						
乌兰县										
都兰县										
天峻县										
大柴旦行政委员会										

7—1a　续表 12　　　　单位：人

现 住 地	省外									
	重庆					四川				
	小计	乡	镇的村委会	镇的居委会	街道	小计	乡	镇的村委会	镇的居委会	街道
全省	**497**	**73**	**220**	**88**	**116**	**2595**	**628**	**1333**	**284**	**350**
西宁市	**401**	**57**	**172**	**70**	**102**	**1895**	**463**	**957**	**190**	**285**
城东区	94	16	46	17	15	408	149	162	48	49
城中区	87	18	30	12	27	478	145	241	32	60
城西区	106	6	36	30	34	360	53	176	48	83
城北区	112	17	59	11	25	634	116	363	62	93
湟中区	2		1		1	1		1		
大通回族土族自治县						14		14		
湟源县										
海东市	**26**	**3**	**15**	**4**	**4**	**148**	**46**	**76**	**13**	**13**
乐都区	18	3	12	3		84	31	46	6	1
平安区	8		3	1	4	64	15	30	7	12
民和回族土族自治县										
互助土族自治县										
化隆回族自治县										
循化撒拉族自治县										
海北藏族自治州										
门源回族自治县										
祁连县										
海晏县										
刚察县										
黄南藏族自治州										
同仁县										
尖扎县										
泽库县										
河南蒙古族自治县										
海南藏族自治州										
共和县										
同德县										
贵德县										
兴海县										
贵南县										
果洛藏族自治州										
玛沁县										
班玛县										
甘德县										
达日县										
久治县										
玛多县										
玉树藏族自治州	**13**	**4**	**1**	**6**	**2**	**121**	**40**	**37**	**35**	**9**
玉树市	13	4	1	6	2	118	37	37	35	9
杂多县										
称多县										
治多县										
囊谦县										
曲麻莱县						3	3			
海西蒙古族藏族自治州	**57**	**9**	**32**	**8**	**8**	**431**	**79**	**263**	**46**	**43**
格尔木市	42	9	23	4	6	329	66	207	23	33
德令哈市	6		3	1	2	54	5	30	15	4
茫崖市	9		6	3		48	8	26	8	6
乌兰县										
都兰县										
天峻县										
大柴旦行政委员会										

7-1a 续表 13

单位：人

现住地	省外									
	贵州					云南				
	小计	乡	镇的村委会	镇的居委会	街道	小计	乡	镇的村委会	镇的居委会	街道
全省	**111**	**20**	**60**	**13**	**18**	**127**	**25**	**76**	**7**	**19**
西宁市	**93**	**13**	**56**	**11**	**13**	**98**	**19**	**58**	**7**	**14**
城东区	34		32	2		32	7	17	3	5
城中区	8	4	3		1	13	2	10		1
城西区	22	2	8	4	8	9	2	3	2	2
城北区	26	6	11	5	4	36	8	20	2	6
湟中区						8		8		
大通回族土族自治县	3	1	2							
湟源县										
海东市	**2**	**1**		**1**		**4**	**2**	**2**		
乐都区	1	1				4	2	2		
平安区	1			1						
民和回族土族自治县										
互助土族自治县										
化隆回族自治县										
循化撒拉族自治县										
海北藏族自治州										
门源回族自治县										
祁连县										
海晏县										
刚察县										
黄南藏族自治州										
同仁县										
尖扎县										
泽库县										
河南蒙古族自治县										
海南藏族自治州										
共和县										
同德县										
贵德县										
兴海县										
贵南县										
果洛藏族自治州										
玛沁县										
班玛县										
甘德县										
达日县										
久治县										
玛多县										
玉树藏族自治州						**7**	**2**	**1**		**4**
玉树市						7	2	1		4
杂多县										
称多县										
治多县										
囊谦县										
曲麻莱县										
海西蒙古族藏族自治州	**16**	**6**	**4**	**1**	**5**	**18**	**2**	**15**		**1**
格尔木市	13	6	4		3	9	1	8		
德令哈市						7	1	5		1
茫崖市	3			1	2	2		2		
乌兰县										
都兰县										
天峻县										
大柴旦行政委员会										

7-1a 续表 14

单位：人

现住地	省外									
	西藏					陕西				
	小计	乡	镇的村委会	镇的居委会	街道	小计	乡	镇的村委会	镇的居委会	街道
全省	**203**	**84**	**47**	**19**	**53**	**1994**	**304**	**1010**	**224**	**456**
西宁市	**33**	**9**	**8**	**2**	**14**	**1654**	**246**	**818**	**196**	**394**
城东区	8	2	1	1	4	393	81	166	63	83
城中区	11	2	3		6	233	38	95	38	62
城西区	4	1		1	2	425	50	192	43	140
城北区	8	2	4		2	573	71	342	51	109
湟中区	2	2				11		10	1	
大通回族土族自治县						19	6	13		
湟源县										
海东市	**6**	**1**	**2**	**2**	**1**	**61**	**14**	**23**	**7**	**17**
乐都区	3	1	1		1	25	3	11	1	10
平安区	3		1	2		36	11	12	6	7
民和回族土族自治县										
互助土族自治县										
化隆回族自治县										
循化撒拉族自治县										
海北藏族自治州										
门源回族自治县										
祁连县										
海晏县										
刚察县										
黄南藏族自治州										
同仁县										
尖扎县										
泽库县										
河南蒙古族自治县										
海南藏族自治州										
共和县										
同德县										
贵德县										
兴海县										
贵南县										
果洛藏族自治州										
玛沁县										
班玛县										
甘德县										
达日县										
久治县										
玛多县										
玉树藏族自治州	**119**	**69**	**30**	**12**	**8**	**13**	**3**	**1**	**7**	**2**
玉树市	118	68	30	12	8	13	3	1	7	2
杂多县										
称多县										
治多县										
囊谦县										
曲麻莱县	1	1								
海西蒙古族藏族自治州	**45**	**5**	**7**	**3**	**30**	**266**	**41**	**168**	**14**	**43**
格尔木市	44	5	6	3	30	192	34	120	8	30
德令哈市	1		1			29	2	20	2	5
茫崖市						45	5	28	4	8
乌兰县										
都兰县										
天峻县										
大柴旦行政委员会										

7-1a　续表 15　　　　单位：人

现住地	省外									
	甘肃					宁夏				
	小计	乡	镇的村委会	镇的居委会	街道	小计	乡	镇的村委会	镇的居委会	街道
全省	**5971**	**1602**	**2929**	**637**	**803**	**200**	**37**	**94**	**30**	**39**
西宁市	**4325**	**1128**	**2051**	**480**	**666**	**180**	**32**	**88**	**23**	**37**
城东区	1957	646	807	242	262	79	20	39	10	10
城中区	745	172	377	69	127	18	4	8	2	4
城西区	612	89	314	81	128	34	2	16	4	12
城北区	992	210	546	87	149	49	6	25	7	11
湟中区	11	4	6	1						
大通回族土族自治县	8	7	1							
湟源县										
海东市	**237**	**80**	**126**	**20**	**11**	**4**	**1**	**1**	**1**	**1**
乐都区	189	72	97	13	7	3	1	1	1	
平安区	48	8	29	7	4	1				1
民和回族土族自治县										
互助土族自治县										
化隆回族自治县										
循化撒拉族自治县										
海北藏族自治州										
门源回族自治县										
祁连县										
海晏县										
刚察县										
黄南藏族自治州										
同仁县										
尖扎县										
泽库县										
河南蒙古族自治县										
海南藏族自治州										
共和县										
同德县										
贵德县										
兴海县										
贵南县										
果洛藏族自治州										
玛沁县										
班玛县										
甘德县										
达日县										
久治县										
玛多县										
玉树藏族自治州	**67**	**21**	**23**	**16**	**7**					
玉树市	67	21	23	16	7					
杂多县										
称多县										
治多县										
囊谦县										
曲麻莱县										
海西蒙古族藏族自治州	**1342**	**373**	**729**	**121**	**119**	**16**	**4**	**5**	**6**	**1**
格尔木市	949	281	510	74	84	12	3	4	4	1
德令哈市	180	32	94	28	26	1		1		
茫崖市	213	60	125	19	9	3	1		2	
乌兰县										
都兰县										
天峻县										
大柴旦行政委员会										

7–1a 续表 16

单位：人

现住地	省外				
	新疆				
	小计	乡	镇的村委会	镇的居委会	街道
全省	**189**	**43**	**55**	**32**	**59**
西宁市	**139**	**28**	**38**	**23**	**50**
城东区	59	17	22	8	12
城中区	23	1	2	5	15
城西区	22	7	6	5	4
城北区	33	3	7	5	18
湟中区	2		1		1
大通回族土族自治县					
湟源县					
海东市	**11**	**4**	**3**	**3**	**1**
乐都区	8	3	3	1	1
平安区	3	1		2	
民和回族土族自治县					
互助土族自治县					
化隆回族自治县					
循化撒拉族自治县					
海北藏族自治州					
门源回族自治县					
祁连县					
海晏县					
刚察县					
黄南藏族自治州					
同仁县					
尖扎县					
泽库县					
河南蒙古族自治县					
海南藏族自治州					
共和县					
同德县					
贵德县					
兴海县					
贵南县					
果洛藏族自治州					
玛沁县					
班玛县					
甘德县					
达日县					
久治县					
玛多县					
玉树藏族自治州					
玉树市					
杂多县					
称多县					
治多县					
囊谦县					
曲麻莱县					
海西蒙古族藏族自治州	**39**	**11**	**14**	**6**	**8**
格尔木市	29	10	12	3	4
德令哈市	4		2	1	1
茫崖市	6	1		2	3
乌兰县					
都兰县					
天峻县					
大柴旦行政委员会					

7-1b　全省按现住地、户口登记地类型分的户口登记地在外乡镇街道人口(镇)

单位：人

现住地	合计					省内				
	合计	乡	镇的村委会	镇的居委会	街道	小计	乡	镇的村委会	镇的居委会	街道
全省	**60418**	**27548**	**22922**	**7461**	**2487**	**54197**	**25794**	**19759**	**6708**	**1936**
西宁市	**11050**	**3874**	**5131**	**1587**	**458**	**9897**	**3693**	**4404**	**1440**	**360**
城东区										
城中区	180	11	160	5	4	35	5	28	1	1
城西区	21		21			6		6		
城北区										
湟中区	2081	242	1494	213	132	1761	212	1293	180	76
大通回族土族自治县	5759	1469	2994	1055	241	5217	1381	2675	954	207
湟源县	3009	2152	462	314	81	2878	2095	402	305	76
海东市	**12421**	**6569**	**4489**	**1014**	**349**	**11380**	**6252**	**3952**	**911**	**265**
乐都区	196	105	75	11	5	161	100	51	8	2
平安区	57	5	34	1	17	39	4	22	1	12
民和回族土族自治县	5102	2454	2095	499	54	4763	2357	1911	453	42
互助土族自治县	4669	2987	1279	202	201	4304	2848	1128	167	161
化隆回族自治县	952	503	321	87	41	831	478	244	81	28
循化撒拉族自治县	1445	515	685	214	31	1282	465	596	201	20
海北藏族自治州	**6552**	**3115**	**2328**	**833**	**276**	**6162**	**3022**	**2138**	**776**	**226**
门源回族自治县	2741	1149	1175	365	52	2636	1121	1126	349	40
祁连县	1122	552	434	102	34	1001	538	362	81	20
海晏县	2047	1173	454	265	155	1941	1135	412	255	139
刚察县	642	241	265	101	35	584	228	238	91	27
黄南藏族自治州	**4863**	**1858**	**1570**	**1187**	**248**	**4322**	**1713**	**1344**	**1080**	**185**
同仁县	2045	807	468	643	127	1778	727	387	582	82
尖扎县	1279	729	287	210	53	1162	697	227	193	45
泽库县	739	102	305	322	10	694	95	296	295	8
河南蒙古族自治县	800	220	510	12	58	688	194	434	10	50
海南藏族自治州	**8948**	**3538**	**3708**	**1295**	**407**	**8202**	**3320**	**3376**	**1178**	**328**
共和县	3407	1318	1295	571	223	3097	1213	1165	522	197
同德县	785	177	368	171	69	700	164	327	159	50
贵德县	2213	705	1094	353	61	2078	677	1018	329	54
兴海县	1709	1036	546	95	32	1604	987	526	82	9
贵南县	834	302	405	105	22	723	279	340	86	18
果洛藏族自治州	**3181**	**1947**	**789**	**328**	**117**	**2681**	**1713**	**618**	**259**	**91**
玛沁县	1243	788	237	167	51	1076	708	189	141	38
班玛县	530	336	122	57	15	457	298	96	49	14
甘德县	85	37	44	3	1	60	27	30	2	1
达日县	787	580	186	18	3	657	516	129	11	1
久治县	189	93	47	46	3	110	56	28	25	1
玛多县	347	113	153	37	44	321	108	146	31	36
玉树藏族自治州	**5530**	**3867**	**969**	**574**	**120**	**5358**	**3828**	**901**	**547**	**82**
玉树市	42	10	23	7	2	39	10	21	6	2
杂多县	2206	2032	84	72	18	2146	2013	57	66	10
称多县	464	248	151	22	43	415	238	134	16	27
治多县	1401	1201	142	56	2	1390	1199	134	56	1
囊谦县	706	60	311	305	30	686	54	306	296	30
曲麻莱县	711	316	258	112	25	682	314	249	107	12
海西蒙古族藏族自治州	**7873**	**2780**	**3938**	**643**	**512**	**6195**	**2253**	**3026**	**517**	**399**
格尔木市	2963	1237	1483	60	183	2224	913	1108	46	157
德令哈市	70	25	34	4	7	62	25	28	2	7
茫崖市	199	13	125	50	11	111	4	68	34	5
乌兰县	1082	95	722	185	80	900	71	610	149	70
都兰县	2049	1016	833	108	92	1692	893	645	91	63
天峻县	801	295	371	67	68	727	288	324	65	50
大柴旦行政委员会	709	99	370	169	71	479	59	243	130	47

7-1b 续表 1

单位：人

现住地	省外									
	小计					北京				
	小计	乡	镇的村委会	镇的居委会	街道	小计	乡	镇的村委会	镇的居委会	街道
全省	**6221**	**1754**	**3163**	**753**	**551**	**7**		**1**	**3**	**3**
西宁市	**1153**	**181**	**727**	**147**	**98**	**1**			**1**	
城东区										
城中区	145	6	132	4	3					
城西区	15		15							
城北区										
湟中区	320	30	201	33	56	1			1	
大通回族土族自治县	542	88	319	101	34					
湟源县	131	57	60	9	5					
海东市	**1041**	**317**	**537**	**103**	**84**	**1**				**1**
乐都区	35	5	24	3	3					
平安区	18	1	12		5					
民和回族土族自治县	339	97	184	46	12	1				1
互助土族自治县	365	139	151	35	40					
化隆回族自治县	121	25	77	6	13					
循化撒拉族自治县	163	50	89	13	11					
海北藏族自治州	**390**	**93**	**190**	**57**	**50**	**1**				**1**
门源回族自治县	105	28	49	16	12					
祁连县	121	14	72	21	14					
海晏县	106	38	42	10	16	1				1
刚察县	58	13	27	10	8					
黄南藏族自治州	**541**	**145**	**226**	**107**	**63**					
同仁县	267	80	81	61	45					
尖扎县	117	32	60	17	8					
泽库县	45	7	9	27	2					
河南蒙古族自治县	112	26	76	2	8					
海南藏族自治州	**746**	**218**	**332**	**117**	**79**	**1**			**1**	
共和县	310	105	130	49	26	1			1	
同德县	85	13	41	12	19					
贵德县	135	28	76	24	7					
兴海县	105	49	20	13	23					
贵南县	111	23	65	19	4					
果洛藏族自治州	**500**	**234**	**171**	**69**	**26**					
玛沁县	167	80	48	26	13					
班玛县	73	38	26	8	1					
甘德县	25	10	14	1						
达日县	130	64	57	7	2					
久治县	79	37	19	21	2					
玛多县	26	5	7	6	8					
玉树藏族自治州	**172**	**39**	**68**	**27**	**38**	**1**				**1**
玉树市	3		2	1						
杂多县	60	19	27	6	8	1				1
称多县	49	10	17	6	16					
治多县	11	2	8		1					
囊谦县	20	6	5	9						
曲麻莱县	29	2	9	5	13					
海西蒙古族藏族自治州	**1678**	**527**	**912**	**126**	**113**	**2**		**1**	**1**	
格尔木市	739	324	375	14	26					
德令哈市	8		6	2						
茫崖市	88	9	57	16	6	1			1	
乌兰县	182	24	112	36	10					
都兰县	357	123	188	17	29					
天峻县	74	7	47	2	18	1		1		
大柴旦行政委员会	230	40	127	39	24					

7–1b　续表 2　　　　单位：人

现住地	省外									
	天津					河北				
	小计	乡	镇的村委会	镇的居委会	街道	小计	乡	镇的村委会	镇的居委会	街道
全省	**9**	**1**	**5**	**1**	**2**	**191**	**38**	**120**	**21**	**12**
西宁市						**63**	**5**	**47**	**8**	**3**
城东区										
城中区						8		8		
城西区						12		12		
城北区										
湟中区						20	1	12	4	3
大通回族土族自治县						15		11	4	
湟源县						8	4	4		
海东市	**5**	**1**	**4**			**33**	**5**	**19**	**4**	**5**
乐都区						6	2	3		1
平安区										
民和回族土族自治县	2	1	1			12	1	8	3	
互助土族自治县	1		1			13	2	6	1	4
化隆回族自治县	2		2			2		2		
循化撒拉族自治县										
海北藏族自治州	**1**			**1**		**6**		**5**		**1**
门源回族自治县	1			1						
祁连县						3		3		
海晏县						3		2		1
刚察县										
黄南藏族自治州	**1**				**1**	**5**	**2**	**1**		**2**
同仁县						2	2			
尖扎县										
泽库县						1		1		
河南蒙古族自治县	1				1	2				2
海南藏族自治州	**2**		**1**		**1**	**15**	**4**	**8**	**3**	
共和县						10	1	6	3	
同德县	2		1		1	1	1			
贵德县						2	2			
兴海县						1		1		
贵南县						1		1		
果洛藏族自治州						**12**	**8**	**4**		
玛沁县						2	2			
班玛县						1		1		
甘德县										
达日县						2	1	1		
久治县						5	3	2		
玛多县						2	2			
玉树藏族自治州						**2**		**1**		**1**
玉树市						1		1		
杂多县										
称多县						1				1
治多县										
囊谦县										
曲麻莱县										
海西蒙古族藏族自治州						**55**	**14**	**35**	**6**	
格尔木市						17	3	13	1	
德令哈市										
茫崖市										
乌兰县						4		4		
都兰县						14	7	7		
天峻县										
大柴旦行政委员会						20	4	11	5	

7−1b 续表 3

单位：人

现住地	省外									
	山西					内蒙古				
	小计	乡	镇的村委会	镇的居委会	街道	小计	乡	镇的村委会	镇的居委会	街道
全省	**92**	**20**	**50**	**10**	**12**	**54**	**11**	**27**	**7**	**9**
西宁市	**28**	**6**	**17**		**5**	**12**	**2**	**7**		**3**
城东区										
城中区	3		3			4		4		
城西区										
城北区										
湟中区	9	1	4		4					
大通回族土族自治县	7	1	6			8	2	3		3
湟源县	9	4	4		1					
海东市	**12**	**4**	**7**	**1**		**13**	**7**	**6**		
乐都区	1		1							
平安区										
民和回族土族自治县	1		1			3	2	1		
互助土族自治县	10	4	5	1		6	4	2		
化隆回族自治县						3		3		
循化撒拉族自治县						1	1			
海北藏族自治州	**5**	**4**		**1**		**2**		**1**		**1**
门源回族自治县	1	1				1		1		
祁连县						1				1
海晏县										
刚察县	4	3		1						
黄南藏族自治州	**3**	**1**	**2**			**1**		**1**		
同仁县										
尖扎县	2	1	1							
泽库县										
河南蒙古族自治县	1		1			1		1		
海南藏族自治州	**5**		**5**			**6**		**2**	**4**	
共和县	3		3			2		2		
同德县										
贵德县	1		1			2			2	
兴海县										
贵南县	1		1			2			2	
果洛藏族自治州	**4**	**1**	**1**	**2**		**1**	**1**			
玛沁县	2			2						
班玛县						1	1			
甘德县	1		1							
达日县										
久治县	1	1								
玛多县										
玉树藏族自治州	**3**		**3**							
玉树市										
杂多县	3		3							
称多县										
治多县										
囊谦县										
曲麻莱县										
海西蒙古族藏族自治州	**32**	**4**	**15**	**6**	**7**	**19**	**1**	**10**	**3**	**5**
格尔木市	4	3	1							
德令哈市										
茫崖市	2		1	1						
乌兰县	9		5	3	1	6		3	2	1
都兰县	6	1	2	1	2	3		2	1	
天峻县	7		2	1	4					
大柴旦行政委员会	4		4			10	1	5		4

7-1b　续表 4

单位：人

现住地	省外									
	辽宁					吉林				
	小计	乡	镇的村委会	镇的居委会	街道	小计	乡	镇的村委会	镇的居委会	街道
全省	**33**	**4**	**14**	**4**	**11**	**27**	**11**	**8**	**3**	**5**
西宁市	**13**	**3**	**5**	**1**	**4**	**6**	**3**		**3**	
城东区										
城中区	2		2							
城西区										
城北区										
湟中区	1		1							
大通回族土族自治县	9	3	2	1	3	5	3		2	
湟源县	1				1	1			1	
海东市	**1**		**1**			**1**	**1**			
乐都区										
平安区										
民和回族土族自治县										
互助土族自治县						1	1			
化隆回族自治县										
循化撒拉族自治县	1		1							
海北藏族自治州	**4**		**2**	**1**	**1**	**2**	**1**	**1**		
门源回族自治县	1				1	2	1	1		
祁连县	2		2							
海晏县										
刚察县	1			1						
黄南藏族自治州	**2**	**1**	**1**							
同仁县	2	1	1							
尖扎县										
泽库县										
河南蒙古族自治县										
海南藏族自治州	**2**				**2**	**2**		**2**		
共和县	1				1	2		2		
同德县										
贵德县										
兴海县										
贵南县	1				1					
果洛藏族自治州						**1**				**1**
玛沁县						1				1
班玛县										
甘德县										
达日县										
久治县										
玛多县										
玉树藏族自治州	**1**		**1**			**1**		**1**		
玉树市										
杂多县	1		1			1		1		
称多县										
治多县										
囊谦县										
曲麻莱县										
海西蒙古族藏族自治州	**10**		**4**	**2**	**4**	**14**	**6**	**4**		**4**
格尔木市						7	4	2		1
德令哈市										
茫崖市	3		1		2	1		1		
乌兰县	1				1	1		1		
都兰县	3		2		1	3				3
天峻县						2	2			
大柴旦行政委员会	3		1	2						

7—1b 续表 5

单位：人

现住地	省外									
	黑龙江					上海				
	小计	乡	镇的村委会	镇的居委会	街道	小计	乡	镇的村委会	镇的居委会	街道
全省	**45**	**2**	**25**	**11**	**7**	**5**			**3**	**2**
西宁市	**5**		**4**		**1**	**1**			**1**	
城东区										
城中区										
城西区										
城北区										
湟中区										
大通回族土族自治县	3		2		1					
湟源县	2		2			1			1	
海东市	**12**	**1**	**10**		**1**	**1**			**1**	
乐都区										
平安区										
民和回族土族自治县	1	1								
互助土族自治县	11		10		1	1			1	
化隆回族自治县										
循化撒拉族自治县										
海北藏族自治州	**6**	**1**	**2**	**2**	**1**					
门源回族自治县	3	1		2						
祁连县	2		1		1					
海晏县										
刚察县	1		1							
黄南藏族自治州	**3**		**2**	**1**						
同仁县	1		1							
尖扎县	2		1	1						
泽库县										
河南蒙古族自治县										
海南藏族自治州	**1**			**1**		**1**			**1**	
共和县						1			1	
同德县										
贵德县										
兴海县	1			1						
贵南县										
果洛藏族自治州										
玛沁县										
班玛县										
甘德县										
达日县										
久治县										
玛多县										
玉树藏族自治州						**1**				**1**
玉树市										
杂多县						1				1
称多县										
治多县										
囊谦县										
曲麻莱县										
海西蒙古族藏族自治州	**18**		**7**	**7**	**4**	**1**				**1**
格尔木市	10		3	4	3					
德令哈市										
茫崖市	1			1						
乌兰县										
都兰县						1				1
天峻县	2		1		1					
大柴旦行政委员会	5		3	2						

7–1b　续表 6

单位：人

现住地	省外									
	江苏					浙江				
	小计	乡	镇的村委会	镇的居委会	街道	小计	乡	镇的村委会	镇的居委会	街道
全省	**220**	**35**	**120**	**41**	**24**	**104**	**17**	**68**	**13**	**6**
西宁市	**53**	**4**	**34**	**11**	**4**	**36**	**4**	**22**	**8**	**2**
城东区										
城中区	4		4							
城西区										
城北区										
湟中区	15	1	7	3	4	14	2	9	2	1
大通回族土族自治县	28	2	18	8		18	2	10	6	
湟源县	6	1	5			4		3		1
海东市	**59**	**6**	**40**	**10**	**3**	**21**	**4**	**16**	**1**	
乐都区	2			2						
平安区	1		1							
民和回族土族自治县	16	2	8	6		9		9		
互助土族自治县	23	4	18		1	5	2	2	1	
化隆回族自治县	9		7	2		4	1	3		
循化撒拉族自治县	8		6		2	3	1	2		
海北藏族自治州	**14**	**2**	**11**		**1**	**9**		**7**		**2**
门源回族自治县						1		1		
祁连县	8		7		1	2		2		
海晏县	4	2	2			3		1		2
刚察县	2		2			3		3		
黄南藏族自治州	**14**	**3**	**1**	**3**	**7**	**7**	**4**	**2**	**1**	
同仁县	7				7	7	4	2	1	
尖扎县	2			2						
泽库县	4	3		1						
河南蒙古族自治县	1		1							
海南藏族自治州	**34**	**10**	**11**	**9**	**4**	**15**	**4**	**8**	**2**	**1**
共和县	10	4	2	1	3	4	3	1		
同德县	3	1	1	1						
贵德县	4		3	1		9		6	2	1
兴海县	5	1		4		1	1			
贵南县	12	4	5	2	1	1		1		
果洛藏族自治州	**19**	**8**	**9**	**2**		**3**		**2**		**1**
玛沁县	9	8	1			2		1		1
班玛县	4		4							
甘德县										
达日县						1		1		
久治县	2		2							
玛多县	4		2	2						
玉树藏族自治州	**4**	**2**	**2**							
玉树市										
杂多县	4	2	2							
称多县										
治多县										
囊谦县										
曲麻莱县										
海西蒙古族藏族自治州	**23**		**12**	**6**	**5**	**13**	**1**	**11**	**1**	
格尔木市	7		4		3	2		2		
德令哈市										
茫崖市	1		1			3		3		
乌兰县	3		1	1	1					
都兰县	4		2	1	1	1			1	
天峻县						2		2		
大柴旦行政委员会	8		4	4		5	1	4		

7-1b 续表 7

单位：人

现住地	省外									
	安徽					福建				
	小计	乡	镇的村委会	镇的居委会	街道	小计	乡	镇的村委会	镇的居委会	街道
全省	**191**	**34**	**112**	**25**	**20**	**50**	**19**	**19**	**7**	**5**
西宁市	**34**	**2**	**25**	**3**	**4**	**14**	**2**	**10**		**2**
城东区										
城中区										
城西区										
城北区										
湟中区	12		10		2	5		3		2
大通回族土族自治县	22	2	15	3	2	5		5		
湟源县						4	2	2		
海东市	**31**	**6**	**21**	**4**		**28**	**16**	**5**	**5**	**2**
乐都区	2		2			2				2
平安区	1		1							
民和回族土族自治县	13	3	10			1		1		
互助土族自治县	7	3	3	1		25	16	4	5	
化隆回族自治县	3		3							
循化撒拉族自治县	5		2	3						
海北藏族自治州	**17**	**5**	**3**	**7**	**2**					
门源回族自治县	4	3		1						
祁连县	8		2	6						
海晏县	3	2	1							
刚察县	2				2					
黄南藏族自治州	**12**	**2**	**5**	**4**	**1**	**1**			**1**	
同仁县	6	2	4			1			1	
尖扎县	3		1	1	1					
泽库县	3			3						
河南蒙古族自治县										
海南藏族自治州	**37**	**7**	**24**	**2**	**4**					
共和县	13	4	7	1	1					
同德县	10	3	7							
贵德县	7		3	1	3					
兴海县										
贵南县	7		7							
果洛藏族自治州	**32**	**12**	**16**	**2**	**2**	**2**			**1**	**1**
玛沁县	11	2	9			1				1
班玛县	2	1	1							
甘德县										
达日县	18	9	6	2	1					
久治县										
玛多县	1				1	1			1	
玉树藏族自治州	**3**		**3**			**1**	**1**			
玉树市										
杂多县						1	1			
称多县	2		2							
治多县										
囊谦县										
曲麻莱县	1		1							
海西蒙古族藏族自治州	**25**		**15**	**3**	**7**	**4**		**4**		
格尔木市	7		4	2	1					
德令哈市										
茫崖市	2		2							
乌兰县	3		2		1	2		2		
都兰县	7		5		2					
天峻县	2		2			2		2		
大柴旦行政委员会	4			1	3					

7−1b　续表 8　　　　　　　　　　　　　　　　　　　　　　　　　　　单位：人

现住地	省外									
	江西					山东				
	小计	乡	镇的村委会	镇的居委会	街道	小计	乡	镇的村委会	镇的居委会	街道
全省	**62**	**13**	**31**	**6**	**12**	**168**	**19**	**77**	**51**	**21**
西宁市	**15**	**2**	**2**	**2**	**9**	**40**	**1**	**19**	**17**	**3**
城东区										
城中区						3		3		
城西区										
城北区										
湟中区	4	2			2	19		10	6	3
大通回族土族自治县	11		2	2	7	16	1	5	10	
湟源县						2		1	1	
海东市	**14**	**6**	**7**		**1**	**24**	**3**	**13**	**8**	
乐都区	1		1			1	1			
平安区										
民和回族土族自治县	2		1		1	5		2	3	
互助土族自治县	8	5	3			14	2	7	5	
化隆回族自治县	3	1	2			2		2		
循化撒拉族自治县						2		2		
海北藏族自治州	**3**	**1**		**2**		**20**	**3**	**3**	**6**	**8**
门源回族自治县	3	1		2		3			2	1
祁连县						6	1	2	1	2
海晏县						9	2		3	4
刚察县						2		1		1
黄南藏族自治州	**4**		**4**			**13**	**1**	**6**	**4**	**2**
同仁县	4		4			10	1	5	3	1
尖扎县						1		1		
泽库县						2			1	1
河南蒙古族自治县										
海南藏族自治州	**16**	**4**	**9**	**1**	**2**	**22**	**8**	**9**	**4**	**1**
共和县						13	5	4	4	
同德县	3		1		2					
贵德县	9		8	1		5	1	4		
兴海县	4	4				2	2			
贵南县						2		1		1
果洛藏族自治州	**1**		**1**			**7**	**2**	**2**		**3**
玛沁县						5	2	1		2
班玛县	1		1							
甘德县						1		1		
达日县										
久治县										
玛多县						1				1
玉树藏族自治州	**1**		**1**							
玉树市										
杂多县										
称多县	1		1							
治多县										
囊谦县										
曲麻莱县										
海西蒙古族藏族自治州	**8**		**7**	**1**		**42**	**1**	**25**	**12**	**4**
格尔木市						6	1	3	1	1
德令哈市						3		3		
茫崖市						2		2		
乌兰县	5		5			17		7	10	
都兰县	3		2	1		7		3	1	3
天峻县										
大柴旦行政委员会						7		7		

7－1b 续表 9

单位：人

现住地	省外									
	河南					湖北				
	小计	乡	镇的村委会	镇的居委会	街道	小计	乡	镇的村委会	镇的居委会	街道
全省	**805**	**189**	**458**	**82**	**76**	**325**	**45**	**217**	**35**	**28**
西宁市	**159**	**36**	**113**	**10**		**71**	**6**	**54**	**2**	**9**
城东区										
城中区	22		22			4		4		
城西区										
城北区										
湟中区	36	7	26	3		35	2	24		9
大通回族土族自治县	77	15	56	6		25	3	21	1	
湟源县	24	14	9	1		7	1	5	1	
海东市	**96**	**21**	**61**	**7**	**7**	**98**	**15**	**70**	**10**	**3**
乐都区	2	1	1							
平安区	1		1			1		1		
民和回族土族自治县	26	6	16	2	2	33	1	29	3	
互助土族自治县	41	14	17	5	5	21	7	10	1	3
化隆回族自治县	16		16			19		19		
循化撒拉族自治县	10		10			24	7	11	6	
海北藏族自治州	**50**	**13**	**31**	**3**	**3**	**20**	**5**	**10**	**2**	**3**
门源回族自治县	20	6	11	3		11	5	4	1	1
祁连县	7	1	5		1	7		5	1	1
海晏县	18	4	12		2	2		1		1
刚察县	5	2	3							
黄南藏族自治州	**54**	**10**	**22**	**10**	**12**	**25**	**2**	**15**	**4**	**4**
同仁县	15	3		1	11	17	1	10	4	2
尖扎县	21	5	13	3		6	1	3		2
泽库县	6			6						
河南蒙古族自治县	12	2	9		1	2		2		
海南藏族自治州	**115**	**29**	**53**	**8**	**25**	**54**	**9**	**31**	**7**	**7**
共和县	49	20	20	1	8	18	1	16		1
同德县	11	1	3	1	6	6			1	5
贵德县	22	8	14			25	8	11	6	
兴海县	15		2	2	11	1				1
贵南县	18		14	4		4		4		
果洛藏族自治州	**63**	**27**	**18**	**13**	**5**	**12**	**4**	**5**	**3**	
玛沁县	18	8	4	5	1	10	4	4	2	
班玛县	11	6	5							
甘德县	4	2	2			2		1	1	
达日县	14	8	4	2						
久治县	5	1	1	3						
玛多县	11	2	2	3	4					
玉树藏族自治州	**40**	**9**	**13**	**9**	**9**	**3**	**1**		**2**	
玉树市										
杂多县	9	1	7		1					
称多县	17	3	3	3	8					
治多县										
囊谦县	10	5	2	3		2			2	
曲麻莱县	4		1	3		1	1			
海西蒙古族藏族自治州	**228**	**44**	**147**	**22**	**15**	**42**	**3**	**32**	**5**	**2**
格尔木市	58	14	40		4	3	2	1		
德令哈市	1			1						
茫崖市	11	3	5	2	1	4		2	2	
乌兰县	25	7	6	12		6		6		
都兰县	96	15	73	4	4	18		16		2
天峻县	13		9		4	4		4		
大柴旦行政委员会	24	5	14	3	2	7	1	3	3	

7-1b　续表 10

单位：人

现住地	省外									
	湖南					广东				
	小计	乡	镇的村委会	镇的居委会	街道	小计	乡	镇的村委会	镇的居委会	街道
全省	**175**	**42**	**84**	**22**	**27**	**18**	**2**	**4**	**6**	**6**
西宁市	**21**	**3**	**11**		**7**	**6**	**2**	**2**	**1**	**1**
城东区										
城中区	1		1							
城西区										
城北区										
湟中区	13	1	6		6					
大通回族土族自治县	5	1	3		1	6	2	2	1	1
湟源县	2	1	1							
海东市	**42**	**14**	**21**	**1**	**6**	**4**		**2**	**1**	**1**
乐都区										
平安区						1				1
民和回族土族自治县	4	2	2							
互助土族自治县	26	7	12	1	6	2		2		
化隆回族自治县	12	5	7			1			1	
循化撒拉族自治县										
海北藏族自治州	**10**	**2**	**8**			**3**			**1**	**2**
门源回族自治县						1				1
祁连县	7		7			1				1
海晏县	2	2				1			1	
刚察县	1		1							
黄南藏族自治州	**12**	**4**	**1**	**3**	**4**	**2**			**1**	**1**
同仁县	3	2	1			1			1	
尖扎县	4			1	3	1				1
泽库县	4	2		1	1					
河南蒙古族自治县	1			1						
海南藏族自治州	**31**	**4**	**17**	**5**	**5**	**1**			**1**	
共和县	12	1	10	1						
同德县										
贵德县	7	1	2	3	1					
兴海县	7	2		1	4					
贵南县	5		5			1			1	
果洛藏族自治州	**17**	**6**	**5**	**5**	**1**					
玛沁县	6		3	2	1					
班玛县	5	4		1						
甘德县	2		2							
达日县	1	1								
久治县	3	1		2						
玛多县										
玉树藏族自治州	**13**	**3**	**5**	**2**	**3**	**1**				**1**
玉树市	1			1						
杂多县	2		2							
称多县	7	3	2	1	1					
治多县										
囊谦县										
曲麻莱县	3		1		2	1				1
海西蒙古族藏族自治州	**29**	**6**	**16**	**6**	**1**	**1**			**1**	
格尔木市	3		2	1						
德令哈市	1			1						
茫崖市	1			1						
乌兰县	8	4	4							
都兰县	3		3			1			1	
天峻县	10	2	6	1	1					
大柴旦行政委员会	3		1	2						

7-1b　续表 11

单位：人

现住地	省外									
	广西					海南				
	小计	乡	镇的村委会	镇的居委会	街道	小计	乡	镇的村委会	镇的居委会	街道
全省	**6**		**5**	**1**		**2**		**1**		**1**
西宁市	**2**		**2**							
城东区										
城中区										
城西区										
城北区										
湟中区	1		1							
大通回族土族自治县										
湟源县	1		1							
海东市										
乐都区										
平安区										
民和回族土族自治县										
互助土族自治县										
化隆回族自治县										
循化撒拉族自治县										
海北藏族自治州										
门源回族自治县										
祁连县										
海晏县										
刚察县										
黄南藏族自治州										
同仁县										
尖扎县										
泽库县										
河南蒙古族自治县										
海南藏族自治州						**1**		**1**		
共和县						1		1		
同德县										
贵德县										
兴海县										
贵南县										
果洛藏族自治州										
玛沁县										
班玛县										
甘德县										
达日县										
久治县										
玛多县										
玉树藏族自治州						**1**				**1**
玉树市										
杂多县						1				1
称多县										
治多县										
囊谦县										
曲麻莱县										
海西蒙古族藏族自治州	**4**		**3**	**1**						
格尔木市										
德令哈市										
茫崖市										
乌兰县	2		2							
都兰县										
天峻县										
大柴旦行政委员会	2		1	1						

7–1b　续表 12

单位：人

现住地	省外									
	重庆					四川				
	小计	乡	镇的村委会	镇的居委会	街道	小计	乡	镇的村委会	镇的居委会	街道
全省	**120**	**33**	**63**	**13**	**11**	**760**	**223**	**338**	**124**	**75**
西宁市	**39**	**8**	**28**	**1**	**2**	**196**	**21**	**132**	**27**	**16**
城东区										
城中区	17	1	15	1		40	4	32	2	2
城西区										
城北区										
湟中区	4		3		1	30	2	21	3	4
大通回族土族自治县	16	5	10		1	115	9	74	22	10
湟源县	2	2				11	6	5		
海东市	**14**	**5**	**5**	**2**	**2**	**91**	**34**	**38**	**10**	**9**
乐都区	1		1			2		2		
平安区										
民和回族土族自治县	3		1	2		17	1	10	5	1
互助土族自治县	6	5	1			31	17	8	3	3
化隆回族自治县	2				2	8	2	4		2
循化撒拉族自治县	2		2			33	14	14	2	3
海北藏族自治州	**5**	**2**	**3**			**32**	**5**	**16**	**6**	**5**
门源回族自治县	1		1			13	4	3	2	4
祁连县	3	1	2			8		4	3	1
海晏县						9	1	8		
刚察县	1	1				2		1	1	
黄南藏族自治州	**22**	**4**	**12**	**2**	**4**	**84**	**26**	**26**	**26**	**6**
同仁县	14	4	4	2	4	39	13	6	17	3
尖扎县	8		8			33	9	19	4	1
泽库县						6		1	5	
河南蒙古族自治县						6	4			2
海南藏族自治州	**15**	**3**	**9**	**2**	**1**	**64**	**27**	**18**	**13**	**6**
共和县	2		2			27	10	9	7	1
同德县						3	1			2
贵德县	5		5			10	2	4	4	
兴海县	3	2			1	20	14	3		3
贵南县	5	1	2	2		4		2	2	
果洛藏族自治州	**7**	**3**		**4**		**167**	**83**	**53**	**25**	**6**
玛沁县	1			1		49	26	12	8	3
班玛县	2	2				25	14	3	7	1
甘德县						8	3	5		
达日县						50	24	23	2	1
久治县	3			3		32	16	7	8	1
玛多县	1	1				3		3		
玉树藏族自治州	**6**	**3**	**3**			**19**	**2**	**8**	**6**	**3**
玉树市										
杂多县						11	1	4	5	1
称多县	1	1				5		3		2
治多县	1	1								
囊谦县						1	1			
曲麻莱县	4	1	3			2		1	1	
海西蒙古族藏族自治州	**12**	**5**	**3**	**2**	**2**	**107**	**25**	**47**	**11**	**24**
格尔木市	6	5		1		42	15	15	2	10
德令哈市						2		2		
茫崖市	3		1	1	1	4	2	1	1	
乌兰县						18	4	11	3	
都兰县	1				1	7	1	2		4
天峻县						6	3	3		
大柴旦行政委员会	2		2			28		13	5	10

7－1b 续表 13　　　　单位：人

现住地	省外									
	贵州					云南				
	小计	乡	镇的村委会	镇的居委会	街道	小计	乡	镇的村委会	镇的居委会	街道
全省	**28**	**8**	**7**	**5**	**8**	**48**	**6**	**28**	**9**	**5**
西宁市	**5**		**2**		**3**	**16**	**2**	**10**	**1**	**3**
城东区										
城中区						6		6		
城西区										
城北区										
湟中区	3				3	5	1		1	3
大通回族土族自治县	2		2			3	1	2		
湟源县						2		2		
海东市	**5**	**2**		**2**	**1**	**3**	**2**	**1**		
乐都区										
平安区										
民和回族土族自治县	1			1						
互助土族自治县	4	2		1	1	3	2	1		
化隆回族自治县										
循化撒拉族自治县										
海北藏族自治州	**1**		**1**			**2**		**1**		**1**
门源回族自治县	1		1			1				1
祁连县						1		1		
海晏县										
刚察县										
黄南藏族自治州	**4**	**2**		**2**		**11**	**1**	**6**	**4**	
同仁县	3	1		2		6	1	2	3	
尖扎县	1	1				1			1	
泽库县						2		2		
河南蒙古族自治县						2		2		
海南藏族自治州	**5**			**1**	**4**	**8**		**5**	**3**	
共和县	5			1	4	1		1		
同德县						3		3		
贵德县										
兴海县						4		1	3	
贵南县										
果洛藏族自治州	**2**	**1**	**1**			**1**	**1**			
玛沁县										
班玛县										
甘德县										
达日县	1		1			1	1			
久治县	1	1								
玛多县										
玉树藏族自治州										
玉树市										
杂多县										
称多县										
治多县										
囊谦县										
曲麻莱县										
海西蒙古族藏族自治州	**6**	**3**	**3**			**7**		**5**	**1**	**1**
格尔木市	1		1			1		1		
德令哈市										
茫崖市										
乌兰县										
都兰县	2		2			1		1		
天峻县										
大柴旦行政委员会	3	3				5		3	1	1

7-1b 续表 14

单位：人

现住地	省外									
	西藏					陕西				
	小计	乡	镇的村委会	镇的居委会	街道	小计	乡	镇的村委会	镇的居委会	街道
全省	**54**	**18**	**20**	**11**	**5**	**267**	**43**	**164**	**41**	**19**
西宁市	**21**	**9**	**6**	**6**		**70**	**9**	**51**	**8**	**2**
城东区										
城中区						12		12		
城西区						3		3		
城北区										
湟中区						30	3	22	3	2
大通回族土族自治县	5	1		4		22	6	12	4	
湟源县	16	8	6	2		3		2	1	
海东市	**6**		**4**	**2**		**45**	**11**	**27**	**3**	**4**
乐都区	1		1			4		4		
平安区						4		4		
民和回族土族自治县	4		2	2		9	1	5	2	1
互助土族自治县						25	10	11	1	3
化隆回族自治县						1		1		
循化撒拉族自治县	1		1			2		2		
海北藏族自治州	**2**	**1**		**1**		**16**		**12**	**3**	**1**
门源回族自治县						9		7	2	
祁连县						3		3		
海晏县						2		1	1	
刚察县	2	1		1		2		1		1
黄南藏族自治州	**1**			**1**		**26**	**6**	**12**	**7**	**1**
同仁县	1			1		14	2	4	7	1
尖扎县										
泽库县						9	4	5		
河南蒙古族自治县						3		3		
海南藏族自治州	**6**		**4**		**2**	**36**	**6**	**18**	**11**	**1**
共和县	4		3		1	12	4	5	3	
同德县	1				1	11		6	5	
贵德县						10	2	5	3	
兴海县						3		2		1
贵南县	1		1							
果洛藏族自治州						**4**	**1**		**2**	**1**
玛沁县						3	1		2	
班玛县										
甘德县										
达日县										
久治县						1				1
玛多县										
玉树藏族自治州	**9**	**5**	**1**	**1**	**2**	**6**	**1**	**4**		**1**
玉树市										
杂多县	6	5	1			2	1	1		
称多县						3		3		
治多县										
囊谦县	1			1						
曲麻莱县	2				2	1				1
海西蒙古族藏族自治州	**9**	**3**	**5**		**1**	**64**	**9**	**40**	**7**	**8**
格尔木市	7	3	4			17	3	12	2	
德令哈市						1		1		
茫崖市						4		3		1
乌兰县						16		12	3	1
都兰县	2		1		1	9	2	4	1	2
天峻县						4		1		3
大柴旦行政委员会						13	4	7	1	1

7-1b 续表 15

单位：人

现住地	省外									
	甘肃					宁夏				
	小计	乡	镇的村委会	镇的居委会	街道	小计	乡	镇的村委会	镇的居委会	街道
全省	**2277**	**900**	**1061**	**183**	**133**	**49**	**13**	**23**	**9**	**4**
西宁市	**215**	**51**	**119**	**31**	**14**	**4**		**2**	**2**	
城东区										
城中区	19	1	16	1	1					
城西区										
城北区										
湟中区	60	7	39	7	7	2		2		
大通回族土族自治县	112	29	56	23	4	1			1	
湟源县	24	14	8		2	1			1	
海东市	**372**	**151**	**153**	**30**	**38**	**2**		**2**		
乐都区	10	1	8	1						
平安区	9	1	4		4					
民和回族土族自治县	171	75	74	16	6					
互助土族自治县	78	31	26	8	13	2		2		
化隆回族自治县	34	16	6	3	9					
循化撒拉族自治县	70	27	35	2	6					
海北藏族自治州	**148**	**47**	**70**	**18**	**13**	**10**	**1**	**3**	**3**	**3**
门源回族自治县	26	5	19		2	1	1			
祁连县	52	11	26	10	5					
海晏县	48	25	13	5	5	1		1		
刚察县	22	6	12	3	1	8		2	3	3
黄南藏族自治州	**231**	**76**	**106**	**31**	**18**					
同仁县	113	43	36	18	16					
尖扎县	21	11	8	2						
泽库县	17	2	5	10						
河南蒙古族自治县	80	20	57	1	2					
海南藏族自治州	**239**	**94**	**96**	**36**	**13**	**10**	**8**		**2**	
共和县	109	44	36	23	6	10	8		2	
同德县	31	6	19	4	2					
贵德县	17	4	10	1	2					
兴海县	37	23	10	2	2					
贵南县	45	17	21	6	1					
果洛藏族自治州	**144**	**75**	**54**	**10**	**5**					
玛沁县	47	27	13	4	3					
班玛县	21	10	11							
甘德县	6	4	2							
达日县	42	20	21	1						
久治县	26	14	7	5						
玛多县	2				2					
玉树藏族自治州	**56**	**12**	**22**	**7**	**15**					
玉树市	1		1							
杂多县	17	8	5	1	3					
称多县	12	3	3	2	4					
治多县	10	1	8		1					
囊谦县	6		3	3						
曲麻莱县	10		2	1	7					
海西蒙古族藏族自治州	**872**	**394**	**441**	**20**	**17**	**23**	**4**	**16**	**2**	**1**
格尔木市	534	268	264		2	2		1		1
德令哈市										
茫崖市	42	3	33	5	1	2	1		1	
乌兰县	55	8	41	2	4	1	1			
都兰县	146	95	45	4	2	18	2	15	1	
天峻县	19		14		5					
大柴旦行政委员会	76	20	44	9	3					

7-1b　续表 16　　　　　　　　　　　　　　　　　　单位：人

现住地	省外				
	新疆				
	小计	乡	镇的村委会	镇的居委会	街道
全省	**29**	**8**	**13**	**6**	**2**
西宁市	**7**		**3**	**3**	**1**
城东区					
城中区					
城西区					
城北区					
湟中区	1		1		
大通回族土族自治县	6		2	3	1
湟源县					
海东市	**7**	**2**	**4**	**1**	
乐都区					
平安区					
民和回族土族自治县	5	1	3	1	
互助土族自治县	1	1			
化隆回族自治县					
循化撒拉族自治县	1		1		
海北藏族自治州	**1**				**1**
门源回族自治县	1				1
祁连县					
海晏县					
刚察县					
黄南藏族自治州	**3**		**1**	**2**	
同仁县	1		1		
尖扎县	2			2	
泽库县					
河南蒙古族自治县					
海南藏族自治州	**2**	**1**	**1**		
共和县					
同德县					
贵德县					
兴海县	1		1		
贵南县	1	1			
果洛藏族自治州	**1**	**1**			
玛沁县					
班玛县					
甘德县	1	1			
达日县					
久治县					
玛多县					
玉树藏族自治州					
玉树市					
杂多县					
称多县					
治多县					
囊谦县					
曲麻莱县					
海西蒙古族藏族自治州	**8**	**4**	**4**		
格尔木市	5	3	2		
德令哈市					
茫崖市	1		1		
乌兰县					
都兰县	1		1		
天峻县					
大柴旦行政委员会	1	1			

7-1c 全省按现住地、户口登记地类型分的户口登记地在外乡镇街道人口(乡村)

单位：人

现住地	合计					省内				
	合计	乡	镇的村委会	镇的居委会	街道	小计	乡	镇的村委会	镇的居委会	街道
全省	**12619**	**4795**	**5455**	**1365**	**1004**	**9651**	**3849**	**3943**	**1180**	**679**
西宁市	**2338**	**851**	**1156**	**128**	**203**	**1667**	**668**	**725**	**110**	**164**
城东区										
城中区	1			1		1			1	
城西区										
城北区	172	95	76		1	43	18	24		1
湟中区	1475	321	903	83	168	1070	269	585	73	143
大通回族土族自治县	311	128	124	32	27	217	97	79	26	15
湟源县	379	307	53	12	7	336	284	37	10	5
海东市	**3065**	**1198**	**1278**	**335**	**254**	**2342**	**918**	**928**	**303**	**193**
乐都区	447	128	234	47	38	295	89	133	45	28
平安区	223	107	56	19	41	200	99	51	18	32
民和回族土族自治县	401	178	169	24	30	304	143	113	21	27
互助土族自治县	715	353	252	57	53	418	187	155	35	41
化隆回族自治县	1129	339	538	172	80	983	312	448	168	55
循化撒拉族自治县	150	93	29	16	12	142	88	28	16	10
海北藏族自治州	**710**	**238**	**326**	**56**	**90**	**485**	**192**	**206**	**42**	**45**
门源回族自治县	309	102	137	19	51	191	80	80	16	15
祁连县	223	71	122	13	17	149	53	76	11	9
海晏县	92	43	29	12	8	65	40	15	3	7
刚察县	86	22	38	12	14	80	19	35	12	14
黄南藏族自治州	**561**	**247**	**195**	**73**	**46**	**474**	**213**	**152**	**73**	**36**
同仁县	127	52	24	40	11	116	48	20	40	8
尖扎县	297	132	128	20	17	247	122	89	20	16
泽库县	79	25	40	12	2	79	25	40	12	2
河南蒙古族自治县	58	38	3	1	16	32	18	3	1	10
海南藏族自治州	**1122**	**414**	**499**	**148**	**61**	**1007**	**382**	**460**	**124**	**41**
共和县	224	35	116	56	17	185	34	104	38	9
同德县	288	142	128	13	5	268	129	123	13	3
贵德县	328	144	131	28	25	299	137	119	26	17
兴海县	82	28	41	5	8	74	26	39	2	7
贵南县	200	65	83	46	6	181	56	75	45	5
果洛藏族自治州	**828**	**580**	**184**	**48**	**16**	**659**	**448**	**165**	**36**	**10**
玛沁县	128	55	51	14	8	111	48	49	8	6
班玛县	83	64	8	8	3	62	43	8	8	3
甘德县	318	228	85	5		267	180	83	4	
达日县	124	90	20	11	3	112	84	17	11	
久治县	150	124	16	8	2	83	74	5	3	1
玛多县	25	19	4	2		24	19	3	2	
玉树藏族自治州	**1001**	**503**	**141**	**339**	**18**	**936**	**474**	**113**	**335**	**14**
玉树市	164	39	95	23	7	126	27	73	22	4
杂多县	666	331	23	305	7	651	320	21	303	7
称多县	62	38	12	9	3	59	37	12	8	2
治多县	4		4			4		4		
囊谦县	81	72	6	2	1	77	71	3	2	1
曲麻莱县	24	23	1			19	19			
海西蒙古族藏族自治州	**2994**	**764**	**1676**	**238**	**316**	**2081**	**554**	**1194**	**157**	**176**
格尔木市	1107	360	540	91	116	776	257	370	68	81
德令哈市	772	208	520	8	36	666	182	449	2	33
茫崖市										
乌兰县	121	10	100	7	4	77	7	64	3	3
都兰县	279	71	155	27	26	212	52	133	14	13
天峻县	66	14	7	3	42	29	12	7	3	7
大柴旦行政委员会	649	101	354	102	92	321	44	171	67	39

7-1c　续表 1

单位：人

现住地	省外									
	小计					北京				
	小计	乡	镇的村委会	镇的居委会	街道	小计	乡	镇的村委会	镇的居委会	街道
全省	**2968**	**946**	**1512**	**185**	**325**	**8**	**1**	**1**	**1**	**5**
西宁市	**671**	**183**	**431**	**18**	**39**	**2**			**1**	**1**
城东区										
城中区										
城西区										
城北区	129	77	52							
湟中区	405	52	318	10	25	2			1	1
大通回族土族自治县	94	31	45	6	12					
湟源县	43	23	16	2	2					
海东市	**723**	**280**	**350**	**32**	**61**	**2**		**1**		**1**
乐都区	152	39	101	2	10					
平安区	23	8	5	1	9					
民和回族土族自治县	97	35	56	3	3					
互助土族自治县	297	166	97	22	12					
化隆回族自治县	146	27	90	4	25	2		1		1
循化撒拉族自治县	8	5	1		2					
海北藏族自治州	**225**	**46**	**120**	**14**	**45**	**2**	**1**			**1**
门源回族自治县	118	22	57	3	36	2	1			1
祁连县	74	18	46	2	8					
海晏县	27	3	14	9	1					
刚察县	6	3	3							
黄南藏族自治州	**87**	**34**	**43**		**10**					
同仁县	11	4	4		3					
尖扎县	50	10	39		1					
泽库县										
河南蒙古族自治县	26	20			6					
海南藏族自治州	**115**	**32**	**39**	**24**	**20**	**1**				**1**
共和县	39	1	12	18	8					
同德县	20	13	5		2					
贵德县	29	7	12	2	8	1				1
兴海县	8	2	2	3	1					
贵南县	19	9	8	1	1					
果洛藏族自治州	**169**	**132**	**19**	**12**	**6**					
玛沁县	17	7	2	6	2					
班玛县	21	21								
甘德县	51	48	2	1						
达日县	12	6	3		3					
久治县	67	50	11	5	1					
玛多县	1		1							
玉树藏族自治州	**65**	**29**	**28**	**4**	**4**					
玉树市	38	12	22	1	3					
杂多县	15	11	2	2						
称多县	3	1		1	1					
治多县										
囊谦县	4	1	3							
曲麻莱县	5	4	1							
海西蒙古族藏族自治州	**913**	**210**	**482**	**81**	**140**	**1**				**1**
格尔木市	331	103	170	23	35	1				1
德令哈市	106	26	71	6	3					
茫崖市										
乌兰县	44	3	36	4	1					
都兰县	67	19	22	13	13					
天峻县	37	2			35					
大柴旦行政委员会	328	57	183	35	53					

7-1c 续表 2

单位：人

现住地	省外									
	天津					河北				
	小计	乡	镇的村委会	镇的居委会	街道	小计	乡	镇的村委会	镇的居委会	街道
全省	**8**	**1**	**5**		**2**	**83**	**22**	**44**	**5**	**12**
西宁市						**29**	**5**	**23**		**1**
城东区										
城中区										
城西区										
城北区										
湟中区						25	4	20		1
大通回族土族自治县						3		3		
湟源县						1	1			
海东市	**7**	**1**	**5**		**1**	**23**	**15**	**7**		**1**
乐都区	2	1	1			5	3	2		
平安区						2	1	1		
民和回族土族自治县						2	1	1		
互助土族自治县	1				1	11	9	2		
化隆回族自治县	4		4			3	1	1		1
循化撒拉族自治县										
海北藏族自治州						**4**		**4**		
门源回族自治县						1		1		
祁连县						3		3		
海晏县										
刚察县										
黄南藏族自治州	**1**				**1**	**1**				**1**
同仁县						1				1
尖扎县										
泽库县										
河南蒙古族自治县	1				1					
海南藏族自治州						**4**		**1**		**3**
共和县						3		1		2
同德县										
贵德县						1				1
兴海县										
贵南县										
果洛藏族自治州						**3**	**1**	**1**		**1**
玛沁县										
班玛县										
甘德县										
达日县						3	1	1		1
久治县										
玛多县										
玉树藏族自治州										
玉树市										
杂多县										
称多县										
治多县										
囊谦县										
曲麻莱县										
海西蒙古族藏族自治州						**19**	**1**	**8**	**5**	**5**
格尔木市						6	1	2		3
德令哈市										
茫崖市										
乌兰县										
都兰县										
天峻县										
大柴旦行政委员会						13		6	5	2

7–1c　续表 3

单位：人

现住地	省外									
	山西					内蒙古				
	小计	乡	镇的村委会	镇的居委会	街道	小计	乡	镇的村委会	镇的居委会	街道
全省	**52**	**19**	**22**	**4**	**7**	**17**	**4**	**8**	**4**	**1**
西宁市	**22**	**9**	**9**	**1**	**3**	**3**	**1**	**2**		
城东区										
城中区										
城西区										
城北区	1	1								
湟中区	13	7	5		1	1		1		
大通回族土族自治县	7	1	3	1	2	2	1	1		
湟源县	1		1							
海东市	**13**	**8**	**4**		**1**	**6**	**1**	**4**	**1**	
乐都区	2	1	1			1		1		
平安区										
民和回族土族自治县	2		2			1	1			
互助土族自治县	7	5	1		1	2		1	1	
化隆回族自治县	2	2				2		2		
循化撒拉族自治县										
海北藏族自治州	**4**	**1**	**3**			**1**			**1**	
门源回族自治县										
祁连县	2	1	1							
海晏县	2		2			1			1	
刚察县										
黄南藏族自治州										
同仁县										
尖扎县										
泽库县										
河南蒙古族自治县										
海南藏族自治州										
共和县										
同德县										
贵德县										
兴海县										
贵南县										
果洛藏族自治州						**1**	**1**			
玛沁县						1	1			
班玛县										
甘德县										
达日县										
久治县										
玛多县										
玉树藏族自治州										
玉树市										
杂多县										
称多县										
治多县										
囊谦县										
曲麻莱县										
海西蒙古族藏族自治州	**13**	**1**	**6**	**3**	**3**	**6**	**1**	**2**	**2**	**1**
格尔木市						2			2	
德令哈市	6		4	2						
茫崖市										
乌兰县						1		1		
都兰县	2	1			1					
天峻县	2				2					
大柴旦行政委员会	3		2	1		3	1	1		1

7-1c 续表 4

单位：人

现住地	省外									
	辽宁					吉林				
	小计	乡	镇的村委会	镇的居委会	街道	小计	乡	镇的村委会	镇的居委会	街道
全省	**11**	**1**	**5**	**1**	**4**	**24**	**10**	**11**		**3**
西宁市	**5**	**1**	**2**		**2**	**7**	**2**	**4**		**1**
城东区										
城中区										
城西区										
城北区										
湟中区	4		2		2	3		3		
大通回族土族自治县						2		1		1
湟源县	1	1				2	2			
海东市						**6**	**5**	**1**		
乐都区										
平安区										
民和回族土族自治县										
互助土族自治县						5	5			
化隆回族自治县										
循化撒拉族自治县						1		1		
海北藏族自治州						**1**		**1**		
门源回族自治县						1		1		
祁连县										
海晏县										
刚察县										
黄南藏族自治州										
同仁县										
尖扎县										
泽库县										
河南蒙古族自治县										
海南藏族自治州						**1**				**1**
共和县										
同德县										
贵德县						1				1
兴海县										
贵南县										
果洛藏族自治州										
玛沁县										
班玛县										
甘德县										
达日县										
久治县										
玛多县										
玉树藏族自治州										
玉树市										
杂多县										
称多县										
治多县										
囊谦县										
曲麻莱县										
海西蒙古族藏族自治州	**6**		**3**	**1**	**2**	**9**	**3**	**5**		**1**
格尔木市	2				2	1				1
德令哈市	1		1							
茫崖市										
乌兰县										
都兰县										
天峻县										
大柴旦行政委员会	3		2	1		8	3	5		

7-1c　续表 5

单位：人

现住地	省外									
	黑龙江					上海				
	小计	乡	镇的村委会	镇的居委会	街道	小计	乡	镇的村委会	镇的居委会	街道
全省	**30**	**7**	**16**	**4**	**3**					
西宁市	**11**	**3**	**6**		**2**					
城东区										
城中区										
城西区										
城北区	1		1							
湟中区	8	2	5		1					
大通回族土族自治县	1	1								
湟源县	1				1					
海东市	**6**	**3**	**3**							
乐都区										
平安区										
民和回族土族自治县	3		3							
互助土族自治县	3	3								
化隆回族自治县										
循化撒拉族自治县										
海北藏族自治州	**3**		**2**	**1**						
门源回族自治县	2		2							
祁连县										
海晏县	1			1						
刚察县										
黄南藏族自治州										
同仁县										
尖扎县										
泽库县										
河南蒙古族自治县										
海南藏族自治州	**3**		**1**	**1**	**1**					
共和县	3		1	1	1					
同德县										
贵德县										
兴海县										
贵南县										
果洛藏族自治州										
玛沁县										
班玛县										
甘德县										
达日县										
久治县										
玛多县										
玉树藏族自治州										
玉树市										
杂多县										
称多县										
治多县										
囊谦县										
曲麻莱县										
海西蒙古族藏族自治州	**7**	**1**	**4**	**2**						
格尔木市										
德令哈市										
茫崖市										
乌兰县	6		4	2						
都兰县										
天峻县										
大柴旦行政委员会	1	1								

7-1c 续表 6

单位：人

现住地	省外									
	江苏					浙江				
	小计	乡	镇的村委会	镇的居委会	街道	小计	乡	镇的村委会	镇的居委会	街道
全省	**60**	**14**	**43**	**2**	**1**	**38**	**11**	**18**	**1**	**8**
西宁市	**21**	**3**	**15**	**2**	**1**	**15**	**2**	**11**		**2**
城东区										
城中区										
城西区										
城北区	3		3			6	2	4		
湟中区	11	1	8	2		9		7		2
大通回族土族自治县	5		4		1					
湟源县	2	2								
海东市	**27**	**8**	**19**			**14**	**6**	**3**	**1**	**4**
乐都区	5		5			1		1		
平安区						4				4
民和回族土族自治县						1			1	
互助土族自治县	4	1	3							
化隆回族自治县	18	7	11			8	6	2		
循化撒拉族自治县										
海北藏族自治州										
门源回族自治县										
祁连县										
海晏县										
刚察县										
黄南藏族自治州										
同仁县										
尖扎县										
泽库县										
河南蒙古族自治县										
海南藏族自治州	**1**	**1**								
共和县										
同德县										
贵德县										
兴海县										
贵南县	1	1								
果洛藏族自治州										
玛沁县										
班玛县										
甘德县										
达日县										
久治县										
玛多县										
玉树藏族自治州										
玉树市										
杂多县										
称多县										
治多县										
囊谦县										
曲麻莱县										
海西蒙古族藏族自治州	**11**	**2**	**9**			**9**	**3**	**4**		**2**
格尔木市	8	2	6			5	2	1		2
德令哈市	3		3							
茫崖市										
乌兰县										
都兰县						1		1		
天峻县										
大柴旦行政委员会						3	1	2		

7-1c　续表 7　　　　单位：人

现住地	省外									
	安徽					福建				
	小计	乡	镇的村委会	镇的居委会	街道	小计	乡	镇的村委会	镇的居委会	街道
全省	**40**	**7**	**26**	**4**	**3**	**36**	**6**	**26**	**1**	**3**
西宁市	**22**	**4**	**16**	**2**		**12**		**11**	**1**	
城东区										
城中区										
城西区										
城北区	1		1							
湟中区	20	4	14	2		9		9		
大通回族土族自治县										
湟源县	1		1			3		2	1	
海东市	**9**	**1**	**6**		**2**	**11**	**4**	**7**		
乐都区	4		4							
平安区	1				1					
民和回族土族自治县						1		1		
互助土族自治县	2		2			9	3	6		
化隆回族自治县	2	1			1	1	1			
循化撒拉族自治县										
海北藏族自治州	**2**	**1**	**1**			**10**	**1**	**7**		**2**
门源回族自治县						7		6		1
祁连县	2	1	1							
海晏县						3	1	1		1
刚察县										
黄南藏族自治州	**2**		**2**							
同仁县										
尖扎县	2		2							
泽库县										
河南蒙古族自治县										
海南藏族自治州						**2**		**1**		**1**
共和县						2		1		1
同德县										
贵德县										
兴海县										
贵南县										
果洛藏族自治州										
玛沁县										
班玛县										
甘德县										
达日县										
久治县										
玛多县										
玉树藏族自治州						**1**	**1**			
玉树市										
杂多县						1	1			
称多县										
治多县										
囊谦县										
曲麻莱县										
海西蒙古族藏族自治州	**5**	**1**	**1**	**2**	**1**					
格尔木市	1	1								
德令哈市										
茫崖市										
乌兰县										
都兰县										
天峻县										
大柴旦行政委员会	4		1	2	1					

7－1c 续表 8

单位：人

现住地	省外									
	江西					山东				
	小计	乡	镇的村委会	镇的居委会	街道	小计	乡	镇的村委会	镇的居委会	街道
全省	**10**	**4**	**3**	**3**		**125**	**8**	**82**	**24**	**11**
西宁市	**2**		**2**			**40**	**3**	**35**		**2**
城东区										
城中区										
城西区										
城北区						14		14		
湟中区	2		2			12		12		
大通回族土族自治县						14	3	9		2
湟源县										
海东市	**7**	**4**		**3**		**36**	**2**	**27**	**2**	**5**
乐都区						15	1	9	1	4
平安区						1				1
民和回族土族自治县										
互助土族自治县	4	4				18	1	16	1	
化隆回族自治县	3			3		2		2		
循化撒拉族自治县										
海北藏族自治州						**9**		**4**	**5**	
门源回族自治县						1		1		
祁连县						2		2		
海晏县						6		1	5	
刚察县										
黄南藏族自治州										
同仁县										
尖扎县										
泽库县										
河南蒙古族自治县										
海南藏族自治州						**1**			**1**	
共和县						1			1	
同德县										
贵德县										
兴海县										
贵南县										
果洛藏族自治州										
玛沁县										
班玛县										
甘德县										
达日县										
久治县										
玛多县										
玉树藏族自治州						**1**	**1**			
玉树市										
杂多县										
称多县										
治多县										
囊谦县						1	1			
曲麻莱县										
海西蒙古族藏族自治州	**1**		**1**			**38**	**2**	**16**	**16**	**4**
格尔木市						14		7	5	2
德令哈市						1		1		
茫崖市										
乌兰县										
都兰县						13	2	2	9	
天峻县										
大柴旦行政委员会	1		1			10		6	2	2

7-1c　续表 9　　　　单位：人

现住地	省外									
	河南					湖北				
	小计	乡	镇的村委会	镇的居委会	街道	小计	乡	镇的村委会	镇的居委会	街道
全省	**383**	**127**	**185**	**21**	**50**	**130**	**23**	**83**	**9**	**15**
西宁市	**104**	**55**	**48**	**1**		**25**	**4**	**17**	**3**	**1**
城东区										
城中区										
城西区										
城北区	41	31	10			3	3			
湟中区	43	10	33			9		7	2	
大通回族土族自治县	13	9	3	1		9	1	6	1	1
湟源县	7	5	2			4		4		
海东市	**80**	**27**	**44**	**4**	**5**	**47**	**12**	**27**	**5**	**3**
乐都区	27	8	17		2	5		5		
平安区	5	1	1	1	2	4	4			
民和回族土族自治县	2	2				2		1		1
互助土族自治县	24	11	10	3		18	8	5	5	
化隆回族自治县	21	4	16		1	18		16		2
循化撒拉族自治县	1	1								
海北藏族自治州	**18**	**3**	**10**	**2**	**3**	**20**	**3**	**17**		
门源回族自治县	7		5	1	1	1		1		
祁连县	11	3	5	1	2	18	3	15		
海晏县						1		1		
刚察县										
黄南藏族自治州	**1**		**1**			**2**	**1**	**1**		
同仁县						2	1	1		
尖扎县	1		1							
泽库县										
河南蒙古族自治县										
海南藏族自治州	**15**	**6**	**4**	**4**	**1**	**1**		**1**		
共和县	3			2	1					
同德县	3		3							
贵德县	3	2	1							
兴海县	3	1		2						
贵南县	3	3				1		1		
果洛藏族自治州	**10**	**10**								
玛沁县	1	1								
班玛县	2	2								
甘德县	2	2								
达日县	3	3								
久治县	2	2								
玛多县										
玉树藏族自治州	**6**	**2**	**2**	**1**	**1**					
玉树市	5	2	2	1						
杂多县										
称多县	1				1					
治多县										
囊谦县										
曲麻莱县										
海西蒙古族藏族自治州	**149**	**24**	**76**	**9**	**40**	**35**	**3**	**20**	**1**	**11**
格尔木市	30	5	20	2	3	4		4		
德令哈市	1		1			17	2	12		3
茫崖市										
乌兰县	2	1			1					
都兰县	16	11	5			8		3		5
天峻县	1				1	2				2
大柴旦行政委员会	99	7	50	7	35	4	1	1	1	1

7-1c 续表 10

单位：人

现住地	省外									
	湖南					广东				
	小计	乡	镇的村委会	镇的居委会	街道	小计	乡	镇的村委会	镇的居委会	街道
全省	**70**	**10**	**40**	**4**	**16**	**12**	**3**	**5**		**4**
西宁市	**21**		**21**			**3**	**2**			**1**
城东区										
城中区										
城西区										
城北区										
湟中区	20		20			1				1
大通回族土族自治县	1		1			2	2			
湟源县										
海东市	**24**	**7**	**14**	**1**	**2**	**1**		**1**		
乐都区	3		3							
平安区	1		1							
民和回族土族自治县										
互助土族自治县	14	7	6	1		1		1		
化隆回族自治县	6		4		2					
循化撒拉族自治县										
海北藏族自治州	**1**	**1**				**3**	**1**	**1**		**1**
门源回族自治县						3	1	1		1
祁连县										
海晏县										
刚察县	1	1								
黄南藏族自治州										
同仁县										
尖扎县										
泽库县										
河南蒙古族自治县										
海南藏族自治州	**3**		**2**	**1**		**1**		**1**		
共和县	2		2			1		1		
同德县										
贵德县										
兴海县	1			1						
贵南县										
果洛藏族自治州	**3**	**2**	**1**							
玛沁县										
班玛县	2	2								
甘德县	1		1							
达日县										
久治县										
玛多县										
玉树藏族自治州	**1**			**1**						
玉树市										
杂多县	1			1						
称多县										
治多县										
囊谦县										
曲麻莱县										
海西蒙古族藏族自治州	**17**		**2**	**1**	**14**	**4**		**2**		**2**
格尔木市	5		2	1	2	2				2
德令哈市										
茫崖市										
乌兰县										
都兰县						1		1		
天峻县	12				12					
大柴旦行政委员会						1		1		

7-1c　续表 11

单位：人

现住地	省外									
	广西					海南				
	小计	乡	镇的村委会	镇的居委会	街道	小计	乡	镇的村委会	镇的居委会	街道
全省	**3**	**1**	**2**							
西宁市	**1**		**1**							
城东区										
城中区										
城西区										
城北区										
湟中区	1		1							
大通回族土族自治县										
湟源县										
海东市	**1**	**1**								
乐都区										
平安区										
民和回族土族自治县	1	1								
互助土族自治县										
化隆回族自治县										
循化撒拉族自治县										
海北藏族自治州										
门源回族自治县										
祁连县										
海晏县										
刚察县										
黄南藏族自治州										
同仁县										
尖扎县										
泽库县										
河南蒙古族自治县										
海南藏族自治州	**1**		**1**							
共和县										
同德县										
贵德县										
兴海县										
贵南县	1		1							
果洛藏族自治州										
玛沁县										
班玛县										
甘德县										
达日县										
久治县										
玛多县										
玉树藏族自治州										
玉树市										
杂多县										
称多县										
治多县										
囊谦县										
曲麻莱县										
海西蒙古族藏族自治州										
格尔木市										
德令哈市										
茫崖市										
乌兰县										
都兰县										
天峻县										
大柴旦行政委员会										

7-1c 续表 12

单位：人

现住地	省外									
	重庆					四川				
	小计	乡	镇的村委会	镇的居委会	街道	小计	乡	镇的村委会	镇的居委会	街道
全省	**77**	**7**	**48**	**10**	**12**	**417**	**152**	**218**	**14**	**33**
西宁市	**8**	**2**	**4**		**2**	**129**	**13**	**110**	**2**	**4**
城东区										
城中区										
城西区										
城北区						12		12		
湟中区	7	1	4		2	112	9	97	2	4
大通回族土族自治县	1	1				4	3	1		
湟源县						1	1			
海东市	**9**	**1**	**6**	**1**	**1**	**73**	**31**	**33**	**1**	**8**
乐都区	2		2			19	4	13	1	1
平安区	1				1					
民和回族土族自治县						3		3		
互助土族自治县	3	1	1	1		28	24	3		1
化隆回族自治县	3		3			23	3	14		6
循化撒拉族自治县										
海北藏族自治州	**9**	**1**	**4**		**4**	**24**		**19**		**5**
门源回族自治县	6		2		4	17		13		4
祁连县	2		2			5		4		1
海晏县						1		1		
刚察县	1	1				1		1		
黄南藏族自治州	**14**		**14**			**11**	**10**	**1**		
同仁县						2	1	1		
尖扎县	14		14			9	9			
泽库县										
河南蒙古族自治县										
海南藏族自治州						**29**	**17**	**9**		**3**
共和县						3		1		2
同德县						14	13	1		
贵德县						6		5		1
兴海县						1	1			
贵南县						5	3	2		
果洛藏族自治州	**2**			**2**		**78**	**64**	**9**	**4**	**1**
玛沁县	2			2		7	2	2	3	
班玛县						15	15			
甘德县						19	19			
达日县										
久治县						36	28	6	1	1
玛多县						1		1		
玉树藏族自治州						**13**	**7**	**3**		**3**
玉树市						8	4	1		3
杂多县										
称多县						1	1			
治多县										
囊谦县						1		1		
曲麻莱县						3	2	1		
海西蒙古族藏族自治州	**35**	**3**	**20**	**7**	**5**	**60**	**10**	**34**	**7**	**9**
格尔木市	16	1	11	3	1	26	4	16	3	3
德令哈市	3			3		2	1		1	
茫崖市										
乌兰县	4		4			9		7	2	
都兰县	6	2	1	1	2	2		2		
天峻县	1				1	4				4
大柴旦行政委员会	5		4		1	17	5	9	1	2

7−1c　续表 13

单位：人

现住地	省外									
	贵州					云南				
	小计	乡	镇的村委会	镇的居委会	街道	小计	乡	镇的村委会	镇的居委会	街道
全省	**28**	**7**	**19**		**2**	**83**	**26**	**45**	**3**	**9**
西宁市	**13**		**12**		**1**	**7**	**1**	**6**		
城东区										
城中区										
城西区										
城北区	1		1							
湟中区	7		7			7	1	6		
大通回族土族自治县	4		3		1					
湟源县	1		1							
海东市	**11**	**7**	**3**		**1**	**13**	**5**	**6**		**2**
乐都区	2		2							
平安区	1		1			2	2			
民和回族土族自治县	1	1								
互助土族自治县	6	6				5	2	3		
化隆回族自治县	1				1	5		3		2
循化撒拉族自治县						1	1			
海北藏族自治州	**1**		**1**			**3**	**1**	**2**		
门源回族自治县										
祁连县	1		1			3	1	2		
海晏县										
刚察县										
黄南藏族自治州										
同仁县										
尖扎县										
泽库县										
河南蒙古族自治县										
海南藏族自治州										
共和县										
同德县										
贵德县										
兴海县										
贵南县										
果洛藏族自治州										
玛沁县										
班玛县										
甘德县										
达日县										
久治县										
玛多县										
玉树藏族自治州										
玉树市										
杂多县										
称多县										
治多县										
囊谦县										
曲麻莱县										
海西蒙古族藏族自治州	**3**		**3**			**60**	**19**	**31**	**3**	**7**
格尔木市	3		3			10	4		2	4
德令哈市						1		1		
茫崖市										
乌兰县						10		10		
都兰县										
天峻县						3				3
大柴旦行政委员会						36	15	20	1	

7-1c 续表 14

单位：人

现住地	省外									
	西藏					陕西				
	小计	乡	镇的村委会	镇的居委会	街道	小计	乡	镇的村委会	镇的居委会	街道
全省	**112**	**50**	**56**	**2**	**4**	**223**	**69**	**113**	**17**	**24**
西宁市	**14**	**4**	**8**	**1**	**1**	**36**	**14**	**19**	**2**	**1**
城东区										
城中区										
城西区										
城北区						16	11	5		
湟中区	7	2	4		1	15	1	12	1	1
大通回族土族自治县	7	2	4	1		5	2	2	1	
湟源县										
海东市	**35**	**21**	**13**		**1**	**66**	**24**	**35**	**3**	**4**
乐都区	6	5	1			8		7		1
平安区										
民和回族土族自治县	10	5	5			1	1			
互助土族自治县	18	11	6		1	49	23	21	3	2
化隆回族自治县	1		1			8		7		1
循化撒拉族自治县										
海北藏族自治州	**3**	**2**	**1**			**16**	**3**	**6**	**2**	**5**
门源回族自治县	3	2	1			7	1	2	1	3
祁连县						9	2	4	1	2
海晏县										
刚察县										
黄南藏族自治州	**3**	**1**	**2**			**21**		**20**		**1**
同仁县	3	1	2							
尖扎县						21		20		1
泽库县										
河南蒙古族自治县										
海南藏族自治州	**7**	**1**	**3**	**1**	**2**	**3**		**2**	**1**	
共和县	1		1			1			1	
同德县	1				1					
贵德县	4	1	2		1					
兴海县						2		2		
贵南县	1			1						
果洛藏族自治州	**1**	**1**				**13**	**11**	**1**	**1**	
玛沁县	1	1								
班玛县										
甘德县						13	11	1	1	
达日县										
久治县										
玛多县										
玉树藏族自治州	**36**	**14**	**22**			**3**	**3**			
玉树市	25	6	19							
杂多县	8	7	1			3	3			
称多县										
治多县										
囊谦县	2		2							
曲麻莱县	1	1								
海西蒙古族藏族自治州	**13**	**6**	**7**			**65**	**14**	**30**	**8**	**13**
格尔木市	9	4	5			18	3	13	2	
德令哈市	3	1	2							
茫崖市										
乌兰县										
都兰县						10	3	1	2	4
天峻县						6				6
大柴旦行政委员会	1	1				31	8	16	4	3

7–1c 续表 15

单位：人

现住地	省外									
	甘肃					宁夏				
	小计	乡	镇的村委会	镇的居委会	街道	小计	乡	镇的村委会	镇的居委会	街道
全省	**843**	**345**	**368**	**48**	**82**	**19**	**3**	**13**	**1**	**2**
西宁市	**109**	**52**	**47**	**2**	**8**	**3**	**1**	**2**		
城东区										
城中区										
城西区										
城北区	30	29	1							
湟中区	56	10	38		8	1		1		
大通回族土族自治县	6	2	3	1		2	1	1		
湟源县	17	11	5	1						
海东市	**184**	**81**	**77**	**10**	**16**	**5**	**2**	**2**		**1**
乐都区	38	13	25			2		2		
平安区	1		1							
民和回族土族自治县	65	23	38	2	2					
互助土族自治县	63	40	10	7	6	2	2			
化隆回族自治县	12	2	3	1	6	1				1
循化撒拉族自治县	5	3			2					
海北藏族自治州	**81**	**26**	**31**	**2**	**22**	**4**		**4**		
门源回族自治县	52	16	17		19	2		2		
祁连县	13	6	5		2					
海晏县	13	3	7	2	1	2		2		
刚察县	3	1	2							
黄南藏族自治州	**31**	**22**	**2**		**7**					
同仁县	3	1			2					
尖扎县	3	1	2							
泽库县										
河南蒙古族自治县	25	20			5					
海南藏族自治州	**39**	**7**	**11**	**14**	**7**	**3**		**2**	**1**	
共和县	17	1	2	13	1	2		2		
同德县	2		1		1					
贵德县	12	4	4	1	3	1			1	
兴海县	1				1					
贵南县	7	2	4		1					
果洛藏族自治州	**58**	**42**	**7**	**5**	**4**					
玛沁县	5	2		1	2					
班玛县	2	2								
甘德县	16	16								
达日县	6	2	2		2					
久治县	29	20	5	4						
玛多县										
玉树藏族自治州	**4**	**1**	**1**	**2**						
玉树市										
杂多县	2		1	1						
称多县	1			1						
治多县										
囊谦县										
曲麻莱县	1	1								
海西蒙古族藏族自治州	**337**	**114**	**192**	**13**	**18**	**4**		**3**		**1**
格尔木市	165	74	80	2	9					
德令哈市	68	22	46							
茫崖市										
乌兰县	11	2	9							
都兰县	5		3	1	1	2		2		
天峻县	5	2			3	1				1
大柴旦行政委员会	83	14	54	10	5	1		1		

7-1c 续表 16

单位：人

现住地	省外				
	新疆				
	小计	乡	镇的村委会	镇的居委会	街道
全省	**26**	**8**	**7**	**2**	**9**
西宁市	**7**	**2**			**5**
城东区					
城中区					
城西区					
城北区					
湟中区					
大通回族土族自治县	6	2			4
湟源县	1				1
海东市	**7**	**3**	**2**		**2**
乐都区	5	3			2
平安区					
民和回族土族自治县	2		2		
互助土族自治县					
化隆回族自治县					
循化撒拉族自治县					
海北藏族自治州	**6**	**1**	**2**	**1**	**2**
门源回族自治县	6	1	2	1	2
祁连县					
海晏县					
刚察县					
黄南藏族自治州					
同仁县					
尖扎县					
泽库县					
河南蒙古族自治县					
海南藏族自治州					
共和县					
同德县					
贵德县					
兴海县					
贵南县					
果洛藏族自治州					
玛沁县					
班玛县					
甘德县					
达日县					
久治县					
玛多县					
玉树藏族自治州					
玉树市					
杂多县					
称多县					
治多县					
囊谦县					
曲麻莱县					
海西蒙古族藏族自治州	**6**	**2**	**3**	**1**	
格尔木市	3	2		1	
德令哈市					
茫崖市					
乌兰县	1		1		
都兰县	1		1		
天峻县					
大柴旦行政委员会	1		1		

7-2　全省按现住地、职业和性别分的户口登记地在本省其他乡镇街道人口

单位：人

现住地	合计			党的机关、国家机关、群众团体和社会组织、企事业单位负责人		
	合计	男	女	小计	男	女
全省	**60901**	**35743**	**25158**	**1639**	**1235**	**404**
西宁市	**30861**	**17432**	**13429**	**996**	**718**	**278**
城东区	9026	5348	3678	164	134	30
城中区	4877	2694	2183	157	112	45
城西区	5088	2649	2439	247	179	68
城北区	6618	3609	3009	312	210	102
湟中区	1750	1085	665	43	28	15
大通回族土族自治县	2140	1248	892	41	33	8
湟源县	1362	799	563	32	22	10
海东市	**8539**	**5047**	**3492**	**181**	**148**	**33**
乐都区	2425	1460	965	47	35	12
平安区	1477	878	599	37	30	7
民和回族土族自治县	1706	1016	690	29	27	2
互助土族自治县	1980	1139	841	29	22	7
化隆回族自治县	630	357	273	24	20	4
循化撒拉族自治县	321	197	124	15	14	1
海北藏族自治州	**2802**	**1702**	**1100**	**55**	**43**	**12**
门源回族自治县	1007	606	401	19	13	6
祁连县	500	310	190	11	9	2
海晏县	950	550	400	21	17	4
刚察县	345	236	109	4	4	
黄南藏族自治州	**1877**	**1072**	**805**	**38**	**28**	**10**
同仁县	776	453	323	21	12	9
尖扎县	589	341	248	9	9	
泽库县	290	157	133	1	1	
河南蒙古族自治县	222	121	101	7	6	1
海南藏族自治州	**4120**	**2410**	**1710**	**77**	**58**	**19**
共和县	1529	904	625	34	27	7
同德县	523	307	216	7	4	3
贵德县	919	523	396	26	17	9
兴海县	681	420	261	4	4	
贵南县	468	256	212	6	6	
果洛藏族自治州	**1144**	**749**	**395**	**57**	**45**	**12**
玛沁县	416	287	129	22	18	4
班玛县	216	143	73	7	7	
甘德县	37	22	15	1		1
达日县	208	144	64	12	9	3
久治县	107	64	43	9	6	3
玛多县	160	89	71	6	5	1
玉树藏族自治州	**2477**	**1379**	**1098**	**25**	**22**	**3**
玉树市	1049	596	453	9	9	
杂多县	966	515	451	7	5	2
称多县	176	102	74	4	3	1
治多县	127	70	57	1	1	
囊谦县	35	20	15			
曲麻莱县	124	76	48	4	4	
海西蒙古族藏族自治州	**9081**	**5952**	**3129**	**210**	**173**	**37**
格尔木市	4375	2885	1490	94	70	24
德令哈市	1842	1070	772	53	44	9
茫崖市	533	395	138	16	15	1
乌兰县	561	385	176	14	12	2
都兰县	868	539	329	20	20	
天峻县	175	109	66	3	3	
大柴旦行政委员会	727	569	158	10	9	1

7-2 续表 1

单位：人

现住地	专业技术人员			办事人员和有关人员			社会生产服务和生活服务人员		
	小计	男	女	小计	男	女	小计	男	女
全省	**11647**	**5116**	**6531**	**7117**	**4274**	**2843**	**24992**	**13959**	**11033**
西宁市	**6536**	**2620**	**3916**	**4134**	**2413**	**1721**	**13874**	**7622**	**6252**
城东区	1656	678	978	1063	621	442	4879	2925	1954
城中区	1054	410	644	691	409	282	2099	1077	1022
城西区	1529	572	957	1072	659	413	1890	973	917
城北区	1490	585	905	911	499	412	2723	1459	1264
湟中区	289	166	123	109	58	51	765	408	357
大通回族土族自治县	330	139	191	187	112	75	907	461	446
湟源县	188	70	118	101	55	46	611	319	292
海东市	**1538**	**731**	**807**	**693**	**428**	**265**	**3676**	**1914**	**1762**
乐都区	347	159	188	153	88	65	979	491	488
平安区	210	92	118	147	90	57	773	432	341
民和回族土族自治县	328	149	179	133	83	50	736	394	342
互助土族自治县	364	203	161	120	81	39	844	395	449
化隆回族自治县	206	92	114	96	54	42	207	120	87
循化撒拉族自治县	83	36	47	44	32	12	137	82	55
海北藏族自治州	**446**	**188**	**258**	**293**	**183**	**110**	**1190**	**635**	**555**
门源回族自治县	157	62	95	71	48	23	441	221	220
祁连县	86	42	44	54	30	24	205	125	80
海晏县	147	57	90	131	82	49	398	198	200
刚察县	56	27	29	37	23	14	146	91	55
黄南藏族自治州	**459**	**225**	**234**	**288**	**172**	**116**	**678**	**375**	**303**
同仁县	184	86	98	131	81	50	273	152	121
尖扎县	126	66	60	74	40	34	189	108	81
泽库县	92	50	42	51	32	19	119	62	57
河南蒙古族自治县	57	23	34	32	19	13	97	53	44
海南藏族自治州	**917**	**458**	**459**	**422**	**281**	**141**	**1597**	**890**	**707**
共和县	293	155	138	182	124	58	710	400	310
同德县	236	128	108	70	48	22	131	71	60
贵德县	170	68	102	80	53	27	365	191	174
兴海县	83	48	35	40	27	13	234	131	103
贵南县	135	59	76	50	29	21	157	97	60
果洛藏族自治州	**268**	**165**	**103**	**223**	**143**	**80**	**425**	**278**	**147**
玛沁县	52	26	26	68	45	23	193	140	53
班玛县	68	47	21	35	20	15	58	38	20
甘德县	11	8	3	15	6	9	9	7	2
达日县	75	56	19	44	33	11	48	25	23
久治县	36	19	17	23	16	7	33	19	14
玛多县	26	9	17	38	23	15	84	49	35
玉树藏族自治州	**290**	**151**	**139**	**176**	**130**	**46**	**423**	**299**	**124**
玉树市	170	84	86	99	74	25	164	100	64
杂多县	40	26	14	21	14	7	167	143	24
称多县	34	18	16	11	8	3	35	25	10
治多县	21	12	9	25	16	9	13	9	4
囊谦县	4	1	3	1	1		15	9	6
曲麻莱县	21	10	11	19	17	2	29	13	16
海西蒙古族藏族自治州	**1193**	**578**	**615**	**888**	**524**	**364**	**3129**	**1946**	**1183**
格尔木市	570	274	296	355	212	143	1651	1058	593
德令哈市	276	103	173	266	145	121	623	343	280
茫崖市	92	66	26	47	30	17	149	97	52
乌兰县	79	50	29	60	40	20	210	125	85
都兰县	109	48	61	60	33	27	225	126	99
天峻县	29	12	17	50	31	19	50	34	16
大柴旦行政委员会	38	25	13	50	33	17	221	163	58

7–2 续表 2

单位：人

现住地	农、林、牧、渔业生产及辅助人员			生产制造及有关人员			不便分类的其他从业人员		
	小计	男	女	小计	男	女	小计	男	女
全省	**4765**	**2774**	**1991**	**10456**	**8206**	**2250**	**285**	**179**	**106**
西宁市	**622**	**417**	**205**	**4465**	**3494**	**971**	**234**	**148**	**86**
城东区	102	82	20	1147	897	250	15	11	4
城中区	51	38	13	814	641	173	11	7	4
城西区	25	18	7	324	247	77	1	1	
城北区	57	32	25	919	696	223	206	128	78
湟中区	76	47	29	468	378	90			
大通回族土族自治县	164	98	66	511	405	106			
湟源县	147	102	45	282	230	52	1	1	
海东市	**500**	**298**	**202**	**1934**	**1518**	**416**	**17**	**10**	**7**
乐都区	107	71	36	789	613	176	3	3	
平安区	50	34	16	259	199	60	1	1	
民和回族土族自治县	117	68	49	363	295	68			
互助土族自治县	200	108	92	410	324	86	13	6	7
化隆回族自治县	21	13	8	76	58	18			
循化撒拉族自治县	5	4	1	37	29	8			
海北藏族自治州	**325**	**225**	**100**	**492**	**427**	**65**	**1**	**1**	
门源回族自治县	90	67	23	229	195	34			
祁连县	100	66	34	44	38	6			
海晏县	113	75	38	139	120	19	1	1	
刚察县	22	17	5	80	74	6			
黄南藏族自治州	**188**	**107**	**81**	**224**	**164**	**60**	**2**	**1**	**1**
同仁县	79	50	29	87	71	16	1	1	
尖扎县	64	32	32	126	86	40	1		1
泽库县	21	8	13	6	4	2			
河南蒙古族自治县	24	17	7	5	3	2			
海南藏族自治州	**674**	**395**	**279**	**418**	**321**	**97**	**15**	**7**	**8**
共和县	177	100	77	132	98	34	1		1
同德县	39	24	15	40	32	8			
贵德县	127	72	55	137	115	22	14	7	7
兴海县	239	148	91	81	62	19			
贵南县	92	51	41	28	14	14			
果洛藏族自治州	**79**	**49**	**30**	**88**	**65**	**23**	**4**	**4**	
玛沁县	15	8	7	62	46	16	4	4	
班玛县	35	22	13	13	9	4			
甘德县				1	1				
达日县	21	15	6	8	6	2			
久治县	5	3	2	1	1				
玛多县	3	1	2	3	2	1			
玉树藏族自治州	**1509**	**737**	**772**	**53**	**40**	**13**	**1**		**1**
玉树市	571	304	267	36	25	11			
杂多县	729	326	403	1	1		1		1
称多县	88	44	44	4	4				
治多县	66	31	35	1	1				
囊谦县	11	5	6	4	4				
曲麻莱县	44	27	17	7	5	2			
海西蒙古族藏族自治州	**868**	**546**	**322**	**2782**	**2177**	**605**	**11**	**8**	**3**
格尔木市	250	151	99	1445	1113	332	10	7	3
德令哈市	135	75	60	489	360	129			
茫崖市				228	186	42	1	1	
乌兰县	48	34	14	150	124	26			
都兰县	396	262	134	58	50	8			
天峻县	37	23	14	6	6				
大柴旦行政委员会	2	1	1	406	338	68			

7-3 全省按现住地、职业和性别分的户口登记地在外省人口

单位：人

现住地	合计			党的机关、国家机关、群众团体和社会组织、企事业单位负责人		
	合计	男	女	小计	男	女
全省	**22862**	**16214**	**6648**	**936**	**803**	**133**
西宁市	**13662**	**9527**	**4135**	**685**	**579**	**106**
城东区	3350	2265	1085	56	53	3
城中区	2459	1767	692	99	79	20
城西区	2349	1621	728	194	156	38
城北区	4172	2883	1289	289	247	42
湟中区	676	525	151	34	31	3
大通回族土族自治县	536	378	158	7	7	
湟源县	120	88	32	6	6	
海东市	**1951**	**1455**	**496**	**51**	**46**	**5**
乐都区	576	455	121	21	19	2
平安区	286	217	69	14	14	
民和回族土族自治县	216	139	77	2	1	1
互助土族自治县	532	405	127	9	7	2
化隆回族自治县	212	147	65	3	3	
循化撒拉族自治县	129	92	37	2	2	
海北藏族自治州	**486**	**376**	**110**	**18**	**18**	
门源回族自治县	182	150	32	6	6	
祁连县	155	118	37	7	7	
海晏县	98	65	33	3	3	
刚察县	51	43	8	2	2	
黄南藏族自治州	**445**	**298**	**147**	**8**	**8**	
同仁县	180	116	64	2	2	
尖扎县	142	102	40	3	3	
泽库县	34	22	12	2	2	
河南蒙古族自治县	89	58	31	1	1	
海南藏族自治州	**637**	**441**	**196**	**9**	**8**	**1**
共和县	268	188	80	6	6	
同德县	82	55	27			
贵德县	118	83	35	3	2	1
兴海县	84	56	28			
贵南县	85	59	26			
果洛藏族自治州	**463**	**303**	**160**	**17**	**13**	**4**
玛沁县	139	101	38	4	3	1
班玛县	81	50	31			
甘德县	12	7	5			
达日县	101	63	38	6	4	2
久治县	108	68	40	6	5	1
玛多县	22	14	8	1	1	
玉树藏族自治州	**434**	**287**	**147**	**5**	**5**	
玉树市	314	210	104	3	3	
杂多县	44	24	20	1	1	
称多县	35	25	10	1	1	
治多县	8	6	2			
囊谦县	12	9	3			
曲麻莱县	21	13	8			
海西蒙古族藏族自治州	**4784**	**3527**	**1257**	**143**	**126**	**17**
格尔木市	2615	1868	747	78	69	9
德令哈市	529	379	150	33	29	4
茫崖市	594	465	129	17	15	2
乌兰县	171	129	42	5	5	
都兰县	301	199	102	6	4	2
天峻县	55	37	18			
大柴旦行政委员会	519	450	69	4	4	

7-3　续表 1

单位：人

现住地	专业技术人员			办事人员和有关人员			社会生产服务和生活服务人员		
	小计	男	女	小计	男	女	小计	男	女
全省	**2130**	**1351**	**779**	**1010**	**681**	**329**	**11527**	**7514**	**4013**
西宁市	**1254**	**713**	**541**	**626**	**394**	**232**	**7224**	**4685**	**2539**
城东区	272	141	131	135	75	60	2215	1467	748
城中区	213	125	88	150	103	47	1016	645	371
城西区	338	194	144	157	103	54	1254	825	429
城北区	338	183	155	131	71	60	2220	1408	812
湟中区	54	45	9	17	13	4	217	146	71
大通回族土族自治县	34	21	13	29	23	6	240	153	87
湟源县	5	4	1	7	6	1	62	41	21
海东市	**188**	**128**	**60**	**69**	**51**	**18**	**751**	**514**	**237**
乐都区	55	40	15	18	9	9	172	122	50
平安区	12	8	4	10	8	2	153	106	47
民和回族土族自治县	15	6	9	11	6	5	92	58	34
互助土族自治县	75	55	20	18	17	1	175	122	53
化隆回族自治县	20	16	4	4	3	1	115	75	40
循化撒拉族自治县	11	3	8	8	8		44	31	13
海北藏族自治州	**86**	**72**	**14**	**24**	**19**	**5**	**174**	**108**	**66**
门源回族自治县	30	26	4	8	7	1	49	32	17
祁连县	31	27	4	7	4	3	68	41	27
海晏县	15	10	5	7	6	1	42	25	17
刚察县	10	9	1	2	2		15	10	5
黄南藏族自治州	**33**	**28**	**5**	**6**	**4**	**2**	**237**	**139**	**98**
同仁县	11	10	1	5	3	2	115	67	48
尖扎县	15	13	2				44	26	18
泽库县	1	1		1	1		20	11	9
河南蒙古族自治县	6	4	2				58	35	23
海南藏族自治州	**82**	**57**	**25**	**26**	**18**	**8**	**343**	**228**	**115**
共和县	49	35	14	14	9	5	143	97	46
同德县	14	6	8				53	36	17
贵德县	8	6	2	11	8	3	43	28	15
兴海县	2	2					52	36	16
贵南县	9	8	1	1	1		52	31	21
果洛藏族自治州	**28**	**18**	**10**	**21**	**18**	**3**	**308**	**188**	**120**
玛沁县	10	8	2	6	5	1	81	55	26
班玛县	6	5	1	1	1		54	29	25
甘德县	2	1	1	1	1		9	5	4
达日县	1	1		4	3	1	81	50	31
久治县	9	3	6	2	2		69	42	27
玛多县				7	6	1	14	7	7
玉树藏族自治州	**16**	**14**	**2**	**16**	**15**	**1**	**265**	**168**	**97**
玉树市	10	9	1	13	12	1	174	112	62
杂多县	3	2	1				30	17	13
称多县	1	1		2	2		27	17	10
治多县							8	6	2
囊谦县	1	1					9	7	2
曲麻莱县	1	1		1	1		17	9	8
海西蒙古族藏族自治州	**443**	**321**	**122**	**222**	**162**	**60**	**2225**	**1484**	**741**
格尔木市	232	151	81	114	81	33	1374	904	470
德令哈市	67	45	22	37	26	11	237	155	82
茫崖市	86	77	9	32	23	9	229	154	75
乌兰县	23	20	3	1	1		91	62	29
都兰县	9	5	4	6	4	2	95	55	40
天峻县	2		2	7	7		40	24	16
大柴旦行政委员会	24	23	1	25	20	5	159	130	29

7−3 续表 2

单位：人

现住地	农、林、牧、渔业生产及辅助人员			生产制造及有关人员			不便分类的其他从业人员		
	小计	男	女	小计	男	女	小计	男	女
全省	**458**	**287**	**171**	**6750**	**5538**	**1212**	**51**	**40**	**11**
西宁市	**82**	**53**	**29**	**3764**	**3080**	**684**	**27**	**23**	**4**
城东区	6	3	3	656	517	139	10	9	1
城中区	4	3	1	974	809	165	3	3	
城西区	5	5		401	338	63			
城北区	32	20	12	1149	944	205	13	10	3
湟中区	24	16	8	330	274	56			
大通回族土族自治县	7	5	2	219	169	50			
湟源县	4	1	3	35	29	6	1	1	
海东市	**58**	**36**	**22**	**831**	**678**	**153**	**3**	**2**	**1**
乐都区	12	8	4	297	256	41	1	1	
平安区	3	3		94	78	16			
民和回族土族自治县	11	4	7	85	64	21			
互助土族自治县	29	19	10	224	184	40	2	1	1
化隆回族自治县	3	2	1	67	48	19			
循化撒拉族自治县				64	48	16			
海北藏族自治州	**12**	**7**	**5**	**171**	**152**	**19**	**1**		**1**
门源回族自治县	3	1	2	86	78	8			
祁连县	5	5		37	34	3			
海晏县	4	1	3	26	20	6	1		1
刚察县				22	20	2			
黄南藏族自治州	**9**	**7**	**2**	**152**	**112**	**40**			
同仁县	5	4	1	42	30	12			
尖扎县	2	1	1	78	59	19			
泽库县				10	7	3			
河南蒙古族自治县	2	2		22	16	6			
海南藏族自治州	**21**	**15**	**6**	**156**	**115**	**41**			
共和县	8	6	2	48	35	13			
同德县				15	13	2			
贵德县	9	6	3	44	33	11			
兴海县				30	18	12			
贵南县	4	3	1	19	16	3			
果洛藏族自治州	**5**	**4**	**1**	**84**	**62**	**22**			
玛沁县	1	1		37	29	8			
班玛县	2	1	1	18	14	4			
甘德县									
达日县				9	5	4			
久治县	2	2		20	14	6			
玛多县									
玉树藏族自治州	**47**	**22**	**25**	**85**	**63**	**22**			
玉树市	37	18	19	77	56	21			
杂多县	6	1	5	4	3	1			
称多县	1	1		3	3				
治多县									
囊谦县	2	1	1						
曲麻莱县	1	1		1	1				
海西蒙古族藏族自治州	**224**	**143**	**81**	**1507**	**1276**	**231**	**20**	**15**	**5**
格尔木市	63	39	24	739	613	126	15	11	4
德令哈市	18	14	4	137	110	27			
茫崖市	2	1	1	223	191	32	5	4	1
乌兰县	13	7	6	38	34	4			
都兰县	127	81	46	58	50	8			
天峻县				6	6				
大柴旦行政委员会	1	1		306	272	34			

7-4 全省按现住地、户口登记地类型、受教育程度分的户口登记地在本省其他乡镇街道人口

单位：人

现住地	合计					未上过学				
	合计	乡	镇的村委会	镇的居委会	街道	小计	乡	镇的村委会	镇的居委会	街道
全省	**139685**	**44628**	**45870**	**21499**	**27688**	**10879**	**5842**	**3361**	**929**	**747**
西宁市	**67747**	**12120**	**20292**	**12650**	**22685**	**2838**	**764**	**1037**	**424**	**613**
城东区	20897	3703	5329	4140	7725	1276	355	429	189	303
城中区	10210	1444	2760	2018	3988	288	46	105	49	88
城西区	9480	613	1913	2110	4844	278	50	79	53	96
城北区	14428	1816	4334	2724	5554	387	52	157	67	111
湟中区	4226	765	2802	383	276	178	36	117	15	10
大通回族土族自治县	5360	1455	2723	964	218	268	87	137	42	2
湟源县	3146	2324	431	311	80	163	138	13	9	3
海东市	**22366**	**11321**	**8032**	**2235**	**778**	**2010**	**1172**	**692**	**122**	**24**
乐都区	6167	3098	2222	668	179	378	234	115	23	6
平安区	3538	1544	1305	461	228	313	166	107	34	6
民和回族土族自治县	4917	2418	1970	460	69	572	322	215	30	5
互助土族自治县	4600	2960	1255	193	192	276	198	66	7	5
化隆回族自治县	1772	767	680	244	81	304	174	116	14	
循化撒拉族自治县	1372	534	600	209	29	167	78	73	14	2
海北藏族自治州	**6519**	**3159**	**2292**	**801**	**267**	**697**	**412**	**238**	**36**	**11**
门源回族自治县	2763	1177	1175	356	55	223	107	95	18	3
祁连县	1130	581	430	90	29	154	96	52	5	1
海晏县	1977	1162	418	254	143	239	173	52	12	2
刚察县	649	239	269	101	40	81	36	39	1	5
黄南藏族自治州	**4693**	**1885**	**1459**	**1131**	**218**	**553**	**301**	**204**	**39**	**9**
同仁县	1865	764	400	612	89	108	59	19	27	3
尖扎县	1375	798	307	210	60	259	186	62	9	2
泽库县	753	119	326	298	10	38	1	35	2	
河南蒙古族自治县	700	204	426	11	59	148	55	88	1	4
海南藏族自治州	**8993**	**3624**	**3735**	**1272**	**362**	**517**	**210**	**245**	**59**	**3**
共和县	3205	1219	1236	549	201	88	31	37	18	2
同德县	944	289	436	167	52	72	25	37	10	
贵德县	2314	792	1106	346	70	260	107	127	25	1
兴海县	1643	991	552	84	16	33	18	15		
贵南县	887	333	405	126	23	64	29	29	6	
果洛藏族自治州	**3267**	**2106**	**772**	**290**	**99**	**359**	**286**	**61**	**10**	**2**
玛沁县	1159	735	234	146	44	53	32	16	5	
班玛县	510	336	101	57	16	28	22	5	1	
甘德县	326	206	113	6	1	4	3	1		
达日县	746	578	145	22	1	239	206	32		1
久治县	190	127	33	28	2	9	7	1	1	
玛多县	336	124	146	31	35	26	16	6	3	1
玉树藏族自治州	**9220**	**6203**	**1516**	**1286**	**215**	**2543**	**2099**	**243**	**192**	**9**
玉树市	3012	1819	613	452	128	376	263	69	37	7
杂多县	2705	2249	78	361	17	963	828	19	115	1
称多县	464	267	144	24	29	135	113	21	1	
治多县	1371	1179	136	55	1	731	660	59	12	
囊谦县	743	124	301	290	28	56	10	32	13	1
曲麻莱县	925	565	244	104	12	282	225	43	14	
海西蒙古族藏族自治州	**16880**	**4210**	**7772**	**1834**	**3064**	**1362**	**598**	**641**	**47**	**76**
格尔木市	8434	2162	3726	659	1887	650	282	294	23	51
德令哈市	3490	553	1633	467	837	212	50	136	8	18
芒崖市	591	95	250	194	52	8	2	6		
乌兰县	962	76	666	149	71	79	2	75	2	
都兰县	1862	923	760	103	76	247	177	62	5	3
天峻县	742	298	324	65	55	147	80	56	8	3
大柴旦行政委员会	799	103	413	197	86	19	5	12	1	1

7-4 续表 1

单位：人

现住地	学前教育					小学				
	小计	乡	镇的村委会	镇的居委会	街道	小计	乡	镇的村委会	镇的居委会	街道
全省	**4872**	**1750**	**1677**	**628**	**817**	**34768**	**14571**	**13245**	**3500**	**3452**
西宁市	**1918**	**363**	**617**	**314**	**624**	**11921**	**3163**	**4525**	**1590**	**2643**
城东区	654	116	192	103	243	4790	1231	1669	594	1296
城中区	257	30	85	38	104	1387	232	484	239	432
城西区	222	14	32	50	126	888	94	275	175	344
城北区	332	20	99	75	138	1505	181	578	242	504
湟中区	144	26	101	8	9	1061	268	694	65	34
大通回族土族自治县	191	62	96	31	2	1417	436	732	224	25
湟源县	118	95	12	9	2	873	721	93	51	8
海东市	**861**	**442**	**325**	**66**	**28**	**6697**	**3761**	**2407**	**392**	**137**
乐都区	225	113	86	16	10	1852	1101	615	106	30
平安区	129	60	48	16	5	1020	534	378	65	43
民和回族土族自治县	205	109	85	10	1	1457	750	611	84	12
互助土族自治县	180	114	48	9	9	1316	902	337	38	39
化隆回族自治县	64	27	27	7	3	588	307	238	33	10
循化撒拉族自治县	58	19	31	8		464	167	228	66	3
海北藏族自治州	**269**	**134**	**105**	**28**	**2**	**2149**	**1170**	**826**	**140**	**13**
门源回族自治县	141	68	60	12	1	1013	478	448	81	6
祁连县	37	25	9	3		436	240	184	11	1
海晏县	67	34	24	9		514	370	110	29	5
刚察县	24	7	12	4	1	186	82	84	19	1
黄南藏族自治州	**230**	**102**	**70**	**54**	**4**	**1406**	**566**	**568**	**240**	**32**
同仁县	68	29	15	23	1	517	260	148	90	19
尖扎县	87	58	17	11	1	331	210	93	27	1
泽库县	33	2	12	19		307	30	155	122	
河南蒙古族自治县	42	13	26	1	2	251	66	172	1	12
海南藏族自治州	**388**	**192**	**145**	**43**	**8**	**2611**	**1118**	**1205**	**242**	**46**
共和县	131	63	45	19	4	707	314	302	74	17
同德县	40	15	19	5	1	351	89	209	46	7
贵德县	93	32	42	17	2	632	219	332	66	15
兴海县	81	59	22			612	359	218	30	5
贵南县	43	23	17	2	1	309	137	144	26	2
果洛藏族自治州	**118**	**82**	**25**	**11**		**1413**	**984**	**343**	**66**	**20**
玛沁县	49	33	7	9		503	379	83	30	11
班玛县	16	12	2	2		287	212	50	25	
甘德县	2	2				176	91	82	3	
达日县	29	26	3			209	175	31	3	
久治县	3	2	1			70	58	8	3	1
玛多县	19	7	12			168	69	89	2	8
玉树藏族自治州	**401**	**272**	**75**	**50**	**4**	**3573**	**2196**	**716**	**589**	**72**
玉树市	114	72	27	11	4	1402	832	292	238	40
杂多县	144	120	4	20		977	833	25	118	1
称多县	14	9	5			172	94	63	5	10
治多县	51	43	6	2		230	193	29	8	
囊谦县	35	5	17	13		424	47	185	172	20
曲麻莱县	43	23	16	4		368	197	122	48	1
海西蒙古族藏族自治州	**687**	**163**	**315**	**62**	**147**	**4998**	**1613**	**2655**	**241**	**489**
格尔木市	418	84	193	29	112	2676	875	1371	104	326
德令哈市	128	16	59	24	29	886	150	535	68	133
茫崖市	4	2	1		1	69	8	52	9	
乌兰县	23		17	3	3	262	16	219	19	8
都兰县	72	40	29	1	2	753	429	299	14	11
天峻县	36	18	14	4		260	113	118	21	8
大柴旦行政委员会	6	3	2	1		92	22	61	6	3

7-4 续表 2

单位：人

现住地	初中					高中				
	小计	乡	镇的村委会	镇的居委会	街道	小计	乡	镇的村委会	镇的居委会	街道
全省	**30801**	**9856**	**11709**	**3938**	**5298**	**22834**	**6192**	**7183**	**3829**	**5630**
西宁市	**15785**	**3170**	**5626**	**2494**	**4495**	**12521**	**1811**	**3389**	**2464**	**4857**
城东区	4802	864	1270	899	1769	3453	411	604	819	1619
城中区	2378	369	815	399	795	2200	257	516	432	995
城西区	1667	148	567	272	680	1598	101	307	336	854
城北区	3122	366	1102	520	1134	2574	284	567	532	1191
湟中区	1227	242	843	72	70	1043	134	716	96	97
大通回族土族自治县	1607	427	877	267	36	1159	295	597	172	95
湟源县	982	754	152	65	11	494	329	82	77	6
海东市	**5827**	**3040**	**2201**	**463**	**123**	**3530**	**1707**	**1318**	**380**	**125**
乐都区	1833	946	699	159	29	874	343	344	153	34
平安区	1020	450	428	102	40	483	168	178	91	46
民和回族土族自治县	1184	589	491	92	12	813	412	329	64	8
互助土族自治县	1271	838	362	40	31	902	583	267	23	29
化隆回族自治县	274	123	117	27	7	208	97	87	19	5
循化撒拉族自治县	245	94	104	43	4	250	104	113	30	3
海北藏族自治州	**1424**	**716**	**563**	**130**	**15**	**846**	**391**	**308**	**121**	**26**
门源回族自治县	665	281	314	64	6	385	154	179	49	3
祁连县	213	117	80	14	2	103	37	50	12	4
海晏县	403	271	94	32	6	292	182	55	42	13
刚察县	143	47	75	20	1	66	18	24	18	6
黄南藏族自治州	**508**	**195**	**198**	**101**	**14**	**857**	**443**	**171**	**221**	**22**
同仁县	215	77	67	64	7	466	210	74	166	16
尖扎县	148	84	50	11	3	241	177	39	21	4
泽库县	77	10	41	26		110	47	32	31	
河南蒙古族自治县	68	24	40		4	40	9	26	3	2
海南藏族自治州	**2045**	**863**	**911**	**228**	**43**	**1747**	**728**	**765**	**196**	**58**
共和县	865	368	365	101	31	733	286	324	94	29
同德县	173	75	70	25	3	117	41	50	23	3
贵德县	511	175	257	73	6	464	161	225	60	18
兴海县	392	214	161	16	1	269	193	64	9	3
贵南县	104	31	58	13	2	164	47	102	10	5
果洛藏族自治州	**448**	**291**	**110**	**37**	**10**	**265**	**182**	**55**	**15**	**13**
玛沁县	169	95	52	19	3	145	103	24	10	8
班玛县	62	37	14	11		18	13	4	1	
甘德县	47	43	3	1		27	25	2		
达日县	121	95	24	2		42	28	14		
久治县	19	11	5	3		12	11	1		
玛多县	30	10	12	1	7	21	2	10	4	5
玉树藏族自治州	**1006**	**661**	**163**	**162**	**20**	**757**	**541**	**121**	**75**	**20**
玉树市	276	163	65	44	4	410	326	43	32	9
杂多县	361	289	9	58	5	99	75	6	16	2
称多县	49	26	16	2	5	46	10	31	1	4
治多县	130	112	14	3	1	81	72	7	2	
囊谦县	93	14	31	44	4	75	34	20	19	2
曲麻莱县	97	57	28	11	1	46	24	14	5	3
海西蒙古族藏族自治州	**3758**	**920**	**1937**	**323**	**578**	**2311**	**389**	**1056**	**357**	**509**
格尔木市	1955	533	909	144	369	975	169	394	107	305
德令哈市	802	113	457	79	153	464	62	193	88	121
茫崖市	130	16	78	30	6	136	44	49	36	7
乌兰县	222	30	163	19	10	186	15	115	37	19
都兰县	364	159	183	13	9	197	64	101	12	20
天峻县	82	35	30	8	9	91	18	56	5	12
大柴旦行政委员会	203	34	117	30	22	262	17	148	72	25

7-4 续表 3

单位：人

现住地	大学专科					大学本科				
	小计	乡	镇的村委会	镇的居委会	街道	小计	乡	镇的村委会	镇的居委会	街道
全省	**17496**	**3820**	**4511**	**3999**	**5166**	**17257**	**2520**	**4091**	**4484**	**6162**
西宁市	**10470**	**1539**	**2327**	**2463**	**4141**	**11647**	**1261**	**2698**	**2750**	**4938**
城东区	2651	313	472	712	1154	3120	398	678	791	1253
城中区	2090	371	483	461	775	1514	134	261	375	744
城西区	1890	84	301	487	1018	2687	104	333	682	1568
城北区	2780	444	643	561	1132	3596	461	1167	693	1275
湟中区	325	34	197	71	23	241	24	131	54	32
大通回族土族自治县	399	81	169	125	24	312	66	112	101	33
湟源县	335	212	62	46	15	177	74	16	54	33
海东市	**1871**	**738**	**643**	**371**	**119**	**1543**	**455**	**441**	**434**	**213**
乐都区	648	265	245	111	27	347	95	116	98	38
平安区	303	97	103	74	29	265	66	63	78	58
民和回族土族自治县	355	119	138	88	10	327	116	100	90	21
互助土族自治县	372	210	98	33	31	280	115	76	42	47
化隆回族自治县	124	16	45	44	19	206	22	49	99	36
循化撒拉族自治县	69	31	14	21	3	118	41	37	27	13
海北藏族自治州	**542**	**192**	**137**	**144**	**69**	**578**	**142**	**112**	**196**	**128**
门源回族自治县	179	57	49	61	12	157	32	30	71	24
祁连县	78	28	25	15	10	107	37	30	29	11
海晏县	203	79	43	45	36	250	52	38	81	79
刚察县	82	28	20	23	11	64	21	14	15	14
黄南藏族自治州	**590**	**164**	**163**	**214**	**49**	**526**	**106**	**83**	**252**	**85**
同仁县	244	79	45	104	16	236	48	31	132	25
尖扎县	138	46	29	49	14	166	35	17	80	34
泽库县	110	15	34	58	3	73	11	16	39	7
河南蒙古族自治县	98	24	55	3	16	51	12	19	1	19
海南藏族自治州	**882**	**306**	**279**	**220**	**77**	**780**	**199**	**182**	**280**	**119**
共和县	311	81	92	97	41	359	74	70	144	71
同德县	99	27	27	30	15	89	15	24	28	22
贵德县	201	60	83	46	12	146	35	39	57	15
兴海县	176	103	50	17	6	80	45	22	12	1
贵南县	95	35	27	30	3	106	30	27	39	10
果洛藏族自治州	**345**	**180**	**91**	**51**	**23**	**309**	**100**	**85**	**96**	**28**
玛沁县	123	59	30	26	8	111	34	21	44	12
班玛县	51	26	10	8	7	47	14	15	9	9
甘德县	41	27	12	2		28	14	13		1
达日县	55	31	19	5		51	17	22	12	
久治县	35	22	7	6		42	16	10	15	1
玛多县	40	15	13	4	8	30	5	4	16	5
玉树藏族自治州	**668**	**323**	**135**	**155**	**55**	**269**	**110**	**62**	**63**	**34**
玉树市	271	103	70	63	35	160	59	46	27	28
杂多县	131	92	12	20	7	30	12	3	14	1
称多县	33	10	6	11	6	15	5	2	4	4
治多县	114	76	17	21		34	23	4	7	
囊谦县	48	9	14	24	1	12	5	2	5	
曲麻莱县	71	33	16	16	6	18	6	5	6	1
海西蒙古族藏族自治州	**2128**	**378**	**736**	**381**	**633**	**1605**	**147**	**428**	**413**	**617**
格尔木市	1002	142	372	134	354	743	76	191	115	361
德令哈市	575	137	157	82	199	412	24	95	115	178
茫崖市	122	19	39	45	19	121	4	25	73	19
乌兰县	99	7	46	28	18	89	6	31	39	13
都兰县	106	27	39	27	13	122	27	47	30	18
天峻县	71	28	23	9	11	54	6	26	10	12
大柴旦行政委员会	153	18	60	56	19	64	4	13	31	16

7-4 续表 4

单位：人

现住地	硕士研究生					博士研究生				
	小计	乡	镇的村委会	镇的居委会	街道	小计	乡	镇的村委会	镇的居委会	街道
全省	**722**	**75**	**91**	**176**	**380**	**56**	**2**	**2**	**16**	**36**
西宁市	**595**	**49**	**71**	**136**	**339**	**52**		**2**	**15**	**35**
城东区	139	15	15	29	80	12			4	8
城中区	92	5	11	22	54	4			3	1
城西区	224	18	19	49	138	26			6	20
城北区	123	8	19	32	64	9		2	2	5
湟中区	7	1	3	2	1					
大通回族土族自治县	7	1	3	2	1					
湟源县	3	1	1		1	1				1
海东市	**27**	**6**	**5**	**7**	**9**					
乐都区	10	1	2	2	5					
平安区	5	3		1	1					
民和回族土族自治县	4	1	1	2						
互助土族自治县	3		1	1	1					
化隆回族自治县	4	1	1	1	1					
循化撒拉族自治县	1				1					
海北藏族自治州	**14**	**2**	**3**	**6**	**3**					
门源回族自治县										
祁连县	2	1		1						
海晏县	9	1	2	4	2					
刚察县	3		1	1	1					
黄南藏族自治州	**22**	**7**	**2**	**10**	**3**	**1**	**1**			
同仁县	11	2	1	6	2					
尖扎县	4	1		2	1	1	1			
泽库县	5	3	1	1						
河南蒙古族自治县	2	1		1						
海南藏族自治州	**21**	**8**	**3**	**3**	**7**	**2**			**1**	**1**
共和县	9	2	1	1	5	2			1	1
同德县	3	2			1					
贵德县	7	3	1	2	1					
兴海县										
贵南县	2	1	1							
果洛藏族自治州	**10**	**1**	**2**	**4**	**3**					
玛沁县	6		1	3	2					
班玛县	1		1							
甘德县	1	1								
达日县										
久治县										
玛多县	2			1	1					
玉树藏族自治州	**2**		**1**		**1**	**1**	**1**			
玉树市	2		1		1	1	1			
杂多县										
称多县										
治多县										
囊谦县										
曲麻莱县										
海西蒙古族藏族自治州	**31**	**2**	**4**	**10**	**15**					
格尔木市	15	1	2	3	9					
德令哈市	11	1	1	3	6					
茫崖市	1			1						
乌兰县	2			2						
都兰县	1			1						
天峻县	1		1							
大柴旦行政委员会										

7-5 全省按现住地、户口登记地类型、受教育程度分的户口登记地在外省人口

单位：人

现住地	合计					未上过学				
	合计	乡	镇的村委会	镇的居委会	街道	小计	乡	镇的村委会	镇的居委会	街道
全省	**33988**	**8097**	**17249**	**3709**	**4933**	**1232**	**534**	**559**	**59**	**80**
西宁市	**21103**	**4450**	**10820**	**2284**	**3549**	**587**	**202**	**290**	**40**	**55**
城东区	5521	1612	2351	708	850	269	109	115	19	26
城中区	3525	804	1754	322	645	57	23	30	2	2
城西区	3535	452	1732	450	901	84	15	52	6	11
城北区	6762	1256	3860	633	1013	144	40	76	12	16
湟中区	821	87	592	54	88	12	5	7		
大通回族土族自治县	769	162	456	106	45	19	9	9	1	
湟源县	170	77	75	11	7	2	1	1		
海东市	**2656**	**861**	**1323**	**223**	**249**	**110**	**51**	**53**	**2**	**4**
乐都区	746	212	419	44	71	18	7	10		1
平安区	404	109	180	53	62	9	7	2		
民和回族土族自治县	426	130	232	49	15	42	14	24	2	2
互助土族自治县	651	303	241	56	51	16	10	6		
化隆回族自治县	260	52	162	9	37	19	10	8		1
循化撒拉族自治县	169	55	89	12	13	6	3	3		
海北藏族自治州	**609**	**138**	**305**	**71**	**95**	**22**	**10**	**12**		
门源回族自治县	221	50	104	19	48	2	1	1		
祁连县	192	31	116	23	22	4	3	1		
海晏县	132	41	55	19	17	10	4	6		
刚察县	64	16	30	10	8	6	2	4		
黄南藏族自治州	**612**	**177**	**261**	**103**	**71**	**34**	**17**	**12**	**3**	**2**
同仁县	267	83	81	57	46	14	7	3	3	1
尖扎县	164	41	97	17	9	6	2	4		
泽库县	45	7	9	27	2					
河南蒙古族自治县	136	46	74	2	14	14	8	5		1
海南藏族自治州	**837**	**238**	**363**	**139**	**97**	**29**	**8**	**18**	**2**	**1**
共和县	341	100	141	66	34	5	2	2	1	
同德县	102	25	45	12	20	5	1	4		
贵德县	159	34	85	25	15	7	1	4	1	1
兴海县	108	48	21	16	23	2	1	1		
贵南县	127	31	71	20	5	10	3	7		
果洛藏族自治州	**668**	**366**	**190**	**80**	**32**	**38**	**28**	**8**	**1**	**1**
玛沁县	183	87	50	31	15	2	1		1	
班玛县	94	59	26	8	1	6	6			
甘德县	76	58	16	2						
达日县	142	70	60	7	5	24	17	6		1
久治县	146	87	30	26	3	5	4	1		
玛多县	27	5	8	6	8	1		1		
玉树藏族自治州	**713**	**245**	**243**	**139**	**86**	**100**	**67**	**22**	**3**	**8**
玉树市	503	175	171	110	47	70	45	18	2	5
杂多县	75	30	29	8	8	12	10		1	1
称多县	51	10	17	7	17	4	3	1		
治多县	11	2	8		1	1	1			
囊谦县	24	7	8	9		1		1		
曲麻莱县	49	21	10	5	13	12	8	2		2
海西蒙古族藏族自治州	**6790**	**1622**	**3744**	**670**	**754**	**312**	**151**	**144**	**8**	**9**
格尔木市	4055	1133	2269	265	388	228	121	93	6	8
德令哈市	780	109	440	115	116	23	9	14		
茫崖市	660	116	331	145	68	11	4	5	2	
乌兰县	221	26	145	39	11	10	1	9		
都兰县	409	133	204	30	42	26	14	12		
天峻县	110	9	46	2	53	4		4		
大柴旦行政委员会	555	96	309	74	76	10	2	7		1

7-5　续表 1　　　　　　　　　　　　　　　　　　　　　　　　　　　　　　单位：人

现住地	学前教育					小　学				
	小计	乡	镇　的村委会	镇　的居委会	街道	小计	乡	镇　的村委会	镇　的居委会	街道
全省	**1012**	**244**	**545**	**97**	**126**	**6902**	**2162**	**3681**	**504**	**555**
西宁市	**671**	**141**	**367**	**75**	**88**	**3660**	**1020**	**2009**	**272**	**359**
城东区	198	65	93	20	20	1190	414	543	116	117
城中区	93	13	49	9	22	663	216	339	40	68
城西区	111	12	63	16	20	426	77	255	32	62
城北区	229	42	141	21	25	1046	248	640	61	97
湟中区	14	3	9	2		137	14	109	5	9
大通回族土族自治县	23	3	12	7	1	164	31	110	17	6
湟源县	3	3				34	20	13	1	
海东市	**72**	**22**	**32**	**2**	**16**	**684**	**270**	**338**	**37**	**39**
乐都区	23	6	14		3	151	60	84	5	2
平安区	13	3	4		6	81	23	42	8	8
民和回族土族自治县	8	1	4	2	1	114	44	61	8	1
互助土族自治县	19	8	7		4	194	100	72	9	13
化隆回族自治县	6	2	3		1	86	21	53	2	10
循化撒拉族自治县	3	2			1	58	22	26	5	5
海北藏族自治州	**15**	**5**	**7**		**3**	**147**	**38**	**86**	**11**	**12**
门源回族自治县	7	3	2		2	54	12	34	1	7
祁连县	3		3			62	12	39	9	2
海晏县	4	1	2		1	21	12	8	1	
刚察县	1	1				10	2	5		3
黄南藏族自治州	**12**	**5**	**3**	**2**	**2**	**210**	**76**	**85**	**24**	**25**
同仁县	9	2	3	2	2	75	29	23	9	14
尖扎县						49	22	22	2	3
泽库县						19	2	4	13	
河南蒙古族自治县	3	3				67	23	36		8
海南藏族自治州	**22**	**4**	**12**	**5**	**1**	**193**	**62**	**99**	**20**	**12**
共和县	5	1	2	2		55	17	29	4	5
同德县	6		5		1	22	5	10	4	3
贵德县	6	1	3	2		38	13	23	2	
兴海县	1		1			26	13	7	3	3
贵南县	4	2	1	1		52	14	30	7	1
果洛藏族自治州	**3**	**1**	**2**			**248**	**149**	**68**	**16**	**15**
玛沁县						51	25	16	4	6
班玛县						34	21	11	1	1
甘德县						45	38	6	1	
达日县	2		2			43	25	16		2
久治县	1	1				64	39	15	9	1
玛多县						11	1	4	1	5
玉树藏族自治州	**8**	**8**				**239**	**76**	**91**	**44**	**28**
玉树市	8	8				189	61	75	37	16
杂多县						19	9	6	4	
称多县						16	3	4		9
治多县						1		1		
囊谦县						7	2	4	1	
曲麻莱县						7	1	1	2	3
海西蒙古族藏族自治州	**209**	**58**	**122**	**13**	**16**	**1521**	**471**	**905**	**80**	**65**
格尔木市	155	48	90	6	11	1041	349	623	32	37
德令哈市	24	3	16	2	3	171	31	109	16	15
茫崖市	7		5	2		70	12	44	12	2
乌兰县	6		4	2		47	7	30	10	
都兰县	11	5	5		1	117	60	49	4	4
天峻县	2			1	1	24	3	16		5
大柴旦行政委员会	4	2	2			51	9	34	6	2

7-5 续表 2

单位：人

现住地	初中					高中				
	小计	乡	镇的村委会	镇的居委会	街道	小计	乡	镇的村委会	镇的居委会	街道
全省	**12460**	**3000**	**7174**	**1110**	**1176**	**5087**	**1018**	**2533**	**675**	**861**
西宁市	**7741**	**1728**	**4579**	**606**	**828**	**3267**	**601**	**1632**	**410**	**624**
城东区	1864	580	866	190	228	806	224	332	109	141
城中区	1405	349	794	97	165	598	113	290	65	130
城西区	1157	154	706	103	194	600	68	291	90	151
城北区	2507	492	1638	170	207	1011	151	577	112	171
湟中区	414	42	335	16	21	105	11	62	12	20
大通回族土族自治县	332	81	209	29	13	125	26	68	22	9
湟源县	62	30	31	1		22	8	12		2
海东市	**1112**	**373**	**603**	**78**	**58**	**304**	**78**	**145**	**40**	**41**
乐都区	349	96	222	15	16	100	22	48	13	17
平安区	175	57	82	16	20	48	11	21	11	5
民和回族土族自治县	155	44	89	18	4	50	12	28	7	3
互助土族自治县	260	140	91	21	8	69	26	29	8	6
化隆回族自治县	111	16	82	5	8	18	1	8		9
循化撒拉族自治县	62	20	37	3	2	19	6	11	1	1
海北藏族自治州	**196**	**49**	**114**	**19**	**14**	**71**	**14**	**42**	**6**	**9**
门源回族自治县	72	19	39	5	9	27	7	13	3	4
祁连县	59	7	41	7	4	30	3	22	2	3
海晏县	47	15	25	6	1	8	4	2		2
刚察县	18	8	9	1		6		5	1	
黄南藏族自治州	**214**	**46**	**111**	**36**	**21**	**73**	**14**	**30**	**19**	**10**
同仁县	99	26	32	23	18	40	8	14	11	7
尖扎县	67	7	54	5	1	18	3	10	3	2
泽库县	12	3	1	8		7	1	2	4	
河南蒙古族自治县	36	10	24		2	8	2	4	1	1
海南藏族自治州	**305**	**92**	**131**	**48**	**34**	**145**	**37**	**59**	**31**	**18**
共和县	128	42	54	20	12	70	18	27	21	4
同德县	43	11	16	4	12	17	6	7	3	1
贵德县	65	14	35	13	3	18	2	12	3	1
兴海县	31	16	4	4	7	28	8	7	3	10
贵南县	38	9	22	7		12	3	6	1	2
果洛藏族自治州	**216**	**105**	**71**	**39**	**1**	**92**	**52**	**18**	**15**	**7**
玛沁县	79	37	25	16	1	23	12	5	3	3
班玛县	36	23	7	6		11	7	3	1	
甘德县	11	8	3			11	8	3		
达日县	51	22	24	5		10	2	5	1	2
久治县	36	14	11	11		29	20	2	6	1
玛多县	3	1	1	1		8	3		4	1
玉树藏族自治州	**246**	**64**	**87**	**64**	**31**	**65**	**17**	**24**	**17**	**7**
玉树市	157	39	51	51	16	43	12	15	13	3
杂多县	33	6	18	3	6	6	3	3		
称多县	15	4	4	2	5	8		3	4	1
治多县	8		7		1	1	1			
囊谦县	13	4	3	6						
曲麻莱县	20	11	4	2	3	7	1	3		3
海西蒙古族藏族自治州	**2430**	**543**	**1478**	**220**	**189**	**1070**	**205**	**583**	**137**	**145**
格尔木市	1405	379	842	94	90	556	119	320	43	74
德令哈市	274	34	176	36	28	103	17	56	17	13
茫崖市	259	33	161	45	20	172	40	76	41	15
乌兰县	84	9	52	17	6	37	5	26	3	3
都兰县	159	43	92	5	19	59	6	31	15	7
天峻县	20	1	14		5	23	2	5	1	15
大柴旦行政委员会	229	44	141	23	21	120	16	69	17	18

7–5　续表 3

单位：人

现住地	大学专科					大学本科				
	小计	乡	镇的村委会	镇的居委会	街道	小计	乡	镇的村委会	镇的居委会	街道
全省	**3427**	**597**	**1435**	**588**	**807**	**3375**	**466**	**1202**	**587**	**1120**
西宁市	**2160**	**363**	**866**	**388**	**543**	**2581**	**325**	**962**	**416**	**878**
城东区	546	130	189	108	119	560	80	194	129	157
城中区	381	55	152	56	118	301	32	96	47	126
城西区	466	48	171	82	165	504	42	158	83	221
城北区	576	102	260	105	109	1116	160	472	137	347
湟中区	91	9	45	13	24	47	3	25	5	14
大通回族土族自治县	68	7	35	20	6	38	5	13	10	10
湟源县	32	12	14	4	2	15	3	4	5	3
海东市	**207**	**37**	**98**	**29**	**43**	**156**	**27**	**53**	**32**	**44**
乐都区	54	10	24	6	14	46	9	16	5	16
平安区	40	2	18	10	10	35	6	11	6	12
民和回族土族自治县	32	7	19	5	1	24	8	7	6	3
互助土族自治县	56	15	24	7	10	36	3	12	11	10
化隆回族自治县	15	2	7		6	4		1	2	1
循化撒拉族自治县	10	1	6	1	2	11	1	6	2	2
海北藏族自治州	**74**	**12**	**22**	**20**	**20**	**76**	**10**	**21**	**14**	**31**
门源回族自治县	33	6	8	5	14	26	2	7	5	12
祁连县	13	4	3	3	3	19	2	7	2	8
海晏县	15	1	6	7	1	22	4	6	4	8
刚察县	13	1	5	5	2	9	2	1	3	3
黄南藏族自治州	**34**	**10**	**9**	**9**	**6**	**31**	**8**	**11**	**10**	**2**
同仁县	16	7	3	4	2	13	3	3	5	2
尖扎县	9	2	2	3	2	14	5	5	4	
泽库县	5	1	1	2	1	1		1		
河南蒙古族自治县	4		3		1	3		2	1	
海南藏族自治州	**69**	**23**	**24**	**12**	**10**	**69**	**12**	**19**	**20**	**18**
共和县	34	13	13	5	3	43	7	14	13	9
同德县	7	2	3		2	2			1	1
贵德县	11	1	4	2	4	13	2	4	2	5
兴海县	12	7	1	3	1	7	3		3	1
贵南县	5		3	2		4		1	1	2
果洛藏族自治州	**44**	**16**	**19**	**7**	**2**	**25**	**15**	**4**	**2**	**4**
玛沁县	12	4	2	5	1	15	8	2	2	3
班玛县	4		4			3	2	1		
甘德县	7	3	3	1		2	1	1		
达日县	11	3	7	1		1	1			
久治县	8	6	1		1	3	3			
玛多县	2		2			1				1
玉树藏族自治州	**32**	**3**	**15**	**9**	**5**	**22**	**10**	**4**	**1**	**7**
玉树市	19	3	9	5	2	16	7	3	1	5
杂多县	3		2		1	2	2			
称多县	6		4	1	1	2		1		1
治多县										
囊谦县	2			2		1	1			
曲麻莱县	2			1	1	1				1
海西蒙古族藏族自治州	**807**	**133**	**382**	**114**	**178**	**415**	**59**	**128**	**92**	**136**
格尔木市	429	80	213	48	88	232	37	87	34	74
德令哈市	114	8	58	18	30	65	6	11	26	22
茫崖市	87	21	30	25	11	49	6	9	17	17
乌兰县	29	3	20	6		8	1	4	1	2
都兰县	23	4	12	2	5	12		3	3	6
天峻县	29	2	3		24	8	1	4		3
大柴旦行政委员会	96	15	46	15	20	41	8	10	11	12

7-5　续表 4　　　　单位：人

现住地	硕士研究生					博士研究生				
	小计	乡	镇的村委会	镇的居委会	街道	小计	乡	镇的村委会	镇的居委会	街道
全省	**459**	**75**	**112**	**77**	**195**	**34**	**1**	**8**	**12**	**13**
西宁市	**405**	**69**	**108**	**65**	**163**	**31**	**1**	**7**	**12**	**11**
城东区	86	10	18	16	42	2		1	1	
城中区	25	3	4	5	13	2			1	1
城西区	168	36	33	28	71	19		3	10	6
城北区	125	20	53	15	37	8	1	3		4
湟中区	1			1						
大通回族土族自治县										
湟源县										
海东市	**10**	**3**	**1**	**3**	**3**	**1**				**1**
乐都区	5	2	1		2					
平安区	3			2	1					
民和回族土族自治县	1			1						
互助土族自治县	1	1								
化隆回族自治县						1				1
循化撒拉族自治县										
海北藏族自治州	**7**			**1**	**6**	**1**		**1**		
门源回族自治县										
祁连县	2				2					
海晏县	5			1	4					
刚察县						1		1		
黄南藏族自治州	**4**	**1**			**3**					
同仁县	1	1								
尖扎县	1				1					
泽库县	1				1					
河南蒙古族自治县	1				1					
海南藏族自治州	**5**		**1**	**1**	**3**					
共和县	1				1					
同德县										
贵德县	1				1					
兴海县	1				1					
贵南县	2		1	1						
果洛藏族自治州	**2**				**2**					
玛沁县	1				1					
班玛县										
甘德县										
达日县										
久治县										
玛多县	1				1					
玉树藏族自治州	**1**			**1**						
玉树市	1			1						
杂多县										
称多县										
治多县										
囊谦县										
曲麻莱县										
海西蒙古族藏族自治州	**25**	**2**	**2**	**6**	**15**	**1**				**1**
格尔木市	8		1	2	5	1				1
德令哈市	6	1			5					
茫崖市	5		1	1	3					
乌兰县										
都兰县	2	1		1						
天峻县										
大柴旦行政委员会	4			2	2					

7–6　全省按现住地和出生地分的人口

单位：人

现住地	出生地							
	合计	省内		省外				
		本县市区	本省其他县市区	北京	天津	河北	山西	内蒙古
全省	**569733**	**430214**	**83603**	**222**	**134**	**2862**	**1276**	**515**
西宁市	**237073**	**150716**	**48343**	**194**	**103**	**2271**	**981**	**365**
城东区	44207	19480	15448	40	16	502	218	67
城中区	30716	15065	8732	43	24	352	174	70
城西区	31567	14993	8411	59	37	490	207	118
城北区	39752	17813	10900	45	21	796	307	87
湟中区	38975	35728	2299	2		47	25	13
大通回族土族自治县	40749	37704	1622	4	5	71	38	10
湟源县	11107	9933	931	1		13	12	
海东市	**128719**	**119416**	**5505**	**14**	**18**	**112**	**64**	**33**
乐都区	22964	20601	1231	2	11	38	22	11
平安区	10869	7791	2306	5	2	22	14	7
民和回族土族自治县	31427	30399	390	5		17	6	4
互助土族自治县	32596	30724	1033	2	3	28	22	8
化隆回族自治县	17067	16416	391		2	6		2
循化撒拉族自治县	13796	13485	154			1		1
海北藏族自治州	**27057**	**23454**	**2743**	**2**	**2**	**25**	**15**	**5**
门源回族自治县	14216	13617	290	1	2	5	2	2
祁连县	4467	3740	471	1		7	2	1
海晏县	4129	2422	1503			11	5	2
刚察县	4245	3675	479			2	6	
黄南藏族自治州	**28197**	**25695**	**1823**	**1**		**13**	**5**	**4**
同仁县	10474	9354	816			4	2	
尖扎县	5904	5126	582			3	2	1
泽库县	7512	7216	248			3		
河南蒙古族自治县	4307	3999	177	1		3	1	3
海南藏族自治州	**45057**	**39141**	**4729**	**2**	**2**	**29**	**17**	**7**
共和县	13393	10598	2283	1		19	10	2
同德县	6244	5649	482		2	2		1
贵德县	10854	9436	1140	1		4	5	2
兴海县	6987	6533	332			1	1	
贵南县	7579	6925	492			3	1	2
果洛藏族自治州	**18925**	**17224**	**1184**			**14**	**3**	**3**
玛沁县	3606	2902	532			6	2	2
班玛县	3040	2763	181			1		1
甘德县	4349	4313	36					
达日县	3373	3074	189			3	1	
久治县	2954	2733	109			3		
玛多县	1603	1439	137			1		
玉树藏族自治州	**39447**	**37176**	**1642**	**2**	**1**	**20**	**7**	**2**
玉树市	12978	11328	1183	2		17	5	1
杂多县	5770	5503	223			1		
称多县	5684	5549	83			1		
治多县	2859	2828	19					
囊谦县	8825	8744	49		1		2	1
曲麻莱县	3331	3224	85			1		
海西蒙古族藏族自治州	**45258**	**17392**	**17634**	**7**	**8**	**378**	**184**	**96**
格尔木市	20747	5468	8903	4	5	213	89	46
德令哈市	8356	3190	3939	1	1	49	41	21
茫崖市	2157	483	652	2	2	66	17	4
乌兰县	3356	1934	1093			7	11	7
都兰县	6757	4040	2169			13	8	3
天峻县	2083	1817	157				6	
大柴旦行政委员会	1802	460	721			30	12	15

7−6 续表 1

单位：人

现住地	出生地							
	省外							
	辽宁	吉林	黑龙江	上海	江苏	浙江	安徽	福建
全省	**1276**	**688**	**663**	**151**	**2068**	**866**	**2037**	**627**
西宁市	**1131**	**569**	**504**	**134**	**1507**	**669**	**1503**	**503**
城东区	176	108	98	33	269	168	372	48
城中区	187	165	65	40	373	108	255	37
城西区	179	111	100	28	357	151	330	104
城北区	523	158	183	32	409	187	463	290
湟中区	8	3	8		34	32	34	14
大通回族土族自治县	56	21	46	1	55	20	42	4
湟源县	2	3	4		10	3	7	6
海东市	**34**	**35**	**31**	**5**	**127**	**65**	**107**	**49**
乐都区	9	10	7	1	31	21	40	11
平安区	9	9	6	1	41	16	31	6
民和回族土族自治县	8	9	5		7	9	14	1
互助土族自治县	6	7	13	1	29	9	9	31
化隆回族自治县	1			2	11	7	7	
循化撒拉族自治县	1				8	3	6	
海北藏族自治州	**5**	**7**	**8**		**18**	**12**	**21**	**10**
门源回族自治县	1	4	6		1	3	7	9
祁连县	3	2	1		8	2	7	1
海晏县	1	1	1		6	3	4	
刚察县					3	4	3	
黄南藏族自治州	**2**	**1**	**2**		**17**	**8**	**16**	**3**
同仁县	2		1		9	7	7	3
尖扎县		1	1		3	1	6	
泽库县					4		3	
河南蒙古族自治县					1			
海南藏族自治州	**3**	**6**	**6**	**4**	**40**	**17**	**34**	**2**
共和县	2	4	3	2	16	7	17	2
同德县							7	
贵德县		2	2		7	7	4	
兴海县			1		5	2		
贵南县	1			2	12	1	6	
果洛藏族自治州		**1**	**2**		**18**	**3**	**30**	**2**
玛沁县		1	2		10	2	8	1
班玛县					4		2	
甘德县								
达日县						1	19	
久治县								
玛多县					4		1	1
玉树藏族自治州	**1**		**2**		**5**	**6**	**5**	**7**
玉树市	1		2		5	2	3	4
杂多县						1		2
称多县							2	
治多县								
囊谦县						1		1
曲麻莱县						2		
海西蒙古族藏族自治州	**100**	**69**	**108**	**8**	**336**	**86**	**321**	**51**
格尔木市	54	36	64	4	215	52	236	32
德令哈市	15	11	10		48	14	39	12
茫崖市	14	9	18		34	8	17	
乌兰县	2	1	6	3	5	2	3	5
都兰县	4	3	1	1	14	2	11	
天峻县		2	2		2	2	3	2
大柴旦行政委员会	11	7	7		18	6	12	

7-6　续表 2

单位：人

现住地	出生地								
	省外								
	江西	山东	河南	湖北	湖南	广东	广西	海南	重庆
全省	**455**	**3771**	**9378**	**1993**	**1110**	**251**	**131**	**48**	**851**
西宁市	**341**	**2902**	**6426**	**1396**	**735**	**183**	**97**	**43**	**567**
城东区	67	524	1620	304	176	43	19	11	114
城中区	47	529	1122	299	99	37	13	3	131
城西区	64	771	1273	276	188	54	27	4	129
城北区	145	944	2003	389	211	38	30	23	155
湟中区	7	35	106	51	42	5	3		13
大通回族土族自治县	10	93	260	64	17	5	4	1	19
湟源县	1	6	42	13	2	1	1	1	6
海东市	**35**	**204**	**471**	**227**	**92**	**28**	**9**	**1**	**54**
乐都区	9	65	170	55	10	7	1		20
平安区	5	68	141	39	19	5	2		11
民和回族土族自治县	1	12	41	41	3	6	4		3
互助土族自治县	13	49	74	35	45	4	2		14
化隆回族自治县	7	8	31	41	15	4		1	4
循化撒拉族自治县		2	14	16		2			2
海北藏族自治州	**5**	**36**	**114**	**42**	**15**	**4**	**3**		**13**
门源回族自治县	3	7	50	13		2			6
祁连县		8	22	26	8				4
海晏县	1	18	31	3	4	2	2		1
刚察县	1	3	11		3		1		2
黄南藏族自治州	**5**	**15**	**77**	**30**	**16**	**2**			**34**
同仁县	5	14	24	20	6	1			10
尖扎县			31	7	2	1			24
泽库县		1	9	1	4				
河南蒙古族自治县			13	2	4				
海南藏族自治州	**16**	**47**	**199**	**57**	**37**	**6**	**2**		**17**
共和县		29	75	22	13	2			4
同德县	2		22	7	1		1		1
贵德县	10	12	48	22	8	2	1		5
兴海县	4	2	17	1	10				3
贵南县		4	37	5	5	2			4
果洛藏族自治州	**1**	**7**	**67**	**9**	**18**				**7**
玛沁县		7	18	9	7				3
班玛县	1		15		7				2
甘德县									
达日县			14		1				
久治县			9		2				1
玛多县			11		1				1
玉树藏族自治州	**1**	**5**	**106**	**9**	**12**		**1**	**1**	**12**
玉树市		4	64	4	8				12
杂多县			8	3	1				
称多县	1		19		2		1	1	
治多县									
囊谦县		1	8	2	1				
曲麻莱县			7						
海西蒙古族藏族自治州	**51**	**555**	**1918**	**223**	**185**	**28**	**19**	**3**	**147**
格尔木市	30	339	1226	121	103	17	9	1	89
德令哈市	17	76	230	35	26	4	4	2	8
茫崖市		60	117	21	18	2	1		21
乌兰县		25	54	6	8		1		6
都兰县	2	30	145	25	7	3	2		10
天峻县		1	12	7	18				2
大柴旦行政委员会	2	24	134	8	5	2	2		11

7–6 续表 3

单位：人

现住地	出生地								
	省外								港澳台或国外
	四川	贵州	云南	西藏	陕西	甘肃	宁夏	新疆	
全省	**4889**	**210**	**291**	**424**	**5127**	**12771**	**366**	**454**	**11**
西宁市	**2968**	**142**	**145**	**80**	**3881**	**7102**	**254**	**311**	**7**
城东区	557	35	29	11	831	2621	80	121	1
城中区	651	18	21	21	705	1248	35	44	3
城西区	600	26	21	2	1074	1244	68	70	1
城北区	831	38	37	6	1070	1507	61	49	1
湟中区	150	14	25	27	70	165	4	11	
大通回族土族自治县	162	9	8	7	116	255	5	14	1
湟源县	17	2	4	6	15	62	1	2	
海东市	**339**	**21**	**24**	**96**	**263**	**1164**	**23**	**53**	
乐都区	105	5	7	32	74	329	8	21	
平安区	77	3	4	2	86	121	2	18	
民和回族土族自治县	32	3		19	16	359	5	8	
互助土族自治县	70	10	10	33	77	225	7	3	
化隆回族自治县	33		3	9	8	55	1	2	
循化撒拉族自治县	22			1	2	75		1	
海北藏族自治州	**76**	**3**	**7**	**4**	**53**	**338**	**7**	**10**	
门源回族自治县	34	1	2	3	17	117	2	9	
祁连县	22	2	4	1	16	107	1		
海晏县	11		1		11	80	4	1	
刚察县	9				9	34			
黄南藏族自治州	**90**	**5**	**11**	**3**	**51**	**259**	**6**	**3**	
同仁县	36	3	6	1	15	124	3	1	
尖扎县	42	2	1	2	32	29	3	2	
泽库县	5		2		1	15			
河南蒙古族自治县	7		2		3	91			
海南藏族自治州	**98**	**6**	**11**	**11**	**62**	**425**	**16**	**5**	**3**
共和县	37	6	3	4	26	195	7	4	
同德县	20		3	2	10	32			
贵德县	14		2	3	20	95	2		
兴海县	19		3		5	41	7		
贵南县	8			2	1	62		1	3
果洛藏族自治州	**178**	**1**		**1**	**6**	**146**			
玛沁县	47			1	4	42			
班玛县	39				1	23			
甘德县									
达日县	34	1				36			
久治县	54				1	42			
玛多县	4					3			
玉树藏族自治州	**151**		**3**	**159**	**24**	**87**			
玉树市	129		2	138	19	45			
杂多县	7			8	1	12			
称多县	8		1		4	12			
治多县						12			
囊谦县	3			7		4			
曲麻莱县	4			6		2			
海西蒙古族藏族自治州	**989**	**32**	**90**	**70**	**787**	**3250**	**60**	**72**	**1**
格尔木市	610	25	20	57	511	2092	33	42	1
德令哈市	143		10	4	81	315	2	8	
茫崖市	114	4	2		76	374	9	12	
乌兰县	36		11	3	29	95	1	2	
都兰县	20		2	5	29	189	14	5	
天峻县	15		3		12	19	1		
大柴旦行政委员会	51	3	42	1	49	166		3	

7–7　全省按现住地和五年前常住地分的人口

单位：人

现住地	五年前常住地							
	合计	省内		省外				
		本县市区	本省其他县市区	北京	天津	河北	山西	内蒙古
全省	**534082**	**490404**	**26905**	**271**	**126**	**670**	**329**	**226**
西宁市	**224829**	**199098**	**15932**	**203**	**84**	**429**	**217**	**120**
城东区	41929	35401	4283	48	28	67	46	28
城中区	29414	25216	2785	36	13	41	24	22
城西区	29926	25584	2456	48	18	71	38	29
城北区	37916	30333	4487	57	22	185	69	30
湟中区	36780	35235	904	10	2	39	18	4
大通回族土族自治县	38288	37338	557	1		21	15	5
湟源县	10576	9991	460	3	1	5	7	2
海东市	**119979**	**115494**	**2588**	**25**	**19**	**57**	**32**	**34**
乐都区	21804	20506	721	6	5	17	13	10
平安区	10238	9277	756	3	1	4	3	
民和回族土族自治县	29226	28769	221	11		4		4
互助土族自治县	30635	29495	622	1	2	17	11	6
化隆回族自治县	15611	15157	186	4	11	14	5	13
循化撒拉族自治县	12465	12290	82			1		1
海北藏族自治州	**25509**	**24038**	**1038**	**4**	**4**	**9**	**9**	**4**
门源回族自治县	13347	12998	156	1	4	1	2	2
祁连县	4223	3937	158	2		6	2	1
海晏县	3954	3339	539	1		2	3	1
刚察县	3985	3764	185				2	
黄南藏族自治州	**25894**	**24624**	**923**	**6**	**1**	**4**	**2**	**6**
同仁县	9730	9171	457	3		2		
尖扎县	5412	5037	247	2			2	2
泽库县	6845	6674	134	1				
河南蒙古族自治县	3907	3742	85		1	2		4
海南藏族自治州	**41736**	**39392**	**1871**	**5**	**2**	**15**	**5**	**2**
共和县	12498	11464	840	4		10	2	2
同德县	5712	5484	169		2	1		
贵德县	10147	9615	454	1		3	1	
兴海县	6422	6168	166			1	1	
贵南县	6957	6661	242				1	
果洛藏族自治州	**17210**	**16303**	**615**	**2**		**4**		**2**
玛沁县	3378	3049	243					1
班玛县	2750	2594	103	2				1
甘德县	4000	3989	8					
达日县	2995	2882	74			2		
久治县	2644	2480	69			2		
玛多县	1443	1309	118					
玉树藏族自治州	**36263**	**35231**	**648**	**4**		**14**	**5**	
玉树市	12190	11496	429	2		13	2	
杂多县	5132	5064	38	1				
称多县	5266	5165	61					
治多县	2608	2587	9					
囊谦县	8001	7964	16	1			3	
曲麻莱县	3066	2955	95			1		
海西蒙古族藏族自治州	**42662**	**36224**	**3290**	**22**	**16**	**138**	**59**	**58**
格尔木市	19382	16716	1261	15	8	42	32	19
德令哈市	7887	6882	665	1	1	12	6	15
茫崖市	2118	1158	319	2	5	61	6	2
乌兰县	3184	2816	243	2		2	5	3
都兰县	6364	5950	228	2	1	5	3	4
天峻县	1948	1822	67		1		3	
大柴旦行政委员会	1779	880	507			16	4	15

7-7 续表 1

单位：人

现住地	五年前常住地							
	省外							
	辽宁	吉林	黑龙江	上海	江苏	浙江	安徽	福建
全省	**179**	**167**	**166**	**150**	**542**	**288**	**412**	**204**
西宁市	**125**	**100**	**86**	**84**	**365**	**183**	**286**	**119**
城东区	37	20	22	17	59	48	75	14
城中区	23	16	14	20	59	33	39	8
城西区	19	13	17	23	94	32	58	34
城北区	29	40	26	22	107	43	89	52
湟中区	7	3	4	1	29	14	13	6
大通回族土族自治县	7	5		1	15	10	11	
湟源县	3	3	3		2	3	1	5
海东市	**10**	**19**	**15**	**39**	**60**	**45**	**36**	**39**
乐都区	3	8	3	2	21	13	13	7
平安区	2	1	5	4	5	8	5	1
民和回族土族自治县			1	1	4	10	4	1
互助土族自治县	5	7	4	5	20	5	4	29
化隆回族自治县		2	2	22	9	4	10	
循化撒拉族自治县		1		5	1	5		1
海北藏族自治州	**4**	**2**	**6**	**3**	**9**	**3**	**11**	**10**
门源回族自治县	2	1	6	3		1	4	7
祁连县	2				7	2	3	3
海晏县		1			1		4	
刚察县					1			
黄南藏族自治州	**1**		**2**		**7**	**3**	**4**	**2**
同仁县	1				3	3	2	1
尖扎县			2		1		2	1
泽库县					3			
河南蒙古族自治县								
海南藏族自治州		**3**	**4**	**7**	**17**	**10**	**5**	**3**
共和县		2	3	1	9	3	4	2
同德县		1		1			1	
贵德县				1	2	3		1
兴海县			1		2	2		
贵南县				4	4	2		
果洛藏族自治州		**1**	**2**	**1**	**15**	**3**	**12**	**2**
玛沁县			2	1	11		5	1
班玛县		1			2	1	1	
甘德县								
达日县						2	5	
久治县								
玛多县					2		1	1
玉树藏族自治州	**1**		**2**	**1**	**2**	**3**	**7**	**2**
玉树市	1		2	1	2	1	5	2
杂多县								
称多县							2	
治多县								
囊谦县								
曲麻莱县						2		
海西蒙古族藏族自治州	**38**	**42**	**49**	**15**	**67**	**38**	**51**	**27**
格尔木市	16	18	30	11	32	24	32	21
德令哈市	7	8	3		12	9	7	3
茫崖市	8	3	7		6	2	3	
乌兰县	1	1	6	2	3		1	
都兰县	3	4		1	4	1	4	2
天峻县					2		1	
大柴旦行政委员会	3	8	3	1	8	2	3	1

7–7　续表 2　　　　单位：人

现住地	五年前常住地								
	省　外								
	江西	山东	河南	湖北	湖南	广东	广西	海南	重庆
全省	**219**	**762**	**1978**	**742**	**436**	**290**	**80**	**32**	**362**
西宁市	**156**	**515**	**1096**	**475**	**256**	**185**	**63**	**27**	**232**
城东区	25	90	238	94	58	50	16	5	50
城中区	13	51	143	82	30	37	7	2	44
城西区	29	118	181	91	38	40	14	3	48
城北区	70	192	424	140	91	41	23	17	65
湟中区	7	29	45	38	35	8	2		16
大通回族土族自治县	9	32	43	29	3	9	1		7
湟源县	3	3	22	1	1				2
海东市	**27**	**94**	**189**	**114**	**53**	**46**	**3**		**26**
乐都区	4	20	52	28	13	4	3		11
平安区	3	14	33	13	6	4			4
民和回族土族自治县	1	3	21	18	2	13			2
互助土族自治县	11	30	32	34	25	3			6
化隆回族自治县	8	19	49	10	7	14			1
循化撒拉族自治县		8	2	11		8			2
海北藏族自治州	**6**	**26**	**39**	**36**	**10**	**3**	**4**	**2**	**11**
门源回族自治县	4	6	20	11		1		2	5
祁连县	1	8	11	22	5		1		5
海晏县		8	4	3	5	2	3		
刚察县	1	4	4						1
黄南藏族自治州	**1**	**6**	**39**	**14**	**4**	**6**			**19**
同仁县	1	3	5	13		1			2
尖扎县			20	1	3	5			17
泽库县		3	6		1				
河南蒙古族自治县			8						
海南藏族自治州	**11**	**12**	**50**	**19**	**20**	**15**	**1**		**6**
共和县	3	7	22	8	7	2			2
同德县			7	3	1				1
贵德县	4	4	4	8	3	6	1		2
兴海县	3	1	15		6				
贵南县	1		2		3	7			1
果洛藏族自治州		**2**	**32**	**4**	**9**	**1**		**1**	**5**
玛沁县		2	5	4					2
班玛县			10		5			1	
甘德县									
达日县			1						
久治县			8		4	1			3
玛多县			8						
玉树藏族自治州	**1**	**4**	**76**	**8**	**12**	**1**		**1**	**9**
玉树市		3	42	5	8	1			9
杂多县			4	1	2			1	
称多县	1		16		2				
治多县									
囊谦县		1	6	2					
曲麻莱县			8						
海西蒙古族藏族自治州	**17**	**103**	**457**	**72**	**72**	**33**	**9**	**1**	**54**
格尔木市	11	46	202	34	33	21	5	1	28
德令哈市	1	10	45	12	15	2	1		5
茫崖市		17	45	7	4	3			3
乌兰县	2	1	11	3	4	2	1		4
都兰县	1	13	43	10	4	1	1		6
天峻县		1	13	2	12				1
大柴旦行政委员会	2	15	98	4		4	1		7

7－7 续表 3

单位：人

现住地	五年前常住地								
	省外								港澳台或国外
	四川	贵州	云南	西藏	陕西	甘肃	宁夏	新疆	
全省	**1588**	**131**	**231**	**254**	**1311**	**4061**	**175**	**334**	**57**
西宁市	**879**	**87**	**115**	**89**	**885**	**2003**	**114**	**202**	**19**
城东区	131	18	30	25	152	675	24	50	5
城中区	162	8	14	15	95	310	14	34	4
城西区	157	17	19	4	195	365	33	32	8
城北区	274	25	37	17	354	474	37	42	2
湟中区	111	12	10	13	49	100	4	12	
大通回族土族自治县	37	6	3	3	32	56	1	31	
湟源县	7	1	2	12	8	23	1	1	
海东市	**171**	**20**	**19**	**33**	**120**	**477**	**23**	**41**	**11**
乐都区	57	4	3	9	35	187	14	11	1
平安区	21		2	2	16	40	1	4	
民和回族土族自治县	15	2		8	5	89	1	15	1
互助土族自治县	47	10	10	12	56	108	6	9	3
化隆回族自治县	24		4	1	8	21	1	1	4
循化撒拉族自治县	7	4		1		32		1	2
海北藏族自治州	**38**	**2**	**4**	**4**	**24**	**135**	**5**	**6**	
门源回族自治县	24	1	1	1	12	64	2	5	
祁连县	8	1	3	1	9	25			
海晏县	2				3	29	3	1	
刚察县	4			2		17			
黄南藏族自治州	**52**	**2**	**5**	**4**	**29**	**118**	**1**	**3**	**6**
同仁县	13	2	3	1	4	36		2	1
尖扎县	29			2	21	12	1	1	4
泽库县	6			1	1	15			
河南蒙古族自治县	4		2		3	55			1
海南藏族自治州	**46**	**5**	**7**	**6**	**20**	**148**	**2**	**9**	**18**
共和县	21	5	2	2	3	55	2	7	4
同德县	5		1		3	28		1	3
贵德县	3		1	2	11	14		1	2
兴海县	14		3		3	35			1
贵南县	3			2		16			8
果洛藏族自治州	**101**	**1**		**2**	**6**	**79**	**2**	**3**	
玛沁县	26			1	1	19	2	3	
班玛县	13			1	1	14			
甘德县					3				
达日县	13					16			
久治县	47	1			1	28			
玛多县	2					2			
玉树藏族自治州	**90**		**3**	**57**	**18**	**63**			
玉树市	76		2	48	14	26			
杂多县	7			3	1	10			
称多县	4		1		3	11			
治多县						12			
囊谦县				4		4			
曲麻莱县	3			2					
海西蒙古族藏族自治州	**211**	**14**	**78**	**59**	**209**	**1038**	**28**	**70**	**3**
格尔木市	94	9	16	56	93	409	14	31	2
德令哈市	23	1	7	1	20	101		11	1
茫崖市	35	4	2		29	370	3	14	
乌兰县	17		10	1	16	24	1	2	
都兰县	8		1		17	31	9	7	
天峻县	6		3		6	7	1		
大柴旦行政委员会	28		39	1	28	96		5	

第二部分 长表数据资料

第八卷 老年人口

8-1　各地区分性别、健康状况的60岁及以上老年人口

单位：人

地　区	60岁及以上人口			健　康		
	合计	男	女	小计	男	女
全省	**69612**	**33372**	**36240**	**29259**	**15423**	**13836**
西宁市	**34264**	**16396**	**17868**	**16303**	**8451**	**7852**
城东区	6385	3054	3331	3174	1616	1558
城中区	5022	2405	2617	2779	1412	1367
城西区	4787	2243	2544	2957	1500	1457
城北区	5571	2574	2997	3032	1483	1549
湟中区	5405	2615	2790	1894	1068	826
大通回族土族自治县	5247	2564	2683	1943	1058	885
湟源县	1847	941	906	524	314	210
海东市	**18612**	**9178**	**9434**	**7372**	**4043**	**3329**
乐都区	4277	2108	2169	1561	870	691
平安区	1621	805	816	736	402	334
民和回族土族自治县	4415	2186	2229	1875	1016	859
互助土族自治县	4682	2321	2361	1840	1011	829
化隆回族自治县	2031	994	1037	667	376	291
循化撒拉族自治县	1586	764	822	693	368	325
海北藏族自治州	**2795**	**1372**	**1423**	**814**	**460**	**354**
门源回族自治县	1677	844	833	435	253	182
祁连县	441	209	232	115	67	48
海晏县	375	180	195	150	75	75
刚察县	302	139	163	114	65	49
黄南藏族自治州	**2246**	**1020**	**1226**	**836**	**447**	**389**
同仁县	860	393	467	323	179	144
尖扎县	594	273	321	151	86	65
泽库县	462	220	242	238	126	112
河南蒙古族自治县	330	134	196	124	56	68
海南藏族自治州	**4293**	**1953**	**2340**	**1427**	**710**	**717**
共和县	1148	523	625	435	214	221
同德县	496	226	270	172	82	90
贵德县	1558	716	842	419	209	210
兴海县	514	229	285	195	97	98
贵南县	577	259	318	206	108	98
果洛藏族自治州	**1276**	**580**	**696**	**578**	**289**	**289**
玛沁县	232	111	121	93	54	39
班玛县	250	119	131	58	31	27
甘德县	291	134	157	245	113	132
达日县	219	99	120	100	54	46
久治县	201	84	117	64	29	35
玛多县	83	33	50	18	8	10
玉树藏族自治州	**2856**	**1302**	**1554**	**776**	**372**	**404**
玉树市	1047	484	563	236	114	122
杂多县	300	138	162	68	32	36
称多县	437	195	242	120	53	67
治多县	200	95	105	67	35	32
囊谦县	640	279	361	234	110	124
曲麻莱县	232	111	121	51	28	23
海西蒙古族藏族自治州	**3270**	**1571**	**1699**	**1153**	**651**	**502**
格尔木市	1316	644	672	557	310	247
德令哈市	634	299	335	189	104	85
茫崖市	26	14	12	8	5	3
乌兰县	371	171	200	92	54	38
都兰县	673	323	350	200	117	83
天峻县	155	74	81	84	44	40
大柴旦行政委员会	95	46	49	23	17	6

8−1 续表

单位：人

地　区	基本健康			不健康，但生活能自理			不健康，生活不能自理		
	小计	男	女	小计	男	女	小计	男	女
全省	**27560**	**12582**	**14978**	**10571**	**4478**	**6093**	**2222**	**889**	**1333**
西宁市	**13024**	**5880**	**7144**	**4058**	**1698**	**2360**	**879**	**367**	**512**
城东区	2469	1130	1339	596	248	348	146	60	86
城中区	1718	762	956	408	178	230	117	53	64
城西区	1485	613	872	264	97	167	81	33	48
城北区	1958	847	1111	444	194	250	137	50	87
湟中区	2267	1027	1240	1054	445	609	190	75	115
大通回族土族自治县	2245	1056	1189	913	385	528	146	65	81
湟源县	882	445	437	379	151	228	62	31	31
海东市	**7524**	**3529**	**3995**	**3141**	**1360**	**1781**	**575**	**246**	**329**
乐都区	1815	865	950	784	321	463	117	52	65
平安区	582	271	311	253	104	149	50	28	22
民和回族土族自治县	1645	775	870	750	334	416	145	61	84
互助土族自治县	1906	889	1017	773	351	422	163	70	93
化隆回族自治县	920	431	489	382	165	217	62	22	40
循化撒拉族自治县	656	298	358	199	85	114	38	13	25
海北藏族自治州	**1304**	**604**	**700**	**589**	**275**	**314**	**88**	**33**	**55**
门源回族自治县	806	388	418	382	183	199	54	20	34
祁连县	216	96	120	100	44	56	10	2	8
海晏县	145	64	81	68	33	35	12	8	4
刚察县	137	56	81	39	15	24	12	3	9
黄南藏族自治州	**945**	**403**	**542**	**343**	**127**	**216**	**122**	**43**	**79**
同仁县	421	178	243	88	28	60	28	8	20
尖扎县	263	116	147	138	53	85	42	18	24
泽库县	137	62	75	61	21	40	26	11	15
河南蒙古族自治县	124	47	77	56	25	31	26	6	20
海南藏族自治州	**1952**	**878**	**1074**	**743**	**300**	**443**	**171**	**65**	**106**
共和县	507	227	280	166	67	99	40	15	25
同德县	174	84	90	116	48	68	34	12	22
贵德县	766	353	413	323	131	192	50	23	27
兴海县	243	104	139	53	20	33	23	8	15
贵南县	262	110	152	85	34	51	24	7	17
果洛藏族自治州	**442**	**197**	**245**	**199**	**75**	**124**	**57**	**19**	**38**
玛沁县	87	39	48	45	16	29	7	2	5
班玛县	115	60	55	62	24	38	15	4	11
甘德县	43	20	23	3	1	2			
达日县	81	31	50	24	8	16	14	6	8
久治县	84	37	47	48	17	31	5	1	4
玛多县	32	10	22	17	9	8	16	6	10
玉树藏族自治州	**980**	**457**	**523**	**883**	**397**	**486**	**217**	**76**	**141**
玉树市	353	158	195	387	187	200	71	25	46
杂多县	105	55	50	99	39	60	28	12	16
称多县	200	90	110	85	36	49	32	16	16
治多县	59	25	34	64	32	32	10	3	7
囊谦县	174	79	95	177	78	99	55	12	43
曲麻莱县	89	50	39	71	25	46	21	8	13
海西蒙古族藏族自治州	**1389**	**634**	**755**	**615**	**246**	**369**	**113**	**40**	**73**
格尔木市	512	238	274	202	83	119	45	13	32
德令哈市	290	132	158	133	55	78	22	8	14
茫崖市	11	6	5	7	3	4			
乌兰县	155	71	84	102	36	66	22	10	12
都兰县	324	149	175	128	50	78	21	7	14
天峻县	57	24	33	13	6	7	1		1
大柴旦行政委员会	40	14	26	30	13	17	2	2	

8-1a　各地区分性别、健康状况的60岁及以上老年人口(城市)

单位：人

地　区	60岁及以上人口			健　康		
	合计	男	女	小计	男	女
全省	**26723**	**12688**	**14035**	**13965**	**7117**	**6848**
西宁市	**22424**	**10591**	**11833**	**12224**	**6168**	**6056**
城东区	6385	3054	3331	3174	1616	1558
城中区	5005	2394	2611	2774	1408	1366
城西区	4781	2239	2542	2951	1496	1455
城北区	5421	2504	2917	2996	1462	1534
湟中区	607	278	329	215	119	96
大通回族土族自治县	225	122	103	114	67	47
湟源县						
海东市	**2586**	**1284**	**1302**	**1134**	**623**	**511**
乐都区	1591	794	797	634	355	279
平安区	995	490	505	500	268	232
民和回族土族自治县						
互助土族自治县						
化隆回族自治县						
循化撒拉族自治县						
海北藏族自治州						
门源回族自治县						
祁连县						
海晏县						
刚察县						
黄南藏族自治州						
同仁县						
尖扎县						
泽库县						
河南蒙古族自治县						
海南藏族自治州						
共和县						
同德县						
贵德县						
兴海县						
贵南县						
果洛藏族自治州						
玛沁县						
班玛县						
甘德县						
达日县						
久治县						
玛多县						
玉树藏族自治州	**544**	**260**	**284**	**124**	**60**	**64**
玉树市	524	250	274	121	58	63
杂多县						
称多县						
治多县						
囊谦县						
曲麻莱县	20	10	10	3	2	1
海西蒙古族藏族自治州	**1169**	**553**	**616**	**483**	**266**	**217**
格尔木市	805	382	423	368	200	168
德令哈市	339	157	182	108	61	47
茫崖市	25	14	11	7	5	2
乌兰县						
都兰县						
天峻县						
大柴旦行政委员会						

8-1a 续表

单位：人

地区	基本健康			不健康，但生活能自理			不健康，生活不能自理		
	小计	男	女	小计	男	女	小计	男	女
全省	**9567**	**4239**	**5328**	**2552**	**1069**	**1483**	**639**	**263**	**376**
西宁市	**7897**	**3462**	**4435**	**1810**	**757**	**1053**	**493**	**204**	**289**
城东区	2469	1130	1339	596	248	348	146	60	86
城中区	1708	755	953	407	178	229	116	53	63
城西区	1485	613	872	264	97	167	81	33	48
城北区	1874	813	1061	424	184	240	127	45	82
湟中区	280	112	168	93	36	57	19	11	8
大通回族土族自治县	81	39	42	26	14	12	4	2	2
湟源县									
海东市	**997**	**466**	**531**	**381**	**157**	**224**	**74**	**38**	**36**
乐都区	667	320	347	245	97	148	45	22	23
平安区	330	146	184	136	60	76	29	16	13
民和回族土族自治县									
互助土族自治县									
化隆回族自治县									
循化撒拉族自治县									
海北藏族自治州									
门源回族自治县									
祁连县									
海晏县									
刚察县									
黄南藏族自治州									
同仁县									
尖扎县									
泽库县									
河南蒙古族自治县									
海南藏族自治州									
共和县									
同德县									
贵德县									
兴海县									
贵南县									
果洛藏族自治州									
玛沁县									
班玛县									
甘德县									
达日县									
久治县									
玛多县									
玉树藏族自治州	**195**	**95**	**100**	**190**	**93**	**97**	**35**	**12**	**23**
玉树市	191	91	100	179	89	90	33	12	21
杂多县									
称多县									
治多县									
囊谦县									
曲麻莱县	4	4		11	4	7	2		2
海西蒙古族藏族自治州	**478**	**216**	**262**	**171**	**62**	**109**	**37**	**9**	**28**
格尔木市	315	142	173	96	32	64	26	8	18
德令哈市	152	68	84	68	27	41	11	1	10
茫崖市	11	6	5	7	3	4			
乌兰县									
都兰县									
天峻县									
大柴旦行政委员会									

8-1b　各地区分性别、健康状况的60岁及以上老年人口(镇)

单位：人

地　区	60岁及以上人口			健　康		
	合计	男	女	小计	男	女
全省	**14387**	**6918**	**7469**	**5555**	**2977**	**2578**
西宁市	**4030**	**1934**	**2096**	**1544**	**835**	**709**
城东区						
城中区	6	5	1	3	3	
城西区	6	4	2	6	4	2
城北区						
湟中区	825	393	432	300	168	132
大通回族土族自治县	2340	1109	1231	954	497	457
湟源县	853	423	430	281	163	118
海东市	**4361**	**2136**	**2225**	**1810**	**986**	**824**
乐都区	254	125	129	67	42	25
平安区	40	22	18	5	5	
民和回族土族自治县	1623	816	807	762	418	344
互助土族自治县	1436	693	743	617	333	284
化隆回族自治县	433	205	228	98	54	44
循化撒拉族自治县	575	275	300	261	134	127
海北藏族自治州	**1197**	**575**	**622**	**411**	**222**	**189**
门源回族自治县	576	285	291	172	95	77
祁连县	265	123	142	81	46	35
海晏县	247	120	127	114	58	56
刚察县	109	47	62	44	23	21
黄南藏族自治州	**884**	**430**	**454**	**357**	**200**	**157**
同仁县	404	199	205	179	98	81
尖扎县	212	108	104	64	39	25
泽库县	145	72	73	76	42	34
河南蒙古族自治县	123	51	72	38	21	17
海南藏族自治州	**1652**	**785**	**867**	**587**	**289**	**298**
共和县	530	251	279	234	114	120
同德县	111	52	59	45	21	24
贵德县	675	325	350	211	102	109
兴海县	195	88	107	68	37	31
贵南县	141	69	72	29	15	14
果洛藏族自治州	**382**	**168**	**214**	**159**	**84**	**75**
玛沁县	118	57	61	55	33	22
班玛县	78	34	44	23	12	11
甘德县	52	25	27	35	16	19
达日县	66	26	40	28	15	13
久治县	9	3	6	7	2	5
玛多县	59	23	36	11	6	5
玉树藏族自治州	**883**	**416**	**467**	**323**	**154**	**169**
玉树市	62	30	32	14	6	8
杂多县	167	78	89	25	12	13
称多县	171	75	96	73	31	42
治多县	156	73	83	46	23	23
囊谦县	207	99	108	146	70	76
曲麻莱县	120	61	59	19	12	7
海西蒙古族藏族自治州	**998**	**474**	**524**	**364**	**207**	**157**
格尔木市	282	149	133	123	73	50
德令哈市	35	16	19			
茫崖市	1		1	1		1
乌兰县	208	90	118	55	33	22
都兰县	287	134	153	105	60	45
天峻县	103	49	54	64	30	34
大柴旦行政委员会	82	36	46	16	11	5

8－1b 续表

单位：人

地 区	基本健康			不健康，但生活能自理			不健康，生活不能自理		
	小计	男	女	小计	男	女	小计	男	女
全省	**5978**	**2737**	**3241**	**2378**	**1020**	**1358**	**476**	**184**	**292**
西宁市	**1786**	**816**	**970**	**593**	**243**	**350**	**107**	**40**	**67**
城东区									
城中区	3	2	1						
城西区									
城北区									
湟中区	368	158	210	130	59	71	27	8	19
大通回族土族自治县	1012	461	551	318	131	187	56	20	36
湟源县	403	195	208	145	53	92	24	12	12
海东市	**1758**	**815**	**943**	**650**	**282**	**368**	**143**	**53**	**90**
乐都区	135	61	74	45	20	25	7	2	5
平安区	28	17	11	7		7			
民和回族土族自治县	539	256	283	272	120	152	50	22	28
互助土族自治县	580	260	320	172	78	94	67	22	45
化隆回族自治县	238	111	127	89	38	51	8	2	6
循化撒拉族自治县	238	110	128	65	26	39	11	5	6
海北藏族自治州	**510**	**226**	**284**	**243**	**115**	**128**	**33**	**12**	**21**
门源回族自治县	256	118	138	133	68	65	15	4	11
祁连县	122	51	71	58	24	34	4	2	2
海晏县	90	42	48	35	15	20	8	5	3
刚察县	42	15	27	17	8	9	6	1	5
黄南藏族自治州	**375**	**166**	**209**	**123**	**53**	**70**	**29**	**11**	**18**
同仁县	175	79	96	42	20	22	8	2	6
尖扎县	93	43	50	45	21	24	10	5	5
泽库县	43	20	23	21	7	14	5	3	2
河南蒙古族自治县	64	24	40	15	5	10	6	1	5
海南藏族自治州	**735**	**354**	**381**	**281**	**119**	**162**	**49**	**23**	**26**
共和县	199	94	105	75	33	42	22	10	12
同德县	43	21	22	18	8	10	5	2	3
贵德县	318	162	156	129	52	77	17	9	8
兴海县	99	38	61	26	12	14	2	1	1
贵南县	76	39	37	33	14	19	3	1	2
果洛藏族自治州	**130**	**53**	**77**	**72**	**25**	**47**	**21**	**6**	**15**
玛沁县	40	17	23	22	7	15	1		1
班玛县	27	14	13	22	6	16	6	2	4
甘德县	15	8	7	2	1	1			
达日县	26	8	18	9	3	6	3		3
久治县	1	1		1		1			
玛多县	21	5	16	16	8	8	11	4	7
玉树藏族自治州	**273**	**135**	**138**	**227**	**103**	**124**	**60**	**24**	**36**
玉树市	17	7	10	24	15	9	7	2	5
杂多县	64	36	28	60	22	38	18	8	10
称多县	66	31	35	24	8	16	8	5	3
治多县	48	21	27	57	28	29	5	1	4
囊谦县	33	14	19	23	14	9	5	1	4
曲麻莱县	45	26	19	39	16	23	17	7	10
海西蒙古族藏族自治州	**411**	**172**	**239**	**189**	**80**	**109**	**34**	**15**	**19**
格尔木市	111	52	59	41	22	19	7	2	5
德令哈市	24	10	14	9	5	4	2	1	1
茫崖市									
乌兰县	74	29	45	67	24	43	12	4	8
都兰县	134	55	79	38	13	25	10	6	4
天峻县	34	16	18	4	3	1	1		1
大柴旦行政委员会	34	10	24	30	13	17	2	2	

8-1c　各地区分性别、健康状况的60岁及以上老年人口(乡村)

单位：人

地　区	60岁及以上人口			健　康		
	合计	男	女	小计	男	女
全省	**28502**	**13766**	**14736**	**9739**	**5329**	**4410**
西宁市	**7810**	**3871**	**3939**	**2535**	**1448**	**1087**
城东区						
城中区	11	6	5	2	1	1
城西区						
城北区	150	70	80	36	21	15
湟中区	3973	1944	2029	1379	781	598
大通回族土族自治县	2682	1333	1349	875	494	381
湟源县	994	518	476	243	151	92
海东市	**11665**	**5758**	**5907**	**4428**	**2434**	**1994**
乐都区	2432	1189	1243	860	473	387
平安区	586	293	293	231	129	102
民和回族土族自治县	2792	1370	1422	1113	598	515
互助土族自治县	3246	1628	1618	1223	678	545
化隆回族自治县	1598	789	809	569	322	247
循化撒拉族自治县	1011	489	522	432	234	198
海北藏族自治州	**1598**	**797**	**801**	**403**	**238**	**165**
门源回族自治县	1101	559	542	263	158	105
祁连县	176	86	90	34	21	13
海晏县	128	60	68	36	17	19
刚察县	193	92	101	70	42	28
黄南藏族自治州	**1362**	**590**	**772**	**479**	**247**	**232**
同仁县	456	194	262	144	81	63
尖扎县	382	165	217	87	47	40
泽库县	317	148	169	162	84	78
河南蒙古族自治县	207	83	124	86	35	51
海南藏族自治州	**2641**	**1168**	**1473**	**840**	**421**	**419**
共和县	618	272	346	201	100	101
同德县	385	174	211	127	61	66
贵德县	883	391	492	208	107	101
兴海县	319	141	178	127	60	67
贵南县	436	190	246	177	93	84
果洛藏族自治州	**894**	**412**	**482**	**419**	**205**	**214**
玛沁县	114	54	60	38	21	17
班玛县	172	85	87	35	19	16
甘德县	239	109	130	210	97	113
达日县	153	73	80	72	39	33
久治县	192	81	111	57	27	30
玛多县	24	10	14	7	2	5
玉树藏族自治州	**1429**	**626**	**803**	**329**	**158**	**171**
玉树市	461	204	257	101	50	51
杂多县	133	60	73	43	20	23
称多县	266	120	146	47	22	25
治多县	44	22	22	21	12	9
囊谦县	433	180	253	88	40	48
曲麻莱县	92	40	52	29	14	15
海西蒙古族藏族自治州	**1103**	**544**	**559**	**306**	**178**	**128**
格尔木市	229	113	116	66	37	29
德令哈市	260	126	134	81	43	38
茫崖市						
乌兰县	163	81	82	37	21	16
都兰县	386	189	197	95	57	38
天峻县	52	25	27	20	14	6
大柴旦行政委员会	13	10	3	7	6	1

8-1c 续表

单位：人

地区	基本健康			不健康，但生活能自理			不健康，生活不能自理		
	小计	男	女	小计	男	女	小计	男	女
全省	**12015**	**5606**	**6409**	**5641**	**2389**	**3252**	**1107**	**442**	**665**
西宁市	**3341**	**1602**	**1739**	**1655**	**698**	**957**	**279**	**123**	**156**
城东区									
城中区	7	5	2	1		1	1		1
城西区									
城北区	84	34	50	20	10	10	10	5	5
湟中区	1619	757	862	831	350	481	144	56	88
大通回族土族自治县	1152	556	596	569	240	329	86	43	43
湟源县	479	250	229	234	98	136	38	19	19
海东市	**4769**	**2248**	**2521**	**2110**	**921**	**1189**	**358**	**155**	**203**
乐都区	1013	484	529	494	204	290	65	28	37
平安区	224	108	116	110	44	66	21	12	9
民和回族土族自治县	1106	519	587	478	214	264	95	39	56
互助土族自治县	1326	629	697	601	273	328	96	48	48
化隆回族自治县	682	320	362	293	127	166	54	20	34
循化撒拉族自治县	418	188	230	134	59	75	27	8	19
海北藏族自治州	**794**	**378**	**416**	**346**	**160**	**186**	**55**	**21**	**34**
门源回族自治县	550	270	280	249	115	134	39	16	23
祁连县	94	45	49	42	20	22	6		6
海晏县	55	22	33	33	18	15	4	3	1
刚察县	95	41	54	22	7	15	6	2	4
黄南藏族自治州	**570**	**237**	**333**	**220**	**74**	**146**	**93**	**32**	**61**
同仁县	246	99	147	46	8	38	20	6	14
尖扎县	170	73	97	93	32	61	32	13	19
泽库县	94	42	52	40	14	26	21	8	13
河南蒙古族自治县	60	23	37	41	20	21	20	5	15
海南藏族自治州	**1217**	**524**	**693**	**462**	**181**	**281**	**122**	**42**	**80**
共和县	308	133	175	91	34	57	18	5	13
同德县	131	63	68	98	40	58	29	10	19
贵德县	448	191	257	194	79	115	33	14	19
兴海县	144	66	78	27	8	19	21	7	14
贵南县	186	71	115	52	20	32	21	6	15
果洛藏族自治州	**312**	**144**	**168**	**127**	**50**	**77**	**36**	**13**	**23**
玛沁县	47	22	25	23	9	14	6	2	4
班玛县	88	46	42	40	18	22	9	2	7
甘德县	28	12	16	1		1			
达日县	55	23	32	15	5	10	11	6	5
久治县	83	36	47	47	17	30	5	1	4
玛多县	11	5	6	1	1		5	2	3
玉树藏族自治州	**512**	**227**	**285**	**466**	**201**	**265**	**122**	**40**	**82**
玉树市	145	60	85	184	83	101	31	11	20
杂多县	41	19	22	39	17	22	10	4	6
称多县	134	59	75	61	28	33	24	11	13
治多县	11	4	7	7	4	3	5	2	3
囊谦县	141	65	76	154	64	90	50	11	39
曲麻莱县	40	20	20	21	5	16	2	1	1
海西蒙古族藏族自治州	**500**	**246**	**254**	**255**	**104**	**151**	**42**	**16**	**26**
格尔木市	86	44	42	65	29	36	12	3	9
德令哈市	114	54	60	56	23	33	9	6	3
茫崖市									
乌兰县	81	42	39	35	12	23	10	6	4
都兰县	190	94	96	90	37	53	11	1	10
天峻县	23	8	15	9	3	6			
大柴旦行政委员会	6	4	2						

8-2 全省分年龄、性别、健康状况的60岁及以上老年人口

单位：人

年 龄	60岁及以上人口			健 康		
	合计	男	女	小计	男	女
总 计	**69612**	**33372**	**36240**	**29259**	**15423**	**13836**
60-64岁	**20245**	**10307**	**9938**	**11516**	**6278**	**5238**
60	3530	1840	1690	2181	1196	985
61	3436	1730	1706	2121	1110	1011
62	4317	2226	2091	2485	1401	1084
63	4591	2320	2271	2473	1320	1153
64	4371	2191	2180	2256	1251	1005
65-69岁	**19148**	**9388**	**9760**	**8714**	**4638**	**4076**
65	4448	2188	2260	2213	1185	1028
66	4137	2072	2065	1981	1061	920
67	3743	1853	1890	1684	914	770
68	3756	1827	1929	1591	835	756
69	3064	1448	1616	1245	643	602
70-74岁	**13257**	**6191**	**7066**	**4596**	**2378**	**2218**
70	3068	1456	1612	1170	627	543
71	3019	1472	1547	1102	576	526
72	2459	1168	1291	826	431	395
73	2435	1097	1338	796	390	406
74	2276	998	1278	702	354	348
75-79岁	**9204**	**4013**	**5191**	**2671**	**1249**	**1422**
75	2114	897	1217	696	318	378
76	2040	892	1148	624	282	342
77	1741	783	958	491	240	251
78	1751	739	1012	472	217	255
79	1558	702	856	388	192	196
80-84岁	**5274**	**2346**	**2928**	**1282**	**634**	**648**
80	1416	631	785	363	182	181
81	1090	460	630	268	132	136
82	1111	501	610	253	112	141
83	920	420	500	228	119	109
84	737	334	403	170	89	81
85-89岁	**1955**	**898**	**1057**	**395**	**201**	**194**
85	595	263	332	127	57	70
86	474	205	269	87	47	40
87	398	197	201	77	40	37
88	272	130	142	60	33	27
89	216	103	113	44	24	20
90-94岁	**454**	**208**	**246**	**72**	**42**	**30**
90	176	88	88	32	22	10
91	100	52	48	14	7	7
92	84	26	58	15	6	9
93	52	25	27	4	3	1
94	42	17	25	7	4	3
95-99岁	**65**	**18**	**47**	**13**	**3**	**10**
95	20	7	13	4	1	3
96	18	5	13	4	2	2
97	11	2	9			
98	8	2	6	3		3
99	8	2	6	2		2
100岁及以上	**10**	**3**	**7**			

8−2 续表

单位：人

年 龄	基本健康			不健康，但生活能自理			不健康，生活不能自理		
	小计	男	女	小计	男	女	小计	男	女
总 计	**27560**	**12582**	**14978**	**10571**	**4478**	**6093**	**2222**	**889**	**1333**
60−64岁	**6762**	**3150**	**3612**	**1753**	**776**	**977**	**214**	**103**	**111**
60	1061	523	538	249	103	146	39	18	21
61	1029	482	547	256	119	137	30	19	11
62	1438	648	790	351	157	194	43	20	23
63	1631	775	856	433	204	229	54	21	33
64	1603	722	881	464	193	271	48	25	23
65−69岁	**7628**	**3541**	**4087**	**2483**	**1055**	**1428**	**323**	**154**	**169**
65	1654	767	887	500	192	308	81	44	37
66	1636	778	858	474	213	261	46	20	26
67	1483	692	791	517	219	298	59	28	31
68	1572	725	847	515	230	285	78	37	41
69	1283	579	704	477	201	276	59	25	34
70−74岁	**5778**	**2614**	**3164**	**2467**	**1026**	**1441**	**416**	**173**	**243**
70	1316	584	732	506	216	290	76	29	47
71	1291	621	670	526	234	292	100	41	59
72	1096	507	589	458	195	263	79	35	44
73	1039	467	572	520	202	318	80	38	42
74	1036	435	601	457	179	278	81	30	51
75−79岁	**4121**	**1757**	**2364**	**1998**	**861**	**1137**	**414**	**146**	**268**
75	896	359	537	443	193	250	79	27	52
76	889	382	507	441	195	246	86	33	53
77	794	343	451	372	176	196	84	24	60
78	808	346	462	389	147	242	82	29	53
79	734	327	407	353	150	203	83	33	50
80−84岁	**2287**	**1051**	**1236**	**1231**	**480**	**751**	**474**	**181**	**293**
80	633	284	349	327	124	203	93	41	52
81	458	205	253	261	92	169	103	31	72
82	495	238	257	262	111	151	101	40	61
83	390	178	212	213	87	126	89	36	53
84	311	146	165	168	66	102	88	33	55
85−89岁	**801**	**391**	**410**	**495**	**209**	**286**	**264**	**97**	**167**
85	247	117	130	159	63	96	62	26	36
86	184	85	99	129	49	80	74	24	50
87	186	99	87	87	40	47	48	18	30
88	105	54	51	64	30	34	43	13	30
89	79	36	43	56	27	29	37	16	21
90−94岁	**163**	**72**	**91**	**126**	**66**	**60**	**93**	**28**	**65**
90	67	29	38	43	24	19	34	13	21
91	36	18	18	33	21	12	17	6	11
92	22	9	13	25	9	16	22	2	20
93	22	11	11	11	6	5	15	5	10
94	16	5	11	14	6	8	5	2	3
95−99岁	**17**	**5**	**12**	**14**	**3**	**11**	**21**	**7**	**14**
95	6	2	4	6	2	4	4	2	2
96	4	1	3	4	1	3	6	1	5
97	3		3	3		3	5	2	3
98	2	1	1	1		1	2	1	1
99	2	1	1				4	1	3
100岁及以上	**3**	**1**	**2**	**4**	**2**	**2**	**3**		**3**

8-2a　全省分年龄、性别、健康状况的60岁及以上老年人口(城市)

单位：人

年　龄	60岁及以上人口			健　康		
	合计	男	女	小计	男	女
总　计	**26723**	**12688**	**14035**	**13965**	**7117**	**6848**
60-64岁	**8189**	**4149**	**4040**	**5575**	**2913**	**2662**
60	1490	762	728	1076	562	514
61	1521	750	771	1082	541	541
62	1769	933	836	1206	654	552
63	1792	894	898	1165	590	575
64	1617	810	807	1046	566	480
65-69岁	**6749**	**3291**	**3458**	**3909**	**2003**	**1906**
65	1663	819	844	1023	530	493
66	1486	737	749	882	446	436
67	1315	648	667	740	387	353
68	1239	604	635	684	351	333
69	1046	483	563	580	289	291
70-74岁	**4447**	**2014**	**2433**	**2066**	**1032**	**1034**
70	1035	493	542	521	281	240
71	1009	497	512	508	261	247
72	783	354	429	342	167	175
73	820	353	467	352	170	182
74	800	317	483	343	153	190
75-79岁	**3684**	**1475**	**2209**	**1361**	**604**	**757**
75	767	295	472	322	136	186
76	786	299	487	302	121	181
77	723	293	430	260	122	138
78	739	289	450	261	116	145
79	669	299	370	216	109	107
80-84岁	**2486**	**1158**	**1328**	**766**	**398**	**368**
80	664	300	364	207	108	99
81	525	230	295	166	82	84
82	509	234	275	145	65	80
83	418	219	199	146	85	61
84	370	175	195	102	58	44
85-89岁	**909**	**464**	**445**	**236**	**135**	**101**
85	258	124	134	79	39	40
86	224	107	117	51	30	21
87	190	102	88	50	30	20
88	128	68	60	30	19	11
89	109	63	46	26	17	9
90-94岁	**228**	**125**	**103**	**46**	**29**	**17**
90	90	47	43	22	15	7
91	49	33	16	6	4	2
92	35	17	18	9	4	5
93	30	20	10	4	3	1
94	24	8	16	5	3	2
95-99岁	**26**	**10**	**16**	**6**	**3**	**3**
95	8	3	5	2	1	1
96	10	3	7	4	2	2
97	4	1	3			
98	3	2	1			
99	1	1				
100岁及以上	**5**	**2**	**3**			

8－2a 续表

单位：人

年 龄	基本健康			不健康，但生活能自理			不健康，生活不能自理		
	小计	男	女	小计	男	女	小计	男	女
总 计	**9567**	**4239**	**5328**	**2552**	**1069**	**1483**	**639**	**263**	**376**
60－64岁	**2172**	**1014**	**1158**	**386**	**196**	**190**	**56**	**26**	**30**
60	336	169	167	68	27	41	10	4	6
61	367	175	192	65	31	34	7	3	4
62	476	232	244	74	40	34	13	7	6
63	526	246	280	89	52	37	12	6	6
64	467	192	275	90	46	44	14	6	8
65－69岁	**2245**	**1039**	**1206**	**524**	**215**	**309**	**71**	**34**	**37**
65	499	237	262	121	43	78	20	9	11
66	488	241	247	102	44	58	14	6	8
67	459	212	247	104	45	59	12	4	8
68	443	202	241	100	44	56	12	7	5
69	356	147	209	97	39	58	13	8	5
70－74岁	**1779**	**749**	**1030**	**505**	**199**	**306**	**97**	**34**	**63**
70	402	170	232	96	38	58	16	4	12
71	371	181	190	103	45	58	27	10	17
72	334	143	191	90	36	54	17	8	9
73	334	131	203	114	44	70	20	8	12
74	338	124	214	102	36	66	17	4	13
75－79岁	**1678**	**622**	**1056**	**522**	**207**	**315**	**123**	**42**	**81**
75	330	112	218	93	39	54	22	8	14
76	346	115	231	116	55	61	22	8	14
77	337	127	210	100	40	60	26	4	22
78	337	125	212	115	38	77	26	10	16
79	328	143	185	98	35	63	27	12	15
80－84岁	**1188**	**553**	**635**	**381**	**141**	**240**	**151**	**66**	**85**
80	320	140	180	108	41	67	29	11	18
81	250	112	138	81	28	53	28	8	20
82	258	126	132	74	28	46	32	15	17
83	187	94	93	57	24	33	28	16	12
84	173	81	92	61	20	41	34	16	18
85－89岁	**403**	**210**	**193**	**172**	**78**	**94**	**98**	**41**	**57**
85	111	55	56	48	22	26	20	8	12
86	99	47	52	43	19	24	31	11	20
87	92	50	42	37	17	20	11	5	6
88	60	33	27	19	9	10	19	7	12
89	41	25	16	25	11	14	17	10	7
90－94岁	**91**	**48**	**43**	**55**	**31**	**24**	**36**	**17**	**19**
90	36	17	19	20	9	11	12	6	6
91	21	12	9	15	12	3	7	5	2
92	11	7	4	6	4	2	9	2	7
93	12	8	4	8	5	3	6	4	2
94	11	4	7	6	1	5	2		2
95－99岁	**10**	**3**	**7**	**4**	**1**	**3**	**6**	**3**	**3**
95	4	1	3	2	1	1			
96	4	1	3	1		1	1		1
97	1		1	1		1	2	1	1
98	1	1					2	1	1
99							1	1	
100岁及以上	**1**	**1**		**3**	**1**	**2**	**1**		**1**

8-2b　全省分年龄、性别、健康状况的60岁及以上老年人口(镇)

单位：人

年　龄	60岁及以上人口			健　康		
	合计	男	女	小计	男	女
总　计	**14387**	**6918**	**7469**	**5555**	**2977**	**2578**
60-64岁	**4172**	**2116**	**2056**	**2126**	**1198**	**928**
60	728	395	333	392	232	160
61	742	374	368	436	239	197
62	885	441	444	455	259	196
63	899	459	440	435	250	185
64	918	447	471	408	218	190
65-69岁	**4047**	**1963**	**2084**	**1676**	**886**	**790**
65	945	475	470	422	224	198
66	872	428	444	374	204	170
67	762	378	384	319	178	141
68	814	376	438	312	157	155
69	654	306	348	249	123	126
70-74岁	**2904**	**1382**	**1522**	**950**	**501**	**449**
70	696	342	354	259	146	113
71	679	324	355	237	122	115
72	543	274	269	167	95	72
73	515	222	293	155	64	91
74	471	220	251	132	74	58
75-79岁	**1882**	**851**	**1031**	**535**	**274**	**261**
75	467	198	269	152	73	79
76	419	191	228	129	69	60
77	339	152	187	93	40	53
78	328	162	166	85	52	33
79	329	148	181	76	40	36
80-84岁	**963**	**435**	**528**	**206**	**96**	**110**
80	245	109	136	65	30	35
81	183	90	93	40	24	16
82	219	98	121	38	15	23
83	172	72	100	34	17	17
84	144	66	78	29	10	19
85-89岁	**340**	**143**	**197**	**53**	**18**	**35**
85	98	43	55	16	5	11
86	79	23	56	11	3	8
87	76	41	35	9	3	6
88	44	21	23	6	3	3
89	43	15	28	11	4	7
90-94岁	**65**	**26**	**39**	**6**	**4**	**2**
90	26	11	15	3	3	
91	12	6	6	2	1	1
92	16	3	13	1		1
93	6	3	3			
94	5	3	2			
95-99岁	**14**	**2**	**12**	**3**		**3**
95	6	1	5	1		1
96	1		1			
97	3		3			
98	1		1	1		1
99	3	1	2	1		1
100岁及以上						

8－2b　续表　　单位：人

年　龄	基本健康			不健康，但生活能自理			不健康，生活不能自理		
	小计	男	女	小计	男	女	小计	男	女
总　计	**5978**	**2737**	**3241**	**2378**	**1020**	**1358**	**476**	**184**	**292**
60－64岁	**1557**	**707**	**850**	**428**	**180**	**248**	**61**	**31**	**30**
60	257	125	132	64	30	34	15	8	7
61	229	98	131	70	32	38	7	5	2
62	331	145	186	88	32	56	11	5	6
63	349	161	188	103	44	59	12	4	8
64	391	178	213	103	42	61	16	9	7
65－69岁	**1686**	**767**	**919**	**606**	**273**	**333**	**79**	**37**	**42**
65	372	178	194	129	57	72	22	16	6
66	370	164	206	116	55	61	12	5	7
67	305	141	164	128	55	73	10	4	6
68	362	154	208	120	58	62	20	7	13
69	277	130	147	113	48	65	15	5	10
70－74岁	**1301**	**615**	**686**	**574**	**236**	**338**	**79**	**30**	**49**
70	297	136	161	124	55	69	16	5	11
71	309	147	162	117	50	67	16	5	11
72	252	124	128	108	48	60	16	7	9
73	214	103	111	130	47	83	16	8	8
74	229	105	124	95	36	59	15	5	10
75－79岁	**851**	**372**	**479**	**411**	**176**	**235**	**85**	**29**	**56**
75	200	77	123	93	40	53	22	8	14
76	185	79	106	95	39	56	10	4	6
77	151	71	80	78	35	43	17	6	11
78	153	71	82	76	35	41	14	4	10
79	162	74	88	69	27	42	22	7	15
80－84岁	**416**	**193**	**223**	**247**	**112**	**135**	**94**	**34**	**60**
80	108	49	59	56	20	36	16	10	6
81	75	40	35	43	21	22	25	5	20
82	102	45	57	63	31	32	16	7	9
83	74	30	44	45	21	24	19	4	15
84	57	29	28	40	19	21	18	8	10
85－89岁	**142**	**71**	**71**	**90**	**34**	**56**	**55**	**20**	**35**
85	40	21	19	26	11	15	16	6	10
86	28	11	17	29	5	24	11	4	7
87	37	24	13	17	10	7	13	4	9
88	22	11	11	6	4	2	10	3	7
89	15	4	11	12	4	8	5	3	2
90－94岁	**21**	**10**	**11**	**17**	**9**	**8**	**21**	**3**	**18**
90	13	5	8	4	2	2	6	1	5
91	1	1		7	4	3	2		2
92	3	1	2	5	2	3	7		7
93	2	2					4	1	3
94	2	1	1	1	1		2	1	1
95－99岁	**4**	**2**	**2**	**5**		**5**	**2**		**2**
95	1	1		3		3	1		1
96				1		1			
97	1		1	1		1	1		1
98									
99	2	1	1						
100岁及以上									

8-2c　全省分年龄、性别、健康状况的60岁及以上老年人口(乡村)

单位：人

年　龄	60岁及以上人口			健　康		
	合计	男	女	小计	男	女
总　计	**28502**	**13766**	**14736**	**9739**	**5329**	**4410**
60-64岁	**7884**	**4042**	**3842**	**3815**	**2167**	**1648**
60	1312	683	629	713	402	311
61	1173	606	567	603	330	273
62	1663	852	811	824	488	336
63	1900	967	933	873	480	393
64	1836	934	902	802	467	335
65-69岁	**8352**	**4134**	**4218**	**3129**	**1749**	**1380**
65	1840	894	946	768	431	337
66	1779	907	872	725	411	314
67	1666	827	839	625	349	276
68	1703	847	856	595	327	268
69	1364	659	705	416	231	185
70-74岁	**5906**	**2795**	**3111**	**1580**	**845**	**735**
70	1337	621	716	390	200	190
71	1331	651	680	357	193	164
72	1133	540	593	317	169	148
73	1100	522	578	289	156	133
74	1005	461	544	227	127	100
75-79岁	**3638**	**1687**	**1951**	**775**	**371**	**404**
75	880	404	476	222	109	113
76	835	402	433	193	92	101
77	679	338	341	138	78	60
78	684	288	396	126	49	77
79	560	255	305	96	43	53
80-84岁	**1825**	**753**	**1072**	**310**	**140**	**170**
80	507	222	285	91	44	47
81	382	140	242	62	26	36
82	383	169	214	70	32	38
83	330	129	201	48	17	31
84	223	93	130	39	21	18
85-89岁	**706**	**291**	**415**	**106**	**48**	**58**
85	239	96	143	32	13	19
86	171	75	96	25	14	11
87	132	54	78	18	7	11
88	100	41	59	24	11	13
89	64	25	39	7	3	4
90-94岁	**161**	**57**	**104**	**20**	**9**	**11**
90	60	30	30	7	4	3
91	39	13	26	6	2	4
92	33	6	27	5	2	3
93	16	2	14			
94	13	6	7	2	1	1
95-99岁	**25**	**6**	**19**	**4**		**4**
95	6	3	3	1		1
96	7	2	5			
97	4	1	3			
98	4		4	2		2
99	4		4	1		1
100岁及以上	**5**	**1**	**4**			

8-2c 续表 单位：人

年龄	基本健康			不健康，但生活能自理			不健康，生活不能自理		
	小计	男	女	小计	男	女	小计	男	女
总 计	**12015**	**5606**	**6409**	**5641**	**2389**	**3252**	**1107**	**442**	**665**
60–64岁	**3033**	**1429**	**1604**	**939**	**400**	**539**	**97**	**46**	**51**
60	468	229	239	117	46	71	14	6	8
61	433	209	224	121	56	65	16	11	5
62	631	271	360	189	85	104	19	8	11
63	756	368	388	241	108	133	30	11	19
64	745	352	393	271	105	166	18	10	8
65–69岁	**3697**	**1735**	**1962**	**1353**	**567**	**786**	**173**	**83**	**90**
65	783	352	431	250	92	158	39	19	20
66	778	373	405	256	114	142	20	9	11
67	719	339	380	285	119	166	37	20	17
68	767	369	398	295	128	167	46	23	23
69	650	302	348	267	114	153	31	12	19
70–74岁	**2698**	**1250**	**1448**	**1388**	**591**	**797**	**240**	**109**	**131**
70	617	278	339	286	123	163	44	20	24
71	611	293	318	306	139	167	57	26	31
72	510	240	270	260	111	149	46	20	26
73	491	233	258	276	111	165	44	22	22
74	469	206	263	260	107	153	49	21	28
75–79岁	**1592**	**763**	**829**	**1065**	**478**	**587**	**206**	**75**	**131**
75	366	170	196	257	114	143	35	11	24
76	358	188	170	230	101	129	54	21	33
77	306	145	161	194	101	93	41	14	27
78	318	150	168	198	74	124	42	15	27
79	244	110	134	186	88	98	34	14	20
80–84岁	**683**	**305**	**378**	**603**	**227**	**376**	**229**	**81**	**148**
80	205	95	110	163	63	100	48	20	28
81	133	53	80	137	43	94	50	18	32
82	135	67	68	125	52	73	53	18	35
83	129	54	75	111	42	69	42	16	26
84	81	36	45	67	27	40	36	9	27
85–89岁	**256**	**110**	**146**	**233**	**97**	**136**	**111**	**36**	**75**
85	96	41	55	85	30	55	26	12	14
86	57	27	30	57	25	32	32	9	23
87	57	25	32	33	13	20	24	9	15
88	23	10	13	39	17	22	14	3	11
89	23	7	16	19	12	7	15	3	12
90–94岁	**51**	**14**	**37**	**54**	**26**	**28**	**36**	**8**	**28**
90	18	7	11	19	13	6	16	6	10
91	14	5	9	11	5	6	8	1	7
92	8	1	7	14	3	11	6		6
93	8	1	7	3	1	2	5		5
94	3		3	7	4	3	1	1	
95–99岁	**3**		**3**	**5**	**2**	**3**	**13**	**4**	**9**
95	1		1	1	1		3	2	1
96				2	1	1	5	1	4
97	1		1	1		1	2	1	1
98	1		1	1		1			
99							3		3
100岁及以上	**2**		**2**	**1**	**1**		**2**		**2**

8-3　全省分性别、婚姻状况、健康状况的60岁及以上老年人口

单位：人

婚姻状况	60岁及以上人口			健康		
	合计	男	女	小计	男	女
总　计	**69612**	**33372**	**36240**	**29259**	**15423**	**13836**
未　婚	1475	796	679	584	303	281
有配偶	47588	26763	20825	22879	13407	9472
离　婚	1314	588	726	614	281	333
丧　偶	19235	5225	14010	5182	1432	3750

8-3　续表　　单位：人

婚姻状况	基本健康			不健康，但生活能自理			不健康，生活不能自理		
	小计	男	女	小计	男	女	小计	男	女
总　计	**27560**	**12582**	**14978**	**10571**	**4478**	**6093**	**2222**	**889**	**1333**
未　婚	465	252	213	309	184	125	117	57	60
有配偶	18028	9781	8247	5751	3044	2707	930	531	399
离　婚	483	213	270	188	80	108	29	14	15
丧　偶	8584	2336	6248	4323	1170	3153	1146	287	859

8-3a　全省分性别、婚姻状况、健康状况的60岁及以上老年人口(城市)

单位：人

婚姻状况	60岁及以上人口			健康		
	合计	男	女	小计	男	女
总　计	**26723**	**12688**	**14035**	**13965**	**7117**	**6848**
未　婚	175	102	73	52	28	24
有配偶	19344	10770	8574	11278	6420	4858
离　婚	696	304	392	375	159	216
丧　偶	6508	1512	4996	2260	510	1750

8-3a　续表　　单位：人

婚姻状况	基本健康			不健康，但生活能自理			不健康，生活不能自理		
	小计	男	女	小计	男	女	小计	男	女
总　计	**9567**	**4239**	**5328**	**2552**	**1069**	**1483**	**639**	**263**	**376**
未　婚	57	32	25	46	31	15	20	11	9
有配偶	6376	3429	2947	1409	757	652	281	164	117
离　婚	239	102	137	68	38	30	14	5	9
丧　偶	2895	676	2219	1029	243	786	324	83	241

8-3b 全省分性别、婚姻状况、健康状况的60岁及以上老年人口(镇)

单位：人

婚姻状况	60岁及以上人口			健康		
	合计	男	女	小计	男	女
总计	**14387**	**6918**	**7469**	**5555**	**2977**	**2578**
未婚	363	208	155	177	95	82
有配偶	9776	5538	4238	4271	2544	1727
离婚	258	120	138	98	57	41
丧偶	3990	1052	2938	1009	281	728

8-3b 续表

单位：人

婚姻状况	基本健康			不健康，但生活能自理			不健康，生活不能自理		
	小计	男	女	小计	男	女	小计	男	女
总计	**5978**	**2737**	**3241**	**2378**	**1020**	**1358**	**476**	**184**	**292**
未婚	100	59	41	55	36	19	31	18	13
有配偶	3968	2171	1797	1340	710	630	197	113	84
离婚	102	42	60	52	17	35	6	4	2
丧偶	1808	465	1343	931	257	674	242	49	193

8-3c 全省分性别、婚姻状况、健康状况的60岁及以上老年人口(乡村)

单位：人

婚姻状况	60岁及以上人口			健康		
	合计	男	女	小计	男	女
总计	**28502**	**13766**	**14736**	**9739**	**5329**	**4410**
未婚	937	486	451	355	180	175
有配偶	18468	10455	8013	7330	4443	2887
离婚	360	164	196	141	65	76
丧偶	8737	2661	6076	1913	641	1272

8-3c 续表

单位：人

婚姻状况	基本健康			不健康，但生活能自理			不健康，生活不能自理		
	小计	男	女	小计	男	女	小计	男	女
总计	**12015**	**5606**	**6409**	**5641**	**2389**	**3252**	**1107**	**442**	**665**
未婚	308	161	147	208	117	91	66	28	38
有配偶	7684	4181	3503	3002	1577	1425	452	254	198
离婚	142	69	73	68	25	43	9	5	4
丧偶	3881	1195	2686	2363	670	1693	580	155	425

8-4　全省分性别、主要生活来源、健康状况的60岁及以上老年人口

单位：人

主要生活来源	60岁及以上人口			健　康		
	合计	男	女	小计	男	女
总　计	**69612**	**33372**	**36240**	**29259**	**15423**	**13836**
劳动收入	7372	5079	2293	4706	3348	1358
离退休金/养老金	23652	12718	10934	12312	6866	5446
最低生活保障金	3877	1729	2148	819	382	437
失业保险金	7	2	5	3	1	2
财产性收入	707	408	299	326	198	128
家庭其他成员供养	28983	11025	17958	9023	3553	5470
其　他	5014	2411	2603	2070	1075	995

8-4　续表

单位：人

主要生活来源	基本健康			不健康，但生活能自理			不健康，生活不能自理		
	小计	男	女	小计	男	女	小计	男	女
总　计	**27560**	**12582**	**14978**	**10571**	**4478**	**6093**	**2222**	**889**	**1333**
劳动收入	2286	1502	784	351	214	137	29	15	14
离退休金/养老金	8698	4536	4162	2122	1057	1065	520	259	261
最低生活保障金	1562	690	872	1218	539	679	278	118	160
失业保险金	4	1	3						
财产性收入	245	142	103	126	63	63	10	5	5
家庭其他成员供养	12800	4813	7987	5954	2248	3706	1206	411	795
其　他	1965	898	1067	800	357	443	179	81	98

8-4a 全省分性别、主要生活来源、健康状况的60岁及以上老年人口(城市)

单位：人

主要生活来源	60岁及以上人口			健康		
	合计	男	女	小计	男	女
总　计	**26723**	**12688**	**14035**	**13965**	**7117**	**6848**
劳动收入	1276	979	297	930	734	196
离退休金/养老金	17234	8946	8288	9780	5233	4547
最低生活保障金	733	284	449	193	76	117
失业保险金	2	1	1	1	1	
财产性收入	168	85	83	82	45	37
家庭其他成员供养	6372	2002	4370	2602	845	1757
其　他	938	391	547	377	183	194

8-4a 续表

单位：人

主要生活来源	基本健康			不健康，但生活能自理			不健康，生活不能自理		
	小计	男	女	小计	男	女	小计	男	女
总　计	**9567**	**4239**	**5328**	**2552**	**1069**	**1483**	**639**	**263**	**376**
劳动收入	292	209	83	52	35	17	2	1	1
离退休金/养老金	5985	2985	3000	1152	573	579	317	155	162
最低生活保障金	280	97	183	205	91	114	55	20	35
失业保险金	1		1						
财产性收入	65	31	34	19	9	10	2		2
家庭其他成员供养	2569	780	1789	979	308	671	222	69	153
其　他	375	137	238	145	53	92	41	18	23

8-4b　全省分性别、主要生活来源、健康状况的60岁及以上老年人口(镇)

单位：人

主要生活来源	60岁及以上人口			健康		
	合计	男	女	小计	男	女
总　计	**14387**	**6918**	**7469**	**5555**	**2977**	**2578**
劳动收入	1502	1044	458	957	685	272
离退休金/养老金	3471	2154	1317	1549	1030	519
最低生活保障金	946	414	532	207	99	108
失业保险金	4	1	3	1		1
财产性收入	182	106	76	95	57	38
家庭其他成员供养	6940	2542	4398	2219	825	1394
其　他	1342	657	685	527	281	246

8-4b　续表

单位：人

主要生活来源	基本健康			不健康，但生活能自理			不健康，生活不能自理		
	小计	男	女	小计	男	女	小计	男	女
总　计	**5978**	**2737**	**3241**	**2378**	**1020**	**1358**	**476**	**184**	**292**
劳动收入	461	309	152	78	47	31	6	3	3
离退休金/养老金	1420	858	562	404	212	192	98	54	44
最低生活保障金	372	161	211	300	125	175	67	29	38
失业保险金	3	1	2						
财产性收入	53	29	24	33	19	14	1	1	
家庭其他成员供养	3162	1141	2021	1314	510	804	245	66	179
其　他	507	238	269	249	107	142	59	31	28

8－4c　全省分性别、主要生活来源、健康状况的60岁及以上老年人口(乡村)

单位：人

主要生活来源	60岁及以上人口			健　康		
	合计	男	女	小计	男	女
总　计	**28502**	**13766**	**14736**	**9739**	**5329**	**4410**
劳动收入	4594	3056	1538	2819	1929	890
离退休金/养老金	2947	1618	1329	983	603	380
最低生活保障金	2198	1031	1167	419	207	212
失业保险金	1		1	1		1
财产性收入	357	217	140	149	96	53
家庭其他成员供养	15671	6481	9190	4202	1883	2319
其　他	2734	1363	1371	1166	611	555

8－4c　续表

单位：人

主要生活来源	基本健康			不健康，但生活能自理			不健康，生活不能自理		
	小计	男	女	小计	男	女	小计	男	女
总　计	**12015**	**5606**	**6409**	**5641**	**2389**	**3252**	**1107**	**442**	**665**
劳动收入	1533	984	549	221	132	89	21	11	10
离退休金/养老金	1293	693	600	566	272	294	105	50	55
最低生活保障金	910	432	478	713	323	390	156	69	87
失业保险金									
财产性收入	127	82	45	74	35	39	7	4	3
家庭其他成员供养	7069	2892	4177	3661	1430	2231	739	276	463
其　他	1083	523	560	406	197	209	79	32	47

8-5　全省分性别、居住状况、健康状况的60岁及以上老年人口

单位：人

居住状况	60岁及以上人口			健　康		
	合计	男	女	小计	男	女
总　计	**69612**	**33372**	**36240**	**29259**	**15423**	**13836**
与配偶和子女同住	21280	12126	9154	9715	5817	3898
与配偶同住	20416	11351	9065	10333	5929	4404
与子女同住	18744	5859	12885	5638	1906	3732
独居(有保姆)	108	42	66	24	10	14
独居(无保姆)	5863	2392	3471	2234	1040	1194
养老机构	399	201	198	49	20	29
其　他	2802	1401	1401	1266	701	565

8-5　续表

单位：人

居住状况	基本健康			不健康，但生活能自理			不健康，生活不能自理		
	小计	男	女	小计	男	女	小计	男	女
总　计	**27560**	**12582**	**14978**	**10571**	**4478**	**6093**	**2222**	**889**	**1333**
与配偶和子女同住	8167	4473	3694	2909	1561	1348	489	275	214
与配偶同住	7670	4121	3549	2110	1120	990	303	181	122
与子女同住	8121	2520	5601	3937	1157	2780	1048	276	772
独居(有保姆)	33	12	21	25	5	20	26	15	11
独居(无保姆)	2538	976	1562	1003	353	650	88	23	65
养老机构	115	59	56	117	68	49	118	54	64
其　他	916	421	495	470	214	256	150	65	85

8-5a 全省分性别、居住状况、健康状况的60岁及以上老年人口(城市)

单位：人

居住状况	60岁及以上人口			健康		
	合计	男	女	小计	男	女
总　计	**26723**	**12688**	**14035**	**13965**	**7117**	**6848**
与配偶和子女同住	5939	3399	2540	3485	2064	1421
与配偶同住	11272	6194	5078	6532	3639	2893
与子女同住	5456	1489	3967	2180	623	1557
独居(有保姆)	71	28	43	17	6	11
独居(无保姆)	3138	1162	1976	1367	573	794
养老机构	113	50	63	9	2	7
其　他	734	366	368	375	210	165

8-5a 续表

单位：人

居住状况	基本健康			不健康，但生活能自理			不健康，生活不能自理		
	小计	男	女	小计	男	女	小计	男	女
总　计	**9567**	**4239**	**5328**	**2552**	**1069**	**1483**	**639**	**263**	**376**
与配偶和子女同住	1859	1008	851	484	263	221	111	64	47
与配偶同住	3848	2056	1792	745	411	334	147	88	59
与子女同住	2245	614	1631	775	189	586	256	63	193
独居(有保姆)	24	8	16	12	3	9	18	11	7
独居(无保姆)	1324	431	893	410	147	263	37	11	26
养老机构	33	16	17	31	15	16	40	17	23
其　他	234	106	128	95	41	54	30	9	21

8-5b　全省分性别、居住状况、健康状况的60岁及以上老年人口(镇)

单位：人

居住状况	60岁及以上人口			健　康		
	合计	男	女	小计	男	女
总　计	**14387**	**6918**	**7469**	**5555**	**2977**	**2578**
与配偶和子女同住	4442	2549	1893	1933	1162	771
与配偶同住	3868	2163	1705	1681	989	692
与子女同住	3957	1228	2729	1115	375	740
独居(有保姆)	14	7	7	1	1	
独居(无保姆)	1163	487	676	409	222	187
养老机构	156	95	61	14	6	8
其　他	787	389	398	402	222	180

8-5b　续表

单位：人

居住状况	基本健康			不健康，但生活能自理			不健康，生活不能自理		
	小计	男	女	小计	男	女	小计	男	女
总　计	**5978**	**2737**	**3241**	**2378**	**1020**	**1358**	**476**	**184**	**292**
与配偶和子女同住	1760	983	777	652	352	300	97	52	45
与配偶同住	1633	876	757	498	264	234	56	34	22
与子女同住	1782	536	1246	851	269	582	209	48	161
独居(有保姆)	4	4		5		5	4	2	2
独居(无保姆)	508	201	307	223	61	162	23	3	20
养老机构	40	23	17	49	37	12	53	29	24
其　他	251	114	137	100	37	63	34	16	18

8－5c 全省分性别、居住状况、健康状况的60岁及以上老年人口(乡村)

单位：人

居住状况	60岁及以上人口			健康		
	合计	男	女	小计	男	女
总 计	**28502**	**13766**	**14736**	**9739**	**5329**	**4410**
与配偶和子女同住	10899	6178	4721	4297	2591	1706
与配偶同住	5276	2994	2282	2120	1301	819
与子女同住	9331	3142	6189	2343	908	1435
独居(有保姆)	23	7	16	6	3	3
独居(无保姆)	1562	743	819	458	245	213
养老机构	130	56	74	26	12	14
其 他	1281	646	635	489	269	220

8－5c 续表

单位：人

居住状况	基本健康			不健康，但生活能自理			不健康，生活不能自理		
	小计	男	女	小计	男	女	小计	男	女
总 计	**12015**	**5606**	**6409**	**5641**	**2389**	**3252**	**1107**	**442**	**665**
与配偶和子女同住	4548	2482	2066	1773	946	827	281	159	122
与配偶同住	2189	1189	1000	867	445	422	100	59	41
与子女同住	4094	1370	2724	2311	699	1612	583	165	418
独居(有保姆)	5		5	8	2	6	4	2	2
独居(无保姆)	706	344	362	370	145	225	28	9	19
养老机构	42	20	22	37	16	21	25	8	17
其 他	431	201	230	275	136	139	86	40	46

8–6　各地区分性别、主要生活来源的60岁及以上老年人口

单位：人

地　区	60岁及以上人口			劳动收入		
	合计	男	女	小计	男	女
全省	**69612**	**33372**	**36240**	**7372**	**5079**	**2293**
西宁市	**34264**	**16396**	**17868**	**2269**	**1745**	**524**
城东区	6385	3054	3331	256	195	61
城中区	5022	2405	2617	212	165	47
城西区	4787	2243	2544	141	106	35
城北区	5571	2574	2997	224	168	56
湟中区	5405	2615	2790	688	524	164
大通回族土族自治县	5247	2564	2683	564	434	130
湟源县	1847	941	906	184	153	31
海东市	**18612**	**9178**	**9434**	**2246**	**1572**	**674**
乐都区	4277	2108	2169	464	346	118
平安区	1621	805	816	132	106	26
民和回族土族自治县	4415	2186	2229	438	305	133
互助土族自治县	4682	2321	2361	889	586	303
化隆回族自治县	2031	994	1037	166	122	44
循化撒拉族自治县	1586	764	822	157	107	50
海北藏族自治州	**2795**	**1372**	**1423**	**335**	**243**	**92**
门源回族自治县	1677	844	833	139	114	25
祁连县	441	209	232	46	37	9
海晏县	375	180	195	64	43	21
刚察县	302	139	163	86	49	37
黄南藏族自治州	**2246**	**1020**	**1226**	**312**	**179**	**133**
同仁县	860	393	467	109	66	43
尖扎县	594	273	321	82	48	34
泽库县	462	220	242	58	36	22
河南蒙古族自治县	330	134	196	63	29	34
海南藏族自治州	**4293**	**1953**	**2340**	**681**	**428**	**253**
共和县	1148	523	625	175	120	55
同德县	496	226	270	73	44	29
贵德县	1558	716	842	180	114	66
兴海县	514	229	285	132	74	58
贵南县	577	259	318	121	76	45
果洛藏族自治州	**1276**	**580**	**696**	**376**	**192**	**184**
玛沁县	232	111	121	40	26	14
班玛县	250	119	131	33	19	14
甘德县	291	134	157	229	108	121
达日县	219	99	120	33	17	16
久治县	201	84	117	36	19	17
玛多县	83	33	50	5	3	2
玉树藏族自治州	**2856**	**1302**	**1554**	**641**	**341**	**300**
玉树市	1047	484	563	184	105	79
杂多县	300	138	162	63	37	26
称多县	437	195	242	89	50	39
治多县	200	95	105	46	25	21
囊谦县	640	279	361	216	99	117
曲麻莱县	232	111	121	43	25	18
海西蒙古族藏族自治州	**3270**	**1571**	**1699**	**512**	**379**	**133**
格尔木市	1316	644	672	213	166	47
德令哈市	634	299	335	76	52	24
茫崖市	26	14	12	7	4	3
乌兰县	371	171	200	44	33	11
都兰县	673	323	350	126	96	30
天峻县	155	74	81	31	16	15
大柴旦行政委员会	95	46	49	15	12	3

8-6 续表 1

单位：人

地 区	离退休金/养老金			最低生活保障金			失业保险金		
	小计	男	女	小计	男	女	小计	男	女
全省	**23652**	**12718**	**10934**	**3877**	**1729**	**2148**	**7**	**2**	**5**
西宁市	**17750**	**9273**	**8477**	**1115**	**463**	**652**	**2**	**1**	**1**
城东区	4072	2171	1901	191	71	120			
城中区	3701	1899	1802	100	33	67			
城西区	3867	1941	1926	53	10	43			
城北区	3981	1972	2009	96	27	69	2	1	1
湟中区	536	359	177	317	157	160			
大通回族土族自治县	1149	673	476	279	129	150			
湟源县	444	258	186	79	36	43			
海东市	**3130**	**1921**	**1209**	**1154**	**579**	**575**			
乐都区	986	582	404	321	147	174			
平安区	413	270	143	106	54	52			
民和回族土族自治县	800	477	323	265	127	138			
互助土族自治县	570	377	193	278	158	120			
化隆回族自治县	162	95	67	123	63	60			
循化撒拉族自治县	199	120	79	61	30	31			
海北藏族自治州	**563**	**314**	**249**	**224**	**103**	**121**	**2**	**1**	**1**
门源回族自治县	405	223	182	110	49	61	2	1	1
祁连县	68	39	29	66	32	34			
海晏县	69	40	29	25	13	12			
刚察县	21	12	9	23	9	14			
黄南藏族自治州	**306**	**189**	**117**	**231**	**93**	**138**	**2**		**2**
同仁县	145	95	50	64	25	39	1		1
尖扎县	89	56	33	76	31	45			
泽库县	48	25	23	66	28	38	1		1
河南蒙古族自治县	24	13	11	25	9	16			
海南藏族自治州	**637**	**370**	**267**	**383**	**165**	**218**			
共和县	246	136	110	90	38	52			
同德县	46	30	16	32	15	17			
贵德县	240	154	86	181	73	108			
兴海县	39	17	22	39	20	19			
贵南县	66	33	33	41	19	22			
果洛藏族自治州	**116**	**69**	**47**	**158**	**66**	**92**			
玛沁县	25	16	9	18	11	7			
班玛县	29	17	12	51	25	26			
甘德县	2	2		16	5	11			
达日县	41	20	21	31	11	20			
久治县	16	11	5	33	10	23			
玛多县	3	3		9	4	5			
玉树藏族自治州	**308**	**151**	**157**	**442**	**188**	**254**			
玉树市	153	73	80	165	74	91			
杂多县	13	10	3	35	15	20			
称多县	53	27	26	106	42	64			
治多县	20	11	9	46	20	26			
囊谦县	41	17	24	63	24	39			
曲麻莱县	28	13	15	27	13	14			
海西蒙古族藏族自治州	**842**	**431**	**411**	**170**	**72**	**98**	**1**		**1**
格尔木市	387	196	191	39	18	21			
德令哈市	228	115	113	64	29	35			
茫崖市	6	4	2						
乌兰县	60	33	27	28	10	18			
都兰县	116	59	57	35	11	24			
天峻县	27	13	14	4	4		1		1
大柴旦行政委员会	18	11	7						

8-6　续表 2

单位：人

地　区	财产性收入			家庭其他成员供养			其　他		
	小计	男	女	小计	男	女	小计	男	女
全省	**707**	**408**	**299**	**28983**	**11025**	**17958**	**5014**	**2411**	**2603**
西宁市	**236**	**132**	**104**	**11618**	**4178**	**7440**	**1274**	**604**	**670**
城东区	55	35	20	1636	519	1117	175	63	112
城中区	32	13	19	854	245	609	123	50	73
城西区	28	11	17	597	136	461	101	39	62
城北区	32	15	17	1066	325	741	170	66	104
湟中区	38	23	15	3536	1394	2142	290	158	132
大通回族土族自治县	31	22	9	2881	1119	1762	343	187	156
湟源县	20	13	7	1048	440	608	72	41	31
海东市	**100**	**72**	**28**	**10400**	**4236**	**6164**	**1582**	**798**	**784**
乐都区	20	13	7	2119	835	1284	367	185	182
平安区	2	2		808	293	515	160	80	80
民和回族土族自治县	22	18	4	2536	1064	1472	354	195	159
互助土族自治县	17	10	7	2606	1032	1574	322	158	164
化隆回族自治县	22	14	8	1425	635	790	133	65	68
循化撒拉族自治县	17	15	2	906	377	529	246	115	131
海北藏族自治州	**72**	**43**	**29**	**1448**	**590**	**858**	**151**	**78**	**73**
门源回族自治县	10	7	3	938	412	526	73	38	35
祁连县	40	24	16	203	69	134	18	8	10
海晏县	14	8	6	177	63	114	26	13	13
刚察县	8	4	4	130	46	84	34	19	15
黄南藏族自治州	**28**	**14**	**14**	**1051**	**388**	**663**	**316**	**157**	**159**
同仁县	8	3	5	457	166	291	76	38	38
尖扎县				265	99	166	82	39	43
泽库县	15	9	6	157	64	93	117	58	59
河南蒙古族自治县	5	2	3	172	59	113	41	22	19
海南藏族自治州	**102**	**52**	**50**	**2159**	**788**	**1371**	**331**	**150**	**181**
共和县	29	16	13	498	162	336	110	51	59
同德县	8	5	3	280	109	171	57	23	34
贵德县	9	7	2	873	331	542	75	37	38
兴海县	54	23	31	186	71	115	64	24	40
贵南县	2	1	1	322	115	207	25	15	10
果洛藏族自治州	**29**	**18**	**11**	**280**	**96**	**184**	**317**	**139**	**178**
玛沁县	15	8	7	62	18	44	72	32	40
班玛县	3	3		91	36	55	43	19	24
甘德县				3	1	2	41	18	23
达日县	7	5	2	42	13	29	65	33	32
久治县				73	25	48	43	19	24
玛多县	4	2	2	9	3	6	53	18	35
玉树藏族自治州	**78**	**42**	**36**	**649**	**249**	**400**	**738**	**331**	**407**
玉树市	20	10	10	264	106	158	261	116	145
杂多县	21	11	10	87	35	52	81	30	51
称多县	3	2	1	89	27	62	97	47	50
治多县	3	3		23	6	17	62	30	32
囊谦县	6	4	2	161	66	95	153	69	84
曲麻莱县	25	12	13	25	9	16	84	39	45
海西蒙古族藏族自治州	**62**	**35**	**27**	**1378**	**500**	**878**	**305**	**154**	**151**
格尔木市	10	6	4	610	228	382	57	30	27
德令哈市	3	3		215	77	138	48	23	25
茫崖市	1		1	9	4	5	3	2	1
乌兰县	23	10	13	181	69	112	35	16	19
都兰县	17	11	6	312	107	205	67	39	28
天峻县	6	4	2	45	14	31	41	23	18
大柴旦行政委员会	2	1	1	6	1	5	54	21	33

8–6a 各地区分性别、主要生活来源的60岁及以上老年人口(城市)

单位：人

地区	60岁及以上人口			劳动收入		
	合计	男	女	小计	男	女
全省	**26723**	**12688**	**14035**	**1276**	**979**	**297**
西宁市	**22424**	**10591**	**11833**	**890**	**682**	**208**
城东区	6385	3054	3331	256	195	61
城中区	5005	2394	2611	205	159	46
城西区	4781	2239	2542	136	102	34
城北区	5421	2504	2917	211	157	54
湟中区	607	278	329	50	42	8
大通回族土族自治县	225	122	103	32	27	5
湟源县						
海东市	**2586**	**1284**	**1302**	**154**	**133**	**21**
乐都区	1591	794	797	94	82	12
平安区	995	490	505	60	51	9
民和回族土族自治县						
互助土族自治县						
化隆回族自治县						
循化撒拉族自治县						
海北藏族自治州						
门源回族自治县						
祁连县						
海晏县						
刚察县						
黄南藏族自治州						
同仁县						
尖扎县						
泽库县						
河南蒙古族自治县						
海南藏族自治州						
共和县						
同德县						
贵德县						
兴海县						
贵南县						
果洛藏族自治州						
玛沁县						
班玛县						
甘德县						
达日县						
久治县						
玛多县						
玉树藏族自治州	**544**	**260**	**284**	**101**	**58**	**43**
玉树市	524	250	274	100	57	43
杂多县						
称多县						
治多县						
囊谦县						
曲麻莱县	20	10	10	1	1	
海西蒙古族藏族自治州	**1169**	**553**	**616**	**131**	**106**	**25**
格尔木市	805	382	423	92	77	15
德令哈市	339	157	182	32	25	7
茫崖市	25	14	11	7	4	3
乌兰县						
都兰县						
天峻县						
大柴旦行政委员会						

8-6a　续表 1

单位：人

地　区	离退休金/养老金			最低生活保障金			失业保险金		
	小计	男	女	小计	男	女	小计	男	女
全省	**17234**	**8946**	**8288**	**733**	**284**	**449**	**2**	**1**	**1**
西宁市	**15765**	**8073**	**7692**	**477**	**165**	**312**	**2**	**1**	**1**
城东区	4072	2171	1901	191	71	120			
城中区	3699	1897	1802	98	32	66			
城西区	3867	1941	1926	53	10	43			
城北区	3969	1962	2007	81	23	58	2	1	1
湟中区	140	90	50	23	13	10			
大通回族土族自治县	18	12	6	31	16	15			
湟源县									
海东市	**896**	**578**	**318**	**139**	**67**	**72**			
乐都区	548	347	201	82	37	45			
平安区	348	231	117	57	30	27			
民和回族土族自治县									
互助土族自治县									
化隆回族自治县									
循化撒拉族自治县									
海北藏族自治州									
门源回族自治县									
祁连县									
海晏县									
刚察县									
黄南藏族自治州									
同仁县									
尖扎县									
泽库县									
河南蒙古族自治县									
海南藏族自治州									
共和县									
同德县									
贵德县									
兴海县									
贵南县									
果洛藏族自治州									
玛沁县									
班玛县									
甘德县									
达日县									
久治县									
玛多县									
玉树藏族自治州	**80**	**45**	**35**	**65**	**30**	**35**			
玉树市	80	45	35	63	30	33			
杂多县									
称多县									
治多县									
囊谦县									
曲麻莱县				2		2			
海西蒙古族藏族自治州	**493**	**250**	**243**	**52**	**22**	**30**			
格尔木市	352	175	177	18	8	10			
德令哈市	135	71	64	34	14	20			
茫崖市	6	4	2						
乌兰县									
都兰县									
天峻县									
大柴旦行政委员会									

8−6a 续表 2

单位：人

地　　区	财产性收入			家庭其他成员供养			其　　他		
	小计	男	女	小计	男	女	小计	男	女
全省	**168**	**85**	**83**	**6372**	**2002**	**4370**	**938**	**391**	**547**
西宁市	**150**	**75**	**75**	**4562**	**1375**	**3187**	**578**	**220**	**358**
城东区	55	35	20	1636	519	1117	175	63	112
城中区	32	13	19	849	244	605	122	49	73
城西区	28	11	17	596	136	460	101	39	62
城北区	32	15	17	979	293	686	147	53	94
湟中区	2	1	1	377	125	252	15	7	8
大通回族土族自治县	1		1	125	58	67	18	9	9
湟源县									
海东市	**2**	**1**	**1**	**1220**	**425**	**795**	**175**	**80**	**95**
乐都区	1		1	757	274	483	109	54	55
平安区	1	1		463	151	312	66	26	40
民和回族土族自治县									
互助土族自治县									
化隆回族自治县									
循化撒拉族自治县									
海北藏族自治州									
门源回族自治县									
祁连县									
海晏县									
刚察县									
黄南藏族自治州									
同仁县									
尖扎县									
泽库县									
河南蒙古族自治县									
海南藏族自治州									
共和县									
同德县									
贵德县									
兴海县									
贵南县									
果洛藏族自治州									
玛沁县									
班玛县									
甘德县									
达日县									
久治县									
玛多县									
玉树藏族自治州	**9**	**4**	**5**	**162**	**63**	**99**	**127**	**60**	**67**
玉树市	5	3	2	157	60	97	119	55	64
杂多县									
称多县									
治多县									
囊谦县									
曲麻莱县	4	1	3	5	3	2	8	5	3
海西蒙古族藏族自治州	**7**	**5**	**2**	**428**	**139**	**289**	**58**	**31**	**27**
格尔木市	5	4	1	311	104	207	27	14	13
德令哈市	1	1		109	31	78	28	15	13
茫崖市	1		1	8	4	4	3	2	1
乌兰县									
都兰县									
天峻县									
大柴旦行政委员会									

8-6b 各地区分性别、主要生活来源的60岁及以上老年人口(镇)

单位：人

地区	60岁及以上人口			劳动收入		
	合计	男	女	小计	男	女
全省	**14387**	**6918**	**7469**	**1502**	**1044**	**458**
西宁市	**4030**	**1934**	**2096**	**338**	**260**	**78**
城东区						
城中区	6	5	1	5	4	1
城西区	6	4	2	5	4	1
城北区						
湟中区	825	393	432	98	69	29
大通回族土族自治县	2340	1109	1231	159	123	36
湟源县	853	423	430	71	60	11
海东市	**4361**	**2136**	**2225**	**317**	**231**	**86**
乐都区	254	125	129	19	16	3
平安区	40	22	18	5	4	1
民和回族土族自治县	1623	816	807	110	81	29
互助土族自治县	1436	693	743	101	75	26
化隆回族自治县	433	205	228	28	20	8
循化撒拉族自治县	575	275	300	54	35	19
海北藏族自治州	**1197**	**575**	**622**	**103**	**80**	**23**
门源回族自治县	576	285	291	43	36	7
祁连县	265	123	142	19	14	5
海晏县	247	120	127	30	22	8
刚察县	109	47	62	11	8	3
黄南藏族自治州	**884**	**430**	**454**	**91**	**58**	**33**
同仁县	404	199	205	24	16	8
尖扎县	212	108	104	19	15	4
泽库县	145	72	73	24	16	8
河南蒙古族自治县	123	51	72	24	11	13
海南藏族自治州	**1652**	**785**	**867**	**177**	**124**	**53**
共和县	530	251	279	52	35	17
同德县	111	52	59	4	4	
贵德县	675	325	350	58	43	15
兴海县	195	88	107	39	25	14
贵南县	141	69	72	24	17	7
果洛藏族自治州	**382**	**168**	**214**	**66**	**39**	**27**
玛沁县	118	57	61	21	13	8
班玛县	78	34	44	5	2	3
甘德县	52	25	27	30	17	13
达日县	66	26	40	6	4	2
久治县	9	3	6	1	1	
玛多县	59	23	36	3	2	1
玉树藏族自治州	**883**	**416**	**467**	**232**	**119**	**113**
玉树市	62	30	32	5	1	4
杂多县	167	78	89	37	20	17
称多县	171	75	96	25	15	10
治多县	156	73	83	28	14	14
囊谦县	207	99	108	113	55	58
曲麻莱县	120	61	59	24	14	10
海西蒙古族藏族自治州	**998**	**474**	**524**	**178**	**133**	**45**
格尔木市	282	149	133	62	49	13
德令哈市	35	16	19	7	4	3
茫崖市	1		1			
乌兰县	208	90	118	24	16	8
都兰县	287	134	153	60	50	10
天峻县	103	49	54	19	9	10
大柴旦行政委员会	82	36	46	6	5	1

8－6b 续表 1

单位：人

地　区	离退休金/养老金			最低生活保障金			失业保险金		
	小计	男	女	小计	男	女	小计	男	女
全省	**3471**	**2154**	**1317**	**946**	**414**	**532**	**4**	**1**	**3**
西宁市	**1243**	**755**	**488**	**144**	**58**	**86**			
城东区									
城中区									
城西区									
城北区									
湟中区	93	77	16	44	16	28			
大通回族土族自治县	867	511	356	82	36	46			
湟源县	283	167	116	18	6	12			
海东市	**1037**	**666**	**371**	**169**	**80**	**89**			
乐都区	46	22	24	8	3	5			
平安区	2	2		6	3	3			
民和回族土族自治县	505	307	198	65	27	38			
互助土族自治县	341	245	96	50	30	20			
化隆回族自治县	46	27	19	20	7	13			
循化撒拉族自治县	97	63	34	20	10	10			
海北藏族自治州	**319**	**190**	**129**	**89**	**40**	**49**	**2**	**1**	**1**
门源回族自治县	195	115	80	29	12	17	2	1	1
祁连县	56	33	23	29	12	17			
海晏县	51	32	19	20	12	8			
刚察县	17	10	7	11	4	7			
黄南藏族自治州	**182**	**127**	**55**	**100**	**49**	**51**	**1**		**1**
同仁县	106	76	30	39	19	20	1		1
尖扎县	44	34	10	16	8	8			
泽库县	14	6	8	32	17	15			
河南蒙古族自治县	18	11	7	13	5	8			
海南藏族自治州	**386**	**245**	**141**	**183**	**77**	**106**			
共和县	182	107	75	55	25	30			
同德县	20	16	4	10	2	8			
贵德县	152	104	48	93	36	57			
兴海县	20	9	11	12	6	6			
贵南县	12	9	3	13	8	5			
果洛藏族自治州	**46**	**33**	**13**	**67**	**26**	**41**			
玛沁县	11	8	3	9	5	4			
班玛县	13	8	5	24	11	13			
甘德县	2	2		15	5	10			
达日县	15	10	5	9	2	7			
久治县	2	2		3		3			
玛多县	3	3		7	3	4			
玉树藏族自治州	**80**	**49**	**31**	**133**	**58**	**75**			
玉树市	16	8	8	15	9	6			
杂多县	9	8	1	10	5	5			
称多县	21	10	11	50	19	31			
治多县	19	11	8	37	15	22			
囊谦县	6	5	1	6	2	4			
曲麻莱县	9	7	2	15	8	7			
海西蒙古族藏族自治州	**178**	**89**	**89**	**61**	**26**	**35**	**1**		**1**
格尔木市	21	12	9	10	7	3			
德令哈市	17	7	10	7	4	3			
茫崖市									
乌兰县	42	22	20	22	8	14			
都兰县	61	29	32	19	4	15			
天峻县	22	11	11	3	3		1		1
大柴旦行政委员会	15	8	7						

8-6b　续表 2　　　　单位：人

地　区	财产性收入			家庭其他成员供养			其　他		
	小计	男	女	小计	男	女	小计	男	女
全省	**182**	**106**	**76**	**6940**	**2542**	**4398**	**1342**	**657**	**685**
西宁市	**24**	**15**	**9**	**2080**	**740**	**1340**	**201**	**106**	**95**
城东区									
城中区							1	1	
城西区				1		1			
城北区									
湟中区	2	1	1	557	214	343	31	16	15
大通回族土族自治县	6	4	2	1080	358	722	146	77	69
湟源县	16	10	6	442	168	274	23	12	11
海东市	**27**	**20**	**7**	**2499**	**975**	**1524**	**312**	**164**	**148**
乐都区	2	1	1	170	77	93	9	6	3
平安区				26	12	14	1	1	
民和回族土族自治县	11	9	2	832	333	499	100	59	41
互助土族自治县	7	4	3	865	305	560	72	34	38
化隆回族自治县	1	1		323	142	181	15	8	7
循化撒拉族自治县	6	5	1	283	106	177	115	56	59
海北藏族自治州	**47**	**31**	**16**	**595**	**211**	**384**	**42**	**22**	**20**
门源回族自治县	1	1		282	109	173	24	11	13
祁连县	26	18	8	129	43	86	6	3	3
海晏县	12	8	4	124	40	84	10	6	4
刚察县	8	4	4	60	19	41	2	2	
黄南藏族自治州	**10**	**5**	**5**	**394**	**134**	**260**	**106**	**57**	**49**
同仁县	7	3	4	199	70	129	28	15	13
尖扎县				112	40	72	21	11	10
泽库县	2	1	1	31	11	20	42	21	21
河南蒙古族自治县	1	1		52	13	39	15	10	5
海南藏族自治州	**38**	**17**	**21**	**734**	**258**	**476**	**134**	**64**	**70**
共和县	2	1	1	205	68	137	34	15	19
同德县	2	2		60	20	40	15	8	7
贵德县	3	2	1	324	116	208	45	24	21
兴海县	30	12	18	59	23	36	35	13	22
贵南县	1		1	86	31	55	5	4	1
果洛藏族自治州	**8**	**4**	**4**	**69**	**18**	**51**	**126**	**48**	**78**
玛沁县	5	3	2	27	7	20	45	21	24
班玛县				20	7	13	16	6	10
甘德县				2	1	1	3		3
达日县	2	1	1	13	1	12	21	8	13
久治县				2		2	1		1
玛多县	1		1	5	2	3	40	13	27
玉树藏族自治州	**15**	**6**	**9**	**145**	**53**	**92**	**278**	**131**	**147**
玉树市	3		3	3	1	2	20	11	9
杂多县	6	2	4	48	18	30	57	25	32
称多县				40	14	26	35	17	18
治多县				19	6	13	53	27	26
囊谦县	5	3	2	22	9	13	55	25	30
曲麻莱县	1	1		13	5	8	58	26	32
海西蒙古族藏族自治州	**13**	**8**	**5**	**424**	**153**	**271**	**143**	**65**	**78**
格尔木市	2	1	1	166	69	97	21	11	10
德令哈市				2	1	1	2		2
茫崖市				1		1			
乌兰县	4	3	1	93	31	62	23	10	13
都兰县	4	2	2	119	37	82	24	12	12
天峻县	1	1		37	14	23	20	11	9
大柴旦行政委员会	2	1	1	6	1	5	53	21	32

8-6c 各地区分性别、主要生活来源的60岁及以上老年人口(乡村)

单位：人

地区	60岁及以上人口			劳动收入		
	合计	男	女	小计	男	女
全省	**28502**	**13766**	**14736**	**4594**	**3056**	**1538**
西宁市	**7810**	**3871**	**3939**	**1041**	**803**	**238**
城东区						
城中区	11	6	5	2	2	
城西区						
城北区	150	70	80	13	11	2
湟中区	3973	1944	2029	540	413	127
大通回族土族自治县	2682	1333	1349	373	284	89
湟源县	994	518	476	113	93	20
海东市	**11665**	**5758**	**5907**	**1775**	**1208**	**567**
乐都区	2432	1189	1243	351	248	103
平安区	586	293	293	67	51	16
民和回族土族自治县	2792	1370	1422	328	224	104
互助土族自治县	3246	1628	1618	788	511	277
化隆回族自治县	1598	789	809	138	102	36
循化撒拉族自治县	1011	489	522	103	72	31
海北藏族自治州	**1598**	**797**	**801**	**232**	**163**	**69**
门源回族自治县	1101	559	542	96	78	18
祁连县	176	86	90	27	23	4
海晏县	128	60	68	34	21	13
刚察县	193	92	101	75	41	34
黄南藏族自治州	**1362**	**590**	**772**	**221**	**121**	**100**
同仁县	456	194	262	85	50	35
尖扎县	382	165	217	63	33	30
泽库县	317	148	169	34	20	14
河南蒙古族自治县	207	83	124	39	18	21
海南藏族自治州	**2641**	**1168**	**1473**	**504**	**304**	**200**
共和县	618	272	346	123	85	38
同德县	385	174	211	69	40	29
贵德县	883	391	492	122	71	51
兴海县	319	141	178	93	49	44
贵南县	436	190	246	97	59	38
果洛藏族自治州	**894**	**412**	**482**	**310**	**153**	**157**
玛沁县	114	54	60	19	13	6
班玛县	172	85	87	28	17	11
甘德县	239	109	130	199	91	108
达日县	153	73	80	27	13	14
久治县	192	81	111	35	18	17
玛多县	24	10	14	2	1	1
玉树藏族自治州	**1429**	**626**	**803**	**308**	**164**	**144**
玉树市	461	204	257	79	47	32
杂多县	133	60	73	26	17	9
称多县	266	120	146	64	35	29
治多县	44	22	22	18	11	7
囊谦县	433	180	253	103	44	59
曲麻莱县	92	40	52	18	10	8
海西蒙古族藏族自治州	**1103**	**544**	**559**	**203**	**140**	**63**
格尔木市	229	113	116	59	40	19
德令哈市	260	126	134	37	23	14
茫崖市						
乌兰县	163	81	82	20	17	3
都兰县	386	189	197	66	46	20
天峻县	52	25	27	12	7	5
大柴旦行政委员会	13	10	3	9	7	2

8-6c 续表 1

单位：人

地区	离退休金/养老金			最低生活保障金			失业保险金		
	小计	男	女	小计	男	女	小计	男	女
全省	**2947**	**1618**	**1329**	**2198**	**1031**	**1167**	**1**		**1**
西宁市	**742**	**445**	**297**	**494**	**240**	**254**			
城东区									
城中区	2	2		2	1	1			
城西区									
城北区	12	10	2	15	4	11			
湟中区	303	192	111	250	128	122			
大通回族土族自治县	264	150	114	166	77	89			
湟源县	161	91	70	61	30	31			
海东市	**1197**	**677**	**520**	**846**	**432**	**414**			
乐都区	392	213	179	231	107	124			
平安区	63	37	26	43	21	22			
民和回族土族自治县	295	170	125	200	100	100			
互助土族自治县	229	132	97	228	128	100			
化隆回族自治县	116	68	48	103	56	47			
循化撒拉族自治县	102	57	45	41	20	21			
海北藏族自治州	**244**	**124**	**120**	**135**	**63**	**72**			
门源回族自治县	210	108	102	81	37	44			
祁连县	12	6	6	37	20	17			
海晏县	18	8	10	5	1	4			
刚察县	4	2	2	12	5	7			
黄南藏族自治州	**124**	**62**	**62**	**131**	**44**	**87**	**1**		**1**
同仁县	39	19	20	25	6	19			
尖扎县	45	22	23	60	23	37			
泽库县	34	19	15	34	11	23	1		1
河南蒙古族自治县	6	2	4	12	4	8			
海南藏族自治州	**251**	**125**	**126**	**200**	**88**	**112**			
共和县	64	29	35	35	13	22			
同德县	26	14	12	22	13	9			
贵德县	88	50	38	88	37	51			
兴海县	19	8	11	27	14	13			
贵南县	54	24	30	28	11	17			
果洛藏族自治州	**70**	**36**	**34**	**91**	**40**	**51**			
玛沁县	14	8	6	9	6	3			
班玛县	16	9	7	27	14	13			
甘德县				1		1			
达日县	26	10	16	22	9	13			
久治县	14	9	5	30	10	20			
玛多县				2	1	1			
玉树藏族自治州	**148**	**57**	**91**	**244**	**100**	**144**			
玉树市	57	20	37	87	35	52			
杂多县	4	2	2	25	10	15			
称多县	32	17	15	56	23	33			
治多县	1		1	9	5	4			
囊谦县	35	12	23	57	22	35			
曲麻莱县	19	6	13	10	5	5			
海西蒙古族藏族自治州	**171**	**92**	**79**	**57**	**24**	**33**			
格尔木市	14	9	5	11	3	8			
德令哈市	76	37	39	23	11	12			
茫崖市									
乌兰县	18	11	7	6	2	4			
都兰县	55	30	25	16	7	9			
天峻县	5	2	3	1	1				
大柴旦行政委员会	3	3							

8－6c　续表 2

单位：人

地　　区	财产性收入			家庭其他成员供养			其　　他		
	小计	男	女	小计	男	女	小计	男	女
全省	**357**	**217**	**140**	**15671**	**6481**	**9190**	**2734**	**1363**	**1371**
西宁市	**62**	**42**	**20**	**4976**	**2063**	**2913**	**495**	**278**	**217**
城东区									
城中区				5	1	4			
城西区									
城北区				87	32	55	23	13	10
湟中区	34	21	13	2602	1055	1547	244	135	109
大通回族土族自治县	24	18	6	1676	703	973	179	101	78
湟源县	4	3	1	606	272	334	49	29	20
海东市	**71**	**51**	**20**	**6681**	**2836**	**3845**	**1095**	**554**	**541**
乐都区	17	12	5	1192	484	708	249	125	124
平安区	1	1		319	130	189	93	53	40
民和回族土族自治县	11	9	2	1704	731	973	254	136	118
互助土族自治县	10	6	4	1741	727	1014	250	124	126
化隆回族自治县	21	13	8	1102	493	609	118	57	61
循化撒拉族自治县	11	10	1	623	271	352	131	59	72
海北藏族自治州	**25**	**12**	**13**	**853**	**379**	**474**	**109**	**56**	**53**
门源回族自治县	9	6	3	656	303	353	49	27	22
祁连县	14	6	8	74	26	48	12	5	7
海晏县	2		2	53	23	30	16	7	9
刚察县				70	27	43	32	17	15
黄南藏族自治州	**18**	**9**	**9**	**657**	**254**	**403**	**210**	**100**	**110**
同仁县	1		1	258	96	162	48	23	25
尖扎县				153	59	94	61	28	33
泽库县	13	8	5	126	53	73	75	37	38
河南蒙古族自治县	4	1	3	120	46	74	26	12	14
海南藏族自治州	**64**	**35**	**29**	**1425**	**530**	**895**	**197**	**86**	**111**
共和县	27	15	12	293	94	199	76	36	40
同德县	6	3	3	220	89	131	42	15	27
贵德县	6	5	1	549	215	334	30	13	17
兴海县	24	11	13	127	48	79	29	11	18
贵南县	1	1		236	84	152	20	11	9
果洛藏族自治州	**21**	**14**	**7**	**211**	**78**	**133**	**191**	**91**	**100**
玛沁县	10	5	5	35	11	24	27	11	16
班玛县	3	3		71	29	42	27	13	14
甘德县				1		1	38	18	20
达日县	5	4	1	29	12	17	44	25	19
久治县				71	25	46	42	19	23
玛多县	3	2	1	4	1	3	13	5	8
玉树藏族自治州	**54**	**32**	**22**	**342**	**133**	**209**	**333**	**140**	**193**
玉树市	12	7	5	104	45	59	122	50	72
杂多县	15	9	6	39	17	22	24	5	19
称多县	3	2	1	49	13	36	62	30	32
治多县	3	3		4		4	9	3	6
囊谦县	1	1		139	57	82	98	44	54
曲麻莱县	20	10	10	7	1	6	18	8	10
海西蒙古族藏族自治州	**42**	**22**	**20**	**526**	**208**	**318**	**104**	**58**	**46**
格尔木市	3	1	2	133	55	78	9	5	4
德令哈市	2	2		104	45	59	18	8	10
茫崖市									
乌兰县	19	7	12	88	38	50	12	6	6
都兰县	13	9	4	193	70	123	43	27	16
天峻县	5	3	2	8		8	21	12	9
大柴旦行政委员会							1		1

8-7 全省分年龄、性别、主要生活来源的人口

单位：人

年 龄	15岁及以上人口			劳动收入		
	合计	男	女	小计	男	女
总 计	**453713**	**230889**	**222824**	**243605**	**145709**	**97896**
45岁以下	**244442**	**125310**	**119132**	**155139**	**88792**	**66347**
45-49岁	**51788**	**27022**	**24766**	**37182**	**22187**	**14995**
45	9627	4918	4709	7083	4086	2997
46	10341	5406	4935	7612	4497	3115
47	10791	5667	5124	7825	4681	3144
48	10532	5601	4931	7395	4509	2886
49	10497	5430	5067	7267	4414	2853
50-54岁	**50850**	**26290**	**24560**	**29231**	**19459**	**9772**
50	11015	5623	5392	6972	4436	2536
51	10492	5435	5057	6264	4203	2061
52	10736	5606	5130	6167	4178	1989
53	9095	4710	4385	4860	3267	1593
54	9512	4916	4596	4968	3375	1593
55-59岁	**37021**	**18895**	**18126**	**14681**	**10192**	**4489**
55	9127	4698	4429	4038	2776	1262
56	8986	4583	4403	3657	2544	1113
57	9000	4567	4433	3500	2427	1073
58	6948	3553	3395	2517	1762	755
59	2960	1494	1466	969	683	286
60-64岁	**20245**	**10307**	**9938**	**3805**	**2737**	**1068**
60	3530	1840	1690	946	671	275
61	3436	1730	1706	662	478	184
62	4317	2226	2091	769	552	217
63	4591	2320	2271	772	557	215
64	4371	2191	2180	656	479	177
65-69岁	**19148**	**9388**	**9760**	**2269**	**1569**	**700**
65	4448	2188	2260	611	426	185
66	4137	2072	2065	586	411	175
67	3743	1853	1890	424	292	132
68	3756	1827	1929	377	265	112
69	3064	1448	1616	271	175	96

8-7　续表 1

单位：人

年　龄	15岁及以上人口			劳动收入		
	合计	男	女	小计	男	女
70—74岁	**13257**	**6191**	**7066**	**774**	**491**	**283**
70	3068	1456	1612	215	140	75
71	3019	1472	1547	179	117	62
72	2459	1168	1291	140	88	52
73	2435	1097	1338	128	76	52
74	2276	998	1278	112	70	42
75—79岁	**9204**	**4013**	**5191**	**328**	**190**	**138**
75	2114	897	1217	99	60	39
76	2040	892	1148	60	36	24
77	1741	783	958	70	39	31
78	1751	739	1012	49	29	20
79	1558	702	856	50	26	24
80—84岁	**5274**	**2346**	**2928**	**129**	**55**	**74**
80	1416	631	785	41	21	20
81	1090	460	630	17	5	12
82	1111	501	610	32	10	22
83	920	420	500	24	9	15
84	737	334	403	15	10	5
85—89岁	**1955**	**898**	**1057**	**45**	**23**	**22**
85	595	263	332	12	7	5
86	474	205	269	7	2	5
87	398	197	201	12	5	7
88	272	130	142	8	7	1
89	216	103	113	6	2	4
90—94岁	**454**	**208**	**246**	**18**	**12**	**6**
90	176	88	88	5	5	
91	100	52	48	4	2	2
92	84	26	58	6	3	3
93	52	25	27	2	2	
94	42	17	25	1		1
95—99岁	**65**	**18**	**47**	**4**	**2**	**2**
95	20	7	13			
96	18	5	13			
97	11	2	9	1		1
98	8	2	6	1	1	
99	8	2	6	2	1	1
100岁及以上	**10**	**3**	**7**			

8-7　续表 2　　　　　　　　　　　　　　　　　　　　　　单位：人

年　龄	离退休金/养老金			最低生活保障金			失业保险金		
	小计	男	女	小计	男	女	小计	男	女
总　计	**38146**	**17861**	**20285**	**9760**	**4606**	**5154**	**146**	**83**	**63**
45岁以下	**57**	**21**	**36**	**3380**	**1639**	**1741**	**83**	**49**	**34**
45-49岁	**627**	**81**	**546**	**886**	**442**	**444**	**31**	**15**	**16**
45	43	4	39	162	65	97	3	1	2
46	67	6	61	162	83	79	4	3	1
47	114	12	102	192	102	90	8	3	5
48	170	35	135	172	94	78	9	6	3
49	233	24	209	198	98	100	7	2	5
50-54岁	**5316**	**1080**	**4236**	**934**	**501**	**433**	**25**	**17**	**8**
50	767	96	671	214	103	111	12	5	7
51	994	149	845	185	93	92	4	4	
52	1195	220	975	177	107	70	4	3	1
53	1090	250	840	170	92	78	2	2	
54	1270	365	905	188	106	82	3	3	
55-59岁	**8494**	**3961**	**4533**	**683**	**295**	**388**			
55	1873	816	1057	146	69	77			
56	2061	954	1107	143	59	84			
57	2155	1036	1119	176	77	99			
58	1611	774	837	154	71	83			
59	794	381	413	64	19	45			
60-64岁	**7000**	**3778**	**3222**	**768**	**355**	**413**	**1**		**1**
60	1210	629	581	107	47	60			
61	1300	682	618	100	56	44			
62	1544	850	694	175	80	95			
63	1542	834	708	191	91	100			
64	1404	783	621	195	81	114	1		1
65-69岁	**6036**	**3356**	**2680**	**1064**	**499**	**565**	**1**		**1**
65	1461	811	650	224	119	105			
66	1310	708	602	213	104	109			
67	1171	664	507	222	93	129			
68	1147	657	490	240	105	135	1		1
69	947	516	431	165	78	87			

8—7 续表 3 单位：人

年龄	离退休金/养老金			最低生活保障金			失业保险金		
	小计	男	女	小计	男	女	小计	男	女
70—74岁	**4066**	**2202**	**1864**	**945**	**414**	**531**	**2**	**1**	**1**
70	914	527	387	179	69	110	1		1
71	919	528	391	211	88	123			
72	738	396	342	176	89	87			
73	745	394	351	201	87	114			
74	750	357	393	178	81	97	1	1	
75—79岁	**3308**	**1525**	**1783**	**620**	**278**	**342**			
75	671	291	380	149	79	70			
76	698	309	389	135	54	81			
77	613	291	322	123	46	77			
78	697	311	386	113	50	63			
79	629	323	306	100	49	51			
80—84岁	**2282**	**1259**	**1023**	**318**	**123**	**195**	**1**		**1**
80	617	338	279	89	36	53			
81	476	242	234	65	19	46			
82	464	255	209	65	26	39	1		1
83	396	238	158	49	20	29			
84	329	186	143	50	22	28			
85—89岁	**774**	**469**	**305**	**117**	**47**	**70**			
85	227	134	93	38	17	21			
86	196	105	91	24	10	14			
87	160	107	53	20	8	12			
88	107	65	42	20	4	16			
89	84	58	26	15	8	7			
90—94岁	**174**	**122**	**52**	**34**	**12**	**22**	**1**		**1**
90	70	49	21	13	6	7			
91	42	34	8	9	4	5			
92	23	15	8	5	2	3			
93	22	16	6	4		4			
94	17	8	9	3		3	1		1
95—99岁	**10**	**6**	**4**	**8**		**8**	**1**	**1**	
95	7	4	3	3		3			
96	2	2		2		2	1	1	
97				1		1			
98	1		1	1		1			
99				1		1			
100岁及以上	**2**	**1**	**1**	**3**	**1**	**2**			

8-7 续表 4

单位：人

年 龄	财产性收入			家庭其他成员供养			其 他		
	小计	男	女	小计	男	女	小计	男	女
总 计	**6806**	**3764**	**3042**	**116323**	**39137**	**77186**	**38927**	**19729**	**19198**
45岁以下	**3718**	**1995**	**1723**	**60302**	**21764**	**38538**	**21763**	**11050**	**10713**
45-49岁	**951**	**540**	**411**	**7393**	**1343**	**6050**	**4718**	**2414**	**2304**
45	191	109	82	1261	215	1046	884	438	446
46	189	101	88	1366	228	1138	941	488	453
47	203	102	101	1465	257	1208	984	510	474
48	184	116	68	1595	305	1290	1007	536	471
49	184	112	72	1706	338	1368	902	442	460
50-54岁	**883**	**510**	**373**	**10002**	**2361**	**7641**	**4459**	**2362**	**2097**
50	196	109	87	1892	372	1520	962	502	460
51	203	119	84	1862	398	1464	980	469	511
52	180	108	72	2098	498	1600	915	492	423
53	171	95	76	1994	547	1447	808	457	351
54	133	79	54	2156	546	1610	794	442	352
55-59岁	**547**	**311**	**236**	**9643**	**2644**	**6999**	**2973**	**1492**	**1481**
55	143	82	61	2160	578	1582	767	377	390
56	137	73	64	2248	571	1677	740	382	358
57	123	69	54	2357	613	1744	689	345	344
58	99	59	40	2009	611	1398	558	276	282
59	45	28	17	869	271	598	219	112	107
60-64岁	**236**	**136**	**100**	**6966**	**2503**	**4463**	**1469**	**798**	**671**
60	44	25	19	1019	358	661	204	110	94
61	40	29	11	1100	366	734	234	119	115
62	63	34	29	1436	517	919	330	193	137
63	51	32	19	1689	628	1061	346	178	168
64	38	16	22	1722	634	1088	355	198	157
65-69岁	**224**	**141**	**83**	**8152**	**3157**	**4995**	**1402**	**666**	**736**
65	66	43	23	1776	651	1125	310	138	172
66	59	41	18	1679	651	1028	290	157	133
67	38	21	17	1601	642	959	287	141	146
68	28	19	9	1680	657	1023	283	124	159
69	33	17	16	1416	556	860	232	106	126

8-7 续表 5

单位：人

年 龄	财产性收入			家庭其他成员供养			其 他		
	小计	男	女	小计	男	女	小计	男	女
70—74岁	**133**	**64**	**69**	**6328**	**2532**	**3796**	**1009**	**487**	**522**
70	25	8	17	1489	593	896	245	119	126
71	42	21	21	1446	598	848	222	120	102
72	25	17	8	1180	475	705	200	103	97
73	23	9	14	1158	455	703	180	76	104
74	18	9	9	1055	411	644	162	69	93
75—79岁	**71**	**44**	**27**	**4265**	**1716**	**2549**	**612**	**260**	**352**
75	19	13	6	1023	389	634	153	65	88
76	17	9	8	988	421	567	142	63	79
77	8	6	2	811	348	463	116	53	63
78	12	8	4	773	298	475	107	43	64
79	15	8	7	670	260	410	94	36	58
80—84岁	**31**	**17**	**14**	**2182**	**757**	**1425**	**331**	**135**	**196**
80	7	5	2	559	192	367	103	39	64
81	9	5	4	465	164	301	58	25	33
82	8	5	3	473	173	300	68	32	36
83	5	1	4	387	131	256	59	21	38
84	2	1	1	298	97	201	43	18	25
85—89岁	**9**	**6**	**3**	**862**	**297**	**565**	**148**	**56**	**92**
85	6	4	2	273	89	184	39	12	27
86	2	1	1	211	72	139	34	15	19
87				169	62	107	37	15	22
88				113	47	66	24	7	17
89	1	1		96	27	69	14	7	7
90—94岁	**3**		**3**	**186**	**53**	**133**	**38**	**9**	**29**
90	1		1	70	24	46	17	4	13
91	1		1	33	10	23	11	2	9
92	1		1	41	4	37	8	2	6
93				23	6	17	1	1	
94				19	9	10	1		1
95—99岁				**38**	**9**	**29**	**4**		**4**
95				9	3	6	1		1
96				12	2	10	1		1
97				9	2	7			
98				4	1	3	1		1
99				4	1	3	1		1
100岁及以上				**4**	**1**	**3**	**1**		**1**

8-7a　全省分年龄、性别、主要生活来源的人口(城市)

单位：人

年　龄	15岁及以上人口			劳动收入		
	合计	男	女	小计	男	女
总　计	**168120**	**84633**	**83487**	**90382**	**53715**	**36667**
45岁以下	**88322**	**44760**	**43562**	**60276**	**33735**	**26541**
45-49岁	**18867**	**9822**	**9045**	**14326**	**8492**	**5834**
45	3292	1669	1623	2597	1470	1127
46	3696	1918	1778	2903	1693	1210
47	3918	2059	1859	3015	1798	1217
48	4029	2161	1868	2995	1823	1172
49	3932	2015	1917	2816	1708	1108
50-54岁	**19463**	**9862**	**9601**	**10424**	**7385**	**3039**
50	4160	2119	2041	2602	1734	868
51	4045	2067	1978	2325	1639	686
52	4123	2049	2074	2156	1534	622
53	3476	1752	1724	1679	1222	457
54	3659	1875	1784	1662	1256	406
55-59岁	**14745**	**7501**	**7244**	**4080**	**3124**	**956**
55	3598	1793	1805	1168	866	302
56	3660	1888	1772	1084	851	233
57	3676	1907	1769	985	749	236
58	2654	1328	1326	631	490	141
59	1157	585	572	212	168	44
60-64岁	**8189**	**4149**	**4040**	**765**	**600**	**165**
60	1490	762	728	216	166	50
61	1521	750	771	136	108	28
62	1769	933	836	173	135	38
63	1792	894	898	141	111	30
64	1617	810	807	99	80	19
65-69岁	**6749**	**3291**	**3458**	**355**	**277**	**78**
65	1663	819	844	118	90	28
66	1486	737	749	92	75	17
67	1315	648	667	56	44	12
68	1239	604	635	55	46	9
69	1046	483	563	34	22	12

8－7a 续表 1 单位：人

年 龄	15岁及以上人口			劳动收入		
	合计	男	女	小计	男	女
70－74岁	**4447**	**2014**	**2433**	**83**	**59**	**24**
70	1035	493	542	20	14	6
71	1009	497	512	20	15	5
72	783	354	429	13	9	4
73	820	353	467	15	10	5
74	800	317	483	15	11	4
75－79岁	**3684**	**1475**	**2209**	**46**	**26**	**20**
75	767	295	472	17	11	6
76	786	299	487	6	3	3
77	723	293	430	11	6	5
78	739	289	450	8	4	4
79	669	299	370	4	2	2
80－84岁	**2486**	**1158**	**1328**	**14**	**6**	**8**
80	664	300	364	5	2	3
81	525	230	295	1	1	
82	509	234	275	2		2
83	418	219	199	5	3	2
84	370	175	195	1		1
85－89岁	**909**	**464**	**445**	**8**	**6**	**2**
85	258	124	134	1	1	
86	224	107	117			
87	190	102	88	3	2	1
88	128	68	60	2	2	
89	109	63	46	2	1	1
90－94岁	**228**	**125**	**103**	**4**	**4**	
90	90	47	43			
91	49	33	16	1	1	
92	35	17	18	2	2	
93	30	20	10	1	1	
94	24	8	16			
95－99岁	**26**	**10**	**16**	**1**	**1**	
95	8	3	5			
96	10	3	7			
97	4	1	3			
98	3	2	1	1	1	
99	1	1				
100岁及以上	**5**	**2**	**3**			

8-7a　续表 2　　　　单位：人

年　龄	离退休金/养老金			最低生活保障金			失业保险金		
	小计	男	女	小计	男	女	小计	男	女
总　计	**29493**	**13143**	**16350**	**1479**	**670**	**809**	**39**	**27**	**12**
45岁以下	**44**	**14**	**30**	**298**	**156**	**142**	**22**	**15**	**7**
45-49岁	**500**	**54**	**446**	**147**	**74**	**73**	**7**	**5**	**2**
45	34	3	31	30	11	19	1	1	
46	42	3	39	19	12	7	1	1	
47	98	8	90	22	10	12	3	1	2
48	133	23	110	36	20	16	1	1	
49	193	17	176	40	21	19	1	1	
50-54岁	**4492**	**849**	**3643**	**165**	**101**	**64**	**8**	**6**	**2**
50	640	73	567	37	21	16	3	2	1
51	830	117	713	29	12	17	2	2	
52	1025	170	855	33	22	11	2	1	1
53	919	195	724	32	20	12	1	1	
54	1078	294	784	34	26	8			
55-59岁	**7223**	**3280**	**3943**	**136**	**55**	**81**			
55	1604	676	928	31	13	18			
56	1749	790	959	21	8	13			
57	1839	868	971	36	16	20			
58	1350	624	726	33	14	19			
59	681	322	359	15	4	11			
60-64岁	**5294**	**2775**	**2519**	**147**	**66**	**81**			
60	962	478	484	20	10	10			
61	1020	516	504	22	11	11			
62	1163	633	530	33	16	17			
63	1139	588	551	35	19	16			
64	1010	560	450	37	10	27			
65-69岁	**4130**	**2211**	**1919**	**198**	**84**	**114**			
65	1018	542	476	49	25	24			
66	929	491	438	43	17	26			
67	799	441	358	39	17	22			
68	751	410	341	34	13	21			
69	633	327	306	33	12	21			

8−7a　续表 3　　　　单位：人

年　龄	离退休金/养老金			最低生活保障金			失业保险金		
	小计	男	女	小计	男	女	小计	男	女
70−74岁	**2747**	**1417**	**1330**	**155**	**56**	**99**			
70	630	351	279	27	9	18			
71	628	357	271	36	11	25			
72	498	250	248	26	12	14			
73	482	236	246	36	14	22			
74	509	223	286	30	10	20			
75−79岁	**2470**	**1071**	**1399**	**130**	**52**	**78**			
75	468	191	277	29	15	14			
76	501	202	299	37	14	23			
77	468	209	259	31	11	20			
78	541	224	317	16	5	11			
79	492	245	247	17	7	10			
80−84岁	**1830**	**986**	**844**	**63**	**17**	**46**			
80	506	264	242	16	6	10			
81	381	193	188	13	3	10			
82	366	196	170	14	2	12			
83	306	180	126	7	3	4			
84	271	153	118	13	3	10			
85−89岁	**609**	**375**	**234**	**25**	**5**	**20**			
85	179	105	74	8	1	7			
86	152	81	71	4		4			
87	122	82	40	6	2	4			
88	88	56	32	5	2	3			
89	68	51	17	2		2			
90−94岁	**145**	**105**	**40**	**10**	**3**	**7**	**1**		**1**
90	59	41	18	4	2	2			
91	36	31	5	2	1	1			
92	20	13	7	1		1			
93	17	15	2	1		1			
94	13	5	8	2		2	1		1
95−99岁	**8**	**5**	**3**	**3**		**3**	**1**	**1**	
95	5	3	2	1		1			
96	2	2		1		1	1	1	
97				1		1			
98	1		1						
99									
100岁及以上	**1**	**1**		**2**	**1**	**1**			

8-7a　续表 4

单位：人

年 龄	财产性收入			家庭其他成员供养			其 他		
	小计	男	女	小计	男	女	小计	男	女
总　计	**1185**	**670**	**515**	**38324**	**12645**	**25679**	**7218**	**3763**	**3455**
45岁以下	**495**	**272**	**223**	**23314**	**8553**	**14761**	**3873**	**2015**	**1858**
45-49岁	**195**	**118**	**77**	**2685**	**523**	**2162**	**1007**	**556**	**451**
45	32	18	14	434	77	357	164	89	75
46	30	15	15	511	89	422	190	105	85
47	47	29	18	514	98	416	219	115	104
48	46	30	16	597	134	463	221	130	91
49	40	26	14	629	125	504	213	117	96
50-54岁	**203**	**129**	**74**	**3254**	**839**	**2415**	**917**	**553**	**364**
50	42	27	15	628	150	478	208	112	96
51	53	34	19	613	153	460	193	110	83
52	39	28	11	670	168	502	198	126	72
53	41	23	18	658	198	460	146	93	53
54	28	17	11	685	170	515	172	112	60
55-59岁	**124**	**66**	**58**	**2699**	**728**	**1971**	**483**	**248**	**235**
55	32	16	16	623	159	464	140	63	77
56	29	12	17	670	172	498	107	55	52
57	36	20	16	662	186	476	118	68	50
58	18	11	7	537	146	391	85	43	42
59	9	7	2	207	65	142	33	19	14
60-64岁	**54**	**26**	**28**	**1678**	**551**	**1127**	**251**	**131**	**120**
60	11	6	5	238	79	159	43	23	20
61	12	9	3	286	89	197	45	17	28
62	13	3	10	343	121	222	44	25	19
63	11	6	5	396	130	266	70	40	30
64	7	2	5	415	132	283	49	26	23
65-69岁	**67**	**38**	**29**	**1762**	**581**	**1181**	**237**	**100**	**137**
65	21	15	6	395	127	268	62	20	42
66	18	11	7	361	119	242	43	24	19
67	12	6	6	356	114	242	53	26	27
68	5	3	2	357	117	240	37	15	22
69	11	3	8	293	104	189	42	15	27

8-7a 续表 5 单位：人

年 龄	财产性收入			家庭其他成员供养			其 他		
	小计	男	女	小计	男	女	小计	男	女
70-74岁	**30**	**13**	**17**	**1239**	**391**	**848**	**193**	**78**	**115**
70	8	2	6	303	94	209	47	23	24
71	6	3	3	279	92	187	40	19	21
72	7	4	3	206	65	141	33	14	19
73	5	2	3	245	79	166	37	12	25
74	4	2	2	206	61	145	36	10	26
75-79岁	**10**	**6**	**4**	**892**	**271**	**621**	**136**	**49**	**87**
75	3	2	1	219	66	153	31	10	21
76	1	1		212	65	147	29	14	15
77	3	2	1	185	55	130	25	10	15
78				152	50	102	22	6	16
79	3	1	2	124	35	89	29	9	20
80-84岁	**6**	**1**	**5**	**500**	**130**	**370**	**73**	**18**	**55**
80	2		2	112	23	89	23	5	18
81	3	1	2	112	28	84	15	4	11
82	1		1	109	31	78	17	5	12
83				92	32	60	8	1	7
84				75	16	59	10	3	7
85-89岁	**1**	**1**		**230**	**66**	**164**	**36**	**11**	**25**
85	1	1		63	15	48	6	1	5
86				56	21	35	12	5	7
87				50	15	35	9	1	8
88				28	7	21	5	1	4
89				33	8	25	4	3	1
90-94岁				**57**	**9**	**48**	**11**	**4**	**7**
90				21	2	19	6	2	4
91				8		8	2		2
92				10		10	2	2	
93				11	4	7			
94				7	3	4	1		1
95-99岁				**12**	**3**	**9**	**1**		**1**
95				2		2			
96				5		5	1		1
97				3	1	2			
98				1	1				
99				1	1				
100岁及以上				**2**		**2**			

8-7b　全省分年龄、性别、主要生活来源的人口(镇)

单位：人

年　龄	15岁及以上人口			劳动收入		
	合计	男	女	小计	男	女
总　计	**109340**	**55245**	**54095**	**57540**	**34441**	**23099**
45岁以下	**63177**	**31862**	**31315**	**37793**	**21543**	**16250**
45-49岁	**12546**	**6474**	**6072**	**8766**	**5257**	**3509**
45	2415	1194	1221	1737	989	748
46	2558	1336	1222	1854	1112	742
47	2550	1334	1216	1806	1082	724
48	2508	1302	1206	1697	1034	663
49	2515	1308	1207	1672	1040	632
50-54岁	**11377**	**6010**	**5367**	**6476**	**4412**	**2064**
50	2636	1353	1283	1644	1080	564
51	2391	1293	1098	1418	982	436
52	2348	1282	1066	1352	952	400
53	1957	1032	925	1012	687	325
54	2045	1050	995	1050	711	339
55-59岁	**7853**	**3981**	**3872**	**3003**	**2185**	**818**
55	1949	1022	927	871	624	247
56	1887	961	926	736	538	198
57	1850	914	936	706	518	188
58	1534	786	748	503	375	128
59	633	298	335	187	130	57
60-64岁	**4172**	**2116**	**2056**	**741**	**543**	**198**
60	728	395	333	185	139	46
61	742	374	368	144	103	41
62	885	441	444	145	102	43
63	899	459	440	135	102	33
64	918	447	471	132	97	35
65-69岁	**4047**	**1963**	**2084**	**453**	**313**	**140**
65	945	475	470	122	87	35
66	872	428	444	117	82	35
67	762	378	384	91	61	30
68	814	376	438	73	52	21
69	654	306	348	50	31	19

8－7b　续表 1　　　　单位：人

年　龄	15岁及以上人口			劳动收入		
	合计	男	女	小计	男	女
70－74岁	**2904**	**1382**	**1522**	**195**	**130**	**65**
70	696	342	354	50	34	16
71	679	324	355	43	31	12
72	543	274	269	41	27	14
73	515	222	293	36	22	14
74	471	220	251	25	16	9
75－79岁	**1882**	**851**	**1031**	**74**	**44**	**30**
75	467	198	269	18	8	10
76	419	191	228	15	10	5
77	339	152	187	13	7	6
78	328	162	166	14	9	5
79	329	148	181	14	10	4
80－84岁	**963**	**435**	**528**	**25**	**8**	**17**
80	245	109	136	9	5	4
81	183	90	93	4		4
82	219	98	121	5	1	4
83	172	72	100	5		5
84	144	66	78	2	2	
85－89岁	**340**	**143**	**197**	**10**	**4**	**6**
85	98	43	55	2		2
86	79	23	56	2		2
87	76	41	35			
88	44	21	23	3	3	
89	43	15	28	3	1	2
90－94岁	**65**	**26**	**39**	**2**	**1**	**1**
90	26	11	15	1	1	
91	12	6	6			
92	16	3	13	1		1
93	6	3	3			
94	5	3	2			
95－99岁	**14**	**2**	**12**	**2**	**1**	**1**
95	6	1	5			
96	1		1			
97	3		3			
98	1		1			
99	3	1	2	2	1	1
100岁及以上						

8-7b　续表 2　　单位：人

年　龄	离退休金/养老金			最低生活保障金			失业保险金		
	小计	男	女	小计	男	女	小计	男	女
总　计	**5509**	**2992**	**2517**	**2773**	**1229**	**1544**	**40**	**19**	**21**
45岁以下	**11**	**5**	**6**	**1058**	**477**	**581**	**18**	**10**	**8**
45-49岁	**123**	**26**	**97**	**295**	**129**	**166**	**12**	**5**	**7**
45	9	1	8	55	16	39	2		2
46	25	3	22	52	22	30	3	2	1
47	16	4	12	65	33	32			
48	36	12	24	56	27	29	4	3	1
49	37	6	31	67	31	36	3		3
50-54岁	**760**	**206**	**554**	**280**	**134**	**146**	**6**	**3**	**3**
50	116	18	98	62	29	33	3		3
51	152	30	122	52	20	32	1	1	
52	160	45	115	62	36	26			
53	158	50	108	50	25	25	1	1	
54	174	63	111	54	24	30	1	1	
55-59岁	**1144**	**601**	**543**	**194**	**75**	**119**			
55	243	125	118	42	15	27			
56	285	145	140	37	15	22			
57	289	150	139	52	21	31			
58	229	131	98	44	17	27			
59	98	50	48	19	7	12			
60-64岁	**1017**	**630**	**387**	**204**	**89**	**115**	**1**		**1**
60	164	106	58	32	16	16			
61	176	109	67	29	14	15			
62	225	138	87	50	17	33			
63	226	145	81	43	18	25			
64	226	132	94	50	24	26	1		1
65-69岁	**1007**	**627**	**380**	**252**	**118**	**134**	**1**		**1**
65	237	151	86	54	30	24			
66	205	121	84	54	23	31			
67	186	117	69	55	23	32			
68	203	127	76	47	20	27	1		1
69	176	111	65	42	22	20			

8-7b 续表 3

单位：人

年 龄	离退休金/养老金			最低生活保障金			失业保险金		
	小计	男	女	小计	男	女	小计	男	女
70-74岁	**670**	**430**	**240**	**231**	**97**	**134**	**2**	**1**	**1**
70	153	102	51	42	14	28	1		1
71	163	103	60	53	20	33			
72	116	76	40	36	19	17			
73	122	78	44	61	27	34			
74	116	71	45	39	17	22	1	1	
75-79岁	**430**	**241**	**189**	**138**	**61**	**77**			
75	102	56	46	34	15	19			
76	104	52	52	29	13	16			
77	63	33	30	30	10	20			
78	86	56	30	22	10	12			
79	75	44	31	23	13	10			
80-84岁	**251**	**164**	**87**	**83**	**33**	**50**			
80	64	43	21	25	11	14			
81	46	28	18	16	4	12			
82	58	34	24	16	6	10			
83	47	35	12	12	5	7			
84	36	24	12	14	7	7			
85-89岁	**84**	**54**	**30**	**29**	**14**	**15**			
85	24	18	6	9	6	3			
86	19	9	10	7	3	4			
87	22	18	4	3	1	2			
88	8	4	4	4	1	3			
89	11	5	6	6	3	3			
90-94岁	**11**	**8**	**3**	**8**	**2**	**6**			
90	6	4	2	3	1	2			
91	2	2		1		1			
92	2	1	1	2	1	1			
93	1	1		2		2			
94									
95-99岁	**1**		**1**	**1**		**1**			
95	1		1						
96									
97									
98				1		1			
99									
100岁及以上									

8-7b　续表 4　　　　单位：人

年　龄	财产性收入			家庭其他成员供养			其　他		
	小计	男	女	小计	男	女	小计	男	女
总　计	**1673**	**947**	**726**	**31516**	**10406**	**21110**	**10289**	**5211**	**5078**
45岁以下	**935**	**518**	**417**	**17382**	**6283**	**11099**	**5980**	**3026**	**2954**
45–49岁	**240**	**139**	**101**	**1949**	**321**	**1628**	**1161**	**597**	**564**
45	45	30	15	341	56	285	226	102	124
46	62	33	29	351	49	302	211	115	96
47	47	23	24	376	61	315	240	131	109
48	43	27	16	418	67	351	254	132	122
49	43	26	17	463	88	375	230	117	113
50–54岁	**199**	**116**	**83**	**2617**	**583**	**2034**	**1039**	**556**	**483**
50	51	27	24	524	83	441	236	116	120
51	49	33	16	493	110	383	226	117	109
52	37	23	14	536	119	417	201	107	94
53	33	17	16	503	135	368	200	117	83
54	29	16	13	561	136	425	176	99	77
55–59岁	**117**	**68**	**49**	**2628**	**677**	**1951**	**767**	**375**	**392**
55	34	17	17	568	149	419	191	92	99
56	25	17	8	597	141	456	207	105	102
57	26	15	11	616	138	478	161	72	89
58	22	14	8	582	171	411	154	78	76
59	10	5	5	265	78	187	54	28	26
60–64岁	**61**	**35**	**26**	**1757**	**605**	**1152**	**391**	**214**	**177**
60	11	5	6	285	96	189	51	33	18
61	10	7	3	301	91	210	82	50	32
62	15	10	5	367	125	242	83	49	34
63	13	7	6	393	143	250	89	44	45
64	12	6	6	411	150	261	86	38	48
65–69岁	**52**	**33**	**19**	**1947**	**710**	**1237**	**335**	**162**	**173**
65	17	11	6	450	168	282	65	28	37
66	13	9	4	413	158	255	70	35	35
67	10	4	6	359	141	218	61	32	29
68	6	4	2	395	131	264	89	42	47
69	6	5	1	330	112	218	50	25	25

8-7b 续表 5　　单位：人

年龄	财产性收入			家庭其他成员供养			其他		
	小计	男	女	小计	男	女	小计	男	女
70—74岁	**37**	**15**	**22**	**1492**	**572**	**920**	**277**	**137**	**140**
70	5	2	3	354	140	214	91	50	41
71	12	5	7	349	132	217	59	33	26
72	7	5	2	292	123	169	51	24	27
73	7		7	248	80	168	41	15	26
74	6	3	3	249	97	152	35	15	20
75—79岁	**22**	**17**	**5**	**1042**	**409**	**633**	**176**	**79**	**97**
75	10	8	2	257	89	168	46	22	24
76	3	2	1	226	99	127	42	15	27
77	3	3		193	78	115	37	21	16
78	3	2	1	172	71	101	31	14	17
79	3	2	1	194	72	122	20	7	13
80—84岁	**10**	**6**	**4**	**491**	**179**	**312**	**103**	**45**	**58**
80	1	1		119	39	80	27	10	17
81	2	2		97	49	48	18	7	11
82	3	2	1	114	41	73	23	14	9
83	2		2	86	24	62	20	8	12
84	2	1	1	75	26	49	15	6	9
85—89岁				**169**	**52**	**117**	**48**	**19**	**29**
85				51	16	35	12	3	9
86				38	5	33	13	6	7
87				36	14	22	15	8	7
88				24	13	11	5		5
89				20	4	16	3	2	1
90—94岁				**33**	**14**	**19**	**11**	**1**	**10**
90				12	5	7	4		4
91				5	4	1	4		4
92				9	1	8	2		2
93				2	1	1	1	1	
94				5	3	2			
95—99岁				**9**	**1**	**8**	**1**		**1**
95				4	1	3	1		1
96				1		1			
97				3		3			
98									
99				1		1			
100岁及以上									

8-7c　全省分年龄、性别、主要生活来源的人口(乡村)

单位：人

年　龄	15岁及以上人口			劳动收入		
	合计	男	女	小计	男	女
总　计	**176253**	**91011**	**85242**	**95683**	**57553**	**38130**
45岁以下	**92943**	**48688**	**44255**	**57070**	**33514**	**23556**
45–49岁	**20375**	**10726**	**9649**	**14090**	**8438**	**5652**
45	3920	2055	1865	2749	1627	1122
46	4087	2152	1935	2855	1692	1163
47	4323	2274	2049	3004	1801	1203
48	3995	2138	1857	2703	1652	1051
49	4050	2107	1943	2779	1666	1113
50–54岁	**20010**	**10418**	**9592**	**12331**	**7662**	**4669**
50	4219	2151	2068	2726	1622	1104
51	4056	2075	1981	2521	1582	939
52	4265	2275	1990	2659	1692	967
53	3662	1926	1736	2169	1358	811
54	3808	1991	1817	2256	1408	848
55–59岁	**14423**	**7413**	**7010**	**7598**	**4883**	**2715**
55	3580	1883	1697	1999	1286	713
56	3439	1734	1705	1837	1155	682
57	3474	1746	1728	1809	1160	649
58	2760	1439	1321	1383	897	486
59	1170	611	559	570	385	185
60–64岁	**7884**	**4042**	**3842**	**2299**	**1594**	**705**
60	1312	683	629	545	366	179
61	1173	606	567	382	267	115
62	1663	852	811	451	315	136
63	1900	967	933	496	344	152
64	1836	934	902	425	302	123
65–69岁	**8352**	**4134**	**4218**	**1461**	**979**	**482**
65	1840	894	946	371	249	122
66	1779	907	872	377	254	123
67	1666	827	839	277	187	90
68	1703	847	856	249	167	82
69	1364	659	705	187	122	65

8-7c 续表 1

单位：人

年 龄	15岁及以上人口			劳动收入		
	合计	男	女	小计	男	女
70-74岁	**5906**	**2795**	**3111**	**496**	**302**	**194**
70	1337	621	716	145	92	53
71	1331	651	680	116	71	45
72	1133	540	593	86	52	34
73	1100	522	578	77	44	33
74	1005	461	544	72	43	29
75-79岁	**3638**	**1687**	**1951**	**208**	**120**	**88**
75	880	404	476	64	41	23
76	835	402	433	39	23	16
77	679	338	341	46	26	20
78	684	288	396	27	16	11
79	560	255	305	32	14	18
80-84岁	**1825**	**753**	**1072**	**90**	**41**	**49**
80	507	222	285	27	14	13
81	382	140	242	12	4	8
82	383	169	214	25	9	16
83	330	129	201	14	6	8
84	223	93	130	12	8	4
85-89岁	**706**	**291**	**415**	**27**	**13**	**14**
85	239	96	143	9	6	3
86	171	75	96	5	2	3
87	132	54	78	9	3	6
88	100	41	59	3	2	1
89	64	25	39	1		1
90-94岁	**161**	**57**	**104**	**12**	**7**	**5**
90	60	30	30	4	4	
91	39	13	26	3	1	2
92	33	6	27	3	1	2
93	16	2	14	1	1	
94	13	6	7	1		1
95-99岁	**25**	**6**	**19**	**1**		**1**
95	6	3	3			
96	7	2	5			
97	4	1	3	1		1
98	4		4			
99	4		4			
100岁及以上	**5**	**1**	**4**			

8-7c　续表 2

单位：人

年　龄	离退休金/养老金			最低生活保障金			失业保险金		
	小计	男	女	小计	男	女	小计	男	女
总　计	**3144**	**1726**	**1418**	**5508**	**2707**	**2801**	**67**	**37**	**30**
45岁以下	**2**	**2**		**2024**	**1006**	**1018**	**43**	**24**	**19**
45−49岁	**4**	**1**	**3**	**444**	**239**	**205**	**12**	**5**	**7**
45				77	38	39			
46				91	49	42			
47				105	59	46	5	2	3
48	1		1	80	47	33	4	2	2
49	3	1	2	91	46	45	3	1	2
50−54岁	**64**	**25**	**39**	**489**	**266**	**223**	**11**	**8**	**3**
50	11	5	6	115	53	62	6	3	3
51	12	2	10	104	61	43	1	1	
52	10	5	5	82	49	33	2	2	
53	13	5	8	88	47	41			
54	18	8	10	100	56	44	2	2	
55−59岁	**127**	**80**	**47**	**353**	**165**	**188**			
55	26	15	11	73	41	32			
56	27	19	8	85	36	49			
57	27	18	9	88	40	48			
58	32	19	13	77	40	37			
59	15	9	6	30	8	22			
60−64岁	**689**	**373**	**316**	**417**	**200**	**217**			
60	84	45	39	55	21	34			
61	104	57	47	49	31	18			
62	156	79	77	92	47	45			
63	177	101	76	113	54	59			
64	168	91	77	108	47	61			
65−69岁	**899**	**518**	**381**	**614**	**297**	**317**			
65	206	118	88	121	64	57			
66	176	96	80	116	64	52			
67	186	106	80	128	53	75			
68	193	120	73	159	72	87			
69	138	78	60	90	44	46			

8-7c 续表 3

单位：人

年 龄	离退休金/养老金			最低生活保障金			失业保险金		
	小计	男	女	小计	男	女	小计	男	女
70—74岁	**649**	**355**	**294**	**559**	**261**	**298**			
70	131	74	57	110	46	64			
71	128	68	60	122	57	65			
72	124	70	54	114	58	56			
73	141	80	61	104	46	58			
74	125	63	62	109	54	55			
75—79岁	**408**	**213**	**195**	**352**	**165**	**187**			
75	101	44	57	86	49	37			
76	93	55	38	69	27	42			
77	82	49	33	62	25	37			
78	70	31	39	75	35	40			
79	62	34	28	60	29	31			
80—84岁	**201**	**109**	**92**	**172**	**73**	**99**	**1**		**1**
80	47	31	16	48	19	29			
81	49	21	28	36	12	24			
82	40	25	15	35	18	17	1		1
83	43	23	20	30	12	18			
84	22	9	13	23	12	11			
85—89岁	**81**	**40**	**41**	**63**	**28**	**35**			
85	24	11	13	21	10	11			
86	25	15	10	13	7	6			
87	16	7	9	11	5	6			
88	11	5	6	11	1	10			
89	5	2	3	7	5	2			
90—94岁	**18**	**9**	**9**	**16**	**7**	**9**			
90	5	4	1	6	3	3			
91	4	1	3	6	3	3			
92	1	1		2	1	1			
93	4		4	1		1			
94	4	3	1	1		1			
95—99岁	**1**	**1**		**4**		**4**			
95	1	1		2		2			
96				1		1			
97									
98									
99				1		1			
100岁及以上	**1**		**1**	**1**		**1**			

8-7c　续表 4

单位：人

年　龄	财产性收入			家庭其他成员供养			其　他		
	小计	男	女	小计	男	女	小计	男	女
总　计	**3948**	**2147**	**1801**	**46483**	**16086**	**30397**	**21420**	**10755**	**10665**
45岁以下	**2288**	**1205**	**1083**	**19606**	**6928**	**12678**	**11910**	**6009**	**5901**
45-49岁	**516**	**283**	**233**	**2759**	**499**	**2260**	**2550**	**1261**	**1289**
45	114	61	53	486	82	404	494	247	247
46	97	53	44	504	90	414	540	268	272
47	109	50	59	575	98	477	525	264	261
48	95	59	36	580	104	476	532	274	258
49	101	60	41	614	125	489	459	208	251
50-54岁	**481**	**265**	**216**	**4131**	**939**	**3192**	**2503**	**1253**	**1250**
50	103	55	48	740	139	601	518	274	244
51	101	52	49	756	135	621	561	242	319
52	104	57	47	892	211	681	516	259	257
53	97	55	42	833	214	619	462	247	215
54	76	46	30	910	240	670	446	231	215
55-59岁	**306**	**177**	**129**	**4316**	**1239**	**3077**	**1723**	**869**	**854**
55	77	49	28	969	270	699	436	222	214
56	83	44	39	981	258	723	426	222	204
57	61	34	27	1079	289	790	410	205	205
58	59	34	25	890	294	596	319	155	164
59	26	16	10	397	128	269	132	65	67
60-64岁	**121**	**75**	**46**	**3531**	**1347**	**2184**	**827**	**453**	**374**
60	22	14	8	496	183	313	110	54	56
61	18	13	5	513	186	327	107	52	55
62	35	21	14	726	271	455	203	119	84
63	27	19	8	900	355	545	187	94	93
64	19	8	11	896	352	544	220	134	86
65-69岁	**105**	**70**	**35**	**4443**	**1866**	**2577**	**830**	**404**	**426**
65	28	17	11	931	356	575	183	90	93
66	28	21	7	905	374	531	177	98	79
67	16	11	5	886	387	499	173	83	90
68	17	12	5	928	409	519	157	67	90
69	16	9	7	793	340	453	140	66	74

8—7c 续表 5

单位：人

年 龄	财产性收入			家庭其他成员供养			其 他		
	小计	男	女	小计	男	女	小计	男	女
70—74岁	**66**	**36**	**30**	**3597**	**1569**	**2028**	**539**	**272**	**267**
70	12	4	8	832	359	473	107	46	61
71	24	13	11	818	374	444	123	68	55
72	11	8	3	682	287	395	116	65	51
73	11	7	4	665	296	369	102	49	53
74	8	4	4	600	253	347	91	44	47
75—79岁	**39**	**21**	**18**	**2331**	**1036**	**1295**	**300**	**132**	**168**
75	6	3	3	547	234	313	76	33	43
76	13	6	7	550	257	293	71	34	37
77	2	1	1	433	215	218	54	22	32
78	9	6	3	449	177	272	54	23	31
79	9	5	4	352	153	199	45	20	25
80—84岁	**15**	**10**	**5**	**1191**	**448**	**743**	**155**	**72**	**83**
80	4	4		328	130	198	53	24	29
81	4	2	2	256	87	169	25	14	11
82	4	3	1	250	101	149	28	13	15
83	3	1	2	209	75	134	31	12	19
84				148	55	93	18	9	9
85—89岁	**8**	**5**	**3**	**463**	**179**	**284**	**64**	**26**	**38**
85	5	3	2	159	58	101	21	8	13
86	2	1	1	117	46	71	9	4	5
87				83	33	50	13	6	7
88				61	27	34	14	6	8
89	1	1		43	15	28	7	2	5
90—94岁	**3**		**3**	**96**	**30**	**66**	**16**	**4**	**12**
90	1		1	37	17	20	7	2	5
91	1		1	20	6	14	5	2	3
92	1		1	22	3	19	4		4
93				10	1	9			
94				7	3	4			
95—99岁				**17**	**5**	**12**	**2**		**2**
95				3	2	1			
96				6	2	4			
97				3	1	2			
98				3		3	1		1
99				2		2	1		1
100岁及以上				**2**	**1**	**1**	**1**		**1**

8-8　全省分性别、婚姻状况、主要生活来源的60岁及以上老年人口

单位：人

婚姻状况	60岁及以上人口			劳动收入		
	合计	男	女	小计	男	女
总　计	**69612**	**33372**	**36240**	**7372**	**5079**	**2293**
未　婚	1475	796	679	376	194	182
有配偶	47588	26763	20825	5963	4395	1568
离　婚	1314	588	726	161	89	72
丧　偶	19235	5225	14010	872	401	471

8-8　续表 1

单位：人

婚姻状况	离退休金/养老金			最低生活保障金			失业保险金		
	小计	男	女	小计	男	女	小计	男	女
总　计	**23652**	**12718**	**10934**	**3877**	**1729**	**2148**	**7**	**2**	**5**
未　婚	122	65	57	326	215	111	1		1
有配偶	17587	10736	6851	2050	1087	963	5	2	3
离　婚	623	282	341	136	73	63			
丧　偶	5320	1635	3685	1365	354	1011	1		1

8-8　续表 2

单位：人

婚姻状况	财产性收入			家庭其他成员供养			其　他		
	小计	男	女	小计	男	女	小计	男	女
总　计	**707**	**408**	**299**	**28983**	**11025**	**17958**	**5014**	**2411**	**2603**
未　婚	26	11	15	248	110	138	376	201	175
有配偶	512	328	184	18217	8427	9790	3254	1788	1466
离　婚	18	11	7	263	93	170	113	40	73
丧　偶	151	58	93	10255	2395	7860	1271	382	889

8-8a 全省分性别、婚姻状况、主要生活来源的60岁及以上老年人口(城市)

单位：人

婚姻状况	60岁及以上人口			劳动收入		
	合计	男	女	小计	男	女
总　计	**26723**	**12688**	**14035**	**1276**	**979**	**297**
未　婚	175	102	73	23	17	6
有配偶	19344	10770	8574	1122	897	225
离　婚	696	304	392	39	24	15
丧　偶	6508	1512	4996	92	41	51

8-8a　续表 1

单位：人

婚姻状况	离退休金/养老金			最低生活保障金			失业保险金		
	小计	男	女	小计	男	女	小计	男	女
总　计	**17234**	**8946**	**8288**	**733**	**284**	**449**	**2**	**1**	**1**
未　婚	33	19	14	51	33	18			
有配偶	13007	7693	5314	383	185	198	2	1	1
离　婚	517	222	295	38	18	20			
丧　偶	3677	1012	2665	261	48	213			

8-8a　续表 2

单位：人

婚姻状况	财产性收入			家庭其他成员供养			其　他		
	小计	男	女	小计	男	女	小计	男	女
总　计	**168**	**85**	**83**	**6372**	**2002**	**4370**	**938**	**391**	**547**
未　婚	2	1	1	34	13	21	32	19	13
有配偶	128	75	53	4068	1599	2469	634	320	314
离　婚	3	1	2	80	31	49	19	8	11
丧　偶	35	8	27	2190	359	1831	253	44	209

8-8b　全省分性别、婚姻状况、主要生活来源的60岁及以上老年人口(镇)

单位：人

婚姻状况	60岁及以上人口			劳动收入		
	合计	男	女	小计	男	女
总　计	**14387**	**6918**	**7469**	**1502**	**1044**	**458**
未　婚	363	208	155	96	58	38
有配偶	9776	5538	4238	1231	894	337
离　婚	258	120	138	31	22	9
丧　偶	3990	1052	2938	144	70	74

8-8b　续表 1

单位：人

婚姻状况	离退休金/养老金			最低生活保障金			失业保险金		
	小计	男	女	小计	男	女	小计	男	女
总　计	**3471**	**2154**	**1317**	**946**	**414**	**532**	**4**	**1**	**3**
未　婚	30	18	12	65	42	23	1		1
有配偶	2612	1810	802	519	285	234	3	1	2
离　婚	72	37	35	45	20	25			
丧　偶	757	289	468	317	67	250			

8-8b　续表 2

单位：人

婚姻状况	财产性收入			家庭其他成员供养			其　他		
	小计	男	女	小计	男	女	小计	男	女
总　计	**182**	**106**	**76**	**6940**	**2542**	**4398**	**1342**	**657**	**685**
未　婚	7	3	4	34	14	20	130	73	57
有配偶	129	86	43	4443	1991	2452	839	471	368
离　婚	8	6	2	65	21	44	37	14	23
丧　偶	38	11	27	2398	516	1882	336	99	237

8-8c 全省分性别、婚姻状况、主要生活来源的60岁及以上老年人口(乡村)

单位：人

婚姻状况	60岁及以上人口			劳动收入		
	合计	男	女	小计	男	女
总　计	**28502**	**13766**	**14736**	**4594**	**3056**	**1538**
未　婚	937	486	451	257	119	138
有配偶	18468	10455	8013	3610	2604	1006
离　婚	360	164	196	91	43	48
丧　偶	8737	2661	6076	636	290	346

8-8c 续表 1

单位：人

婚姻状况	离退休金/养老金			最低生活保障金			失业保险金		
	小计	男	女	小计	男	女	小计	男	女
总　计	**2947**	**1618**	**1329**	**2198**	**1031**	**1167**	**1**		**1**
未　婚	59	28	31	210	140	70			
有配偶	1968	1233	735	1148	617	531			
离　婚	34	23	11	53	35	18			
丧　偶	886	334	552	787	239	548	1		1

8-8c 续表 2

单位：人

婚姻状况	财产性收入			家庭其他成员供养			其　他		
	小计	男	女	小计	男	女	小计	男	女
总　计	**357**	**217**	**140**	**15671**	**6481**	**9190**	**2734**	**1363**	**1371**
未　婚	17	7	10	180	83	97	214	109	105
有配偶	255	167	88	9706	4837	4869	1781	997	784
离　婚	7	4	3	118	41	77	57	18	39
丧　偶	78	39	39	5667	1520	4147	682	239	443

8-9 全省分性别、居住状况、主要生活来源的60岁及以上老年人口

单位：人

居住状况	60岁及以上人口			劳动收入		
	合计	男	女	小计	男	女
总　计	**69612**	**33372**	**36240**	**7372**	**5079**	**2293**
与配偶和子女同住	21280	12126	9154	2966	2168	798
与配偶同住	20416	11351	9065	1995	1457	538
与子女同住	18744	5859	12885	1252	667	585
独居(有保姆)	108	42	66	5	3	2
独居(无保姆)	5863	2392	3471	539	385	154
养老机构	399	201	198	10	6	4
其　他	2802	1401	1401	605	393	212

8-9 续表 1

单位：人

居住状况	离退休金/养老金			最低生活保障金			失业保险金		
	小计	男	女	小计	男	女	小计	男	女
总　计	**23652**	**12718**	**10934**	**3877**	**1729**	**2148**	**7**	**2**	**5**
与配偶和子女同住	5191	3339	1852	818	446	372			
与配偶同住	10745	6394	4351	1030	538	492	5	2	3
与子女同住	4199	1489	2710	1011	275	736	1		1
独居(有保姆)	70	31	39	8	2	6			
独居(无保姆)	2844	1166	1678	630	269	361			
养老机构	106	42	64	119	63	56	1		1
其　他	497	257	240	261	136	125			

8-9 续表 2

单位：人

居住状况	财产性收入			家庭其他成员供养			其　他		
	小计	男	女	小计	男	女	小计	男	女
总　计	**707**	**408**	**299**	**28983**	**11025**	**17958**	**5014**	**2411**	**2603**
与配偶和子女同住	232	157	75	10706	5214	5492	1367	802	565
与配偶同住	204	126	78	5157	2151	3006	1280	683	597
与子女同住	180	78	102	10950	2974	7976	1151	376	775
独居(有保姆)	2	1	1	18	3	15	5	2	3
独居(无保姆)	59	31	28	1377	373	1004	414	168	246
养老机构	5	2	3	50	22	28	108	66	42
其　他	25	13	12	725	288	437	689	314	375

8-9a 全省分性别、居住状况、主要生活来源的60岁及以上老年人口(城市)

单位：人

居住状况	60岁及以上人口			劳动收入		
	合计	男	女	小计	男	女
总　计	**26723**	**12688**	**14035**	**1276**	**979**	**297**
与配偶和子女同住	5939	3399	2540	367	298	69
与配偶同住	11272	6194	5078	470	361	109
与子女同住	5456	1489	3967	117	69	48
独居(有保姆)	71	28	43			
独居(无保姆)	3138	1162	1976	187	143	44
养老机构	113	50	63			
其　他	734	366	368	135	108	27

8-9a 续表 1

单位：人

居住状况	离退休金/养老金			最低生活保障金			失业保险金		
	小计	男	女	小计	男	女	小计	男	女
总　计	**17234**	**8946**	**8288**	**733**	**284**	**449**	**2**	**1**	**1**
与配偶和子女同住	3215	2005	1210	131	66	65			
与配偶同住	8639	5019	3620	228	108	120	2	1	1
与子女同住	2672	852	1820	165	30	135			
独居(有保姆)	58	26	32	1		1			
独居(无保姆)	2259	866	1393	142	50	92			
养老机构	56	20	36	29	15	14			
其　他	335	158	177	37	15	22			

8-9a 续表 2

单位：人

居住状况	财产性收入			家庭其他成员供养			其　他		
	小计	男	女	小计	男	女	小计	男	女
总　计	**168**	**85**	**83**	**6372**	**2002**	**4370**	**938**	**391**	**547**
与配偶和子女同住	62	40	22	1969	883	1086	195	107	88
与配偶同住	56	33	23	1547	511	1036	330	161	169
与子女同住	36	7	29	2238	479	1759	228	52	176
独居(有保姆)				11	2	9	1		1
独居(无保姆)	13	4	9	447	76	371	90	23	67
养老机构				13	6	7	15	9	6
其　他	1	1		147	45	102	79	39	40

8-9b　全省分性别、居住状况、主要生活来源的60岁及以上老年人口(镇)

单位：人

居住状况	60岁及以上人口			劳动收入		
	合计	男	女	小计	男	女
总　计	**14387**	**6918**	**7469**	**1502**	**1044**	**458**
与配偶和子女同住	4442	2549	1893	540	396	144
与配偶同住	3868	2163	1705	410	288	122
与子女同住	3957	1228	2729	216	128	88
独居(有保姆)	14	7	7	2	1	1
独居(无保姆)	1163	487	676	130	96	34
养老机构	156	95	61	3	3	
其　他	787	389	398	201	132	69

8-9b　续表 1

单位：人

居住状况	离退休金/养老金			最低生活保障金			失业保险金		
	小计	男	女	小计	男	女	小计	男	女
总　计	**3471**	**2154**	**1317**	**946**	**414**	**532**	**4**	**1**	**3**
与配偶和子女同住	920	665	255	199	113	86			
与配偶同住	1414	943	471	254	141	113	3	1	2
与子女同住	637	275	362	251	65	186			
独居(有保姆)	6	4	2	1	1				
独居(无保姆)	393	206	187	136	39	97			
养老机构	31	14	17	49	32	17	1		1
其　他	70	47	23	56	23	33			

8-9b　续表 2

单位：人

居住状况	财产性收入			家庭其他成员供养			其　他		
	小计	男	女	小计	男	女	小计	男	女
总　计	**182**	**106**	**76**	**6940**	**2542**	**4398**	**1342**	**657**	**685**
与配偶和子女同住	54	39	15	2437	1152	1285	292	184	108
与配偶同住	58	37	21	1392	570	822	337	183	154
与子女同住	48	19	29	2552	659	1893	253	82	171
独居(有保姆)				3		3	2	1	1
独居(无保姆)	16	9	7	370	96	274	118	41	77
养老机构				13	4	9	59	42	17
其　他	6	2	4	173	61	112	281	124	157

8－9c　全省分性别、居住状况、主要生活来源的60岁及以上老年人口(乡村)

单位：人

居住状况	60岁及以上人口			劳动收入		
	合计	男	女	小计	男	女
总　计	**28502**	**13766**	**14736**	**4594**	**3056**	**1538**
与配偶和子女同住	10899	6178	4721	2059	1474	585
与配偶同住	5276	2994	2282	1115	808	307
与子女同住	9331	3142	6189	919	470	449
独居(有保姆)	23	7	16	3	2	1
独居(无保姆)	1562	743	819	222	146	76
养老机构	130	56	74	7	3	4
其　他	1281	646	635	269	153	116

8－9c　续表 1

单位：人

居住状况	离退休金/养老金			最低生活保障金			失业保险金		
	小计	男	女	小计	男	女	小计	男	女
总　计	**2947**	**1618**	**1329**	**2198**	**1031**	**1167**	**1**		**1**
与配偶和子女同住	1056	669	387	488	267	221			
与配偶同住	692	432	260	548	289	259			
与子女同住	890	362	528	595	180	415	1		1
独居(有保姆)	6	1	5	6	1	5			
独居(无保姆)	192	94	98	352	180	172			
养老机构	19	8	11	41	16	25			
其　他	92	52	40	168	98	70			

8－9c　续表 2

单位：人

居住状况	财产性收入			家庭其他成员供养			其　他		
	小计	男	女	小计	男	女	小计	男	女
总　计	**357**	**217**	**140**	**15671**	**6481**	**9190**	**2734**	**1363**	**1371**
与配偶和子女同住	116	78	38	6300	3179	3121	880	511	369
与配偶同住	90	56	34	2218	1070	1148	613	339	274
与子女同住	96	52	44	6160	1836	4324	670	242	428
独居(有保姆)	2	1	1	4	1	3	2	1	1
独居(无保姆)	30	18	12	560	201	359	206	104	102
养老机构	5	2	3	24	12	12	34	15	19
其　他	18	10	8	405	182	223	329	151	178

8-10 各地区分性别、居住状况的60岁及以上老年人口

单位：人

地区	60岁及以上人口			与配偶和子女同住		
	合计	男	女	小计	男	女
全省	**69612**	**33372**	**36240**	**21280**	**12126**	**9154**
西宁市	**34264**	**16396**	**17868**	**9525**	**5420**	**4105**
城东区	6385	3054	3331	1445	831	614
城中区	5022	2405	2617	1004	575	429
城西区	4787	2243	2544	997	559	438
城北区	5571	2574	2997	1155	640	515
湟中区	5405	2615	2790	2124	1215	909
大通回族土族自治县	5247	2564	2683	2134	1213	921
湟源县	1847	941	906	666	387	279
海东市	**18612**	**9178**	**9434**	**6933**	**3925**	**3008**
乐都区	4277	2108	2169	1310	734	576
平安区	1621	805	816	374	222	152
民和回族土族自治县	4415	2186	2229	1880	1057	823
互助土族自治县	4682	2321	2361	1809	1025	784
化隆回族自治县	2031	994	1037	878	503	375
循化撒拉族自治县	1586	764	822	682	384	298
海北藏族自治州	**2795**	**1372**	**1423**	**946**	**541**	**405**
门源回族自治县	1677	844	833	696	396	300
祁连县	441	209	232	105	61	44
海晏县	375	180	195	88	50	38
刚察县	302	139	163	57	34	23
黄南藏族自治州	**2246**	**1020**	**1226**	**637**	**368**	**269**
同仁县	860	393	467	243	141	102
尖扎县	594	273	321	187	106	81
泽库县	462	220	242	116	68	48
河南蒙古族自治县	330	134	196	91	53	38
海南藏族自治州	**4293**	**1953**	**2340**	**1197**	**682**	**515**
共和县	1148	523	625	268	153	115
同德县	496	226	270	162	91	71
贵德县	1558	716	842	480	273	207
兴海县	514	229	285	136	78	58
贵南县	577	259	318	151	87	64
果洛藏族自治州	**1276**	**580**	**696**	**296**	**180**	**116**
玛沁县	232	111	121	56	38	18
班玛县	250	119	131	75	44	31
甘德县	291	134	157	62	34	28
达日县	219	99	120	42	26	16
久治县	201	84	117	49	31	18
玛多县	83	33	50	12	7	5
玉树藏族自治州	**2856**	**1302**	**1554**	**856**	**482**	**374**
玉树市	1047	484	563	339	198	141
杂多县	300	138	162	105	65	40
称多县	437	195	242	118	64	54
治多县	200	95	105	49	30	19
囊谦县	640	279	361	197	98	99
曲麻莱县	232	111	121	48	27	21
海西蒙古族藏族自治州	**3270**	**1571**	**1699**	**890**	**528**	**362**
格尔木市	1316	644	672	448	265	183
德令哈市	634	299	335	157	93	64
茫崖市	26	14	12	1	1	
乌兰县	371	171	200	55	32	23
都兰县	673	323	350	191	115	76
天峻县	155	74	81	36	20	16
大柴旦行政委员会	95	46	49	2	2	

8-10 续表 1

单位：人

地区	与配偶同住			与子女同住			独居(有保姆)		
	小计	男	女	小计	男	女	小计	男	女
全省	**20416**	**11351**	**9065**	**18744**	**5859**	**12885**	**108**	**42**	**66**
西宁市	**12216**	**6743**	**5473**	**8174**	**2438**	**5736**	**74**	**30**	**44**
城东区	2623	1447	1176	1297	349	948	18	6	12
城中区	2208	1228	980	1000	265	735	19	10	9
城西区	2355	1274	1081	857	212	645	15	4	11
城北区	2455	1340	1115	1062	281	781	12	6	6
湟中区	1041	585	456	1812	574	1238	3	1	2
大通回族土族自治县	1050	585	465	1629	576	1053	3	1	2
湟源县	484	284	200	517	181	336	4	2	2
海东市	**4739**	**2655**	**2084**	**5032**	**1666**	**3366**	**9**	**6**	**3**
乐都区	1476	812	664	983	317	666	1	1	
平安区	654	359	295	369	127	242	4	2	2
民和回族土族自治县	921	522	399	1242	429	813	1		1
互助土族自治县	955	555	400	1479	499	980	2	2	
化隆回族自治县	427	240	187	541	161	380	1	1	
循化撒拉族自治县	306	167	139	418	133	285			
海北藏族自治州	**677**	**382**	**295**	**877**	**313**	**564**	**2**	**1**	**1**
门源回族自治县	343	196	147	518	194	324	1	1	
祁连县	157	87	70	118	38	80	1		1
海晏县	120	66	54	114	36	78			
刚察县	57	33	24	127	45	82			
黄南藏族自治州	**337**	**194**	**143**	**890**	**277**	**613**	**5**		**5**
同仁县	129	74	55	381	126	255			
尖扎县	100	57	43	211	65	146	1		1
泽库县	68	39	29	155	50	105	3		3
河南蒙古族自治县	40	24	16	143	36	107	1		1
海南藏族自治州	**943**	**533**	**410**	**1569**	**469**	**1100**	**4**	**2**	**2**
共和县	288	164	124	403	116	287	1	1	
同德县	72	40	32	206	65	141	1	1	
贵德县	400	226	174	475	132	343	1		1
兴海县	94	53	41	216	71	145	1		1
贵南县	89	50	39	269	85	184			
果洛藏族自治州	**228**	**131**	**97**	**389**	**115**	**274**	**2**		**2**
玛沁县	51	30	21	74	21	53			
班玛县	39	21	18	93	33	60			
甘德县	42	27	15	80	24	56	1		1
达日县	38	20	18	57	19	38	1		1
久治县	43	25	18	62	10	52			
玛多县	15	8	7	23	8	15			
玉树藏族自治州	**420**	**220**	**200**	**810**	**275**	**535**	**11**	**3**	**8**
玉树市	132	69	63	297	90	207	7	1	6
杂多县	33	16	17	100	33	67			
称多县	80	42	38	114	35	79	1		1
治多县	76	41	35	37	14	23	2	2	
囊谦县	47	24	23	213	80	133			
曲麻莱县	52	28	24	49	23	26	1		1
海西蒙古族藏族自治州	**856**	**493**	**363**	**1003**	**306**	**697**	**1**		**1**
格尔木市	342	197	145	360	108	252	1		1
德令哈市	167	98	69	216	64	152			
茫崖市	10	6	4	4		4			
乌兰县	103	58	45	144	50	94			
都兰县	161	95	66	223	67	156			
天峻县	36	21	15	43	12	31			
大柴旦行政委员会	37	18	19	13	5	8			

8-10 续表 2

单位：人

地区	独居(无保姆)			养老机构			其他		
	小计	男	女	小计	男	女	小计	男	女
全省	**5863**	**2392**	**3471**	**399**	**201**	**198**	**2802**	**1401**	**1401**
西宁市	**3442**	**1316**	**2126**	**128**	**69**	**59**	**705**	**380**	**325**
城东区	838	337	501	20	9	11	144	75	69
城中区	655	257	398	29	12	17	107	58	49
城西区	449	141	308	13	4	9	101	49	52
城北区	727	239	488	22	7	15	138	61	77
湟中区	310	154	156	13	13		102	73	29
大通回族土族自治县	332	129	203	19	15	4	80	45	35
湟源县	131	59	72	12	9	3	33	19	14
海东市	**1154**	**532**	**622**	**84**	**47**	**37**	**661**	**347**	**314**
乐都区	358	162	196	10	3	7	139	79	60
平安区	166	70	96	5	5		49	20	29
民和回族土族自治县	221	107	114	5	3	2	145	68	77
互助土族自治县	261	124	137	47	26	21	129	90	39
化隆回族自治县	78	39	39	8	6	2	98	44	54
循化撒拉族自治县	70	30	40	9	4	5	101	46	55
海北藏族自治州	**175**	**78**	**97**	**13**	**10**	**3**	**105**	**47**	**58**
门源回族自治县	84	39	45	4	3	1	31	15	16
祁连县	41	15	26	2	1	1	17	7	10
海晏县	34	16	18	4	4		15	8	7
刚察县	16	8	8	3	2	1	42	17	25
黄南藏族自治州	**141**	**68**	**73**	**33**	**11**	**22**	**203**	**102**	**101**
同仁县	63	32	31	9	2	7	35	18	17
尖扎县	40	18	22	6	4	2	49	23	26
泽库县	19	11	8	16	5	11	85	47	38
河南蒙古族自治县	19	7	12	2		2	34	14	20
海南藏族自治州	**318**	**134**	**184**	**35**	**21**	**14**	**227**	**112**	**115**
共和县	95	44	51	6	4	2	87	41	46
同德县	19	10	9	1	1		35	18	17
贵德县	148	53	95	11	8	3	43	24	19
兴海县	18	7	11	13	5	8	36	15	21
贵南县	38	20	18	4	3	1	26	14	12
果洛藏族自治州	**110**	**46**	**64**	**36**	**13**	**23**	**215**	**95**	**120**
玛沁县	14	6	8	3	2	1	34	14	20
班玛县	23	12	11	3	1	2	17	8	9
甘德县	27	13	14				79	36	43
达日县	22	8	14	13	4	9	46	22	24
久治县	13	3	10	6	1	5	28	14	14
玛多县	11	4	7	11	5	6	11	1	10
玉树藏族自治州	**202**	**77**	**125**	**55**	**18**	**37**	**502**	**227**	**275**
玉树市	74	32	42	20	7	13	178	87	91
杂多县	15	3	12	3	2	1	44	19	25
称多县	35	16	19	8	2	6	81	36	45
治多县	12	1	11	9	3	6	15	4	11
囊谦县	39	18	21	8	3	5	136	56	80
曲麻莱县	27	7	20	7	1	6	48	25	23
海西蒙古族藏族自治州	**321**	**141**	**180**	**15**	**12**	**3**	**184**	**91**	**93**
格尔木市	113	45	68	2	2		50	27	23
德令哈市	70	28	42	2	2		22	14	8
茫崖市	11	7	4						
乌兰县	49	21	28	1	1		19	9	10
都兰县	59	32	27	8	5	3	31	9	22
天峻县	15	6	9	2	2		23	13	10
大柴旦行政委员会	4	2	2				39	19	20

8－10a 各地区分性别、居住状况的60岁及以上老年人口(城市)

单位：人

地区	60岁及以上人口			与配偶和子女同住		
	合计	男	女	小计	男	女
全省	**26723**	**12688**	**14035**	**5939**	**3399**	**2540**
西宁市	**22424**	**10591**	**11833**	**4822**	**2736**	**2086**
城东区	6385	3054	3331	1445	831	614
城中区	5005	2394	2611	999	572	427
城西区	4781	2239	2542	997	559	438
城北区	5421	2504	2917	1078	600	478
湟中区	607	278	329	185	107	78
大通回族土族自治县	225	122	103	118	67	51
湟源县						
海东市	**2586**	**1284**	**1302**	**666**	**392**	**274**
乐都区	1591	794	797	462	268	194
平安区	995	490	505	204	124	80
民和回族土族自治县						
互助土族自治县						
化隆回族自治县						
循化撒拉族自治县						
海北藏族自治州						
门源回族自治县						
祁连县						
海晏县						
刚察县						
黄南藏族自治州						
同仁县						
尖扎县						
泽库县						
河南蒙古族自治县						
海南藏族自治州						
共和县						
同德县						
贵德县						
兴海县						
贵南县						
果洛藏族自治州						
玛沁县						
班玛县						
甘德县						
达日县						
久治县						
玛多县						
玉树藏族自治州	**544**	**260**	**284**	**163**	**95**	**68**
玉树市	524	250	274	160	93	67
杂多县						
称多县						
治多县						
囊谦县						
曲麻莱县	20	10	10	3	2	1
海西蒙古族藏族自治州	**1169**	**553**	**616**	**288**	**176**	**112**
格尔木市	805	382	423	230	138	92
德令哈市	339	157	182	57	37	20
茫崖市	25	14	11	1	1	
乌兰县						
都兰县						
天峻县						
大柴旦行政委员会						

8-10a 续表 1

单位：人

地 区	与配偶同住			与子女同住			独居(有保姆)		
	小计	男	女	小计	男	女	小计	男	女
全省	**11272**	**6194**	**5078**	**5456**	**1489**	**3967**	**71**	**28**	**43**
西宁市	**9823**	**5390**	**4433**	**4397**	**1153**	**3244**	**64**	**25**	**39**
城东区	2623	1447	1176	1297	349	948	18	6	12
城中区	2204	1224	980	996	264	732	19	10	9
城西区	2351	1272	1079	857	212	645	15	4	11
城北区	2440	1332	1108	1009	262	747	11	5	6
湟中区	169	95	74	188	42	146			
大通回族土族自治县	36	20	16	50	24	26	1		1
湟源县									
海东市	**1019**	**560**	**459**	**569**	**188**	**381**	**5**	**3**	**2**
乐都区	591	327	264	346	117	229	1	1	
平安区	428	233	195	223	71	152	4	2	2
民和回族土族自治县									
互助土族自治县									
化隆回族自治县									
循化撒拉族自治县									
海北藏族自治州									
门源回族自治县									
祁连县									
海晏县									
刚察县									
黄南藏族自治州									
同仁县									
尖扎县									
泽库县									
河南蒙古族自治县									
海南藏族自治州									
共和县									
同德县									
贵德县									
兴海县									
贵南县									
果洛藏族自治州									
玛沁县									
班玛县									
甘德县									
达日县									
久治县									
玛多县									
玉树藏族自治州	**84**	**44**	**40**	**160**	**58**	**102**	**1**		**1**
玉树市	78	40	38	152	54	98	1		1
杂多县									
称多县									
治多县									
囊谦县									
曲麻莱县	6	4	2	8	4	4			
海西蒙古族藏族自治州	**346**	**200**	**146**	**330**	**90**	**240**	**1**		**1**
格尔木市	238	134	104	210	62	148	1		1
德令哈市	98	60	38	117	28	89			
茫崖市	10	6	4	3		3			
乌兰县									
都兰县									
天峻县									
大柴旦行政委员会									

8－10a 续表 2

单位：人

地区	独居(无保姆)			养老机构			其他		
	小计	男	女	小计	男	女	小计	男	女
全省	**3138**	**1162**	**1976**	**113**	**50**	**63**	**734**	**366**	**368**
西宁市	**2717**	**992**	**1725**	**99**	**44**	**55**	**502**	**251**	**251**
城东区	838	337	501	20	9	11	144	75	69
城中区	655	257	398	29	12	17	103	55	48
城西区	449	141	308	13	4	9	99	47	52
城北区	726	238	488	22	7	15	135	60	75
湟中区	41	17	24	7	7		17	10	7
大通回族土族自治县	8	2	6	8	5	3	4	4	
湟源县									
海东市	**239**	**100**	**139**	**5**	**2**	**3**	**83**	**39**	**44**
乐都区	133	53	80	3		3	55	28	27
平安区	106	47	59	2	2		28	11	17
民和回族土族自治县									
互助土族自治县									
化隆回族自治县									
循化撒拉族自治县									
海北藏族自治州									
门源回族自治县									
祁连县									
海晏县									
刚察县									
黄南藏族自治州									
同仁县									
尖扎县									
泽库县									
河南蒙古族自治县									
海南藏族自治州									
共和县									
同德县									
贵德县									
兴海县									
贵南县									
果洛藏族自治州									
玛沁县									
班玛县									
甘德县									
达日县									
久治县									
玛多县									
玉树藏族自治州	**31**	**14**	**17**	**7**	**2**	**5**	**98**	**47**	**51**
玉树市	30	14	16	7	2	5	96	47	49
杂多县									
称多县									
治多县									
囊谦县									
曲麻莱县	1		1				2		2
海西蒙古族藏族自治州	**151**	**56**	**95**	**2**	**2**		**51**	**29**	**22**
格尔木市	92	31	61	1	1		33	16	17
德令哈市	48	18	30	1	1		18	13	5
茫崖市	11	7	4						
乌兰县									
都兰县									
天峻县									
大柴旦行政委员会									

8-10b 各地区分性别、居住状况的60岁及以上老年人口(镇)

单位：人

地 区	60岁及以上人口			与配偶和子女同住		
	合计	男	女	小计	男	女
全省	**14387**	**6918**	**7469**	**4442**	**2549**	**1893**
西宁市	**4030**	**1934**	**2096**	**1341**	**768**	**573**
城东区						
城中区	6	5	1	1	1	
城西区	6	4	2			
城北区						
湟中区	825	393	432	314	182	132
大通回族土族自治县	2340	1109	1231	786	444	342
湟源县	853	423	430	240	141	99
海东市	**4361**	**2136**	**2225**	**1558**	**883**	**675**
乐都区	254	125	129	70	40	30
平安区	40	22	18	7	4	3
民和回族土族自治县	1623	816	807	641	362	279
互助土族自治县	1436	693	743	459	263	196
化隆回族自治县	433	205	228	173	99	74
循化撒拉族自治县	575	275	300	208	115	93
海北藏族自治州	**1197**	**575**	**622**	**294**	**172**	**122**
门源回族自治县	576	285	291	166	95	71
祁连县	265	123	142	60	36	24
海晏县	247	120	127	52	31	21
刚察县	109	47	62	16	10	6
黄南藏族自治州	**884**	**430**	**454**	**254**	**149**	**105**
同仁县	404	199	205	117	68	49
尖扎县	212	108	104	64	39	25
泽库县	145	72	73	32	21	11
河南蒙古族自治县	123	51	72	41	21	20
海南藏族自治州	**1652**	**785**	**867**	**406**	**238**	**168**
共和县	530	251	279	129	75	54
同德县	111	52	59	34	20	14
贵德县	675	325	350	180	105	75
兴海县	195	88	107	43	28	15
贵南县	141	69	72	20	10	10
果洛藏族自治州	**382**	**168**	**214**	**91**	**53**	**38**
玛沁县	118	57	61	32	21	11
班玛县	78	34	44	24	12	12
甘德县	52	25	27	14	6	8
达日县	66	26	40	13	9	4
久治县	9	3	6	1	1	
玛多县	59	23	36	7	4	3
玉树藏族自治州	**883**	**416**	**467**	**226**	**126**	**100**
玉树市	62	30	32	19	10	9
杂多县	167	78	89	53	33	20
称多县	171	75	96	35	18	17
治多县	156	73	83	42	25	17
囊谦县	207	99	108	56	28	28
曲麻莱县	120	61	59	21	12	9
海西蒙古族藏族自治州	**998**	**474**	**524**	**272**	**160**	**112**
格尔木市	282	149	133	124	76	48
德令哈市	35	16	19	5	3	2
茫崖市	1		1			
乌兰县	208	90	118	34	18	16
都兰县	287	134	153	81	47	34
天峻县	103	49	54	26	14	12
大柴旦行政委员会	82	36	46	2	2	

8－10b　续表 1

单位：人

地　　区	与配偶同住			与子女同住			独居(有保姆)		
	小计	男	女	小计	男	女	小计	男	女
全省	**3868**	**2163**	**1705**	**3957**	**1228**	**2729**	**14**	**7**	**7**
西宁市	**1077**	**601**	**476**	**1163**	**369**	**794**	**4**	**2**	**2**
城东区									
城中区	2	2							
城西区	4	2	2						
城北区									
湟中区	144	82	62	303	96	207			
大通回族土族自治县	632	347	285	638	202	436	1	1	
湟源县	295	168	127	222	71	151	3	1	2
海东市	**1146**	**648**	**498**	**1148**	**355**	**793**	**4**	**3**	**1**
乐都区	85	47	38	62	22	40			
平安区	23	12	11	6	4	2			
民和回族土族自治县	395	229	166	448	151	297	1		1
互助土族自治县	383	219	164	407	119	288	2	2	
化隆回族自治县	115	64	51	98	21	77	1	1	
循化撒拉族自治县	145	77	68	127	38	89			
海北藏族自治州	**410**	**225**	**185**	**341**	**108**	**233**	**2**	**1**	**1**
门源回族自治县	191	106	85	162	56	106	1	1	
祁连县	101	54	47	67	22	45	1		1
海晏县	89	49	40	69	20	49			
刚察县	29	16	13	43	10	33			
黄南藏族自治州	**185**	**109**	**76**	**277**	**86**	**191**	**2**		**2**
同仁县	96	55	41	123	44	79			
尖扎县	41	26	15	66	21	45	1		1
泽库县	32	18	14	43	9	34			
河南蒙古族自治县	16	10	6	45	12	33	1		1
海南藏族自治州	**507**	**289**	**218**	**467**	**135**	**332**	**1**	**1**	
共和县	157	89	68	149	39	110	1	1	
同德县	26	15	11	39	11	28			
贵德县	248	142	106	150	40	110			
兴海县	32	18	14	83	31	52			
贵南县	44	25	19	46	14	32			
果洛藏族自治州	**82**	**44**	**38**	**101**	**26**	**75**	**1**		**1**
玛沁县	24	14	10	32	7	25			
班玛县	22	11	11	21	4	17			
甘德县	5	3	2	8	4	4			
达日县	17	9	8	19	4	15	1		1
久治县	1	1		3		3			
玛多县	13	6	7	18	7	11			
玉树藏族自治州	**190**	**99**	**91**	**205**	**75**	**130**			
玉树市	8	4	4	12	4	8			
杂多县	25	13	12	59	18	41			
称多县	44	22	22	42	13	29			
治多县	64	34	30	26	9	17			
囊谦县	21	11	10	48	22	26			
曲麻莱县	28	15	13	18	9	9			
海西蒙古族藏族自治州	**271**	**148**	**123**	**255**	**74**	**181**			
格尔木市	55	32	23	80	25	55			
德令哈市	15	8	7	7	3	4			
茫崖市				1		1			
乌兰县	74	40	34	52	11	41			
都兰县	68	41	27	83	24	59			
天峻县	29	15	14	20	6	14			
大柴旦行政委员会	30	12	18	12	5	7			

8-10b　续表 2　　　　　　　　　　　　　　　　　　　　　　单位：人

地　区	独居(无保姆)			养老机构			其　他		
	小计	男	女	小计	男	女	小计	男	女
全省	**1163**	**487**	**676**	**156**	**95**	**61**	**787**	**389**	**398**
西宁市	**351**	**127**	**224**	**17**	**17**		**77**	**50**	**27**
城东区									
城中区							3	2	1
城西区							2	2	
城北区									
湟中区	42	16	26	3	3		19	14	5
大通回族土族自治县	235	85	150	9	9		39	21	18
湟源县	74	26	48	5	5		14	11	3
海东市	**287**	**135**	**152**	**55**	**29**	**26**	**163**	**83**	**80**
乐都区	31	13	18	4	2	2	2	1	1
平安区	2		2				2	2	
民和回族土族自治县	90	46	44	4	2	2	44	26	18
互助土族自治县	109	47	62	41	22	19	35	21	14
化隆回族自治县	18	11	7				28	9	19
循化撒拉族自治县	37	18	19	6	3	3	52	24	28
海北藏族自治州	**110**	**45**	**65**	**10**	**9**	**1**	**30**	**15**	**15**
门源回族自治县	40	15	25	3	3		13	9	4
祁连县	31	11	20				5		5
海晏县	27	12	15	4	4		6	4	2
刚察县	12	7	5	3	2	1	6	2	4
黄南藏族自治州	**73**	**39**	**34**	**16**	**7**	**9**	**77**	**40**	**37**
同仁县	47	25	22	8	2	6	13	5	8
尖扎县	16	8	8	6	4	2	18	10	8
泽库县	6	4	2	1	1		31	19	12
河南蒙古族自治县	4	2	2	1		1	15	6	9
海南藏族自治州	**156**	**64**	**92**	**18**	**12**	**6**	**97**	**46**	**51**
共和县	48	20	28	5	3	2	41	24	17
同德县	7	4	3				5	2	3
贵德县	75	27	48	4	4		18	7	11
兴海县	9	4	5	7	3	4	21	4	17
贵南县	17	9	8	2	2		12	9	3
果洛藏族自治州	**34**	**14**	**20**	**9**	**5**	**4**	**64**	**26**	**38**
玛沁县	7	4	3	2	1	1	21	10	11
班玛县	8	5	3				3	2	1
甘德县	4	1	3				21	11	10
达日县	4	1	3	4	2	2	8	1	7
久治县	2		2				2	1	1
玛多县	9	3	6	3	2	1	9	1	8
玉树藏族自治州	**55**	**18**	**37**	**21**	**9**	**12**	**186**	**89**	**97**
玉树市	3	1	2	9	4	5	11	7	4
杂多县	7	3	4	1	1		22	10	12
称多县	18	9	9	4	2	2	28	11	17
治多县	9		9	6	2	4	9	3	6
囊谦县	4	2	2				78	36	42
曲麻莱县	14	3	11	1		1	38	22	16
海西蒙古族藏族自治州	**97**	**45**	**52**	**10**	**7**	**3**	**93**	**40**	**53**
格尔木市	13	9	4	1	1		9	6	3
德令哈市	7	2	5				1		1
茫崖市									
乌兰县	34	14	20				14	7	7
都兰县	29	13	16	8	5	3	18	4	14
天峻县	11	5	6	1	1		16	8	8
大柴旦行政委员会	3	2	1				35	15	20

8-10c 各地区分性别、居住状况的60岁及以上老年人口(乡村)

单位：人

地　　区	60岁及以上人口			与配偶和子女同住		
	合计	男	女	小计	男	女
全省	**28502**	**13766**	**14736**	**10899**	**6178**	**4721**
西宁市	**7810**	**3871**	**3939**	**3362**	**1916**	**1446**
城东区						
城中区	11	6	5	4	2	2
城西区						
城北区	150	70	80	77	40	37
湟中区	3973	1944	2029	1625	926	699
大通回族土族自治县	2682	1333	1349	1230	702	528
湟源县	994	518	476	426	246	180
海东市	**11665**	**5758**	**5907**	**4709**	**2650**	**2059**
乐都区	2432	1189	1243	778	426	352
平安区	586	293	293	163	94	69
民和回族土族自治县	2792	1370	1422	1239	695	544
互助土族自治县	3246	1628	1618	1350	762	588
化隆回族自治县	1598	789	809	705	404	301
循化撒拉族自治县	1011	489	522	474	269	205
海北藏族自治州	**1598**	**797**	**801**	**652**	**369**	**283**
门源回族自治县	1101	559	542	530	301	229
祁连县	176	86	90	45	25	20
海晏县	128	60	68	36	19	17
刚察县	193	92	101	41	24	17
黄南藏族自治州	**1362**	**590**	**772**	**383**	**219**	**164**
同仁县	456	194	262	126	73	53
尖扎县	382	165	217	123	67	56
泽库县	317	148	169	84	47	37
河南蒙古族自治县	207	83	124	50	32	18
海南藏族自治州	**2641**	**1168**	**1473**	**791**	**444**	**347**
共和县	618	272	346	139	78	61
同德县	385	174	211	128	71	57
贵德县	883	391	492	300	168	132
兴海县	319	141	178	93	50	43
贵南县	436	190	246	131	77	54
果洛藏族自治州	**894**	**412**	**482**	**205**	**127**	**78**
玛沁县	114	54	60	24	17	7
班玛县	172	85	87	51	32	19
甘德县	239	109	130	48	28	20
达日县	153	73	80	29	17	12
久治县	192	81	111	48	30	18
玛多县	24	10	14	5	3	2
玉树藏族自治州	**1429**	**626**	**803**	**467**	**261**	**206**
玉树市	461	204	257	160	95	65
杂多县	133	60	73	52	32	20
称多县	266	120	146	83	46	37
治多县	44	22	22	7	5	2
囊谦县	433	180	253	141	70	71
曲麻莱县	92	40	52	24	13	11
海西蒙古族藏族自治州	**1103**	**544**	**559**	**330**	**192**	**138**
格尔木市	229	113	116	94	51	43
德令哈市	260	126	134	95	53	42
茫崖市						
乌兰县	163	81	82	21	14	7
都兰县	386	189	197	110	68	42
天峻县	52	25	27	10	6	4
大柴旦行政委员会	13	10	3			

8-10c　续表 1　　　　单位：人

地　区	与配偶同住			与子女同住			独居(有保姆)		
	小计	男	女	小计	男	女	小计	男	女
全省	**5276**	**2994**	**2282**	**9331**	**3142**	**6189**	**23**	**7**	**16**
西宁市	**1316**	**752**	**564**	**2614**	**916**	**1698**	**6**	**3**	**3**
城东区									
城中区	2	2		4	1	3			
城西区									
城北区	15	8	7	53	19	34	1	1	
湟中区	728	408	320	1321	436	885	3	1	2
大通回族土族自治县	382	218	164	941	350	591	1		1
湟源县	189	116	73	295	110	185	1	1	
海东市	**2574**	**1447**	**1127**	**3315**	**1123**	**2192**			
乐都区	800	438	362	575	178	397			
平安区	203	114	89	140	52	88			
民和回族土族自治县	526	293	233	794	278	516			
互助土族自治县	572	336	236	1072	380	692			
化隆回族自治县	312	176	136	443	140	303			
循化撒拉族自治县	161	90	71	291	95	196			
海北藏族自治州	**267**	**157**	**110**	**536**	**205**	**331**			
门源回族自治县	152	90	62	356	138	218			
祁连县	56	33	23	51	16	35			
海晏县	31	17	14	45	16	29			
刚察县	28	17	11	84	35	49			
黄南藏族自治州	**152**	**85**	**67**	**613**	**191**	**422**	**3**		**3**
同仁县	33	19	14	258	82	176			
尖扎县	59	31	28	145	44	101			
泽库县	36	21	15	112	41	71	3		3
河南蒙古族自治县	24	14	10	98	24	74			
海南藏族自治州	**436**	**244**	**192**	**1102**	**334**	**768**	**3**	**1**	**2**
共和县	131	75	56	254	77	177			
同德县	46	25	21	167	54	113	1	1	
贵德县	152	84	68	325	92	233	1		1
兴海县	62	35	27	133	40	93	1		1
贵南县	45	25	20	223	71	152			
果洛藏族自治州	**146**	**87**	**59**	**288**	**89**	**199**	**1**		**1**
玛沁县	27	16	11	42	14	28			
班玛县	17	10	7	72	29	43			
甘德县	37	24	13	72	20	52	1		1
达日县	21	11	10	38	15	23			
久治县	42	24	18	59	10	49			
玛多县	2	2		5	1	4			
玉树藏族自治州	**146**	**77**	**69**	**445**	**142**	**303**	**10**	**3**	**7**
玉树市	46	25	21	133	32	101	6	1	5
杂多县	8	3	5	41	15	26			
称多县	36	20	16	72	22	50	1		1
治多县	12	7	5	11	5	6	2	2	
囊谦县	26	13	13	165	58	107			
曲麻莱县	18	9	9	23	10	13	1		1
海西蒙古族藏族自治州	**239**	**145**	**94**	**418**	**142**	**276**			
格尔木市	49	31	18	70	21	49			
德令哈市	54	30	24	92	33	59			
茫崖市									
乌兰县	29	18	11	92	39	53			
都兰县	93	54	39	140	43	97			
天峻县	7	6	1	23	6	17			
大柴旦行政委员会	7	6	1	1		1			

8-10c 续表 2

单位：人

地区	独居(无保姆)			养老机构			其他		
	小计	男	女	小计	男	女	小计	男	女
全省	**1562**	**743**	**819**	**130**	**56**	**74**	**1281**	**646**	**635**
西宁市	**374**	**197**	**177**	**12**	**8**	**4**	**126**	**79**	**47**
城东区									
城中区							1	1	
城西区									
城北区	1	1					3	1	2
湟中区	227	121	106	3	3		66	49	17
大通回族土族自治县	89	42	47	2	1	1	37	20	17
湟源县	57	33	24	7	4	3	19	8	11
海东市	**628**	**297**	**331**	**24**	**16**	**8**	**415**	**225**	**190**
乐都区	194	96	98	3	1	2	82	50	32
平安区	58	23	35	3	3		19	7	12
民和回族土族自治县	131	61	70	1	1		101	42	59
互助土族自治县	152	77	75	6	4	2	94	69	25
化隆回族自治县	60	28	32	8	6	2	70	35	35
循化撒拉族自治县	33	12	21	3	1	2	49	22	27
海北藏族自治州	**65**	**33**	**32**	**3**	**1**	**2**	**75**	**32**	**43**
门源回族自治县	44	24	20	1		1	18	6	12
祁连县	10	4	6	2	1	1	12	7	5
海晏县	7	4	3				9	4	5
刚察县	4	1	3				36	15	21
黄南藏族自治州	**68**	**29**	**39**	**17**	**4**	**13**	**126**	**62**	**64**
同仁县	16	7	9	1		1	22	13	9
尖扎县	24	10	14				31	13	18
泽库县	13	7	6	15	4	11	54	28	26
河南蒙古族自治县	15	5	10	1		1	19	8	11
海南藏族自治州	**162**	**70**	**92**	**17**	**9**	**8**	**130**	**66**	**64**
共和县	47	24	23	1	1		46	17	29
同德县	12	6	6	1	1		30	16	14
贵德县	73	26	47	7	4	3	25	17	8
兴海县	9	3	6	6	2	4	15	11	4
贵南县	21	11	10	2	1	1	14	5	9
果洛藏族自治州	**76**	**32**	**44**	**27**	**8**	**19**	**151**	**69**	**82**
玛沁县	7	2	5	1	1		13	4	9
班玛县	15	7	8	3	1	2	14	6	8
甘德县	23	12	11				58	25	33
达日县	18	7	11	9	2	7	38	21	17
久治县	11	3	8	6	1	5	26	13	13
玛多县	2	1	1	8	3	5	2		2
玉树藏族自治州	**116**	**45**	**71**	**27**	**7**	**20**	**218**	**91**	**127**
玉树市	41	17	24	4	1	3	71	33	38
杂多县	8		8	2	1	1	22	9	13
称多县	17	7	10	4		4	53	25	28
治多县	3	1	2	3	1	2	6	1	5
囊谦县	35	16	19	8	3	5	58	20	38
曲麻莱县	12	4	8	6	1	5	8	3	5
海西蒙古族藏族自治州	**73**	**40**	**33**	**3**	**3**		**40**	**22**	**18**
格尔木市	8	5	3				8	5	3
德令哈市	15	8	7	1	1		3	1	2
茫崖市									
乌兰县	15	7	8	1	1		5	2	3
都兰县	30	19	11				13	5	8
天峻县	4	1	3	1	1		7	5	2
大柴旦行政委员会	1		1				4	4	

8-11　全省分年龄、性别、居住状况的60岁及以上老年人口

单位：人

年　龄	60岁及以上人口			与配偶和子女同住		
	合计	男	女	小计	男	女
总　计	**69612**	**33372**	**36240**	**21280**	**12126**	**9154**
60-64岁	**20245**	**10307**	**9938**	**7665**	**4248**	**3417**
60	3530	1840	1690	1375	783	592
61	3436	1730	1706	1314	729	585
62	4317	2226	2091	1600	873	727
63	4591	2320	2271	1729	952	777
64	4371	2191	2180	1647	911	736
65-69岁	**19148**	**9388**	**9760**	**6791**	**3762**	**3029**
65	4448	2188	2260	1640	914	726
66	4137	2072	2065	1525	848	677
67	3743	1853	1890	1325	742	583
68	3756	1827	1929	1282	701	581
69	3064	1448	1616	1019	557	462
70-74岁	**13257**	**6191**	**7066**	**3890**	**2237**	**1653**
70	3068	1456	1612	975	539	436
71	3019	1472	1547	948	548	400
72	2459	1168	1291	730	448	282
73	2435	1097	1338	672	382	290
74	2276	998	1278	565	320	245
75-79岁	**9204**	**4013**	**5191**	**1953**	**1215**	**738**
75	2114	897	1217	526	303	223
76	2040	892	1148	464	300	164
77	1741	783	958	372	238	134
78	1751	739	1012	314	192	122
79	1558	702	856	277	182	95
80-84岁	**5274**	**2346**	**2928**	**745**	**493**	**252**
80	1416	631	785	226	134	92
81	1090	460	630	155	102	53
82	1111	501	610	159	109	50
83	920	420	500	125	91	34
84	737	334	403	80	57	23
85-89岁	**1955**	**898**	**1057**	**197**	**142**	**55**
85	595	263	332	65	45	20
86	474	205	269	44	28	16
87	398	197	201	42	32	10
88	272	130	142	32	25	7
89	216	103	113	14	12	2
90-94岁	**454**	**208**	**246**	**31**	**25**	**6**
90	176	88	88	15	12	3
91	100	52	48	7	5	2
92	84	26	58	2	2	
93	52	25	27	4	3	1
94	42	17	25	3	3	
95-99岁	**65**	**18**	**47**	**8**	**4**	**4**
95	20	7	13	3	2	1
96	18	5	13	3	1	2
97	11	2	9	1		1
98	8	2	6	1	1	
99	8	2	6			
100岁及以上	**10**	**3**	**7**			

8—11 续表 1

单位：人

年 龄	与配偶同住			与子女同住			独居(有保姆)		
	小计	男	女	小计	男	女	小计	男	女
总 计	**20416**	**11351**	**9065**	**18744**	**5859**	**12885**	**108**	**42**	**66**
60—64岁	**6964**	**3714**	**3250**	**3384**	**1133**	**2251**	**7**	**2**	**5**
60	1248	659	589	501	169	332			
61	1199	615	584	531	173	358			
62	1501	833	668	699	221	478	1		1
63	1588	846	742	815	277	538	5	1	4
64	1428	761	667	838	293	545	1	1	
65—69岁	**6106**	**3259**	**2847**	**4133**	**1315**	**2818**	**16**	**6**	**10**
65	1475	762	713	845	271	574	5	2	3
66	1331	709	622	824	267	557	2		2
67	1214	652	562	787	252	535	6	2	4
68	1156	633	523	871	279	592	3	2	1
69	930	503	427	806	246	560			
70—74岁	**3690**	**2074**	**1616**	**3937**	**1190**	**2747**	**11**	**5**	**6**
70	941	525	416	795	238	557	3		3
71	869	488	381	825	274	551	2	2	
72	644	377	267	759	212	547	3	2	1
73	646	354	292	774	238	536	2	1	1
74	590	330	260	784	228	556	1		1
75—79岁	**2237**	**1295**	**942**	**3507**	**1009**	**2498**	**15**	**5**	**10**
75	507	280	227	755	204	551	2		2
76	501	281	220	776	221	555	4	1	3
77	420	250	170	669	203	466	1		1
78	430	246	184	683	197	486	6	2	4
79	379	238	141	624	184	440	2	2	
80—84岁	**1069**	**747**	**322**	**2405**	**739**	**1666**	**35**	**12**	**23**
80	335	221	114	562	159	403	5	4	1
81	221	149	72	511	152	359	5	1	4
82	210	150	60	533	171	362	8	4	4
83	175	134	41	439	132	307	7	1	6
84	128	93	35	360	125	235	10	2	8
85—89岁	**284**	**212**	**72**	**1063**	**373**	**690**	**22**	**10**	**12**
85	102	76	26	310	101	209	6	4	2
86	73	54	19	269	89	180	5	1	4
87	57	44	13	217	85	132	3	1	2
88	31	23	8	148	57	91	4	2	2
89	21	15	6	119	41	78	4	2	2
90—94岁	**61**	**46**	**15**	**270**	**92**	**178**	**2**	**2**	
90	24	18	6	99	35	64	1	1	
91	14	9	5	51	23	28			
92	11	9	2	57	10	47	1	1	
93	8	8		31	13	18			
94	4	2	2	32	11	21			
95—99岁	**2**	**1**	**1**	**40**	**8**	**32**			
95				14	3	11			
96	1	1		8	1	7			
97				8	2	6			
98				5	1	4			
99	1		1	5	1	4			
100岁及以上	**3**	**3**		**5**		**5**			

8-11 续表 2

单位：人

年 龄	独居(无保姆)			养老机构			其 他		
	小计	男	女	小计	男	女	小计	男	女
总 计	**5863**	**2392**	**3471**	**399**	**201**	**198**	**2802**	**1401**	**1401**
60-64岁	**1344**	**709**	**635**	**52**	**35**	**17**	**829**	**466**	**363**
60	229	129	100	6	4	2	171	96	75
61	248	132	116	10	7	3	134	74	60
62	316	180	136	12	10	2	188	109	79
63	288	150	138	11	7	4	155	87	68
64	263	118	145	13	7	6	181	100	81
65-69岁	**1349**	**631**	**718**	**80**	**45**	**35**	**673**	**370**	**303**
65	318	153	165	20	13	7	145	73	72
66	295	145	150	10	7	3	150	96	54
67	248	114	134	19	8	11	144	83	61
68	295	135	160	17	9	8	132	68	64
69	193	84	109	14	8	6	102	50	52
70-74岁	**1098**	**381**	**717**	**76**	**42**	**34**	**555**	**262**	**293**
70	215	77	138	20	14	6	119	63	56
71	247	92	155	15	6	9	113	62	51
72	199	71	128	10	7	3	114	51	63
73	222	79	143	14	5	9	105	38	67
74	215	62	153	17	10	7	104	48	56
75-79岁	**1052**	**296**	**756**	**72**	**33**	**39**	**368**	**160**	**208**
75	226	64	162	19	8	11	79	38	41
76	202	51	151	13	7	6	80	31	49
77	190	58	132	17	8	9	72	26	46
78	227	60	167	13	4	9	78	38	40
79	207	63	144	10	6	4	59	27	32
80-84岁	**710**	**239**	**471**	**65**	**26**	**39**	**245**	**90**	**155**
80	196	73	123	14	9	5	78	31	47
81	150	38	112	13	3	10	35	15	20
82	138	45	93	9	5	4	54	17	37
83	126	51	75	15	4	11	33	7	26
84	100	32	68	14	5	9	45	20	25
85-89岁	**249**	**103**	**146**	**42**	**16**	**26**	**98**	**42**	**56**
85	81	28	53	6	1	5	25	8	17
86	50	16	34	12	4	8	21	13	8
87	45	21	24	8	2	6	26	12	14
88	34	15	19	12	5	7	11	3	8
89	39	23	16	4	4		15	6	9
90-94岁	**55**	**30**	**25**	**10**	**4**	**6**	**25**	**9**	**16**
90	25	17	8	4	3	1	8	2	6
91	19	11	8	3	1	2	6	3	3
92	6	2	4	2		2	5	2	3
93	4		4	1		1	4	1	3
94	1		1				2	1	1
95-99岁	**5**	**3**	**2**	**2**		**2**	**8**	**2**	**6**
95	2	2		1		1			
96	1	1		1		1	4	1	3
97	1		1				1		1
98	1		1				1		1
99							2	1	1
100岁及以上	**1**		**1**				**1**		**1**

8-11a 全省分年龄、性别、居住状况的60岁及以上老年人口(城市)

单位：人

年龄	60岁及以上人口			与配偶和子女同住		
	合计	男	女	小计	男	女
总计	**26723**	**12688**	**14035**	**5939**	**3399**	**2540**
60-64岁	**8189**	**4149**	**4040**	**2275**	**1292**	**983**
60	1490	762	728	416	248	168
61	1521	750	771	435	244	191
62	1769	933	836	512	292	220
63	1792	894	898	467	265	202
64	1617	810	807	445	243	202
65-69岁	**6749**	**3291**	**3458**	**1807**	**1000**	**807**
65	1663	819	844	453	246	207
66	1486	737	749	425	243	182
67	1315	648	667	338	187	151
68	1239	604	635	326	180	146
69	1046	483	563	265	144	121
70-74岁	**4447**	**2014**	**2433**	**944**	**531**	**413**
70	1035	493	542	246	137	109
71	1009	497	512	258	152	106
72	783	354	429	158	92	66
73	820	353	467	144	75	69
74	800	317	483	138	75	63
75-79岁	**3684**	**1475**	**2209**	**530**	**310**	**220**
75	767	295	472	121	72	49
76	786	299	487	112	61	51
77	723	293	430	114	69	45
78	739	289	450	95	54	41
79	669	299	370	88	54	34
80-84岁	**2486**	**1158**	**1328**	**277**	**185**	**92**
80	664	300	364	76	44	32
81	525	230	295	63	41	22
82	509	234	275	62	42	20
83	418	219	199	43	31	12
84	370	175	195	33	27	6
85-89岁	**909**	**464**	**445**	**85**	**65**	**20**
85	258	124	134	25	19	6
86	224	107	117	24	16	8
87	190	102	88	16	13	3
88	128	68	60	14	11	3
89	109	63	46	6	6	
90-94岁	**228**	**125**	**103**	**16**	**14**	**2**
90	90	47	43	5	4	1
91	49	33	16	3	3	
92	35	17	18	2	2	
93	30	20	10	4	3	1
94	24	8	16	2	2	
95-99岁	**26**	**10**	**16**	**5**	**2**	**3**
95	8	3	5	2	1	1
96	10	3	7	2		2
97	4	1	3			
98	3	2	1	1	1	
99	1	1				
100岁及以上	**5**	**2**	**3**			

8-11a　续表 1

单位：人

年　龄	与配偶同住			与子女同住			独居(有保姆)		
	小计	男	女	小计	男	女	小计	男	女
总　计	**11272**	**6194**	**5078**	**5456**	**1489**	**3967**	**71**	**28**	**43**
60—64岁	**3860**	**2017**	**1843**	**1036**	**315**	**721**	**5**	**1**	**4**
60	713	362	351	151	39	112			
61	711	359	352	179	49	130			
62	810	442	368	204	62	142	1		1
63	866	448	418	261	84	177	4	1	3
64	760	406	354	241	81	160			
65—69岁	**3050**	**1627**	**1423**	**1075**	**296**	**779**	**5**	**1**	**4**
65	776	408	368	226	70	156	2		2
66	669	351	318	210	55	155	1		1
67	610	339	271	211	59	152	1		1
68	552	290	262	215	57	158	1	1	
69	443	239	204	213	55	158			
70—74岁	**1918**	**1038**	**880**	**959**	**243**	**716**	**3**	**2**	**1**
70	463	256	207	202	54	148	1		1
71	450	249	201	180	53	127			
72	322	182	140	189	44	145	2	2	
73	361	190	171	188	51	137			
74	322	161	161	200	41	159			
75—79岁	**1379**	**755**	**624**	**1047**	**223**	**824**	**13**	**4**	**9**
75	275	135	140	224	52	172	1		1
76	304	155	149	223	49	174	4	1	3
77	269	154	115	215	36	179	1		1
78	270	151	119	204	46	158	5	1	4
79	261	160	101	181	40	141	2	2	
80—84岁	**795**	**551**	**244**	**823**	**226**	**597**	**26**	**10**	**16**
80	242	156	86	191	43	148	4	4	
81	167	112	55	170	47	123	2		2
82	154	107	47	177	46	131	6	3	3
83	130	104	26	148	45	103	5	1	4
84	102	72	30	137	45	92	9	2	7
85—89岁	**215**	**163**	**52**	**389**	**139**	**250**	**17**	**8**	**9**
85	73	56	17	97	28	69	4	3	1
86	51	37	14	101	36	65	4	1	3
87	48	36	12	84	32	52	2	1	1
88	26	20	6	58	22	36	3	1	2
89	17	14	3	49	21	28	4	2	2
90—94岁	**52**	**40**	**12**	**111**	**44**	**67**	**2**	**2**	
90	20	15	5	42	15	27	1	1	
91	11	8	3	21	12	9			
92	10	8	2	17	4	13	1	1	
93	8	8		14	8	6			
94	3	1	2	17	5	12			
95—99岁	**1**	**1**		**14**	**3**	**11**			
95				4		4			
96	1	1		4		4			
97				3	1	2			
98				2	1	1			
99				1	1				
100岁及以上	**2**	**2**		**2**		**2**			

8-11a 续表 2

单位：人

年 龄	独居(无保姆)			养老机构			其 他		
	小计	男	女	小计	男	女	小计	男	女
总 计	**3138**	**1162**	**1976**	**113**	**50**	**63**	**734**	**366**	**368**
60-64岁	**718**	**359**	**359**	**8**	**2**	**6**	**287**	**163**	**124**
60	139	72	67				71	41	30
61	142	70	72	2		2	52	28	24
62	177	102	75	3	2	1	62	33	29
63	141	66	75	1		1	52	30	22
64	119	49	70	2		2	50	31	19
65-69岁	**629**	**265**	**364**	**13**	**8**	**5**	**170**	**94**	**76**
65	159	69	90	2	2		45	24	21
66	137	61	76	2	1	1	42	26	16
67	117	44	73	4	2	2	34	17	17
68	117	60	57	1	1		27	15	12
69	99	31	68	4	2	2	22	12	10
70-74岁	**501**	**150**	**351**	**16**	**7**	**9**	**106**	**43**	**63**
70	95	31	64	3	2	1	25	13	12
71	96	35	61	6	2	4	19	6	13
72	92	26	66				20	8	12
73	108	32	76	3	1	2	16	4	12
74	110	26	84	4	2	2	26	12	14
75-79岁	**609**	**146**	**463**	**26**	**11**	**15**	**80**	**26**	**54**
75	126	29	97	5	3	2	15	4	11
76	114	23	91	6	4	2	23	6	17
77	108	28	80	5		5	11	6	5
78	141	31	110	6	1	5	18	5	13
79	120	35	85	4	3	1	13	5	8
80-84岁	**483**	**154**	**329**	**26**	**11**	**15**	**56**	**21**	**35**
80	128	45	83	4	1	3	19	7	12
81	108	24	84	7	2	5	8	4	4
82	92	31	61	6	3	3	12	2	10
83	81	35	46	4	2	2	7	1	6
84	74	19	55	5	3	2	10	7	3
85-89岁	**159**	**65**	**94**	**18**	**9**	**9**	**26**	**15**	**11**
85	49	15	34	3	1	2	7	2	5
86	36	10	26	3	2	1	5	5	
87	29	15	14	4	1	3	7	4	3
88	21	11	10	6	3	3			
89	24	14	10	2	2		7	4	3
90-94岁	**36**	**20**	**16**	**5**	**2**	**3**	**6**	**3**	**3**
90	18	11	7	2	1	1	2		2
91	11	7	4	1	1		2	2	
92	4	2	2	1		1			
93	2		2	1		1	1	1	
94	1		1				1		1
95-99岁	**3**	**3**		**1**		**1**	**2**	**1**	**1**
95	2	2							
96	1	1		1		1	1	1	
97							1		1
98									
99									
100岁及以上							**1**		**1**

8-11b 全省分年龄、性别、居住状况的60岁及以上老年人口(镇)

单位：人

年龄	60岁及以上人口			与配偶和子女同住		
	合计	男	女	小计	男	女
总计	**14387**	**6918**	**7469**	**4442**	**2549**	**1893**
60-64岁	**4172**	**2116**	**2056**	**1644**	**908**	**736**
60	728	395	333	325	186	139
61	742	374	368	296	167	129
62	885	441	444	338	180	158
63	899	459	440	338	191	147
64	918	447	471	347	184	163
65-69岁	**4047**	**1963**	**2084**	**1339**	**770**	**569**
65	945	475	470	335	202	133
66	872	428	444	321	179	142
67	762	378	384	247	150	97
68	814	376	438	249	132	117
69	654	306	348	187	107	80
70-74岁	**2904**	**1382**	**1522**	**837**	**482**	**355**
70	696	342	354	220	123	97
71	679	324	355	192	109	83
72	543	274	269	155	98	57
73	515	222	293	153	85	68
74	471	220	251	117	67	50
75-79岁	**1882**	**851**	**1031**	**429**	**259**	**170**
75	467	198	269	126	64	62
76	419	191	228	110	70	40
77	339	152	187	79	47	32
78	328	162	166	55	37	18
79	329	148	181	59	41	18
80-84岁	**963**	**435**	**528**	**142**	**96**	**46**
80	245	109	136	43	30	13
81	183	90	93	21	15	6
82	219	98	121	33	23	10
83	172	72	100	29	19	10
84	144	66	78	16	9	7
85-89岁	**340**	**143**	**197**	**45**	**30**	**15**
85	98	43	55	15	10	5
86	79	23	56	8	3	5
87	76	41	35	13	10	3
88	44	21	23	7	5	2
89	43	15	28	2	2	
90-94岁	**65**	**26**	**39**	**4**	**3**	**1**
90	26	11	15	2	1	1
91	12	6	6	1	1	
92	16	3	13			
93	6	3	3			
94	5	3	2	1	1	
95-99岁	**14**	**2**	**12**	**2**	**1**	**1**
95	6	1	5	1	1	
96	1		1			
97	3		3	1		1
98	1		1			
99	3	1	2			
100岁及以上						

8-11b 续表 1

单位：人

年 龄	与配偶同住			与子女同住			独居(有保姆)		
	小计	男	女	小计	男	女	小计	男	女
总 计	**3868**	**2163**	**1705**	**3957**	**1228**	**2729**	**14**	**7**	**7**
60-64岁	**1261**	**682**	**579**	**758**	**255**	**503**			
60	213	125	88	106	36	70			
61	227	110	117	132	43	89			
62	276	156	120	162	48	114			
63	285	156	129	173	58	115			
64	260	135	125	185	70	115			
65-69岁	**1275**	**652**	**623**	**902**	**273**	**629**	**4**	**2**	**2**
65	319	160	159	176	56	120	1	1	
66	266	133	133	177	54	123	1		1
67	237	117	120	166	50	116	2	1	1
68	243	128	115	199	63	136			
69	210	114	96	184	50	134			
70-74岁	**745**	**448**	**297**	**875**	**257**	**618**	**4**	**2**	**2**
70	196	117	79	183	54	129	1		1
71	172	100	72	212	63	149	1	1	
72	135	90	45	161	49	112	1		1
73	126	64	62	156	43	113	1	1	
74	116	77	39	163	48	115			
75-79岁	**406**	**249**	**157**	**708**	**210**	**498**	**1**		**1**
75	107	69	38	152	36	116	1		1
76	85	53	32	156	45	111			
77	75	40	35	123	39	84			
78	81	50	31	126	44	82			
79	58	37	21	151	46	105			
80-84岁	**147**	**106**	**41**	**469**	**159**	**310**	**2**	**1**	**1**
80	48	33	15	103	24	79			
81	26	19	7	99	44	55	1		1
82	30	22	8	108	36	72	1	1	
83	26	17	9	85	27	58			
84	17	15	2	74	28	46			
85-89岁	**30**	**23**	**7**	**190**	**58**	**132**	**3**	**2**	**1**
85	14	10	4	53	17	36	1	1	
86	9	8	1	45	6	39	1		1
87	4	4		45	20	25			
88	2	1	1	24	11	13	1	1	
89	1		1	23	4	19			
90-94岁	**4**	**3**	**1**	**48**	**16**	**32**			
90	2	2		18	6	12			
91	2	1	1	8	3	5			
92				13	2	11			
93				5	3	2			
94				4	2	2			
95-99岁				**7**		**7**			
95				4		4			
96									
97				2		2			
98									
99				1		1			
100岁及以上									

8-11b　续表 2　　单位：人

年　龄	独居(无保姆)			养老机构			其　他		
	小计	男	女	小计	男	女	小计	男	女
总　计	**1163**	**487**	**676**	**156**	**95**	**61**	**787**	**389**	**398**
60-64岁	**275**	**140**	**135**	**27**	**21**	**6**	**207**	**110**	**97**
60	38	23	15	5	4	1	41	21	20
61	52	31	21	3	3		32	20	12
62	57	28	29	6	5	1	46	24	22
63	62	30	32	6	4	2	35	20	15
64	66	28	38	7	5	2	53	25	28
65-69岁	**291**	**136**	**155**	**37**	**26**	**11**	**199**	**104**	**95**
65	71	34	37	8	8		35	14	21
66	62	32	30	4	4		41	26	15
67	55	29	26	9	4	5	46	27	19
68	72	27	45	8	5	3	43	21	22
69	31	14	17	8	5	3	34	16	18
70-74岁	**253**	**94**	**159**	**27**	**19**	**8**	**163**	**80**	**83**
70	53	23	30	11	9	2	32	16	16
71	64	25	39	2	1	1	36	25	11
72	48	15	33	3	3		40	19	21
73	42	17	25	5	1	4	32	11	21
74	46	14	32	6	5	1	23	9	14
75-79岁	**201**	**66**	**135**	**26**	**15**	**11**	**111**	**52**	**59**
75	45	13	32	8	4	4	28	12	16
76	43	11	32	4	2	2	21	10	11
77	38	16	22	6	6		18	4	14
78	40	15	25	4	1	3	22	15	7
79	35	11	24	4	2	2	22	11	11
80-84岁	**106**	**33**	**73**	**23**	**10**	**13**	**74**	**30**	**44**
80	26	7	19	6	6		19	9	10
81	22	7	15	3	1	2	11	4	7
82	26	7	19	3	2	1	18	7	11
83	19	7	12	6	1	5	7	1	6
84	13	5	8	5		5	19	9	10
85-89岁	**33**	**16**	**17**	**13**	**3**	**10**	**26**	**11**	**15**
85	7	4	3	3		3	5	1	4
86	6	2	4	2		2	8	4	4
87	7	4	3	2		2	5	3	2
88	3	1	2	4	1	3	3	1	2
89	10	5	5	2	2		5	2	3
90-94岁	**3**	**2**	**1**	**2**	**1**	**1**	**4**	**1**	**3**
90	2	1	1	1	1		1		1
91	1	1							
92				1		1	2	1	1
93							1		1
94									
95-99岁	**1**		**1**	**1**		**1**	**3**	**1**	**2**
95				1		1			
96							1		1
97									
98	1		1						
99							2	1	1
100岁及以上									

8-11c 全省分年龄、性别、居住状况的60岁及以上老年人口(乡村)

单位：人

年龄	60岁及以上人口			与配偶和子女同住		
	合计	男	女	小计	男	女
总计	**28502**	**13766**	**14736**	**10899**	**6178**	**4721**
60-64岁	**7884**	**4042**	**3842**	**3746**	**2048**	**1698**
60	1312	683	629	634	349	285
61	1173	606	567	583	318	265
62	1663	852	811	750	401	349
63	1900	967	933	924	496	428
64	1836	934	902	855	484	371
65-69岁	**8352**	**4134**	**4218**	**3645**	**1992**	**1653**
65	1840	894	946	852	466	386
66	1779	907	872	779	426	353
67	1666	827	839	740	405	335
68	1703	847	856	707	389	318
69	1364	659	705	567	306	261
70-74岁	**5906**	**2795**	**3111**	**2109**	**1224**	**885**
70	1337	621	716	509	279	230
71	1331	651	680	498	287	211
72	1133	540	593	417	258	159
73	1100	522	578	375	222	153
74	1005	461	544	310	178	132
75-79岁	**3638**	**1687**	**1951**	**994**	**646**	**348**
75	880	404	476	279	167	112
76	835	402	433	242	169	73
77	679	338	341	179	122	57
78	684	288	396	164	101	63
79	560	255	305	130	87	43
80-84岁	**1825**	**753**	**1072**	**326**	**212**	**114**
80	507	222	285	107	60	47
81	382	140	242	71	46	25
82	383	169	214	64	44	20
83	330	129	201	53	41	12
84	223	93	130	31	21	10
85-89岁	**706**	**291**	**415**	**67**	**47**	**20**
85	239	96	143	25	16	9
86	171	75	96	12	9	3
87	132	54	78	13	9	4
88	100	41	59	11	9	2
89	64	25	39	6	4	2
90-94岁	**161**	**57**	**104**	**11**	**8**	**3**
90	60	30	30	8	7	1
91	39	13	26	3	1	2
92	33	6	27			
93	16	2	14			
94	13	6	7			
95-99岁	**25**	**6**	**19**	**1**	**1**	
95	6	3	3			
96	7	2	5	1	1	
97	4	1	3			
98	4		4			
99	4		4			
100岁及以上	**5**	**1**	**4**			

8-11c 续表 1

单位：人

年龄	与配偶同住			与子女同住			独居(有保姆)		
	小计	男	女	小计	男	女	小计	男	女
总计	**5276**	**2994**	**2282**	**9331**	**3142**	**6189**	**23**	**7**	**16**
60-64岁	**1843**	**1015**	**828**	**1590**	**563**	**1027**	**2**	**1**	**1**
60	322	172	150	244	94	150			
61	261	146	115	220	81	139			
62	415	235	180	333	111	222			
63	437	242	195	381	135	246	1		1
64	408	220	188	412	142	270	1	1	
65-69岁	**1781**	**980**	**801**	**2156**	**746**	**1410**	**7**	**3**	**4**
65	380	194	186	443	145	298	2	1	1
66	396	225	171	437	158	279			
67	367	196	171	410	143	267	3	1	2
68	361	215	146	457	159	298	2	1	1
69	277	150	127	409	141	268			
70-74岁	**1027**	**588**	**439**	**2103**	**690**	**1413**	**4**	**1**	**3**
70	282	152	130	410	130	280	1		1
71	247	139	108	433	158	275	1	1	
72	187	105	82	409	119	290			
73	159	100	59	430	144	286	1		1
74	152	92	60	421	139	282	1		1
75-79岁	**452**	**291**	**161**	**1752**	**576**	**1176**	**1**	**1**	
75	125	76	49	379	116	263			
76	112	73	39	397	127	270			
77	76	56	20	331	128	203			
78	79	45	34	353	107	246	1	1	
79	60	41	19	292	98	194			
80-84岁	**127**	**90**	**37**	**1113**	**354**	**759**	**7**	**1**	**6**
80	45	32	13	268	92	176	1		1
81	28	18	10	242	61	181	2	1	1
82	26	21	5	248	89	159	1		1
83	19	13	6	206	60	146	2		2
84	9	6	3	149	52	97	1		1
85-89岁	**39**	**26**	**13**	**484**	**176**	**308**	**2**		**2**
85	15	10	5	160	56	104	1		1
86	13	9	4	123	47	76			
87	5	4	1	88	33	55	1		1
88	3	2	1	66	24	42			
89	3	1	2	47	16	31			
90-94岁	**5**	**3**	**2**	**111**	**32**	**79**			
90	2	1	1	39	14	25			
91	1		1	22	8	14			
92	1	1		27	4	23			
93				12	2	10			
94	1	1		11	4	7			
95-99岁	**1**		**1**	**19**	**5**	**14**			
95				6	3	3			
96				4	1	3			
97				3	1	2			
98				3		3			
99	1		1	3		3			
100岁及以上	**1**	**1**		**3**		**3**			

8-11c 续表 2

单位：人

年 龄	独居(无保姆)			养老机构			其 他		
	小计	男	女	小计	男	女	小计	男	女
总 计	**1562**	**743**	**819**	**130**	**56**	**74**	**1281**	**646**	**635**
60-64岁	**351**	**210**	**141**	**17**	**12**	**5**	**335**	**193**	**142**
60	52	34	18	1		1	59	34	25
61	54	31	23	5	4	1	50	26	24
62	82	50	32	3	3		80	52	28
63	85	54	31	4	3	1	68	37	31
64	78	41	37	4	2	2	78	44	34
65-69岁	**429**	**230**	**199**	**30**	**11**	**19**	**304**	**172**	**132**
65	88	50	38	10	3	7	65	35	30
66	96	52	44	4	2	2	67	44	23
67	76	41	35	6	2	4	64	39	25
68	106	48	58	8	3	5	62	32	30
69	63	39	24	2	1	1	46	22	24
70-74岁	**344**	**137**	**207**	**33**	**16**	**17**	**286**	**139**	**147**
70	67	23	44	6	3	3	62	34	28
71	87	32	55	7	3	4	58	31	27
72	59	30	29	7	4	3	54	24	30
73	72	30	42	6	3	3	57	23	34
74	59	22	37	7	3	4	55	27	28
75-79岁	**242**	**84**	**158**	**20**	**7**	**13**	**177**	**82**	**95**
75	55	22	33	6	1	5	36	22	14
76	45	17	28	3	1	2	36	15	21
77	44	14	30	6	2	4	43	16	27
78	46	14	32	3	2	1	38	18	20
79	52	17	35	2	1	1	24	11	13
80-84岁	**121**	**52**	**69**	**16**	**5**	**11**	**115**	**39**	**76**
80	42	21	21	4	2	2	40	15	25
81	20	7	13	3		3	16	7	9
82	20	7	13				24	8	16
83	26	9	17	5	1	4	19	5	14
84	13	8	5	4	2	2	16	4	12
85-89岁	**57**	**22**	**35**	**11**	**4**	**7**	**46**	**16**	**30**
85	25	9	16				13	5	8
86	8	4	4	7	2	5	8	4	4
87	9	2	7	2	1	1	14	5	9
88	10	3	7	2	1	1	8	2	6
89	5	4	1				3		3
90-94岁	**16**	**8**	**8**	**3**	**1**	**2**	**15**	**5**	**10**
90	5	5		1	1		5	2	3
91	7	3	4	2		2	4	1	3
92	2		2				3	1	2
93	2		2				2		2
94							1	1	
95-99岁	**1**		**1**				**3**		**3**
95									
96							2		2
97	1		1						
98							1		1
99									
100岁及以上	**1**		**1**						

8–12 全省分性别、婚姻状况、居住状况的60岁及以上老年人口

单位：人

居住状况	60岁及以上人口			未婚		
	合计	男	女	小计	男	女
总 计	**69612**	**33372**	**36240**	**1475**	**796**	**679**
与配偶和子女同住	21280	12126	9154			
与配偶同住	20416	11351	9065			
与子女同住	18744	5859	12885	306	87	219
独居(有保姆)	108	42	66	12	1	11
独居(无保姆)	5863	2392	3471	353	227	126
养老机构	399	201	198	130	88	42
其 他	2802	1401	1401	674	393	281

8–12 续表

单位：人

居住状况	有配偶			离婚			丧偶		
	小计	男	女	小计	男	女	小计	男	女
总 计	**47588**	**26763**	**20825**	**1314**	**588**	**726**	**19235**	**5225**	**14010**
与配偶和子女同住	21280	12126	9154						
与配偶同住	20416	11351	9065						
与子女同住	3708	1874	1834	573	187	386	14157	3711	10446
独居(有保姆)	14	8	6	5	2	3	77	31	46
独居(无保姆)	1077	741	336	561	315	246	3872	1109	2763
养老机构	54	33	21	24	18	6	191	62	129
其 他	1039	630	409	151	66	85	938	312	626

8－12a 全省分性别、婚姻状况、居住状况的60岁及以上老年人口(城市)

单位：人

居住状况	60岁及以上人口			未婚		
	合计	男	女	小计	男	女
总　计	**26723**	**12688**	**14035**	**175**	**102**	**73**
与配偶和子女同住	5939	3399	2540			
与配偶同住	11272	6194	5078			
与子女同住	5456	1489	3967	16	7	9
独居(有保姆)	71	28	43	1		1
独居(无保姆)	3138	1162	1976	57	38	19
养老机构	113	50	63	25	16	9
其　他	734	366	368	76	41	35

8－12a 续表

单位：人

居住状况	有配偶			离婚			丧偶		
	小计	男	女	小计	男	女	小计	男	女
总　计	**19344**	**10770**	**8574**	**696**	**304**	**392**	**6508**	**1512**	**4996**
与配偶和子女同住	5939	3399	2540						
与配偶同住	11272	6194	5078						
与子女同住	1159	527	632	236	71	165	4045	884	3161
独居(有保姆)	7	4	3	1		1	62	24	38
独居(无保姆)	599	410	189	386	202	184	2096	512	1584
养老机构	12	6	6	6	2	4	70	26	44
其　他	356	230	126	67	29	38	235	66	169

8-12b 全省分性别、婚姻状况、居住状况的60岁及以上老年人口(镇)

单位：人

居住状况	60岁及以上人口			未婚		
	合计	男	女	小计	男	女
总　计	**14387**	**6918**	**7469**	**363**	**208**	**155**
与配偶和子女同住	4442	2549	1893			
与配偶同住	3868	2163	1705			
与子女同住	3957	1228	2729	63	20	43
独居(有保姆)	14	7	7			
独居(无保姆)	1163	487	676	57	40	17
养老机构	156	95	61	64	53	11
其　他	787	389	398	179	95	84

8-12b 续表

单位：人

居住状况	有配偶			离婚			丧偶		
	小计	男	女	小计	男	女	小计	男	女
总　计	**9776**	**5538**	**4238**	**258**	**120**	**138**	**3990**	**1052**	**2938**
与配偶和子女同住	4442	2549	1893						
与配偶同住	3868	2163	1705						
与子女同住	834	430	404	113	40	73	2947	738	2209
独居(有保姆)	4	1	3	1	1		9	5	4
独居(无保姆)	266	183	83	102	57	45	738	207	531
养老机构	22	14	8	10	9	1	60	19	41
其　他	340	198	142	32	13	19	236	83	153

8-12c 全省分性别、婚姻状况、居住状况的60岁及以上老年人口(乡村)

单位：人

居住状况	60岁及以上人口			未婚		
	合计	男	女	小计	男	女
总　计	**28502**	**13766**	**14736**	**937**	**486**	**451**
与配偶和子女同住	10899	6178	4721			
与配偶同住	5276	2994	2282			
与子女同住	9331	3142	6189	227	60	167
独居(有保姆)	23	7	16	11	1	10
独居(无保姆)	1562	743	819	239	149	90
养老机构	130	56	74	41	19	22
其　他	1281	646	635	419	257	162

8-12c 续表

单位：人

居住状况	有配偶			离婚			丧偶		
	小计	男	女	小计	男	女	小计	男	女
总　计	**18468**	**10455**	**8013**	**360**	**164**	**196**	**8737**	**2661**	**6076**
与配偶和子女同住	10899	6178	4721						
与配偶同住	5276	2994	2282						
与子女同住	1715	917	798	224	76	148	7165	2089	5076
独居(有保姆)	3	3		3	1	2	6	2	4
独居(无保姆)	212	148	64	73	56	17	1038	390	648
养老机构	20	13	7	8	7	1	61	17	44
其　他	343	202	141	52	24	28	467	163	304

第二部分　长表数据资料

第九卷　住房

9-1　各地区按建筑层数、承重类型分的家庭户户数

单位：户

地　区	合　计	建筑层数				承重类型				
		平房	多层(7层及以下)	高层(8-33层)	超高层(34层及以上)	钢及钢筋混凝土结构	混合结构	砖木结构	竹草土坯结构	其他结构
全省	**174934**	**72584**	**68718**	**32083**	**1549**	**90895**	**41004**	**40705**	**622**	**1708**
西宁市	**79770**	**14347**	**39012**	**24904**	**1507**	**50726**	**22666**	**6173**	**75**	**130**
城东区	16280	416	8167	7248	449	13912	2265	58	1	44
城中区	11689	324	7684	3527	154	6816	4758	97	2	16
城西区	11931	134	5029	6429	339	9241	2598	87	1	4
城北区	14257	244	7681	5767	565	11539	2678	31		9
湟中区	10606	5706	4477	423		4209	4869	1476	21	31
大通回族土族自治县	11429	5732	4544	1153		3278	4686	3432	21	12
湟源县	3578	1791	1430	357		1731	812	992	29	14
海东市	**36765**	**21527**	**10412**	**4826**		**14492**	**8693**	**13225**	**164**	**191**
乐都区	7541	3482	2439	1620		3953	1866	1623	53	46
平安区	3598	893	1747	958		1926	1417	247	6	2
民和回族土族自治县	8522	5789	1702	1031		3575	2280	2610	14	43
互助土族自治县	9648	5325	3339	984		3317	2177	4095	22	37
化隆回族自治县	4271	3576	582	113		921	664	2584	48	54
循化撒拉族自治县	3185	2462	603	120		800	289	2066	21	9
海北藏族自治州	**8251**	**4495**	**3627**	**129**		**3497**	**975**	**3702**	**17**	**60**
门源回族自治县	4069	2533	1443	93		1533	454	2055	7	20
祁连县	1465	701	738	26		668	151	629	4	13
海晏县	1457	401	1046	10		914	245	291	3	4
刚察县	1260	860	400			382	125	727	3	23
黄南藏族自治州	**7859**	**5764**	**1585**	**468**	**42**	**2241**	**835**	**4573**	**33**	**177**
同仁县	2949	1689	796	422	42	1248	218	1427	9	47
尖扎县	1544	1108	390	46		480	193	827	6	38
泽库县	2123	1971	152			227	372	1425	18	81
河南蒙古族自治县	1243	996	247			286	52	894		11
海南藏族自治州	**13019**	**9022**	**3876**	**121**		**4269**	**1247**	**7111**	**189**	**203**
共和县	4009	2412	1483	114		1507	393	1941	94	74
同德县	1726	1338	387	1		401	171	1109	8	37
贵德县	3323	2078	1245			1477	400	1384	31	31
兴海县	1926	1607	313	6		347	172	1332	37	38
贵南县	2035	1587	448			537	111	1345	19	23
果洛藏族自治州	**5621**	**4279**	**1330**	**12**		**1675**	**1556**	**1966**	**2**	**422**
玛沁县	1136	671	456	9		442	284	370	1	39
班玛县	778	453	323	2		218	191	143	1	225
甘德县	1349	1231	118			420	426	496		7
达日县	964	735	228	1		304	488	139		33
久治县	826	724	102			190	133	459		44
玛多县	568	465	103			101	34	359		74
玉树藏族自治州	**9937**	**8564**	**1340**	**33**		**5202**	**2517**	**1858**	**27**	**333**
玉树市	3360	2508	819	33		2647	592	48	2	71
杂多县	1173	922	251			442	269	364	6	92
称多县	1531	1487	44			739	547	188		57
治多县	819	798	21			436	132	220	4	27
囊谦县	1944	1800	144			661	742	515	5	21
曲麻莱县	1110	1049	61			277	235	523	10	65
海西蒙古族藏族自治州	**13712**	**4586**	**7536**	**1590**		**8793**	**2515**	**2097**	**115**	**192**
格尔木市	6229	1572	3159	1498		4273	1241	668	7	40
德令哈市	2697	721	1930	46		1849	486	305	25	32
茫崖市	774	202	572			566	125	66	1	16
乌兰县	1047	463	560	24		593	221	217	4	12
都兰县	1995	1215	759	21		845	373	613	77	87
天峻县	805	388	416	1		521	68	210	1	5
大柴旦行政委员会	165	25	140			146	1	18		

注：本表数据为居住在普通住宅的家庭户，下表同。

9－1a 各地区按建筑层数、承重类型分的家庭户户数(城市)

单位：户

地区	合计	建筑层数				承重类型				
		平房	多层(7层及以下)	高层(8－33层)	超高层(34层及以上)	钢及钢筋混凝土结构	混合结构	砖木结构	竹草土坯结构	其他结构
全省	**71065**	**3419**	**38971**	**27168**	**1507**	**55229**	**14999**	**693**	**8**	**136**
西宁市	**55789**	**1385**	**29812**	**23085**	**1507**	**42668**	**12683**	**360**	**4**	**74**
城东区	16280	416	8167	7248	449	13912	2265	58	1	44
城中区	11666	303	7682	3527	154	6808	4749	92	2	15
城西区	11927	134	5025	6429	339	9237	2598	87	1	4
城北区	13985	227	7426	5767	565	11441	2505	30		9
湟中区	1569	190	1265	114		1187	287	93		2
大通回族土族自治县	362	115	247			83	279			
湟源县										
海东市	**5967**	**162**	**3245**	**2560**		**4964**	**981**	**21**		**1**
乐都区	3459	113	1744	1602		3136	305	17		1
平安区	2508	49	1501	958		1828	676	4		
民和回族土族自治县										
互助土族自治县										
化隆回族自治县										
循化撒拉族自治县										
海北藏族自治州										
门源回族自治县										
祁连县										
海晏县										
刚察县										
黄南藏族自治州										
同仁县										
尖扎县										
泽库县										
河南蒙古族自治县										
海南藏族自治州										
共和县										
同德县										
贵德县										
兴海县										
贵南县										
果洛藏族自治州										
玛沁县										
班玛县										
甘德县										
达日县										
久治县										
玛多县										
玉树藏族自治州	**1913**	**1063**	**817**	**33**		**1779**	**116**	**2**		**16**
玉树市	1847	1013	801	33		1753	79	2		13
杂多县										
称多县										
治多县										
囊谦县										
曲麻莱县	66	50	16			26	37			3
海西蒙古族藏族自治州	**7396**	**809**	**5097**	**1490**		**5818**	**1219**	**310**	**4**	**45**
格尔木市	4721	492	2784	1445		3633	868	193	3	24
德令哈市	1963	116	1802	45		1680	226	52		5
茫崖市	712	201	511			505	125	65	1	16
乌兰县										
都兰县										
天峻县										
大柴旦行政委员会										

9-1b　各地区按建筑层数、承重类型分的家庭户户数(镇)

单位：户

地　区	合　计	建筑层数				承重类型				
		平房	多层(7层及以下)	高层(8-33层)	超高层(34层及以上)	钢及钢筋混凝土结构	混合结构	砖木结构	竹草土坯结构	其他结构
全省	**40464**	**13556**	**22130**	**4736**	**42**	**24727**	**8831**	**6461**	**110**	**335**
西宁市	**9587**	**2188**	**5587**	**1812**		**4781**	**4038**	**756**	**5**	**7**
城东区										
城中区	1		1							1
城西区	4		4			4				
城北区										
湟中区	1802	525	975	302		935	789	73	1	4
大通回族土族自治县	5864	1315	3396	1153		2444	2831	587	1	1
湟源县	1916	348	1211	357		1398	418	96	3	1
海东市	**9457**	**2926**	**4381**	**2150**		**6210**	**1818**	**1394**	**15**	**20**
乐都区	389	170	215	4		105	258	25		1
平安区	54	22	32			28	25	1		
民和回族土族自治县	3570	1118	1431	1021		2649	622	291	2	6
互助土族自治县	3376	495	1899	982		2391	707	277	1	
化隆回族自治县	862	559	276	27		369	101	373	10	9
循化撒拉族自治县	1206	562	528	116		668	105	427	2	4
海北藏族自治州	**4163**	**471**	**3563**	**129**		**3311**	**427**	**401**	**5**	**19**
门源回族自治县	1697	184	1420	93		1443	82	166	3	3
祁连县	856	108	722	26		640	113	101		2
海晏县	1069	17	1042	10		871	191	5		2
刚察县	541	162	379			357	41	129	2	12
黄南藏族自治州	**3444**	**1430**	**1504**	**468**	**42**	**2011**	**361**	**1041**	**7**	**24**
同仁县	1685	432	789	422	42	1235	105	342	1	2
尖扎县	604	197	361	46		391	82	128	3	
泽库县	686	544	142			143	159	368	3	13
河南蒙古族自治县	469	257	212			242	15	203		9
海南藏族自治州	**5502**	**1796**	**3586**	**120**		**3705**	**530**	**1146**	**57**	**64**
共和县	2026	560	1353	113		1370	169	393	44	50
同德县	481	155	325	1		325	67	83	2	4
贵德县	1639	464	1175			1267	157	202	8	5
兴海县	758	451	301	6		309	125	319	2	3
贵南县	598	166	432			434	12	149	1	2
果洛藏族自治州	**1993**	**795**	**1186**	**12**		**1231**	**271**	**457**		**34**
玛沁县	626	171	446	9		408	114	88		16
班玛县	265	54	209	2		186	52	17		10
甘德县	254	140	114			189	22	43		
达日县	357	137	219	1		245	61	46		5
久治县	152	51	101			104	21	27		
玛多县	339	242	97			99	1	236		3
玉树藏族自治州	**3111**	**2792**	**319**			**1278**	**950**	**760**	**5**	**118**
玉树市	152	151	1			85	34	11		22
杂多县	585	453	132			118	194	253		20
称多县	599	565	34			361	177	56		5
治多县	488	467	21			306	107	67	3	5
囊谦县	764	650	114			330	365	55	2	12
曲麻莱县	523	506	17			78	73	318		54
海西蒙古族藏族自治州	**3207**	**1158**	**2004**	**45**		**2200**	**436**	**506**	**16**	**49**
格尔木市	884	630	254			373	215	286	3	7
德令哈市	67	54	13			24	17	22	3	1
茫崖市	62	1	61			61		1		
乌兰县	617	101	493	23		485	84	43	3	2
都兰县	965	285	659	21		672	112	137	7	37
天峻县	460	75	384	1		443	7	8		2
大柴旦行政委员会	152	12	140			142	1	9		

9－1c 各地区按建筑层数、承重类型分的家庭户户数(乡村)

单位：户

地区	合计	建筑层数				承重类型				
		平房	多层(7层及以下)	高层(8－33层)	超高层(34层及以上)	钢及钢筋混凝土结构	混合结构	砖木结构	竹草土坯结构	其他结构
全省	**63405**	**55609**	**7617**	**179**		**10939**	**17174**	**33551**	**504**	**1237**
西宁市	**14394**	**10774**	**3613**	**7**		**3277**	**5945**	**5057**	**66**	**49**
城东区										
城中区	22	21	1			8	9	5		
城西区										
城北区	272	17	255			98	173	1		
湟中区	7235	4991	2237	7		2087	3793	1310	20	25
大通回族土族自治县	5203	4302	901			751	1576	2845	20	11
湟源县	1662	1443	219			333	394	896	26	13
海东市	**21341**	**18439**	**2786**	**116**		**3318**	**5894**	**11810**	**149**	**170**
乐都区	3693	3199	480	14		712	1303	1581	53	44
平安区	1036	822	214			70	716	242	6	2
民和回族土族自治县	4952	4671	271	10		926	1658	2319	12	37
互助土族自治县	6272	4830	1440	2		926	1470	3818	21	37
化隆回族自治县	3409	3017	306	86		552	563	2211	38	45
循化撒拉族自治县	1979	1900	75	4		132	184	1639	19	5
海北藏族自治州	**4088**	**4024**	**64**			**186**	**548**	**3301**	**12**	**41**
门源回族自治县	2372	2349	23			90	372	1889	4	17
祁连县	609	593	16			28	38	528	4	11
海晏县	388	384	4			43	54	286	3	2
刚察县	719	698	21			25	84	598	1	11
黄南藏族自治州	**4415**	**4334**	**81**			**230**	**474**	**3532**	**26**	**153**
同仁县	1264	1257	7			13	113	1085	8	45
尖扎县	940	911	29			89	111	699	3	38
泽库县	1437	1427	10			84	213	1057	15	68
河南蒙古族自治县	774	739	35			44	37	691		2
海南藏族自治州	**7517**	**7226**	**290**	**1**		**564**	**717**	**5965**	**132**	**139**
共和县	1983	1852	130	1		137	224	1548	50	24
同德县	1245	1183	62			76	104	1026	6	33
贵德县	1684	1614	70			210	243	1182	23	26
兴海县	1168	1156	12			38	47	1013	35	35
贵南县	1437	1421	16			103	99	1196	18	21
果洛藏族自治州	**3628**	**3484**	**144**			**444**	**1285**	**1509**	**2**	**388**
玛沁县	510	500	10			34	170	282	1	23
班玛县	513	399	114			32	139	126	1	215
甘德县	1095	1091	4			231	404	453		7
达日县	607	598	9			59	427	93		28
久治县	674	673	1			86	112	432		44
玛多县	229	223	6			2	33	123		71
玉树藏族自治州	**4913**	**4709**	**204**			**2145**	**1451**	**1096**	**22**	**199**
玉树市	1361	1344	17			809	479	35	2	36
杂多县	588	469	119			324	75	111	6	72
称多县	932	922	10			378	370	132		52
治多县	331	331				130	25	153	1	22
囊谦县	1180	1150	30			331	377	460	3	9
曲麻莱县	521	493	28			173	125	205	10	8
海西蒙古族藏族自治州	**3109**	**2619**	**435**	**55**		**775**	**860**	**1281**	**95**	**98**
格尔木市	624	450	121	53		267	158	189	1	9
德令哈市	667	551	115	1		145	243	231	22	26
茫崖市										
乌兰县	430	362	67	1		108	137	174	1	10
都兰县	1030	930	100			173	261	476	70	50
天峻县	345	313	32			78	61	202	1	3
大柴旦行政委员会	13	13				4		9		

9-2　各地区按住房建成时间分的家庭户住房状况

单位：户、间、平方米

地　　区	合　　计			1949年以前		
	户数	间数	面积	户数	间数	面积
全省	**174934**	**549102**	**18096590**	**162**	**584**	**16350**
西宁市	**79770**	**242183**	**8897230**	**42**	**170**	**4609**
城东区	16280	38770	1555320	2	9	395
城中区	11689	29527	1105882	1	1	50
城西区	11931	30230	1278329			
城北区	14257	36901	1666395			
湟中区	10606	44050	1470210	18	62	1495
大通回族土族自治县	11429	49774	1423895	12	66	1516
湟源县	3578	12931	397199	9	32	1153
海东市	**36765**	**133356**	**4148371**	**28**	**102**	**3028**
乐都区	7541	25921	859392	8	25	795
平安区	3598	10904	407847			
民和回族土族自治县	8522	30676	931428	2	7	220
互助土族自治县	9648	36220	1160199	2	7	220
化隆回族自治县	4271	14780	420805	8	38	909
循化撒拉族自治县	3185	14855	368700	8	25	884
海北藏族自治州	**8251**	**25574**	**693721**	**1**	**6**	**90**
门源回族自治县	4069	14994	366091	1	6	90
祁连县	1465	4132	130535			
海晏县	1457	3223	113384			
刚察县	1260	3225	83711			
黄南藏族自治州	**7859**	**25250**	**697354**	**22**	**110**	**2435**
同仁县	2949	10941	325951	4	15	575
尖扎县	1544	5947	167299	17	93	1780
泽库县	2123	4715	104596	1	2	80
河南蒙古族自治县	1243	3647	99508			
海南藏族自治州	**13019**	**41197**	**1157277**	**10**	**23**	**866**
共和县	4009	12724	368177	3	5	380
同德县	1726	3999	129080	2	4	156
贵德县	3323	12363	352649	4	8	285
兴海县	1926	6794	136793	1	6	45
贵南县	2035	5317	170578			
果洛藏族自治州	**5621**	**12289**	**372506**	**37**	**103**	**2698**
玛沁县	1136	2755	79140	1	3	60
班玛县	778	1791	66519	1	2	70
甘德县	1349	3442	87927	31	89	2208
达日县	964	1680	61818	2	4	250
久治县	826	1616	50314	2	5	110
玛多县	568	1005	26788			
玉树藏族自治州	**9937**	**31175**	**852531**	**20**	**63**	**2494**
玉树市	3360	11060	289461			
杂多县	1173	2814	108738	1	1	70
称多县	1531	5068	116256			
治多县	819	2556	60656	1	3	90
囊谦县	1944	6863	200644	18	59	2334
曲麻莱县	1110	2814	76776			
海西蒙古族藏族自治州	**13712**	**38078**	**1277600**	**2**	**7**	**130**
格尔木市	6229	18882	627284			
德令哈市	2697	6997	261430	1	5	80
茫崖市	774	1184	34661			
乌兰县	1047	3042	98257			
都兰县	1995	6018	192852			
天峻县	805	1568	51228	1	2	50
大柴旦行政委员会	165	387	11888			

9-2 续表 1

单位：户、间、平方米

地　　区	1949-1959年			1960-1969年		
	户数	间数	面积	户数	间数	面积
全省	**201**	**569**	**15881**	**474**	**1245**	**40743**
西宁市	**38**	**124**	**3273**	**187**	**399**	**12486**
城东区	14	25	879	51	97	2700
城中区	3	12	377	24	40	1250
城西区	3	6	151	7	14	412
城北区				75	128	5049
湟中区	8	32	1069	11	39	1223
大通回族土族自治县	6	23	482	11	47	1030
湟源县	4	26	315	8	34	822
海东市	**22**	**103**	**2762**	**54**	**214**	**7095**
乐都区	9	26	566	8	16	746
平安区	3	22	520	1	2	40
民和回族土族自治县	5	31	990	9	47	1334
互助土族自治县				7	17	745
化隆回族自治县	3	12	280	22	89	2565
循化撒拉族自治县	2	12	406	7	43	1665
海北藏族自治州	**42**	**60**	**2767**	**70**	**115**	**4296**
门源回族自治县	3	4	191	10	38	691
祁连县						
海晏县	39	56	2576	57	66	3296
刚察县				3	11	309
黄南藏族自治州	**17**	**63**	**1369**	**40**	**157**	**4092**
同仁县	4	13	240	18	51	1573
尖扎县	10	45	959	20	100	2379
泽库县	1	1	60	1	3	60
河南蒙古族自治县	2	4	110	1	3	80
海南藏族自治州	**11**	**23**	**595**	**32**	**94**	**2625**
共和县	7	13	324	6	16	466
同德县				1	3	82
贵德县	3	9	255	15	51	1523
兴海县				7	18	440
贵南县	1	1	16	3	6	114
果洛藏族自治州	**46**	**135**	**3542**	**10**	**24**	**682**
玛沁县				2	7	180
班玛县	1	2	90	1	1	60
甘德县	45	133	3452	4	11	282
达日县				1	2	80
久治县				1	1	40
玛多县				1	2	40
玉树藏族自治州	**13**	**38**	**1071**	**57**	**205**	**8291**
玉树市				2	5	140
杂多县				3	5	160
称多县						
治多县				1	2	60
囊谦县	13	38	1071	51	193	7931
曲麻莱县						
海西蒙古族藏族自治州	**12**	**23**	**502**	**24**	**37**	**1176**
格尔木市	12	23	502	4	10	196
德令哈市				2	2	75
茫崖市				15	15	525
乌兰县						
都兰县				3	10	380
天峻县						
大柴旦行政委员会						

9-2　续表 2　　　　　　　　　　　　　　　　　　　　　　单位：户、间、平方米

地　区	1970—1979年			1980—1989年			1990—1999年		
	户数	间数	面积	户数	间数	面积	户数	间数	面积
全省	**1575**	**3850**	**115720**	**7087**	**17452**	**519920**	**16209**	**46288**	**1412698**
西宁市	**976**	**2114**	**63888**	**4625**	**10369**	**319495**	**9465**	**24152**	**797014**
城东区	231	493	15606	1074	2320	70080	2004	4301	143974
城中区	219	399	12643	875	1841	56917	2046	4601	155883
城西区	151	308	8608	974	2011	63654	1661	3690	127026
城北区	247	428	14083	990	1976	66937	1623	3546	132377
湟中区	45	177	5987	182	630	19777	691	2677	89445
大通回族土族自治县	57	207	4614	415	1234	32477	1126	4225	117578
湟源县	26	102	2347	115	357	9653	314	1112	30731
海东市	**202**	**634**	**17252**	**871**	**2739**	**81818**	**2813**	**9902**	**280805**
乐都区	57	119	3374	183	535	16669	579	1937	55274
平安区	5	15	353	150	332	11302	344	975	33771
民和回族土族自治县	61	225	5801	180	618	18501	504	1752	48018
互助土族自治县	19	54	1975	140	382	13576	577	1900	61252
化隆回族自治县	44	164	4380	124	402	10799	417	1463	38281
循化撒拉族自治县	16	57	1369	94	470	10971	392	1875	44209
海北藏族自治州	**96**	**159**	**5348**	**99**	**337**	**8268**	**490**	**1850**	**43461**
门源回族自治县	37	74	2036	55	190	4214	276	1254	26217
祁连县				10	54	1337	102	305	8703
海晏县	57	79	3172	15	42	1220	85	215	6666
刚察县	2	6	140	19	51	1497	27	76	1875
黄南藏族自治州	**60**	**223**	**6459**	**265**	**973**	**25994**	**641**	**2501**	**66624**
同仁县	32	96	3048	153	542	15227	319	1355	37310
尖扎县	26	122	3281	61	260	6601	134	577	14178
泽库县	1	2	50	14	38	813	52	113	2635
河南蒙古族自治县	1	3	80	37	133	3353	136	456	12501
海南藏族自治州	**85**	**242**	**7173**	**309**	**1127**	**27359**	**828**	**2810**	**73349**
共和县	26	61	2253	116	347	9353	333	900	26415
同德县	3	12	185	11	20	575	51	126	4466
贵德县	25	78	2840	83	369	9959	251	1132	28265
兴海县	21	68	1275	67	311	5203	117	432	7963
贵南县	10	23	620	32	80	2269	76	220	6240
果洛藏族自治州	**37**	**89**	**2699**	**71**	**150**	**4333**	**214**	**476**	**14544**
玛沁县	1	2	60	22	56	1746	52	119	3814
班玛县	7	14	558	5	9	225	17	47	1799
甘德县	25	67	1841	4	11	260	63	170	4593
达日县	4	6	240	29	54	1469	36	54	1708
久治县				11	20	633	42	81	2510
玛多县							4	5	120
玉树藏族自治州	**79**	**305**	**10513**	**129**	**440**	**14885**	**161**	**460**	**14205**
玉树市	3	8	170	12	31	760	13	25	625
杂多县	1	4	200	3	5	369	24	74	2826
称多县	7	25	660	10	42	1120	12	56	1250
治多县				7	25	505	18	63	1768
囊谦县	67	265	9403	87	312	11416	80	205	6696
曲麻莱县	1	3	80	10	25	715	14	37	1040
海西蒙古族藏族自治州	**40**	**84**	**2388**	**718**	**1317**	**37768**	**1597**	**4137**	**122696**
格尔木市	14	23	776	272	494	13944	1132	2910	83889
德令哈市	10	21	590	98	199	5904	159	361	12905
茫崖市	2	2	30	243	381	10139	92	153	3755
乌兰县	5	18	453	17	49	1934	35	101	3650
都兰县	7	18	514	51	128	3897	156	552	16672
天峻县	2	2	25	1	1	72	9	21	730
大柴旦行政委员会				36	65	1878	14	39	1095

9-2 续表 3

单位：户、间、平方米

地区	2000—2009年			2010—2014年			2015年以后		
	户数	间数	面积	户数	间数	面积	户数	间数	面积
全省	**45316**	**147529**	**4896381**	**64168**	**206999**	**6843515**	**39742**	**124586**	**4235382**
西宁市	**23785**	**75001**	**2738206**	**25788**	**84351**	**3136949**	**14864**	**45503**	**1821310**
城东区	4451	11269	448986	5152	12714	541937	3301	7542	330763
城中区	4766	12684	486803	2624	6614	258821	1131	3335	133138
城西区	3422	9108	391182	4090	11029	504951	1623	4064	182345
城北区	3527	9639	411775	3875	10993	515515	3920	10191	520659
湟中区	3145	13396	449137	4513	18704	623138	1993	8333	278939
大通回族土族自治县	3522	15480	441205	4310	19377	545801	1970	9115	279192
湟源县	952	3425	109118	1224	4920	146786	926	2923	96274
海东市	**8893**	**33019**	**1020178**	**13685**	**50127**	**1582264**	**10197**	**36516**	**1153169**
乐都区	1732	6142	202206	2715	9643	321731	2250	7478	258031
平安区	932	3088	114113	1500	4650	177127	663	1820	70621
民和回族土族自治县	1670	6101	188007	2922	10484	327575	3169	11411	340982
互助土族自治县	2524	9622	293840	4179	15933	509063	2200	8305	279528
化隆回族自治县	1067	3677	106120	1417	4914	140211	1169	4021	117260
循化撒拉族自治县	968	4389	115892	952	4503	106557	746	3481	86747
海北藏族自治州	**2189**	**7797**	**195058**	**3644**	**10469**	**292900**	**1620**	**4781**	**141533**
门源回族自治县	1163	5179	110881	1634	5480	138964	890	2769	82807
祁连县	412	1197	39092	646	1643	55220	295	933	26183
海晏县	343	742	25436	591	1358	49285	270	665	21733
刚察县	271	679	19649	773	1988	49431	165	414	10810
黄南藏族自治州	**1903**	**6604**	**176018**	**2707**	**8018**	**232668**	**2204**	**6601**	**181695**
同仁县	706	3071	83680	1003	3325	107630	710	2473	76668
尖扎县	488	1736	48485	398	1572	48192	390	1442	41444
泽库县	384	845	18807	783	1662	36033	886	2049	46058
河南蒙古族自治县	325	952	25046	523	1459	40813	218	637	17525
海南藏族自治州	**2710**	**9046**	**258498**	**5423**	**15931**	**455933**	**3611**	**11901**	**330879**
共和县	792	2479	77694	1396	4400	128053	1330	4503	123239
同德县	313	756	25977	995	2281	70841	350	797	26798
贵德县	805	3201	93579	1507	4930	145273	630	2585	70670
兴海县	382	1454	26715	776	2668	53316	555	1837	41836
贵南县	418	1156	34533	749	1652	58450	746	2179	68336
果洛藏族自治州	**924**	**1945**	**59020**	**1970**	**4291**	**132887**	**2312**	**5076**	**152101**
玛沁县	214	571	15138	466	1085	31856	378	912	26286
班玛县	93	211	7135	292	677	27502	361	828	29080
甘德县	72	173	4852	475	1204	29149	630	1584	41290
达日县	151	265	10052	407	710	25558	334	585	22461
久治县	282	544	17317	220	427	12952	268	538	16752
玛多县	112	181	4526	110	188	5870	341	629	16232
玉树藏族自治州	**1025**	**3218**	**88041**	**5912**	**19152**	**501967**	**2541**	**7294**	**211064**
玉树市	71	170	4310	3152	10571	275066	107	250	8390
杂多县	168	450	15722	420	981	36742	553	1294	52649
称多县	177	581	11891	986	3348	75342	339	1016	25993
治多县	79	248	6163	365	1260	28198	348	955	23872
囊谦县	296	1152	32937	489	1832	53918	843	2807	74938
曲麻莱县	234	617	17018	500	1160	32701	351	972	25222
海西蒙古族藏族自治州	**3887**	**10899**	**361362**	**5039**	**14660**	**507947**	**2393**	**6914**	**243631**
格尔木市	1626	5191	166735	2025	6582	228252	1144	3649	132990
德令哈市	937	2271	86537	1183	3285	122735	307	853	32604
茫崖市	247	369	10235	106	137	5174	69	127	4803
乌兰县	298	808	27894	563	1629	50618	129	437	13708
都兰县	491	1630	49115	813	2368	77990	474	1312	44284
天峻县	234	523	17126	295	503	18749	263	516	14476
大柴旦行政委员会	54	107	3720	54	156	4429	7	20	766

9–2a 各地区按住房建成时间分的家庭户住房状况(城市)

单位：户、间、平方米

地区	合计			1949年以前		
	户数	间数	面积	户数	间数	面积
全省	**71065**	**179752**	**7135650**	**6**	**20**	**635**
西宁市	**55789**	**141717**	**5725607**	**5**	**15**	**555**
城东区	16280	38770	1555320	2	9	395
城中区	11666	29367	1102934	1	1	50
城西区	11927	30185	1276979			
城北区	13985	35455	1516613			
湟中区	1569	5004	171525	2	5	110
大通回族土族自治县	362	2936	102236			
湟源县						
海东市	**5967**	**15191**	**623121**			
乐都区	3459	8395	348817			
平安区	2508	6796	274304			
民和回族土族自治县						
互助土族自治县						
化隆回族自治县						
循化撒拉族自治县						
海北藏族自治州						
门源回族自治县						
祁连县						
海晏县						
刚察县						
黄南藏族自治州						
同仁县						
尖扎县						
泽库县						
河南蒙古族自治县						
海南藏族自治州						
共和县						
同德县						
贵德县						
兴海县						
贵南县						
果洛藏族自治州						
玛沁县						
班玛县						
甘德县						
达日县						
久治县						
玛多县						
玉树藏族自治州	**1913**	**6196**	**183104**			
玉树市	1847	6043	177309			
杂多县						
称多县						
治多县						
囊谦县						
曲麻莱县	66	153	5795			
海西蒙古族藏族自治州	**7396**	**16648**	**603818**	**1**	**5**	**80**
格尔木市	4721	11218	401220			
德令哈市	1963	4398	172019	1	5	80
茫崖市	712	1032	30579			
乌兰县						
都兰县						
天峻县						
大柴旦行政委员会						

9－2a 续表 1

单位：户、间、平方米

地　区	1949－1959年			1960－1969年		
	户数	间数	面积	户数	间数	面积
全省	**36**	**79**	**2309**	**178**	**307**	**10544**
西宁市	**20**	**43**	**1407**	**156**	**274**	**9321**
城东区	14	25	879	51	97	2700
城中区	3	12	377	23	35	1160
城西区	3	6	151	7	14	412
城北区				75	128	5049
湟中区						
大通回族土族自治县						
湟源县						
海东市	**5**	**18**	**510**	**3**	**8**	**502**
乐都区	4	6	210	3	8	502
平安区	1	12	300			
民和回族土族自治县						
互助土族自治县						
化隆回族自治县						
循化撒拉族自治县						
海北藏族自治州						
门源回族自治县						
祁连县						
海晏县						
刚察县						
黄南藏族自治州						
同仁县						
尖扎县						
泽库县						
河南蒙古族自治县						
海南藏族自治州						
共和县						
同德县						
贵德县						
兴海县						
贵南县						
果洛藏族自治州						
玛沁县						
班玛县						
甘德县						
达日县						
久治县						
玛多县						
玉树藏族自治州						
玉树市						
杂多县						
称多县						
治多县						
囊谦县						
曲麻莱县						
海西蒙古族藏族自治州	**11**	**18**	**392**	**19**	**25**	**721**
格尔木市	11	18	392	4	10	196
德令哈市						
茫崖市				15	15	525
乌兰县						
都兰县						
天峻县						
大柴旦行政委员会						

9-2a　续表 2　　　　单位：户、间、平方米

地　区	1970—1979年			1980—1989年			1990—1999年		
	户数	间数	面积	户数	间数	面积	户数	间数	面积
全省	**893**	**1719**	**53225**	**4717**	**9685**	**299121**	**9276**	**20704**	**698135**
西宁市	**858**	**1662**	**51599**	**3967**	**8360**	**259514**	**7495**	**16661**	**569620**
城东区	231	493	15606	1074	2320	70080	2004	4301	143974
城中区	219	399	12643	872	1823	56557	2044	4589	155661
城西区	151	308	8608	974	2011	63654	1661	3690	127026
城北区	246	424	13684	986	1960	62941	1600	3467	121799
湟中区	11	38	1058	53	142	4024	164	470	14233
大通回族土族自治县				8	104	2258	22	144	6927
湟源县									
海东市	**15**	**25**	**690**	**209**	**454**	**15337**	**532**	**1268**	**44556**
乐都区	12	20	503	66	139	4713	249	557	19243
平安区	3	5	187	143	315	10624	283	711	25313
民和回族土族自治县									
互助土族自治县									
化隆回族自治县									
循化撒拉族自治县									
海北藏族自治州									
门源回族自治县									
祁连县									
海晏县									
刚察县									
黄南藏族自治州									
同仁县									
尖扎县									
泽库县									
河南蒙古族自治县									
海南藏族自治州									
共和县									
同德县									
贵德县									
兴海县									
贵南县									
果洛藏族自治州									
玛沁县									
班玛县									
甘德县									
达日县									
久治县									
玛多县									
玉树藏族自治州							**2**	**3**	**95**
玉树市							2	3	95
杂多县									
称多县									
治多县									
囊谦县									
曲麻莱县									
海西蒙古族藏族自治州	**20**	**32**	**936**	**541**	**871**	**24270**	**1247**	**2772**	**83864**
格尔木市	13	20	656	266	462	13084	1030	2360	70616
德令哈市	5	10	250	92	175	4988	125	259	9493
茫崖市	2	2	30	183	234	6198	92	153	3755
乌兰县									
都兰县									
天峻县									
大柴旦行政委员会									

9－2a 续表 3

单位：户、间、平方米

地区	2000—2009年			2010—2014年			2015年以后		
	户数	间数	面积	户数	间数	面积	户数	间数	面积
全省	**20249**	**53517**	**2120880**	**22820**	**61137**	**2515924**	**12890**	**32584**	**1434877**
西宁市	**16600**	**44643**	**1787850**	**16547**	**44197**	**1891418**	**10141**	**25862**	**1154323**
城东区	4451	11269	448986	5152	12714	541937	3301	7542	330763
城中区	4758	12632	485793	2616	6542	257561	1130	3334	133132
城西区	3421	9096	390782	4087	10996	504001	1623	4064	182345
城北区	3486	9491	386719	3748	10424	464032	3844	9561	462389
湟中区	363	1261	41147	792	2376	86091	184	712	24862
大通回族土族自治县	121	894	34423	152	1145	37796	59	649	20832
湟源县									
海东市	**1394**	**3775**	**151653**	**2216**	**5663**	**242193**	**1593**	**3980**	**167680**
乐都区	794	1963	79159	1227	2957	128450	1104	2745	116037
平安区	600	1812	72494	989	2706	113743	489	1235	51643
民和回族土族自治县									
互助土族自治县									
化隆回族自治县									
循化撒拉族自治县									
海北藏族自治州									
门源回族自治县									
祁连县									
海晏县									
刚察县									
黄南藏族自治州									
同仁县									
尖扎县									
泽库县									
河南蒙古族自治县									
海南藏族自治州									
共和县									
同德县									
贵德县									
兴海县									
贵南县									
果洛藏族自治州									
玛沁县									
班玛县									
甘德县									
达日县									
久治县									
玛多县									
玉树藏族自治州	**39**	**107**	**3605**	**1773**	**5864**	**171054**	**99**	**222**	**8350**
玉树市	6	18	410	1762	5841	170174	77	181	6630
杂多县									
称多县									
治多县									
囊谦县									
曲麻莱县	33	89	3195	11	23	880	22	41	1720
海西蒙古族藏族自治州	**2216**	**4992**	**177772**	**2284**	**5413**	**211259**	**1057**	**2520**	**104524**
格尔木市	1238	3112	107050	1402	3435	133976	757	1801	75250
德令哈市	732	1513	60559	776	1841	72109	232	595	24540
茫崖市	246	367	10163	106	137	5174	68	124	4734
乌兰县									
都兰县									
天峻县									
大柴旦行政委员会									

9-2b 各地区按住房建成时间分的家庭户住房状况(镇)

单位：户、间、平方米

地区	合计			1949年以前		
	户数	间数	面积	户数	间数	面积
全省	**40464**	**120401**	**4090286**	**60**	**182**	**6392**
西宁市	**9587**	**33721**	**1159593**	**8**	**23**	**749**
城东区						
城中区	1	1	6			
城西区	4	45	1350			
城北区						
湟中区	1802	7573	292277	2	7	186
大通回族土族自治县	5864	20710	671546	1	2	100
湟源县	1916	5392	194414	5	14	463
海东市	**9457**	**29943**	**1066115**	**8**	**26**	**1079**
乐都区	389	1216	48991	1	3	200
平安区	54	178	6256			
民和回族土族自治县	3570	10800	396656	1	4	100
互助土族自治县	3376	10544	390254			
化隆回族自治县	862	2719	76622			
循化撒拉族自治县	1206	4486	147336	6	19	779
海北藏族自治州	**4163**	**9280**	**334421**			
门源回族自治县	1697	3961	146902			
祁连县	856	2011	75869			
海晏县	1069	1988	76441			
刚察县	541	1320	35209			
黄南藏族自治州	**3444**	**9226**	**308873**	**2**	**9**	**470**
同仁县	1685	5065	185795	1	7	400
尖扎县	604	1635	58882	1	2	70
泽库县	686	1340	29520			
河南蒙古族自治县	469	1186	34676			
海南藏族自治州	**5502**	**13701**	**468267**	**8**	**15**	**761**
共和县	2026	4840	170163	3	5	380
同德县	481	1035	36726	2	4	156
贵德县	1639	4467	162043	3	6	225
兴海县	758	2186	57303			
贵南县	598	1173	42032			
果洛藏族自治州	**1993**	**4081**	**128847**	**26**	**80**	**2043**
玛沁县	626	1322	44505			
班玛县	265	497	17381			
甘德县	254	756	17003	25	77	1843
达日县	357	608	24242	1	3	200
久治县	152	331	9868			
玛多县	339	567	15848			
玉树藏族自治州	**3111**	**10477**	**297353**	**8**	**29**	**1290**
玉树市	152	535	11412			
杂多县	585	1507	61508			
称多县	599	2225	48792			
治多县	488	1738	39607	1	3	90
囊谦县	764	2888	98014	7	26	1200
曲麻莱县	523	1584	38020			
海西蒙古族藏族自治州	**3207**	**9972**	**326817**			
格尔木市	884	4764	138554			
德令哈市	67	164	5526			
茫崖市	62	152	4082			
乌兰县	617	1425	53231			
都兰县	965	2206	81244			
天峻县	460	911	33312			
大柴旦行政委员会	152	350	10868			

9－2b 续表 1

单位：户、间、平方米

地　区	1949－1959年			1960－1969年		
	户数	间数	面积	户数	间数	面积
全省	**75**	**163**	**5921**	**171**	**461**	**17903**
西宁市	**4**	**22**	**502**	**7**	**26**	**854**
城东区						
城中区						
城西区						
城北区						
湟中区	1	4	300	2	9	460
大通回族土族自治县	2	5	72	2	3	90
湟源县	1	13	130	3	14	304
海东市	**4**	**19**	**996**	**19**	**73**	**2783**
乐都区				3	3	124
平安区						
民和回族土族自治县	3	14	730	6	19	814
互助土族自治县						
化隆回族自治县				4	11	270
循化撒拉族自治县	1	5	266	6	40	1575
海北藏族自治州	**41**	**59**	**2692**	**65**	**97**	**3936**
门源回族自治县	2	3	116	6	21	385
祁连县						
海晏县	39	56	2576	57	66	3296
刚察县				2	10	255
黄南藏族自治州	**2**	**5**	**164**	**11**	**31**	**1174**
同仁县				3	9	260
尖扎县	1	3	114	7	19	854
泽库县				1	3	60
河南蒙古族自治县	1	2	50			
海南藏族自治州	**8**	**15**	**424**	**19**	**49**	**1380**
共和县	7	13	324	5	12	426
同德县						
贵德县	1	2	100	8	17	588
兴海县				4	15	270
贵南县				2	5	96
果洛藏族自治州	**9**	**28**	**562**	**3**	**7**	**180**
玛沁县				1	2	80
班玛县						
甘德县	9	28	562	1	3	60
达日县						
久治县						
玛多县				1	2	40
玉树藏族自治州	**7**	**15**	**581**	**45**	**176**	**7521**
玉树市						
杂多县						
称多县						
治多县						
囊谦县	7	15	581	45	176	7521
曲麻莱县						
海西蒙古族藏族自治州				**2**	**2**	**75**
格尔木市						
德令哈市				2	2	75
茫崖市						
乌兰县						
都兰县						
天峻县						
大柴旦行政委员会						

9-2b 续表 2

单位：户、间、平方米

地 区	1970—1979年			1980—1989年			1990—1999年		
	户数	间数	面积	户数	间数	面积	户数	间数	面积
全省	**403**	**1091**	**35142**	**1391**	**3881**	**117491**	**3095**	**9660**	**295082**
西宁市	**72**	**253**	**6684**	**441**	**1083**	**32679**	**1070**	**3437**	**107630**
城东区									
城中区									
城西区									
城北区									
湟中区	10	61	2349	22	83	4083	124	502	21195
大通回族土族自治县	46	141	3114	343	808	22907	764	2476	70400
湟源县	16	51	1221	76	192	5689	182	459	16035
海东市	**87**	**208**	**7239**	**332**	**971**	**30795**	**852**	**2698**	**83004**
乐都区	30	45	1605	30	60	1927	41	99	3247
平安区									
民和回族土族自治县	33	104	3685	133	442	14174	292	883	26647
互助土族自治县	3	7	204	79	165	5777	222	607	20403
化隆回族自治县	14	37	1133	53	130	4203	109	316	9189
循化撒拉族自治县	7	15	612	37	174	4714	188	793	23518
海北藏族自治州	**89**	**134**	**4689**	**37**	**96**	**2605**	**149**	**379**	**11403**
门源回族自治县	32	56	1647	24	64	1645	37	113	3239
祁连县				2	12	240	49	125	4009
海晏县	55	72	2902	9	17	603	44	88	2960
刚察县	2	6	140	2	3	117	19	53	1195
黄南藏族自治州	**14**	**38**	**1362**	**128**	**378**	**11678**	**261**	**908**	**26336**
同仁县	10	29	1087	90	262	8517	170	675	19556
尖扎县	3	6	195	16	39	1256	35	95	2925
泽库县				4	10	223	14	26	495
河南蒙古族自治县	1	3	80	18	67	1682	42	112	3360
海南藏族自治州	**43**	**115**	**3515**	**186**	**629**	**16403**	**457**	**1238**	**36741**
共和县	17	41	1294	99	267	7622	253	594	18685
同德县				5	8	305	22	55	2036
贵德县	11	28	1269	32	125	4104	96	317	10070
兴海县	10	37	720	42	209	3767	59	194	3853
贵南县	5	9	232	8	20	605	27	78	2097
果洛藏族自治州	**12**	**29**	**751**	**31**	**66**	**1978**	**93**	**197**	**6071**
玛沁县	1	2	60	15	35	1216	42	90	3091
班玛县	2	3	98	4	7	155	9	24	719
甘德县	8	23	533	3	9	200	16	47	1128
达日县	1	1	60	5	8	204	13	15	523
久治县				4	7	203	9	16	490
玛多县							4	5	120
玉树藏族自治州	**71**	**280**	**9888**	**97**	**345**	**12120**	**92**	**289**	**9274**
玉树市							1	3	40
杂多县				2	4	309	11	30	1706
称多县	6	20	570	8	37	1020	7	45	970
治多县				5	17	325	10	45	1318
囊谦县	64	257	9238	75	270	9936	56	145	4660
曲麻莱县	1	3	80	7	17	530	7	21	580
海西蒙古族藏族自治州	**15**	**34**	**1014**	**139**	**313**	**9233**	**121**	**514**	**14623**
格尔木市				2	8	260	58	354	8575
德令哈市	4	7	260				6	14	385
茫崖市				60	147	3941			
乌兰县	5	18	453	12	33	1392	24	71	2658
都兰县	4	7	276	28	59	1690	26	60	2400
天峻县	2	2	25	1	1	72	6	13	530
大柴旦行政委员会				36	65	1878	1	2	75

9－2b 续表 3

单位：户、间、平方米

地　区	2000—2009年			2010—2014年			2015年以后		
	户数	间数	面积	户数	间数	面积	户数	间数	面积
全省	**9917**	**31467**	**1073483**	**16457**	**46921**	**1605376**	**8895**	**26575**	**933496**
西宁市	**2849**	**10403**	**367102**	**3199**	**11438**	**391111**	**1937**	**7036**	**252282**
城东区									
城中区							1	1	6
城西区	1	12	400	3	33	950			
城北区									
湟中区	669	2830	111385	678	2823	102388	294	1254	49931
大通回族土族自治县	1634	5905	196627	1985	6979	228763	1087	4391	149473
湟源县	545	1656	58690	533	1603	59010	555	1390	52872
海东市	**2328**	**7658**	**264508**	**3587**	**11199**	**410457**	**2240**	**7091**	**265254**
乐都区	65	216	8364	126	446	17460	93	344	16064
平安区	9	33	1130	12	50	1470	33	95	3656
民和回族土族自治县	863	2630	97086	1247	3663	140161	992	3041	113259
互助土族自治县	717	2390	83938	1663	5150	195508	692	2225	84424
化隆回族自治县	304	1008	27740	236	746	19814	142	471	14273
循化撒拉族自治县	370	1381	46250	303	1144	36044	288	915	33578
海北藏族自治州	**923**	**2196**	**77739**	**1997**	**4286**	**153959**	**862**	**2033**	**77398**
门源回族自治县	260	725	24154	814	1692	65000	522	1287	50716
祁连县	242	602	23467	450	975	37777	113	297	10376
海晏县	255	468	17816	438	900	33857	172	321	12431
刚察县	166	401	12302	295	719	17325	55	128	3875
黄南藏族自治州	**768**	**2218**	**75229**	**1319**	**3229**	**113074**	**939**	**2410**	**79386**
同仁县	348	1201	42755	661	1740	67519	402	1142	45701
尖扎县	263	690	24032	153	457	18169	125	324	11267
泽库县	76	129	2527	263	458	10038	328	714	16177
河南蒙古族自治县	81	198	5915	242	574	17348	84	230	6241
海南藏族自治州	**1269**	**3733**	**126015**	**2607**	**5644**	**204651**	**905**	**2263**	**78377**
共和县	524	1416	49146	825	1825	67299	293	667	24987
同德县	82	197	7826	273	573	19701	97	198	6702
贵德县	391	1307	46613	860	1958	75450	237	707	23624
兴海县	108	387	7641	300	764	21308	235	580	19744
贵南县	164	426	14789	349	524	20893	43	111	3320
果洛藏族自治州	**338**	**633**	**21548**	**789**	**1662**	**51972**	**692**	**1379**	**43742**
玛沁县	100	209	7258	270	557	19091	197	427	13709
班玛县	28	54	1929	127	228	7768	95	181	6712
甘德县	12	35	850	169	498	11123	11	36	704
达日县	61	109	4445	136	227	8927	140	245	9883
久治县	74	141	4880	26	49	1542	39	118	2753
玛多县	63	85	2186	61	103	3521	210	372	9981
玉树藏族自治州	**616**	**2049**	**56273**	**1418**	**4876**	**127892**	**757**	**2418**	**72514**
玉树市	7	17	435	144	515	10937			
杂多县	132	361	13072	243	603	23119	197	509	23302
称多县	95	340	6880	310	1200	24914	173	583	14438
治多县	60	204	5026	304	1085	23988	108	384	8860
囊谦县	182	710	20662	252	1006	33649	76	283	10567
曲麻莱县	140	417	10198	165	467	11285	203	659	15347
海西蒙古族藏族自治州	**826**	**2577**	**85069**	**1541**	**4587**	**152260**	**563**	**1945**	**64543**
格尔木市	211	1152	33328	403	2149	62273	210	1101	34118
德令哈市	8	17	604	33	87	3077	14	37	1125
茫崖市	1	2	72				1	3	69
乌兰县	162	383	14893	370	800	28825	44	120	5010
都兰县	215	504	18470	460	1015	39339	232	561	19069
天峻县	175	412	13982	221	380	14317	55	103	4386
大柴旦行政委员会	54	107	3720	54	156	4429	7	20	766

9-2c　各地区按住房建成时间分的家庭户住房状况(乡村)

单位：户、间、平方米

地　　区	合　计			1949年以前		
	户数	间数	面积	户数	间数	面积
全省	**63405**	**248949**	**6870654**	**96**	**382**	**9323**
西宁市	**14394**	**66745**	**2012030**	**29**	**132**	**3305**
城东区						
城中区	22	159	2942			
城西区						
城北区	272	1446	149782			
湟中区	7235	31473	1006408	14	50	1199
大通回族土族自治县	5203	26128	650113	11	64	1416
湟源县	1662	7539	202785	4	18	690
海东市	**21341**	**88222**	**2459135**	**20**	**76**	**1949**
乐都区	3693	16310	461584	7	22	595
平安区	1036	3930	127287			
民和回族土族自治县	4952	19876	534772	1	3	120
互助土族自治县	6272	25676	769945	2	7	220
化隆回族自治县	3409	12061	344183	8	38	909
循化撒拉族自治县	1979	10369	221364	2	6	105
海北藏族自治州	**4088**	**16294**	**359300**	**1**	**6**	**90**
门源回族自治县	2372	11033	219189	1	6	90
祁连县	609	2121	54666			
海晏县	388	1235	36943			
刚察县	719	1905	48502			
黄南藏族自治州	**4415**	**16024**	**388481**	**20**	**101**	**1965**
同仁县	1264	5876	140156	3	8	175
尖扎县	940	4312	108417	16	91	1710
泽库县	1437	3375	75076	1	2	80
河南蒙古族自治县	774	2461	64832			
海南藏族自治州	**7517**	**27496**	**689010**	**2**	**8**	**105**
共和县	1983	7884	198014			
同德县	1245	2964	92354			
贵德县	1684	7896	190606	1	2	60
兴海县	1168	4608	79490	1	6	45
贵南县	1437	4144	128546			
果洛藏族自治州	**3628**	**8208**	**243659**	**11**	**23**	**655**
玛沁县	510	1433	34635	1	3	60
班玛县	513	1294	49138	1	2	70
甘德县	1095	2686	70924	6	12	365
达日县	607	1072	37576	1	1	50
久治县	674	1285	40446	2	5	110
玛多县	229	438	10940			
玉树藏族自治州	**4913**	**14502**	**372074**	**12**	**34**	**1204**
玉树市	1361	4482	100740			
杂多县	588	1307	47230	1	1	70
称多县	932	2843	67464			
治多县	331	818	21049			
囊谦县	1180	3975	102630	11	33	1134
曲麻莱县	521	1077	32961			
海西蒙古族藏族自治州	**3109**	**11458**	**346965**	**1**	**2**	**50**
格尔木市	624	2900	87510			
德令哈市	667	2435	83885			
茫崖市						
乌兰县	430	1617	45026			
都兰县	1030	3812	111608			
天峻县	345	657	17916	1	2	50
大柴旦行政委员会	13	37	1020			

9－2c　续表 1　　　　单位：户、间、平方米

地　　区	1949－1959年			1960－1969年		
	户数	间数	面积	户数	间数	面积
全省	**90**	**327**	**7651**	**125**	**477**	**12296**
西宁市	**14**	**59**	**1364**	**24**	**99**	**2311**
城东区						
城中区				1	5	90
城西区						
城北区						
湟中区	7	28	769	9	30	763
大通回族土族自治县	4	18	410	9	44	940
湟源县	3	13	185	5	20	518
海东市	**13**	**66**	**1256**	**32**	**133**	**3810**
乐都区	5	20	356	2	5	120
平安区	2	10	220	1	2	40
民和回族土族自治县	2	17	260	3	28	520
互助土族自治县				7	17	745
化隆回族自治县	3	12	280	18	78	2295
循化撒拉族自治县	1	7	140	1	3	90
海北藏族自治州	**1**	**1**	**75**	**5**	**18**	**360**
门源回族自治县	1	1	75	4	17	306
祁连县						
海晏县						
刚察县				1	1	54
黄南藏族自治州	**15**	**58**	**1205**	**29**	**126**	**2918**
同仁县	4	13	240	15	42	1313
尖扎县	9	42	845	13	81	1525
泽库县	1	1	60			
河南蒙古族自治县	1	2	60	1	3	80
海南藏族自治州	**3**	**8**	**171**	**13**	**45**	**1245**
共和县				1	4	40
同德县				1	3	82
贵德县	2	7	155	7	34	935
兴海县				3	3	170
贵南县	1	1	16	1	1	18
果洛藏族自治州	**37**	**107**	**2980**	**7**	**17**	**502**
玛沁县				1	5	100
班玛县	1	2	90	1	1	60
甘德县	36	105	2890	3	8	222
达日县				1	2	80
久治县				1	1	40
玛多县						
玉树藏族自治州	**6**	**23**	**490**	**12**	**29**	**770**
玉树市				2	5	140
杂多县				3	5	160
称多县						
治多县				1	2	60
囊谦县	6	23	490	6	17	410
曲麻莱县						
海西蒙古族藏族自治州	**1**	**5**	**110**	**3**	**10**	**380**
格尔木市	1	5	110			
德令哈市						
茫崖市						
乌兰县						
都兰县				3	10	380
天峻县						
大柴旦行政委员会						

9-2c　续表 2

单位：户、间、平方米

地　　区	1970—1979年			1980—1989年			1990—1999年		
	户数	间数	面积	户数	间数	面积	户数	间数	面积
全省	**279**	**1040**	**27353**	**979**	**3886**	**103308**	**3838**	**15924**	**419481**
西宁市	**46**	**199**	**5605**	**217**	**926**	**27302**	**900**	**4054**	**119764**
城东区									
城中区				3	18	360	2	12	222
城西区									
城北区	1	4	399	4	16	3996	23	79	10578
湟中区	24	78	2580	107	405	11670	403	1705	54017
大通回族土族自治县	11	66	1500	64	322	7312	340	1605	40251
湟源县	10	51	1126	39	165	3964	132	653	14696
海东市	**100**	**401**	**9323**	**330**	**1314**	**35686**	**1429**	**5936**	**153245**
乐都区	15	54	1266	87	336	10029	289	1281	32784
平安区	2	10	166	7	17	678	61	264	8458
民和回族土族自治县	28	121	2116	47	176	4327	212	869	21371
互助土族自治县	16	47	1771	61	217	7799	355	1293	40849
化隆回族自治县	30	127	3247	71	272	6596	308	1147	29092
循化撒拉族自治县	9	42	757	57	296	6257	204	1082	20691
海北藏族自治州	**7**	**25**	**659**	**62**	**241**	**5663**	**341**	**1471**	**32058**
门源回族自治县	5	18	389	31	126	2569	239	1141	22978
祁连县				8	42	1097	53	180	4694
海晏县	2	7	270	6	25	617	41	127	3706
刚察县				17	48	1380	8	23	680
黄南藏族自治州	**46**	**185**	**5097**	**137**	**595**	**14316**	**380**	**1593**	**40288**
同仁县	22	67	1961	63	280	6710	149	680	17754
尖扎县	23	116	3086	45	221	5345	99	482	11253
泽库县	1	2	50	10	28	590	38	87	2140
河南蒙古族自治县				19	66	1671	94	344	9141
海南藏族自治州	**42**	**127**	**3658**	**123**	**498**	**10956**	**371**	**1572**	**36608**
共和县	9	20	959	17	80	1731	80	306	7730
同德县	3	12	185	6	12	270	29	71	2430
贵德县	14	50	1571	51	244	5855	155	815	18195
兴海县	11	31	555	25	102	1436	58	238	4110
贵南县	5	14	388	24	60	1664	49	142	4143
果洛藏族自治州	**25**	**60**	**1948**	**40**	**84**	**2355**	**121**	**279**	**8473**
玛沁县				7	21	530	10	29	723
班玛县	5	11	460	1	2	70	8	23	1080
甘德县	17	44	1308	1	2	60	47	123	3465
达日县	3	5	180	24	46	1265	23	39	1185
久治县				7	13	430	33	65	2020
玛多县									
玉树藏族自治州	**8**	**25**	**625**	**32**	**95**	**2765**	**67**	**168**	**4836**
玉树市	3	8	170	12	31	760	10	19	490
杂多县	1	4	200	1	1	60	13	44	1120
称多县	1	5	90	2	5	100	5	11	280
治多县				2	8	180	8	18	450
囊谦县	3	8	165	12	42	1480	24	60	2036
曲麻莱县				3	8	185	7	16	460
海西蒙古族藏族自治州	**5**	**18**	**438**	**38**	**133**	**4265**	**229**	**851**	**24209**
格尔木市	1	3	120	4	24	600	44	196	4698
德令哈市	1	4	80	6	24	916	28	88	3027
茫崖市									
乌兰县				5	16	542	11	30	992
都兰县	3	11	238	23	69	2207	130	492	14272
天峻县							3	8	200
大柴旦行政委员会							13	37	1020

9-2c 续表 3

单位：户、间、平方米

地　　区	2000—2009年			2010—2014年			2015年以后		
	户数	间数	面积	户数	间数	面积	户数	间数	面积
全省	**15150**	**62545**	**1702018**	**24891**	**98941**	**2722215**	**17957**	**65427**	**1867009**
西宁市	**4336**	**19955**	**583254**	**6042**	**28716**	**854420**	**2786**	**12605**	**414705**
城东区									
城中区	8	52	1010	8	72	1260			
城西区									
城北区	41	148	25056	127	569	51483	76	630	58270
湟中区	2113	9305	296605	3043	13505	434659	1515	6367	204146
大通回族土族自治县	1767	8681	210155	2173	11253	279242	824	4075	108887
湟源县	407	1769	50428	691	3317	87776	371	1533	43402
海东市	**5171**	**21586**	**604017**	**7882**	**33265**	**929614**	**6364**	**25445**	**720235**
乐都区	873	3963	114683	1362	6240	175821	1053	4389	125930
平安区	323	1243	40489	499	1894	61914	141	490	15322
民和回族土族自治县	807	3471	90921	1675	6821	187414	2177	8370	227723
互助土族自治县	1807	7232	209902	2516	10783	313555	1508	6080	195104
化隆回族自治县	763	2669	78380	1181	4168	120397	1027	3550	102987
循化撒拉族自治县	598	3008	69642	649	3359	70513	458	2566	53169
海北藏族自治州	**1266**	**5601**	**117319**	**1647**	**6183**	**138941**	**758**	**2748**	**64135**
门源回族自治县	903	4454	86727	820	3788	73964	368	1482	32091
祁连县	170	595	15625	196	668	17443	182	636	15807
海晏县	88	274	7620	153	458	15428	98	344	9302
刚察县	105	278	7347	478	1269	32106	110	286	6935
黄南藏族自治州	**1135**	**4386**	**100789**	**1388**	**4789**	**119594**	**1265**	**4191**	**102309**
同仁县	358	1870	40925	342	1585	40111	308	1331	30967
尖扎县	225	1046	24453	245	1115	30023	265	1118	30177
泽库县	308	716	16280	520	1204	25995	558	1335	29881
河南蒙古族自治县	244	754	19131	281	885	23465	134	407	11284
海南藏族自治州	**1441**	**5313**	**132483**	**2816**	**10287**	**251282**	**2706**	**9638**	**252502**
共和县	268	1063	28548	571	2575	60754	1037	3836	98252
同德县	231	559	18151	722	1708	51140	253	599	20096
贵德县	414	1894	46966	647	2972	69823	393	1878	47046
兴海县	274	1067	19074	476	1904	32008	320	1257	22092
贵南县	254	730	19744	400	1128	37557	703	2068	65016
果洛藏族自治州	**586**	**1312**	**37472**	**1181**	**2629**	**80915**	**1620**	**3697**	**108359**
玛沁县	114	362	7880	196	528	12765	181	485	12577
班玛县	65	157	5206	165	449	19734	266	647	22368
甘德县	60	138	4002	306	706	18026	619	1548	40586
达日县	90	156	5607	271	483	16631	194	340	12578
久治县	208	403	12437	194	378	11410	229	420	13999
玛多县	49	96	2340	49	85	2349	131	257	6251
玉树藏族自治州	**370**	**1062**	**28163**	**2721**	**8412**	**203021**	**1685**	**4654**	**130200**
玉树市	58	135	3465	1246	4215	93955	30	69	1760
杂多县	36	89	2650	177	378	13623	356	785	29347
称多县	82	241	5011	676	2148	50428	166	433	11555
治多县	19	44	1137	61	175	4210	240	571	15012
囊谦县	114	442	12275	237	826	20269	767	2524	64371
曲麻莱县	61	111	3625	324	670	20536	126	272	8155
海西蒙古族藏族自治州	**845**	**3330**	**98521**	**1214**	**4660**	**144428**	**773**	**2449**	**74564**
格尔木市	177	927	26357	220	998	32003	177	747	23622
德令哈市	197	741	25374	374	1357	47549	61	221	6939
茫崖市									
乌兰县	136	425	13001	193	829	21793	85	317	8698
都兰县	276	1126	30645	353	1353	38651	242	751	25215
天峻县	59	111	3144	74	123	4432	208	413	10090
大柴旦行政委员会									

9–3　各地区按住房设施状况分的家庭户户数

单位：户

地　区	合　计	住房所在建筑有无电梯		主要炊事燃料				
		有	无	燃气	电	煤炭	柴草	其他
全省	**174934**	**34818**	**140116**	**55891**	**51317**	**45539**	**8765**	**13422**
西宁市	**79770**	**27131**	**52639**	**33445**	**32803**	**12636**	**494**	**392**
城东区	16280	7914	8366	9755	6013	359	5	148
城中区	11689	3825	7864	5443	5546	668	1	31
城西区	11931	6907	5024	5774	5986	103		68
城北区	14257	6438	7819	6047	7495	624		91
湟中区	10606	475	10131	2950	2891	4654	86	25
大通回族土族自治县	11429	1197	10232	2408	4245	4362	397	17
湟源县	3578	375	3203	1068	627	1866	5	12
海东市	**36765**	**5005**	**31760**	**11592**	**5179**	**17012**	**2824**	**158**
乐都区	7541	1633	5908	3569	370	3424	166	12
平安区	3598	969	2629	2232	286	1043	19	18
民和回族土族自治县	8522	1099	7423	2469	318	5182	540	13
互助土族自治县	9648	1041	8607	2501	2494	4037	609	7
化隆回族自治县	4271	131	4140	545	613	2046	990	77
循化撒拉族自治县	3185	132	3053	276	1098	1280	500	31
海北藏族自治州	**8251**	**187**	**8064**	**17**	**3754**	**3404**	**198**	**878**
门源回族自治县	4069	126	3943	3	1521	2517		28
祁连县	1465	33	1432	12	746	491	46	170
海晏县	1457	22	1435	2	1059	190	17	189
刚察县	1260	6	1254		428	206	135	491
黄南藏族自治州	**7859**	**533**	**7326**	**155**	**2402**	**1408**	**2019**	**1875**
同仁县	2949	476	2473	10	1400	803	577	159
尖扎县	1544	48	1496	122	617	218	448	139
泽库县	2123	7	2116	5	149	262	987	720
河南蒙古族自治县	1243	2	1241	18	236	125	7	857
海南藏族自治州	**13019**	**176**	**12843**	**1617**	**3042**	**2841**	**1952**	**3567**
共和县	4009	139	3870	759	862	1018	366	1004
同德县	1726	2	1724	5	375	139	135	1072
贵德县	3323	22	3301	839	955	689	647	193
兴海县	1926	10	1916	8	336	657	214	711
贵南县	2035	3	2032	6	514	338	590	587
果洛藏族自治州	**5621**	**39**	**5582**	**369**	**1237**	**1653**	**328**	**2034**
玛沁县	1136	21	1115	53	469	188	60	366
班玛县	778	3	775	160	56	43	107	412
甘德县	1349	2	1347	3	412	662		272
达日县	964	9	955	47	183	203	2	529
久治县	826	3	823	101	19	140	159	407
玛多县	568	1	567	5	98	417		48
玉树藏族自治州	**9937**	**58**	**9879**	**1964**	**370**	**3014**	**861**	**3728**
玉树市	3360	43	3317	1179	248	605	267	1061
杂多县	1173	4	1169	185	45	630	6	307
称多县	1531		1531	286	1	541	22	681
治多县	819	1	818	29	4	256	4	526
囊谦县	1944	9	1935	225	71	395	493	760
曲麻莱县	1110	1	1109	60	1	587	69	393
海西蒙古族藏族自治州	**13712**	**1689**	**12023**	**6732**	**2530**	**3571**	**89**	**790**
格尔木市	6229	1532	4697	4339	476	1283	3	128
德令哈市	2697	86	2611	1702	265	675	17	38
茫崖市	774		774	173	93	47	1	460
乌兰县	1047	34	1013	296	332	340	37	42
都兰县	1995	28	1967	202	811	897	13	72
天峻县	805	8	797	6	415	316	18	50
大柴旦行政委员会	165	1	164	14	138	13		

9-3　续表 1　　　　单位：户

地　区	住房内有无管道自来水		住房内有无厨房			住房内有无厕所	
	有	无	独立使用	与其他户合用	无	水冲式卫生厕所	水冲式非卫生厕所
全省	**138472**	**36462**	**148308**	**3748**	**22878**	**97327**	**2320**
西宁市	**72520**	**7250**	**75242**	**686**	**3842**	**60372**	**1045**
城东区	15969	311	15747	18	515	15723	107
城中区	10783	906	10918	38	733	10501	125
城西区	11671	260	11609	25	297	11702	91
城北区	13476	781	13636	80	541	13089	430
湟中区	7583	3023	9346	268	992	2898	145
大通回族土族自治县	9677	1752	10738	125	566	4342	101
湟源县	3361	217	3248	132	198	2117	46
海东市	**27626**	**9139**	**33855**	**622**	**2288**	**13810**	**623**
乐都区	4373	3168	6612	120	809	3682	143
平安区	3033	565	3391	19	188	2480	36
民和回族土族自治县	7863	659	8157	88	277	2676	158
互助土族自治县	7840	1808	8791	193	664	3312	157
化隆回族自治县	1587	2684	3983	106	182	689	44
循化撒拉族自治县	2930	255	2921	96	168	971	85
海北藏族自治州	**6451**	**1800**	**6261**	**228**	**1762**	**4134**	**25**
门源回族自治县	3518	551	3387	55	627	1770	14
祁连县	1076	389	1049	30	386	834	6
海晏县	1290	167	1276	21	160	1094	2
刚察县	567	693	549	122	589	436	3
黄南藏族自治州	**5328**	**2531**	**4698**	**361**	**2800**	**2195**	**89**
同仁县	2471	478	1859	89	1001	1331	42
尖扎县	1309	235	1202	105	237	525	36
泽库县	907	1216	1054	67	1002	113	6
河南蒙古族自治县	641	602	583	100	560	226	5
海南藏族自治州	**9685**	**3334**	**9770**	**552**	**2697**	**4365**	**180**
共和县	3190	819	3071	199	739	1615	73
同德县	1218	508	910	56	760	375	6
贵德县	2930	393	3086	58	179	1614	91
兴海县	913	1013	1392	99	435	329	4
贵南县	1434	601	1311	140	584	432	6
果洛藏族自治州	**1675**	**3946**	**2204**	**439**	**2978**	**1171**	**56**
玛沁县	665	471	752	94	290	473	5
班玛县	270	508	322	43	413	200	9
甘德县	117	1232	191	269	889	113	28
达日县	305	659	211	14	739	220	12
久治县	154	672	565	14	247	80	1
玛多县	164	404	163	5	400	85	1
玉树藏族自治州	**3468**	**6469**	**4590**	**649**	**4698**	**1893**	**85**
玉树市	1907	1453	2268	111	981	1657	38
杂多县	175	998	424	78	671	104	10
称多县	406	1125	470	111	950	7	4
治多县	25	794	164	32	623	8	15
囊谦县	731	1213	1014	237	693	65	17
曲麻莱县	224	886	250	80	780	52	1
海西蒙古族藏族自治州	**11719**	**1993**	**11688**	**211**	**1813**	**9387**	**217**
格尔木市	5645	584	5681	71	477	4614	82
德令哈市	2561	136	2515	42	140	2018	3
茫崖市	601	173	224	15	535	573	95
乌兰县	917	130	944	15	88	765	6
都兰县	1409	586	1736	64	195	848	22
天峻县	422	383	425	4	376	407	9
大柴旦行政委员会	164	1	163		2	162	

9-3 续表 2

单位：户

地区	住房内有无厕所			住房内有无洗澡设施			
	卫生旱厕	普通旱厕	无	统一供热水	家庭自装热水器	其他	无
全省	**19218**	**39308**	**16761**	**4231**	**102862**	**5219**	**62622**
西宁市	**4188**	**10873**	**3292**	**2543**	**60937**	**1227**	**15063**
城东区	16	8	426	987	13606	304	1383
城中区	146	302	615	469	8823	124	2273
城西区	6	1	131	522	10228	165	1016
城北区	52	334	352	383	11176	204	2494
湟中区	2115	4626	822	49	6767	200	3590
大通回族土族自治县	1192	5041	753	83	7784	211	3351
湟源县	661	561	193	50	2553	19	956
海东市	**7778**	**12959**	**1595**	**606**	**19878**	**1859**	**14422**
乐都区	1277	1923	516	131	4108	357	2945
平安区	333	677	72	58	2596	86	858
民和回族土族自治县	1427	4032	229	170	4670	639	3043
互助土族自治县	2869	2868	442	73	4222	192	5161
化隆回族自治县	849	2446	243	17	2335	268	1651
循化撒拉族自治县	1023	1013	93	157	1947	317	764
海北藏族自治州	**1307**	**1271**	**1514**	**58**	**4830**	**106**	**3257**
门源回族自治县	1029	666	590	14	2480	79	1496
祁连县	79	352	194	24	937	6	498
海晏县	152	120	89	6	1051	12	388
刚察县	47	133	641	14	362	9	875
黄南藏族自治州	**1241**	**2386**	**1948**	**67**	**2327**	**260**	**5205**
同仁县	675	617	284	31	1328	66	1524
尖扎县	365	484	134	7	750	47	740
泽库县	178	741	1085	8	99	90	1926
河南蒙古族自治县	23	544	445	21	150	57	1015
海南藏族自治州	**2307**	**3266**	**2901**	**138**	**4168**	**429**	**8284**
共和县	567	1063	691	97	1291	135	2486
同德县	341	297	707	17	307	20	1382
贵德县	615	876	127	6	1799	184	1334
兴海县	347	505	741	2	285	64	1575
贵南县	437	525	635	16	486	26	1507
果洛藏族自治州	**719**	**1960**	**1715**	**103**	**899**	**416**	**4203**
玛沁县	105	357	196	11	419	60	646
班玛县	64	303	202	44	145	28	561
甘德县	382	658	168	3	116	196	1034
达日县	8	102	622	32	81	35	816
久治县	153	395	197	7	83	78	658
玛多县	7	145	330	6	55	19	488
玉树藏族自治州	**494**	**5000**	**2465**	**312**	**776**	**722**	**8127**
玉树市	203	925	537	208	627	328	2197
杂多县	63	587	409	17	33	22	1101
称多县	137	1025	358	10	26	82	1413
治多县	7	507	282	26	5	14	774
囊谦县	74	1460	328	39	61	252	1592
曲麻莱县	10	496	551	12	24	24	1050
海西蒙古族藏族自治州	**1184**	**1593**	**1331**	**404**	**9047**	**200**	**4061**
格尔木市	353	753	427	139	4604	79	1407
德令哈市	262	324	90	60	1973	44	620
茫崖市	3	22	81	87	414	33	240
乌兰县	104	127	45	21	627	17	382
都兰县	456	333	336	3	1021	22	949
天峻县	5	33	351	56	294	5	450
大柴旦行政委员会	1	1	1	38	114		13

9-3a 各地区按住房设施状况分的家庭户户数(城市)

单位：户

地区	合计	住房所在建筑有无电梯		主要炊事燃料				
		有	无	燃气	电	煤炭	柴草	其他
全省	**71065**	**29385**	**41680**	**40529**	**26231**	**3271**	**73**	**961**
西宁市	**55789**	**25204**	**30585**	**28444**	**25104**	**1896**	**6**	**339**
城东区	16280	7914	8366	9755	6013	359	5	148
城中区	11666	3825	7841	5443	5534	657	1	31
城西区	11927	6907	5020	5774	5982	103		68
城北区	13985	6438	7547	6046	7400	448		91
湟中区	1569	116	1453	1355	102	111		1
大通回族土族自治县	362	4	358	71	73	218		
湟源县								
海东市	**5967**	**2580**	**3387**	**5281**	**240**	**427**	**4**	**15**
乐都区	3459	1612	1847	3171	54	231	1	2
平安区	2508	968	1540	2110	186	196	3	13
民和回族土族自治县								
互助土族自治县								
化隆回族自治县								
循化撒拉族自治县								
海北藏族自治州								
门源回族自治县								
祁连县								
海晏县								
刚察县								
黄南藏族自治州								
同仁县								
尖扎县								
泽库县								
河南蒙古族自治县								
海南藏族自治州								
共和县								
同德县								
贵德县								
兴海县								
贵南县								
果洛藏族自治州								
玛沁县								
班玛县								
甘德县								
达日县								
久治县								
玛多县								
玉树藏族自治州	**1913**	**41**	**1872**	**1135**	**212**	**491**	**60**	**15**
玉树市	1847	41	1806	1104	211	457	60	15
杂多县								
称多县								
治多县								
囊谦县								
曲麻莱县	66		66	31	1	34		
海西蒙古族藏族自治州	**7396**	**1560**	**5836**	**5669**	**675**	**457**	**3**	**592**
格尔木市	4721	1476	3245	3916	391	307	1	106
德令哈市	1963	84	1879	1581	252	103	1	26
茫崖市	712		712	172	32	47	1	460
乌兰县								
都兰县								
天峻县								
大柴旦行政委员会								

9-3a　续表 1　　　　单位：户

地　区	住房内有无管道自来水		住房内有无厨房			住房内有无厕所	
	有	无	独立使用	与其他户合用	无	水冲式卫生厕所	水冲式非卫生厕所
全省	**68015**	**3050**	**67384**	**396**	**3285**	**66206**	**948**
西宁市	**53547**	**2242**	**53486**	**212**	**2091**	**52311**	**804**
城东区	15969	311	15747	18	515	15723	107
城中区	10772	894	10905	38	723	10490	125
城西区	11667	260	11605	25	297	11698	91
城北区	13306	679	13383	75	527	12971	424
湟中区	1486	83	1512	32	25	1401	44
大通回族土族自治县	347	15	334	24	4	28	13
湟源县							
海东市	**5783**	**184**	**5775**	**29**	**163**	**5575**	**54**
乐都区	3362	97	3355	24	80	3264	44
平安区	2421	87	2420	5	83	2311	10
民和回族土族自治县							
互助土族自治县							
化隆回族自治县							
循化撒拉族自治县							
海北藏族自治州							
门源回族自治县							
祁连县							
海晏县							
刚察县							
黄南藏族自治州							
同仁县							
尖扎县							
泽库县							
河南蒙古族自治县							
海南藏族自治州							
共和县							
同德县							
贵德县							
兴海县							
贵南县							
果洛藏族自治州							
玛沁县							
班玛县							
甘德县							
达日县							
久治县							
玛多县							
玉树藏族自治州	**1673**	**240**	**1693**	**94**	**126**	**1658**	**36**
玉树市	1623	224	1637	93	117	1619	36
杂多县							
称多县							
治多县							
囊谦县							
曲麻莱县	50	16	56	1	9	39	
海西蒙古族藏族自治州	**7012**	**384**	**6430**	**61**	**905**	**6662**	**54**
格尔木市	4495	226	4372	45	304	4240	19
德令哈市	1917	46	1896	1	66	1850	1
茫崖市	600	112	162	15	535	572	34
乌兰县							
都兰县							
天峻县							
大柴旦行政委员会							

9-3a 续表 2

单位：户

地　区	住房内有无厕所			住房内有无洗澡设施			
	卫生旱厕	普通旱厕	无	统　一供热水	家庭自装热水器	其他	无
全省	**545**	**1241**	**2125**	**3050**	**56427**	**1557**	**10031**
西宁市	**304**	**835**	**1535**	**2384**	**45149**	**866**	**7390**
城东区	16	8	426	987	13606	304	1383
城中区	146	291	614	469	8815	120	2262
城西区	6	1	131	522	10224	165	1016
城北区	31	209	350	383	11069	173	2360
湟中区	13	101	10	23	1234	98	214
大通回族土族自治县	92	225	4		201	6	155
湟源县							
海东市	**116**	**170**	**52**	**182**	**4838**	**302**	**645**
乐都区	20	103	28	127	2752	257	323
平安区	96	67	24	55	2086	45	322
民和回族土族自治县							
互助土族自治县							
化隆回族自治县							
循化撒拉族自治县							
海北藏族自治州							
门源回族自治县							
祁连县							
海晏县							
刚察县							
黄南藏族自治州							
同仁县							
尖扎县							
泽库县							
河南蒙古族自治县							
海南藏族自治州							
共和县							
同德县							
贵德县							
兴海县							
贵南县							
果洛藏族自治州							
玛沁县							
班玛县							
甘德县							
达日县							
久治县							
玛多县							
玉树藏族自治州	**104**	**36**	**79**	**216**	**637**	**277**	**783**
玉树市	104	32	56	207	617	277	746
杂多县							
称多县							
治多县							
囊谦县							
曲麻莱县		4	23	9	20		37
海西蒙古族藏族自治州	**21**	**200**	**459**	**268**	**5803**	**112**	**1213**
格尔木市	14	121	327	127	3762	49	783
德令哈市	4	57	51	54	1689	30	190
茫崖市	3	22	81	87	352	33	240
乌兰县							
都兰县							
天峻县							
大柴旦行政委员会							

9−3b　各地区按住房设施状况分的家庭户户数(镇)

单位：户

地　区	合 计	住房所在建筑有无电梯		主要炊事燃料				
		有	无	燃气	电	煤炭	柴草	其他
全省	**40464**	**5148**	**35316**	**12303**	**16105**	**9344**	**646**	**2066**
西宁市	**9587**	**1875**	**7712**	**3884**	**3443**	**2234**	**9**	**17**
城东区								
城中区	1		1		1			
城西区	4		4		4			
城北区								
湟中区	1802	325	1477	753	372	671	3	3
大通回族土族自治县	5864	1177	4687	2173	2459	1219	5	8
湟源县	1916	373	1543	958	607	344	1	6
海东市	**9457**	**2268**	**7189**	**5235**	**1749**	**2358**	**99**	**16**
乐都区	389	5	384	166	41	173	7	2
平安区	54		54	24	3	27		
民和回族土族自治县	3570	1081	2489	2404	141	1003	17	5
互助土族自治县	3376	1025	2351	2269	670	427	8	2
化隆回族自治县	862	32	830	136	195	482	45	4
循化撒拉族自治县	1206	125	1081	236	699	246	22	3
海北藏族自治州	**4163**	**181**	**3982**	**13**	**3703**	**382**		**65**
门源回族自治县	1697	122	1575	2	1504	191		
祁连县	856	32	824	9	737	92		18
海晏县	1069	22	1047	2	1055	12		
刚察县	541	5	536		407	87		47
黄南藏族自治州	**3444**	**532**	**2912**	**67**	**2128**	**613**	**157**	**479**
同仁县	1685	476	1209	5	1353	320	6	1
尖扎县	604	48	556	45	444	63	18	34
泽库县	686	6	680	4	135	153	131	263
河南蒙古族自治县	469	2	467	13	196	77	2	181
海南藏族自治州	**5502**	**173**	**5329**	**1592**	**2520**	**913**	**193**	**284**
共和县	2026	136	1890	751	793	281	78	123
同德县	481	2	479	5	318	63	10	85
贵德县	1639	22	1617	822	635	116	60	6
兴海县	758	10	748	8	329	364	2	55
贵南县	598	3	595	6	445	89	43	15
果洛藏族自治州	**1993**	**38**	**1955**	**363**	**961**	**497**	**44**	**128**
玛沁县	626	20	606	52	439	85	13	37
班玛县	265	3	262	160	54	16	22	13
甘德县	254	2	252		188	19		47
达日县	357	9	348	46	171	113	2	25
久治县	152	3	149	100	18	26	7	1
玛多县	339	1	338	5	91	238		5
玉树藏族自治州	**3111**	**11**	**3100**	**450**	**94**	**1405**	**140**	**1022**
玉树市	152		152	20	3	29	14	86
杂多县	585	1	584	66	23	459		37
称多县	599		599	178	1	258		162
治多县	488	1	487	28	3	167	4	286
囊谦县	764	8	756	137	64	184	121	258
曲麻莱县	523	1	522	21		308	1	193
海西蒙古族藏族自治州	**3207**	**70**	**3137**	**699**	**1507**	**942**	**4**	**55**
格尔木市	884	1	883	245	30	602	2	5
德令哈市	67		67	10	2	50		5
茫崖市	62		62	1	61			
乌兰县	617	33	584	242	286	71	2	16
都兰县	965	28	937	181	613	147		24
天峻县	460	7	453	6	377	72		5
大柴旦行政委员会	152	1	151	14	138			

9－3b　续表 1

单位：户

地　区	住房内有无管道自来水		住房内有无厨房			住房内有无厕所	
	有	无	独立使用	与其他户合用	无	水冲式卫生厕所	水冲式非卫生厕所
全省	**33855**	**6609**	**35059**	**931**	**4474**	**25976**	**800**
西宁市	**8994**	**593**	**9307**	**72**	**208**	**6505**	**154**
城东区							
城中区		1			1		
城西区	4		4			4	
城北区							
湟中区	1514	288	1725	39	38	822	41
大通回族土族自治县	5614	250	5761	17	86	3977	75
湟源县	1862	54	1817	16	83	1702	38
海东市	**8506**	**951**	**9116**	**72**	**269**	**6521**	**261**
乐都区	114	275	353		36	200	11
平安区	24	30	54			24	
民和回族土族自治县	3508	62	3473	17	80	2484	126
互助土族自治县	3199	177	3244	40	92	2637	35
化隆回族自治县	517	345	817	4	41	358	20
循化撒拉族自治县	1144	62	1175	11	20	818	69
海北藏族自治州	**3930**	**233**	**3891**	**54**	**218**	**3744**	**14**
门源回族自治县	1634	63	1632	20	45	1528	3
祁连县	778	78	775	5	76	759	6
海晏县	1055	14	1054	5	10	1053	2
刚察县	463	78	430	24	87	404	3
黄南藏族自治州	**2932**	**512**	**2664**	**138**	**642**	**2094**	**64**
同仁县	1569	116	1477	48	160	1317	39
尖扎县	574	30	522	23	59	470	17
泽库县	395	291	365	28	293	111	3
河南蒙古族自治县	394	75	300	39	130	196	5
海南藏族自治州	**5036**	**466**	**4851**	**94**	**557**	**3952**	**106**
共和县	1781	245	1744	38	244	1541	64
同德县	446	35	355	29	97	331	5
贵德县	1555	84	1612	9	18	1335	30
兴海县	713	45	630	2	126	323	4
贵南县	541	57	510	16	72	422	3
果洛藏族自治州	**1365**	**628**	**1328**	**118**	**547**	**1142**	**30**
玛沁县	543	83	566	21	39	463	5
班玛县	234	31	203	3	59	196	9
甘德县	102	152	126	77	51	109	4
达日县	237	120	175	9	173	215	10
久治县	107	45	110	7	35	80	1
玛多县	142	197	148	1	190	79	1
玉树藏族自治州	**594**	**2517**	**1081**	**335**	**1695**	**78**	**26**
玉树市	5	147	1		151	1	
杂多县	29	556	197	63	325	7	2
称多县	182	417	197	26	376	4	3
治多县	22	466	117	32	339	7	15
囊谦县	277	487	454	135	175	58	5
曲麻莱县	79	444	115	79	329	1	1
海西蒙古族藏族自治州	**2498**	**709**	**2821**	**48**	**338**	**1940**	**145**
格尔木市	620	264	739	25	120	190	48
德令哈市	62	5	55	5	7	19	
茫崖市	1	61	62			1	61
乌兰县	587	30	583	6	28	539	5
都兰县	690	275	846	8	111	666	22
天峻县	387	73	386	4	70	376	9
大柴旦行政委员会	151	1	150		2	149	

9–3b　续表 2　　　　　　　　　　　　　　　　　　　　　　　　　　单位：户

地　区	住房内有无厕所			住房内有无洗澡设施			
	卫生旱厕	普通旱厕	无	统　一 供热水	家庭自装 热水器	其他	无
全省	**2816**	**8284**	**2588**	**1011**	**26121**	**923**	**12409**
西宁市	**632**	**2151**	**145**	**119**	**7531**	**101**	**1836**
城东区							
城中区			1				1
城西区					4		
城北区							
湟中区	303	615	21	19	1313	43	427
大通回族土族自治县	278	1460	74	56	4611	52	1145
湟源县	51	76	49	44	1603	6	263
海东市	**883**	**1634**	**158**	**378**	**7221**	**214**	**1644**
乐都区	86	54	38	1	198	5	185
平安区		30		1	36		17
民和回族土族自治县	217	704	39	159	2921	82	408
互助土族自治县	351	296	57	60	2569	31	716
化隆回族自治县	95	368	21	2	599	32	229
循化撒拉族自治县	134	182	3	155	898	64	89
海北藏族自治州	**118**	**166**	**121**	**50**	**3409**	**39**	**665**
门源回族自治县	78	57	31	9	1453	22	213
祁连县	13	50	28	22	738	1	95
海晏县	1	11	2	6	891	11	161
刚察县	26	48	60	13	327	5	196
黄南藏族自治州	**225**	**655**	**406**	**49**	**1948**	**35**	**1412**
同仁县	110	180	39	27	1252	11	395
尖扎县	30	64	23	5	474	4	121
泽库县	69	200	303	7	97	8	574
河南蒙古族自治县	16	211	41	10	125	12	322
海南藏族自治州	**538**	**559**	**347**	**129**	**3104**	**155**	**2114**
共和县	70	179	172	96	1073	54	803
同德县	49	24	72	10	238	9	224
贵德县	95	169	10	5	1183	59	392
兴海县	290	104	37	2	259	30	467
贵南县	34	83	56	16	351	3	228
果洛藏族自治州	**93**	**382**	**346**	**97**	**831**	**118**	**947**
玛沁县	63	87	8	11	410	31	174
班玛县	10	14	36	42	141	3	79
甘德县	1	130	10	2	68	59	125
达日县	4	21	107	30	79	4	244
久治县	8	34	29	6	83	3	60
玛多县	7	96	156	6	50	18	265
玉树藏族自治州	**148**	**2079**	**780**	**75**	**80**	**229**	**2727**
玉树市	28	105	18				152
杂多县	37	386	153	8	15	5	557
称多县	31	467	94	9	6	27	557
治多县	6	340	120	26	5	12	445
囊谦县	41	553	107	32	54	182	496
曲麻莱县	5	228	288			3	520
海西蒙古族藏族自治州	**179**	**658**	**285**	**114**	**1997**	**32**	**1064**
格尔木市	113	486	47	10	459	22	393
德令哈市	14	31	3	4	14		49
茫崖市					62		
乌兰县	21	41	11	15	445	3	154
都兰县	25	89	163	3	639	6	317
天峻县	5	10	60	44	276	1	139
大柴旦行政委员会	1	1	1	38	102		12

9-3c 各地区按住房设施状况分的家庭户户数(乡村)

单位：户

地　　区	合　计	住房所在建筑有无电梯		主要炊事燃料				
		有	无	燃气	电	煤炭	柴草	其他
全省	**63405**	**285**	**63120**	**3059**	**8981**	**32924**	**8046**	**10395**
西宁市	**14394**	**52**	**14342**	**1117**	**4256**	**8506**	**479**	**36**
城东区								
城中区	22		22		11	11		
城西区								
城北区	272		272	1	95	176		
湟中区	7235	34	7201	842	2417	3872	83	21
大通回族土族自治县	5203	16	5187	164	1713	2925	392	9
湟源县	1662	2	1660	110	20	1522	4	6
海东市	**21341**	**157**	**21184**	**1076**	**3190**	**14227**	**2721**	**127**
乐都区	3693	16	3677	232	275	3020	158	8
平安区	1036	1	1035	98	97	820	16	5
民和回族土族自治县	4952	18	4934	65	177	4179	523	8
互助土族自治县	6272	16	6256	232	1824	3610	601	5
化隆回族自治县	3409	99	3310	409	418	1564	945	73
循化撒拉族自治县	1979	7	1972	40	399	1034	478	28
海北藏族自治州	**4088**	**6**	**4082**	**4**	**51**	**3022**	**198**	**813**
门源回族自治县	2372	4	2368	1	17	2326		28
祁连县	609	1	608	3	9	399	46	152
海晏县	388		388		4	178	17	189
刚察县	719	1	718		21	119	135	444
黄南藏族自治州	**4415**	**1**	**4414**	**88**	**274**	**795**	**1862**	**1396**
同仁县	1264		1264	5	47	483	571	158
尖扎县	940		940	77	173	155	430	105
泽库县	1437	1	1436	1	14	109	856	457
河南蒙古族自治县	774		774	5	40	48	5	676
海南藏族自治州	**7517**	**3**	**7514**	**25**	**522**	**1928**	**1759**	**3283**
共和县	1983	3	1980	8	69	737	288	881
同德县	1245		1245		57	76	125	987
贵德县	1684		1684	17	320	573	587	187
兴海县	1168		1168		7	293	212	656
贵南县	1437		1437		69	249	547	572
果洛藏族自治州	**3628**	**1**	**3627**	**6**	**276**	**1156**	**284**	**1906**
玛沁县	510	1	509	1	30	103	47	329
班玛县	513		513		2	27	85	399
甘德县	1095		1095	3	224	643		225
达日县	607		607	1	12	90		504
久治县	674		674	1	1	114	152	406
玛多县	229		229		7	179		43
玉树藏族自治州	**4913**	**6**	**4907**	**379**	**64**	**1118**	**661**	**2691**
玉树市	1361	2	1359	55	34	119	193	960
杂多县	588	3	585	119	22	171	6	270
称多县	932		932	108		283	22	519
治多县	331		331	1	1	89		240
囊谦县	1180	1	1179	88	7	211	372	502
曲麻莱县	521		521	8		245	68	200
海西蒙古族藏族自治州	**3109**	**59**	**3050**	**364**	**348**	**2172**	**82**	**143**
格尔木市	624	55	569	178	55	374		17
德令哈市	667	2	665	111	11	522	16	7
茫崖市								
乌兰县	430	1	429	54	46	269	35	26
都兰县	1030		1030	21	198	750	13	48
天峻县	345	1	344		38	244	18	45
大柴旦行政委员会	13		13			13		

9-3c 续表 1

单位：户

地区	住房内有无管道自来水		住房内有无厨房			住房内有无厕所	
	有	无	独立使用	与其他户合用	无	水冲式卫生厕所	水冲式非卫生厕所
全省	**36602**	**26803**	**45865**	**2421**	**15119**	**5145**	**572**
西宁市	**9979**	**4415**	**12449**	**402**	**1543**	**1556**	**87**
城东区							
城中区	11	11	13		9	11	
城西区							
城北区	170	102	253	5	14	118	6
湟中区	4583	2652	6109	197	929	675	60
大通回族土族自治县	3716	1487	4643	84	476	337	13
湟源县	1499	163	1431	116	115	415	8
海东市	**13337**	**8004**	**18964**	**521**	**1856**	**1714**	**308**
乐都区	897	2796	2904	96	693	218	88
平安区	588	448	917	14	105	145	26
民和回族土族自治县	4355	597	4684	71	197	192	32
互助土族自治县	4641	1631	5547	153	572	675	122
化隆回族自治县	1070	2339	3166	102	141	331	24
循化撒拉族自治县	1786	193	1746	85	148	153	16
海北藏族自治州	**2521**	**1567**	**2370**	**174**	**1544**	**390**	**11**
门源回族自治县	1884	488	1755	35	582	242	11
祁连县	298	311	274	25	310	75	
海晏县	235	153	222	16	150	41	
刚察县	104	615	119	98	502	32	
黄南藏族自治州	**2396**	**2019**	**2034**	**223**	**2158**	**101**	**25**
同仁县	902	362	382	41	841	14	3
尖扎县	735	205	680	82	178	55	19
泽库县	512	925	689	39	709	2	3
河南蒙古族自治县	247	527	283	61	430	30	
海南藏族自治州	**4649**	**2868**	**4919**	**458**	**2140**	**413**	**74**
共和县	1409	574	1327	161	495	74	9
同德县	772	473	555	27	663	44	1
贵德县	1375	309	1474	49	161	279	61
兴海县	200	968	762	97	309	6	
贵南县	893	544	801	124	512	10	3
果洛藏族自治州	**310**	**3318**	**876**	**321**	**2431**	**29**	**26**
玛沁县	122	388	186	73	251	10	
班玛县	36	477	119	40	354	4	
甘德县	15	1080	65	192	838	4	24
达日县	68	539	36	5	566	5	2
久治县	47	627	455	7	212		
玛多县	22	207	15	4	210	6	
玉树藏族自治州	**1201**	**3712**	**1816**	**220**	**2877**	**157**	**23**
玉树市	279	1082	630	18	713	37	2
杂多县	146	442	227	15	346	97	8
称多县	224	708	273	85	574	3	1
治多县	3	328	47		284	1	
囊谦县	454	726	560	102	518	7	12
曲麻莱县	95	426	79		442	12	
海西蒙古族藏族自治州	**2209**	**900**	**2437**	**102**	**570**	**785**	**18**
格尔木市	530	94	570	1	53	184	15
德令哈市	582	85	564	36	67	149	2
茫崖市							
乌兰县	330	100	361	9	60	226	1
都兰县	719	311	890	56	84	182	
天峻县	35	310	39		306	31	
大柴旦行政委员会	13		13			13	

9–3c 续表 2

单位：户

地　　区	住房内有无厕所			住房内有无洗澡设施			
	卫生旱厕	普通旱厕	无	统一供热水	家庭自装热水器	其他	无
全省	**15857**	**29783**	**12048**	**170**	**20314**	**2739**	**40182**
西宁市	**3252**	**7887**	**1612**	**40**	**8257**	**260**	**5837**
城东区							
城中区		11			8	4	10
城西区							
城北区	21	125	2		107	31	134
湟中区	1799	3910	791	7	4220	59	2949
大通回族土族自治县	822	3356	675	27	2972	153	2051
湟源县	610	485	144	6	950	13	693
海东市	**6779**	**11155**	**1385**	**46**	**7819**	**1343**	**12133**
乐都区	1171	1766	450	3	1158	95	2437
平安区	237	580	48	2	474	41	519
民和回族土族自治县	1210	3328	190	11	1749	557	2635
互助土族自治县	2518	2572	385	13	1653	161	4445
化隆回族自治县	754	2078	222	15	1736	236	1422
循化撒拉族自治县	889	831	90	2	1049	253	675
海北藏族自治州	**1189**	**1105**	**1393**	**8**	**1421**	**67**	**2592**
门源回族自治县	951	609	559	5	1027	57	1283
祁连县	66	302	166	2	199	5	403
海晏县	151	109	87		160	1	227
刚察县	21	85	581	1	35	4	679
黄南藏族自治州	**1016**	**1731**	**1542**	**18**	**379**	**225**	**3793**
同仁县	565	437	245	4	76	55	1129
尖扎县	335	420	111	2	276	43	619
泽库县	109	541	782	1	2	82	1352
河南蒙古族自治县	7	333	404	11	25	45	693
海南藏族自治州	**1769**	**2707**	**2554**	**9**	**1064**	**274**	**6170**
共和县	497	884	519	1	218	81	1683
同德县	292	273	635	7	69	11	1158
贵德县	520	707	117	1	616	125	942
兴海县	57	401	704		26	34	1108
贵南县	403	442	579		135	23	1279
果洛藏族自治州	**626**	**1578**	**1369**	**6**	**68**	**298**	**3256**
玛沁县	42	270	188		9	29	472
班玛县	54	289	166	2	4	25	482
甘德县	381	528	158	1	48	137	909
达日县	4	81	515	2	2	31	572
久治县	145	361	168	1		75	598
玛多县		49	174		5	1	223
玉树藏族自治州	**242**	**2885**	**1606**	**21**	**59**	**216**	**4617**
玉树市	71	788	463	1	10	51	1299
杂多县	26	201	256	9	18	17	544
称多县	106	558	264	1	20	55	856
治多县	1	167	162			2	329
囊谦县	33	907	221	7	7	70	1096
曲麻莱县	5	264	240	3	4	21	493
海西蒙古族藏族自治州	**984**	**735**	**587**	**22**	**1247**	**56**	**1784**
格尔木市	226	146	53	2	383	8	231
德令哈市	244	236	36	2	270	14	381
茫崖市							
乌兰县	83	86	34	6	182	14	228
都兰县	431	244	173		382	16	632
天峻县		23	291	12	18	4	311
大柴旦行政委员会					12		1

9-4　各地区按住房来源分的家庭户户数

单位：户

地　　区	合　计	租赁廉租住房/公租房	租　　赁其他住房	购买新建商品房	购　买二手房	购买原公有住房	购买经济适用房/两限房	自建住房	继承或赠　予	其　他
全省	**174934**	**8322**	**11767**	**42324**	**13999**	**8136**	**6422**	**70583**	**3028**	**10353**
西宁市	**79770**	**2427**	**7802**	**29606**	**8987**	**6529**	**2700**	**19277**	**644**	**1798**
城东区	16280	892	2086	8107	2405	1279	578	196	140	597
城中区	11689	622	1571	4484	1957	1733	266	711	81	264
城西区	11931	62	1303	6247	1614	1835	182	106	220	362
城北区	14257	517	2147	6863	1537	1335	500	1041	96	221
湟中区	10606	41	222	1223	349	32	127	8526	32	54
大通回族土族自治县	11429	162	323	1851	798	287	472	7202	66	268
湟源县	3578	131	150	831	327	28	575	1495	9	32
海东市	**36765**	**602**	**1134**	**6247**	**1579**	**417**	**1493**	**24197**	**267**	**829**
乐都区	7541	96	411	1767	361	146	320	3941	74	425
平安区	3598	23	226	1276	388	98	179	1235	23	150
民和回族土族自治县	8522	119	246	1426	293	33	327	5965	20	93
互助土族自治县	9648	194	149	1286	281	87	634	6936	26	55
化隆回族自治县	4271	58	67	204	140	10	16	3677	43	56
循化撒拉族自治县	3185	112	35	288	116	43	17	2443	81	50
海北藏族自治州	**8251**	**1074**	**231**	**1589**	**690**	**78**	**91**	**3832**	**96**	**570**
门源回族自治县	4069	435	98	801	173	23	17	2460	18	44
祁连县	1465	139	45	315	183	8	34	584	30	127
海晏县	1457	280	57	398	249	14	8	345	11	95
刚察县	1260	220	31	75	85	33	32	443	37	304
黄南藏族自治州	**7859**	**506**	**207**	**628**	**391**	**226**	**159**	**4868**	**223**	**651**
同仁县	2949	302	103	413	206	143	115	1493	31	143
尖扎县	1544	97	25	137	85	4	35	1054	35	72
泽库县	2123	62	38	35	53	76	8	1377	144	330
河南蒙古族自治县	1243	45	41	43	47	3	1	944	13	106
海南藏族自治州	**13019**	**1427**	**366**	**981**	**734**	**225**	**771**	**7864**	**163**	**488**
共和县	4009	409	180	500	424	114	33	2226	33	90
同德县	1726	122	56	79	74	20	82	1096	66	131
贵德县	3323	463	53	306	113	8	193	2136	14	37
兴海县	1926	128	40	40	61	56	462	983	34	122
贵南县	2035	305	37	56	62	27	1	1423	16	108
果洛藏族自治州	**5621**	**709**	**184**	**152**	**77**	**69**	**445**	**2024**	**465**	**1496**
玛沁县	1136	203	47	80	34	23	17	468	28	236
班玛县	778	84	18	41	9	6	3	415	70	132
甘德县	1349	273	8	3	3	14	364	192	67	425
达日县	964	53	66	16	19	21	4	399	27	359
久治县	826	25	32	3	2	5	49	516	23	171
玛多县	568	71	13	9	10		8	34	250	173
玉树藏族自治州	**9937**	**345**	**363**	**23**	**387**	**26**	**258**	**4848**	**839**	**2848**
玉树市	3360	210	194	5	37	3	3	1665	248	995
杂多县	1173	17	36	10	108	13	23	575	70	321
称多县	1531	28	17		30	3	2	591	206	654
治多县	819	20	12	1	74	3	23	354	94	238
囊谦县	1944	61	80	7	87	3	59	1376	111	160
曲麻莱县	1110	9	24		51	1	148	287	110	480
海西蒙古族藏族自治州	**13712**	**1232**	**1480**	**3098**	**1154**	**566**	**505**	**3673**	**331**	**1673**
格尔木市	6229	246	1029	1618	661	414	220	1429	45	567
德令哈市	2697	172	225	845	273	56	129	592	133	272
茫崖市	774	203	97		3	1	1	36	43	390
乌兰县	1047	167	22	204	82	33	55	374	1	109
都兰县	1995	211	84	352	91	17	87	1034	26	93
天峻县	805	176	11	70	39	37	13	207	35	217
大柴旦行政委员会	165	57	12	9	5	8		1	48	25

9-4a 各地区按住房来源分的家庭户户数(城市)

单位：户

地区	合计	租赁廉租住房/公租房	租赁其他住房	购买新建商品房	购买二手房	购买原公有住房	购买经济适用房/两限房	自建住房	继承或赠予	其他
全省	**71065**	**2959**	**9173**	**31879**	**9363**	**6845**	**2316**	**4305**	**824**	**3401**
西宁市	**55789**	**2122**	**7194**	**26457**	**7750**	**6199**	**1586**	**2471**	**547**	**1463**
城东区	16280	892	2086	8107	2405	1279	578	196	140	597
城中区	11666	622	1571	4484	1957	1733	266	689	81	263
城西区	11927	62	1303	6247	1614	1835	182	102	220	362
城北区	13985	513	2123	6863	1537	1335	500	798	96	220
湟中区	1569	32	108	756	237	17	60	328	10	21
大通回族土族自治县	362	1	3					358		
湟源县										
海东市	**5967**	**116**	**588**	**3013**	**696**	**208**	**462**	**325**	**57**	**502**
乐都区	3459	93	366	1739	312	111	284	128	44	382
平安区	2508	23	222	1274	384	97	178	197	13	120
民和回族土族自治县										
互助土族自治县										
化隆回族自治县										
循化撒拉族自治县										
海北藏族自治州										
门源回族自治县										
祁连县										
海晏县										
刚察县										
黄南藏族自治州										
同仁县										
尖扎县										
泽库县										
河南蒙古族自治县										
海南藏族自治州										
共和县										
同德县										
贵德县										
兴海县										
贵南县										
果洛藏族自治州										
玛沁县										
班玛县										
甘德县										
达日县										
久治县										
玛多县										
玉树藏族自治州	**1913**	**187**	**179**	**4**	**43**		**3**	**1185**	**30**	**282**
玉树市	1847	187	168	4	34		3	1184	30	237
杂多县										
称多县										
治多县										
囊谦县										
曲麻莱县	66		11		9			1		45
海西蒙古族藏族自治州	**7396**	**534**	**1212**	**2405**	**874**	**438**	**265**	**324**	**190**	**1154**
格尔木市	4721	223	907	1566	626	405	191	241	37	525
德令哈市	1963	170	208	839	245	32	73	47	110	239
茫崖市	712	141	97		3	1	1	36	43	390
乌兰县										
都兰县										
天峻县										
大柴旦行政委员会										

9−4b　各地区按住房来源分的家庭户户数(镇)

单位：户

地　区	合　计	租赁廉租住房/公租房	租　赁其他住房	购买新建商品房	购　买二手房	购买原公有住房	购买经济适用房/两限房	自建住房	继承或赠　予	其　他
全省	**40464**	**4941**	**2228**	**10073**	**4295**	**1101**	**2317**	**11867**	**834**	**2808**
西宁市	**9587**	**301**	**532**	**3116**	**1207**	**315**	**322**	**3436**	**58**	**300**
城东区										
城中区	1									1
城西区	4							4		
城北区										
湟中区	1802	9	86	453	106	11	8	1114	5	10
大通回族土族自治县	5864	161	316	1850	791	280	101	2057	46	262
湟源县	1916	131	130	813	310	24	213	261	7	27
海东市	**9457**	**435**	**468**	**3063**	**840**	**204**	**968**	**3222**	**73**	**184**
乐都区	389	3	8	7	43	34	29	257	6	2
平安区	54						1	30		23
民和回族土族自治县	3570	119	236	1413	285	30	294	1125	6	62
互助土族自治县	3376	194	144	1284	276	87	613	738	7	33
化隆回族自治县	862	8	51	75	120	10	14	541	10	33
循化撒拉族自治县	1206	111	29	284	116	43	17	531	44	31
海北藏族自治州	**4163**	**1026**	**213**	**1579**	**657**	**68**	**83**	**287**	**41**	**209**
门源回族自治县	1697	411	87	799	164	21	17	150	14	34
祁连县	856	137	42	308	167	8	33	67	4	90
海晏县	1069	278	56	398	246	13	8	5	10	55
刚察县	541	200	28	74	80	26	25	65	13	30
黄南藏族自治州	**3444**	**502**	**186**	**614**	**361**	**193**	**144**	**1055**	**98**	**291**
同仁县	1685	301	102	409	200	143	101	328	28	73
尖扎县	604	97	25	137	83	4	34	174	6	44
泽库县	686	60	33	35	35	43	8	304	53	115
河南蒙古族自治县	469	44	26	33	43	3	1	249	11	59
海南藏族自治州	**5502**	**1398**	**340**	**963**	**702**	**156**	**507**	**1195**	**57**	**184**
共和县	2026	408	172	497	412	104	31	340	20	42
同德县	481	122	49	65	67	5	42	90	3	38
贵德县	1639	463	50	305	109	6	192	474	8	32
兴海县	758	123	37	40	54	27	242	166	21	48
贵南县	598	282	32	56	60	14		125	5	24
果洛藏族自治州	**1993**	**512**	**161**	**149**	**46**	**64**	**147**	**177**	**264**	**473**
玛沁县	626	199	44	79	16	21	16	90	23	138
班玛县	265	84	16	41	9	6	3	12	57	37
甘德县	254	84	2	3	1	12	74	4		74
达日县	357	53	62	16	14	20		44	11	137
久治县	152	25	24	3	1	5	49	18	1	26
玛多县	339	67	13	7	5		5	9	172	61
玉树藏族自治州	**3111**	**109**	**113**	**4**	**264**	**6**	**40**	**1530**	**164**	**881**
玉树市	152	2	5					10	19	116
杂多县	585	2	32	2	86	3	9	362	40	49
称多县	599	25	11		25		1	271	4	262
治多县	488	20	12	1	65	3	21	183	73	110
囊谦县	764	55	51	1	54			544	6	53
曲麻莱县	523	5	2		34		9	160	22	291
海西蒙古族藏族自治州	**3207**	**658**	**215**	**585**	**218**	**95**	**106**	**965**	**79**	**286**
格尔木市	884		106	1	31	6	2	699	6	33
德令哈市	67	1	2	3	5	2	1	35	4	14
茫崖市	62	62								
乌兰县	617	162	15	193	62	32	26	68		59
都兰县	965	205	70	316	83	13	65	152	21	40
天峻县	460	171	10	63	32	34	12	10	8	120
大柴旦行政委员会	152	57	12	9	5	8		1	40	20

9-4c 各地区按住房来源分的家庭户户数(乡村)

单位：户

地　　区	合　计	租赁廉租住房/公租房	租　赁其他住房	购买新建商品房	购　买二手房	购买原公有住房	购买经济适用房/两限房	自建住房	继承或赠　予	其　他
全省	**63405**	**422**	**366**	**372**	**341**	**190**	**1789**	**54411**	**1370**	**4144**
西宁市	**14394**	**4**	**76**	**33**	**30**	**15**	**792**	**13370**	**39**	**35**
城东区										
城中区	22							22		
城西区										
城北区	272	4	24					243		1
湟中区	7235		28	14	6	4	59	7084	17	23
大通回族土族自治县	5203		4	1	7	7	371	4787	20	6
湟源县	1662		20	18	17	4	362	1234	2	5
海东市	**21341**	**51**	**78**	**171**	**43**	**5**	**63**	**20650**	**137**	**143**
乐都区	3693		37	21	6	1	7	3556	24	41
平安区	1036		4	2	4	1		1008	10	7
民和回族土族自治县	4952		10	13	8	3	33	4840	14	31
互助土族自治县	6272		5	2	5		21	6198	19	22
化隆回族自治县	3409	50	16	129	20		2	3136	33	23
循化撒拉族自治县	1979	1	6	4				1912	37	19
海北藏族自治州	**4088**	**48**	**18**	**10**	**33**	**10**	**8**	**3545**	**55**	**361**
门源回族自治县	2372	24	11	2	9	2		2310	4	10
祁连县	609	2	3	7	16		1	517	26	37
海晏县	388	2	1		3	1		340	1	40
刚察县	719	20	3	1	5	7	7	378	24	274
黄南藏族自治州	**4415**	**4**	**21**	**14**	**30**	**33**	**15**	**3813**	**125**	**360**
同仁县	1264	1	1	4	6		14	1165	3	70
尖扎县	940				2		1	880	29	28
泽库县	1437	2	5		18	33		1073	91	215
河南蒙古族自治县	774	1	15	10	4			695	2	47
海南藏族自治州	**7517**	**29**	**26**	**18**	**32**	**69**	**264**	**6669**	**106**	**304**
共和县	1983	1	8	3	12	10	2	1886	13	48
同德县	1245		7	14	7	15	40	1006	63	93
贵德县	1684		3	1	4	2	1	1662	6	5
兴海县	1168	5	3		7	29	220	817	13	74
贵南县	1437	23	5		2	13	1	1298	11	84
果洛藏族自治州	**3628**	**197**	**23**	**3**	**31**	**5**	**298**	**1847**	**201**	**1023**
玛沁县	510	4	3	1	18	2	1	378	5	98
班玛县	513		2					403	13	95
甘德县	1095	189	6		2	2	290	188	67	351
达日县	607		4		5	1	4	355	16	222
久治县	674		8		1			498	22	145
玛多县	229	4		2	5		3	25	78	112
玉树藏族自治州	**4913**	**49**	**71**	**15**	**80**	**20**	**215**	**2133**	**645**	**1685**
玉树市	1361	21	21	1	3	3		471	199	642
杂多县	588	15	4	8	22	10	14	213	30	272
称多县	932	3	6		5	3	1	320	202	392
治多县	331				9		2	171	21	128
囊谦县	1180	6	29	6	33	3	59	832	105	107
曲麻莱县	521	4	11		8	1	139	126	88	144
海西蒙古族藏族自治州	**3109**	**40**	**53**	**108**	**62**	**33**	**134**	**2384**	**62**	**233**
格尔木市	624	23	16	51	4	3	27	489	2	9
德令哈市	667	1	15	3	23	22	55	510	19	19
茫崖市										
乌兰县	430	5	7	11	20	1	29	306	1	50
都兰县	1030	6	14	36	8	4	22	882	5	53
天峻县	345	5	1	7	7	3	1	197	27	97
大柴旦行政委员会	13								8	5

9–5　各地区按月租房费用分的家庭户户数

单位：户

地　区	合　计	200元以下	200–499元	500–999元	1000–1999元
全省	**20089**	**4973**	**5401**	**3994**	**4636**
西宁市	**10229**	**911**	**2492**	**2463**	**3689**
城东区	2978	213	446	1061	1156
城中区	2193	110	668	584	744
城西区	1365	30	249	85	702
城北区	2664	323	729	510	948
湟中区	263	33	100	77	40
大通回族土族自治县	485	156	125	112	80
湟源县	281	46	175	34	19
海东市	**1736**	**426**	**509**	**420**	**305**
乐都区	507	71	188	93	143
平安区	249	49	45	115	34
民和回族土族自治县	365	79	115	68	69
互助土族自治县	343	159	32	94	44
化隆回族自治县	125	17	76	21	7
循化撒拉族自治县	147	51	53	29	8
海北藏族自治州	**1305**	**744**	**430**	**88**	**32**
门源回族自治县	533	420	71	25	10
祁连县	184	52	88	35	9
海晏县	337	55	255	20	4
刚察县	251	217	16	8	9
黄南藏族自治州	**713**	**209**	**289**	**115**	**57**
同仁县	405	111	187	51	39
尖扎县	122	53	32	26	6
泽库县	100	9	52	23	7
河南蒙古族自治县	86	36	18	15	5
海南藏族自治州	**1793**	**1371**	**215**	**100**	**70**
共和县	589	412	82	60	22
同德县	178	63	71	12	22
贵德县	516	457	22	18	11
兴海县	168	134	24	4	5
贵南县	342	305	16	6	10
果洛藏族自治州	**893**	**292**	**367**	**82**	**83**
玛沁县	250	101	85	32	25
班玛县	102	60	20	10	6
甘德县	281	21	211	19	16
达日县	119	44	27	7	12
久治县	57	10	11	13	15
玛多县	84	56	13	1	9
玉树藏族自治州	**708**	**225**	**196**	**107**	**85**
玉树市	404	139	128	48	55
杂多县	53	10	9	5	6
称多县	45	29	1	3	5
治多县	32	5	9	6	9
囊谦县	141	26	41	39	7
曲麻莱县	33	16	8	6	3
海西蒙古族藏族自治州	**2712**	**795**	**903**	**619**	**315**
格尔木市	1275	169	405	430	221
德令哈市	397	104	130	101	49
茫崖市	300	158	56	58	24
乌兰县	189	63	114	8	1
都兰县	295	167	86	20	15
天峻县	187	83	100	1	
大柴旦行政委员会	69	51	12	1	5

9—5 续表

单位：户

地　　区	2000—2999元	3000—3999元	4000—5999元	6000—7999元	8000—9999元	10000元及以上
全省	**699**	**172**	**94**	**48**	**17**	**55**
西宁市	**525**	**87**	**25**	**10**	**6**	**21**
城东区	80	9	6			7
城中区	73	10	1	1		2
城西区	241	46	11			1
城北区	121	17	3	5	3	5
湟中区	4	2	1	2	3	1
大通回族土族自治县	4	2	2			4
湟源县	2	1	1	2		1
海东市	**31**	**11**	**15**	**2**	**5**	**12**
乐都区	5	2	5			
平安区	3	1		1	1	
民和回族土族自治县	11	8	7			8
互助土族自治县	5		1	1	3	4
化隆回族自治县	2		1		1	
循化撒拉族自治县	5		1			
海北藏族自治州	**6**	**2**	**1**	**1**	**1**	
门源回族自治县	4	1	1		1	
祁连县						
海晏县	1	1		1		
刚察县	1					
黄南藏族自治州	**17**	**9**	**8**	**4**	**1**	**4**
同仁县	9	4	2	1		1
尖扎县			1	2	1	1
泽库县	2	3	2	1		1
河南蒙古族自治县	6	2	3			1
海南藏族自治州	**14**	**9**	**6**	**3**		**5**
共和县	1	2	4	2		4
同德县	4	4		1		1
贵德县	6	2				
兴海县			1			
贵南县	3	1	1			
果洛藏族自治州	**24**	**16**	**8**	**16**	**1**	**4**
玛沁县	2	1	2	2		
班玛县	3	1	2			
甘德县	1	7		6		
达日县	10	3	4	7	1	4
久治县	5	2		1		
玛多县	3	2				
玉树藏族自治州	**53**	**16**	**15**	**8**	**1**	**2**
玉树市	18	6	6	3		1
杂多县	11	2	4	5		1
称多县	2	5				
治多县	1	1	1			
囊谦县	21	2	4		1	
曲麻莱县						
海西蒙古族藏族自治州	**29**	**22**	**16**	**4**	**2**	**7**
格尔木市	22	10	9	2	2	5
德令哈市	2	6	4	1		
茫崖市	1	1	2			
乌兰县		3				
都兰县	4	2		1		
天峻县			1			2
大柴旦行政委员会						

9–5a　各地区按月租房费用分的家庭户户数(城市)

单位：户

地　区	合　计	200元以下	200–499元	500–999元	1000–1999元
全省	**12132**	**1231**	**2999**	**3074**	**4075**
西宁市	**9316**	**671**	**2144**	**2289**	**3563**
城东区	2978	213	446	1061	1156
城中区	2193	110	668	584	744
城西区	1365	30	249	85	702
城北区	2636	304	725	508	946
湟中区	140	13	56	50	15
大通回族土族自治县	4	1		1	
湟源县					
海东市	**704**	**111**	**211**	**194**	**174**
乐都区	459	63	166	80	141
平安区	245	48	45	114	33
民和回族土族自治县					
互助土族自治县					
化隆回族自治县					
循化撒拉族自治县					
海北藏族自治州					
门源回族自治县					
祁连县					
海晏县					
刚察县					
黄南藏族自治州					
同仁县					
尖扎县					
泽库县					
河南蒙古族自治县					
海南藏族自治州					
共和县					
同德县					
贵德县					
兴海县					
贵南县					
果洛藏族自治州					
玛沁县					
班玛县					
甘德县					
达日县					
久治县					
玛多县					
玉树藏族自治州	**366**	**121**	**117**	**42**	**52**
玉树市	355	121	111	38	51
杂多县					
称多县					
治多县					
囊谦县					
曲麻莱县	11		6	4	1
海西蒙古族藏族自治州	**1746**	**328**	**527**	**549**	**286**
格尔木市	1130	134	348	394	214
德令哈市	378	97	123	98	48
茫崖市	238	97	56	57	24
乌兰县					
都兰县					
天峻县					
大柴旦行政委员会					

9-5a 续表

单位：户

地区	2000-2999元	3000-3999元	4000-5999元	6000-7999元	8000-9999元	10000元及以上
全省	**563**	**102**	**44**	**15**	**9**	**20**
西宁市	**517**	**82**	**21**	**8**	**6**	**15**
城东区	80	9	6			7
城中区	73	10	1	1		2
城西区	241	46	11			1
城北区	121	17	3	5	3	4
湟中区	1			2	3	
大通回族土族自治县	1					1
湟源县						
海东市	**6**	**3**	**3**	**1**	**1**	
乐都区	4	2	3			
平安区	2	1		1	1	
民和回族土族自治县						
互助土族自治县						
化隆回族自治县						
循化撒拉族自治县						
海北藏族自治州						
门源回族自治县						
祁连县						
海晏县						
刚察县						
黄南藏族自治州						
同仁县						
尖扎县						
泽库县						
河南蒙古族自治县						
海南藏族自治州						
共和县						
同德县						
贵德县						
兴海县						
贵南县						
果洛藏族自治州						
玛沁县						
班玛县						
甘德县						
达日县						
久治县						
玛多县						
玉树藏族自治州	**18**	**6**	**6**	**3**		**1**
玉树市	18	6	6	3		1
杂多县						
称多县						
治多县						
囊谦县						
曲麻莱县						
海西蒙古族藏族自治州	**22**	**11**	**14**	**3**	**2**	**4**
格尔木市	19	5	8	2	2	4
德令哈市	2	5	4	1		
茫崖市	1	1	2			
乌兰县						
都兰县						
天峻县						
大柴旦行政委员会						

9–5b　各地区按月租房费用分的家庭户户数(镇)

单位：户

地　区	合　计	200元以下	200–499元	500–999元	1000–1999元
全省	**7169**	**3489**	**2073**	**815**	**508**
西宁市	**833**	**204**	**320**	**166**	**121**
城东区					
城中区					
城西区					
城北区					
湟中区	95	11	32	22	23
大通回族土族自治县	477	153	123	111	80
湟源县	261	40	165	33	18
海东市	**903**	**300**	**232**	**202**	**119**
乐都区	11	2	6	3	
平安区					
民和回族土族自治县	355	77	114	67	67
互助土族自治县	338	159	31	92	42
化隆回族自治县	59	12	29	12	4
循化撒拉族自治县	140	50	52	28	6
海北藏族自治州	**1239**	**689**	**423**	**86**	**31**
门源回族自治县	498	388	68	25	10
祁连县	179	51	85	35	8
海晏县	334	54	254	20	4
刚察县	228	196	16	6	9
黄南藏族自治州	**688**	**208**	**278**	**102**	**57**
同仁县	403	110	187	50	39
尖扎县	122	53	32	26	6
泽库县	93	9	50	18	7
河南蒙古族自治县	70	36	9	8	5
海南藏族自治州	**1738**	**1339**	**209**	**93**	**66**
共和县	580	408	82	59	21
同德县	171	63	70	7	21
贵德县	513	456	22	18	10
兴海县	160	131	20	4	4
贵南县	314	281	15	5	10
果洛藏族自治州	**673**	**271**	**216**	**62**	**68**
玛沁县	243	100	79	32	25
班玛县	100	60	20	8	6
甘德县	86	4	74	4	3
达日县	115	44	23	7	12
久治县	49	10	7	10	14
玛多县	80	53	13	1	8
玉树藏族自治州	**222**	**54**	**41**	**45**	**22**
玉树市	7	2	5		
杂多县	34	1	6	2	2
称多县	36	24		1	5
治多县	32	5	9	6	9
囊谦县	106	17	21	35	5
曲麻莱县	7	5		1	1
海西蒙古族藏族自治州	**873**	**424**	**354**	**59**	**24**
格尔木市	106	14	53	33	4
德令哈市	3	3			
茫崖市	62	61		1	
乌兰县	177	56	112	8	1
都兰县	275	161	77	16	14
天峻县	181	78	100		
大柴旦行政委员会	69	51	12	1	5

9－5b　续表　　　　　　　　　　　　　　　　　　　　　　　　单位：户

地　区	2000－2999元	3000－3999元	4000－5999元	6000－7999元	8000－9999元	10000元及以上
全省	**125**	**52**	**46**	**23**	**8**	**30**
西宁市	**8**	**5**	**3**	**1**		**5**
城东区						
城中区						
城西区						
城北区						
湟中区	3	2	1			1
大通回族土族自治县	3	2	2			3
湟源县	2	1		1		1
海东市	**19**	**7**	**10**	**1**	**4**	**9**
乐都区						
平安区						
民和回族土族自治县	11	7	7			5
互助土族自治县	5		1	1	3	4
化隆回族自治县			1		1	
循化撒拉族自治县	3		1			
海北藏族自治州	**6**	**2**	**1**		**1**	
门源回族自治县	4	1	1		1	
祁连县						
海晏县	1	1				
刚察县	1					
黄南藏族自治州	**17**	**9**	**8**	**4**	**1**	**4**
同仁县	9	4	2	1		1
尖扎县			1	2	1	1
泽库县	2	3	2	1		1
河南蒙古族自治县	6	2	3			1
海南藏族自治州	**12**	**8**	**6**	**1**		**4**
共和县	1	2	4			3
同德县	4	4		1		1
贵德县	5	2				
兴海县			1			
贵南县	2		1			
果洛藏族自治州	**23**	**10**	**8**	**10**	**1**	**4**
玛沁县	2	1	2	2		
班玛县	3	1	2			
甘德县		1				
达日县	10	3	4	7	1	4
久治县	5	2		1		
玛多县	3	2				
玉树藏族自治州	**35**	**9**	**9**	**5**	**1**	**1**
玉树市						
杂多县	11	2	4	5		1
称多县	2	4				
治多县	1	1	1			
囊谦县	21	2	4		1	
曲麻莱县						
海西蒙古族藏族自治州	**5**	**2**	**1**	**1**		**3**
格尔木市	1					1
德令哈市						
茫崖市						
乌兰县						
都兰县	4	2		1		
天峻县			1			2
大柴旦行政委员会						

9-5c　各地区按月租房费用分的家庭户户数(乡村)

单位：户

地　　区	合　计	200元以下	200-499元	500-999元	1000-1999元
全省	**788**	**253**	**329**	**105**	**53**
西宁市	**80**	**36**	**28**	**8**	**5**
城东区					
城中区					
城西区					
城北区	28	19	4	2	2
湟中区	28	9	12	5	2
大通回族土族自治县	4	2	2		
湟源县	20	6	10	1	1
海东市	**129**	**15**	**66**	**24**	**12**
乐都区	37	6	16	10	2
平安区	4	1		1	1
民和回族土族自治县	10	2	1	1	2
互助土族自治县	5		1	2	2
化隆回族自治县	66	5	47	9	3
循化撒拉族自治县	7	1	1	1	2
海北藏族自治州	**66**	**55**	**7**	**2**	**1**
门源回族自治县	35	32	3		
祁连县	5	1	3		1
海晏县	3	1	1		
刚察县	23	21		2	
黄南藏族自治州	**25**	**1**	**11**	**13**	
同仁县	2	1		1	
尖扎县					
泽库县	7		2	5	
河南蒙古族自治县	16		9	7	
海南藏族自治州	**55**	**32**	**6**	**7**	**4**
共和县	9	4		1	1
同德县	7		1	5	1
贵德县	3	1			1
兴海县	8	3	4		1
贵南县	28	24	1	1	
果洛藏族自治州	**220**	**21**	**151**	**20**	**15**
玛沁县	7	1	6		
班玛县	2			2	
甘德县	195	17	137	15	13
达日县	4		4		
久治县	8		4	3	1
玛多县	4	3			1
玉树藏族自治州	**120**	**50**	**38**	**20**	**11**
玉树市	42	16	12	10	4
杂多县	19	9	3	3	4
称多县	9	5	1	2	
治多县					
囊谦县	35	9	20	4	2
曲麻莱县	15	11	2	1	1
海西蒙古族藏族自治州	**93**	**43**	**22**	**11**	**5**
格尔木市	39	21	4	3	3
德令哈市	16	4	7	3	1
茫崖市					
乌兰县	12	7	2		
都兰县	20	6	9	4	1
天峻县	6	5		1	
大柴旦行政委员会					

9-5c 续表 单位：户

地 区	2000-2999元	3000-3999元	4000-5999元	6000-7999元	8000-9999元	10000元及以上
全省	**11**	**18**	**4**	**10**		**5**
西宁市			**1**	**1**		**1**
城东区						
城中区						
城西区						
城北区						1
湟中区						
大通回族土族自治县						
湟源县			1	1		
海东市	**6**	**1**	**2**			**3**
乐都区	1		2			
平安区	1					
民和回族土族自治县		1				3
互助土族自治县						
化隆回族自治县	2					
循化撒拉族自治县	2					
海北藏族自治州				**1**		
门源回族自治县						
祁连县						
海晏县				1		
刚察县						
黄南藏族自治州						
同仁县						
尖扎县						
泽库县						
河南蒙古族自治县						
海南藏族自治州	**2**	**1**		**2**		**1**
共和县				2		1
同德县						
贵德县	1					
兴海县						
贵南县	1	1				
果洛藏族自治州	**1**	**6**		**6**		
玛沁县						
班玛县						
甘德县	1	6		6		
达日县						
久治县						
玛多县						
玉树藏族自治州		**1**				
玉树市						
杂多县						
称多县		1				
治多县						
囊谦县						
曲麻莱县						
海西蒙古族藏族自治州	**2**	**9**	**1**			
格尔木市	2	5	1			
德令哈市		1				
茫崖市						
乌兰县		3				
都兰县						
天峻县						
大柴旦行政委员会						

9-6 各地区按住房来源分的同时拥有厨房和厕所的家庭户户数

单位：户

地区	合计	租赁廉租住房/公租房	租赁其他住房	购买新建商品房	购买二手房	购买原公有住房	购买经济适用房/两限房	自建住房	继承或赠予	其他
全省	**145597**	**7817**	**8385**	**42225**	**13438**	**7922**	**5613**	**52805**	**1831**	**5561**
西宁市	**74483**	**2316**	**5775**	**29564**	**8968**	**6471**	**2608**	**16463**	**616**	**1702**
城东区	15724	838	1653	8097	2404	1275	578	169	137	573
城中区	10890	574	971	4480	1952	1701	266	611	79	256
城西区	11626	59	1033	6243	1614	1834	182	98	218	345
城北区	13564	512	1583	6842	1535	1317	496	982	93	204
湟中区	9060	41	177	1221	347	31	127	7048	26	42
大通回族土族自治县	10379	161	269	1850	794	286	402	6302	57	258
湟源县	3240	131	89	831	322	27	557	1253	6	24
海东市	**33624**	**573**	**869**	**6246**	**1574**	**413**	**1486**	**21465**	**225**	**773**
乐都区	6470	96	322	1766	361	144	315	2983	66	417
平安区	3382	16	165	1276	388	98	179	1095	19	146
民和回族土族自治县	8131	119	186	1426	293	33	325	5647	19	83
互助土族自治县	8780	189	128	1286	281	87	634	6108	19	48
化隆回族自治县	3904	56	34	204	135	8	16	3381	30	40
循化撒拉族自治县	2957	97	34	288	116	43	17	2251	72	39
海北藏族自治州	**5947**	**1036**	**168**	**1586**	**644**	**67**	**78**	**2085**	**58**	**225**
门源回族自治县	3086	433	64	801	167	20	17	1533	13	38
祁连县	1064	123	36	313	170	8	32	265	28	89
海晏县	1279	274	54	398	246	13	8	209	10	67
刚察县	518	206	14	74	61	26	21	78	7	31
黄南藏族自治州	**4351**	**474**	**112**	**607**	**315**	**170**	**143**	**2121**	**124**	**285**
同仁县	1890	291	75	409	200	140	105	601	27	42
尖扎县	1244	95	16	137	77	4	35	792	30	58
泽库县	672	53	8	28	8	25	2	374	60	114
河南蒙古族自治县	545	35	13	33	30	1	1	354	7	71
海南藏族自治州	**8813**	**1392**	**211**	**966**	**626**	**162**	**617**	**4553**	**86**	**200**
共和县	2902	397	108	497	381	107	33	1298	26	55
同德县	653	117	24	68	53	5	49	289	23	25
贵德县	3069	463	43	306	112	8	193	1903	11	30
兴海县	1044	127	19	39	26	33	342	364	21	73
贵南县	1145	288	17	56	54	9		699	5	17
果洛藏族自治州	**2448**	**663**	**91**	**149**	**32**	**64**	**119**	**761**	**142**	**427**
玛沁县	779	199	40	79	18	22	16	235	28	142
班玛县	337	79	10	41	4	6	3	131	37	26
甘德县	452	257	2	3	2	12	46	13	27	90
达日县	207	46	17	15	7	19		34	7	62
久治县	520	13	22	3		5	48	344	19	66
玛多县	153	69		8	1		6	4	24	41
玉树藏族自治州	**4517**	**282**	**183**	**13**	**163**	**14**	**59**	**2575**	**337**	**891**
玉树市	2209	196	140	4	35	2	2	1227	75	528
杂多县	368	13	9	4	28	9	6	194	14	91
称多县	522	22	2		12		1	215	160	110
治多县	144	9	1	1	18	1	5	66	19	24
囊谦县	1096	38	25	4	65	2	38	819	50	55
曲麻莱县	178	4	6		5		7	54	19	83
海西蒙古族藏族自治州	**11414**	**1081**	**976**	**3094**	**1116**	**561**	**503**	**2782**	**243**	**1058**
格尔木市	5553	232	696	1617	649	412	219	1147	41	540
德令哈市	2498	162	168	844	257	55	129	507	127	249
茫崖市	229	150	26		3	1		12	13	24
乌兰县	943	148	14	204	80	33	55	332		77
都兰县	1605	159	52	351	85	15	87	780	8	68
天峻县	423	173	9	69	37	37	13	3	6	76
大柴旦行政委员会	163	57	11	9	5	8		1	48	24

9-6a 各地区按住房来源分的同时拥有厨房和厕所的家庭户户数(城市)

单位：户

地区	合计	租赁廉租住房/公租房	租赁其他住房	购买新建商品房	购买二手房	购买原公有住房	购买经济适用房/两限房	自建住房	继承或赠予	其他
全省	**67265**	**2760**	**6699**	**31836**	**9332**	**6787**	**2310**	**3870**	**772**	**2899**
西宁市	**53426**	**2011**	**5312**	**26417**	**7742**	**6144**	**1582**	**2287**	**534**	**1397**
城东区	15724	838	1653	8097	2404	1275	578	169	137	573
城中区	10877	574	971	4480	1952	1701	266	598	79	256
城西区	11622	59	1033	6243	1614	1834	182	94	218	345
城北区	13307	508	1560	6842	1535	1317	496	752	93	204
湟中区	1542	32	93	755	237	17	60	322	7	19
大通回族土族自治县	354		2					352		
湟源县										
海东市	**5800**	**109**	**460**	**3012**	**696**	**207**	**462**	**301**	**56**	**497**
乐都区	3378	93	297	1738	312	110	284	121	44	379
平安区	2422	16	163	1274	384	97	178	180	12	118
民和回族土族自治县										
互助土族自治县										
化隆回族自治县										
循化撒拉族自治县										
海北藏族自治州										
门源回族自治县										
祁连县										
海晏县										
刚察县										
黄南藏族自治州										
同仁县										
尖扎县										
泽库县										
河南蒙古族自治县										
海南藏族自治州										
共和县										
同德县										
贵德县										
兴海县										
贵南县										
果洛藏族自治州										
玛沁县										
班玛县										
甘德县										
达日县										
久治县										
玛多县										
玉树藏族自治州	**1733**	**182**	**143**	**4**	**34**		**2**	**1087**	**26**	**255**
玉树市	1691	182	137	4	33		2	1087	26	220
杂多县										
称多县										
治多县										
囊谦县										
曲麻莱县	42		6		1					35
海西蒙古族藏族自治州	**6306**	**458**	**784**	**2403**	**860**	**436**	**264**	**195**	**156**	**750**
格尔木市	4278	210	602	1565	622	403	191	147	35	503
德令哈市	1861	160	156	838	235	32	73	36	108	223
茫崖市	167	88	26		3	1		12	13	24
乌兰县										
都兰县										
天峻县										
大柴旦行政委员会										

9−6b　各地区按住房来源分的同时拥有厨房和厕所的家庭户户数(镇)

单位：户

地　　区	合　计	租赁廉租住房/公租房	租　　赁其他住房	购买新建商品房	购　买二手房	购买原公有住房	购买经济适用房/两限房	自建住房	继承或赠　予	其　他
全省	**35034**	**4700**	**1486**	**10051**	**3910**	**1052**	**2227**	**9561**	**451**	**1596**
西宁市	**9303**	**301**	**407**	**3115**	**1204**	**313**	**322**	**3300**	**54**	**287**
城东区										
城中区										
城西区	4							4		
城北区										
湟中区	1756	9	71	453	106	11	8	1085	5	8
大通回族土族自治县	5721	161	263	1849	788	279	101	1979	45	256
湟源县	1822	131	73	813	310	23	213	232	4	23
海东市	**9128**	**414**	**355**	**3063**	**835**	**202**	**967**	**3057**	**68**	**167**
乐都区	337	3	7	7	43	34	29	207	5	2
平安区	54						1	30		23
民和回族土族自治县	3477	119	177	1413	285	30	293	1097	6	57
互助土族自治县	3266	189	124	1284	276	87	613	657	5	31
化隆回族自治县	809	7	19	75	115	8	14	537	9	25
循化撒拉族自治县	1185	96	28	284	116	43	17	529	43	29
海北藏族自治州	**3886**	**993**	**153**	**1578**	**634**	**65**	**77**	**183**	**29**	**174**
门源回族自治县	1627	410	53	799	162	19	17	124	12	31
祁连县	778	122	34	308	166	8	31	27	4	78
海晏县	1058	272	53	398	245	13	8	5	10	54
刚察县	423	189	13	73	61	25	21	27	3	11
黄南藏族自治州	**2609**	**472**	**107**	**606**	**307**	**169**	**138**	**568**	**76**	**166**
同仁县	1501	290	75	409	197	140	101	222	27	40
尖扎县	526	95	16	137	76	4	34	117	5	42
泽库县	259	53	6	28	5	24	2	59	38	44
河南蒙古族自治县	323	34	10	32	29	1	1	170	6	40
海南藏族自治州	**4804**	**1381**	**197**	**958**	**609**	**147**	**504**	**820**	**46**	**142**
共和县	1705	396	103	495	378	102	31	146	17	37
同德县	353	117	21	63	50	3	39	39	2	19
贵德县	1615	463	41	305	108	6	192	465	8	27
兴海县	630	123	18	39	21	27	242	101	16	43
贵南县	501	282	14	56	52	9		69	3	16
果洛藏族自治州	**1411**	**485**	**78**	**146**	**27**	**62**	**107**	**100**	**88**	**318**
玛沁县	587	198	37	78	16	21	16	70	23	128
班玛县	203	79	9	41	4	6	3	7	35	19
甘德县	201	83	1	3		11	35	3		65
达日县	172	46	16	15	6	19		10	7	53
久治县	108	13	15	3		5	48	9		15
玛多县	140	66		6	1		5	1	23	38
玉树藏族自治州	**1150**	**68**	**28**	**2**	**85**	**2**	**7**	**781**	**34**	**143**
玉树市	1	1								
杂多县	186		7		14	1	1	148	5	10
称多县	223	20	1		9		1	144	3	45
治多县	99	9	1	1	13	1	5	29	16	24
囊谦县	546	35	19	1	46			409	2	34
曲麻莱县	95	3			3			51	8	30
海西蒙古族藏族自治州	**2743**	**586**	**161**	**583**	**209**	**92**	**105**	**752**	**56**	**199**
格尔木市	730		85	1	25	6	1	578	4	30
德令哈市	58	1	2	3	5	1	1	34	2	9
茫崖市	62	62								
乌兰县	583	144	11	193	61	32	26	61		55
都兰县	773	154	43	315	82	11	65	77	5	21
天峻县	387	168	9	62	31	34	12	1	5	65
大柴旦行政委员会	150	57	11	9	5	8		1	40	19

9－6c 各地区按住房来源分的同时拥有厨房和厕所的家庭户户数(乡村)

单位：户

地 区	合 计	租赁廉租住房/公租房	租 赁 其他住房	购买新建商品房	购 买 二手房	购买原公有住房	购买经济适用房/两限房	自建住房	继承或赠 予	其 他
全省	**43298**	**357**	**200**	**338**	**196**	**83**	**1076**	**39374**	**608**	**1066**
西宁市	**11754**	**4**	**56**	**32**	**22**	**14**	**704**	**10876**	**28**	**18**
城东区										
城中区	13							13		
城西区										
城北区	257	4	23					230		
湟中区	5762		13	13	4	3	59	5641	14	15
大通回族土族自治县	4304		4	1	6	7	301	3971	12	2
湟源县	1418		16	18	12	4	344	1021	2	1
海东市	**18696**	**50**	**54**	**171**	**43**	**4**	**57**	**18107**	**101**	**109**
乐都区	2755		18	21	6		2	2655	17	36
平安区	906		2	2	4	1		885	7	5
民和回族土族自治县	4654		9	13	8	3	32	4550	13	26
互助土族自治县	5514		4	2	5		21	5451	14	17
化隆回族自治县	3095	49	15	129	20		2	2844	21	15
循化撒拉族自治县	1772	1	6	4				1722	29	10
海北藏族自治州	**2061**	**43**	**15**	**8**	**10**	**2**	**1**	**1902**	**29**	**51**
门源回族自治县	1459	23	11	2	5	1		1409	1	7
祁连县	286	1	2	5	4		1	238	24	11
海晏县	221	2	1		1			204		13
刚察县	95	17	1	1		1		51	4	20
黄南藏族自治州	**1742**	**2**	**5**	**1**	**8**	**1**	**5**	**1553**	**48**	**119**
同仁县	389	1			3		4	379		2
尖扎县	718				1		1	675	25	16
泽库县	413		2		3	1		315	22	70
河南蒙古族自治县	222	1	3	1	1			184	1	31
海南藏族自治州	**4009**	**11**	**14**	**8**	**17**	**15**	**113**	**3733**	**40**	**58**
共和县	1197	1	5	2	3	5	2	1152	9	18
同德县	300		3	5	3	2	10	250	21	6
贵德县	1454		2	1	4	2	1	1438	3	3
兴海县	414	4	1		5	6	100	263	5	30
贵南县	644	6	3		2			630	2	1
果洛藏族自治州	**1037**	**178**	**13**	**3**	**5**	**2**	**12**	**661**	**54**	**109**
玛沁县	192	1	3	1	2	1		165	5	14
班玛县	134		1					124	2	7
甘德县	251	174	1		2	1	11	10	27	25
达日县	35		1		1			24		9
久治县	412		7					335	19	51
玛多县	13	3		2			1	3	1	3
玉树藏族自治州	**1634**	**32**	**12**	**7**	**44**	**12**	**50**	**707**	**277**	**493**
玉树市	517	13	3		2	2		140	49	308
杂多县	182	13	2	4	14	8	5	46	9	81
称多县	299	2	1		3			71	157	65
治多县	45				5			37	3	
囊谦县	550	3	6	3	19	2	38	410	48	21
曲麻莱县	41	1			1		7	3	11	18
海西蒙古族藏族自治州	**2365**	**37**	**31**	**108**	**47**	**33**	**134**	**1835**	**31**	**109**
格尔木市	545	22	9	51	2	3	27	422	2	7
德令哈市	579	1	10	3	17	22	55	437	17	17
茫崖市										
乌兰县	360	4	3	11	19	1	29	271		22
都兰县	832	5	9	36	3	4	22	703	3	47
天峻县	36	5		7	6	3	1	2	1	11
大柴旦行政委员会	13								8	5

9-7 全省按户主的受教育程度、住房来源分的家庭户户数

单位：户

受教育程度	合 计	租赁廉租住房/公租房	租 赁其他住房	购买新建商品房	购 买二手房	购买原公有住房	购买经济适用房/两限房	自建住房	继承或赠 予	其 他
总 计	**167959**	**8207**	**11552**	**41502**	**13633**	**7770**	**6261**	**66008**	**2934**	**10092**
未上过学	15817	530	511	1127	775	255	490	9582	547	2000
学前教育	226	13	5	22	19	9	6	116	5	31
小 学	54123	1869	2435	5251	2630	1317	2162	33110	1339	4010
初 中	45595	2039	4462	9969	3741	2216	1807	19226	465	1670
高 中	18616	1185	1692	7301	2231	1634	795	2798	237	743
大学专科	16887	1209	1326	8552	1992	1377	601	879	185	766
大学本科	15693	1310	1057	8711	2081	892	389	283	146	824
硕士研究生	907	43	58	527	148	56	11	13	10	41
博士研究生	95	9	6	42	16	14		1		7

9-7a 全省按户主的受教育程度、住房来源分的家庭户户数(城市)

单位：户

受教育程度	合 计	租赁廉租住房/公租房	租 赁其他住房	购买新建商品房	购 买二手房	购买原公有住房	购买经济适用房/两限房	自建住房	继承或赠 予	其 他
总 计	**69424**	**2930**	**9024**	**31236**	**9116**	**6513**	**2277**	**4205**	**795**	**3328**
未上过学	2300	156	281	623	251	175	76	492	33	213
学前教育	53	1	2	14	5	9	2	14	2	4
小 学	10338	495	1624	3275	1248	967	323	1615	139	652
初 中	19837	964	3564	7449	2467	1915	740	1514	259	965
高 中	12485	566	1451	5819	1702	1437	479	339	155	537
大学专科	11942	386	1128	6589	1557	1182	374	167	116	443
大学本科	11589	343	916	6935	1732	764	273	61	84	481
硕士研究生	793	12	53	492	138	51	10	3	7	27
博士研究生	87	7	5	40	16	13				6

9-7b　全省按户主的受教育程度、住房来源分的家庭户户数(镇)

单位：户

受教育程度	合　计	租赁廉租住房/公租房	租　赁其他住房	购买新建商品房	购　买二手房	购买原公有住房	购买经济适用房/两限房	自建住房	继承或赠　予	其　他
总　计	**39574**	**4874**	**2180**	**9936**	**4216**	**1079**	**2291**	**11405**	**827**	**2766**
未上过学	4251	344	192	458	467	61	203	1750	167	609
学前教育	64	11	1	8	13		1	17	2	11
小　学	12618	1157	659	1840	1212	256	872	5184	393	1045
初　中	10273	1024	779	2470	1226	263	669	3319	102	421
高　中	4090	590	224	1462	516	184	235	664	58	157
大学专科	4335	780	185	1926	431	188	201	336	54	234
大学本科	3831	935	134	1736	341	121	109	129	49	277
硕士研究生	106	31	5	34	10	5	1	6	2	12
博士研究生	6	2	1	2		1				

9-7c　全省按户主的受教育程度、住房来源分的家庭户户数(乡村)

单位：户

受教育程度	合　计	租赁廉租住房/公租房	租　赁其他住房	购买新建商品房	购　买二手房	购买原公有住房	购买经济适用房/两限房	自建住房	继承或赠　予	其　他
总　计	**58961**	**403**	**348**	**330**	**301**	**178**	**1693**	**50398**	**1312**	**3998**
未上过学	9266	30	38	46	57	19	211	7340	347	1178
学前教育	109	1	2		1		3	85	1	16
小　学	31167	217	152	136	170	94	967	26311	807	2313
初　中	15485	51	119	50	48	38	398	14393	104	284
高　中	2041	29	17	20	13	13	81	1795	24	49
大学专科	610	43	13	37	4	7	26	376	15	89
大学本科	273	32	7	40	8	7	7	93	13	66
硕士研究生	8			1				4	1	2
博士研究生	2							1		1

9–8 全省按户主的受教育程度、月租房费用分的家庭户户数

单位：户

受教育程度	合 计	200元以下	200–499元	500–999元	1000–1999元
总 计	**19759**	**4894**	**5328**	**3940**	**4533**
未上过学	1041	389	298	184	134
学前教育	18	3	5	1	3
小 学	4304	1279	1358	811	683
初 中	6501	1326	1951	1458	1440
高 中	2877	540	607	707	839
大学专科	2535	614	533	468	742
大学本科	2367	720	555	291	655
硕士研究生	101	22	18	15	34
博士研究生	15	1	3	5	3

9–8 续表

单位：户

受教育程度	2000–2999元	3000–3999元	4000–5999元	6000–7999元	8000–9999元	10000元及以上
总 计	**681**	**171**	**93**	**48**	**16**	**55**
未上过学	19	9	3	2		3
学前教育	4		2			
小 学	86	38	18	15	3	13
初 中	186	47	41	18	10	24
高 中	136	23	10	8		7
大学专科	129	24	12	4	3	6
大学本科	111	25	7	1		2
硕士研究生	7	5				
博士研究生	3					

9-8a 全省按户主的受教育程度、月租房费用分的家庭户户数(城市)

单位：户

受教育程度	合 计	200元以下	200-499元	500-999元	1000-1999元
总 计	**11954**	**1218**	**2970**	**3041**	**3986**
未上过学	437	88	124	116	97
学前教育	3	1			2
小 学	2119	304	672	536	537
初 中	4528	461	1399	1193	1266
高 中	2017	111	363	606	783
大学专科	1514	99	234	371	668
大学本科	1259	150	170	203	599
硕士研究生	65	4	7	11	31
博士研究生	12		1	5	3

9-8a 续表

单位：户

受教育程度	2000-2999元	3000-3999元	4000-5999元	6000-7999元	8000-9999元	10000元及以上
总 计	**549**	**102**	**44**	**15**	**9**	**20**
未上过学	10	2				
学前教育						
小 学	47	9	6	3	3	2
初 中	135	29	22	6	5	12
高 中	124	17	5	4		4
大学专科	116	17	6	1	1	1
大学本科	107	23	5	1		1
硕士研究生	7	5				
博士研究生	3					

9–8b　全省按户主的受教育程度、月租房费用分的家庭户户数(镇)

单位：户

受教育程度	合　计	200元以下	200–499元	500–999元	1000–1999元
总　计	**7054**	**3434**	**2045**	**800**	**498**
未上过学	536	271	156	56	29
学前教育	12	1	4		1
小　学	1816	895	486	228	130
初　中	1803	808	499	233	159
高　中	814	403	232	99	55
大学专科	965	483	288	94	68
大学本科	1069	554	367	86	53
硕士研究生	36	18	11	4	3
博士研究生	3	1	2		

9–8b　续表

单位：户

受教育程度	2000–2999元	3000–3999元	4000–5999元	6000–7999元	8000–9999元	10000元及以上
总　计	**121**	**51**	**45**	**23**	**7**	**30**
未上过学	9	7	3	2		3
学前教育	4		2			
小　学	33	19	12	5		8
初　中	48	14	16	11	5	10
高　中	11	4	4	3		3
大学专科	12	5	6	2	2	5
大学本科	4	2	2			1
硕士研究生						
博士研究生						

9-8c 全省按户主的受教育程度、月租房费用分的家庭户户数(乡村)

单位：户

受教育程度	合 计	200元以下	200-499元	500-999元	1000-1999元
总 计	**751**	**242**	**313**	**99**	**49**
未上过学	68	30	18	12	8
学前教育	3	1	1	1	
小 学	369	80	200	47	16
初 中	170	57	53	32	15
高 中	46	26	12	2	1
大学专科	56	32	11	3	6
大学本科	39	16	18	2	3
硕士研究生					
博士研究生					

9-8c 续表

单位：户

受教育程度	2000-2999元	3000-3999元	4000-5999元	6000-7999元	8000-9999元	10000元及以上
总 计	**11**	**18**	**4**	**10**		**5**
未上过学						
学前教育						
小 学	6	10		7		3
初 中	3	4	3	1		2
高 中	1	2	1	1		
大学专科	1	2		1		
大学本科						
硕士研究生						
博士研究生						

9–9　全省按户主的职业、住房来源分的家庭户户数

单位：户

职业大类	合　计	租赁廉租住房/公租房	租　赁其他住房	购买新建商品房	购　买二手房
总　计	**96388**	**5249**	**9006**	**25256**	**8305**
党的机关、国家机关、群众团体和社会组织、企事业单位负责人	3037	155	331	1401	331
专业技术人员	12347	889	881	5917	1598
办事人员和有关人员	9039	999	472	4241	1029
社会生产服务和生活服务人员	31803	2061	4930	9212	3588
农、林、牧、渔业生产及辅助人员	22551	416	188	736	448
生产制造及有关人员	17468	723	2182	3702	1294
不便分类的其他从业人员	143	6	22	47	17

9–9　续表

单位：户

职业大类	购买原公有住房	购买经济适用房/两限房	自建住房	继承或赠　予	其　他
总　计	**2726**	**3311**	**35963**	**1328**	**5244**
党的机关、国家机关、群众团体和社会组织、企事业单位负责人	102	86	497	22	112
专业技术人员	545	290	1334	147	746
办事人员和有关人员	530	327	823	123	495
社会生产服务和生活服务人员	949	1085	8306	399	1273
农、林、牧、渔业生产及辅助人员	124	789	17478	464	1908
生产制造及有关人员	469	728	7492	172	706
不便分类的其他从业人员	7	6	33	1	4

9-9a 全省按户主的职业、住房来源分的家庭户户数(城市)

单位：户

职业大类	合计	租赁廉租住房/公租房	租赁其他住房	购买新建商品房	购买二手房
总计	**41271**	**1831**	**7210**	**18657**	**5748**
党的机关、国家机关、群众团体和社会组织、企事业单位负责人	1938	56	289	1108	268
专业技术人员	7583	223	745	4231	1260
办事人员和有关人员	5750	243	399	3207	761
社会生产服务和生活服务人员	17689	950	3904	7161	2586
农、林、牧、渔业生产及辅助人员	942	19	65	251	87
生产制造及有关人员	7263	337	1789	2658	771
不便分类的其他从业人员	106	3	19	41	15

9-9a 续表

单位：户

职业大类	购买原公有住房	购买经济适用房/两限房	自建住房	继承或赠予	其他
总计	**2117**	**1181**	**2133**	**445**	**1949**
党的机关、国家机关、群众团体和社会组织、企事业单位负责人	73	36	47	11	50
专业技术人员	435	155	117	69	348
办事人员和有关人员	444	193	161	66	276
社会生产服务和生活服务人员	783	529	908	201	667
农、林、牧、渔业生产及辅助人员	12	15	412	13	68
生产制造及有关人员	363	248	477	84	536
不便分类的其他从业人员	7	5	11	1	4

9-9b 全省按户主的职业、住房来源分的家庭户户数(镇)

单位：户

职业大类	合 计	租赁廉租住房/公租房	租 赁其他住房	购买新建商品房	购 买二手房
总 计	**22555**	**3256**	**1538**	**6415**	**2396**
党的机关、国家机关、群众团体和社会组织、企事业单位负责人	703	96	40	287	62
专业技术人员	3494	635	128	1663	334
办事人员和有关人员	2700	725	69	1013	262
社会生产服务和生活服务人员	8032	1082	893	1993	955
农、林、牧、渔业生产及辅助人员	3359	337	85	439	282
生产制造及有关人员	4243	378	320	1014	499
不便分类的其他从业人员	24	3	3	6	2

9-9b 续表

单位：户

职业大类	购买原公有住房	购买经济适用房/两限房	自建住房	继承或赠 予	其 他
总 计	**494**	**1277**	**5557**	**352**	**1270**
党的机关、国家机关、群众团体和社会组织、企事业单位负责人	26	38	102	6	46
专业技术人员	106	106	252	40	230
办事人员和有关人员	85	114	224	46	162
社会生产服务和生活服务人员	150	426	2038	123	372
农、林、牧、渔业生产及辅助人员	33	263	1497	84	339
生产制造及有关人员	94	329	1435	53	121
不便分类的其他从业人员		1	9		

9—9c 全省按户主的职业、住房来源分的家庭户户数(乡村)

单位：户

职业大类	合 计	租赁廉租住房/公租房	租 赁其他住房	购买新建商品房	购 买二手房
总 计	**32562**	**162**	**258**	**184**	**161**
党的机关、国家机关、群众团体和社会组织、企事业单位负责人	396	3	2	6	1
专业技术人员	1270	31	8	23	4
办事人员和有关人员	589	31	4	21	6
社会生产服务和生活服务人员	6082	29	133	58	47
农、林、牧、渔业生产及辅助人员	18250	60	38	46	79
生产制造及有关人员	5962	8	73	30	24
不便分类的其他从业人员	13				

9—9c 续表

单位：户

职业大类	购买原公有住房	购买经济适用房/两限房	自建住房	继承或赠 予	其 他
总 计	**115**	**853**	**28273**	**531**	**2025**
党的机关、国家机关、群众团体和社会组织、企事业单位负责人	3	12	348	5	16
专业技术人员	4	29	965	38	168
办事人员和有关人员	1	20	438	11	57
社会生产服务和生活服务人员	16	130	5360	75	234
农、林、牧、渔业生产及辅助人员	79	511	15569	367	1501
生产制造及有关人员	12	151	5580	35	49
不便分类的其他从业人员			13		

9-10　全省按户主的职业、月租房费用分的家庭户户数

单位：户

职业大类	合　计	200元以下	200-499元	500-999元	1000-1999元
总　计	**14255**	**3244**	**3901**	**2792**	**3457**
党的机关、国家机关、群众团体和社会组织、企事业单位负责人	486	74	74	71	193
专业技术人员	1770	525	375	282	504
办事人员和有关人员	1471	551	426	169	268
社会生产服务和生活服务人员	6991	1168	1682	1611	1988
农、林、牧、渔业生产及辅助人员	604	364	116	66	30
生产制造及有关人员	2905	559	1217	585	469
不便分类的其他从业人员	28	3	11	8	5

9-10　续表　　单位：户

职业大类	2000-2999元	3000-3999元	4000-5999元	6000-7999元	8000-9999元	10000元及以上
总　计	**541**	**143**	**81**	**38**	**12**	**46**
党的机关、国家机关、群众团体和社会组织、企事业单位负责人	51	16	4		2	1
专业技术人员	66	11	6	1		
办事人员和有关人员	48	6	1	1		1
社会生产服务和生活服务人员	311	100	54	33	8	36
农、林、牧、渔业生产及辅助人员	22	1	4			1
生产制造及有关人员	42	9	12	3	2	7
不便分类的其他从业人员	1					

9－10a 全省按户主的职业、月租房费用分的家庭户户数(城市)

单位：户

职业大类	合　计	200元以下	200－499元	500－999元	1000－1999元
总　计	**9041**	**768**	**2429**	**2184**	**3060**
党的机关、国家机关、群众团体和社会组织、企事业单位负责人	345	17	30	53	177
专业技术人员	968	85	150	202	453
办事人员和有关人员	642	116	120	119	238
社会生产服务和生活服务人员	4854	311	1134	1299	1766
农、林、牧、渔业生产及辅助人员	84	14	29	27	12
生产制造及有关人员	2126	222	958	477	410
不便分类的其他从业人员	22	3	8	7	4

9－10a 续表

单位：户

职业大类	2000－2999元	3000－3999元	4000－5999元	6000－7999元	8000－9999元	10000元及以上
总　计	**430**	**88**	**42**	**15**	**8**	**17**
党的机关、国家机关、群众团体和社会组织、企事业单位负责人	49	16	3			
专业技术人员	64	10	3	1		
办事人员和有关人员	42	6		1		
社会生产服务和生活服务人员	236	49	28	11	6	14
农、林、牧、渔业生产及辅助人员	1					1
生产制造及有关人员	38	7	8	2	2	2
不便分类的其他从业人员						

9-10b 全省按户主的职业、月租房费用分的家庭户户数(镇)

单位：户

职业大类	合 计	200元以下	200–499元	500–999元	1000–1999元
总 计	**4794**	**2296**	**1350**	**544**	**370**
党的机关、国家机关、群众团体和社会组织、企事业单位负责人	136	55	43	18	14
专业技术人员	763	419	213	77	48
办事人员和有关人员	794	417	292	49	28
社会生产服务和生活服务人员	1975	812	503	275	210
农、林、牧、渔业生产及辅助人员	422	278	74	30	15
生产制造及有关人员	698	315	222	94	54
不便分类的其他从业人员	6		3	1	1

9-10b 续表

单位：户

职业大类	2000–2999元	3000–3999元	4000–5999元	6000–7999元	8000–9999元	10000元及以上
总 计	**106**	**45**	**35**	**20**	**4**	**24**
党的机关、国家机关、群众团体和社会组织、企事业单位负责人	2		1		2	1
专业技术人员	2	1	3			
办事人员和有关人员	6		1			1
社会生产服务和生活服务人员	71	41	23	19	2	19
农、林、牧、渔业生产及辅助人员	20	1	4			
生产制造及有关人员	4	2	3	1		3
不便分类的其他从业人员	1					

9-10c 全省按户主的职业、月租房费用分的家庭户户数(乡村)

单位：户

职业大类	合 计	200元以下	200-499元	500-999元	1000-1999元
总 计	**420**	**180**	**122**	**64**	**27**
党的机关、国家机关、群众团体和社会组织、企事业单位负责人	5	2	1		2
专业技术人员	39	21	12	3	3
办事人员和有关人员	35	18	14	1	2
社会生产服务和生活服务人员	162	45	45	37	12
农、林、牧、渔业生产及辅助人员	98	72	13	9	3
生产制造及有关人员	81	22	37	14	5
不便分类的其他从业人员					

9-10c 续表

单位：户

职业大类	2000-2999元	3000-3999元	4000-5999元	6000-7999元	8000-9999元	10000元及以上
总 计	**5**	**10**	**4**	**3**		**5**
党的机关、国家机关、群众团体和社会组织、企事业单位负责人						
专业技术人员						
办事人员和有关人员						
社会生产服务和生活服务人员	4	10	3	3		3
农、林、牧、渔业生产及辅助人员	1					
生产制造及有关人员			1			2
不便分类的其他从业人员						

9-11 全省按户主的职业分的家庭户住房状况

职业大类	户 数 (户)	人 数 (人)	平均每户住房间数 (间/户)	人均住房建筑面积 (平方米/人)	人均住房间数 (间/人)
总 计	**96388**	**292532**	**3.05**	**33.75**	**1.01**
党的机关、国家机关、群众团体和社会组织、企事业单位负责人	3037	8499	2.87	40.25	1.03
专业技术人员	12347	30016	2.50	40.32	1.03
办事人员和有关人员	9039	22452	2.58	41.88	1.04
社会生产服务和生活服务人员	31803	92937	2.89	35.07	0.99
农、林、牧、渔业生产及辅助人员	22551	84875	3.64	26.34	0.97
生产制造及有关人员	17468	53332	3.25	34.99	1.06
不便分类的其他从业人员	143	421	3.71	47.64	1.26

9-11a 全省按户主的职业分的家庭户住房状况(城市)

职业大类	户 数 (户)	人 数 (人)	平均每户住房间数 (间/户)	人均住房建筑面积 (平方米/人)	人均住房间数 (间/人)
总 计	**41271**	**105770**	**2.46**	**38.37**	**0.96**
党的机关、国家机关、群众团体和社会组织、企事业单位负责人	1938	5125	2.62	42.32	0.99
专业技术人员	7583	18303	2.43	42.13	1.01
办事人员和有关人员	5750	14139	2.55	43.88	1.04
社会生产服务和生活服务人员	17689	46224	2.43	36.49	0.93
农、林、牧、渔业生产及辅助人员	942	3228	2.97	31.35	0.87
生产制造及有关人员	7263	18459	2.38	35.00	0.94
不便分类的其他从业人员	106	292	3.62	55.39	1.32

9-11b 全省按户主的职业分的家庭户住房状况(镇)

职业大类	户 数 (户)	人 数 (人)	平均每户住房间数 (间/户)	人均住房建筑面积 (平方米/人)	人均住房间 数 (间/人)
总 计	**22555**	**67288**	**2.88**	**33.56**	**0.96**
党的机关、国家机关、群众团体和社会组织、企事业单位负责人	703	1988	2.71	37.72	0.96
专业技术人员	3494	8585	2.45	38.15	1.00
办事人员和有关人员	2700	6412	2.39	38.38	1.01
社会生产服务和生活服务人员	8032	24642	2.93	32.81	0.95
农、林、牧、渔业生产及辅助人员	3359	12121	3.19	27.57	0.89
生产制造及有关人员	4243	13458	3.22	34.50	1.02
不便分类的其他从业人员	24	82	3.17	27.80	0.93

9-11c 全省按户主的职业分的家庭户住房状况(乡村)

职业大类	户 数 (户)	人 数 (人)	平均每户住房间数 (间/户)	人均住房建筑面积 (平方米/人)	人均住房间 数 (间/人)
总 计	**32562**	**119474**	**3.93**	**29.78**	**1.07**
党的机关、国家机关、群众团体和社会组织、企事业单位负责人	396	1386	4.44	36.26	1.27
专业技术人员	1270	3128	3.11	35.69	1.26
办事人员和有关人员	589	1901	3.82	38.80	1.18
社会生产服务和生活服务人员	6082	22071	4.17	34.64	1.15
农、林、牧、渔业生产及辅助人员	18250	69526	3.76	25.89	0.99
生产制造及有关人员	5962	21415	4.32	35.30	1.20
不便分类的其他从业人员	13	47	5.46	34.13	1.51

9-12 全省按户主的职业、人均住房建筑面积分的家庭户户数

单位：户

职业大类	合 计	人均住房建筑面积(平方米)			
		8及以下	9-12	13-16	17-19
总 计	**96388**	**1819**	**4332**	**7026**	**3761**
党的机关、国家机关、群众团体和社会组织、企事业单位负责人	3037	19	47	94	88
专业技术人员	12347	48	193	398	324
办事人员和有关人员	9039	47	128	289	199
社会生产服务和生活服务人员	31803	543	1297	2115	1385
农、林、牧、渔业生产及辅助人员	22551	847	1876	2933	990
生产制造及有关人员	17468	312	783	1188	769
不便分类的其他从业人员	143	3	8	9	6

9-12 续表

单位：户

职业大类	人均住房建筑面积(平方米)					
	20-29	30-39	40-49	50-59	60-69	70及以上
总 计	**22852**	**17485**	**13223**	**7375**	**5717**	**12798**
党的机关、国家机关、群众团体和社会组织、企事业单位负责人	592	602	504	267	214	610
专业技术人员	2291	2500	2205	1197	934	2257
办事人员和有关人员	1615	1717	1683	932	701	1728
社会生产服务和生活服务人员	7815	5823	4200	2574	1746	4305
农、林、牧、渔业生产及辅助人员	6075	3513	2365	1097	1125	1730
生产制造及有关人员	4433	3301	2242	1300	995	2145
不便分类的其他从业人员	31	29	24	8	2	23

9-12a 全省按户主的职业、人均住房建筑面积分的家庭户户数(城市)

单位：户

职业大类	合计	人均住房建筑面积(平方米)			
		8及以下	9-12	13-16	17-19
总 计	**41271**	**477**	**1237**	**1919**	**1566**
党的机关、国家机关、群众团体和社会组织、企事业单位负责人	1938	6	23	45	52
专业技术人员	7583	9	73	180	215
办事人员和有关人员	5750	15	55	115	113
社会生产服务和生活服务人员	17689	225	616	975	806
农、林、牧、渔业生产及辅助人员	942	16	30	91	28
生产制造及有关人员	7263	204	434	508	347
不便分类的其他从业人员	106	2	6	5	5

9-12a 续表

单位：户

职业大类	人均住房建筑面积(平方米)					
	20-29	30-39	40-49	50-59	60-69	70及以上
总 计	**9055**	**7841**	**6227**	**3518**	**2543**	**6888**
党的机关、国家机关、群众团体和社会组织、企事业单位负责人	354	394	328	165	136	435
专业技术人员	1309	1563	1367	710	570	1587
办事人员和有关人员	960	1130	1097	562	478	1225
社会生产服务和生活服务人员	4262	3312	2412	1516	969	2596
农、林、牧、渔业生产及辅助人员	302	128	152	43	41	111
生产制造及有关人员	1849	1291	852	516	347	915
不便分类的其他从业人员	19	23	19	6	2	19

9–12b　全省按户主的职业、人均住房建筑面积分的家庭户户数(镇)

单位：户

职业大类	合　计	人均住房建筑面积(平方米)			
		8及以下	9–12	13–16	17–19
总　计	**22555**	**437**	**978**	**1596**	**904**
党的机关、国家机关、群众团体和社会组织、企事业单位负责人	703	8	12	24	22
专业技术人员	3494	29	78	132	87
办事人员和有关人员	2700	24	49	119	60
社会生产服务和生活服务人员	8032	203	412	612	375
农、林、牧、渔业生产及辅助人员	3359	110	253	422	183
生产制造及有关人员	4243	62	172	285	176
不便分类的其他从业人员	24	1	2	2	1

9–12b　续表

单位：户

职业大类	人均住房建筑面积(平方米)					
	20–29	30–39	40–49	50–59	60–69	70及以上
总　计	**5443**	**4083**	**3175**	**1985**	**1235**	**2719**
党的机关、国家机关、群众团体和社会组织、企事业单位负责人	143	141	112	72	55	114
专业技术人员	671	721	642	392	249	493
办事人员和有关人员	532	503	498	313	182	420
社会生产服务和生活服务人员	2061	1404	1027	665	385	888
农、林、牧、渔业生产及辅助人员	939	486	322	200	138	306
生产制造及有关人员	1089	824	570	343	226	496
不便分类的其他从业人员	8	4	4			2

9-12c 全省按户主的职业、人均住房建筑面积分的家庭户户数(乡村)

单位：户

职业大类	合 计	人均住房建筑面积(平方米)			
		8及以下	9-12	13-16	17-19
总 计	**32562**	**905**	**2117**	**3511**	**1291**
党的机关、国家机关、群众团体和社会组织、企事业单位负责人	396	5	12	25	14
专业技术人员	1270	10	42	86	22
办事人员和有关人员	589	8	24	55	26
社会生产服务和生活服务人员	6082	115	269	528	204
农、林、牧、渔业生产及辅助人员	18250	721	1593	2420	779
生产制造及有关人员	5962	46	177	395	246
不便分类的其他从业人员	13			2	

9-12c 续表

单位：户

职业大类	人均住房建筑面积(平方米)					
	20-29	30-39	40-49	50-59	60-69	70及以上
总 计	**8354**	**5561**	**3821**	**1872**	**1939**	**3191**
党的机关、国家机关、群众团体和社会组织、企事业单位负责人	95	67	64	30	23	61
专业技术人员	311	216	196	95	115	177
办事人员和有关人员	123	84	88	57	41	83
社会生产服务和生活服务人员	1492	1107	761	393	392	821
农、林、牧、渔业生产及辅助人员	4834	2899	1891	854	946	1313
生产制造及有关人员	1495	1186	820	441	422	734
不便分类的其他从业人员	4	2	1	2		2

9-13　各地区按拥有全部家用汽车总价分的家庭户户数

单位：户

地　区	合　计	不　满10万元	10万元以上，不满20万元	20万元以上，不满30万元	30万元以上，不满50万元	50万元以上，不满100万元	100万元及以上	没有汽车
全省	**174934**	**44603**	**25801**	**7663**	**3354**	**1041**	**261**	**92211**
西宁市	**79770**	**17478**	**14727**	**4781**	**2178**	**722**	**171**	**39713**
城东区	16280	2529	2915	893	379	127	31	9406
城中区	11689	1796	2268	748	369	129	21	6358
城西区	11931	1135	2887	1549	744	218	70	5328
城北区	14257	2470	2939	866	420	147	31	7384
湟中区	10606	4356	1558	322	118	51	10	4191
大通回族土族自治县	11429	4069	1588	298	106	31	4	5333
湟源县	3578	1123	572	105	42	19	4	1713
海东市	**36765**	**10737**	**4275**	**840**	**329**	**98**	**19**	**20467**
乐都区	7541	1794	876	176	72	37	7	4579
平安区	3598	945	574	145	60	21	4	1849
民和回族土族自治县	8522	1893	839	149	42	17	5	5577
互助土族自治县	9648	3964	1211	217	107	17		4132
化隆回族自治县	4271	1313	442	74	26	3	1	2412
循化撒拉族自治县	3185	828	333	79	22	3	2	1918
海北藏族自治州	**8251**	**3074**	**1068**	**284**	**142**	**27**	**5**	**3651**
门源回族自治县	4069	1683	471	88	44	9	4	1770
祁连县	1465	423	213	65	20	2	1	741
海晏县	1457	506	248	90	47	13		553
刚察县	1260	462	136	41	31	3		587
黄南藏族自治州	**7859**	**1621**	**672**	**277**	**122**	**25**	**7**	**5135**
同仁县	2949	384	358	170	76	12	6	1943
尖扎县	1544	260	154	57	18	6		1049
泽库县	2123	464	44	23	12	4	1	1575
河南蒙古族自治县	1243	513	116	27	16	3		568
海南藏族自治州	**13019**	**4056**	**1400**	**386**	**158**	**46**	**13**	**6960**
共和县	4009	1256	540	163	74	16	3	1957
同德县	1726	539	177	33	19	7	4	947
贵德县	3323	907	357	98	36	14	2	1909
兴海县	1926	625	145	37	13	4	3	1099
贵南县	2035	729	181	55	16	5	1	1048
果洛藏族自治州	**5621**	**941**	**261**	**92**	**45**	**13**	**4**	**4265**
玛沁县	1136	262	109	25	11	3	1	725
班玛县	778	101	26	18	18	5	2	608
甘德县	1349	97	22	5		1	1	1223
达日县	964	226	49	19	5	2		663
久治县	826	157	26	8	6	1		628
玛多县	568	98	29	17	5	1		418
玉树藏族自治州	**9937**	**3403**	**626**	**158**	**96**	**37**	**25**	**5592**
玉树市	3360	1211	220	80	25	16	2	1806
杂多县	1173	699	85	21	19	9	6	334
称多县	1531	311	36	16	6	3	4	1155
治多县	819	335	32	5	5	7	11	424
囊谦县	1944	578	184	21	39	2	2	1118
曲麻莱县	1110	269	69	15	2			755
海西蒙古族藏族自治州	**13712**	**3293**	**2772**	**845**	**284**	**73**	**17**	**6428**
格尔木市	6229	1158	1317	428	143	39	9	3135
德令哈市	2697	666	608	170	70	15	4	1164
茫崖市	774	73	194	117	25	4	2	359
乌兰县	1047	330	162	35	17	3	2	498
都兰县	1995	674	324	59	17	11		910
天峻县	805	350	133	30	9			283
大柴旦行政委员会	165	42	34	6	3	1		79

9－13a 各地区按拥有全部家用汽车总价分的家庭户户数(城市)

单位：户

地 区	合 计	不 满 10万元	10万元以上，不满20万元	20万元以上，不满30万元	30万元以上，不满50万元	50万元以上，不满100万元	100万元及以上	没有汽车
全省	**71065**	**11469**	**14292**	**5159**	**2283**	**742**	**174**	**36946**
西宁市	**55789**	**8421**	**11300**	**4140**	**1929**	**633**	**155**	**29211**
城东区	16280	2529	2915	893	379	127	31	9406
城中区	11666	1782	2268	748	369	129	21	6349
城西区	11927	1133	2887	1549	744	218	70	5326
城北区	13985	2339	2898	863	419	147	30	7289
湟中区	1569	505	289	82	17	12	3	661
大通回族土族自治县	362	133	43	5	1			180
湟源县								
海东市	**5967**	**1181**	**1048**	**285**	**120**	**47**	**8**	**3278**
乐都区	3459	618	566	145	61	29	4	2036
平安区	2508	563	482	140	59	18	4	1242
民和回族土族自治县								
互助土族自治县								
化隆回族自治县								
循化撒拉族自治县								
海北藏族自治州								
门源回族自治县								
祁连县								
海晏县								
刚察县								
黄南藏族自治州								
同仁县								
尖扎县								
泽库县								
河南蒙古族自治县								
海南藏族自治州								
共和县								
同德县								
贵德县								
兴海县								
贵南县								
果洛藏族自治州								
玛沁县								
班玛县								
甘德县								
达日县								
久治县								
玛多县								
玉树藏族自治州	**1913**	**728**	**193**	**71**	**21**	**11**	**2**	**887**
玉树市	1847	705	190	71	21	11	2	847
杂多县								
称多县								
治多县								
囊谦县								
曲麻莱县	66	23	3					40
海西蒙古族藏族自治州	**7396**	**1139**	**1751**	**663**	**213**	**51**	**9**	**3570**
格尔木市	4721	698	1082	391	130	34	6	2380
德令哈市	1963	378	481	156	58	14	2	874
茫崖市	712	63	188	116	25	3	1	316
乌兰县								
都兰县								
天峻县								
大柴旦行政委员会								

9-13b　各地区按拥有全部家用汽车总价分的家庭户户数(镇)

单位：户

地　区	合　计	不　满 10万元	10万元以上， 不满20万元	20万元以上， 不满30万元	30万元以上， 不满50万元	50万元以上， 不满100万元	100万元 及以上	没有汽车
全省	**40464**	**10581**	**6332**	**1804**	**795**	**190**	**46**	**20716**
西宁市	**9587**	**2847**	**1699**	**383**	**156**	**48**	**8**	**4446**
城东区								
城中区	1							1
城西区	4	2						2
城北区								
湟中区	1802	670	336	76	35	12	1	672
大通回族土族自治县	5864	1689	995	234	85	25	4	2832
湟源县	1916	486	368	73	36	11	3	939
海东市	**9457**	**2378**	**1546**	**362**	**144**	**24**	**6**	**4997**
乐都区	389	100	26	4				259
平安区	54	14	3	1				36
民和回族土族自治县	3570	646	502	117	36	10	3	2256
互助土族自治县	3376	1124	732	174	93	11		1242
化隆回族自治县	862	216	131	16	4	1	1	493
循化撒拉族自治县	1206	278	152	50	11	2	2	711
海北藏族自治州	**4163**	**1105**	**746**	**246**	**122**	**22**	**3**	**1919**
门源回族自治县	1697	521	285	69	33	7	2	780
祁连县	856	180	148	56	16	1	1	454
海晏县	1069	304	209	83	45	12		416
刚察县	541	100	104	38	28	2		269
黄南藏族自治州	**3444**	**560**	**462**	**237**	**104**	**21**	**7**	**2053**
同仁县	1685	202	260	155	66	11	6	985
尖扎县	604	84	100	46	16	4		354
泽库县	686	119	36	17	10	3	1	500
河南蒙古族自治县	469	155	66	19	12	3		214
海南藏族自治州	**5502**	**1287**	**883**	**313**	**132**	**32**	**6**	**2849**
共和县	2026	462	385	146	67	12	2	952
同德县	481	104	82	24	15	5	1	250
贵德县	1639	375	248	78	26	10		902
兴海县	758	195	83	24	8	3	3	442
贵南县	598	151	85	41	16	2		303
果洛藏族自治州	**1993**	**307**	**177**	**77**	**38**	**11**	**2**	**1381**
玛沁县	626	136	67	23	7	3		390
班玛县	265	22	20	16	18	5	1	183
甘德县	254	38	18	4			1	193
达日县	357	51	32	12	4	1		257
久治县	152	23	15	7	4	1		102
玛多县	339	37	25	15	5	1		256
玉树藏族自治州	**3111**	**1142**	**311**	**68**	**63**	**20**	**9**	**1498**
玉树市	152	67						85
杂多县	585	341	52	20	16	9	2	145
称多县	599	137	26	16	5	3	4	408
治多县	488	209	30	5	5	7	1	231
囊谦县	764	264	150	13	36	1	2	298
曲麻莱县	523	124	53	14	1			331
海西蒙古族藏族自治州	**3207**	**955**	**508**	**118**	**36**	**12**	**5**	**1573**
格尔木市	884	264	94	18	4	4	2	498
德令哈市	67	19	10	1				37
茫崖市	62	10	6	1		1	1	43
乌兰县	617	173	99	22	12	3	2	306
都兰县	965	275	177	47	10	3		453
天峻县	460	182	88	23	7			160
大柴旦行政委员会	152	32	34	6	3	1		76

9-13c 各地区按拥有全部家用汽车总价分的家庭户户数(乡村)

单位：户

地 区	合 计	不 满 10万元	10万元以上，不满20万元	20万元以上，不满30万元	30万元以上，不满50万元	50万元以上，不满100万元	100万元及以上	没有汽车
全省	**63405**	**22553**	**5177**	**700**	**276**	**109**	**41**	**34549**
西宁市	**14394**	**6210**	**1728**	**258**	**93**	**41**	**8**	**6056**
城东区								
城中区	22	14						8
城西区								
城北区	272	131	41	3	1		1	95
湟中区	7235	3181	933	164	66	27	6	2858
大通回族土族自治县	5203	2247	550	59	20	6		2321
湟源县	1662	637	204	32	6	8	1	774
海东市	**21341**	**7178**	**1681**	**193**	**65**	**27**	**5**	**12192**
乐都区	3693	1076	284	27	11	8	3	2284
平安区	1036	368	89	4	1	3		571
民和回族土族自治县	4952	1247	337	32	6	7	2	3321
互助土族自治县	6272	2840	479	43	14	6		2890
化隆回族自治县	3409	1097	311	58	22	2		1919
循化撒拉族自治县	1979	550	181	29	11	1		1207
海北藏族自治州	**4088**	**1969**	**322**	**38**	**20**	**5**	**2**	**1732**
门源回族自治县	2372	1162	186	19	11	2	2	990
祁连县	609	243	65	9	4	1		287
海晏县	388	202	39	7	2	1		137
刚察县	719	362	32	3	3	1		318
黄南藏族自治州	**4415**	**1061**	**210**	**40**	**18**	**4**		**3082**
同仁县	1264	182	98	15	10	1		958
尖扎县	940	176	54	11	2	2		695
泽库县	1437	345	8	6	2	1		1075
河南蒙古族自治县	774	358	50	8	4			354
海南藏族自治州	**7517**	**2769**	**517**	**73**	**26**	**14**	**7**	**4111**
共和县	1983	794	155	17	7	4	1	1005
同德县	1245	435	95	9	4	2	3	697
贵德县	1684	532	109	20	10	4	2	1007
兴海县	1168	430	62	13	5	1		657
贵南县	1437	578	96	14		3	1	745
果洛藏族自治州	**3628**	**634**	**84**	**15**	**7**	**2**	**2**	**2884**
玛沁县	510	126	42	2	4		1	335
班玛县	513	79	6	2			1	425
甘德县	1095	59	4	1		1		1030
达日县	607	175	17	7	1	1		406
久治县	674	134	11	1	2			526
玛多县	229	61	4	2				162
玉树藏族自治州	**4913**	**1533**	**122**	**19**	**12**	**6**	**14**	**3207**
玉树市	1361	439	30	9	4	5		874
杂多县	588	358	33	1	3		4	189
称多县	932	174	10		1			747
治多县	331	126	2				10	193
囊谦县	1180	314	34	8	3	1		820
曲麻莱县	521	122	13	1	1			384
海西蒙古族藏族自治州	**3109**	**1199**	**513**	**64**	**35**	**10**	**3**	**1285**
格尔木市	624	196	141	19	9	1	1	257
德令哈市	667	269	117	13	12	1	2	253
茫崖市								
乌兰县	430	157	63	13	5			192
都兰县	1030	399	147	12	7	8		457
天峻县	345	168	45	7	2			123
大柴旦行政委员会	13	10						3

第三部分 附录

附录 1 青海省第七次全国人口普查主要数据公报

青海省第七次全国人口普查公报[1]（第一号）

——全省常住人口情况

青海省统计局
青海省第七次全国人口普查领导小组办公室
2021 年 6 月 15 日

根据第七次全国人口普查结果，现将 2020 年 11 月 1 日零时全省常住人口的基本情况公布如下：

一、全省常住人口

全省共有常住人口[2]5923957 人，与 2010 年第六次全国人口普查的 5626722 人，增加 297235 人，增长 5.28%，年平均增长率为 0.52%。

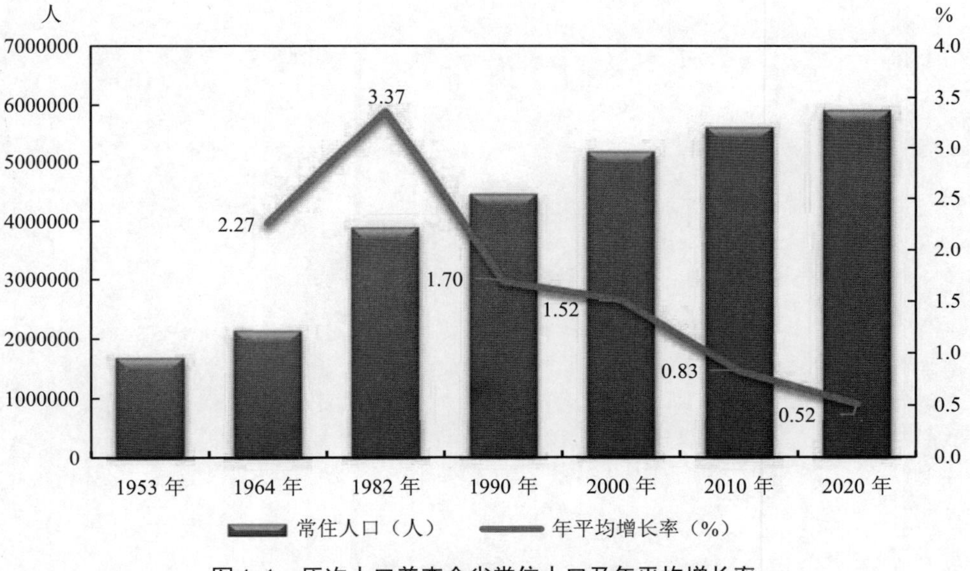

图 1-1　历次人口普查全省常住人口及年平均增长率

二、户别人口

全省共有家庭户[3]1965893 户，集体户 113382 户，家庭户常住人口为 5493942 人，集体户常住人口为 430015 人。平均每个家庭户的人口为 2.79 人，比 2010 年第六次全国人口普查的 3.46 人减少 0.67 人。

三、民族人口

全省常住人口中，汉族人口为 2993534 人，占 50.53%；各少数民族人口为 2930423 人，占 49.47%。与 2010 年第六次全国人口普查相比，汉族人口增加 10018 人，增长 0.34%；各少数民族人口增加 287217 人，增长 10.87%。

注释：

[1]本公报数据均为初步汇总数据。

[2]常住人口包括居住在本乡镇街道、户口在本乡镇街道和户口待定的人；居住在本乡镇街道，离开户口登记地的乡镇街道半年以上的人；户口在本乡镇街道、外出不满半年和在境外工作学习的人。

[3]家庭户是指以家庭成员关系为主、居住一处共同生活的人组成的户。

青海省第七次全国人口普查公报[1]（第二号）

——地区常住人口情况

青海省统计局

青海省第七次全国人口普查领导小组办公室

2021 年 6 月 15 日

根据第七次全国人口普查结果，现将 2020 年 11 月 1 日零时全省各市、州常住人口[2]有关数据公布如下：

一、地区常住人口

各市、州中，西宁市常住人口为 2467965 人，占 41.66%；海东市常住人口为 1358471 人，占 22.93%；海北州常住人口为 265322 人，占 4.48%；黄南州常住人口为 276215 人，占 4.66%；海南州常住人口为 446996 人，占 7.55%；果洛州常住人口为 215573 人，占 3.64%；玉树州常住人口为 425199 人，占 7.18%；海西州常住人口为 468216 人，占 7.90%。

分区域[3]看，东部城市群常住人口为 3826436 人，占 64.59%；环湖地区常住人口为 712318 人，占 12.03%；三江源地区常住人口为 916987 人，占 15.48%；柴达木地区常住人口为 468216 人，占 7.90%。

二、地区常住人口变化

2010 年—2020 年各市、州常住人口年均增速最高的是果洛州，为 1.73%；最低的是海西州，为-0.44%。

分区域看，与 2010 年第六次全国人口普查相比，东部城市群常住人口所占比重上升 0.51 个百分点；环湖地区常住人口所占比重下降 0.68 个百分点；三江源地区常住人口所占比重上升 0.96 个百分点；柴达木地区常住人口所占比重下降 0.79 个百分点。

表 2-1 各市、州常住人口变化情况表

单位：人、%

地 区	2020 年	2010 年	比重[4]		年均增速
			2020 年	2010 年	
西宁市	2467965	2208708	41.66	39.25	1.12
海东市	1358471	1396846	22.93	24.83	-0.28
海北州	265322	273304	4.48	4.86	-0.30
黄南州	276215	256716	4.66	4.56	0.73
海南州	446996	441689	7.55	7.85	0.12
果洛州	215573	181682	3.64	3.23	1.73
玉树州	425199	378439	7.18	6.73	1.17
海西州	468216	489338	7.90	8.69	-0.44

注释：

[1]本公报数据均为初步汇总数据。

[2]常住人口包括居住在本乡镇街道、户口在本乡镇街道和户口待定的人；居住在本乡镇街道，离开户口登记地的乡镇街道半年以上的人；户口在本乡镇街道、外出不满半年和在境外工作学习的人。

[3]东部城市群是指西宁市、海东市；环湖地区是指海北州、海南州；三江源地区是指黄南州、果洛州、玉树州；柴达木地区是指海西州。

[4]指各市、州的常住人口占全省常住人口的比重。

青海省第七次全国人口普查公报[1]（第三号）

——常住人口性别构成情况

青海省统计局
青海省第七次全国人口普查领导小组办公室
2021 年 6 月 15 日

根据第七次全国人口普查结果，现将 2020 年 11 月 1 日零时全省常住人口性别构成情况公布如下：

一、全省常住人口性别构成

全省常住人口[2]中，男性人口为 3033846 人，占 51.21%；女性人口为 2890111 人，占 48.79%。总人口性别比（以女性为 100，男性对女性的比例）为 104.97，比 2010 年第六次全国人口普查时下降 2.43。

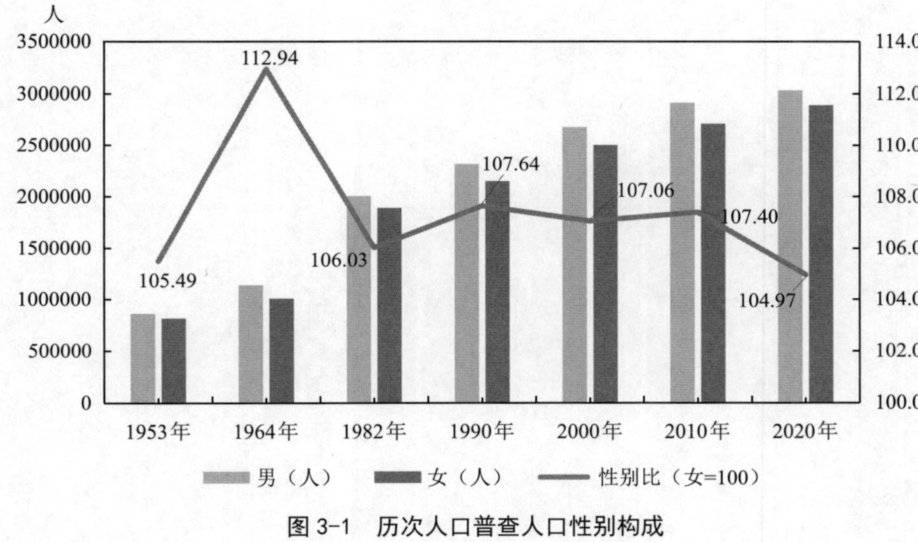

图 3-1　历次人口普查人口性别构成

二、地区常住人口性别构成

各市、州中，常住人口性别比在 103 以下的有 2 个，103 至 107 的有 4 个，107 以上的有 2 个。

表 3-1　各市、州常住人口性别构成

单位：%

地　区	占常住人口比重		性别比
	男	女	
西宁市	50.91	49.09	103.72
海东市	50.94	49.06	103.83
海北州	50.98	49.02	104.00
黄南州	50.51	49.49	102.08
海南州	50.52	49.48	102.09
果洛州	52.18	47.82	109.10
玉树州	50.79	49.21	103.23
海西州	54.74	45.26	120.93

注释：

[1]本公报数据均为初步汇总数据。

[2]常住人口包括居住在本乡镇街道、户口在本乡镇街道和户口待定的人；居住在本乡镇街道，离开户口登记地的乡镇街道半年以上的人；户口在本乡镇街道、外出不满半年和在境外工作学习的人。

青海省第七次全国人口普查公报[1]（第四号）

——常住人口年龄构成情况

青海省统计局

青海省第七次全国人口普查领导小组办公室

2021 年 6 月 15 日

根据第七次全国人口普查结果，现将 2020 年 11 月 1 日零时全省常住人口年龄构成情况公布如下：

一、全省常住人口年龄构成

全省常住人口[2]中，0-14 岁[3]人口为 1232956 人，占 20.81%；15-59 岁人口为 3971599 人，占 67.04%；60 岁及以上人口为 719402 人，占 12.15%，其中 65 岁及以上人口为 514093 人，占 8.68%。与 2010 年第六次全国人口普查相比，0-14 岁人口的比重下降 0.11 个百分点，15-59 岁人口的比重下降 2.59 个百分点，60 岁及以上人口的比重上升 2.70 个百分点，其中 65 岁及以上人口的比重上升 2.38 个百分点。

表 4-1 全省常住人口年龄构成

单位：人、%

年 龄	常住人口	比重
0-14 岁	1232956	20.81
15-59 岁	3971599	67.04
60 岁及以上	719402	12.15
其中：65 岁及以上	514093	8.68

二、地区常住人口年龄构成

各市、州常住人口中，15-59 岁人口比重在 65%以上的分别是西宁市、海北州、黄南州、海南州、海西州，在 60%-65%之间的分别是海东市、果洛州、玉树州。

各市、州常住人口中，65 岁及以上老年人口比重在 7%-14%的分别是海东市、西宁市、海北州，其余 5 州均在 7%以下。

表 4-2 各市、州常住人口年龄构成

单位：%

地 区	0-14 岁	15-59 岁	60 岁及以上	
				其中：65 岁及以上
西宁市	16.36	69.29	14.35	10.12
海东市	22.78	63.04	14.18	10.15
海北州	20.18	69.34	10.48	7.24
黄南州	26.54	65.12	8.34	6.54
海南州	24.25	66.20	9.55	6.90
果洛州	29.69	63.88	6.43	4.90
玉树州	31.35	61.20	7.45	6.04
海西州	18.65	74.21	7.14	4.74

注释：

[1]本公报数据均为初步汇总数据。

[2]常住人口包括居住在本乡镇街道、户口在本乡镇街道和户口待定的人；居住在本乡镇街道，离开户口登记地的乡镇街道半年以上的人；户口在本乡镇街道、外出不满半年和在境外工作学习的人。

[3]0-15 岁人口为 1306676 人，16-59 岁人口为 3897879 人。

青海省第七次全国人口普查公报[1]（第五号）

——常住人口受教育情况

青海省统计局

青海省第七次全国人口普查领导小组办公室

2021 年 6 月 15 日

根据第七次全国人口普查结果，现将 2020 年 11 月 1 日零时全省常住人口受教育基本情况公布如下：

一、受教育程度人口

全省常住人口[2]中，拥有大学（指大专及以上）文化程度的人口为 881494 人；拥有高中（含中专）文化程度的人口为 626038 人；拥有初中文化程度的人口为 1442149 人；拥有小学文化程度的人口为 1938626 人（以上各种受教育程度的人包括各类学校的毕业生、肄业生和在校生）。与 2010 年第六次全国人口普查相比，每万人中拥有大学文化程度的由 862 人上升为 1488 人；拥有高中文化程度的由 1043 人上升为 1057 人；拥有初中文化程度的由 2537 人下降为 2434 人；拥有小学文化程度的由 3527 人下降为 3273 人。

表 5-1　全省及各市、州每万人口中拥有的各类受教育程度人数

单位：人/万人

地　区	大学（大专及以上）	高中（含中专）	初中	小学
全　省	1488	1057	2434	3273
西宁市	2141	1375	2935	2386
海东市	864	808	2539	3696
海北州	1100	777	1988	4052
黄南州	1024	718	1156	4601
海南州	1008	927	2247	3857
果洛州	876	547	1212	5165
玉树州	676	530	990	4564
海西州	1831	1297	2553	2890

二、平均受教育年限[3]

全省 15 岁及以上常住人口平均受教育年限为 8.85 年，与 2010 年第六次全国人口普查相比提高 1 年。

各市、州中，15 岁及以上常住人口平均受教育年限在 9 年以上的有西宁市、海西州，其余 6 个市州 15 岁及以上常住人口平均受教育年限在 6 年至 9 年之间。与 2010 年第六次全国人口普查相比，提高幅度最高的市、州是海南州，最低的是海北州。

表 5-2　全省及各市、州 15 岁及以上常住人口平均受教育年限

单位：年

地　区	2020 年	2010 年	提高幅度
全　省	8.85	7.85	1.00
西宁市	10.20	9.42	0.78
海东市	7.69	6.84	0.85
海北州	7.68	7.32	0.36
黄南州	7.28	5.62	1.66
海南州	8.13	6.29	1.84
果洛州	7.35	5.79	1.56
玉树州	6.10	4.29	1.81
海西州	9.59	9.02	0.57

三、文盲人口

全省常住人口中，文盲人口（15 岁及以上不识字的人）为 470197 人，与 2010 年第六次全国人口普查相比，文盲人口减少 105576 人，文盲率[4]由 10.23%下降为 7.94%，下降 2.29 个百分点。

注释：

[1]本公报数据均为初步汇总数据。

[2]常住人口包括居住在本乡镇街道、户口在本乡镇街道和户口待定的人；居住在本乡镇街道，离开户口登记地的乡镇街道半年以上的人；户口在本乡镇街道、外出不满半年和在境外工作学习的人。

[3]平均受教育年限是将各种受教育程度折算成受教育年限计算平均数得出的，具体的折算标准是：小学=6 年，初中=9 年，高中=12 年，大专及以上=16 年。

[4]文盲率是全省常住人口中 15 岁及以上不识字人口所占比例。

青海省第七次全国人口普查公报[1]（第六号）

——城乡人口和流动人口情况

青海省统计局
青海省第七次全国人口普查领导小组办公室
2021 年 6 月 15 日

根据第七次全国人口普查结果，现将 2020 年 11 月 1 日零时全省常住人口城乡分布及流动情况公布如下：

一、城乡[2]人口

全省常住人口[3]中，居住在城镇的人口为 3559363 人，占 60.08%；居住在乡村的人口为 2364594 人，占 39.92%。与 2010 年第六次全国人口普查相比，城镇人口增加 1043105 人，乡村人口减少 745870 人，城镇人口比重上升 15.36 个百分点。

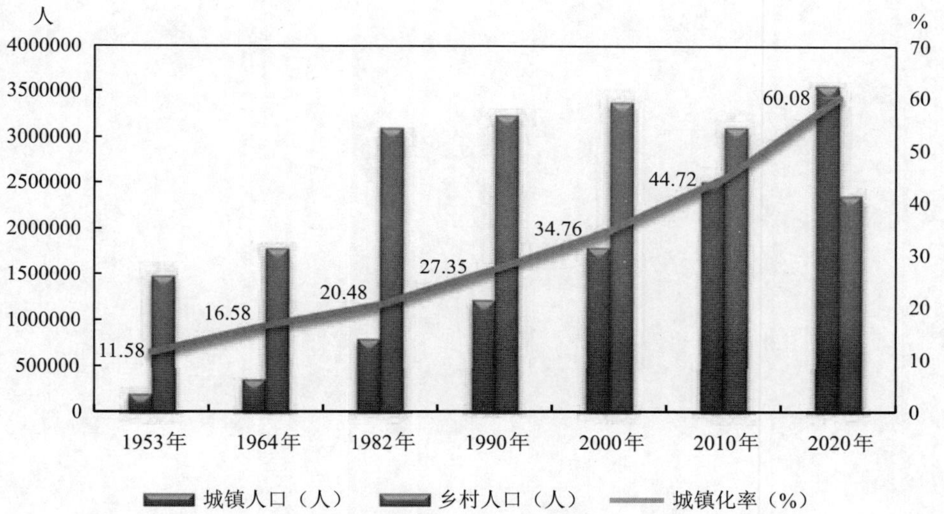

图 6-1 历次人口普查城乡人口

二、流动人口[4]

全省常住人口中，人户分离人口[5]为 2070660 人，其中，市辖区内人户分离[6]人口为 464625 人，流动人口为 1606035 人。流动人口中，跨省流入人口为 417304 人，省内流动人口为 1188731 人。

与 2010 年第六次全国人口普查相比，人户分离人口增加 929706 人，增长 81.48%；市辖区内人户分离人口增加 316614 人，增长 213.91%；流动人口增加 613092 人，增长 61.74%。

注释：

[1]本公报数据均为初步汇总数据。

[2]城镇、乡村是按国家统计局《统计上划分城乡的规定》划分的。

[3]常住人口包括居住在本乡镇街道、户口在本乡镇街道和户口待定的人；居住在本乡镇街道，离开户口登记地的乡镇街道半年以上的人；户口在本乡镇街道、外出不满半年和在境外工作学习的人。

[4]流动人口是指人户分离人口中扣除市辖区内人户分离的人口。

[5]人户分离人口是指居住地与户口登记地所在的乡镇街道不一致且离开户口登记地半年以上的人口。

[6]市辖区内人户分离人口是指一个直辖市或地级市所辖的区内和区与区之间，居住地和户口登记地不在同一乡镇街道的人口。

第三部分 附录

附录 2 国务院关于开展第七次全国人口普查的通知

国务院关于开展第七次全国人口普查的通知

国发〔2019〕24号

各省、自治区、直辖市人民政府，国务院各部委、各直属机构：

根据《中华人民共和国统计法》和《全国人口普查条例》规定，国务院决定于2020年开展第七次全国人口普查。现将有关事项通知如下：

一、总体要求

（一）指导思想。以习近平新时代中国特色社会主义思想为指导，全面贯彻党的十九大和十九届二中、三中、四中全会精神，认真落实党中央、国务院关于统计改革发展的决策部署，坚持实事求是、改革创新，科学设计、精心组织，周密部署、依法实施，确保第七次全国人口普查数据真实准确，全面客观反映我国人口发展状况。

（二）普查目的。第七次全国人口普查是在中国特色社会主义进入新时代开展的重大国情国力调查，将全面查清我国人口数量、结构、分布、城乡住房等方面情况，为完善人口发展战略和政策体系，促进人口长期均衡发展，科学制定国民经济和社会发展规划，推动经济高质量发展，开启全面建设社会主义现代化国家新征程，向第二个百年奋斗目标进军，提供科学准确的统计信息支持。

二、普查对象、内容和时间

普查对象是普查标准时点在中华人民共和国境内的自然人以及在中华人民共和国境外但未定居的中国公民，不包括在中华人民共和国境内短期停留的境外人员。

普查主要调查人口和住户的基本情况，内容包括：姓名、公民身份号码、性别、年龄、民族、受教育程度、行业、职业、迁移流动、婚姻生育、死亡、住房情况等。

普查标准时点是2020年11月1日零时。

三、组织实施

第七次全国人口普查涉及范围广、参与部门多、技术要求高、工作难度大，各地区、各部门要按照“全国统一领导、部门分工协作、地方分级负责、各方共同参与”的原则，认真做好普查的宣传动员和组织实施工作。

为加强组织领导，国务院决定成立第七次全国人口普查领导小组，负责普查组织实施中重大问题的研究和决策。普查领导小组办公室设在国家统计局，具体负责普查的组织实施。各成员单位要按照职能分工，各负其责、通力协作、密切配合，共同做好普查工作。对普查工作中遇到的困难和问题，要及时采取措施予以解决。

地方各级人民政府要设立相应的普查领导小组及其办公室，认真做好本地区普查工作。要充分发挥街道办事处和乡镇政府、居民委员会和村民委员会的作用，广泛引导、动员和组织社会力量积极参与并认真配合做好普查工作。

地方普查机构可根据工作需要，招聘或者从有关单位借调符合条件的普查指导员和普查员。为稳定普查工作队伍，确保普查工作顺利进行，应及时支付招聘人员的劳动报酬，保证借调人员在原单位的工资、福利及其他待遇不变，并保留其原有工作岗位。

四、经费保障

第七次全国人口普查所需经费，由中央和地方各级人民政府共同负担，并列入相应年度的财政预算，按时拨付、确保到位。

五、工作要求

（一）坚持依法普查。各地区、各部门要按照《中华人民共和国统计法》、《中华人民共和国统计法实施条例》、《全国人口普查条例》等法律法规要求，认真做好普查各项工作。普查取得的数据，严格限定用于普查目的，不得作为任何部门和单位对各级行政管理工作实施考核、奖惩的依据。普查中获得的能够识别或者推断单个普查对象身份的资料，不得作为对普查对象实施处罚等具体行政行为的依据。

（二）确保数据质量。建立健全普查数据质量追溯和问责机制，各级人民政府统计机构要加大对普查工作中违纪违法行为的查处和通报曝光力度，坚决杜绝人为干扰普查工作的现象，确保普查工作顺利进行和普查数据真实准确。对普查中发现应当给予党纪政务处分或组织处理的统计违纪违法责任人，由统计机构按规定提出处分处理建议并及时移送任免机关、纪检监察机关或组织（人事）部门。

（三）提升信息化水平。采取电子化方式开展普查登记，探索使用智能手机采集数据。广泛应用部门行政记录，推进大数据在普查中的应用，提高普查数据采集处理效能。全流程加强对公民个人信息的保护，各级普查机构及其工作人员必须严格履行保密义务，严禁向任何机构、单位、个人泄露或出售公民个人信息。

（四）加强宣传工作。各级普查机构要会同宣传部门认真做好普查宣传的策划和组织工作。采用多种手段，广泛深入宣传第七次全国人口普查的重要意义和要求，引导广大普查对象依法配合普查，如实申报普查项目，为普查工作顺利实施创造良好舆论环境。

附件：国务院第七次全国人口普查领导小组组成人员名单（略）

国务院

2019 年 10 月 31 日

（此件公开发布）

第三部分 附录

附录3 全国人口普查条例

中华人民共和国国务院令

第 576 号

《全国人口普查条例》已经 2010 年 5 月 12 日国务院第 111 次常务会议通过，现予公布，自 2010 年 6 月 1 日起施行。

总理　温家宝

二〇一〇年五月二十四日

全国人口普查条例

第一章　总　　则

第一条　为了科学、有效地组织实施全国人口普查，保障人口普查数据的真实性、准确性、完整性和及时性，根据《中华人民共和国统计法》，制定本条例。

第二条　人口普查的目的是全面掌握全国人口的基本情况，为研究制定人口政策和经济社会发展规划提供依据，为社会公众提供人口统计信息服务。

第三条　人口普查工作按照全国统一领导、部门分工协作、地方分级负责、各方共同参与的原则组织实施。

国务院统一领导全国人口普查工作，研究决定人口普查中的重大问题。地方各级人民政府按照国务院的统一规定和要求，领导本行政区域的人口普查工作。

在人口普查工作期间，各级人民政府设立由统计机构和有关部门组成的人口普查机构（以下简称普查机构），负责人口普查的组织实施工作。

村民委员会、居民委员会应当协助所在地人民政府动员和组织社会力量，做好本区域的人口普查工作。

国家机关、社会团体、企业事业单位应当按照《中华人民共和国统计法》和本条例的规定，参与并配合人口普查工作。

第四条　人口普查对象应当按照《中华人民共和国统计法》和本条例的规定，真实、准确、完整、及时地提供人口普查所需的资料。

人口普查对象提供的资料，应当依法予以保密。

第五条　普查机构和普查机构工作人员、普查指导员、普查员（以下统称普查人员）依法独立行使调查、报告、监督的职权，任何单位和个人不得干涉。

地方各级人民政府、各部门、各单位及其负责人，不得自行修改普查机构和普查人员依法搜集、整理的人口普查资料，不得以任何方式要求普查机构和普查人员及其他单位和个人伪造、篡改人口普查资料，不得对依法履行职责或者拒绝、抵制人口普查违法行为的普查人员打击报复。

第六条　各级人民政府应当利用报刊、广播、电视、互联网和户外广告等媒介，开展人口普查的宣传动员工作。

第七条 人口普查所需经费，由国务院和地方各级人民政府共同负担，并列入相应年度的财政预算，按时拨付，确保足额到位。

人口普查经费应当统一管理、专款专用，从严控制支出。

第八条 人口普查每10年进行一次，尾数逢0的年份为普查年度，标准时点为普查年度的11月1日零时。

第九条 国家统计局会同国务院有关部门制定全国人口普查方案（以下简称普查方案），报国务院批准。

人口普查应当按照普查方案的规定执行。

第十条 对认真执行本条例，忠于职守、坚持原则，做出显著成绩的单位和个人，按照国家有关规定给予表彰和奖励。

第二章 人口普查的对象、内容和方法

第十一条 人口普查对象是指普查标准时点在中华人民共和国境内的自然人以及在中华人民共和国境外但未定居的中国公民，不包括在中华人民共和国境内短期停留的境外人员。

第十二条 人口普查主要调查人口和住户的基本情况，内容包括姓名、性别、年龄、民族、国籍、受教育程度、行业、职业、迁移流动、社会保障、婚姻、生育、死亡、住房情况等。

第十三条 人口普查采用全面调查的方法，以户为单位进行登记。

第十四条 人口普查采用国家统计分类标准。

第三章 人口普查的组织实施

第十五条 人口普查登记前，公安机关应当按照普查方案的规定完成户口整顿工作，并将有关资料提交本级人口普查机构。

第十六条 人口普查登记前应当划分普查区，普查区以村民委员会、居民委员会所辖区域为基础划分，每个普查区划分为若干普查小区。

第十七条 每个普查小区应当至少有一名普查员，负责入户登记等普查工作。每个普查区应当至少有一名普查指导员，负责安排、指导、督促和检查普查员的工作，也可以直接进行入户登记。

第十八条 普查指导员和普查员应当具有初中以上文化水平，身体健康，责任心强。

第十九条 普查指导员和普查员可以从国家机关、社会团体、企业事业单位借调，也可以从村民委员会、居民委员会或者社会招聘。借调和招聘工作由县级人民政府负责。

国家鼓励符合条件的公民作为志愿者参与人口普查工作。

第二十条 借调的普查指导员和普查员的工资由原单位支付，其福利待遇保持不变，并保留其原有工作岗位。

招聘的普查指导员和普查员的劳动报酬，在人口普查经费中予以安排，由聘用单位支付。

第二十一条 普查机构应当对普查指导员和普查员进行业务培训，并对考核合格的人员颁发全国统一的普查指导员证或者普查员证。

普查指导员和普查员执行人口普查任务时，应当出示普查指导员证或者普查员证。

第二十二条 人口普查登记前，普查指导员、普查员应当绘制普查小区图，编制普查小区户主姓名底册。

第二十三条 普查指导员、普查员入户登记时，应当向人口普查对象说明人口普查的目的、法律依据以及人口普查对象的权利和义务。

第二十四条 人口普查对象应当按时提供人口普查所需的资料，如实回答相关问题，不得隐瞒有关情况，不得提供虚假信息，不得拒绝或者阻碍人口普查工作。

第二十五条 人口普查对象应当在普查表上签字或者盖章确认，并对其内容的真实性负责。

第二十六条 普查人员应当坚持实事求是，恪守职业道德，拒绝、抵制人口普查工作中的违法行为。

普查机构和普查人员不得伪造、篡改普查资料，不得以任何方式要求任何单位和个人提供虚假的普查资料。

第二十七条 人口普查实行质量控制岗位责任制，普查机构应当对人口普查实施中的每个环节实行质量控制和检查，对人口普查数据进行审核、复查和验收。

第二十八条 国家统计局统一组织人口普查数据的事后质量抽查工作。

第四章 人口普查资料的管理和公布

第二十九条 地方各级普查机构应当按照普查方案的规定进行数据处理，并按时上报人口普查资料。

第三十条 人口普查汇总资料，除依法应当保密的外，应当予以公布。

全国和各省、自治区、直辖市主要人口普查数据，由国家统计局以公报形式公布。

地方人民政府统计机构公布本行政区域主要人口普查数据，应当报经上一级人民政府统计机构核准。

第三十一条 各级人民政府统计机构应当做好人口普查资料的管理、开发和应用，为社会公众提供查询、咨询等服务。

第三十二条 人口普查中获得的原始普查资料，按照国家有关规定保存、销毁。

第三十三条 人口普查中获得的能够识别或者推断单个普查对象身份的资料，任何单位和个人不得对外提供、泄露，不得作为对人口普查对象作出具体行政行为的依据，不得用于人口普查以外的目的。

人口普查数据不得作为对地方人民政府进行政绩考核和责任追究的依据。

第五章 法律责任

第三十四条 地方人民政府、政府统计机构或者有关部门、单位的负责人有下列行为之一的，由任免机关或者监察机关依法给予处分，并由县级以上人民政府统计机构予以通报；构成犯罪的，依法追究刑事责任：

（一）自行修改人口普查资料、编造虚假人口普查数据的；

（二）要求有关单位和个人伪造、篡改人口普查资料的；

（三）不按照国家有关规定保存、销毁人口普查资料的；

（四）违法公布人口普查资料的；

（五）对依法履行职责或者拒绝、抵制人口普查违法行为的普查人员打击报复的；

（六）对本地方、本部门、本单位发生的严重人口普查违法行为失察的。

第三十五条 普查机构在组织实施人口普查活动中有下列违法行为之一的，由本级人民政府或者上级人民政府统计机构责令改正，予以通报；对直接负责的主管人员和其他直接责任人员，由任免机关或者监察机关依法给予处分：

（一）不执行普查方案的；

（二）伪造、篡改人口普查资料的；

（三）要求人口普查对象提供不真实的人口普查资料的；

（四）未按照普查方案的规定报送人口普查资料的；

（五）违反国家有关规定，造成人口普查资料毁损、灭失的；

（六）泄露或者向他人提供能够识别或者推断单个普查对象身份的资料的。

普查人员有前款所列行为之一的，责令其停止执行人口普查任务，予以通报，依法给予处分。

第三十六条 人口普查对象拒绝提供人口普查所需的资料，或者提供不真实、不完整的人口普查资料的，由县级以上人民政府统计机构责令改正，予以批评教育。

人口普查对象阻碍普查机构和普查人员依法开展人口普查工作，构成违反治安管理行为的，由公安机关依法给予处罚。

第三十七条 县级以上人民政府统计机构应当设立举报电话和信箱，接受社会各界对人口普查违法行为的检举和监督。

第六章　附　　则

第三十八条 中国人民解放军现役军人、人民武装警察等人员的普查内容和方法，由国家统计局会同国务院有关部门、军队有关部门规定。

交通极为不便地区的人口普查登记的时间和方法，由国家统计局会同国务院有关部门规定。

第三十九条 香港特别行政区、澳门特别行政区的人口数，按照香港特别行政区政府、澳门特别行政区政府公布的资料计算。

台湾地区的人口数，按照台湾地区有关主管部门公布的资料计算。

第四十条 为及时掌握人口发展变化情况，在两次人口普查之间进行全国1%人口抽样调查。全国1%人口抽样调查参照本条例执行。

第四十一条 本条例自2010年6月1日起施行。

第三部分　附录

附录 4　第七次全国人口普查方案

第七次全国人口普查方案

国家统计局

国务院第七次全国人口普查领导小组办公室

第一部分 总说明

根据《中华人民共和国统计法》《中华人民共和国统计法实施条例》《全国人口普查条例》和《国务院关于开展第七次全国人口普查的通知》，制定本方案。

一、普查目的

全面查清我国人口数量、结构、分布、城乡住房等方面情况，为完善人口发展战略和政策体系，促进人口长期均衡发展，科学制定国民经济和社会发展规划，推动经济高质量发展，开启全面建设社会主义现代化国家新征程，向第二个百年奋斗目标进军，提供科学准确的统计信息支持。

二、普查时点

普查的标准时点是2020年11月1日零时。

三、普查对象

普查对象是指普查标准时点在中华人民共和国境内的自然人以及在中华人民共和国境外但未定居的中国公民，不包括在中华人民共和国境内短期停留的境外人员。

四、普查内容和普查表

普查登记的主要内容包括：姓名、公民身份号码、性别、年龄、民族、受教育程度、行业、职业、迁移流动、婚姻生育、死亡、住房情况等。

根据不同的普查对象和普查内容，具体分为四种普查表。

（一）第七次全国人口普查短表

普查短表包括反映人口基本状况的项目，由全部住户（不包括港澳台居民和外籍人员）填报。

（二）第七次全国人口普查长表

普查长表包括所有短表项目和人口的经济活动、婚姻生育和住房等情况的项目，在全部住户中抽取10%的户（不包括港澳台居民和外籍人员）填报。

（三）第七次全国人口普查港澳台居民和外籍人员普查表

港澳台居民和外籍人员普查表包括反映人口基本状况的项目以及入境目的、居住时间、身份或国籍、就业情况等项目，由在境内居住的港澳台居民和外籍人员填报。

（四）第七次全国人口普查死亡人口调查表

死亡人口调查表包括死亡人口的基本信息，由2019年11月1日至2020年10月31日期间有死亡人口的户填报。

五、普查方法

普查采用全面调查的方法，以户为单位进行登记。

普查采用按现住地登记的原则，每个人必须在现住地进行登记。普查对象不在户口登记地居住的，户口登记地要登记相应信息。

普查登记采用普查员入户询问、当场填报，或由普查对象自主填报等方式进行。

普查数据采集原则上采用电子化的方式。采取普查员使用电子采集设备（PAD 或智能手机）登记普查对象信息并联网实时上报，或由普查对象通过互联网自主填报等方式进行。

普查员应按照工作要求，在户口整顿基础上对所负责普查小区进行全面摸底，掌握普查小区内的人口和居住情况，编制《户主姓名底册》，根据《户主姓名底册》进行入户登记工作，并参考部门行政记录等资料进行比对复查，确保普查登记真实准确、不重不漏。

六、普查数据处理

各级普查机构负责普查数据处理。国务院人口普查办公室统一编制数据采集、审核、编辑、汇总程序。

国务院人口普查办公室集中部署数据采集处理环境。各级普查机构应保障必要的数据处理办公环境和网络条件，采取必要的安全措施，确保数据处理工作安全、顺利地进行。

七、普查组织实施

（一）全国统一领导

国务院第七次全国人口普查领导小组负责普查组织实施中重大问题的研究和决策。普查领导小组办公室设在国家统计局，具体负责普查的组织实施。

（二）部门分工协作

领导小组各成员单位要按照职能分工，各负其责、通力协作、密切配合，共同做好普查工作。对普查工作中遇到的困难和问题，要及时采取措施予以解决。

（三）地方分级负责

地方各级人民政府设立相应的普查领导小组及其办公室，领导和组织实施本区域内的普查工作。村民委员会和居民委员会设立人口普查小组，协助街道办事处和乡镇政府动员和组织社会力量，做好本区域内的普查工作。

普查指导员和普查员可以从国家机关、社会团体、企业事业单位借调，也可以从村民委员会、居民委员会或者社会招聘。借调和招聘工作由县级人民政府负责。

（四）各方共同参与

国家机关、社会团体、企业事业单位应当按照《中华人民共和国统计法》《中华人民共和国统计法实施条例》和《全国人口普查条例》的规定，参与并配合普查工作。

八、普查质量控制

普查实行严格的质量控制制度，建立健全普查数据质量追溯和问责机制，确保普查数据可核查、可追溯、可问责。国务院人口普查办公室统一领导、统筹协调普查全过程质量控制的有关工作。地方各级普查机构主要负责人对本行政区域普查数据质量负总责，确保普查数据真实、准确、完整、及时。各级普查办公室必须严格执行各阶段工作要求，保证各阶段工作质量达到规定标准，确保普查工作质量与数据质量合格达标。

九、普查宣传

各级宣传部门和普查机构应制定宣传工作方案，深入开展普查宣传。

各级宣传部门应组织协调新闻媒体及有关部门，通过报刊、广播、电视、互联网、手机和户外广告等多种渠道，充分利用微博、微信、短视频等新媒体传播手段，宣传普查的重大意义、政策规定和工作要求，积极营造良好的普查氛围。

各级普查机构要组织开展形式多样的宣传活动，动员社会各界支持、参与普查。

十、普查法规与纪律要求

坚持依法普查，普查工作要严格按照《中华人民共和国统计法》《中华人民共和国统计法实施条例》《全国人口普查条例》《国务院关于开展第七次全国人口普查的通知》及相关规定组织开展。

普查对象应当依法履行普查义务，如实提供普查信息，不得虚报、瞒报、拒报。拒绝提供普查所需的资料，或者提供不真实、不完整的普查资料的，由县级以上人民政府统计机构责令改正，予以批评教育，情节严重的依法严肃处理。普查取得的数据，严格限定用于普查目的，不得作为任何部门和单位对各级行政管理工作实施考核、奖惩的依据。普查中获得的能够识别或者推断单个普查对象身份的资料，任何单位和个人不得对外提供、泄露，不得作为对普查对象实施处罚等具体行政行为的依据，不得用于普查以外的目的。各级普查机构及其工作人员，必须严格履行保密义务。

十一、普查主要工作阶段

普查工作分三个阶段进行：

一是准备阶段（2019 年 10 月—2020 年 10 月）。这一阶段的主要工作是：组建各级普查机构，制定普查方案和工作计划，进行普查试点，落实普查经费和物资，准备数据采集处理环境，开展普查宣传，选聘培训普查指导员和普查员，普查区域划分及绘图，进行户口整顿，开展摸底等。

二是普查登记阶段（2020 年 11 月—12 月）。这一阶段的主要工作是：普查员入户登记，进行比对复查，开展事后质量抽查等。

三是数据汇总和发布阶段（2020 年 12 月—2022 年 12 月）。这一阶段的主要工作是：数据处理、汇总、评估，发布主要数据公报，普查资料开发利用等。

十二、其他

（一）香港特别行政区、澳门特别行政区的人口数，按照香港特别行政区政府、澳门特别行政区政府公布的资料计算。

台湾地区的人口数，按照台湾地区有关主管部门公布的资料计算。

（二）因交通极为不便等特殊因素，需采用其他登记时间和方法的地区，须报请国务院人口普查办公室批准。

（三）对认真执行本方案，忠于职守，坚持原则，在普查工作中做出显著成绩的单位和个人，按照国家有关规定给予表彰奖励。

（四）本方案由国务院人口普查办公室负责解释。

第二部分　普查表式

第七次全国人口普查短表

经国务院批准进行第七次全国人口普查
人口普查的标准时点为2020年11月1日零时
人口普查的原始资料不向任何单位和个人提供，
仅供汇总使用
公民应履行如实申报普查项目的义务

表　　号：R　6　0　1　表
制定机关：国　家　统　计　局
　　　　　国务院人口普查办公室
批准文号：国发（2019）24号
有效期至：2021年3月

地址：_____省（区、市）_____市（地、州、盟）_____县（市、区、旗）_____乡（镇、街道）_____普查区_____普查小区_____户编号

一、住户项目

H1．户别

1．家庭户

2．集体户

H2．本户应登记人数

2020年10月31日晚居住本户的人数_____人

户口在本户，2020年10月31日晚未住本户的人数_____人

H3．本户2019年11月1日至2020年10月31日期间的出生人口

男_____人 女_____人

H4．本户2019年11月1日至2020年10月31日期间的死亡人口

男_____人 女_____人

H5．住所类型

1．普通住宅

2．集体住所

3．工作地住所

4．其他住房

5．无住房

（选择2—5的，跳至个人项目。）

H6．本户现住房建筑面积

_____平方米

H7．本户现住房间数

_____间

二、个人项目

每个人都填报的项目

D1．姓名

____

D2．与户主关系

0．户主
1．配偶
2．子女
3．父母
4．岳父母或公婆
5．祖父母
6．媳婿
7．孙子女
8．兄弟姐妹
9．其他

D3．公民身份号码

□□□□□□□□□□□□□□□□□□

D4．性别

1．男
2．女

D5．出生年月

出生于：_______年_______月

D6．民族

_______族

D7．普查时点（2020 年 11 月 1 日零时）居住地

1．本普查小区
2．本村（居）委会其他普查小区
3．本乡（镇、街道）其他村（居）委会
4．本县（市、区、旗）其他乡（镇、街道）
5．其他县（市、区、旗），请在下面填写地址

________省（区、市）
________市（地、州、盟）
________县（市、区、旗）
6．香港特别行政区、澳门特别行政区、台湾地区
7．国外

D8．户口登记地
1．本村（居）委会
2．本乡（镇、街道）其他村（居）委会
3．本县（市、区、旗）其他乡（镇、街道）
4．其他县（市、区、旗），请在下面填写地址
________省（区、市）
________市（地、州、盟）
________县（市、区、旗）
5．户口待定→D11

D9．离开户口登记地时间
1．没有离开户口登记地→D11
2．不满半年
3．半年以上，不满一年
4．一年以上，不满二年
5．二年以上，不满三年
6．三年以上，不满四年
7．四年以上，不满五年
8．五年以上，不满十年
9．十年以上

D10．离开户口登记地原因
0．工作就业
1．学习培训
2．随同离开/投亲靠友
3．拆迁/搬家
4．寄挂户口
5．婚姻嫁娶
6．照料孙子女
7．为子女就学
8．养老/康养
9．其他

3周岁及以上（2017年10月31日以前出生）的人填报的项目
D11．受教育程度
1．未上过学

2．学前教育

3．小学

4．初中

5．高中

6．大学专科

7．大学本科

8．硕士研究生

9．博士研究生

15周岁及以上（2005年10月31日以前出生）的人填报的项目

D12．是否识字

1．是

2．否

第七次全国人口普查长表

经国务院批准进行第七次全国人口普查
人口普查的标准时点为2020年11月1日零时
人口普查的原始资料不向任何单位和个人提供，仅供汇总使用
公民应履行如实申报普查项目的义务

表　　号：R602表
制定机关：国家统计局
　　　　　国务院人口普查办公室
批准文号：国发（2019）24号
有效期至：2021年3月

地址：_____省（区、市）_____市（地、州、盟）_____县（市、区、旗）_____乡（镇、街道）_____普查区_____普查小区_____户编号

一、住户项目

H1．户别

1．家庭户

2．集体户

H2．本户应登记人数

2020年10月31日晚居住本户的人数_____人

户口在本户，2020年10月31日晚未住本户的人数_____人

H3．本户2019年11月1日至2020年10月31日期间的出生人口

男_____人　女_____人

H4．本户2019年11月1日至2020年10月31日期间的死亡人口

男_____人　女_____人

H5．住所类型

1．普通住宅

2．集体住所

3．工作地住所

4．其他住房

5．无住房

（选择2—5的，跳至个人项目。）

H6．本户现住房建筑面积

_____平方米

H7．本户现住房间数

_____间

H8．住房所在建筑的总层数

1．平房

2．多层（7 层及以下）

3．高层（8—33 层）

4．超高层（34 层及以上）

H9．承重类型

1．钢及钢筋混凝土结构

2．混合结构

3．砖木结构

4．竹草土坯结构

5．其他结构

H10．住房建成年代

1．1949 年以前

2．1949—1959 年

3．1960—1969 年

4．1970—1979 年

5．1980—1989 年

6．1990—1999 年

7．2000—2009 年

8．2010—2014 年

9．2015 年以后

H11．住房所在建筑有无电梯

1．有

2．无

H12．主要炊事燃料

1．燃气

2．电

3．煤炭

4．柴草

5．其他

H13．住房内有无管道自来水

1．有

2．无

H14．住房内有无厨房

1．独立使用

2．与其他户合用

3．无

H15．住房内有无厕所

1．水冲式卫生厕所
2．水冲式非卫生厕所
3．卫生旱厕
4．普通旱厕
5．无

H16．住房内有无洗澡设施

1．统一供热水
2．家庭自装热水器
3．其他
4．无

H17．住房来源

1．租赁廉租房/公租房
2．租赁其他住房
3．购买新建商品房
4．购买二手房
5．购买原公有住房
6．购买经济适用房/两限房
7．自建住房
8．继承或赠予
9．其他
（选择3—9的，跳至H19。）

H18．月租房费用

0．200元以下
1．200—499元
2．500—999元
3．1000—1999元
4．2000—2999元
5．3000—3999元
6．4000—5999元
7．6000—7999元
8．8000—9999元
9．10000元以上

H19．拥有全部家用汽车的总价

1．不满10万元
2．10万元以上，不满20万元

3．20万元以上，不满30万元
4．30万元以上，不满50万元
5．50万元以上，不满100万元
6．100万元以上
7．没有汽车

二、个人项目

每个人都填报的项目

C1．姓名

______

C2．与户主关系

0．户主
1．配偶
2．子女
3．父母
4．岳父母或公婆
5．祖父母
6．媳婿
7．孙子女
8．兄弟姐妹
9．其他

C3．公民身份号码

□□□□□□□□□□□□□□□□□□

C4．性别

1．男
2．女

C5．出生年月

出生于：______年______月

C6．民族

______族

C7．普查时点（2020年11月1日零时）居住地

1．本普查小区
2．本村（居）委会其他普查小区
3．本乡（镇、街道）其他村（居）委会
4．本县（市、区、旗）其他乡（镇、街道）

5. 其他县（市、区、旗），请在下面填写地址

________省（区、市）

________市（地、州、盟）

________县（市、区、旗）

6. 香港特别行政区、澳门特别行政区、台湾地区

7. 国外

C8. 户口登记地

1. 本村（居）委会
2. 本乡（镇、街道）其他村（居）委会
3. 本县（市、区、旗）其他乡（镇、街道）
4. 其他县（市、区、旗），请在下面填写地址

________省（区、市）

________市（地、州、盟）

________县（市、区、旗）

5. 户口待定→C12

C9. 离开户口登记地时间

1. 没有离开户口登记地→C12
2. 不满半年
3. 半年以上，不满一年
4. 一年以上，不满二年
5. 二年以上，不满三年
6. 三年以上，不满四年
7. 四年以上，不满五年
8. 五年以上，不满十年
9. 十年以上

C10. 离开户口登记地原因

0. 工作就业
1. 学习培训
2. 随同离开/投亲靠友
3. 拆迁/搬家
4. 寄挂户口
5. 婚姻嫁娶
6. 照料孙子女
7. 为子女就学
8. 养老/康养
9. 其他

C11. 户口登记地类型

1. 乡

2．镇的村委会
3．镇的居委会
4．街道

C12．是否有农村土地承包经营权

1．有
2．无

C13．出生地

1．本县（市、区、旗）
2．本省其他县（市、区、旗）
3．省外：_______省（区、市）

5 周岁及以上（2015 年 10 月 31 日以前出生）的人填报的项目

C14．五年前常住地

2015 年 11 月 1 日常住地：
1．本县（市、区、旗）
2．其他地区，请在下面填写地址
_____省（区、市）
_____市（地、州、盟）
_____县（市、区、旗）

3 周岁及以上（2017 年 10 月 31 日以前出生）的人填报的项目

C15．受教育程度

1．未上过学→C17
2．学前教育→C17
3．小学
4．初中
5．高中
6．大学专科
7．大学本科
8．硕士研究生
9．博士研究生

C16．学业完成情况

1．在校
2．毕业
3．肄业
4．辍学
5．其他

15 周岁及以上（2005 年 10 月 31 日以前出生）的人填报的项目

C17．是否识字

1．是

2．否

C18．工作情况

10 月 25—31 日是否为取得收入而工作了一小时以上（包括临时工、依托互联网平台灵活就业、家庭经营无酬帮工等）

1．是，上周工作时间________小时

2．在职休假、在职学习培训、临时停工（保留工资）

3．未做任何工作→C22

C19．工作单位或生产经营活动所属类型

1．企业、事业、机关或社会团体等法人单位

2．个体经营户

3．经营农村家庭承包地（家庭农林牧渔生产经营活动）

4．自由职业/灵活就业

C20．行业

单位详细名称：____

主要产品或主要业务：__________________________________

C21．职业

本人从事的具体工作：__________________________________→C23

C22．未工作原因

1．在校学习

2．离退休

3．料理家务

4．丧失工作能力

5．其他

C23．主要生活来源

1．劳动收入

2．离退休金/养老金

3．最低生活保障金

4．失业保险金

5．财产性收入

6．家庭其他成员供养

7．其他

C24．婚姻状况

1．未婚→C28

2．有配偶

3．离婚

4．丧偶

C25．初婚年月

______年______月

15至64周岁（1955年11月1日—2005年10月31日出生）的妇女填报的项目

C26．生育子女数

1．未生育→C28

2．有生育（请填报生育的子女数）

生过几个孩子：

男______人

女______人

其中现在存活几个孩子：

男______人

女______人

15至50周岁（1969年11月1日—2005年10月31日出生）的妇女填报的项目

C27．过去一年（2019年11月1日—2020年10月31日）的生育状况

1．一年内未生育（结束）

2．一年内有生育（请填报生育时间和孩子性别）

生育时间：

____月

婴儿性别：

1．男

2．女

一年内生育两个以上孩子的，请填报第二个孩子的状况。

生育时间：

____月

婴儿性别：

1．男

2．女

60周岁及以上（1960年10月31日以前出生）的人填报的项目

C28．居住状况

1．与配偶和子女同住

2．与配偶同住

3．与子女同住
4．独居（有保姆）
5．独居（无保姆）
6．养老机构
7．其他

C29．身体健康状况

1．健康
2．基本健康
3．不健康，但生活能自理
4．不健康，生活不能自理

第七次全国人口普查港澳台居民和外籍人员普查表

The Seventh National Population Census Form for Residents from Hong Kong, Macao, Taiwan and from Foreign Countries

中国政府决定进行第七次全国人口普查
人口普查标准时点为 2020 年 11 月 1 日零时
我们将对您在普查表中填写的信息给予
保密，敬请合作。

The Government of China has decided to conduct the 7th National Population Census, with zero hour on 1 November 2020 as the reference time.
Information provided will be kept confidential.
Your cooperation is highly appreciated.

表　　　号：R 603 表
制定机关：国家统计局
　　　　　国务院人口普查办公室
批准文号：国发（2019）24 号
有效期至：2021 年 3 月

Form number:	R603
Form issued by:	National Bureau of Statistics Office of the State Council for the Seventh National Population Census
Approval number:	（2019）24
Valid until:	March 2021

地址 Address：

_____省（区、市）Province

_____市（地、州、盟）City (prefecture)

_____县（市、区、旗）County (city, district)

_____乡（镇、街道）Town (township, street)

_____普查区 Enumeration area (village/community committee)

_____普查小区 Enumeration block

_____户编号 Household number

一、住户项目

Household Information

F1. 户别

Type of household

1. 家庭户 Family household
2. 集体户 Collective household

F2. 住所类型

Type of dwelling

1. 普通住宅 Conventional dwellings
2. 集体住所 Collective living quarters
3. 工作地住所 Living in work places
4. 其他住房 Other dwellings
5. 无住房 With no dwellings

（选择 2—5 的，跳至个人项目。）

(If the answer is 2-5, then skip to 'Individual Information'.)

F3. 本户现住房建筑面积
Floor space for this household
_____平方米 m^2

F4. 本户现住房间数
Number of rooms for this household
_____间 rooms

二、个人项目

Individual Information

R1. 姓名 Full name

____

R2. 与户主关系
Relationship with head of household
0. 户主 Head of household
1. 配偶 Spouse
2. 子女 Son or daughter
3. 父母 Parent
4. 岳父母或公婆 Parent-in-law
5. 祖父母 Grandparent
6. 媳婿 Son-in-law or daughter-in-law
7. 孙子女 Grandchild
8. 兄弟姐妹 Brother or sister
9. 其他 Other relationship

R3. 性别
Sex
1. 男 Male
2. 女 Female

R4. 出生年月
Date of birth
出生于 Born in：_______年 year_______月 month

R5. 来内地（大陆）或来华目的
Purpose for stay in the mainland of China
1. 商务 Business
2. 就业 Work
3. 学习 Study
4. 定居 Residence
5. 探亲 Visiting relatives

6. 其他 Others

R6. 已在内地（大陆）或在华居住时间

Duration of stay in the mainland of China

1. 不满三个月 Less than 3 months
2. 三个月以上，不满半年 3 months to less than 6 months
3. 半年以上，不满一年 6 months to less than 12 months
4. 一年以上，不满二年 1 year to less than 2 years
5. 二年以上，不满五年 2 years to less than 5 years
6. 五年以上 5 years or more

R7. 受教育程度

3 周岁及以上（2017 年 10 月 31 日以前出生）的人填报

Educational attainment

For persons aged 3 and over（Born before 31st Oct. 2017）

1. 未上过学 No schooling
2. 学前教育 Pre-primary education
3. 小学 Primary education
4. 初中 Junior secondary education
5. 高中 Senior secondary education
6. 大学专科 College
7. 大学本科 University
8. 硕士研究生 Master
9. 博士研究生 Doctor

R8. 身份或国籍

Citizenship

1. 香港特别行政区居民 Hong Kong SAR resident
2. 澳门特别行政区居民 Macao SAR resident
3. 台湾地区居民 Taiwan resident
4. 外国人 Foreigner：国籍 Country_______（结束）(End)

15 周岁及以上（2005 年 10 月 31 日以前出生）港澳台居民填报的项目

For persons aged 15 and over (Born before 31st Oct. 2005) from Hong Kong, Macao and Taiwan

R9. 工作情况

10 月 25—31 日是否为取得收入而工作了一小时以上

1．是

2．在职休假、在职学习培训、临时停工（保留工资）

3．未做任何工作→R12

R10．行业

1．农、林、牧、渔业

2．采矿业
3．制造业
4．电力、热力、燃气及水生产和供应业
5．建筑业
6．批发和零售业
7．交通运输、仓储和邮政业
8．住宿和餐饮业
9．信息传输、软件和信息技术服务业
10．金融业
11．房地产业
12．租赁和商务服务业
13．科学研究和技术服务业
14．水利、环境和公共设施管理业
15．居民服务、修理和其他服务业
16．教育
17．卫生和社会工作
18．文化、体育和娱乐业
19．公共管理、社会保障和社会组织
20．国际组织

R11．职业

1．党的机关、国家机关、群众团体和社会组织、企事业单位负责人
2．专业技术人员
3．办事人员和有关人员
4．社会生产服务和生活服务人员
5．农、林、牧、渔业生产及辅助人员
6．生产制造及有关人员
7．不便分类的其他从业人员

R12．婚姻状况

1．未婚
2．有配偶
3．离婚
4．丧偶

第七次全国人口普查死亡人口调查表

（2019 年 11 月 1 日至 2020 年 10 月 31 日死亡的人口登记）

经国务院批准进行第七次全国人口普查
人口普查的标准时点为 2020 年 11 月 1 日零时
人口普查的原始资料不向任何单位和个人提供，
仅供汇总使用
公民应履行如实申报普查项目的义务

表　　号：R　6　0　4　表
制定机关：国　家　统　计　局
国务院人口普查办公室
批准文号：国发（2019）24 号
有效期至：2 0 2 1　年　3　月

地址：_____省（区、市）_____市（地、州、盟）_____县（市、区、旗）_____乡（镇、街道）_____普查区_____普查小区_____户编号

每个死亡人口都登记的项目

S1．姓名

____

S2．公民身份号码

□□□□□□□□□□□□□□□□□□

S3．性别

1．男

2．女

S4．出生年月

出生于：_______年_______月

S5．死亡时间

死亡于：_______月

S6．民族

_______族

死亡时满 3 周岁的人登记的项目

S7．受教育程度

1．未上过学

2．学前教育

3．小学

4．初中

5．高中

6．大学专科

7．大学本科

8．硕士研究生

9．博士研究生

死亡时满 15 周岁的人登记的项目

S8．婚姻状况

1．未婚

2．有配偶

3．离婚

4．丧偶

第三部分 普查表填写说明

一、普查表的种类

第七次全国人口普查表分为《第七次全国人口普查短表》《第七次全国人口普查长表》《第七次全国人口普查港澳台居民和外籍人员普查表》和《第七次全国人口普查死亡人口调查表》四种表。

二、标准时点

第七次全国人口普查的标准时点为2020年11月1日零时。

普查员在掌握普查标准时点时，应注意以下两点：

（一）2020年11月1日零时以后出生的人不登记；2020年11月1日零时以后死亡的人仍要在普查短表中登记。

（二）2020年11月1日零时以后居住地发生变化的人，仍在原居住地登记。

三、普查对象

普查对象是指普查标准时点在中华人民共和国境内的自然人以及在中华人民共和国境外但未定居的中国公民，不包括在中华人民共和国境内短期停留的境外人员。

（一）普查短表和普查长表的普查对象具体是指2020年10月31日晚住本普查小区的人，以及户口登记在本普查小区但2020年10月31日晚未住本普查小区的人。

1.2020年10月31日晚住本普查小区的人，无论其户口登记在何处。

2.户口登记在本普查小区，但2020年10月31日晚未住本普查小区的人，无论其外出时间长短、外出原因如何。

（二）港澳台居民和外籍人员普查表的普查对象具体是指2020年10月31日晚住本普查小区的港澳台居民和外籍人员。

（三）死亡人口调查表的登记对象具体是指2019年11月1日至2020年10月31日期间本普查小区的死亡人口。

四、登记原则

人口普查采用按现住地登记的原则，每个人必须在现住地进行登记。普查对象不在户口登记地居住的，户口登记地要登记相应信息。

人口普查以户为单位进行登记，户分为家庭户和集体户。集体户以一个住房单元为一户进行普查登记。

为便于理解登记对象，并考虑到普查中可能遇到的特殊情况，普查员在入户登记时可采取以下方式询问住户：

应在您家普查登记的人包括：

•2020年10月31日晚住在您家里的人。

•经常居住在您家，由于临时出差、探亲、旅游或值夜班等原因，2020年10月31日晚未住在您家的人（视为2020年10月31日晚住在您家）。

•幼儿园全托孩子，小学、初中住校生（视为2020年10月31日晚住在您家）。

•户口登记在现住房地址的其他人。

不包括：

•现役军人和武警。

•由于临时出差、探亲、旅游等原因，2020 年 10 月 31 日晚暂住在您家的人。

•2020 年 11 月 1 日零时以后出生的人。

五、普查项目

（一）普查短表

按户填报的项目有：户别、本户应登记人数、本户 2019 年 11 月 1 日至 2020 年 10 月 31 日期间的出生人口、本户 2019 年 11 月 1 日至 2020 年 10 月 31 日期间的死亡人口、住所类型、本户现住房建筑面积、本户现住房间数。

按人填报的项目有：姓名、与户主关系、公民身份号码、性别、出生年月、民族、普查时点（2020 年 11 月 1 日零时）居住地、户口登记地、离开户口登记地时间、离开户口登记地原因、受教育程度、是否识字。

（二）普查长表

按户填报的项目有：户别、本户应登记人数、本户 2019 年 11 月 1 日至 2020 年 10 月 31 日期间的出生人口、本户 2019 年 11 月 1 日至 2020 年 10 月 31 日期间的死亡人口、住所类型、本户现住房建筑面积、本户现住房间数、住房所在建筑的总层数、承重类型、住房建成年代、住房所在建筑有无电梯、主要炊事燃料、住房内有无管道自来水、住房内有无厨房、住房内有无厕所、住房内有无洗澡设施、住房来源、月租房费用、拥有全部家用汽车的总价。

按人填报的项目有：姓名、与户主关系、公民身份号码、性别、出生年月、民族、普查时点（2020 年 11 月 1 日零时）居住地、户口登记地、离开户口登记地时间、离开户口登记地原因、户口登记地类型、是否有农村土地承包经营权、出生地、五年前常住地、受教育程度、学业完成情况、是否识字、工作情况、经常工作单位或生产经营活动所属类型、行业、职业、未工作原因、主要生活来源、婚姻状况、初婚年月、生育子女数、过去一年（2019 年 11 月 1 日—2020 年 10 月 31 日）的生育状况、居住状况、身体健康状况。

（三）港澳台居民和外籍人员普查表

按户填报的项目有：户别、住所类型、本户现住房建筑面积、本户现住房间数。

按人填报的项目有：姓名、与户主关系、性别、出生年月、来内地（大陆）或来华目的、已在内地（大陆）或在华居住时间、受教育程度、身份或国籍、工作情况、行业、职业、婚姻状况。

（四）死亡人口调查表

填报的项目有：姓名、公民身份号码、性别、出生年月、死亡时间、民族、受教育程度、婚姻状况。

六、普查表的填写方法

（一）普查表以户为单位进行登记。普查短表、死亡人口调查表采用普查员入户询问、当场填报，或由普查对象通过互联网自主填报等方式进行。普查长表、港澳台居民和外籍人员普查表采用普查指导员和普查员入户询问、当场填报的登记方式。

（二）普查小区中的每一户有且只有一个户编号，为“001”开始的 3 位顺序码，在《户主姓名底册》编制完成后自动生成，普查表上的户编号与其一致，不可修改。

（三）普查表的填写顺序：先填写住户项目，再逐人填写个人项目。

普查员填写普查短表时，填写按人登记的项目时，表内第一人应填户主，然后依次填户主的配偶和其他关系的人。全户死亡的户，只填写“H4.本户 2019 年 11 月 1 日至 2020 年 10 月 31 日期间的死亡人口”，其他住户项目和个人项目均不再登记。

普查员填写普查长表时，与普查短表相同的项目直接代入短表信息，经向普查对象核实确认后，再填报其他项目。

（四）普查表每户最多可以填写 20 人。对于超过 20 人的大集体户，可酌情分成若干集体户填写。

（五）有标准选项的项目，根据实际情况选填，并且每个问题只能选择一个标准选项。民族、普查时点（2020 年 11 月 1 日零时）居住地、户口登记地、出生地、五年前常住地等项目可根据列表栏进行选择。没有标准选项的项目，用文字或阿拉伯数字据情填报。

（六）如果填写错误或发生逻辑关系异常，数据采集程序会给出审核提示。审核类型分为强制性审核和确认性审核，若为强制性审核错误，必须根据提示信息对错误项目进行修改；若为确认性审核提示，应根据提示信息对异常项目进行核实，确认无误后，继续进行填报。

（七）普查员每填完一户，应即刻进行审核，将通过审核的信息向申报人当面宣读，核对无误后，由申报人签字确认。

第四部分　指标解释

一、普查短表

（一）住户项目

H1.户别——按家庭户、集体户的类别填报。

1.家庭户：以家庭成员关系为主，居住一处共同生活的人口，作为一个家庭户。单身居住独自生活的，也作为一个家庭户。

2.集体户：相互之间没有家庭成员关系，集体居住共同生活的人口作为一个集体户。

H2.本户应登记人数——包括两个部分。一部分是 2020 年 10 月 31 日晚居住本户的人数，既包括户口在本户、2020 年 10 月 31 日晚居住本户的人数，也包括户口不在本户、2020 年 10 月 31 日晚居住本户的人数，填写 H2 的第一项；另一部分是户口在本户，2020 年 10 月 31 日晚未居住本户的人数，填写 H2 的第二项。

H3.本户 2019 年 11 月 1 日至 2020 年 10 月 31 日期间的出生人口——填写本户在 2019 年 11 月 1 日至 2020 年 10 月 31 日期间出生的人数。分别填写男、女的合计数。若本户在此期间没有出生人口，请填写“0”。

H4.本户 2019 年 11 月 1 日至 2020 年 10 月 31 日期间的死亡人口——填写本户在 2019 年 11 月 1 日至 2020 年 10 月 31 日期间死亡的人数。分别填写男、女的合计数。若本户在此期间没有死亡人口，请填写“0”。

填写 H3、H4 时应注意：

不要漏掉出生时有某种生命现象（如在胎儿脱离母体时，有呼吸或心跳，脐带搏动、随意肌收缩等）不久即死亡的婴儿，既要填写出生人数，也要填写死亡人数。

H5.住所类型——按居住的住所类型填报。

1.普通住宅：指人工建造的，有墙、顶、门、窗等结构，具有独立入口，专门供人居住的房屋或场所。如单元房、平房、四合院、独栋别墅、筒子楼、窑洞等传统意义上的住宅。

2.集体住所：指学生宿舍、职工宿舍、工棚、养老院、福利院、宗教场所等。

3.工作地住所：指居住在办公楼、发廊、商铺、餐馆等工作场所。

4.其他住房：指居住在上述场所以外的其他房屋或场所。

5.无住房：指本户没有住房，居无定所（如流动人口中那些睡在桥下、公园、车站或睡在运载货物、商品车辆上的人等）。

H6.本户现住房建筑面积——本户现住房的建筑面积以房屋所有权证（不动产权证）或租赁凭证上的相关信息为准。

若只知道使用面积的，可用使用面积乘以 1.33，换算成建筑面积。填写本项目时应注意：

1.在租借房屋居住的户，按租借住房的实际情况填写其住房建筑面积。

2.合住在同一所住房里的住户，其建筑面积为各户所独立使用的房间面积加上公共使用面积（包括厨房、厕所、门厅、阳台等）的分摊部分：两户合住的，各按二分之一计算；三户合住的，各按三分之一计算，依此类推。

3.建筑面积应填写整数，不为整数时四舍五入获得。

H7.本户现住房间数——指除厨房、厕所、过道和厅以外的所有自然间数（包括扩建的房间）。填写本项目时应注意：

1.在租借房屋居住的户，按租借住房的实际居住情况填写其住房间数。

2.合住同一所住房的，在填写住房间数时，填写其独立使用的房间数。

（二）个人项目

D1.姓名——填写被登记人的正式姓名。没有正式姓名的可填小名或某某氏，但不能填笔名、代号等。婴儿未起名的，可填“未取名”。

D2.与户主关系——指被登记人与本户户主的关系。申报人不是户主的，不要将被登记人与申报人的关系错填为与户主的关系。

0.户主：按家庭日常生活习惯确定户主。

1.配偶：指户主的妻子或丈夫。

2.子女：指户主的子女。

3.父母：指户主的父母或继父母、养父母。

4.岳父母或公婆：指户主配偶的父母或继父母、养父母。

5.祖父母：指户主或配偶的祖父母、外祖父母、曾祖父母、外曾祖父母。

6.媳婿：指户主子女的配偶。

7.孙子女：指户主的孙子女、外孙子女、孙媳婿、外孙媳婿、重孙子女、重孙媳婿、重外孙子女、重外孙媳婿。

8.兄弟姐妹：指户主及其配偶的兄弟姐妹以及他们的配偶。

9.其他：指以上九种人以外的成员。

在登记家庭户时，户主应登记为第一人，选填“0.户主”。如果户主的配偶也在本户登记，应登记为第二人，选填“1.配偶”，然后再登记该户的其他成员；如果户主没有配偶，或户主配偶不在本户登记，第二人登记本户其他成员。

在登记集体户时，任选一人登记为户主，选填“0.户主”，本户其他成员与户主关系一律登记为其他，选填“9.其他”。

D3.公民身份号码——指 18 位公民身份号码。无公民身份号码的填写 18 位 0。

D4.性别——指被登记人的性别。

D5.出生年月——指被登记人的出生年、月。

出生年月按公历填写，只知道农历的，要换算成公历。按照一般的规律，农历的月份与公历的月份相差一个月左右，换算时农历的月份加 1 即可作为公历的月份，但要注意农历的 12 月应当是公历下一年的 1 月。

D6.民族——指被登记人的民族。

外国人加入中国籍，其民族和我国的某一民族相同的，就选填某一民族；没有相同民族的，按外国人加入中国籍填写，选填“入籍”。

D7.普查时点（2020 年 11 月 1 日零时）居住地——指被登记人在普查标准时点居住的地址。

1.本普查小区：指普查时点居住在本普查小区的人。如果本户在本普查小区拥有一套以上的住房，可确定其中一处进行登记。

2.本村（居）委会其他普查小区：指户口登记地在本普查小区，普查时点居住在本村（居）委会其他普查小区的人。

3.本乡（镇、街道）其他村（居）委会：指户口登记地在本普查小区，普查时点居住在本乡（镇、街道）其他村（居）委会的人。

4.本县（市、区、旗）其他乡（镇、街道）：指户口登记地在本普查小区，普查时点居住在本县（市、区、旗）的其他乡（镇、街道）的人。

5.其他县（市、区、旗）：指户口登记地在本普查小区，普查时点居住在本县（市、区、旗）以外地区的人。填报本选项的人还需选填普查时点居住地所在省（区、市）、市（地、州、盟）、县（市、区、旗）

的具体名称。

6.香港特别行政区、澳门特别行政区、台湾地区：指户口登记地在本户，普查时点居住在香港特别行政区、澳门特别行政区、台湾地区的人。

7.国外：指户口登记地在本户，普查时点居住在国外的人。

D8.户口登记地——指被登记人的居民户口簿上的地址。

1.本村（居）委会：指户口登记地在本村（居）委会的人。

2.本乡（镇、街道）其他村（居）委会：指普查时点居住本普查小区，户口登记地在本乡（镇、街道）其他村（居）委会的人。

3.本县（市、区、旗）其他乡（镇、街道）：指普查时点居住本普查小区，户口登记地在本县（市、区、旗）的其他乡（镇、街道）的人。

4.其他县（市、区、旗）：指普查时点居住本普查小区，户口登记地在本县（市、区、旗）以外地区的人。填报本选项的人还需填写户口登记地所在省（区、市）、市（地、州、盟）、县（市、区、旗）的具体名称。

5.户口待定：指普查时点居住本普查小区，在任何地方都没有登记户口的人。包括手持户口迁移证、出生证、退伍证等情况。

D9.离开户口登记地时间——指到普查标准时点为止，被登记人离开户口登记地（居住地与户口登记地不一致）的时间。

没有离开户口登记地是指户口登记地在本村（居）委会，普查标准时点居住在本普查小区或本村（居）委会其他普查小区。

若常年外出的人由于农忙、节假日等原因偶尔回家的，或回家后因疫情原因推迟外出的，还应该从第一次离开户口登记地的时间开始计算。

D10.离开户口登记地原因——指被登记人离开户口登记地（居住地与户口登记地不一致）的原因。

0.工作就业：指十五周岁及以上因务工经商、工作招聘、调动等原因离开户口登记地的人。

1.学习培训：指六周岁及以上因考入各级各类学校或参加各种学习班、培训班而离开户口登记地的人。

2.随同离开/投亲靠友：指因跟随亲属、投亲靠友而离开户口登记地的人。

3.拆迁/搬家：指因房屋拆迁、改造或者搬家而离开户口登记地的人。

4.寄挂户口：指户口落在集体户或没有在户口登记地居住过、只落户口的人。

5.婚姻嫁娶：指十五周岁及以上因结婚而离开户口登记地的人。

6.照料孙子女：指为照料孙子女而离开户口登记地的人。

7.为子女就学：指为子女就学而离开户口登记地的人。

8.养老/康养：指因旅游（度假）养老/康养、候鸟式养老/康养、回籍贯地养老/康养、居住在养老院而离开户口登记地的人，不包括跟随子女养老。

9.其他：指上述几种以外的原因。

凡具有两种以上原因的，按其主要的原因选填一个标准选项。

D11.受教育程度——指按照国家教育体制，被登记人接受教育的情况。通过自学或成人学历教育经国家统一考试合格的，分别归入相应的受教育程度。

1.未上过学：指从未接受过各级各类学校教育。包括参加过各种扫盲班或成人识字班学习，且以后再没有接受过各级各类学校教育的人。

2.学前教育：指仅接受过或正在接受专门学前教育机构教育，即在幼儿园或附设幼儿班接受保育和教育。

3.小学：指接受的最高一级教育为小学，无论其是否在校、毕业、肄业或辍学。

4.初中：指接受的最高一级教育为初中，无论其是否在校、毕业、肄业或辍学。

5.高中：指接受的最高一级教育为普通高中、成人高中和中等职业学校，无论其是否在校、毕业、肄业或辍学。

6.大学专科：指接受的最高一级教育为大学专科。在普通高等学校学习大学专科的，无论其是否在校、毕业、肄业或辍学，都填报此项。

凡国家授权承认学历的开放大学、广播电视大学、职工大学等成人高校和普通高等学校举办的函授大学、夜大学和其他形式的大学，按教育部颁布的大学专科教学大纲进行授课的，其毕业生选填此项；其肄业生、在校生按原有受教育程度填报。含成人专科和网络专科。

通过自学，经国家统一举办的自学考试合格，并取得大学专科毕业证书的，也选填此项。

7.大学本科：指接受的最高一级教育为大学本科。在普通高等学校学习大学本科的，无论其是否在校、毕业、肄业或辍学，都填报此项。

凡国家授权承认学历的开放大学、广播电视大学、职工大学等成人高校和普通高等学校举办的函授大学、夜大学和其他形式的大学，按教育部颁布的大学本科教学大纲进行授课的，其毕业生选填此项；其肄业生、在校生按原有受教育程度填报。含成人本科和网络本科。

通过自学和进修大学课程，经考试合格，并取得大学本科毕业证书的，也选填此项。

8.硕士研究生：指接受的最高一级教育为硕士研究生，无论其是否在校、毕业、肄业或辍学。含 2016 年 12 月 1 日以后录取的非全日制硕士研究生。

在职接受硕士研究生教育的，其毕业生选填此项；肄业生和在校生按原有受教育程度填报。

9.博士研究生：指接受的最高一级教育为博士研究生，无论其是否在校、毕业、肄业或辍学。含 2016 年 12 月 1 日以后录取的非全日制博士研究生。

在职接受博士研究生教育的，其毕业生选填此项；肄业生和在校生按原有受教育程度填报。

凡是没有按教育部的教学大纲培养或只学单科的人，不能填报“大学专科”“大学本科”“硕士研究生”或“博士研究生”，一律按原有受教育程度填报。

D12.是否识字：指被登记人是否达到国家规定的脱盲标准（城镇居民和企、事业单位职工识字 2000 个，农村居民识字 1500 个）。登记时可询问，日常生活中是否能读懂简单的书信或书写简短的句子。如果能阅读通俗书报、能写便条就认为具有识字能力。

二、普查长表

（一）住户项目

H1.户别——与短表 H1 相同。

H2.本户应登记人数——与短表 H2 相同。

H3.本户 2019 年 11 月 1 日至 2020 年 10 月 31 日期间的出生人口——与短表 H3 相同。

H4.本户 2019 年 11 月 1 日至 2020 年 10 月 31 日期间的死亡人口——与短表 H4 相同。

H5.住所类型——与短表 H5 相同。

H6.本户现住房建筑面积——与短表 H6 相同。

H7.本户现住房间数——与短表 H7 相同。

H8.住房所在建筑的总层数——层数是指建筑物的自然层数，一般按室内地坪以上计算。

采光窗在室外地坪以上的半地下室，其室内层高在 2.20m 以上（不含 2.20m）的，计算自然层数；假层、附层（夹层）、插层、阁楼（暗楼）、装饰性塔楼，以及突出屋面的楼梯间、水箱间不计层数。

其中，平房是指只有一层的房子。

H9.承重类型——指在房屋建筑中，由各种构件（屋架、梁、板、柱等）组成的能够承受各种作用的体系。

1.钢及钢筋混凝土结构：指承重的主要构件是用钢及钢筋混凝土建造的。它包括“钢结构”“钢、钢筋混凝土”和“钢筋混凝土”三种结构类型。

钢结构：承重的主要构件是钢材料建成的，包括悬索结构。

钢、钢筋混凝土结构：承重的主要构件是用钢、钢筋混凝土建造的。如一幢房屋一部分梁柱采用钢、钢筋混凝土构架建成。

钢筋混凝土结构：承重的主要构件是用钢筋混凝土建造的。包括薄壳结构、大模板现浇结构及使用滑模、升板等建造的钢筋混凝土结构的建筑物。

2.混合结构：指承重的主要构件是用钢筋混凝土和砖木建造的。如一幢房屋的梁是用钢筋混凝土制成，以砖墙为承重墙，或者梁是用木材建造，柱是用钢筋混凝土建造。

3.砖木结构：指承重的主要构件是用砖、木材建造的。如一幢房屋是木制房架、砖墙、木柱建成的。

4.竹草土坯结构：指承重的主要构件是用竹、草、土坯等建造的。如竹楼、土窑洞等。

5.其他结构：指不属于上述类型的结构。

H10.住房建成年代——指本户住房所属建筑物的建成年份。

本户住房所属建筑物翻修过的，按翻修时的年份选填。经过改建的，如改建面积大于原面积的，按改建时的年份选填；如改建面积小于原面积的，按原建成年份选填。

H11.住房所在建筑有无电梯——指本户住房所属建筑物内部、外部是否安装电梯。

H12.主要炊事燃料——指本户用于炊事的主要燃料。

如果本户用于炊事的燃料有两种以上，选填主要的一种。

H13.住房内有无管道自来水——指本户住房内是否有经过公用设施净化处理的管道输送水。

在院子里自己打的机井不能算作有自来水。

H14.住房内有无厨房——指本户住房内是否有专供做饭使用的房间，无论是否装有上下水道及固定灶具。

在公用过道、客堂等处烧饭的和在庭院、路边搭建的、临时简陋设施中做饭的都不算有厨房。

H15.住房内有无厕所——指本户住房内是否有厕所。

1.水冲式卫生厕所：指有上下水系统，或厕间有备水桶（瓢冲），坐便或蹲便器有水封或无水封的厕所，且粪便及污水冲入到下水道、化粪池和厕坑，无蝇，不会造成环境污染。

2.水冲式非卫生厕所：指虽然是水冲式厕所，但是粪便被冲到开放的水渠、沟塘等开放水体或者不确定冲到何处，会污染环境。

3.卫生旱厕：指有固定盖板的厕所，粪便基本无暴露，保持无蝇。比如通风改良厕所、堆肥厕所、双坑交替厕所、粪尿分集厕所、阁楼厕所、深坑防冻厕所等。

4.普通旱厕：包括无盖板的敞开式旱厕，有或无防渗处理。通常粪便暴露、有蛆蝇。

5.无：指没有厕所。

H16.住房内有无洗澡设施——指住房内是否有固定浴缸（浴盆）或淋浴龙头等能使用的洗浴设施。

1.统一供热水：指本户洗浴用热水由社区、物业管理部门或其他公共设施统一供应。

2.家庭自装热水器：指本户洗浴用热水是由自己安装的各种热水器，如电热水器、燃气（罐装、管道）热水器等。

3.其他：指上述两种以外的洗浴设施。

4.无：指住房内没有洗浴设施。

H17.住房来源——指本户获取现住房的方式。

1.租赁廉租房/公租房：指向政府相关部门申请并租住廉租房、公租房。

2.租赁其他住房：指通过私人、单位或房屋中介等渠道租住住房。

3.购买新建商品房：指按市场价购买的新建商品房。

4.购买二手房：指购买那些进入房屋市场进行交易，第二次及以上进行产权登记的住房，包括二手商品房、允许上市交易的已售公房、经济适用房等。

5.购买原公有住房：指个人以成本价或优惠价购买的、原作为福利分配给本单位职工的住房。

6.购买经济适用房/两限房：指向政府相关部门申请并购买经济适用房、两限房。

7.自建住房：指个人建造的住房，其产权属于个人所有。

8.继承或赠予：指从亲属处继承而来或者受他人赠予而获取住房。

9.其他：指上述几种住房来源以外的情况。

H18.月租房费用——指最近用于交纳房租的单月金额，不包括水电费、物业费、取暖费等附加费用。月租房费用不为整数时，按四舍五入计算。

若多人合租作一户登记时，则需将每人月租费加总计算。

H19.拥有全部家用汽车的总价——是指住户拥有的全部供家庭生活使用的汽车价格之和。

汽车价格按汽车实际购买价格（含税）的方式计算。

若住户有多辆家用汽车，则按全部家用汽车的价格总和选填。

（二）个人项目

C1.姓名——与短表 D1 相同。

C2.与户主关系——与短表 D2 相同。

C3.公民身份号码——与短表 D3 相同。

C4.性别——与短表 D4 相同。

C5.出生年月——与短表 D5 相同。

C6.民族——与短表 D6 相同。

C7.普查时点（2020 年 11 月 1 日零时）居住地——与短表 D7 相同。

C8.户口登记地——与短表 D8 相同。

C9.离开户口登记地时间——与短表 D9 相同。

C10.离开户口登记地原因——与短表 D10 相同。

C11.户口登记地类型——指离开户口登记地（居住地与户口登记地不一致）时的户口登记地类型。

若离开时户口登记地的类型是“乡”，而现在已改成“镇”，应选填“1.乡”，不要填报“2.镇的村委会”或“3.镇的居委会”。

C12.是否有农村土地承包经营权——指被登记人户口所在的户是否有农村土地承包经营权。

户口所在的户应以被登记人的户口簿为准。拥有农村土地承包经营权是指被登记人户口登记地在农村地区或以前的农村地区，目前户口所在的户与集体经济组织签订了农村土地承包合同。

拥有农村土地承包经营权的户，目前可能实际经营承包地，也可能因各种原因不再经营承包地，包括以转包、出租、入股、托管等方式流转所承包土地经营权。

C13.出生地——指被登记人的出生地点。

1.本县（市、区、旗）：指出生在本县、县级市、区、旗。

2.本省其他县（市、区、旗）：指出生在本省的其他县、县级市、区、旗。

3.省外：指出生在本省（区、市）以外其他地区，并选填出生地所在省（区、市）的名称。在港、澳、台或国外出生的，根据实际情况选填 “香港特别行政区”“澳门特别行政区”“台湾地区”或“国外”。

C14.五年前常住地——指被登记人在普查标准时点的五年前，即 2015 年 11 月 1 日零时的常住地。

五年前居住在本县（市、区、旗）以外其他地区的人，还需选填五年前常住地的地址。

五年前居住在港、澳、台或国外的，根据实际情况选填“香港特别行政区”“澳门特别行政区”“台湾地区”或“国外”。

C15.受教育程度——与短表 D11 项相同。

C16.学业完成情况——指受教育程度为小学及以上的人完成学业的情况。

1.在校：正在接受各级各类学校教育并有学籍。

2.毕业：已修完全部课程，并经过考试鉴定合格。

3.肄业：修完全部课程，但考试不及格或因种种原因未取得毕业资格。

4.辍学：未能修完所规定的全部课程，中途退学。

5.其他：私塾、自学等其他方式。

C17.是否识字——与短表 D12 项相同。

C18.工作情况——指被登记人在 10 月 25—31 日期间，即普查标准时点前一周，是否为取得收入而工作了 1 小时以上，包括临时工、互联网灵活就业、家庭经营无酬帮工。

工作是指为获取工资、实物报酬或经营收入而从事的各种生产、经营或服务性活动，其目的是为了取得收入，无论实际是否取得。不包括义务劳动和公益性劳动。

1.是：指在 10 月 25—31 日期间，为取得收入而干过固定的、临时的或兼职的工作，并且工作时间超过 1 小时。在校学生利用课余或假期以及退休人员为取得收入而从事了工作，也选填此项。

家庭成员在自家或亲属经营的公司、企业、商铺或网店工作，即使本人没有劳动报酬，也选填此项。

选填“1.是”的人，还需填写工作时间。工作时间按在 10 月 25—31 日期间实际的工作时间填写，而不是按国家或企业规定的制度工作时间填写。

计算工作时间，要注意把握以下几种情况：

（1）从事一种以上有收入工作的，几项工作时间相加计算。

（2）在规定的工作时间以外加班工作的，加班时间一并计算在内。

（3）农村既干家务又从事农业或其他有收入工作的人，家务劳动时间除外。

2.在职休假、在职学习培训、临时停工（保留工资）：

在职休假是指在 10 月 25—31 日期间，因各种休假或请假临时未工作，包括公休假、年休假、空勤人员、船员、火车乘务人员的轮休假、病假、工伤假、产假、事假、探亲假、婚丧假等。个人档案、人事关系已在某单位，但因各种原因尚未到新单位报到上班，如军人转业或工作调动等，也视为休假。

在职学习培训是指有工作单位，在 10 月 25—31 日期间参加脱产学习或培训。

临时停工（保留工资）是指在 10 月 25—31 日期间，由于机械或电力故障、原料或燃料短缺、天气或其他灾害等原因导致的暂时未工作，但仍可以有工资收入。

打零工、计件工等临时就业或灵活就业的人，因为上述原因停工并且没有收入，不填此项，应填“3.未做任何工作”。

3.未做任何工作：指在 10 月 25—31 日期间，没有工作单位，也未从事过任何可以有收入的工作。

对于下岗、内退人员，如果未与原单位解除劳动合同，仍有工资性收入的，选填“2.在职休假、在职学习培训、临时停工”；如果没有工资性收入，选填“3.未做任何工作”。对于承包土地的农民，在 10 月 25—31 日期间，如果干农活或其他有收入的工作超过 1 小时，选填“1.是”；如果外出打工，未从事任何工作，选填“3.未做任何工作”；如果正处于农业生产季节，没有外出打工，期间临时没有干农活，选填“2.在职休假、在职学习培训、临时停工”。

对于从事季节性生产经营的人，如果生产经营仍在进行中，只是在 10 月 25—31 日期间没有工作，选填“2.在职休假、在职学习培训、临时停工”；如果正处于季节性歇业，选填“3.未做任何工作”。

C19.工作单位或生产经营活动所属类型——指普查标准时点前一周的主要工作单位或生产经营活动类型。

1.企业、事业、机关或社会团体等法人单位：法人单位指依法成立，有自己的名称、组织机构和场所，能够独立承担民事责任，独立拥有和使用（或授权使用）资产承担负债，有权与其他单位签订合同，会计上独立核算，能够编制资产负债表的单位。包括企业、事业、机关、社会团体、民办非企业单位、基金会、居委会、村委会、农民专业合作社、农村集体经济组织和其他组织机构。

2.个体经营户：指资产归个人所有，以个体劳动为基础，劳动成果归劳动者个人占有和支配的一种经济组织。既包括在各级工商行政管理机关登记注册、领取《营业执照》的个体工商户，也包括没有领取《营业执照》，但实际从事个体经营活动的人。

3.经营农村家庭承包地（家庭农林牧渔生产经营活动）：指在自家承包的耕地、林地、草地、池塘以及其他合法用于农业的土地上，从事农林牧渔业生产经营活动，也包括家庭在转包和租用他人农业用地上从事农林牧渔业生产经营活动，所从事的农业生产活动以自营劳动为主，不雇佣长期雇工，但可能雇佣临时短工。

农业生产季节在承包土地上从事农业生产，但上周未做任何工作的人，也选填此项。

普查标准时点前一周未在自家承包土地上工作而从事其他生产经营活动的人，或外出务工经商的人不填此项，选填上周实际工作单位或生产经营活动。

4.自由职业/灵活就业：指除个体经营户以外的自雇就业或自主型的个体就业。包括律师、自由撰稿人、歌手、模特等自主就业人员，也包括家庭自雇家政服务、街头小贩、其他类型打零工的临时就业人员，还包括依赖平台承接工作任务、不隶属于任何雇主的劳动者。

C20.行业——指普查标准时点前一周主要工作所在单位的生产经营活动。如果前一周从事两项不同工作，按工作时间长短确定主要工作；如果工作时间相同，再按报酬高低确定主要工作。

行业是按照经济活动的同一性进行分类的，不是按其所属的行政管理系统来分的。产业活动单位是划分行业的分类标准。产业活动单位是指：（1）具有一个场所、从事一种或主要从事一种经济活动；（2）单独组织生产、经营或业务活动；（3）掌握收入和支出的会计核算资料。

填写行业时要注意以下情况：

有工作单位的，既要填写单位名称，也要填写单位的主要产品或从事的主要业务。单位名称要具体到分厂、分公司或营业部，即产业活动单位，不能笼统地只填写总厂名称。最重要的是单位的主要产品或主要业务要详细填写，要用动宾词组表达，如“生产服装”或“销售服装”，不能简写为“服装”。保密单位，填写其公开使用的名称和公开的主要产品或主要业务。

没有工作单位的，只填写主要产品或主要业务，如“送外卖”“当滴滴司机”。务农人员不能笼统地填写“农业”，要根据其具体的农业生产活动或农户具体从事的主要业务填写。如“种粮食”“养猪”等。

C21.职业——指普查标准时点前一周主要工作具体是干什么。如果前一周从事两项不同工作，按工作时间长短确定主要工作；如果工作时间相同，再按报酬高低确定主要工作。

职业分类是以工作性质的同一性为基本原则。所谓“同一性”，是指不论其所在工作单位是什么经济类型，不论用工形式是固定工还是临时工，也不论其隶属于哪个行业，凡是从事同一性质工作的人都划分为同一类。

填写职业时应注意以下情况：

填写职业要具体、详细。不能笼统地写“工人”“农民”“公务员”“工程师”等，而应具体填写其实际工作种类，如“铸轧工”“捕鱼”“统计人员”“通信工程技术员”等。具有专业技术职称的行政领导人员，应按行政领导职务填写其职业；同时担任两个以上职务的领导干部，应按主要职务填写其职业。工种尚未确定，暂时又无具体工作岗位的，要填写“工种未定”。

C22.未工作原因——指被登记人在普查标准时点前一周没有工作的主要原因。

1.在校学习：指在各级各类学校学习，并有正式学籍的人员。不包括有工作单位，脱产学习的人员。

2.离退休：指已办理离休、退休手续，定期领取离退休生活费，且未从事任何有收入劳动的人。

3.料理家务：指主要在自己家里从事家务劳动，且没有劳动收入的人。离、退休人员从事家务劳动的，选填“2.离退休”。为自家经营的摊位、商店、门市部、工厂工作的人，农村中既料理家务又务农或从事家庭副业的人，在别人家干家务活的临时工或小时工，均属于有工作的人，不选填此项。

4.丧失工作能力：指经专门机构鉴定或虽未鉴定但本人或其法定监护人认为，其因生理或心理疾患已丧失了从事劳动的能力。包括年老体弱生活不能自理的人员，但不包括离休、退休人员，这些人不论是身体残疾还是年老体弱生活不能自理，均选填“2.离退休”。

5.其他：指上述几种以外的原因。

C23.主要生活来源——指被登记人主要依靠什么生活。

如果被登记人同时有几种生活来源，选填其认为最主要的一项。

1.劳动收入：指主要依靠劳动报酬、经营利润或家庭收益（包括现金和实物收入）生活。

2.离退休金/养老金：指办理了离休、退休或退职手续，主要依靠从原工作单位或社会保险经办机构领取的离退休金（包括退职费）生活。

3.最低生活保障金：指建立最低生活保障制度的地区，家庭人均收入低于当地规定的最低生活保障线，主要依靠从政府有关部门或集体领取最低生活保障金生活，以及依靠民政部门发放的烈军属、五保户、残疾人等的生活抚恤金生活。

4.失业保险金：指失业保险经办机构依法支付给符合条件的失业人员的基本生活费用，是对失业人员在失业期间失去工资收入的一种临时补偿。

5.财产性收入：指以资金储蓄、借贷入股以及财产运营、房屋租赁等所取得的利息、股息、红利、租金等收入。

6.家庭其他成员供养：指主要依靠家庭其他成员或亲属的供养和资助生活。

7.其他：指上述几种以外的情况。

C24.婚姻状况——指被登记人在普查标准时点的实际婚姻状况。

1.未婚：指从未结过婚。

2.有配偶：指有配偶，处于婚姻中。

3.离婚：指曾经结过婚，但已办理了离婚手续且没有再婚，或正在办理离婚手续。

4.丧偶：指配偶已去世，且没有再婚。

人口普查的婚姻是指事实婚姻，不是单指法律意义上的婚姻，对不到法定结婚年龄，或未办理结婚手续而同居、实际结婚的人，应根据其在普查标准时点的实际情况，按照被登记人的申报选填。

C25.初婚年月——指被登记人第一次结婚时的年、月。

C26.生育子女数——指截止到普查标准时点，15 至 64 周岁妇女的生育状况。

1.未生育：指被登记妇女没有生育过子女。

2.有生育：指被登记妇女生育过子女，需分别填写生过和存活的子女数。

生过几个孩子：指生育的活产男孩和女孩数，包括产后不久就死亡的婴儿。胎儿脱离母体时（不管孕期长短），凡有过呼吸或心跳、脐带搏动、随意肌收缩等生命现象的，都视为“活产”。这里所说的“子女”是指该妇女的亲生子女，不包括丈夫前妻的子女和领养的子女，但鉴于有些家庭不愿公开领养关系，可尊重申报人的意愿，按亲生子女填报。

其中现在存活几个孩子：指活产子女中，仍然存活的男孩和女孩数，无论是否与父母一起居住。在普查标准时点前已死亡的孩子不包括在内。无存活子女的填写“0”。

C27.过去一年（2019 年 11 月 1 日—2020 年 10 月 31 日）的生育状况——指普查标准时点前 12 个月内，15 至 50 周岁被登记妇女的生育状况。

1.一年内未生育：指过去一年内没有生育过子女。

2.一年内有生育：指过去一年内生育过子女，需选填生育时间和孩子性别。

一年内生育两个以上孩子的，包括两次生育或生育多胞胎，还需填报第二个孩子的状况，第三个或以上的孩子不用填报。

C28.居住状况——指普查标准时点前一个月，60 周岁及以上被登记人的主要居住状况。

1.与配偶和子女同住：指与配偶和子女住在一起。

2.与配偶同住：指子女不在身边，与配偶住在一起。

3.与子女同住：指配偶不在身边，与子女住在一起。

4.独居（有保姆）：指本户中只有老人和保姆。

5.独居（无保姆）：指独身一人居住。

6.养老机构：指在提供养老服务的场所，包括敬老院、老年公寓等居住的情况。凡在养老机构居住的老年人，不论与谁同住。

7.其他：指上述几种以外的状况。

C29.身体健康状况——指 60 周岁及以上被登记人根据自身健康状况，对普查标准时点前一个月能否保证正常生活做出的自我判断。

1.健康：指过去一个月健康状况良好，完全可以保证日常的生活。

2.基本健康：指过去一个月健康状况一般，可以保证日常的生活。

3.不健康，但生活能自理：指普查标准时点前一个月健康状况不是太好，但可以基本保证正常的生活。

4.不健康，生活不能自理：指普查标准时点前一个月健康状况较差，不能照顾自己日常的生活起居，如吃饭、穿衣、自行走动等。

三、港澳台居民和外籍人员普查表

（一）住户项目

F1.户别——与短表 H1 相同。

F2.住所类型——与短表 H5 相同。

F3.本户现住房建筑面积——与短表 H6 相同。

F4.本户现住房间数——与短表 H7 相同。

（二）个人项目

R1.姓名——填写被登记人的正式姓名。婴儿未起名的，可填“未取名”。外籍人员的姓名最好用中文填写，也可以用其它文字填写。

R2.与户主关系——与短表 D2 相同。

R3.性别——与短表 D4 相同。

R4.出生年月——与短表 D5 相同。

R5.来内地（大陆）或来华目的——指被登记人来中华人民共和国境内居住的原因。

1.商务：指进行各种商务活动的人。

2.就业：指已有工作或正在寻找工作的人。

3.学习：指已经或准备在各类学校学习的人。

4.定居：指在中华人民共和国境内定居但没有工作或上学的人。包括在中华人民共和国境内工作人士的家属。

5.探亲：指探望亲戚或朋友的人。

6.其他：指上述以外的其他原因。

R6.已在内地（大陆）或在华居住时间——指到普查标准时点为止，被登记人在中华人民共和国境内居住的时间。

R7.受教育程度——指被登记人接受教育情况。按照被登记人的申报选填。

R8.身份或国籍——指被登记人是香港特别行政区居民、澳门特别行政区居民还是台湾地区居民。如果是外国人，还应填写国籍。

R9.工作情况——参照长表 C18。

R10.行业——指被登记人的工作单位主要生产的产品或提供的服务类别，参照《国民经济行业分类（GB/T4754—2017)》，按标准选项据情选填。

R11.职业——指被登记人所从事的工作类别，按标准选项据情选填。

1.党的机关、国家机关、群众团体和社会组织、企事业单位负责人：指在中国共产党机关，国家机关，民主党派和工商联，人民团体和群众团体、社会组织及其工作机构，基层群众自治组织，企业、事业单位中担任领导职务并具有决策、管理权的人员。

2.专业技术人员：指从事科学研究和专业技术工作的人员。

3.办事人员和有关人员：指在公共管理和社会组织机构中从事行政业务、行政事务、行政执法和仲裁、安全保卫、消防和应急救援等工作的人员。

4.社会生产服务和生活服务人员：指从事商品批发零售、交通运输、仓储、邮政和快递、信息传输、软件和信息技术、住宿和餐饮以及金融、房地产、租赁和商务技术辅助、生态保护、文化、体育和娱乐等社会生产服务与生活服务工作的人员。

5.农、林、牧、渔业生产及辅助人员：指从事农、林、牧、渔业生产活动及辅助生产的人员。

6.生产制造及有关人员：指从事产品生产及设备制造，矿产开采，工程施工和运输设备操作的人员及有关人员。

7.不便分类的其他从业人员。

R12.婚姻状况——参照长表 C24。

四、死亡人口调查表

凡在普查短表户记录 H4 中，登记了 2019 年 11 月 1 日至 2020 年 10 月 31 日期间有死亡人口的户，还要登记死亡人口的具体情况。

S1.姓名——与短表 D1 相同。

S2.公民身份号码——与短表 D3 相同。

S3.性别——与短表 D4 相同。

S4.出生年月——与短表 D5 相同。

S5.死亡时间——指死亡人口死亡时的月份。

S6.民族——与短表 D6 相同。

S7.受教育程度——与短表 D11 相同。

S8.婚姻状况——与长表 C24 相同。

为保证死亡人口的登记质量，普查员在入户登记时应注意以下几点：

1.登记死亡人口时，一般以死亡前的常住地为登记地，而不以死亡发生时的地点（如医院等）为登记地。

2.本户常住人口中有死亡的，不论其与该户有无亲属关系，都应作为该户死亡人口予以登记。

3.对于无法确定死亡人口常住地，或登记时与死亡人口常住地联系不上的，如孤寡老人、流动人口等，一律在死亡发生地登记。